中国基本单位统计年鉴 2010

国家统计局普查中心 编

CHINA BASIC STATISTICAL UNITS YEARBOOK

中国统计出版社
China Statistics Press

（京）新登字 041 号

图书在版编目（CIP）数据

中国基本单位统计年鉴. 2010 / 国家统计局普查中心编. -- 北京 : 中国统计出版社，2010.10
ISBN 978-7-5037-6127-0

Ⅰ. ①中… Ⅱ. ①国… Ⅲ. ①组织机构－统计资料－中国－2010－年鉴 Ⅳ. ①C832-54

中国版本图书馆 CIP 数据核字(2010)第 204718 号

中国基本单位统计年鉴—2010

作　　者/国家统计局普查中心
责任编辑/王振宇
装帧设计/李雪燕
出版发行/中国统计出版社
通信地址/北京市西城区月坛南街 57 号　邮政编码/100826
办公地址/北京市丰台区西三环南路甲 6 号
电　　话/邮购（010）63376907　书店（010）68783172
印　　刷/河北天普润印刷厂
经　　销/新华书店
开　　本/787×1092mm　1/16
印　　张/45.75
字　　数/1080 千字
版　　别/2010 年 12 月第 1 版
版　　次/2010 年 12 月第 1 次印刷
书　　号/ISBN 978-7-5037-6127-0/C・2448
定　　价/170.00 元（附光盘）

本书附同版本CD-ROM一张，光盘内容以书面文字为准。
中国统计版图书，如有印装错误，本社发行部负责调换。

《中国基本单位统计年鉴-2010》
编辑委员会

编 者 说 明

一、《中国基本单位统计年鉴－2010》是一部反映中华人民共和国各类基本单位情况的资料性工具书。本书分为三部分：第一部分是全国各类法人单位按地区、国民经济行业等进行各种分组汇总而成的综合资料；第二部分是全国各类企业法人单位按地区、国民经济行业、登记注册类型、营业状态等进行各种分组汇总而成的综合资料；第三部分是限额以上企业按地区、国民经济行业、登记注册类型和从业人员、营业状态、营业收入、资产规模等进行各种分组汇总而成的综合资料。

二、1996年数据来源于第一次全国基本单位普查资料，2001年数据来源于第二次全国基本单位普查资料，2004年数据来源于第一次全国经济普查资料，2008年数据来源于第二次全国经济普查资料，其他年份的数据来源于基本单位年度统计资料。

三、资料的汇总范围为我国境内从事经济社会活动的法人单位，未包括香港、澳门特别行政区和台湾省。

四、限额以上企业范围分别是：

工业企业：年主营业务收入500万元及以上的工业企业法人单位。

建筑业企业：具有建筑业资质的所有独立核算的建筑业企业法人单位。

批发业企业：年主营业务收入2000万元及以上的批发业企业法人单位。

零售业企业：年主营业务收入500万元及以上的零售业企业法人单位。

住宿业企业：年营业额200万元及以上的住宿业企业法人单位。

餐饮业企业：年营业额200万元及以上的餐饮业企业法人单位。

五、考虑到按地区进行国民经济核算的需要，对金融、保险业和邮电业的县一级机构均视为法人单位统计。

《中国基本单位统计年鉴－2010》内容系统、翔实,具有较强的实用性，可作为各级政府和经济管理部门进行宏观管理、制定政策的参考，也是企业生产经营及投资决策和科研机构、大专院校进行科研及教学活动的辅助资料。

恳请广大读者对本书提出宝贵意见。

目　录

第一部分　全部法人单位综合资料

1-1　按行业门类分组的法人单位数……2
1-2　按行业（中类）、地区分组的法人单位数……4
1-3　按三次产业、地区分组的法人单位数……68
1-4　按行业（中类）分组的法人单位数……69
1-5　按行业（中类）、东中西部以及东北地区分组的法人单位数……83
1-6　按行业（中类）、机构类型分组的法人单位数……97
1-7　按地区、机构类型分组的法人单位数……111
1-8　按行业（中类）、开业（成立）时间分组的法人单位数……112
1-9　按地区、开业（成立）时间分组的法人单位数……138
1-10　按地区分组的法人单位数……170
1-11　农、林、牧、渔业按地区分组的法人单位数……171
1-12　采矿业按地区分组的法人单位数……172
1-13　制造业按地区分组的法人单位数……173
1-14　电力、燃气及水的生产和供应业按地区分组的法人单位数……174
1-15　建筑业按地区分组的法人单位数……175
1-16　交通运输、仓储和邮政业按地区分组的法人单位数……176
1-17　信息传输、计算机服务和软件业按地区分组的法人单位数……177
1-18　批发和零售业按地区分组的法人单位数……178
1-19　住宿和餐饮业按地区分组的法人单位数……179
1-20　金融业按地区分组的法人单位数……180
1-21　房地产业按地区分组的法人单位数……181
1-22　租赁和商务服务业按地区分组的法人单位数……182
1-23　科学研究、技术服务和地质勘查业按地区分组的法人单位数……183
1-24　水利、环境和公共设施管理业按地区分组的法人单位数……184
1-25　居民服务和其他服务业按地区分组的法人单位数……185

1-26 教育按地区分组的法人单位数……186
1-27 卫生、社会保障和社会福利业按地区分组的法人单位数……187
1-28 文化、体育和娱乐业按地区分组的法人单位数……188
1-29 公共管理和社会组织按地区分组的法人单位数……189

第二部分 企业法人单位综合资料

2-1 按行业（中类）、地区分组的企业法人单位数……192
2-2 按行业（中类）、地区分组的国有控股企业法人单位数……248
2-3 按行业（中类）、营业状态分组的企业法人单位数……304
2-4 按地区、营业状态分组的企业法人单位数……318
2-5 按行业（中类）、营业状态分组的国有控股企业法人单位数……319
2-6 按地区、营业状态分组的国有控股企业法人单位数……333
2-7 按行业（中类）、控股情况分组的企业法人单位数……334
2-8 按地区、控股情况分组的企业法人单位数……347
2-9 按行业（中类）、登记注册类型分组的企业法人单位数……348
2-10 按地区、登记注册类型分组的企业法人单位数……404
2-11 按行业（中类）、东中西部以及东北地区分组的企业法人单位数……408
2-12 按开业（成立）时间、营业状态分组的企业法人单位数……421
2-13 按行业（中类）、开业（成立）时间分组的企业法人单位数……422
2-14 按地区、开业（成立）时间分组的企业法人单位数……478
2-15 按行业（中类）、直辖市和省会城市以及计划单列市分组的企业法人单位……480

第三部分 限额以上企业综合资料

3-1 限额以上企业按行业（中类）分组的单位数、从业人员数和营业收入……538
3-2 限额以上企业按地区分组的单位数、从业人员数和营业收入……551
3-3 限额以上企业按地区、登记注册类型分组的单位数……552
3-4 限额以上企业按行业（中类）、登记注册类型分组的从业人员数……556
3-5 限额以上企业按地区、登记注册类型分组的从业人员数……608
3-6 限额以上企业按行业（中类）、登记注册类型分组的全年营业收入……612
3-7 限额以上企业按地区、登记注册类型分组的全年营业收入……664
3-8 限额以上企业按行业（中类）、登记注册类型分组的资产总额……668
3-9 限额以上企业按地区、登记注册类型分组的资产总额……720

第一部分

全部法人单位综合资料

1-1 按行业门类分组的法人单位数

单位：个

行业门类	代码	法人单位数						
		1996年	1997年	1998年	1999年	2000年	2001年	2002年
总计		**4402276**	**4344278**	**4417508**	**4221995**	**4366141**	**5107015**	**5170849**
农、林、牧、渔业	A	148029	148269	147656	142055	142140	171526	170953
采矿业	B	100362	99578	102265	91026	90484	71409	70851
制造业	C	1256323	1221878	1290304	1192280	1243607	1220587	1239549
电力、燃气及水的生产和供应业	D	30543	29864	30299	30031	30841	36982	37136
建筑业	E	126710	125476	125541	112973	118240	123187	129062
交通运输、仓储和邮政业	F	63808	62871	62941	57772	59711	82162	83489
信息传输、计算机服务和软件业	G	20381		22141	22826	25425	57420	59368
批发和零售业	H	681853	678488	668847	654887	693108	807454	829029
住宿和餐饮业	I	81444	71835	79270	78804	83014	100768	102244
金融业	J	73824	74054	73941	69029	70228	63996	64806
房地产业	K	39693	40903	44606	44051	48363	92417	96795
租赁和商务服务业	L	96609	109537	100411	97410	107229	234265	242109
科学研究、技术服务和地质勘查业	M	42048	41299	43264	42608	45003	75666	78356
水利、环境和公共设施管理业	N	29508	28661	30273	29315	30189	51007	51426
居民服务和其他服务业	O	52677	45707	51786	48898	54366	94655	96244
教育	P	215358	219281	215530	214042	218304	307817	308320
卫生、社会保障和社会福利业	Q	112326	112810	112695	112375	114388	200360	200761
文化、体育和娱乐业	R	41064	36522	41388	40094	41060	57410	57891
公共管理和社会组织	S	1185790	1174810	1170475	1137752	1146645	1254546	1250166
国际组织	T	3926	3890	3875	3767	3796	3381	2294

注：2004年和2008年农、林、牧、渔业法人单位数为兼营第二、三产业的农、林、牧、渔业法人单位(下同)。

1-1 续表 单位：个

行业门类	代码	法人单位数						
		2003年	2004年	2005年	2006年	2007年	2008年	2009年
总计		**5214144**	**5168303**	**5647823**	**6068912**	**6495064**	**7098765**	**8003868**
农、林、牧、渔业	A	156033	1835	68800	78205	98546	2023	184764
采矿业	B	72538	82353	89430	93967	97678	97315	103403
制造业	C	1298870	1328964	1451556	1579406	1702455	1818370	1959254
电力、燃气及水的生产和供应业	D	33570	39830	43148	45922	49052	57923	62038
建筑业	E	132059	128193	149471	170180	190517	226768	261694
交通运输、仓储和邮政业	F	85991	80375	91565	104635	117228	157589	175914
信息传输、计算机服务和软件业	G	58307	72913	85499	100614	115101	153290	176326
批发和零售业	H	840241	883653	994953	1122489	1246042	1403141	1670315
住宿和餐饮业	I	103537	92869	101853	109892	118173	145297	154895
金融业	J	64802	23793	26828	29201	31815	28668	36907
房地产业	K	98943	129197	148059	165865	187444	214391	244043
租赁和商务服务业	L	219567	249192	291498	331904	368763	427001	511666
科学研究、技术服务和地质勘查业	M	110685	136555	153076	166240	176677	201689	233221
水利、环境和公共设施管理业	N	47847	44352	46847	48811	50953	57553	61740
居民服务和其他服务业	O	64391	83606	93947	102228	110525	120467	141936
教育	P	304056	299418	305446	308760	312339	335065	342003
卫生、社会保障和社会福利业	Q	198879	181877	183760	185014	187376	206480	209016
文化、体育和娱乐业	R	77717	64741	69490	72873	76430	81878	90891
公共管理和社会组织	S	1243967	1244587	1252597	1252706	1257950	1363857	1383842
国际组织	T	2144	—	—	—	—	—	—

注：“–”表示2004年及以后各年份不包括国际组织法人单位数。

1-2　按行业(中类)、

(2009年)

行业中类	代码	法　人 单位数	北京	天津	河北	山西	内蒙古
总计	0000	**8003868**	**374647**	**147164**	**328608**	**195104**	**128774**
农、林、牧、渔业	A	**184764**		**1312**	**9226**	**20438**	**4415**
农业	0100	53030		415	2133	5505	1036
谷物及其他作物的种植	0110	13975		130	649	1967	660
蔬菜、园艺作物的种植	0120	20962		245	985	2212	266
水果、坚果、饮料和香料作物的种植	0130	15674		40	429	1073	68
中药材的种植	0140	2419			70	253	42
林业	0200	19651		82	829	2203	646
林木的培育和种植	0210	18315		82	809	2184	619
木材和竹材的采运	0220	748			9	10	20
林产品的采集	0230	588			11	9	7
畜牧业	0300	61836		421	3829	10591	1640
牲畜的饲养	0310	19483		183	1596	4771	1127
猪的饲养	0320	23476		117	1243	3392	189
家禽的饲养	0330	14304		93	695	1853	213
狩猎和捕捉动物	0340	60			2	7	
其他畜牧业	0390	4513		28	293	568	111
渔业	0400	12457		223	160	208	49
海洋渔业	0410	4023		77	58	11	7
内陆渔业	0420	8434		146	102	197	42
农、林、牧、渔服务业	0500	37790		171	2275	1931	1044
农业服务业	0510	23837		109	1530	1420	446
林业服务业	0520	3406		10	92	118	184
畜牧服务业	0530	9158		40	554	377	399
渔业服务业	0540	1389		12	99	16	15
采矿业	B	**103403**	**299**	**70**	**8595**	**8213**	**4478**
煤炭开采和洗选业	0600	22937	82	4	863	4822	938
烟煤和无烟煤的开采洗选	0610	21726	81		819	4795	608
褐煤的开采洗选	0620	610		1	16	6	283
其他煤炭采选	0690	601	1	3	28	21	47

地区分组的法人单位数

单位：个

辽宁	吉林	黑龙江	上海	江苏	浙江	安徽	福建	江西	山东	代码
345704	**131963**	**164232**	**362553**	**718516**	**622940**	**227055**	**271175**	**167772**	**674911**	**0000**
8822	**3894**	**3312**	**2248**	**10489**	**16539**	**2527**	**8177**	**4929**	**9195**	**A**
2348	751	883	1116	3414	8115	709	2918	1415	2754	0100
533	290	575	295	712	1940	217	525	445	711	0110
952	203	202	649	1984	2684	320	1056	442	1195	0120
691	63	61	166	673	3245	151	1269	479	796	0130
172	195	45	6	45	246	21	68	49	52	0140
701	484	656	366	713	1060	202	1163	990	586	0200
685	434	567	365	695	975	187	1004	855	569	0210
13	43	73	1	11	51	6	139	108	4	0220
3	7	16		7	34	9	20	27	13	0230
3039	1555	1086	289	2791	2927	1054	1631	1350	2963	0300
990	561	538	90	620	455	218	309	415	892	0310
891	363	245	70	879	910	411	918	635	877	0320
885	362	164	83	1051	1105	353	283	197	917	0330
1	4	3	1	3	3		6	1	5	0340
272	265	136	45	238	454	72	115	102	272	0390
1053	140	100	197	1354	2153	240	1476	407	905	0400
766		7	16	250	929	5	610	6	753	0410
287	140	93	181	1104	1224	235	866	401	152	0420
1681	964	587	280	2217	2284	322	989	767	1987	0500
901	415	382	209	1558	1746	273	480	418	1421	0510
162	213	46	34	64	144	8	238	117	69	0520
528	329	144	21	403	282	29	163	186	408	0530
90	7	15	16	192	112	12	108	46	89	0540
5692	**1880**	**2343**	**2**	**1229**	**1547**	**3347**	**2711**	**3986**	**4744**	**B**
744	262	1283		48	14	240	301	752	585	0600
711	197	1241		43	2	217	287	714	549	0610
18	49	23		2		5		11	19	0620
15	16	19		3	12	18	14	27	17	0690

1-2 续表 1

行业中类	代码	法人单位数	北京	天津	河北	山西	内蒙古
石油和天然气开采业	0700	1594	14	24	22	17	46
天然原油和天然气开采	0710	344	2	4	4	14	18
与石油和天然气开采有关的服务活动	0790	1250	12	20	18	3	28
黑色金属矿采选业	0800	18354	23	7	4922	1530	1216
铁矿采选	0810	16337	21	6	4883	1506	1185
其他黑色金属矿采选	0890	2017	2	1	39	24	31
有色金属矿采选业	0900	11279	3	2	408	141	536
常用有色金属矿采选	0910	7903	3		116	114	386
贵金属矿采选	0920	2164		1	253	25	112
稀有稀土金属矿采选	0930	1212		1	39	2	38
非金属矿采选业	1000	48084	177	29	2355	1677	1661
土砂石开采	1010	40969	171	18	1897	1525	1353
化学矿采选	1020	1603			7	76	35
采盐	1030	857		8	118		12
石棉及其他非金属矿采选	1090	4655	6	3	333	76	261
其他采矿业	1100	1155		4	25	26	81
制造业	**C**	**1959254**	**35985**	**39874**	**88616**	**24207**	**16404**
农副食品加工业	1300	107245	996	944	5033	1879	2072
谷物磨制	1310	29474	64	102	1299	579	318
饲料加工	1320	12495	361	263	876	231	306
植物油加工	1330	10259	44	75	561	128	124
制糖	1340	664	6	7	23	6	12
屠宰及肉类加工	1350	16870	275	142	802	280	818
水产品加工	1360	8900	14	70	289	2	3
蔬菜、水果和坚果加工	1370	14416	117	125	580	294	194
其他农副食品加工	1390	14167	115	160	603	359	297
食品制造业	1400	44651	1079	924	2289	1025	854
焙烤食品制造	1410	10997	343	146	457	238	251
糖果、巧克力及蜜饯制造	1420	4812	84	116	585	204	9
方便食品制造	1430	7007	132	93	275	112	83
液体乳及乳制品制造	1440	1989	61	38	123	94	189
罐头制造	1450	3091	25	72	158	62	21
调味品、发酵制品制造	1460	6959	126	153	359	196	141
其他食品制造	1490	9796	308	306	332	119	160

单位：个

辽宁	吉林	黑龙江	上海	江苏	浙江	安徽	福建	江西	山东	代码
109	200	194	1	11		2	1	3	57	0700
6	105	13	1	5				1	27	0710
103	95	181		6		2	1	2	30	0790
1631	204	73		80	16	522	283	332	702	0800
1554	203	72		79	14	491	245	316	685	0810
77	1	1		1	2	31	38	16	17	0890
781	192	66		25	71	303	299	493	285	0900
524	88	31		21	40	243	223	208	51	0910
161	81	25		2	7	42	31	77	226	0920
96	23	10		2	24	18	45	208	8	0930
2414	984	700	1	1055	1439	2254	1787	2321	3036	1000
1845	843	621	1	944	1303	1985	1592	2096	2279	1010
121	21	1		14	8	75	12	18	7	1020
35				38	27	1	23	2	477	1030
413	120	78		59	101	193	160	205	273	1090
13	38	27		10	7	26	40	85	79	1100
85931	**25154**	**29888**	**81131**	**287932**	**257424**	**57819**	**68744**	**38236**	**190092**	**C**
5187	3244	4311	725	7290	4223	5823	3399	3213	16089	1300
735	1301	2069	36	2293	220	2614	350	1519	2191	1310
1087	508	521	148	715	395	287	378	277	1329	1320
247	128	405	42	486	188	788	147	300	1741	1330
15	3	29	9	19	7	1	19	12	49	1340
906	400	488	170	1170	570	807	350	378	2341	1350
1137	77	27	55	1112	1325	78	1046	59	2191	1360
660	304	241	73	714	1152	532	694	193	4374	1370
400	523	531	192	781	366	716	415	475	1873	1390
1962	951	1233	1155	2968	1882	1314	2022	1132	5332	1400
593	301	257	348	780	422	411	426	279	1203	1410
73	9	36	88	182	168	98	373	106	517	1420
231	185	240	143	417	247	248	234	264	721	1430
80	30	157	19	96	54	34	26	18	222	1440
183	21	37	42	204	250	102	375	88	444	1450
298	144	176	144	524	233	195	254	85	784	1460
504	261	330	371	765	508	226	334	292	1441	1490

行业中类	代码	法人单位数	北京	天津	河北	山西	内蒙古
饮料制造业	1500	36831	445	259	1240	541	639
酒精制造	1510	463	2	7	15	12	21
酒的制造	1520	13919	122	95	629	232	385
软饮料制造	1530	12826	305	156	589	288	231
精制茶加工	1540	9623	16	1	7	9	2
烟草制品业	1600	260	1	1	4	1	2
烟叶复烤	1610	94					
卷烟制造	1620	84	1	1	4	1	2
其他烟草制品加工	1690	82					
纺织业	1700	114480	779	1169	4936	289	720
棉、化纤纺织及印染精加工	1710	44864	112	321	2564	130	29
毛纺织和染整精加工	1720	5362	35	73	705	10	305
麻纺织	1730	1016		1	6	5	5
丝绢纺织及精加工	1740	6869	12	25	27	10	3
纺织制成品制造	1750	25846	280	396	1220	60	105
针织品、编织品及其制品制造	1760	30523	340	353	414	74	273
纺织服装、鞋、帽制造业	1800	87305	2489	1727	1871	265	261
纺织服装制造	1810	81595	2415	1651	1628	230	251
纺织面料鞋的制造	1820	4105	51	53	180	30	7
制帽	1830	1605	23	23	63	5	3
皮革、毛皮、羽毛(绒)及其制品业	1900	33546	222	300	2011	36	142
皮革鞣制加工	1910	2678	5	22	376	2	13
皮革制品制造	1920	26206	183	241	800	19	46
毛皮鞣制及制品加工	1930	2891	30	26	731	14	58
羽毛(绒)加工及制品制造	1940	1771	4	11	104	1	25
木材加工及木、竹、藤、棕、草制品业	2000	66066	707	511	1511	259	826
锯材、木片加工	2010	24629	66	67	292	88	495
人造板制造	2020	18456	95	86	761	66	164
木制品制造	2030	15436	538	330	365	87	158
竹、藤、棕、草制品制造	2040	7545	8	28	93	18	9

辽宁	吉林	黑龙江	上海	江苏	浙江	安徽	福建	江西	山东	代码
1287	1130	1160	267	2079	2364	1864	2874	910	2951	1500
20	28	23	3	66	3	9	6	8	42	1510
645	720	714	60	770	613	487	278	298	1433	1520
613	378	415	190	819	807	408	438	352	1191	1530
9	4	8	14	424	941	960	2152	252	285	1540
6	14	11	2	10	8	9	8	7	16	1600
2	8	8			1	2	5	3	5	1610
4	4	2	2	3	3	6	3	4	7	1620
	2	1		7	4	1			4	1690
2271	283	519	4141	30649	27769	2148	3184	1573	11204	1700
590	61	85	829	13605	9420	690	917	389	5796	1710
48	23	10	167	1467	757	49	49	61	434	1720
14	15	116	6	186	63	54	11	65	72	1730
268	2	4	53	3083	2030	200	37	57	221	1740
632	78	241	1270	6656	6030	569	723	172	2318	1750
719	104	63	1816	5652	9469	586	1447	829	2363	1760
3644	365	309	5961	16841	12167	2610	5782	1979	7286	1800
3504	351	285	5728	15728	11301	2488	5301	1887	6611	1810
116	9	17	144	592	608	85	452	68	487	1820
24	5	7	89	521	258	37	29	24	188	1830
614	86	105	1022	2386	7761	646	3354	489	2213	1900
23	11	24	14	103	489	44	194	42	280	1910
486	46	55	953	1900	6181	315	3090	386	1516	1920
75	8	11	22	173	782	17	18	6	319	1930
30	21	15	33	210	309	270	52	55	98	1940
2371	2074	3066	1529	7702	4246	3152	3967	2882	9333	2000
745	1106	1691	188	2222	494	1339	828	1105	4048	2010
463	438	629	203	3363	948	727	992	520	3413	2020
1084	482	701	1093	1783	1700	528	847	400	1290	2030
79	48	45	45	334	1104	558	1300	857	582	2040

行业中类	代码	法人单位数	北京	天津	河北	山西	内蒙古
家具制造业	2100	39105	1425	638	1621	242	169
木质家具制造	2110	28477	1136	411	1159	191	142
竹、藤家具制造	2120	745	5		10	2	1
金属家具制造	2130	4332	169	94	338	19	12
塑料家具制造	2140	600	7	3	14	8	2
其他家具制造	2190	4951	108	130	100	22	12
造纸及纸制品业	2200	52248	984	1294	2629	581	225
纸浆制造	2210	1008	3	31	110	15	11
造纸	2220	12657	178	352	801	192	62
纸制品制造	2230	38583	803	911	1718	374	152
印刷业和记录媒介的复制	2300	55457	1700	1005	2301	693	564
印刷	2310	50222	1404	843	1897	613	490
装订及其他印刷服务活动	2320	4953	269	155	386	78	72
记录媒介的复制	2330	282	27	7	18	2	2
文教体育用品制造业	2400	21114	346	427	539	51	12
文化用品制造	2410	5759	100	108	78	12	5
体育用品制造	2420	5138	82	130	282	32	2
乐器制造	2430	1424	97	158	121	2	4
玩具制造	2440	8000	46	27	43	3	1
游艺器材及娱乐用品制造	2450	793	21	4	15	2	
石油加工、炼焦及核燃料加工业	2500	6928	217	151	445	463	111
精炼石油产品的制造	2510	5018	215	136	317	50	39
炼焦	2520	1880	2	15	127	413	71
化学原料及化学制品制造业	2600	102269	2377	2613	5203	1580	1045
基础化学原料制造	2610	17798	171	459	1426	555	452
肥料制造	2620	10136	149	118	556	223	163
农药制造	2630	2658	41	67	177	63	18
涂料、油墨、颜料及类似产品制造	2640	19334	873	742	940	175	86
合成材料制造	2650	6566	115	128	275	50	35
专用化学产品制造	2660	35754	707	793	1497	440	258
日用化学产品制造	2670	10023	321	306	332	74	33
医药制造业	2700	16562	614	380	556	277	177
化学药品原药制造	2710	2390	34	58	104	31	35

单位：个

辽宁	吉林	黑龙江	上海	江苏	浙江	安徽	福建	江西	山东	代码
1139	461	645	2781	2579	3223	1162	1371	789	3912	2100
938	381	498	2026	1855	1782	898	885	595	3387	2110
5	1	4	16	28	85	63	64	62	35	2120
76	27	50	205	325	810	75	229	43	166	2130
9	18	16	15	43	111	16	31	9	43	2140
111	34	77	519	328	435	110	162	80	281	2190
1634	413	542	2528	6522	7670	1064	2453	799	4749	2200
14	16	30	12	84	35	33	35	48	86	2210
380	126	204	339	1001	1467	298	597	298	1192	2220
1240	271	308	2177	5437	6168	733	1821	453	3471	2230
2087	969	984	2604	5962	7654	1284	1924	903	4113	2300
1942	884	897	2253	5422	7106	1227	1797	832	3713	2310
129	76	84	334	518	532	54	121	66	373	2320
16	9	3	17	22	16	3	6	5	27	2330
310	63	140	1191	3875	5084	712	760	344	1720	2400
124	43	96	485	610	2248	111	164	167	275	2410
102	7	22	239	862	1080	149	354	61	728	2420
50	11	9	137	216	159	8	21	4	122	2430
19	2	10	293	2116	1317	438	211	109	574	2440
15		3	37	71	280	6	10	3	21	2450
988	110	300	138	605	235	73	98	59	751	2500
942	92	248	133	551	232	59	92	38	639	2510
45	18	49	5	51	3	14	6	20	108	2520
5239	1449	1646	3467	13641	7752	2796	2540	4148	12791	2600
1007	312	269	330	2679	1122	410	298	488	2265	2610
587	259	355	53	710	193	388	241	194	1631	2620
115	45	87	31	438	128	100	42	94	382	2630
993	225	266	1144	2951	1993	546	587	297	1771	2640
292	113	84	292	1336	698	201	194	82	1054	2650
1790	404	472	960	4584	2745	951	726	2770	4930	2660
455	91	113	657	943	873	200	452	223	758	2670
789	769	421	550	1614	1167	518	349	597	1523	2700
105	19	38	79	420	285	57	33	86	234	2710

行业中类	代码	法人单位数	北京	天津	河北	山西	内蒙古
化学药品制剂制造	2720	2405	132	64	86	70	29
中药饮片加工	2730	2178	59	22	56	32	33
中成药制造	2740	2890	100	48	80	50	28
兽用药品制造	2750	1471	51	36	102	51	18
生物、生化制品的制造	2760	2716	165	78	68	22	28
卫生材料及医药用品制造	2770	2512	73	74	60	21	6
化学纤维制造业	2800	4825	37	53	206	18	13
纤维素纤维原料及纤维制造	2810	881	3	13	80	1	3
合成纤维制造	2820	3944	34	40	126	17	10
橡胶制品业	2900	22241	223	637	1830	172	55
轮胎制造	2910	2022	21	85	87	15	14
橡胶板、管、带的制造	2920	4256	42	94	589	44	6
橡胶零件制造	2930	6306	74	165	518	48	14
再生橡胶制造	2940	1152	3	23	172	32	10
日用及医用橡胶制品制造	2950	1051	21	14	93	6	1
橡胶靴鞋制造	2960	1943	7	53	36	7	
其他橡胶制品制造	2990	5511	55	203	335	20	10
塑料制品业	3000	105739	1570	2053	4469	602	437
塑料薄膜制造	3010	9710	89	211	741	63	45
塑料板、管、型材的制造	3020	15003	239	276	826	134	129
塑料丝、绳及编织品的制造	3030	10799	91	166	501	128	90
泡沫塑料制造	3040	5339	125	144	228	69	22
塑料人造革、合成革制造	3050	1210	5	15	61	4	1
塑料包装箱及容器制造	3060	11701	277	303	437	62	28
塑料零件制造	3070	14104	111	231	467	16	12
日用塑料制造	3080	13717	361	100	441	60	31
其他塑料制品制造	3090	24156	272	607	767	66	79
非金属矿物制品业	3100	222934	2943	1699	12105	6291	3252
水泥、石灰和石膏的制造	3110	15689	163	91	1424	611	436
水泥及石膏制品制造	3120	51368	913	428	2163	795	608
砖瓦、石材及其他建筑材料制造	3130	103980	1065	673	4937	3242	1866
玻璃及玻璃制品制造	3140	17056	474	253	1367	320	62

单位：个

辽宁	吉林	黑龙江	上海	江苏	浙江	安徽	福建	江西	山东	代码
132	73	79	102	236	135	83	50	81	187	2720
144	318	51	26	64	102	133	26	46	121	2730
132	219	93	49	67	102	79	73	147	173	2740
61	27	39	32	96	61	34	18	51	227	2750
144	65	77	156	269	179	69	102	39	328	2760
71	48	44	106	462	303	63	47	147	253	2770
116	26	26	136	1870	985	101	145	34	394	2800
32	7	8	30	208	109	17	30	14	118	2810
84	19	18	106	1662	876	84	115	20	276	2820
1215	203	189	1116	3458	3085	508	895	212	2709	2900
81	29	29	52	182	141	30	72	46	661	2910
299	48	38	146	614	711	111	78	33	509	2920
484	64	53	373	1167	1187	186	122	28	509	2930
31	13	10	21	131	53	31	32	42	144	2940
31	8	4	55	197	159	28	56	18	88	2950
59	3	3	45	155	468	16	357	8	106	2960
230	38	52	424	1012	366	106	178	37	692	2990
3977	969	1079	5155	16016	19049	2715	3895	1019	9585	3000
376	88	111	448	1400	1126	246	423	101	1073	3010
767	257	291	488	2436	2087	444	302	182	1781	3020
773	131	141	195	1218	1793	550	236	161	1816	3030
276	69	56	239	730	838	111	294	51	480	3040
26	8	5	35	185	354	28	113	17	76	3050
453	128	88	681	2033	1744	421	288	137	1197	3060
231	55	42	725	2586	4980	222	246	51	592	3070
595	69	114	422	1078	3511	345	1164	126	682	3080
480	164	231	1922	4350	2616	348	829	193	1888	3090
8341	3108	3122	2999	18163	9324	11719	8704	7549	21871	3100
555	237	260	95	795	606	547	488	527	1304	3110
1142	477	540	620	4443	2247	3234	637	613	4613	3120
3247	1955	1831	1014	5675	3218	6511	6132	4605	10521	3130
699	138	202	821	3355	1569	612	301	323	1951	3140

行业中类	代码	法人单位数	北京	天津	河北	山西	内蒙古
陶瓷制品制造	3150	9730	55	31	415	146	21
耐火材料制品制造	3160	12049	128	76	949	828	93
石墨及其他非金属矿物制品制造	3190	13062	145	147	850	349	166
黑色金属冶炼及压延加工业	3200	20031	157	935	1727	632	506
炼铁	3210	2795	11	16	307	348	145
炼钢	3220	893	3	23	107	55	14
钢压延加工	3230	13115	138	880	1219	146	112
铁合金冶炼	3240	3228	5	16	94	83	235
有色金属冶炼及压延加工业	3300	23111	255	439	1359	375	413
常用有色金属冶炼	3310	6378	17	71	526	234	119
贵金属冶炼	3320	644	3	3	33	8	31
稀有稀土金属冶炼	3330	1454	10	10	21	21	121
有色金属合金制造	3340	2351	37	49	169	32	51
有色金属压延加工	3350	12284	188	306	610	80	91
金属制品业	3400	146155	3754	5434	8337	1291	1090
结构性金属制品制造	3410	51805	2315	1905	2445	524	704
金属工具制造	3420	19058	193	371	669	129	64
集装箱及金属包装容器制造	3430	5928	123	260	241	34	29
金属丝绳及其制品的制造	3440	7508	57	603	1381	94	108
建筑、安全用金属制品制造	3450	17006	304	581	1413	278	89
金属表面处理及热处理加工	3460	11318	242	518	455	64	13
搪瓷制品制造	3470	1093	5	27	50	3	5
不锈钢及类似日用金属制品制造	3480	13835	271	332	241	50	20
其他金属制品制造	3490	18604	244	837	1442	115	58
通用设备制造业	3500	195988	3033	4856	11156	3652	1063
锅炉及原动机制造	3510	7735	178	219	405	255	120
金属加工机械制造	3520	25036	379	771	1148	270	177
起重运输设备制造	3530	6077	100	164	308	73	11
泵、阀门、压缩机及类似机械的制造	3540	25454	412	1012	926	316	51
轴承、齿轮、传动和驱动部件的制造	3550	13151	108	133	587	86	15
烘炉、熔炉及电炉制造	3560	1848	50	43	59	8	6

单位：个

辽宁	吉林	黑龙江	上海	江苏	浙江	安徽	福建	江西	山东	代码
153	24	51	136	819	416	82	872	1117	682	3150
1785	95	84	134	1264	679	165	85	116	1196	3160
760	182	154	179	1812	589	568	189	248	1604	3190
1342	150	180	335	2923	2115	374	452	253	1120	3200
159	35	28	4	117	32	69	48	30	126	3210
84	6	17	4	90	35	25	36	21	53	3220
898	82	119	309	2559	2004	255	291	174	867	3230
201	27	16	18	157	44	25	77	28	74	3240
976	134	140	782	3884	2489	459	376	983	1013	3300
238	45	39	55	500	308	163	73	259	253	3310
47	8	1	5	30	31	8	10	34	22	3320
93	12	16	14	112	23	19	34	168	48	3330
134	11	24	110	427	210	44	60	57	95	3340
464	58	60	598	2815	1917	225	199	465	595	3350
5900	1328	1589	9970	25044	18183	3000	3252	1324	12543	3400
2643	721	720	3242	9732	3463	1433	1112	587	5150	3410
491	169	261	1303	3714	3246	464	362	194	1868	3420
406	67	66	309	1177	568	161	138	49	617	3430
259	28	56	269	1656	866	169	88	48	446	3440
581	163	197	1017	1811	4211	235	488	149	1089	3450
868	37	86	846	2307	2217	157	232	37	566	3460
31	6	6	64	154	220	18	36	18	119	3470
233	57	80	939	1457	2208	130	374	118	865	3480
388	80	117	1981	3036	1184	233	422	124	1823	3490
15289	1828	2796	10205	40222	35067	3840	3273	1363	21102	3500
622	191	428	245	1414	539	238	85	91	1101	3510
1393	280	472	1546	5464	2347	467	451	256	3400	3520
527	45	37	372	1270	1012	132	118	34	443	3530
2309	129	156	1600	4999	7302	371	607	107	2132	3540
1192	47	126	477	2156	4317	216	212	122	1590	3550
109	9	44	77	638	240	19	14	14	136	3560

行业中类	代码	法人单位数	北京	天津	河北	山西	内蒙古
风机、衡器、包装设备等通用设备制造	3570	24213	566	556	887	149	77
通用零部件制造及机械修理	3580	60128	879	1552	3851	842	462
金属铸、锻加工	3590	32346	361	406	2985	1653	144
专用设备制造业	3600	103610	2466	2764	4358	999	494
矿山、冶金、建筑专用设备制造	3610	17710	271	449	1425	425	125
化工、木材、非金属加工专用设备制造	3620	28931	328	819	705	92	58
食品、饮料、烟草及饲料生产专用设备制造	3630	3855	95	66	164	9	24
印刷、制药、日化生产专用设备制造	3640	6539	152	136	379	31	10
纺织、服装和皮革工业专用设备制造	3650	9113	62	154	199	141	1
农、林、牧、渔专用机械制造	3670	8116	90	73	355	65	149
医疗仪器设备及器械制造	3680	6020	506	227	135	32	16
环保、社会公共安全及其他专用设备制造	3690	16089	736	635	821	136	86
交通运输设备制造业	3700	85794	1451	2748	3837	624	496
铁路运输设备制造	3710	3047	157	67	205	95	37
汽车制造	3720	58405	1158	1314	2792	504	448
摩托车制造	3730	7074	8	55	179	4	
自行车制造	3740	5570	24	1012	413	5	
船舶及浮动装置制造	3750	9482	9	239	144		1
航空航天器制造	3760	433	44	10	7	1	1
交通器材及其他交通运输设备制造	3790	1783	51	51	97	15	9
电气机械及器材制造业	3900	104128	2080	2052	3697	474	298
电机制造	3910	10989	120	259	212	41	52
输配电及控制设备制造	3920	34414	996	795	1247	185	97
电线、电缆、光缆及电工器材制造	3930	17909	247	469	1256	114	70
电池制造	3940	4272	70	91	157	19	12
家用电力器具制造	3950	12816	180	129	204	12	7
非电力家用器具制造	3960	4102	137	43	206	32	15
照明器具制造	3970	14305	209	100	168	31	14
其他电气机械及器材制造	3990	5321	121	166	247	40	31
通信设备、计算机及其他电子设备制造业	4000	52097	1485	1456	767	149	70
通信设备制造	4010	5568	293	162	158	16	12

单位：个

辽宁	吉林	黑龙江	上海	江苏	浙江	安徽	福建	江西	山东	代码
1290	287	298	1928	6274	3840	276	350	145	2608	3570
5173	571	995	3311	12208	12054	1046	801	417	5094	3580
2674	269	240	649	5799	3416	1075	635	177	4598	3590
5588	1222	1860	6281	21280	13021	2125	2468	1022	10899	3600
1836	277	594	356	2695	800	501	371	235	2470	3610
1234	194	222	2599	6141	4799	567	837	184	2166	3620
190	46	108	208	535	442	98	85	22	477	3630
272	63	74	508	1240	875	97	159	72	672	3640
127	7	24	582	2760	2875	76	196	80	925	3650
322	221	306	109	913	647	215	200	94	1445	3670
258	107	79	523	1221	678	140	108	116	372	3680
1076	230	311	972	4179	1360	273	298	128	1706	3690
4337	1982	1108	3310	12334	15276	2466	2403	1222	7107	3700
441	113	142	49	448	109	61	14	32	227	3710
2762	1822	889	2249	6740	10237	1991	1699	978	5189	3720
14	11	3	94	880	1519	38	236	34	222	3730
45	3	9	212	1367	1371	84	32	34	262	3740
992	8	18	578	2580	1792	237	382	108	854	3750
34	4	17	32	37	17	6	10	8	17	3760
49	21	30	96	282	231	49	30	28	336	3790
4734	820	1137	5546	17746	22625	2431	2548	1168	6360	3900
446	83	174	532	2252	2736	196	834	90	767	3910
2335	377	477	1980	5837	7491	659	603	369	2189	3920
859	136	205	1001	3420	2532	694	254	243	1035	3930
97	20	28	148	704	582	138	159	98	318	3940
267	61	66	505	1208	3839	243	193	83	605	3950
117	42	37	101	630	768	160	54	35	502	3960
360	39	44	710	2576	4109	244	353	206	423	3970
253	62	106	569	1119	568	97	98	44	521	3990
1106	195	314	2407	10214	6677	863	1564	688	2563	4000
139	38	64	290	852	713	61	210	77	302	4010

行业中类	代码	法人单位数	北京	天津	河北	山西	内蒙古
雷达及配套设备制造	4020	134	10	5	1	1	
广播电视设备制造	4030	1605	75	21	48	3	2
电子计算机制造	4040	4410	280	65	69	6	10
电子器件制造	4050	7368	262	145	71	22	6
电子元件制造	4060	22940	283	782	298	70	26
家用视听设备制造	4070	3576	41	38	13	1	2
其他电子设备制造	4090	6496	241	238	109	30	12
仪器仪表及文化、办公用机械制造业	4100	25543	1255	932	714	132	40
通用仪器仪表制造	4110	12396	688	587	490	79	21
专用仪器仪表制造	4120	4306	306	143	122	23	5
钟表与计时仪器制造	4130	1892	13	41	21	3	
光学仪器及眼镜制造	4140	3740	90	31	10	5	1
文化、办公用机械制造	4150	1778	59	48	23	9	
其他仪器仪表的制造及修理	4190	1431	99	82	48	13	13
工艺品及其他制造业	4200	53786	808	1227	1522	505	267
工艺美术品制造	4210	32805	462	519	851	161	107
日用杂品制造	4220	8582	69	98	217	17	50
煤制品制造	4230	4652	181	18	160	294	25
其他未列明的制造业	4290	7713	93	591	293	33	85
废弃资源和废旧材料回收加工业	4300	9205	87	246	343	109	91
金属废料和碎屑的加工处理	4310	4373	39	225	149	47	53
非金属废料和碎屑的加工处理	4320	4832	48	21	194	62	38
电力、燃气及水的生产和供应业	**D**	**62038**	**408**	**334**	**1218**	**904**	**1130**
电力、热力的生产和供应业	4400	40549	272	169	689	458	743
电力生产	4410	33596	41	36	372	276	276
电力供应	4420	3381	10	20	141	58	172
热力生产和供应	4430	3572	221	113	176	124	295
燃气生产和供应业	4500	3726	41	59	156	134	91
水的生产和供应业	4600	17763	95	106	373	312	296
自来水的生产和供应	4610	15021	44	48	246	238	224
污水处理及其再生利用	4620	2156	43	30	118	64	53
其他水的处理、利用与分配	4690	586	8	28	9	10	19

单位：个

辽宁	吉林	黑龙江	上海	江苏	浙江	安徽	福建	江西	山东	代码
7	1	1	4	25	4	7	3	1	6	4020
57	5	10	60	252	351	24	46	22	45	4030
101	32	47	196	704	289	42	136	58	147	4040
204	35	41	484	1607	797	133	299	101	291	4050
373	38	60	845	5496	3679	458	543	320	1315	4060
33	9	8	86	239	501	67	88	28	54	4070
192	37	83	442	1039	343	71	239	81	403	4090
1704	284	379	1820	4149	4810	427	698	300	1464	4100
1189	169	233	881	2188	2183	226	171	80	849	4110
285	55	90	340	814	604	146	79	34	280	4120
39	2	5	95	66	202	8	176	17	92	4130
45	32	8	202	632	1292	17	186	128	45	4140
44	4	20	134	241	382	17	65	28	92	4150
102	22	23	168	208	147	13	21	13	106	4190
1519	420	492	2794	4723	10556	1096	3806	920	6665	4200
1126	196	171	961	2852	7383	584	2748	564	4756	4210
116	26	32	251	962	2903	339	681	143	455	4220
181	109	87	5	149	58	113	50	62	383	4230
92	89	201	1572	755	209	60	326	151	1069	4290
259	104	85	214	1183	957	520	180	355	714	4300
106	46	26	100	505	399	126	75	200	336	4310
153	58	59	114	678	558	394	105	155	378	4320
1636	**1166**	**1004**	**280**	**3313**	**3941**	**2041**	**6060**	**3668**	**1843**	D
1053	853	693	52	421	2646	828	5164	3006	781	4400
270	255	223	24	256	2476	657	4987	2751	328	4410
100	109	155	9	55	109	148	160	227	186	4420
683	489	315	19	110	61	23	17	28	267	4430
147	101	66	49	242	135	116	57	129	359	4500
436	212	245	179	2650	1160	1097	839	533	703	4600
316	172	200	126	2277	718	1024	772	488	461	4610
112	30	34	38	336	227	66	55	34	188	4620
8	10	11	15	37	215	7	12	11	54	4690

1-2 续表 8

行业中类	代码	法人单位数	北京	天津	河北	山西	内蒙古
建筑业	E	**261694**	**11885**	**6110**	**6829**	**4979**	**3591**
房屋和土木工程建筑业	4700	102148	2333	1768	3347	1954	1688
房屋工程建筑	4710	64669	1202	675	2031	1052	1085
土木工程建筑	4720	37479	1131	1093	1316	902	603
建筑安装业	4800	51071	2428	1940	1253	917	489
建筑装饰业	4900	78425	6250	1606	1553	1494	1062
其他建筑业	5000	30050	874	796	676	614	352
工程准备	5010	10056	303	92	288	211	114
提供施工设备服务	5020	3522	99	91	83	109	81
其他未列明的建筑活动	5090	16472	472	613	305	294	157
交通运输、仓储和邮政业	F	**175914**	**7715**	**6435**	**6122**	**3560**	**3525**
铁路运输业	5100	698	31	12	23	82	41
铁路旅客运输	5110	51	3	2			1
铁路货物运输	5120	321	17	1	10	17	17
铁路运输辅助活动	5130	326	11	9	13	65	23
道路运输业	5200	82287	3778	1712	3715	2120	2353
公路旅客运输	5210	8418	20	74	239	189	158
道路货物运输	5220	60751	3318	1498	2712	1486	1622
道路运输辅助活动	5230	13118	440	140	764	445	573
城市公共交通业	5300	8156	315	96	354	259	207
公共电汽车客运	5310	2248	41	30	120	86	78
轨道交通	5320	93	3	4	6	1	2
出租车客运	5330	5327	262	54	216	166	112
城市轮渡	5340	93					
其他城市公共交通	5390	395	9	8	12	6	15
水上运输业	5400	8770	14	173	103	18	10
水上旅客运输	5410	993	1	8	10	6	1
水上货物运输	5420	5275	10	88	49	3	
水上运输辅助活动	5430	2502	3	77	44	9	9

单位：个

辽宁	吉林	黑龙江	上海	江苏	浙江	安徽	福建	江西	山东	代码
16510	**4347**	**6341**	**18938**	**29516**	**15120**	**10477**	**7438**	**3692**	**27423**	E
5468	1860	2663	4580	10494	5558	5037	3109	1857	12221	4700
2791	1135	1720	1943	6034	2608	3902	1880	1265	8801	4710
2677	725	943	2637	4460	2950	1135	1229	592	3420	4720
4395	1004	1302	4874	6768	2468	1212	1198	505	5538	4800
4971	1049	1553	8224	8886	5210	2681	1894	1001	6145	4900
1676	434	823	1260	3368	1884	1547	1237	329	3519	5000
940	143	244	471	1147	1431	631	419	62	721	5010
141	42	80	198	356	119	214	148	46	459	5020
595	249	499	591	1865	334	702	670	221	2339	5090
9603	**2979**	**3460**	**13410**	**15236**	**11331**	**5747**	**6582**	**4021**	**14790**	F
30	3	5	16	25	9	12	21	9	82	5100
2			1		3		4	2	5	5110
14	1	2	12	11	5	6	5	3	47	5120
14	2	3	3	14	1	6	12	4	30	5130
4174	1683	1754	3199	7894	5210	3166	2627	2661	5854	5200
299	186	217	55	472	453	375	398	407	329	5210
3398	1132	1113	2973	6809	3995	2354	1760	1730	5114	5220
477	365	424	171	613	762	437	469	524	411	5230
567	180	321	215	490	368	266	224	237	420	5300
87	51	90	50	108	98	73	83	89	111	5310
6	3	1	8	5	5	4		4	7	5320
470	121	215	146	335	232	171	110	117	279	5330
		3	2	13	9	6	4	6	4	5340
4	5	12	9	29	24	12	27	21	19	5390
321	22	67	252	1235	940	682	953	224	602	5400
45	10	18	15	42	95	67	55	21	52	5410
156	4	25	145	795	583	485	724	136	334	5420
120	8	24	92	398	262	130	174	67	216	5430

行业中类	代码	法人单位数	北京	天津	河北	山西	内蒙古
航空运输业	5500	942	44	16	21	30	34
航空客货运输	5510	335	14	4	4	4	11
通用航空服务	5520	209	6	7	5	9	4
航空运输辅助活动	5530	398	24	5	12	17	19
管道运输业	5600	122	8	5	9	2	1
装卸搬运和其他运输服务业	5700	49326	2144	3494	1127	505	429
装卸搬运	5710	8224	131	145	391	240	106
运输代理服务	5720	41102	2013	3349	736	265	323
仓储业	5800	19814	848	874	667	487	366
谷物、棉花等农产品仓储	5810	5921	74	65	191	228	163
其他仓储	5890	13893	774	809	476	259	203
邮政业	5900	5799	533	53	103	57	84
国家邮政	5910	861	3	16	25	27	38
其他寄递服务	5990	4938	530	37	78	30	46
信息传输、计算机服务和软件业	G	**176326**	**20987**	**2072**	**4773**	**3088**	**1913**
电信和其他信息传输服务业	6000	28423	3064	396	644	929	434
电信	6010	8545	960	103	230	467	162
互联网信息服务	6020	14536	1841	267	308	367	147
广播电视传输服务	6030	5096	187	24	103	91	122
卫星传输服务	6040	246	76	2	3	4	3
计算机服务业	6100	99514	6703	1052	3585	1823	1174
计算机系统服务	6110	17636	2594	308	246	220	182
数据处理	6120	1168	258	20	8	11	36
计算机维修	6130	3466	486	59	71	43	45
其他计算机服务	6190	77244	3365	665	3260	1549	911
软件业	6200	48389	11220	624	544	336	305
公共软件服务	6210	38679	9072	395	427	288	222
其他软件服务	6290	9710	2148	229	117	48	83
批发和零售业	H	**1670315**	**113263**	**43702**	**64573**	**35126**	**27710**
批发业	6300	1027725	55016	29058	37256	16621	15166
农畜产品批发	6310	49807	924	733	2421	1219	1874
食品、饮料及烟草制品批发	6320	76153	4087	1407	3046	1416	788

单位：个

辽宁	吉林	黑龙江	上海	江苏	浙江	安徽	福建	江西	山东	代码
42	33	47	40	33	49	13	37	14	48	5500
16	10	9	14	10	27	1	11	4	15	5510
11	16	13	7	10	2	3	4	2	14	5520
15	7	25	19	13	20	9	22	8	19	5530
6	8	3	5	10			2	3	14	5600
3307	376	509	6807	3711	3622	841	1999	479	4429	5700
278	78	199	285	1005	694	362	304	240	613	5710
3029	298	310	6522	2706	2928	479	1695	239	3816	5720
924	593	650	2034	1315	658	628	496	304	3003	5800
323	416	399	32	336	109	325	106	188	661	5810
601	177	251	2002	979	549	303	390	116	2342	5890
232	81	104	842	523	475	139	223	90	338	5900
32	16	22	5	27	33	27	39	26	48	5910
200	65	82	837	496	442	112	184	64	290	5990
7777	**1837**	**2690**	**10989**	**13174**	**13166**	**5427**	**5775**	**1711**	**12911**	G
1437	489	539	850	1443	1188	850	980	620	2318	6000
490	197	189	236	358	336	190	258	117	611	6010
667	138	231	533	565	599	456	545	342	1498	6020
276	148	111	75	510	244	193	170	159	205	6030
4	6	8	6	10	9	11	7	2	4	6040
3112	759	1199	6171	7608	7837	3950	3483	845	8162	6100
589	292	277	2501	1313	1561	314	586	129	1224	6110
89	15	19	64	83	82	14	33	26	52	6120
168	80	54	310	321	238	74	119	29	265	6130
2266	372	849	3296	5891	5956	3548	2745	661	6621	6190
3228	589	952	3968	4123	4141	627	1312	246	2431	6200
2620	449	667	2805	3210	3821	509	1071	169	1748	6210
608	140	285	1163	913	320	118	241	77	683	6290
80425	**31202**	**39512**	**116462**	**169042**	**112898**	**37307**	**53092**	**20410**	**154520**	H
54359	14254	24406	83454	123181	85823	22489	35542	10464	92946	6300
2692	2373	3100	419	4457	1531	2316	948	927	4866	6310
4518	779	1757	3669	6678	6339	2304	4219	1053	7674	6320

行业中类	代码	法人单位数	北京	天津	河北	山西	内蒙古
纺织、服装及日用品批发	6330	105528	5020	1804	1668	520	464
文化、体育用品及器材批发	6340	31869	3839	910	584	262	169
医药及医疗器材批发	6350	29557	2491	518	1121	404	303
矿产品、建材及化工产品批发	6360	340050	12911	10348	16893	7366	6758
机械设备、五金交电及电子产品批发	6370	285144	21215	7944	8251	4061	3188
贸易经纪与代理	6380	29237	1577	536	348	286	449
其他批发	6390	80380	2952	4858	2924	1087	1173
零售业	6500	642590	58247	14644	27317	18505	12544
综合零售	6510	77856	3690	1280	3264	3271	1146
食品、饮料及烟草制品专门零售	6520	51061	4795	1239	2006	1711	842
纺织、服装及日用品专门零售	6530	64348	6095	1586	2034	1713	1102
文化、体育用品及器材专门零售	6540	41193	7988	1320	1303	914	657
医药及医疗器材专门零售	6550	58406	3673	809	1976	1177	791
汽车、摩托车、燃料及零配件专门零售	6560	91484	3717	1343	6673	2869	2368
家用电器及电子产品专门零售	6570	107610	14681	1643	3804	2400	2061
五金、家具及室内装修材料专门零售	6580	82063	7915	2641	2932	2358	2081
无店铺及其他零售	6590	68569	5693	2783	3325	2092	1496
住宿和餐饮业	I	**154895**	**13195**	**2950**	**4372**	**3183**	**3250**
住宿业	6600	57385	4034	632	1785	1359	1269
旅游饭店	6610	19059	1123	151	623	377	394
一般旅馆	6620	34640	2646	376	1063	891	811
其他住宿服务	6690	3686	265	105	99	91	64
餐饮业	6700	97510	9161	2318	2587	1824	1981
正餐服务	6710	79831	7238	1923	2309	1607	1858
快餐服务	6720	6780	732	151	137	106	79
饮料及冷饮服务	6730	4185	660	73	42	29	8
其他餐饮服务	6790	6714	531	171	99	82	36
金融业	J	**36907**	**1159**	**702**	**1443**	**993**	**1345**
银行业	6800	9242	94	276	484	286	292
中央银行	6810	669	5	4	26	22	26
商业银行	6820	7513	82	256	408	230	240
其他银行	6890	1060	7	16	50	34	26

单位：个

辽宁	吉林	黑龙江	上海	江苏	浙江	安徽	福建	江西	山东	代码
4618	526	1435	12029	15834	19853	1391	4972	608	7966	6330
1388	258	542	3608	2530	3269	476	1491	290	2232	6340
1294	513	1021	2042	1704	1672	1131	888	470	2398	6350
20004	4695	8083	23973	45989	27056	7732	10263	3125	32776	6360
16361	3636	5421	29482	33029	20480	5109	8944	2155	23291	6370
1028	312	1139	2039	2784	1726	378	1067	338	3021	6380
2456	1162	1908	6193	10176	3897	1652	2750	1498	8722	6390
26066	16948	15106	33008	45861	27075	14818	17550	9946	61574	6500
2522	1482	1499	3454	5280	1416	2452	1727	1386	9553	6510
2191	1363	1045	2975	3923	2044	998	2016	900	4999	6520
3463	1899	1272	4879	4896	2725	1409	2312	848	5545	6530
1496	947	746	2861	3060	1671	717	1039	512	2764	6540
2508	1669	2200	1379	3821	7659	1052	1136	1054	5731	6550
4513	2565	2141	2304	6432	4072	2891	2961	1503	10084	6560
3937	2495	2267	3597	8277	3875	2599	2897	1402	7982	6570
3632	2971	1985	6863	5258	2424	1580	2206	954	7459	6580
1804	1557	1951	4696	4914	1189	1120	1256	1387	7457	6590
5989	**2413**	**2334**	**9464**	**9012**	**6958**	**4355**	**4347**	**3243**	**14021**	**I**
2033	864	1128	2461	2995	3529	1591	2019	1586	3031	6600
691	330	369	484	1003	1231	599	824	651	902	6610
1206	471	646	1825	1767	2239	894	1047	863	1898	6620
136	63	113	152	225	59	98	148	72	231	6690
3956	1549	1206	7003	6017	3429	2764	2328	1657	10990	6700
3418	1330	1046	4902	4808	2555	2343	1800	1489	9575	6710
258	101	89	477	457	332	159	222	67	894	6720
109	29	18	703	248	308	128	137	39	107	6730
171	89	53	921	504	234	134	169	62	414	6790
1735	**744**	**1111**	**817**	**2763**	**2168**	**1524**	**1963**	**913**	**2588**	**J**
363	196	348	136	301	295	330	251	308	599	6800
28	15	23	2	16	18	28	19	21	29	6810
269	165	281	132	251	253	271	207	212	463	6820
66	16	44	2	34	24	31	25	75	107	6890

行业中类	代码	法人单位数	北京	天津	河北	山西	内蒙古
证券业	6900	1437	138	43	46	25	21
证券市场管理	6910	109	3	2	1	4	2
证券经纪与交易	6920	793	46	37	29	14	14
证券投资	6930	319	60	2	12	2	3
证券分析与咨询	6940	216	29	2	4	5	2
保险业	7000	10580	467	132	419	299	270
人寿保险	7010	3631	64	25	138	110	82
非人寿保险	7020	4142	51	33	180	121	127
保险辅助服务	7030	2807	352	74	101	68	61
其他金融活动	7100	15648	460	251	494	383	762
金融信托与管理	7110	1473	43	18	26	32	42
金融租赁	7120	226	21	3	7	8	18
财务公司	7130	573	34	3	12	9	12
邮政储蓄	7140	521		21	14	12	16
典当	7150	3600	99	66	123	86	137
其他未列明的金融活动	7190	9255	263	140	312	236	537
房地产业	K	**244043**	**13935**	**4303**	**7165**	**4286**	**4500**
房地产业	7200	244043	13935	4303	7165	4286	4500
房地产开发经营	7210	101312	3847	1455	3496	2048	2629
物业管理	7220	66174	4173	1241	2147	1222	1197
房地产中介服务	7230	40543	3682	750	912	325	325
其他房地产活动	7290	36014	2233	857	610	691	349
租赁和商务服务业	L	**511666**	**69420**	**11299**	**10000**	**7580**	**6963**
租赁业	7300	23202	2437	569	551	409	529
机械设备租赁	7310	22225	2258	552	540	398	518
文化及日用品出租	7320	977	179	17	11	11	11
商务服务业	7400	488464	66983	10730	9449	7171	6434
企业管理服务	7410	108480	9216	1725	1347	1465	1310
法律服务	7420	22928	1632	348	910	527	415
咨询与调查	7430	132643	27543	3370	1963	1538	1295

单位：个

辽宁	吉林	黑龙江	上海	江苏	浙江	安徽	福建	江西	山东	代码
51	31	35	116	82	55	61	58	41	86	6900
9	1	5	7	1	3	5	2	6	6	6910
28	17	22	78	46	20	38	25	22	46	6920
12	12	5	5	24	17	9	23	9	19	6930
2	1	3	26	11	15	9	8	4	15	6940
574	225	326	291	670	491	374	378	296	887	7000
187	79	138	50	250	169	159	126	134	359	7010
185	90	140	43	255	208	161	153	125	311	7020
202	56	48	198	165	114	54	99	37	217	7030
747	292	402	274	1710	1327	759	1276	268	1016	7100
67	32	31	9	154	74	95	98	35	172	7110
9	7	2	14	17	7	11	12	5	13	7120
16	15	25	13	60	7	29	39	13	47	7130
25	17	31	1	13	14	14	27	27	38	7140
232	100	161	138	288	266	108	176	56	162	7150
398	121	152	99	1178	959	502	924	132	584	7190
12424	**3537**	**4940**	**12128**	**18651**	**14531**	**7977**	**8672**	**4843**	**16263**	K
12424	3537	4940	12128	18651	14531	7977	8672	4843	16263	7200
5387	1491	1817	3946	7789	5972	3653	3688	2807	7214	7210
3915	1258	1607	3165	4744	2996	2040	2129	1076	4573	7220
2050	424	941	3865	3244	3374	982	1207	465	2847	7230
1072	364	575	1152	2874	2189	1302	1648	495	1629	7290
22526	**6655**	**9124**	**43880**	**38185**	**43411**	**10574**	**17485**	**5704**	**32470**	L
832	311	434	1339	1834	1678	762	1210	308	1901	7300
790	298	393	1272	1770	1632	740	1182	298	1856	7310
42	13	41	67	64	46	22	28	10	45	7320
21694	6344	8690	42541	36351	41733	9812	16275	5396	30569	7400
3986	935	1292	6790	7116	16219	1359	3966	1199	4029	7410
1058	580	727	857	2098	1260	797	694	461	1729	7420
6297	1275	2001	16233	8791	8999	1938	4120	860	8459	7430

行业中类	代码	法人单位数	北京	天津	河北	山西	内蒙古
广告业	7440	87670	11491	2091	1881	1248	1275
知识产权服务	7450	4344	1049	64	64	37	47
职业中介服务	7460	24682	1638	509	671	343	398
市场管理	7470	19643	1145	379	378	411	290
旅行社	7480	23425	1320	365	1028	770	623
其他商务服务	7490	64649	11949	1879	1207	832	781
科学研究、技术服务和地质勘查业	**M**	**233221**	**32508**	**5859**	**5053**	**4309**	**3837**
研究与试验发展	7500	26573	3146	330	401	533	325
自然科学研究与试验发展	7510	2773	307	44	30	49	44
工程和技术研究与试验发展	7520	12210	1459	126	172	180	60
农业科学研究与试验发展	7530	5569	211	71	121	185	144
医学研究与试验发展	7540	4333	974	68	50	71	30
社会人文科学研究与试验发展	7550	1688	195	21	28	48	47
专业技术服务业	7600	111782	10876	3055	3167	2334	2046
气象服务	7610	4209	58	41	190	150	145
地震服务	7620	1438	26	16	65	102	61
海洋服务	7630	252	15	31	6	2	
测绘服务	7640	4167	164	43	203	132	166
技术检测	7650	15746	743	311	704	418	357
环境监测	7660	3254	125	44	122	137	108
工程技术与规划管理	7670	50871	4119	667	1435	1027	901
其他专业技术服务	7690	31845	5626	1902	442	366	308
科技交流和推广服务业	7700	90652	18225	2416	1323	1290	1144
技术推广服务	7710	72560	14478	1713	919	960	835
科技中介服务	7720	7671	1273	127	251	170	113
其他科技服务	7790	10421	2474	576	153	160	196
地质勘查业	7800	4214	261	58	162	152	322
矿产地质勘查	7810	1866	106	17	68	53	214
基础地质勘查	7820	849	30	13	46	46	42
地质勘查技术服务	7830	1499	125	28	48	53	66

单位：个

辽宁	吉林	黑龙江	上海	江苏	浙江	安徽	福建	江西	山东	代码
3776	1394	1726	6918	6766	6589	2337	3389	1070	6301	7440
156	55	99	291	309	492	72	142	31	226	7450
1865	391	571	1680	3756	1260	1019	720	253	1794	7460
1092	417	559	1125	2227	2333	469	384	178	1178	7470
1244	495	551	925	1607	1608	825	920	615	1951	7480
2220	802	1164	7722	3681	2973	996	1940	729	4902	7490
11819	**4355**	**5670**	**15096**	**14409**	**14259**	**4822**	**7175**	**3653**	**13020**	**M**
1778	545	841	1589	1856	1289	493	731	307	1520	7500
213	103	125	102	171	114	37	90	38	186	7510
927	151	312	705	995	574	167	188	50	577	7520
323	165	285	63	247	300	165	302	166	420	7530
224	65	80	656	352	198	93	85	25	246	7540
91	61	39	63	91	103	31	66	28	91	7550
5550	1964	2716	8208	7612	7436	2630	4135	1740	6047	7600
130	77	116	31	149	178	124	152	137	219	7610
76	28	43	11	81	17	46	63	23	100	7620
18		1	9	15	26		19	2	56	7630
249	135	166	72	256	363	120	183	81	220	7640
1100	462	546	380	980	1093	475	512	290	813	7650
191	77	115	107	240	215	80	140	86	129	7660
2612	906	1043	3768	3770	4146	1392	2125	822	2692	7670
1174	279	686	3830	2121	1398	393	941	299	1818	7690
4298	1738	1936	5269	4825	5439	1583	2187	1506	5227	7700
3420	1280	1244	3830	3692	4880	1333	1536	1144	3933	7710
601	180	162	292	582	387	154	321	195	657	7720
277	278	530	1147	551	172	96	330	167	637	7790
193	108	177	30	116	95	116	122	100	226	7800
77	57	84	10	33	28	65	44	53	76	7810
53	25	30	10	34	39	27	28	13	59	7820
63	26	63	10	49	28	24	50	34	91	7830

行业中类	代码	法人单位数	北京	天津	河北	山西	内蒙古
水利、环境和公共设施管理业	N	**61740**	**2323**	**1074**	**1786**	**1863**	**1676**
水利管理业	7900	21220	266	241	495	753	686
防洪管理	7910	2667	22	38	50	61	71
水资源管理	7920	10742	126	89	326	443	343
其他水利管理	7990	7811	118	114	119	249	272
环境管理业	8000	13945	513	269	318	390	412
自然保护	8010	2382	42	13	46	74	117
环境治理	8020	11563	471	256	272	316	295
公共设施管理业	8100	26575	1544	564	973	720	578
市政公共设施管理	8110	5693	149	165	211	141	159
城市绿化管理	8120	12231	1007	333	361	286	224
游览景区管理	8130	8651	388	66	401	293	195
居民服务和其他服务业	O	**141936**	**14974**	**5547**	**3867**	**3239**	**2022**
居民服务业	8200	68079	7248	1648	1739	1601	1116
家庭服务	8210	4958	650	148	118	75	88
托儿所	8220	1394	12	19	27	11	23
洗染服务	8230	2341	477	70	54	69	27
理发及美容保健服务	8240	17294	3178	240	318	257	132
洗浴服务	8250	10747	663	142	295	298	196
婚姻服务	8260	3955	410	105	129	90	97
殡葬服务	8270	4647	108	62	183	69	149
摄影扩印服务	8280	7277	885	141	246	199	111
其他居民服务	8290	15466	865	721	369	533	293
其他服务业	8300	73857	7726	3899	2128	1638	906
修理与维护	8310	36610	3768	882	1150	959	411
清洁服务	8320	13108	1811	382	385	189	132
其他未列明的服务	8390	24139	2147	2635	593	490	363
教育	P	**342003**	**8220**	**3132**	**19059**	**9144**	**5435**
教育	8400	342003	8220	3132	19059	9144	5435
学前教育	8410	66991	832	326	1854	1103	705
初等教育	8420	129506	922	725	10782	3064	1878
中等教育	8430	74868	919	634	4120	2870	1316
高等教育	8440	5642	295	143	235	202	97
其他教育	8490	64996	5252	1304	2068	1905	1439

单位：个

辽宁	吉林	黑龙江	上海	江苏	浙江	安徽	福建	江西	山东	代码
2788	**1303**	**1563**	**1931**	**5175**	**3826**	**1781**	**2128**	**1532**	**3442**	N
927	542	506	192	1716	745	595	655	578	842	7900
112	66	115	29	313	127	153	87	80	86	7910
374	284	275	59	722	394	338	285	362	506	7920
441	192	116	104	681	224	104	283	136	250	7990
677	284	385	538	1045	942	332	588	377	595	8000
175	32	79	22	41	81	59	138	62	79	8010
502	252	306	516	1004	861	273	450	315	516	8020
1184	477	672	1201	2414	2139	854	885	577	2005	8100
271	122	172	283	509	407	137	177	147	371	8110
563	218	349	834	1319	1007	352	284	176	1042	8120
350	137	151	84	586	725	365	424	254	592	8130
6221	**2257**	**3298**	**12303**	**10283**	**6330**	**3089**	**4210**	**2394**	**11342**	O
3628	1112	1835	6385	4514	2911	1638	2094	1107	4999	8200
241	71	127	365	280	348	82	133	56	278	8210
39	10	79	33	49	68	15	38	68	173	8220
102	29	45	173	150	168	37	68	25	170	8230
731	203	314	2909	593	674	228	446	288	679	8240
1010	238	376	1020	1253	230	462	460	112	628	8250
302	55	154	257	286	258	113	105	33	401	8260
363	87	204	153	339	429	201	195	110	293	8270
279	143	200	527	369	270	179	180	131	703	8280
561	276	336	948	1195	466	321	469	284	1674	8290
2593	1145	1463	5918	5769	3419	1451	2116	1287	6343	8300
1562	684	688	2609	2802	2024	792	1253	670	3073	8310
425	176	295	979	1003	912	326	409	136	720	8320
606	285	480	2330	1964	483	333	454	481	2550	8390
11668	**5699**	**7558**	**5244**	**14801**	**15997**	**13346**	**11694**	**10018**	**20607**	P
11668	5699	7558	5244	14801	15997	13346	11694	10018	20607	8400
2360	570	926	1144	3250	5083	2170	2742	3043	6122	8410
2123	1685	1895	759	3256	3467	5402	4331	3056	5674	8420
2577	1659	2319	1096	3528	3008	3756	2237	2585	4453	8430
246	161	204	196	375	307	192	222	143	327	8440
4362	1624	2214	2049	4392	4132	1826	2162	1191	4031	8490

行业中类	代码	法人单位数	北京	天津	河北	山西	内蒙古
卫生、社会保障和社会福利业	Q	**209016**	**3014**	**1360**	**7237**	**5369**	**4436**
卫生	8500	172838	2195	946	6166	4346	3539
医院	8510	22595	581	278	1258	968	518
卫生院及社区医疗活动	8520	52091	297	264	2808	1816	1605
门诊部医疗活动	8530	70454	1023	170	1302	729	614
计划生育技术服务活动	8540	13015	28	43	246	282	250
妇幼保健活动	8550	3056	28	21	175	136	113
专科疾病防治活动	8560	1928	45	16	33	60	69
疾病预防控制及防疫活动	8570	5440	53	29	231	158	228
其他卫生活动	8590	4259	140	125	113	197	142
社会保障业	8600	11784	245	201	306	527	382
社会福利业	8700	24394	574	213	765	496	515
提供住宿的社会福利	8710	18528	398	175	675	345	360
不提供住宿的社会福利	8720	5866	176	38	90	151	155
文化、体育和娱乐业	R	**90891**	**11456**	**1233**	**2207**	**2463**	**1744**
新闻出版业	8800	6733	1498	145	133	279	165
新闻业	8810	968	26	14	16	100	48
出版业	8820	5765	1472	131	117	179	117
广播、电视、电影和音像业	8900	14432	1662	131	412	369	389
广播	8910	2978	33	23	69	65	122
电视	8920	4770	597	32	137	124	134
电影	8930	5137	615	57	184	143	89
音像制作	8940	1547	417	19	22	37	44
文化艺术业	9000	37948	5528	380	1008	1112	792
文艺创作与表演	9010	6184	519	63	162	256	140
艺术表演场馆	9020	1135	45	33	43	37	17
图书馆与档案馆	9030	4806	80	51	233	200	187
文物及文化保护	9040	2651	61	14	151	163	89
博物馆	9050	1855	94	20	39	71	53

单位：个

辽宁	吉林	黑龙江	上海	江苏	浙江	安徽	福建	江西	山东	代码
10201	**3620**	**4793**	**2491**	**9796**	**7206**	**7124**	**6084**	**7554**	**15714**	Q
8116	2452	3772	1303	7204	5469	6141	4836	6125	13768	8500
1100	647	933	384	1127	818	788	567	744	1587	8510
1727	995	1107	263	2834	2137	2778	1489	2205	2962	8520
4069	264	763	361	1808	1804	1765	1786	2225	7824	8530
327	183	382	43	712	186	333	578	372	320	8540
140	73	116	22	111	89	115	93	94	161	8550
100	57	139	80	73	55	67	43	105	168	8560
530	134	217	41	292	257	193	133	232	278	8570
123	99	115	109	247	123	102	147	148	468	8590
428	193	411	253	703	311	231	462	349	573	8600
1657	975	610	935	1889	1426	752	786	1080	1373	8700
1355	849	518	541	1405	893	649	366	959	1201	8710
302	126	92	394	484	533	103	420	121	172	8720
3660	**1793**	**1760**	**3810**	**5518**	**5016**	**2336**	**3503**	**2145**	**4559**	R
275	183	163	254	268	267	148	230	147	302	8800
35	29	34	12	41	42	14	65	34	38	8810
240	154	129	242	227	225	134	165	113	264	8820
504	371	334	370	846	774	387	429	463	562	8900
117	122	91	28	158	44	82	45	126	102	8910
146	116	105	102	236	417	125	171	174	148	8920
190	101	113	164	386	257	160	171	143	248	8930
51	32	25	76	66	56	20	42	20	64	8940
1438	772	769	789	2107	1719	982	1378	793	1828	9000
271	107	115	148	421	278	308	232	141	367	9010
56	45	22	44	60	77	39	27	34	74	9020
262	141	147	72	216	255	151	186	156	257	9030
64	43	64	14	114	114	75	122	62	139	9040
83	28	34	48	120	149	47	104	70	133	9050

行业中类	代码	法 人 单位数	北京	天津	河北	山西	内蒙古
烈士陵园、纪念馆	9060	977	5	10	64	48	6
群众文化活动	9070	11575	768	51	224	192	198
文化艺术经纪代理	9080	2968	1466	34	19	19	28
其他文化艺术	9090	5797	2490	104	73	126	74
体育	9100	8262	885	184	168	251	134
体育组织	9110	4626	495	101	82	157	77
体育场馆	9120	1617	102	36	42	46	27
其他体育	9190	2019	288	47	44	48	30
娱乐业	9200	23516	1883	393	486	452	264
室内娱乐活动	9210	13473	686	204	243	290	130
游乐园	9220	753	21	5	25	15	17
休闲健身娱乐活动	9230	6637	1016	108	162	107	62
其他娱乐活动	9290	2653	160	76	56	40	55
公共管理和社会组织	S	**1383842**	**13901**	**9796**	**76467**	**52160**	**30400**
中国共产党机关	9300	40062	337	258	1731	1613	918
国家机构	9400	399955	3211	2276	16356	14659	9850
国家权力机构	9410	6932	54	86	275	286	201
国家行政机构	9420	381352	3057	2000	15537	13907	9298
人民法院和人民检察院	9430	7502	51	44	403	298	251
其他国家机构	9490	4169	49	146	141	168	100
人民政协和民主党派	9500	6234	53	62	279	256	155
人民政协	9510	3501	28	15	201	147	116
民主党派	9520	2733	25	47	78	109	39
群众团体、社会团体和宗教组织	9600	247353	4084	1983	6015	5647	5728
群众团体	9610	27423	820	638	1012	996	748
社会团体	9620	160485	3224	1277	4204	3929	4413
宗教组织	9630	59445	40	68	799	722	567
基层群众自治组织	9700	690238	6216	5217	52086	29985	13749
社区自治组织	9710	81496	2232	1378	2936	1794	2365
村民自治组织	9720	608742	3984	3839	49150	28191	11384

单位：个

辽宁	吉林	黑龙江	上海	江苏	浙江	安徽	福建	江西	山东	代码
31	27	24	18	96	51	42	41	36	75	9060
455	312	185	186	787	592	250	479	202	273	9070
75	11	70	87	120	89	25	44	13	218	9080
141	58	108	172	173	114	45	143	79	292	9090
446	170	151	449	582	728	225	266	135	435	9100
243	76	68	216	358	538	141	138	84	229	9110
93	44	41	133	111	92	36	60	20	82	9120
110	50	42	100	113	98	48	68	31	124	9190
997	297	343	1948	1715	1528	594	1200	607	1432	9200
599	157	138	1191	1025	828	402	790	381	695	9210
28	14	31	13	44	58	23	34	13	72	9220
291	96	117	650	419	481	101	241	121	428	9230
79	30	57	94	227	161	68	135	92	237	9290
40277	**27128**	**33531**	**11929**	**59992**	**71272**	**45435**	**45335**	**45120**	**125367**	S
1679	795	1237	201	1835	1230	1641	1031	1415	1784	9300
13908	10602	14475	3244	19908	15130	13687	13307	15620	23120	9400
140	89	323	72	276	164	271	232	429	389	9410
13438	10252	13552	3096	19166	14607	13065	12602	14814	22093	9420
275	185	395	46	268	258	267	195	258	389	9430
55	76	205	30	198	101	84	278	119	249	9490
241	135	218	146	268	303	266	240	218	322	9500
120	70	148	31	139	118	129	102	119	200	9510
121	65	70	115	129	185	137	138	99	122	9520
8758	4372	5509	2977	15721	20750	10979	14119	8204	14052	9600
741	477	877	362	1012	1315	889	1099	742	1194	9610
6830	3212	4006	2396	12199	11438	6520	8517	5021	12409	9620
1187	683	626	219	2510	7997	3570	4503	2441	449	9630
15691	11224	12092	5361	22260	33859	18862	16638	19663	86089	9700
3918	1876	2993	3584	6025	3738	3248	1994	2573	5958	9710
11773	9348	9099	1777	16235	30121	15614	14644	17090	80131	9720

行业中类	代码	河南	湖北	湖南	广东	广西	海南
总计	**0000**	**385806**	**328068**	**277061**	**716720**	**180744**	**31128**
农、林、牧、渔业	**A**	**13388**	**5835**	**5536**	**12794**	**2630**	**635**
农业	0100	1930	1287	1727	2692	574	267
谷物及其他作物的种植	0110	538	473	326	478	187	42
蔬菜、园艺作物的种植	0120	966	429	530	1090	145	47
水果、坚果、饮料和香料作物的种植	0130	342	330	820	1048	218	174
中药材的种植	0140	84	55	51	76	24	4
林业	0200	987	688	1354	1321	506	140
林木的培育和种植	0210	945	678	1261	1246	478	29
木材和竹材的采运	0220	13	4	54	43	21	1
林产品的采集	0230	29	6	39	32	7	110
畜牧业	0300	8085	1970	1177	1381	660	124
牲畜的饲养	0310	1564	384	357	219	122	32
猪的饲养	0320	4194	843	618	651	312	56
家禽的饲养	0330	2046	629	119	399	157	26
狩猎和捕捉动物	0340	4	2	2	1		
其他畜牧业	0390	277	112	81	111	69	10
渔业	0400	407	757	457	879	160	24
海洋渔业	0410	5	28	3	403	56	8
内陆渔业	0420	402	729	454	476	104	16
农、林、牧、渔服务业	0500	1979	1133	821	6521	730	80
农业服务业	0510	1410	738	439	5721	293	71
林业服务业	0520	103	68	125	206	167	3
畜牧服务业	0530	428	242	208	418	233	1
渔业服务业	0540	38	85	49	176	37	5
采矿业	**B**	**7801**	**5083**	**8137**	**2614**	**2716**	**233**
煤炭开采和洗选业	0600	1341	527	1807	2	50	
烟煤和无烟煤的开采洗选	0610	1327	459	1674	1	30	
褐煤的开采洗选	0620	11	2	12		18	
其他煤炭采选	0690	3	66	121	1	2	

单位：个

重庆	四川	贵州	云南	西藏	陕西	甘肃	青海	宁夏	新疆	代码
156504	**339035**	**102937**	**149157**	**15841**	**204938**	**101839**	**25877**	**33433**	**93662**	0000
6862	**10043**	**2228**	**7075**	**14**	**5539**	**2603**	**564**	**1057**	**2438**	A
2306	2435	802	2921	3	900	526	103	340	705	0100
285	292	114	596	2	155	262	45	106	425	0110
1102	1231	280	944		356	145	44	126	132	0120
698	726	323	1164	1	324	91	8	78	125	0130
221	186	85	217		65	28	6	30	23	0140
546	764	280	877	4	837	278	103	111	174	0200
510	728	256	675	4	823	277	103	110	162	0210
12	32	19	44		6	1		1	9	0220
24	4	5	158		8				3	0230
2465	3426	976	2256	5	1921	1153	235	419	417	0300
481	607	268	774	3	753	502	147	262	243	0310
997	2028	417	937	1	736	381	44	76	45	0320
766	614	237	403	1	309	197	15	52	80	0330
2	3	2			1	2		3	2	0340
219	174	52	142		122	71	29	26	47	0390
468	280	53	133		69	27	4	42	32	0400
3	3	2	8		3	1		3	2	0410
465	277	51	125		66	26	4	39	30	0420
1077	3138	117	888	2	1812	619	119	145	1110	0500
436	849	81	451	2	819	375	51	110	683	0510
84	427	21	232		204	56	15	13	183	0520
512	1810	14	176		770	182	49	20	232	0530
45	52	1	29		19	6	4	2	12	0540
3380	**5654**	**4613**	**5115**	**114**	**4186**	**1721**	**556**	**596**	**1748**	B
1208	1699	1861	1514	2	962	317	59	285	365	0600
1185	1677	1841	1379	2	900	290	57	283	357	0610
7	4	2	108		4	8			1	0620
16	18	18	27		58	19	2	2	7	0690

1-2 续表 17

行业中类	代码	河南	湖北	湖南	广东	广西	海南
石油和天然气开采业	0700	10	9	1	22	5	2
天然原油和天然气开采	0710	3	5		12	2	2
与石油和天然气开采有关的服务活动	0790	7	4	1	10	3	
黑色金属矿采选业	0800	1153	1049	1015	341	581	9
铁矿采选	0810	1140	1007	382	323	167	9
其他黑色金属矿采选	0890	13	42	633	18	414	
有色金属矿采选业	0900	1237	442	1185	235	591	135
常用有色金属矿采选	0910	584	398	980	167	502	118
贵金属矿采选	0920	422	32	90	17	70	9
稀有稀土金属矿采选	0930	231	12	115	51	19	8
非金属矿采选业	1000	4010	2952	4071	1949	1419	76
土砂石开采	1010	3558	2309	3742	1706	1111	61
化学矿采选	1020	43	409	46	6	46	
采盐	1030	4	2	3	44	4	4
石棉及其他非金属矿采选	1090	405	232	280	193	258	11
其他采矿业	1100	50	104	58	65	70	11
制造业	**C**	**110886**	**58560**	**57981**	**216698**	**22156**	**2426**
农副食品加工业	1300	12314	5796	5225	3629	1652	330
谷物磨制	1310	6096	2482	2035	408	255	11
饲料加工	1320	1276	375	519	560	276	22
植物油加工	1330	1423	744	617	305	147	6
制糖	1340	23	17	17	88	110	28
屠宰及肉类加工	1350	1118	657	724	734	316	93
水产品加工	1360	55	269	96	689	120	104
蔬菜、水果和坚果加工	1370	695	376	443	428	126	25
其他农副食品加工	1390	1628	876	774	417	302	41
食品制造业	1400	3576	1668	1814	3723	1051	176
焙烤食品制造	1410	946	461	561	899	320	21
糖果、巧克力及蜜饯制造	1420	244	74	176	964	87	55
方便食品制造	1430	866	391	421	357	196	5
液体乳及乳制品制造	1440	156	39	35	51	22	6
罐头制造	1450	156	132	142	156	94	9
调味品、发酵制品制造	1460	575	224	142	486	122	18
其他食品制造	1490	633	347	337	810	210	62

单位：个

重庆	四川	贵州	云南	西藏	陕西	甘肃	青海	宁夏	新疆	代码
18	63	3	6		616	14	2	48	74	0700
10	23	1	3		20	6	2	46	9	0710
8	40	2	3		596	8		2	65	0790
211	405	234	592	20	275	271	52	15	590	0800
29	368	87	477	12	217	242	44	14	559	0810
182	37	147	115	8	58	29	8	1	31	0890
33	588	357	1499	56	620	298	103	5	290	0900
32	468	271	1397	53	400	191	85	3	206	0910
	77	60	48	1	114	95	17	1	68	0920
1	43	26	54	2	106	12	1	1	16	0930
1889	2830	2114	1460	36	1671	765	330	242	380	1000
1770	2437	1835	1168	24	1424	597	270	216	268	1010
46	151	163	180	8	91	7	4	1	7	1020
3	20	1	4		5	4	9		9	1030
70	222	115	108	4	151	157	47	25	96	1090
21	69	44	44		42	56	10	1	49	1100
29265	**52426**	**9723**	**15448**	**345**	**30388**	**11264**	**2231**	**4207**	**7813**	C
2273	4170	791	1448	46	2015	1448	207	610	863	1300
418	608	96	95	19	551	354	16	143	197	1310
257	634	92	216	1	285	137	24	69	70	1320
267	436	160	105	6	212	98	46	41	242	1330
21	24	15	76		4	7		2	15	1340
553	1389	202	317	9	358	202	88	68	145	1350
11	26	3	22		6	4	2	1	7	1360
413	509	72	303	1	285	285	4	83	121	1370
333	544	151	314	10	314	361	27	203	66	1390
981	2154	380	655	15	1187	511	80	199	359	1400
186	396	59	164	2	307	90	11	57	62	1410
66	143	24	51		172	81		10	17	1420
258	427	67	101		174	66	2	28	23	1430
18	55	14	38	7	114	68	18	37	70	1440
51	97	16	23	2	24	17	1	5	82	1450
267	623	124	104	2	243	128	23	34	32	1460
135	413	76	174	2	153	61	25	28	73	1490

行业中类	代码	河南	湖北	湖南	广东	广西	海南
饮料制造业	1500	2290	2307	1603	1513	849	96
酒精制造	1510	45	15	9	24	49	2
酒的制造	1520	753	491	484	461	199	28
软饮料制造	1530	1089	671	600	867	321	58
精制茶加工	1540	403	1130	510	161	280	8
烟草制品业	1600	14	13	15	30	4	2
烟叶复烤	1610	6	3	9	7	1	
卷烟制造	1620	3	3	2	5	3	1
其他烟草制品加工	1690	5	7	4	18		1
纺织业	1700	3792	3059	1655	9452	707	40
棉、化纤纺织及印染精加工	1710	2174	1797	472	2630	100	
毛纺织和染整精加工	1720	142	42	43	589	89	2
麻纺织	1730	70	65	118	32	13	1
丝绢纺织及精加工	1740	50	41	23	184	109	1
纺织制成品制造	1750	716	861	559	2153	94	19
针织品、编织品及其制品制造	1760	640	253	440	3864	302	17
纺织服装、鞋、帽制造业	1800	1820	2981	942	15511	401	79
纺织服装制造	1810	1479	2912	763	14705	385	79
纺织面料鞋的制造	1820	310	57	169	575	12	
制帽	1830	31	12	10	231	4	
皮革、毛皮、羽毛(绒)及其制品业	1900	1361	262	796	7851	300	4
皮革鞣制加工	1910	308	24	78	428	41	
皮革制品制造	1920	572	204	673	7161	207	1
毛皮鞣制及制品加工	1930	316	16	8	143	8	1
羽毛(绒)加工及制品制造	1940	165	18	37	119	44	2
木材加工及木、竹、藤、棕、草制品业	2000	6650	1715	3741	3323	2097	143
锯材、木片加工	2010	4087	696	1514	924	887	84
人造板制造	2020	1865	409	872	907	556	28
木制品制造	2030	503	407	506	1136	317	23
竹、藤、棕、草制品制造	2040	195	203	849	356	337	8

单位：个

重庆	四川	贵州	云南	西藏	陕西	甘肃	青海	宁夏	新疆	代码
1080	3250	800	1355	24	804	357	51	112	330	1500
1	18	5	13		6	5	1		5	1510
634	2093	304	335	10	161	220	32	61	172	1520
259	511	245	339	14	349	122	16	45	140	1530
186	628	246	668		288	10	2	6	13	1540
4	12	8	32		14	10		1	1	1600
2	3	6	16		6			1		1610
2	4	1	7		3	2			1	1620
	5	1	9		5	8				1690
1437	1107	65	233	9	669	173	29	127	292	1700
1088	389	12	48	1	381	58	6	7	163	1710
16	43	3	4	3	25	38	8	97	25	1720
21	37	1	18		4	8		1	8	1730
116	223	2	39		42	3		1	3	1740
90	237	28	84	4	136	39	8	17	51	1750
106	178	19	40	1	81	27	7	4	42	1760
438	680	66	146	11	399	95	25	28	126	1800
420	645	62	140	10	382	83	21	28	122	1810
18	30	4	5	1	15	7			3	1820
	5		1		2	5	4		1	1830
545	713	15	36	5	72	105	11	46	37	1900
20	51		11		5	36	2	18	14	1910
473	553	13	22	2	52	35	5	3	13	1920
8	31	1	1	3	12	24	4	19	6	1930
44	78	1	2		3	10		6	4	1940
652	1524	352	766	17	570	131	30	38	181	2000
228	550	141	393	12	203	52	18	7	59	2010
102	347	120	128	2	133	27	4	9	79	2020
220	373	60	204	3	196	41	5	16	40	2030
102	254	31	41		38	11	3	6	3	2040

行业中类	代码	河南	湖北	湖南	广东	广西	海南
家具制造业	2100	3490	1188	1464	6582	399	82
木质家具制造	2110	2967	927	1220	3802	305	49
竹、藤家具制造	2120	42	24	92	122	23	3
金属家具制造	2130	301	79	37	987	17	4
塑料家具制造	2140	27	27	8	143	7	
其他家具制造	2190	153	131	107	1528	47	26
造纸及纸制品业	2200	1863	1065	1897	8550	865	73
纸浆制造	2210	26	57	55	159	49	1
造纸	2220	688	271	789	1788	407	23
纸制品制造	2230	1149	737	1053	6603	409	49
印刷业和记录媒介的复制	2300	1865	1581	1419	9213	832	142
印刷	2310	1702	1376	1265	8567	745	131
装订及其他印刷服务活动	2320	162	199	149	585	82	9
记录媒介的复制	2330	1	6	5	61	5	2
文教体育用品制造业	2400	340	156	260	4344	100	2
文化用品制造	2410	110	61	91	677	26	1
体育用品制造	2420	38	23	50	806	12	1
乐器制造	2430	46	18	6	208	1	
玩具制造	2440	122	46	110	2410	57	
游艺器材及娱乐用品制造	2450	24	8	3	243	4	
石油加工、炼焦及核燃料加工业	2500	291	131	146	357	57	9
精炼石油产品的制造	2510	203	116	69	327	50	9
炼焦	2520	87	15	77	24	7	
化学原料及化学制品制造业	2600	5002	2853	5952	9017	1623	175
基础化学原料制造	2610	989	564	821	545	210	9
肥料制造	2620	630	566	364	307	354	57
农药制造	2630	201	99	103	90	86	10
涂料、油墨、颜料及类似产品制造	2640	891	417	352	2791	152	11
合成材料制造	2650	218	151	143	730	27	9
专用化学产品制造	2660	1722	838	3971	2096	637	48
日用化学产品制造	2670	351	218	198	2458	157	31
医药制造业	2700	1019	717	547	992	402	107
化学药品原药制造	2710	130	148	77	69	35	11

单位：个

重庆	四川	贵州	云南	西藏	陕西	甘肃	青海	宁夏	新疆	代码
1001	1301	114	242	7	692	171	16	51	148	2100
823	998	76	181	5	528	141	15	39	117	2110
13	32	6	4		2	1				2120
48	93	22	27	1	42	13		5	18	2130
15	7	2	5		6	1		3	4	2140
102	171	8	25	1	114	15	1	4	9	2190
615	1200	208	421	2	919	180	12	89	202	2200
7	35	6	11		17	12		3	7	2210
206	427	71	131		221	43	2	42	61	2220
402	738	131	279	2	681	125	10	44	134	2230
869	1789	376	590	15	981	451	78	176	333	2300
787	1637	349	525	14	849	412	71	169	303	2310
79	145	26	58	1	129	38	7	7	30	2320
3	7	1	7		3	1				2330
66	124	16	30		54	22	3	5	18	2400
25	61	9	19		23	13	3	4	10	2410
15	34	3	1		10	4		1	8	2420
5	4	1	5		10	1				2430
18	16	3	2		7					2440
3	9		3		4	4				2450
73	191	154	138		309	66	10	60	192	2500
51	124	7	15		83	54	5	17	105	2510
22	63	147	123		223	11	5	43	86	2520
1140	3053	734	1102	17	1435	670	190	365	654	2600
229	823	203	269	3	310	206	62	187	125	2610
162	566	229	364	1	245	157	93	52	169	2620
38	76	14	17		66	13	1	5	11	2630
230	395	37	86	1	175	92	4	23	88	2640
51	121	13	22		73	24	3	10	22	2650
317	802	187	249	3	441	123	22	74	197	2660
113	270	51	95	9	125	55	5	14	42	2670
245	765	209	252	28	565	228	50	37	98	2700
50	90	5	16		114	13	3	2	9	2710

行业中类	代码	河南	湖北	湖南	广东	广西	海南
化学药品制剂制造	2720	131	93	58	156	46	53
中药饮片加工	2730	138	52	78	149	54	4
中成药制造	2740	188	142	113	204	131	17
兽用药品制造	2750	141	34	61	95	62	6
生物、生化制品的制造	2760	120	117	102	175	40	10
卫生材料及医药用品制造	2770	171	131	58	144	34	6
化学纤维制造业	2800	104	68	59	282	10	7
纤维素纤维原料及纤维制造	2810	42	26	14	71	1	
合成纤维制造	2820	62	42	45	211	9	7
橡胶制品业	2900	796	384	347	2703	150	30
轮胎制造	2910	87	52	44	101	29	1
橡胶板、管、带的制造	2920	220	60	60	308	28	8
橡胶零件制造	2930	145	88	86	543	19	2
再生橡胶制造	2940	97	36	29	110	9	1
日用及医用橡胶制品制造	2950	29	17	19	157	13	3
橡胶靴鞋制造	2960	69	21	32	417	6	1
其他橡胶制品制造	2990	149	110	77	1067	46	14
塑料制品业	3000	3530	2216	1530	19119	800	86
塑料薄膜制造	3010	266	213	138	1790	101	13
塑料板、管、型材的制造	3020	794	407	274	1389	124	8
塑料丝、绳及编织品的制造	3030	684	317	199	486	157	9
泡沫塑料制造	3040	189	122	43	810	47	9
塑料人造革、合成革制造	3050	19	13	21	193	6	1
塑料包装箱及容器制造	3060	301	250	170	1882	89	20
塑料零件制造	3070	111	183	65	2841	27	4
日用塑料制造	3080	336	239	201	3175	110	8
其他塑料制品制造	3090	830	472	419	6553	139	14
非金属矿物制品业	3100	28967	11442	12496	10549	3611	305
水泥、石灰和石膏的制造	3110	1118	994	1145	702	541	31
水泥及石膏制品制造	3120	10716	4220	3280	1081	418	71
砖瓦、石材及其他建筑材料制造	3130	10905	5212	6221	3624	2119	173
玻璃及玻璃制品制造	3140	876	340	300	1648	90	14

单位：个

重庆	四川	贵州	云南	西藏	陕西	甘肃	青海	宁夏	新疆	代码
43	116	23	31		86	10	7	4	9	2720
30	147	18	46	4	66	122	10	6	21	2730
41	138	128	95	20	129	43	23	11	27	2740
18	86	5	9	1	29	7	1	7	5	2750
35	139	15	34	1	91	22	5	5	16	2760
28	49	15	21	2	50	11	1	2	11	2770
16	50	4	2		28	9	3	2	21	2800
5	16	1	1		11	1			19	2810
11	34	3	1		17	8	3	2	2	2820
284	393	97	133		283	58	5	23	48	2900
33	47	12	16		26	14		5	10	2910
33	62	9	23		42	14	2	8	17	2920
129	104	44	19		114	4	1	3	13	2930
17	48	12	14		18	7	1	2	3	2940
3	15		1		10			4	1	2950
26	19	9	5		9	4	1		1	2960
43	98	11	55		64	15		1	3	2990
956	1921	291	540	4	851	399	48	157	701	3000
87	210	19	58		89	57	3	19	106	3010
201	399	76	125	3	167	89	7	37	264	3020
110	280	61	133	1	135	85	17	50	85	3030
54	102	15	24		86	29	9	9	59	3040
4	15	1	1		2				1	3050
114	261	31	70		121	50	5	16	44	3060
100	115	16	10		41	14	2	2	6	3070
90	193	26	44		104	31	3	7	51	3080
196	346	46	75		106	44	2	17	85	3090
4024	11376	2424	2746	65	7357	3282	671	1034	1395	3100
290	738	313	357	12	736	280	74	83	136	3110
1293	2689	445	407	21	2090	537	154	195	278	3120
1934	6330	1322	1680	27	4064	2208	375	462	832	3130
263	632	81	72	2	154	39	9	13	76	3140

行业中类	代码	河南	湖北	湖南	广东	广西	海南
陶瓷制品制造	3150	726	81	684	2603	173	5
耐火材料制品制造	3160	2794	217	379	142	41	2
石墨及其他非金属矿物制品制造	3190	1832	378	487	749	229	9
黑色金属冶炼及压延加工业	3200	890	552	1291	977	447	16
炼铁	3210	139	103	458	100	68	4
炼钢	3220	41	55	37	55	16	3
钢压延加工	3230	462	336	225	790	115	9
铁合金冶炼	3240	248	58	571	32	248	
有色金属冶炼及压延加工业	3300	1509	521	1649	2105	366	13
常用有色金属冶炼	3310	616	166	819	265	235	6
贵金属冶炼	3320	33	9	194	20	13	1
稀有稀土金属冶炼	3330	163	56	178	45	14	1
有色金属合金制造	3340	146	55	172	202	14	3
有色金属压延加工	3350	551	235	286	1573	90	2
金属制品业	3400	5024	3251	2118	24065	803	76
结构性金属制品制造	3410	2819	1705	863	5115	308	33
金属工具制造	3420	445	371	461	2997	114	9
集装箱及金属包装容器制造	3430	216	225	71	695	36	9
金属丝绳及其制品的制造	3440	324	125	73	473	22	2
建筑、安全用金属制品制造	3450	491	232	149	2692	72	7
金属表面处理及热处理加工	3460	124	127	82	1685	36	2
搪瓷制品制造	3470	54	18	19	188	4	
不锈钢及类似日用金属制品制造	3480	218	165	173	5344	110	8
其他金属制品制造	3490	333	283	227	4876	101	6
通用设备制造业	3500	8085	3865	3254	9455	1059	34
锅炉及原动机制造	3510	274	275	162	183	67	1
金属加工机械制造	3520	850	760	582	1878	129	5
起重运输设备制造	3530	669	123	93	304	34	1
泵、阀门、压缩机及类似机械的制造	3540	773	311	325	703	70	3
轴承、齿轮、传动和驱动部件的制造	3550	580	167	169	352	44	3
烘炉、熔炉及电炉制造	3560	74	31	42	97	7	

单位：个

重庆	四川	贵州	云南	西藏	陕西	甘肃	青海	宁夏	新疆	代码
78	201	21	33		76	18	3	2	6	3150
82	375	85	51		98	52	11	19	24	3160
84	411	157	146	3	139	148	45	260	43	3190
321	776	341	378		274	242	87	137	101	3200
23	103	79	113		28	34	4	30	34	3210
11	44	6	18		16	9	3	1	5	3220
243	415	44	145		142	61	7	21	47	3230
44	214	212	102		88	138	73	85	15	3240
294	596	255	715	7	651	152	58	65	78	3300
115	233	166	524	2	145	72	41	40	33	3310
2	14	11	20		8	17	1	1	26	3320
12	66	37	71		66	10	3	10		3330
52	97	10	20		45	9	6	7	3	3340
113	186	31	80	5	387	44	7	7	16	3350
1623	2799	405	782	9	1621	615	183	228	514	3400
620	1345	159	401	3	812	369	92	143	322	3410
330	365	81	71	1	212	58	12	13	20	3420
60	160	17	50		69	28	2	10	35	3430
46	86	33	26	2	60	20	51	10	27	3440
125	248	32	55		166	55	10	19	47	3450
180	219	18	43		103	24	8	5	17	3460
15	14	3	2		11	2		1		3470
115	144	19	52	1	73	14	1	7	16	3480
132	218	43	82	2	115	45	7	20	30	3490
1822	4401	418	736		2951	502	90	237	334	3500
94	222	10	16		143	68	13	22	54	3510
268	713	98	108		646	85	15	51	27	3520
56	62	5	23		28	5		13	15	3530
123	448	31	28		153	39	2	6	10	3540
112	160	26	24		80	24	4	18	4	3550
25	26	5	6		60	4	2	2	1	3560

行业中类	代码						
		河南	湖北	湖南	广东	广西	海南
风机、衡器、包装设备等通用设备制造	3570	739	463	361	1896	102	2
通用零部件制造及机械修理	3580	1808	911	687	3078	297	13
金属铸、锻加工	3590	2318	824	833	964	309	6
专用设备制造业	3600	5368	2328	1724	10662	787	42
矿山、冶金、建筑专用设备制造	3610	1823	540	374	341	152	
化工、木材、非金属加工专用设备制造	3620	543	458	238	5556	135	7
食品、饮料、烟草及饲料生产专用设备制造	3630	333	148	112	279	75	1
印刷、制药、日化生产专用设备制造	3640	334	140	131	873	49	1
纺织、服装和皮革工业专用设备制造	3650	178	90	54	424	7	
农、林、牧、渔专用机械制造	3670	1336	146	286	174	204	17
医疗仪器设备及器械制造	3680	170	145	101	639	53	7
环保、社会公共安全及其他专用设备制造	3690	467	400	269	1124	82	6
交通运输设备制造业	3700	3034	3697	1780	4556	1163	215
铁路运输设备制造	3710	197	120	157	28	22	
汽车制造	3720	2364	3159	1427	2821	977	175
摩托车制造	3730	227	31	47	501	4	6
自行车制造	3740	145	24	10	394	27	
船舶及浮动装置制造	3750	26	303	96	707	115	30
航空航天器制造	3760	7	11	9	12	5	
交通器材及其他交通运输设备制造	3790	68	49	34	93	13	4
电气机械及器材制造业	3900	2615	1740	1481	19108	531	40
电机制造	3910	285	222	169	974	70	1
输配电及控制设备制造	3920	833	620	489	4647	195	16
电线、电缆、光缆及电工器材制造	3930	665	348	310	2973	88	6
电池制造	3940	194	100	96	1009	25	2
家用电力器具制造	3950	139	108	124	4449	43	2
非电力家用器具制造	3960	136	90	55	605	34	2
照明器具制造	3970	246	106	96	3917	38	7
其他电气机械及器材制造	3990	117	146	142	534	38	4
通信设备、计算机及其他电子设备制造业	4000	501	861	711	17404	295	20
通信设备制造	4010	70	217	67	1438	54	3

单位：个

重庆	四川	贵州	云南	西藏	陕西	甘肃	青海	宁夏	新疆	代码
239	362	43	63		299	43	14	17	39	3570
561	1729	128	268		1091	100	25	57	119	3580
344	679	72	200		451	134	15	51	65	3590
989	1956	192	359	2	1600	346	35	105	268	3600
176	574	64	90		510	115	10	37	74	3610
300	412	37	41		188	34	4	14	19	3620
34	144	9	50		75	12	2	4	8	3630
52	89	8	13		84	16	1	3	5	3640
23	20				91	7			10	3650
150	180	23	52	2	132	74	8	20	108	3670
60	143	9	23		105	22	3	10	12	3680
139	250	30	69		225	42	6	9	24	3690
5554	2172	519	670	16	1040	331	102	88	156	3700
31	126	14	10		115	21	2		7	3710
2451	1762	461	622	14	794	295	98	77	136	3720
2829	102	4	1		23	1		1		3730
17	58	1	4		9	1	1	1	5	3740
197	44	12	3		4	3				3750
2	35	18	4		79	6				3760
27	45	9	26	2	16	4	1	9	8	3790
766	1667	179	332	5	1288	282	46	92	240	3900
109	173	7	18		127	23	3	9	5	3910
226	635	56	89	1	654	134	10	34	138	3920
155	344	47	89	1	244	35	6	13	50	3930
46	95	8	18		23	4	5	4	2	3940
70	131	29	12		78	14	3	1	11	3950
28	68	17	73	2	42	37	10	13	11	3960
73	124	7	15		53	13	6	3	15	3970
59	97	8	18	1	67	22	3	15	8	3990
220	884	51	45		520	48	1	6	12	4000
62	149	8	10		92	7		2	2	4010

行业中类	代码	河南	湖北	湖南	广东	广西	海南
雷达及配套设备制造	4020	1	5	5	16	2	
广播电视设备制造	4030	19	11	19	457	10	
电子计算机制造	4040	32	82	66	1888	18	2
电子器件制造	4050	85	169	75	2208	24	3
电子元件制造	4060	192	198	350	6885	120	8
家用视听设备制造	4070	14	15	20	2261	15	
其他电子设备制造	4090	88	164	109	2251	52	4
仪器仪表及文化、办公用机械制造业	4100	616	621	365	3157	107	7
通用仪器仪表制造	4110	378	357	188	625	42	2
专用仪器仪表制造	4120	128	118	70	353	19	2
钟表与计时仪器制造	4130	10	8	9	1052	10	1
光学仪器及眼镜制造	4140	68	41	42	556	18	1
文化、办公用机械制造	4150	23	19	18	494	6	1
其他仪器仪表的制造及修理	4190	9	78	38	77	12	
工艺品及其他制造业	4200	3334	1154	1240	7308	591	63
工艺美术品制造	4210	1462	505	431	5134	458	50
日用杂品制造	4220	464	125	242	1066	56	1
煤制品制造	4230	1305	191	473	33	20	1
其他未列明的制造业	4290	103	332	94	1075	56	11
废弃资源和废旧材料回收加工业	4300	826	368	460	1161	97	12
金属废料和碎屑的加工处理	4310	421	187	289	556	57	3
非金属废料和碎屑的加工处理	4320	405	181	171	605	40	9
电力、燃气及水的生产和供应业	**D**	**1462**	**2679**	**4618**	**7651**	**2508**	**268**
电力、热力的生产和供应业	4400	639	1265	3650	6151	1854	169
电力生产	4410	451	1052	3403	5964	1685	143
电力供应	4420	137	188	236	158	159	25
热力生产和供应	4430	51	25	11	29	10	1
燃气生产和供应业	4500	150	186	115	213	52	24
水的生产和供应业	4600	673	1228	853	1287	602	75
自来水的生产和供应	4610	568	1155	780	1038	553	68
污水处理及其再生利用	4620	94	64	59	220	43	4
其他水的处理、利用与分配	4690	11	9	14	29	6	3

单位：个

重庆	四川	贵州	云南	西藏	陕西	甘肃	青海	宁夏	新疆	代码
	17	2			8	2				4020
4	45		2		12	2			3	4030
13	75	2	10		36	2		2		4040
32	147	11	9		89	18				4050
64	323	22	4		173	9	1	1	4	4060
7	26	2	2		3			1	2	4070
38	102	4	8		107	8			1	4090
508	370	32	121		424	56	4	28	19	4100
266	164	15	31		233	30	4	20	7	4110
54	93	4	9		112	11		2	5	4120
8	7	2			5					4130
125	57	5	71		26	4		1	1	4140
8	18	2	6		6	6		3	2	4150
47	31	4	4		42	5		2	4	4190
344	715	170	335	39	682	278	93	52	68	4200
160	264	107	159	35	318	160	51	23	47	4210
62	95	10	34		42	20		1	5	4220
85	246	26	22	1	234	74	38	20	8	4230
37	107	27	119	3	87	23	4	8	8	4290
125	317	57	108	2	133	46	13	9	24	4300
53	169	34	61		68	23	5	3	12	4310
72	148	23	47	2	65	23	8	6	12	4320
1967	**5542**	**1180**	**1901**	**91**	**1261**	**949**	**248**	**173**	**594**	D
1131	3373	888	1430	76	633	767	186	98	411	4400
1074	3132	770	1260	62	502	479	160	42	189	4410
53	234	112	165	14	74	128	7	6	26	4420
4	7	6	5		57	160	19	50	196	4430
167	592	32	50	4	136	35	7	28	53	4500
669	1577	260	421	11	492	147	55	47	130	4600
604	1469	245	392	11	455	124	48	38	119	4610
55	92	12	25		27	14	2	7	10	4620
10	16	3	4		10	9	5	2	1	4690

行业中类	代码	河南	湖北	湖南	广东	广西	海南
建筑业	E	**10365**	**14828**	**6252**	**17339**	**3130**	**1744**
房屋和土木工程建筑业	4700	5741	5627	3697	4691	1279	298
房屋工程建筑	4710	4271	3720	2766	2897	828	134
土木工程建筑	4720	1470	1907	931	1794	451	164
建筑安装业	4800	1247	2867	788	4129	453	295
建筑装饰业	4900	2240	3736	1105	6759	1028	926
其他建筑业	5000	1137	2598	662	1760	370	225
工程准备	5010	234	597	157	678	107	145
提供施工设备服务	5020	117	276	104	176	80	19
其他未列明的建筑活动	5090	786	1725	401	906	183	61
交通运输、仓储和邮政业	F	**5422**	**7032**	**3972**	**17231**	**3929**	**666**
铁路运输业	5100	51	39	4	29	27	3
铁路旅客运输	5110	2	4	2	3	4	1
铁路货物运输	5120	26	16		18	9	2
铁路运输辅助活动	5130	23	19	2	8	14	
道路运输业	5200	2967	3801	2047	6136	2061	255
公路旅客运输	5210	406	750	497	609	268	67
道路货物运输	5220	2051	2436	1090	4606	1259	147
道路运输辅助活动	5230	510	615	460	921	534	41
城市公共交通业	5300	410	358	468	505	207	49
公共电汽车客运	5310	104	84	182	154	76	13
轨道交通	5320	4	2	4	7		
出租车客运	5330	297	232	249	315	108	33
城市轮渡	5340		24	7	7		
其他城市公共交通	5390	5	16	26	22	23	3
水上运输业	5400	86	576	213	1040	391	100
水上旅客运输	5410	14	115	49	109	54	12
水上货物运输	5420	61	302	104	591	247	70
水上运输辅助活动	5430	11	159	60	340	90	18

单位：个

重庆	四川	贵州	云南	西藏	陕西	甘肃	青海	宁夏	新疆	代码
6331	**8744**	**1868**	**4721**	**337**	**6934**	**2241**	**745**	**1046**	**1873**	E
2932	4144	760	2019	308	3624	1340	396	521	834	4700
2201	3050	553	1336	241	2610	967	233	300	438	4710
731	1094	207	683	67	1014	373	163	221	396	4720
754	1326	225	639	11	1005	375	123	164	379	4800
1639	2300	659	1513	12	1660	395	153	294	427	4900
1006	974	224	550	6	645	131	73	67	233	5000
90	201	65	94	1	251	50	37	30	102	5010
127	136	25	32	1	103	14	8	11	27	5020
789	637	134	424	4	291	67	28	26	104	5090
4149	**6420**	**1397**	**2635**	**168**	**3635**	**1460**	**432**	**531**	**2319**	F
8	21	17	12	1	47	9	9	4	16	5100
1	2		1		3	4			1	5110
4	8	9	7	1	30	1	6	2	14	5120
3	11	8	4		14	4	3	2	1	5130
2301	3862	838	1521	100	1984	736	261	317	1200	5200
257	574	198	224	20	252	146	39	63	177	5210
1785	2379	404	864	33	1249	328	94	209	803	5220
259	909	236	433	47	483	262	128	45	220	5230
143	429	109	164	28	373	151	36	56	151	5300
39	112	33	45	2	88	41	7	16	57	5310
2	6		5		3				1	5320
86	282	64	105	26	273	104	27	37	83	5330
3	5									5340
13	24	12	9		9	6	2	3	10	5390
395	219	55	42		27	6	1	3		5400
74	66	14	21		16	2	1			5410
260	61	23	9		6	1		3		5420
61	92	18	12		5	3				5430

行业中类	代码	河南	湖北	湖南	广东	广西	海南
航空运输业	5500	24	23	26	113	39	12
航空客货运输	5510	8	6	11	67	13	2
通用航空服务	5520	5	4	7	22	7	2
航空运输辅助活动	5530	11	13	8	24	19	8
管道运输业	5600	2	6	9	5	2	1
装卸搬运和其他运输服务业	5700	613	1508	813	7303	663	165
装卸搬运	5710	263	569	294	577	190	20
运输代理服务	5720	350	939	519	6726	473	145
仓储业	5800	1185	543	273	1275	458	51
谷物、棉花等农产品仓储	5810	660	180	133	244	240	19
其他仓储	5890	525	363	140	1031	218	32
邮政业	5900	84	178	119	825	81	30
国家邮政	5910	24	48	40	47	27	15
其他寄递服务	5990	60	130	79	778	54	15
信息传输、计算机服务和软件业	**G**	**5001**	**7043**	**7725**	**16479**	**5610**	**792**
电信和其他信息传输服务业	6000	498	1494	810	2870	1184	133
电信	6010	191	487	266	742	262	33
互联网信息服务	6020	166	631	226	1867	650	88
广播电视传输服务	6030	136	358	310	242	263	10
卫星传输服务	6040	5	18	8	19	9	2
计算机服务业	6100	3883	4479	6137	6636	4014	508
计算机系统服务	6110	291	804	283	1868	279	64
数据处理	6120	37	36	43	114	30	11
计算机维修	6130	84	120	40	339	55	26
其他计算机服务	6190	3471	3519	5771	4315	3650	407
软件业	6200	620	1070	778	6973	412	151
公共软件服务	6210	523	830	583	5799	296	97
其他软件服务	6290	97	240	195	1174	116	54
批发和零售业	**H**	**54469**	**68643**	**32058**	**172071**	**33174**	**6011**
批发业	6300	26930	35024	15885	112910	18985	2475
农畜产品批发	6310	3244	4937	1086	1851	843	139
食品、饮料及烟草制品批发	6320	2209	3073	1746	7874	1384	327

单位：个

重庆	四川	贵州	云南	西藏	陕西	甘肃	青海	宁夏	新疆	代码
20	45	13	37	4	24	26	5	9	21	5500
2	15	7	18	4	8	9		6	5	5510
7	12	1	8		5	7	2	1	6	5520
11	18	5	11		11	10	3	2	10	5530
1	2		1		9	1		2	5	5600
920	1324	182	529	10	462	263	47	68	677	5700
319	357	63	150		134	60	18	31	108	5710
601	967	119	379	10	328	203	29	37	569	5720
264	381	149	206	8	636	225	54	52	207	5800
48	114	66	32	3	307	138	28	29	64	5810
216	267	83	174	5	329	87	26	23	143	5890
97	137	34	123	17	73	43	19	20	42	5900
54	41	16	52	8	42	22	12	8	21	5910
43	96	18	71	9	31	21	7	12	21	5990
3668	**8802**	**1889**	**3278**	**157**	**3600**	**922**	**383**	**677**	**2010**	G
985	1288	417	738	72	717	375	91	89	481	6000
417	327	111	210	31	245	103	43	38	135	6010
485	455	213	373	22	306	233	23	31	263	6020
79	496	92	150	18	162	37	25	19	81	6030
4	10	1	5	1	4	2		1	2	6040
2001	6318	1283	1963	83	2137	463	260	529	1357	6100
213	470	120	358	11	254	38	24	60	163	6110
4	24	3	16		26	3			11	6120
69	138	24	33	2	77	18	8	24	47	6130
1715	5686	1136	1556	70	1780	404	228	445	1136	6190
682	1196	189	577	2	746	84	32	59	172	6200
518	1026	122	477	2	680	56	29	56	112	6210
164	170	67	100		66	28	3	3	60	6290
31087	**46364**	**13607**	**30430**	**886**	**35657**	**16361**	**3421**	**6994**	**19838**	H
16165	28490	7280	18380	145	16806	9163	1690	3866	13496	6300
987	1894	262	521	11	975	825	85	299	1048	6310
1360	2701	684	1567	36	1354	830	162	248	864	6320

行业中类	代码	河南	湖北	湖南	广东	广西	海南
纺织、服装及日用品批发	6330	1135	2133	969	16145	916	188
文化、体育用品及器材批发	6340	522	830	355	5050	449	104
医药及医疗器材批发	6350	888	1215	646	3433	615	342
矿产品、建材及化工产品批发	6360	10402	10920	5297	25998	6342	667
机械设备、五金交电及电子产品批发	6370	6148	8064	3674	37821	3814	430
贸易经纪与代理	6380	292	804	444	5796	3202	80
其他批发	6390	2090	3048	1668	8942	1420	198
零售业	6500	27539	33619	16173	59161	14189	3536
综合零售	6510	5753	7513	3451	4362	1668	335
食品、饮料及烟草制品专门零售	6520	2404	2225	1013	4003	1084	243
纺织、服装及日用品专门零售	6530	3030	3021	1535	6354	909	512
文化、体育用品及器材专门零售	6540	1418	1358	762	3738	649	235
医药及医疗器材专门零售	6550	1683	3370	1864	4514	2753	171
汽车、摩托车、燃料及零配件专门零售	6560	4165	3451	2222	7429	1922	378
家用电器及电子产品专门零售	6570	4604	5336	2312	12785	2232	664
五金、家具及室内装修材料专门零售	6580	2615	3673	1468	8582	1375	589
无店铺及其他零售	6590	1867	3672	1546	7394	1597	409
住宿和餐饮业	I	**9212**	**7794**	**6707**	**14257**	**2378**	**1066**
住宿业	6600	2822	2681	2564	5689	1429	692
旅游饭店	6610	827	855	907	1979	565	409
一般旅馆	6620	1854	1519	1484	3344	767	254
其他住宿服务	6690	141	307	173	366	97	29
餐饮业	6700	6390	5113	4143	8568	949	374
正餐服务	6710	5399	4233	3501	6600	729	271
快餐服务	6720	624	329	153	844	69	13
饮料及冷饮服务	6730	66	141	212	403	30	41
其他餐饮服务	6790	301	410	277	721	121	49
金融业	J	**1466**	**1330**	**1040**	**2625**	**938**	**211**
银行业	6800	399	314	301	527	384	47
中央银行	6810	28	41	21	34	23	1
商业银行	6820	338	233	253	436	309	36
其他银行	6890	33	40	27	57	52	10

单位：个

重庆	四川	贵州	云南	西藏	陕西	甘肃	青海	宁夏	新疆	代码
797	1409	309	918	3	704	349	58	123	664	6330
370	550	221	464	3	467	241	44	76	275	6340
603	1179	346	711	8	618	419	89	99	376	6350
5836	10402	2950	6658	15	6059	3496	690	1656	4690	6360
4551	7768	1814	4139	41	5447	2455	413	1084	4914	6370
427	255	59	168	2	318	62	57	53	190	6380
1234	2332	635	3234	26	864	486	92	228	475	6390
14922	17874	6327	12050	741	18851	7198	1731	3128	6342	6500
1711	2127	714	1485	72	3052	1178	180	264	569	6510
1092	1409	524	933	116	1490	634	197	229	418	6520
1453	1507	300	751	43	1623	609	119	314	490	6530
697	920	348	634	46	1130	489	134	224	416	6540
1257	1980	430	649	82	1782	477	236	199	324	6550
1945	3977	1354	2259	87	3013	841	291	558	1156	6560
3041	3134	1250	1674	84	2868	1398	284	642	1385	6570
2162	1592	720	1015	56	2507	831	120	470	1029	6580
1564	1228	687	2650	155	1386	741	170	228	555	6590
4407	**6060**	**1366**	**2672**	**294**	**5488**	**1943**	**550**	**561**	**1054**	I
1253	2644	788	1840	238	2020	1012	353	298	746	6600
342	901	285	714	130	620	250	101	88	334	6610
818	1611	457	998	99	1300	684	226	192	390	6620
93	132	46	128	9	100	78	26	18	22	6690
3154	3416	578	832	56	3468	931	197	263	308	6700
2645	2763	469	660	39	2891	782	151	236	261	6710
98	115	23	37	3	122	47	1	9	32	6720
119	270	34	38	8	139	25	10	8	3	6730
292	268	52	97	6	316	77	35	10	12	6790
1053	**1687**	**647**	**1158**	**109**	**1018**	**583**	**186**	**241**	**647**	J
528	511	174	394	86	324	279	109	52	254	6800
25	40	16	46	7	24	25	23	7	26	6810
459	435	140	296	59	274	228	73	35	189	6820
44	36	18	52	20	26	26	13	10	39	6890

行业中类	代码	河南	湖北	湖南	广东	广西	海南
证券业	6900	41	58	56	169	21	11
证券市场管理	6910	4	9	5	8	3	2
证券经纪与交易	6920	19	27	33	94	11	5
证券投资	6930	13	10	11	32	4	3
证券分析与咨询	6940	5	12	7	35	3	1
保险业	7000	483	449	412	918	238	62
人寿保险	7010	188	189	170	217	88	23
非人寿保险	7020	213	186	185	315	117	20
保险辅助服务	7030	82	74	57	386	33	19
其他金融活动	7100	543	509	271	1011	295	91
金融信托与管理	7110	67	58	34	127	32	5
金融租赁	7120	7	4	3	14	5	1
财务公司	7130	23	15	6	69	12	3
邮政储蓄	7140	13	33	15	19	30	1
典当	7150	93	130	151	218	64	64
其他未列明的金融活动	7190	340	269	62	564	152	17
房地产业	K	**7985**	**11468**	**6946**	**32983**	**7084**	**2879**
房地产业	7200	7985	11468	6946	32983	7084	2879
房地产开发经营	7210	4895	4073	4180	8379	3990	1623
物业管理	7220	1760	3308	1777	9720	1304	627
房地产中介服务	7230	883	1877	434	5518	998	426
其他房地产活动	7290	447	2210	555	9366	792	203
租赁和商务服务业	L	**11949**	**18029**	**9379**	**63854**	**12964**	**2872**
租赁业	7300	629	809	309	1240	384	228
机械设备租赁	7310	571	772	289	1155	369	214
文化及日用品出租	7320	58	37	20	85	15	14
商务服务业	7400	11320	17220	9070	62614	12580	2644
企业管理服务	7410	1405	3348	2033	24759	5453	416
法律服务	7420	763	906	734	1441	545	109
咨询与调查	7430	3220	3986	1690	15870	1472	615

单位：个

重庆	四川	贵州	云南	西藏	陕西	甘肃	青海	宁夏	新疆	代码
20	57	14	21	3	48	15	3	6	5	6900
2	4		3	2	6	3	1			6910
9	42	12	14	1	27	11	2	1	3	6920
3	8	2	3		8	1		5	2	6930
6	3		1		7					6940
149	481	134	376	14	329	183	32	48	173	7000
62	190	47	117	5	116	60	11	14	64	7010
51	190	71	210	9	148	108	18	27	91	7020
36	101	16	49		65	15	3	7	18	7030
356	638	325	367	6	317	106	42	135	215	7100
29	54	19	32	2	37	12	9	5	23	7110
3	7	3	13		4	3		2	3	7120
21	26	2	24		8	7	1	5	17	7130
48	23	8	12	1	15	15	4	6	8	7140
69	156	136	80	2	70	29	16	49	75	7150
186	372	157	206	1	183	40	12	68	89	7190
6024	**9358**	**4046**	**5174**	**106**	**5112**	**2268**	**741**	**886**	**2828**	K
6024	9358	4046	5174	106	5112	2268	741	886	2828	7200
2578	4417	2223	2747	62	1670	1189	392	414	1241	7210
1833	2787	820	1025	39	1655	744	224	302	766	7220
981	1398	319	894	1	551	283	69	136	382	7230
632	756	684	508	4	1236	52	56	34	439	7290
10629	**15702**	**4420**	**8281**	**238**	**7451**	**3240**	**978**	**1553**	**4851**	L
883	1174	336	409	43	719	260	80	242	353	7300
863	1149	305	398	38	699	248	76	240	342	7310
20	25	31	11	5	20	12	4	2	11	7320
9746	14528	4084	7872	195	6732	2980	898	1311	4498	7400
1074	2802	1037	1566	17	1127	346	161	170	812	7410
696	1542	246	577	9	518	298	68	84	299	7420
2544	3004	698	1702	38	1296	484	112	225	1005	7430

行业中类	代码	河南	湖北	湖南	广东	广西	海南
广告业	7440	2586	3286	1547	8455	1908	543
知识产权服务	7450	101	136	76	518	43	14
职业中介服务	7460	603	928	534	1487	475	102
市场管理	7470	522	789	779	1573	488	59
旅行社	7480	990	1052	830	1357	593	257
其他商务服务	7490	1130	2789	847	7154	1603	529
科学研究、技术服务和地质勘查业	M	**5648**	**11242**	**6768**	**20148**	**7627**	**1004**
研究与试验发展	7500	598	1084	691	5044	515	180
自然科学研究与试验发展	7510	47	247	85	315	72	15
工程和技术研究与试验发展	7520	147	351	197	3914	105	25
农业科学研究与试验发展	7530	248	333	275	375	199	90
医学研究与试验发展	7540	76	79	66	372	53	30
社会人文科学研究与试验发展	7550	80	74	68	68	86	20
专业技术服务业	7600	3078	4977	2960	11542	3197	550
气象服务	7610	153	408	144	196	175	35
地震服务	7620	59	43	30	38	71	12
海洋服务	7630	2	2	3	30	6	7
测绘服务	7640	154	122	111	265	158	29
技术检测	7650	582	679	752	1102	615	81
环境监测	7660	131	142	91	181	122	14
工程技术与规划管理	7670	1565	2313	1223	4908	1573	249
其他专业技术服务	7690	432	1268	606	4822	477	123
科技交流和推广服务业	7700	1826	5036	3014	3426	3799	233
技术推广服务	7710	1448	4170	2573	2581	3402	180
科技中介服务	7720	244	297	208	392	175	11
其他科技服务	7790	134	569	233	453	222	42
地质勘查业	7800	146	145	103	136	116	41
矿产地质勘查	7810	59	42	42	48	61	27
基础地质勘查	7820	24	28	28	40	16	7
地质勘查技术服务	7830	63	75	33	48	39	7

单位：个

重庆	四川	贵州	云南	西藏	陕西	甘肃	青海	宁夏	新疆	代码
2633	2775	730	1416	46	1529	602	118	357	887	7440
67	94	20	30	1	41	7	4	27	31	7450
712	1114	246	282	4	541	232	64	125	365	7460
434	929	146	486	3	274	247	78	78	193	7470
497	784	270	455	46	584	294	161	88	320	7480
1089	1484	691	1358	31	822	470	132	157	586	7490
3739	**10808**	**3063**	**5222**	**164**	**5055**	**2095**	**864**	**684**	**3246**	**M**
298	766	212	477	18	442	245	58	47	214	7500
28	80	24	82	4	33	38	10	6	34	7510
112	268	49	124	3	156	55	8	12	41	7520
77	227	89	142	7	102	87	28	15	107	7530
60	105	33	85	2	97	33	2	5	18	7540
21	86	17	44	2	54	32	10	9	14	7550
1819	4605	1328	2505	74	2126	959	417	413	1716	7600
53	290	127	194	21	176	106	50	37	147	7610
10	85	7	120	4	65	70	20	20	26	7620
			1						1	7630
41	230	56	177	4	120	37	20	22	68	7640
253	929	178	323	10	344	145	73	67	429	7650
71	193	49	106	3	112	35	17	15	56	7660
971	2170	704	1234	28	982	410	204	228	684	7670
420	708	207	350	4	327	156	33	24	305	7690
1542	5227	1420	2044	58	2333	810	341	199	938	7700
1197	4659	1287	1815	49	2056	714	281	172	779	7710
141	293	48	95	2	137	41	38	15	69	7720
204	275	85	134	7	140	55	22	12	90	7790
80	210	103	196	14	154	81	48	25	378	7800
22	76	43	115	9	82	46	26	11	172	7810
18	50	21	29	2	31	15	8	9	28	7820
40	84	39	52	3	41	20	14	5	178	7830

行业中类	代码	河南	湖北	湖南	广东	广西	海南
水利、环境和公共设施管理业	N	**2352**	**3860**	**2813**	**4323**	**2227**	**296**
水利管理业	7900	759	1684	1495	1082	1161	105
防洪管理	7910	120	328	197	193	86	6
水资源管理	7920	443	831	739	565	593	89
其他水利管理	7990	196	525	559	324	482	10
环境管理业	8000	434	912	479	1253	421	75
自然保护	8010	67	142	91	154	86	16
环境治理	8020	367	770	388	1099	335	59
公共设施管理业	8100	1159	1264	839	1988	645	116
市政公共设施管理	8110	234	353	235	497	150	24
城市绿化管理	8120	432	494	252	943	210	34
游览景区管理	8130	493	417	352	548	285	58
居民服务和其他服务业	O	**4227**	**7722**	**4976**	**14123**	**2152**	**529**
居民服务业	8200	2670	3114	3275	6481	799	265
家庭服务	8210	140	164	231	570	66	26
托儿所	8220	32	54	76	330	23	10
洗染服务	8230	71	85	87	176	21	3
理发及美容保健服务	8240	435	752	1289	1988	185	84
洗浴服务	8250	747	302	412	752	47	12
婚姻服务	8260	141	210	95	158	42	5
殡葬服务	8270	249	168	122	282	63	12
摄影扩印服务	8280	466	376	279	619	97	39
其他居民服务	8290	389	1003	684	1606	255	74
其他服务业	8300	1557	4608	1701	7642	1353	264
修理与维护	8310	909	1701	1016	3769	658	97
清洁服务	8320	290	498	229	2002	244	90
其他未列明的服务	8390	358	2409	456	1871	451	77
教育	P	**22752**	**16918**	**14723**	**29967**	**16776**	**2113**
教育	8400	22752	16918	14723	29967	16776	2113
学前教育	8410	3730	3203	3955	7331	2509	543
初等教育	8420	10459	7191	4274	13562	9717	765
中等教育	8430	5579	3399	3989	4564	2895	481
高等教育	8440	246	222	257	451	131	28
其他教育	8490	2738	2903	2248	4059	1524	296

单位：个

重庆	四川	贵州	云南	西藏	陕西	甘肃	青海	宁夏	新疆	代码
1337	**3150**	**1075**	**1816**	**39**	**1988**	**847**	**286**	**257**	**883**	N
415	1435	581	823	15	943	406	164	87	326	7900
16	87	18	38	3	103	22	12	7	21	7910
272	802	141	311	4	385	249	76	60	256	7920
127	546	422	474	8	455	135	76	20	49	7990
349	808	192	395	10	394	192	75	55	236	8000
36	169	37	138	5	121	85	47	25	103	8010
313	639	155	257	5	273	107	28	30	133	8020
573	907	302	598	14	651	249	47	115	321	8100
123	181	58	118	2	144	50	11	18	74	8110
248	386	78	232	6	260	86	18	58	139	8120
202	340	166	248	6	247	113	18	39	108	8130
2862	**3834**	**1417**	**2033**	**101**	**3229**	**1305**	**250**	**451**	**1349**	O
1576	1913	624	787	39	1562	606	125	157	511	8200
144	215	71	81	1	80	36	4	20	49	8210
81	17	22	8		34	7	2	1	33	8220
44	56	13	29		57	19	1	4	11	8230
403	279	91	126	7	294	89	17	19	46	8240
172	200	97	115	7	304	93	31	22	51	8250
110	153	22	34	1	109	25	8	18	29	8260
140	252	89	93	2	104	38	16	26	46	8270
124	139	48	92	3	256	98	13	22	43	8280
358	602	171	209	18	324	201	33	25	203	8290
1286	1921	793	1246	62	1667	699	125	294	838	8300
635	1146	411	605	38	1089	410	56	219	524	8310
334	358	102	166	4	244	115	24	42	86	8320
317	417	280	475	20	334	174	45	33	228	8390
7612	**19612**	**9520**	**7424**	**1039**	**15030**	**9047**	**1220**	**1379**	**5249**	P
7612	19612	9520	7424	1039	15030	9047	1220	1379	5249	8400
1695	4734	874	1877	49	2039	1027	223	224	748	8410
2806	7281	5538	2040	813	8019	5090	419	573	1940	8420
1389	4051	2195	2131	116	2881	1992	319	339	1471	8430
62	238	71	132	6	206	121	15	17	94	8440
1660	3308	842	1244	55	1885	817	244	226	996	8490

行业中类	代码	河南	湖北	湖南	广东	广西	海南
卫生、社会保障和社会福利业	Q	**26115**	**12176**	**8255**	**8587**	**6363**	**761**
卫生	8500	24378	9918	6460	7071	4417	651
医院	8510	1514	855	1009	1176	483	95
卫生院及社区医疗活动	8520	3098	2216	2803	1808	1512	386
门诊部医疗活动	8530	18618	5254	935	2709	1060	36
计划生育技术服务活动	8540	537	905	968	611	844	12
妇幼保健活动	8550	146	105	137	111	117	29
专科疾病防治活动	8560	59	150	93	158	71	30
疾病预防控制及防疫活动	8570	213	213	341	224	158	32
其他卫生活动	8590	193	220	174	274	172	31
社会保障业	8600	572	624	669	293	1267	28
社会福利业	8700	1165	1634	1126	1223	679	82
提供住宿的社会福利	8710	977	1422	939	753	459	61
不提供住宿的社会福利	8720	188	212	187	470	220	21
文化、体育和娱乐业	R	**3629**	**4476**	**4028**	**6367**	**2795**	**588**
新闻出版业	8800	167	302	176	400	169	59
新闻业	8810	14	57	25	61	29	7
出版业	8820	153	245	151	339	140	52
广播、电视、电影和音像业	8900	567	748	717	827	886	89
广播	8910	98	148	166	89	489	6
电视	8920	195	323	295	241	211	23
电影	8930	235	207	199	351	154	46
音像制作	8940	39	70	57	146	32	14
文化艺术业	9000	2025	2163	1603	1933	1017	228
文艺创作与表演	9010	516	241	234	447	183	56
艺术表演场馆	9020	64	70	77	50	24	5
图书馆与档案馆	9030	189	210	191	245	195	33
文物及文化保护	9040	225	110	153	86	72	12
博物馆	9050	72	96	38	163	48	12

单位：个

重庆	四川	贵州	云南	西藏	陕西	甘肃	青海	宁夏	新疆	代码
5880	**14283**	**3910**	**4252**	**504**	**14267**	**3479**	**761**	**801**	**2623**	Q
4382	11743	3460	3551	491	13234	3137	627	710	2230	8500
455	1326	527	686	100	778	402	143	120	628	8510
1205	5318	1593	1533	309	1984	1491	345	298	905	8520
1711	2616	171	369	17	9549	581	19	197	105	8530
661	1749	856	499	5	553	223	25	22	260	8540
45	189	90	151	11	114	195	18	21	90	8550
31	65	15	47	5	30	34	5	2	23	8560
175	239	112	166	41	165	124	49	37	145	8570
99	241	96	100	3	61	87	23	13	74	8590
543	816	216	342	1	449	137	56	47	149	8600
955	1724	234	359	12	584	205	78	44	244	8700
597	1344	176	265	10	443	156	49	29	159	8710
358	380	58	94	2	141	49	29	15	85	8720
2050	**4245**	**1428**	**2381**	**163**	**2542**	**1168**	**380**	**324**	**1124**	R
144	260	90	117	8	150	68	22	28	116	8800
38	69	31	23		24	21	3	7	11	8810
106	191	59	94	8	126	47	19	21	105	8820
206	707	252	298	84	458	172	75	49	294	8900
34	259	110	51	11	98	49	16	11	116	8910
67	205	69	95	31	96	47	29	10	69	8920
63	189	68	123	41	230	67	29	23	91	8930
42	54	5	29	1	34	9	1	5	18	8940
842	2029	791	1268	48	1227	601	174	112	492	9000
98	216	65	169	12	188	102	18	16	95	9010
14	51	7	20	1	55	16	2	2	24	9020
73	293	89	213	12	143	123	59	23	121	9030
52	213	49	98	5	165	57	14	15	36	9040
24	68	18	29	2	86	57	12	15	22	9050

行业中类	代码	河南	湖北	湖南	广东	广西	海南
烈士陵园、纪念馆	9060	67	62	50	27	23	2
群众文化活动	9070	711	1004	646	552	306	36
文化艺术经纪代理	9080	48	88	96	154	43	31
其他文化艺术	9090	133	282	118	209	123	41
体育	9100	233	343	213	791	219	34
体育组织	9110	143	157	113	407	114	11
体育场馆	9120	40	62	44	242	46	9
其他体育	9190	50	124	56	142	59	14
娱乐业	9200	637	920	1319	2416	504	178
室内娱乐活动	9210	376	466	844	1451	311	54
游乐园	9220	49	46	16	96	16	10
休闲健身娱乐活动	9230	152	251	313	642	102	71
其他娱乐活动	9290	60	157	146	227	75	43
公共管理和社会组织	S	**81677**	**63350**	**85147**	**56609**	**43587**	**6034**
中国共产党机关	9300	1416	1753	2563	1378	2275	142
国家机构	9400	20675	20050	24585	17173	17061	1997
国家权力机构	9410	279	427	421	477	294	51
国家行政机构	9420	19829	18911	23576	16048	16280	1845
人民法院和人民检察院	9430	390	368	343	320	280	51
其他国家机构	9490	177	344	245	328	207	50
人民政协和民主党派	9500	230	258	252	333	249	51
人民政协	9510	168	145	170	140	153	20
民主党派	9520	62	113	82	193	96	31
群众团体、社会团体和宗教组织	9600	8438	11378	9928	11057	7923	834
群众团体	9610	924	1801	1089	2571	1011	156
社会团体	9620	3668	7354	6639	7341	6692	658
宗教组织	9630	3846	2223	2200	1145	220	20
基层群众自治组织	9700	50918	29911	47819	26668	16079	3010
社区自治组织	9710	3418	3561	4134	6028	1639	433
村民自治组织	9720	47500	26350	43685	20640	14440	2577

单位：个

重庆	四川	贵州	云南	西藏	陕西	甘肃	青海	宁夏	新疆	代码
13	73	10	13	1	36	14	4	2	6	9060
442	942	473	484	11	418	171	45	26	154	9070
36	34	14	49	2	30	9	2	2	12	9080
90	139	66	193	2	106	52	18	11	22	9090
134	368	80	214	6	185	61	47	43	82	9100
78	219	50	101	4	88	32	31	34	41	9110
24	56	14	35	1	37	14	5	4	19	9120
32	93	16	78	1	60	15	11	5	22	9190
724	881	215	484	17	522	266	62	92	140	9200
525	591	132	296	11	320	171	42	50	74	9210
15	26	3	16	1	21	6	2	8	9	9220
105	187	48	100	1	152	49	9	19	36	9230
79	77	32	72	4	29	40	9	15	21	9290
24202	**106301**	**35540**	**38141**	**10972**	**52558**	**38343**	**11081**	**11015**	**31175**	S
747	3619	1189	1797	585	2265	1051	380	188	1009	9300
8245	31111	11664	13803	3558	15546	10295	3056	1848	9935	9400
75	344	149	182	195	224	170	80	37	240	9410
7918	30154	11228	13222	3194	14914	9852	2831	1746	9320	9420
101	449	204	303	154	291	216	111	56	282	9430
151	164	83	96	15	117	57	34	9	93	9490
154	409	138	240	33	271	194	62	67	131	9500
54	235	97	148	32	179	102	48	24	103	9510
100	174	41	92	1	92	92	14	43	28	9520
4144	17603	3646	8221	1315	5454	9572	3081	6177	9684	9600
369	2398	587	1099	227	743	522	224	158	622	9610
3445	13304	2558	5453	189	3823	4092	859	1883	2932	9620
330	1901	501	1669	899	888	4958	1998	4136	6130	9630
10912	53559	18903	14080	5481	29022	17231	4502	2735	10416	9700
2127	5584	1581	1182	166	1591	1108	336	417	1579	9710
8785	47975	17322	12898	5315	27431	16123	4166	2318	8837	9720

1-3 按三次产业、地区分组的法人单位数

(2009年) 单位：个

地区	法人单位数	第一产业	第二产业	第三产业
全国	**8003868**	**184764**	**2386389**	**5432715**
北京	374647		48577	326070
天津	147164	1312	46388	99464
河北	328608	9226	105258	214124
山西	195104	20438	38303	136363
内蒙古	128774	4415	25603	98756
辽宁	345704	8822	109769	227113
吉林	131963	3894	32547	95522
黑龙江	164232	3312	39576	121344
上海	362553	2248	100351	259954
江苏	718516	10489	321990	386037
浙江	622940	16539	278032	328369
安徽	227055	2527	73684	150844
福建	271175	8177	84953	178045
江西	167772	4929	49582	113261
山东	674911	9195	224102	441614
河南	385806	13388	130514	241904
湖北	328068	5835	81150	241083
湖南	277061	5536	76988	194537
广东	716720	12794	244302	459624
广西	180744	2630	30510	147604
海南	31128	635	4671	25822
重庆	156504	6862	40943	108699
四川	339035	10043	72366	256626
贵州	102937	2228	17384	83325
云南	149157	7075	27185	114897
西藏	15841	14	887	14940
陕西	204938	5539	42769	156630
甘肃	101839	2603	16175	83061
青海	25877	564	3780	21533
宁夏	33433	1057	6022	26354
新疆	93662	2438	12028	79196

1-4 按行业(中类)分组的法人单位数

单位：个

行业中类	代码	法人单位数	从事单一活动或位于一个地点的法人单位	从事多种活动或位于多个地点的法人单位
总计	0000	**8003868**	**7603496**	**400372**
农、林、牧、渔业	A	**184764**	**167063**	**17701**
农业	0100	53030	48904	4126
谷物及其他作物的种植	0110	13975	12687	1288
蔬菜、园艺作物的种植	0120	20962	19290	1672
水果、坚果、饮料和香料作物的种植	0130	15674	14650	1024
中药材的种植	0140	2419	2277	142
林业	0200	19651	17257	2394
林木的培育和种植	0210	18315	16294	2021
木材和竹材的采运	0220	748	541	207
林产品的采集	0230	588	422	166
畜牧业	0300	61836	54161	7675
牲畜的饲养	0310	19483	17257	2226
猪的饲养	0320	23476	20038	3438
家禽的饲养	0330	14304	12625	1679
狩猎和捕捉动物	0340	60	54	6
其他畜牧业	0390	4513	4187	326
渔业	0400	12457	11331	1126
海洋渔业	0410	4023	3718	305
内陆渔业	0420	8434	7613	821
农、林、牧、渔服务业	0500	37790	35410	2380
农业服务业	0510	23837	22547	1290
林业服务业	0520	3406	3080	326
畜牧服务业	0530	9158	8489	669
渔业服务业	0540	1389	1294	95
采矿业	B	**103403**	**101590**	**1813**
煤炭开采和洗选业	0600	22937	22149	788
烟煤和无烟煤的开采洗选	0610	21726	20974	752
褐煤的开采洗选	0620	610	576	34
其他煤炭采选	0690	601	599	2
石油和天然气开采业	0700	1594	1536	58
天然原油和天然气开采	0710	344	316	28
与石油和天然气开采有关的服务活动	0790	1250	1220	30
黑色金属矿采选业	0800	18354	18082	272
铁矿采选	0810	16337	16091	246
其他黑色金属矿采选	0890	2017	1991	26

行业中类	代码	法 人 单位数	从事单一活动或位于一个地点的法人单位	从事多种活动或位于多个地点的法人单位
有色金属矿采选业	0900	11279	11038	241
常用有色金属矿采选	0910	7903	7728	175
贵金属矿采选	0920	2164	2124	40
稀有稀土金属矿采选	0930	1212	1186	26
非金属矿采选业	1000	48084	47636	448
土砂石开采	1010	40969	40676	293
化学矿采选	1020	1603	1536	67
采盐	1030	857	825	32
石棉及其他非金属矿采选	1090	4655	4599	56
其他采矿业	1100	1155	1149	6
制造业	C	**1959254**	**1928260**	**30994**
农副食品加工业	1300	107245	105227	2018
谷物磨制	1310	29474	29212	262
饲料加工	1320	12495	12263	232
植物油加工	1330	10259	10049	210
制糖	1340	664	603	61
屠宰及肉类加工	1350	16870	16165	705
水产品加工	1360	8900	8736	164
蔬菜、水果和坚果加工	1370	14416	14212	204
其他农副食品加工	1390	14167	13987	180
食品制造业	1400	44651	43290	1361
焙烤食品制造	1410	10997	10455	542
糖果、巧克力及蜜饯制造	1420	4812	4745	67
方便食品制造	1430	7007	6890	117
液体乳及乳制品制造	1440	1989	1870	119
罐头制造	1450	3091	3031	60
调味品、发酵制品制造	1460	6959	6794	165
其他食品制造	1490	9796	9505	291
饮料制造业	1500	36831	35680	1151
酒精制造	1510	463	453	10
酒的制造	1520	13919	13534	385
软饮料制造	1530	12826	12391	435
精制茶加工	1540	9623	9302	321
烟草制品业	1600	260	233	27
烟叶复烤	1610	94	89	5
卷烟制造	1620	84	65	19
其他烟草制品加工	1690	82	79	3

行业中类	代码	法人单位数	从事单一活动或位于一个地点的法人单位	从事多种活动或位于多个地点的法人单位
纺织业	1700	114480	112700	1780
棉、化纤纺织及印染精加工	1710	44864	44188	676
毛纺织和染整精加工	1720	5362	5301	61
麻纺织	1730	1016	1001	15
丝绢纺织及精加工	1740	6869	6671	198
纺织制成品制造	1750	25846	25477	369
针织品、编织品及其制品制造	1760	30523	30062	461
纺织服装、鞋、帽制造业	1800	87305	85834	1471
纺织服装制造	1810	81595	80161	1434
纺织面料鞋的制造	1820	4105	4077	28
制帽	1830	1605	1596	9
皮革、毛皮、羽毛(绒)及其制品业	1900	33546	33049	497
皮革鞣制加工	1910	2678	2638	40
皮革制品制造	1920	26206	25807	399
毛皮鞣制及制品加工	1930	2891	2870	21
羽毛(绒)加工及制品制造	1940	1771	1734	37
木材加工及木、竹、藤、棕、草制品业	2000	66066	65562	504
锯材、木片加工	2010	24629	24519	110
人造板制造	2020	18456	18305	151
木制品制造	2030	15436	15253	183
竹、藤、棕、草制品制造	2040	7545	7485	60
家具制造业	2100	39105	38327	778
木质家具制造	2110	28477	27932	545
竹、藤家具制造	2120	745	738	7
金属家具制造	2130	4332	4247	85
塑料家具制造	2140	600	593	7
其他家具制造	2190	4951	4817	134
造纸及纸制品业	2200	52248	51740	508
纸浆制造	2210	1008	993	15
造纸	2220	12657	12478	179
纸制品制造	2230	38583	38269	314
印刷业和记录媒介的复制	2300	55457	54654	803
印刷	2310	50222	49511	711
装订及其他印刷服务活动	2320	4953	4873	80
记录媒介的复制	2330	282	270	12

行业中类	代码	法　人 单位数	从事单一活动或位于一个地点的法人单位	从事多种活动或位于多个地点的法人单位
文教体育用品制造业	2400	21114	20740	374
文化用品制造	2410	5759	5629	130
体育用品制造	2420	5138	5059	79
乐器制造	2430	1424	1396	28
玩具制造	2440	8000	7910	90
游艺器材及娱乐用品制造	2450	793	746	47
石油加工、炼焦及核燃料加工业	2500	6928	6719	209
精炼石油产品的制造	2510	5018	4887	131
炼焦	2520	1880	1804	76
化学原料及化学制品制造业	2600	102269	100405	1864
基础化学原料制造	2610	17798	17494	304
肥料制造	2620	10136	9931	205
农药制造	2630	2658	2566	92
涂料、油墨、颜料及类似产品制造	2640	19334	18987	347
合成材料制造	2650	6566	6423	143
专用化学产品制造	2660	35754	35238	516
日用化学产品制造	2670	10023	9766	257
医药制造业	2700	16562	16000	562
化学药品原药制造	2710	2390	2331	59
化学药品制剂制造	2720	2405	2284	121
中药饮片加工	2730	2178	2116	62
中成药制造	2740	2890	2735	155
兽用药品制造	2750	1471	1431	40
生物、生化制品的制造	2760	2716	2631	85
卫生材料及医药用品制造	2770	2512	2472	40
化学纤维制造业	2800	4825	4766	59
纤维素纤维原料及纤维制造	2810	881	868	13
合成纤维制造	2820	3944	3898	46
橡胶制品业	2900	22241	21943	298
轮胎制造	2910	2022	1970	52
橡胶板、管、带的制造	2920	4256	4198	58
橡胶零件制造	2930	6306	6224	82
再生橡胶制造	2940	1152	1146	6
日用及医用橡胶制品制造	2950	1051	1037	14
橡胶靴鞋制造	2960	1943	1911	32
其他橡胶制品制造	2990	5511	5457	54

行业中类	代码	法　人 单位数	从事单一活动或位于一个地点的法人单位	从事多种活动或位于多个地点的法人单位
塑料制品业	3000	105739	104679	1060
塑料薄膜制造	3010	9710	9589	121
塑料板、管、型材的制造	3020	15003	14825	178
塑料丝、绳及编织品的制造	3030	10799	10671	128
泡沫塑料制造	3040	5339	5283	56
塑料人造革、合成革制造	3050	1210	1198	12
塑料包装箱及容器制造	3060	11701	11595	106
塑料零件制造	3070	14104	13961	143
日用塑料制造	3080	13717	13573	144
其他塑料制品制造	3090	24156	23984	172
非金属矿物制品业	3100	222934	220892	2042
水泥、石灰和石膏的制造	3110	15689	15375	314
水泥及石膏制品制造	3120	51368	50972	396
砖瓦、石材及其他建筑材料制造	3130	103980	103331	649
玻璃及玻璃制品制造	3140	17056	16750	306
陶瓷制品制造	3150	9730	9592	138
耐火材料制品制造	3160	12049	11959	90
石墨及其他非金属矿物制品制造	3190	13062	12913	149
黑色金属冶炼及压延加工业	3200	20031	19603	428
炼铁	3210	2795	2749	46
炼钢	3220	893	859	34
钢压延加工	3230	13115	12836	279
铁合金冶炼	3240	3228	3159	69
有色金属冶炼及压延加工业	3300	23111	22753	358
常用有色金属冶炼	3310	6378	6249	129
贵金属冶炼	3320	644	626	18
稀有稀土金属冶炼	3330	1454	1422	32
有色金属合金制造	3340	2351	2322	29
有色金属压延加工	3350	12284	12134	150
金属制品业	3400	146155	144357	1798
结构性金属制品制造	3410	51805	51158	647
金属工具制造	3420	19058	18881	177
集装箱及金属包装容器制造	3430	5928	5839	89
金属丝绳及其制品的制造	3440	7508	7405	103
建筑、安全用金属制品制造	3450	17006	16722	284

单位：个

行业中类	代码	法 人 单位数	从事单一活动或位于一个地点的法人单位	从事多种活动或位于多个地点的法人单位
金属表面处理及热处理加工	3460	11318	11195	123
搪瓷制品制造	3470	1093	1081	12
不锈钢及类似日用金属制品制造	3480	13835	13630	205
其他金属制品制造	3490	18604	18446	158
通用设备制造业	3500	195988	193168	2820
锅炉及原动机制造	3510	7735	7570	165
金属加工机械制造	3520	25036	24729	307
起重运输设备制造	3530	6077	5806	271
泵、阀门、压缩机及类似机械的制造	3540	25454	24877	577
轴承、齿轮、传动和驱动部件的制造	3550	13151	12975	176
烘炉、熔炉及电炉制造	3560	1848	1832	16
风机、衡器、包装设备等通用设备制造	3570	24213	23792	421
通用零部件制造及机械修理	3580	60128	59522	606
金属铸、锻加工	3590	32346	32065	281
专用设备制造业	3600	103610	102000	1610
矿山、冶金、建筑专用设备制造	3610	17710	17415	295
化工、木材、非金属加工专用设备制造	3620	28931	28607	324
食品、饮料、烟草及饲料生产专用设备制造	3630	3855	3806	49
印刷、制药、日化生产专用设备制造	3640	6539	6438	101
纺织、服装和皮革工业专用设备制造	3650	9113	8953	160
农、林、牧、渔专用机械制造	3670	8116	8003	113
医疗仪器设备及器械制造	3680	6020	5851	169
环保、社会公共安全及其他专用设备制造	3690	16089	15814	275
交通运输设备制造业	3700	85794	84149	1645
铁路运输设备制造	3710	3047	2962	85
汽车制造	3720	58405	57395	1010
摩托车制造	3730	7074	6945	129
自行车制造	3740	5570	5439	131
船舶及浮动装置制造	3750	9482	9274	208
航空航天器制造	3760	433	379	54
交通器材及其他交通运输设备制造	3790	1783	1755	28
电气机械及器材制造业	3900	104128	101884	2244
电机制造	3910	10989	10774	215
输配电及控制设备制造	3920	34414	33630	784
电线、电缆、光缆及电工器材制造	3930	17909	17511	398
电池制造	3940	4272	4169	103

行业中类	代码	法人单位数	从事单一活动或位于一个地点的法人单位	从事多种活动或位于多个地点的法人单位
家用电力器具制造	3950	12816	12508	308
非电力家用器具制造	3960	4102	4010	92
照明器具制造	3970	14305	14022	283
其他电气机械及器材制造	3990	5321	5260	61
通信设备、计算机及其他电子设备制造业	4000	52097	50926	1171
通信设备制造	4010	5568	5344	224
雷达及配套设备制造	4020	134	123	11
广播电视设备制造	4030	1605	1557	48
电子计算机制造	4040	4410	4255	155
电子器件制造	4050	7368	7194	174
电子元件制造	4060	22940	22595	345
家用视听设备制造	4070	3576	3469	107
其他电子设备制造	4090	6496	6389	107
仪器仪表及文化、办公用机械制造业	4100	25543	24898	645
通用仪器仪表制造	4110	12396	12066	330
专用仪器仪表制造	4120	4306	4195	111
钟表与计时仪器制造	4130	1892	1864	28
光学仪器及眼镜制造	4140	3740	3649	91
文化、办公用机械制造	4150	1778	1711	67
其他仪器仪表的制造及修理	4190	1431	1413	18
工艺品及其他制造业	4200	53786	52958	828
工艺美术品制造	4210	32805	32215	590
日用杂品制造	4220	8582	8450	132
煤制品制造	4230	4652	4625	27
其他未列明的制造业	4290	7713	7634	79
废弃资源和废旧材料回收加工业	4300	9205	9124	81
金属废料和碎屑的加工处理	4310	4373	4325	48
非金属废料和碎屑的加工处理	4320	4832	4799	33
电力、燃气及水的生产和供应业	**D**	**62038**	**58612**	**3426**
电力、热力的生产和供应业	4400	40549	38146	2403
电力生产	4410	33596	32512	1084
电力供应	4420	3381	2205	1176
热力生产和供应	4430	3572	3429	143
燃气生产和供应业	4500	3726	3430	296
水的生产和供应业	4600	17763	17036	727
自来水的生产和供应	4610	15021	14329	692
污水处理及其再生利用	4620	2156	2127	29
其他水的处理、利用与分配	4690	586	580	6

单位：个

行业中类	代码	法 人 单位数	从事单一活动或位于一个地点的法人单位	从事多种活动或位于多个地点的法人单位
建筑业	E	**261694**	**251684**	**10010**
房屋和土木工程建筑业	4700	102148	95706	6442
房屋工程建筑	4710	64669	60242	4427
土木工程建筑	4720	37479	35464	2015
建筑安装业	4800	51071	49513	1558
建筑装饰业	4900	78425	76857	1568
其他建筑业	5000	30050	29608	442
工程准备	5010	10056	9873	183
提供施工设备服务	5020	3522	3489	33
其他未列明的建筑活动	5090	16472	16246	226
交通运输、仓储和邮政业	F	**175914**	**167018**	**8896**
铁路运输业	5100	698	669	29
铁路旅客运输	5110	51	46	5
铁路货物运输	5120	321	304	17
铁路运输辅助活动	5130	326	319	7
道路运输业	5200	82287	78199	4088
公路旅客运输	5210	8418	7452	966
道路货物运输	5220	60751	59002	1749
道路运输辅助活动	5230	13118	11745	1373
城市公共交通业	5300	8156	7722	434
公共电汽车客运	5310	2248	2014	234
轨道交通	5320	93	84	9
出租车客运	5330	5327	5156	171
城市轮渡	5340	93	91	2
其他城市公共交通	5390	395	377	18
水上运输业	5400	8770	8370	400
水上旅客运输	5410	993	944	49
水上货物运输	5420	5275	5045	230
水上运输辅助活动	5430	2502	2381	121
航空运输业	5500	942	835	107
航空客货运输	5510	335	286	49
通用航空服务	5520	209	202	7
航空运输辅助活动	5530	398	347	51

行业中类	代码	法人单位数	从事单一活动或位于一个地点的法人单位	从事多种活动或位于多个地点的法人单位
管道运输业	5600	122	106	16
装卸搬运和其他运输服务业	5700	49326	46841	2485
装卸搬运	5710	8224	8052	172
运输代理服务	5720	41102	38789	2313
仓储业	5800	19814	19133	681
谷物、棉花等农产品仓储	5810	5921	5621	300
其他仓储	5890	13893	13512	381
邮政业	5900	5799	5143	656
国家邮政	5910	861	394	467
其他寄递服务	5990	4938	4749	189
信息传输、计算机服务和软件业	G	**176326**	**171479**	**4847**
电信和其他信息传输服务业	6000	28423	25925	2498
电信	6010	8545	6705	1840
互联网信息服务	6020	14536	14231	305
广播电视传输服务	6030	5096	4751	345
卫星传输服务	6040	246	238	8
计算机服务业	6100	99514	98435	1079
计算机系统服务	6110	17636	17213	423
数据处理	6120	1168	1134	34
计算机维修	6130	3466	3382	84
其他计算机服务	6190	77244	76706	538
软件业	6200	48389	47119	1270
公共软件服务	6210	38679	37617	1062
其他软件服务	6290	9710	9502	208
批发和零售业	H	**1670315**	**1604962**	**65353**
批发业	6300	1027725	993842	33883
农畜产品批发	6310	49807	47717	2090
食品、饮料及烟草制品批发	6320	76153	72514	3639
纺织、服装及日用品批发	6330	105528	102417	3111
文化、体育用品及器材批发	6340	31869	30694	1175
医药及医疗器材批发	6350	29557	27877	1680
矿产品、建材及化工产品批发	6360	340050	328670	11380
机械设备、五金交电及电子产品批发	6370	285144	276987	8157
贸易经纪与代理	6380	29237	28729	508
其他批发	6390	80380	78237	2143
零售业	6500	642590	611120	31470
综合零售	6510	77856	70806	7050

单位：个

行业中类	代码	法人单位数	从事单一活动或位于一个地点的法人单位	从事多种活动或位于多个地点的法人单位
食品、饮料及烟草制品专门零售	6520	51061	48018	3043
纺织、服装及日用品专门零售	6530	64348	60377	3971
文化、体育用品及器材专门零售	6540	41193	38753	2440
医药及医疗器材专门零售	6550	58406	54270	4136
汽车、摩托车、燃料及零配件专门零售	6560	91484	88062	3422
家用电器及电子产品专门零售	6570	107610	103721	3889
五金、家具及室内装修材料专门零售	6580	82063	80121	1942
无店铺及其他零售	6590	68569	66992	1577
住宿和餐饮业	I	**154895**	**147837**	**7058**
住宿业	6600	57385	54414	2971
旅游饭店	6610	19059	17471	1588
一般旅馆	6620	34640	33337	1303
其他住宿服务	6690	3686	3606	80
餐饮业	6700	97510	93423	4087
正餐服务	6710	79831	76726	3105
快餐服务	6720	6780	6255	525
饮料及冷饮服务	6730	4185	4002	183
其他餐饮服务	6790	6714	6440	274
金融业	J	**36907**	**25548**	**11359**
银行业	6800	9242	3475	5767
中央银行	6810	669	328	341
商业银行	6820	7513	2473	5040
其他银行	6890	1060	674	386
证券业	6900	1437	1111	326
证券市场管理	6910	109	97	12
证券经纪与交易	6920	793	509	284
证券投资	6930	319	294	25
证券分析与咨询	6940	216	211	5
保险业	7000	10580	5940	4640
人寿保险	7010	3631	1682	1949
非人寿保险	7020	4142	1786	2356
保险辅助服务	7030	2807	2472	335
其他金融活动	7100	15648	15022	626
金融信托与管理	7110	1473	1441	32
金融租赁	7120	226	222	4
财务公司	7130	573	561	12
邮政储蓄	7140	521	215	306
典当	7150	3600	3496	104
其他未列明的金融活动	7190	9255	9087	168

单位：个

行业中类	代码	法　人 单位数	从事单一活动或位于一个地点的法人单位	从事多种活动或位于多个地点的法人单位
房地产业	K	**244043**	**232639**	**11404**
房地产业	7200	244043	232639	11404
房地产开发经营	7210	101312	98906	2406
物业管理	7220	66174	61706	4468
房地产中介服务	7230	40543	37367	3176
其他房地产活动	7290	36014	34660	1354
租赁和商务服务业	L	**511666**	**498726**	**12940**
租赁业	7300	23202	22820	382
机械设备租赁	7310	22225	21864	361
文化及日用品出租	7320	977	956	21
商务服务业	7400	488464	475906	12558
企业管理服务	7410	108480	104752	3728
法律服务	7420	22928	22761	167
咨询与调查	7430	132643	130082	2561
广告业	7440	87670	86628	1042
知识产权服务	7450	4344	4237	107
职业中介服务	7460	24682	24142	540
市场管理	7470	19643	18771	872
旅行社	7480	23425	21450	1975
其他商务服务	7490	64649	63083	1566
科学研究、技术服务和地质勘查业	M	**233221**	**226099**	**7122**
研究与试验发展	7500	26573	25838	735
自然科学研究与试验发展	7510	2773	2696	77
工程和技术研究与试验发展	7520	12210	11886	324
农业科学研究与试验发展	7530	5569	5369	200
医学研究与试验发展	7540	4333	4221	112
社会人文科学研究与试验发展	7550	1688	1666	22
专业技术服务业	7600	111782	108320	3462
气象服务	7610	4209	3880	329
地震服务	7620	1438	1401	37
海洋服务	7630	252	243	9
测绘服务	7640	4167	4073	94
技术检测	7650	15746	15415	331

行业中类	代码	法人单位数	从事单一活动或位于一个地点的法人单位	从事多种活动或位于多个地点的法人单位
环境监测	7660	3254	3199	55
工程技术与规划管理	7670	50871	48769	2102
其他专业技术服务	7690	31845	31340	505
科技交流和推广服务业	7700	90652	88009	2643
技术推广服务	7710	72560	70184	2376
科技中介服务	7720	7671	7547	124
其他科技服务	7790	10421	10278	143
地质勘查业	7800	4214	3932	282
矿产地质勘查	7810	1866	1729	137
基础地质勘查	7820	849	758	91
地质勘查技术服务	7830	1499	1445	54
水利、环境和公共设施管理业	**N**	**61740**	**59207**	**2533**
水利管理业	7900	21220	20127	1093
防洪管理	7910	2667	2540	127
水资源管理	7920	10742	10042	700
其他水利管理	7990	7811	7545	266
环境管理业	8000	13945	13456	489
自然保护	8010	2382	2219	163
环境治理	8020	11563	11237	326
公共设施管理业	8100	26575	25624	951
市政公共设施管理	8110	5693	5492	201
城市绿化管理	8120	12231	11905	326
游览景区管理	8130	8651	8227	424
居民服务和其他服务业	**O**	**141936**	**138226**	**3710**
居民服务业	8200	68079	65628	2451
家庭服务	8210	4958	4836	122
托儿所	8220	1394	1383	11
洗染服务	8230	2341	2082	259
理发及美容保健服务	8240	17294	16296	998
洗浴服务	8250	10747	10562	185
婚姻服务	8260	3955	3902	53
殡葬服务	8270	4647	4495	152
摄影扩印服务	8280	7277	6870	407
其他居民服务	8290	15466	15202	264
其他服务业	8300	73857	72598	1259
修理与维护	8310	36610	35881	729
清洁服务	8320	13108	12927	181
其他未列明的服务	8390	24139	23790	349

行业中类	代码	法人单位数	从事单一活动或位于一个地点的法人单位	从事多种活动或位于多个地点的法人单位
教育	P	**342003**	**308827**	**33176**
教育	8400	342003	308827	33176
学前教育	8410	66991	66104	887
初等教育	8420	129506	106893	22613
中等教育	8430	74868	67604	7264
高等教育	8440	5642	5037	605
其他教育	8490	64996	63189	1807
卫生、社会保障和社会福利业	Q	**209016**	**195172**	**13844**
卫生	8500	172838	159520	13318
医院	8510	22595	19509	3086
卫生院及社区医疗活动	8520	52091	43225	8866
门诊部医疗活动	8530	70454	69986	468
计划生育技术服务活动	8540	13015	12866	149
妇幼保健活动	8550	3056	2881	175
专科疾病防治活动	8560	1928	1796	132
疾病预防控制及防疫活动	8570	5440	5087	353
其他卫生活动	8590	4259	4170	89
社会保障业	8600	11784	11558	226
社会福利业	8700	24394	24094	300
提供住宿的社会福利	8710	18528	18334	194
不提供住宿的社会福利	8720	5866	5760	106
文化、体育和娱乐业	R	**90891**	**88331**	**2560**
新闻出版业	8800	6733	6395	338
新闻业	8810	968	940	28
出版业	8820	5765	5455	310
广播、电视、电影和音像业	8900	14432	13585	847
广播	8910	2978	2852	126
电视	8920	4770	4382	388
电影	8930	5137	4826	311
音像制作	8940	1547	1525	22
文化艺术业	9000	37948	37316	632
文艺创作与表演	9010	6184	6099	85

单位：个

行业中类	代码	法人单位数	从事单一活动或位于一个地点的法人单位	从事多种活动或位于多个地点的法人单位
艺术表演场馆	9020	1135	1097	38
图书馆与档案馆	9030	4806	4709	97
文物及文化保护	9040	2651	2577	74
博物馆	9050	1855	1805	50
烈士陵园、纪念馆	9060	977	959	18
群众文化活动	9070	11575	11394	181
文化艺术经纪代理	9080	2968	2935	33
其他文化艺术	9090	5797	5741	56
体育	9100	8262	8067	195
体育组织	9110	4626	4533	93
体育场馆	9120	1617	1555	62
其他体育	9190	2019	1979	40
娱乐业	9200	23516	22968	548
室内娱乐活动	9210	13473	13241	232
游乐园	9220	753	732	21
休闲健身娱乐活动	9230	6637	6390	247
其他娱乐活动	9290	2653	2605	48
公共管理和社会组织	**S**	**1383842**	**1232216**	**151626**
中国共产党机关	9300	40062	37053	3009
国家机构	9400	399955	329959	69996
国家权力机构	9410	6932	6114	818
国家行政机构	9420	381352	314772	66580
人民法院和人民检察院	9430	7502	5176	2326
其他国家机构	9490	4169	3897	272
人民政协和民主党派	9500	6234	6077	157
人民政协	9510	3501	3358	143
民主党派	9520	2733	2719	14
群众团体、社会团体和宗教组织	9600	247353	244182	3171
群众团体	9610	27423	26286	1137
社会团体	9620	160485	158878	1607
宗教组织	9630	59445	59018	427
基层群众自治组织	9700	690238	614945	75293
社区自治组织	9710	81496	77485	4011
村民自治组织	9720	608742	537460	71282

1-5 按行业(中类)、东中西部以及东北地区分组的法人单位数

单位：个

行业中类	代码	法人单位数	东部地区	中部地区	西部地区	东北地区
总计	0000	**8003868**	**4248362**	**1580866**	**1532741**	**641899**
农、林、牧、渔业	A	**184764**	**70615**	**52653**	**45468**	**16028**
农业	0100	53030	23824	12573	12651	3982
谷物及其他作物的种植	0110	13975	5482	3966	3129	1398
蔬菜、园艺作物的种植	0120	20962	9935	4899	4771	1357
水果、坚果、饮料和香料作物的种植	0130	15674	7840	3195	3824	815
中药材的种植	0140	2419	567	513	927	412
林业	0200	19651	6260	6424	5126	1841
林木的培育和种植	0210	18315	5774	6110	4745	1686
木材和竹材的采运	0220	748	259	195	165	129
林产品的采集	0230	588	227	119	216	26
畜牧业	0300	61836	16356	24227	15573	5680
牲畜的饲养	0310	19483	4396	7709	5289	2089
猪的饲养	0320	23476	5721	10093	6163	1499
家禽的饲养	0330	14304	4652	5197	3044	1411
狩猎和捕捉动物	0340	60	21	16	15	8
其他畜牧业	0390	4513	1566	1212	1062	673
渔业	0400	12457	7371	2476	1317	1293
海洋渔业	0410	4023	3104	58	88	773
内陆渔业	0420	8434	4267	2418	1229	520
农、林、牧、渔服务业	0500	37790	16804	6953	10801	3232
农业服务业	0510	23837	12845	4698	4596	1698
林业服务业	0520	3406	860	539	1586	421
畜牧服务业	0530	9158	2290	1470	4397	1001
渔业服务业	0540	1389	809	246	222	112
采矿业	B	**103403**	**22044**	**36567**	**34877**	**9915**
煤炭开采和洗选业	0600	22937	1899	9489	9260	2289
烟煤和无烟煤的开采洗选	0610	21726	1782	9186	8609	2149
褐煤的开采洗选	0620	610	38	47	435	90
其他煤炭采选	0690	601	79	256	216	50
石油和天然气开采业	0700	1594	154	42	895	503
天然原油和天然气开采	0710	344	57	23	140	124
与石油和天然气开采有关的服务活动	0790	1250	97	19	755	379
黑色金属矿采选业	0800	18354	6383	5601	4462	1908
铁矿采选	0810	16337	6265	4842	3401	1829
其他黑色金属矿采选	0890	2017	118	759	1061	79

行业中类	代码	法人单位数	东部地区	中部地区	西部地区	东北地区
有色金属矿采选业	0900	11279	1463	3801	4976	1039
常用有色金属矿采选	0910	7903	739	2527	3994	643
贵金属矿采选	0920	2164	546	688	663	267
稀有稀土金属矿采选	0930	1212	178	586	319	129
非金属矿采选业	1000	48084	11904	17285	14797	4098
土砂石开采	1010	40969	9972	15215	12473	3309
化学矿采选	1020	1603	54	667	739	143
采盐	1030	857	739	12	71	35
石棉及其他非金属矿采选	1090	4655	1139	1391	1514	611
其他采矿业	1100	1155	241	349	487	78
制造业	C	**1959254**	**1268922**	**347689**	**201670**	**140973**
农副食品加工业	1300	107245	42658	34250	17595	12742
谷物磨制	1310	29474	6974	15325	3070	4105
饲料加工	1320	12495	5047	2965	2367	2116
植物油加工	1330	10259	3595	4000	1884	780
制糖	1340	664	255	76	286	47
屠宰及肉类加工	1350	16870	6647	3964	4465	1794
水产品加工	1360	8900	6895	559	205	1241
蔬菜、水果和坚果加工	1370	14416	8282	2533	2396	1205
其他农副食品加工	1390	14167	4963	4828	2922	1454
食品制造业	1400	44651	21550	10529	8426	4146
焙烤食品制造	1410	10997	5045	2896	1905	1151
糖果、巧克力及蜜饯制造	1420	4812	3132	902	660	118
方便食品制造	1430	7007	2624	2302	1425	656
液体乳及乳制品制造	1440	1989	696	376	650	267
罐头制造	1450	3091	1735	682	433	241
调味品、发酵制品制造	1460	6959	3081	1417	1843	618
其他食品制造	1490	9796	5237	1954	1510	1095
饮料制造业	1500	36831	14088	9515	9651	3577
酒精制造	1510	463	170	98	124	71
酒的制造	1520	13919	4489	2745	4606	2079
软饮料制造	1530	12826	5420	3408	2592	1406
精制茶加工	1540	9623	4009	3264	2329	21
烟草制品业	1600	260	82	59	88	31
烟叶复烤	1610	94	18	23	35	18
卷烟制造	1620	84	30	19	25	10
其他烟草制品加工	1690	82	34	17	28	3

单位：个

行业中类	代码	法人单位数	东部地区	中部地区	西部地区	东北地区
纺织业	1700	114480	93323	12516	5568	3073
棉、化纤纺织及印染精加工	1710	44864	36194	5652	2282	736
毛纺织和染整精加工	1720	5362	4278	347	656	81
麻纺织	1730	1016	378	377	116	145
丝绢纺织及精加工	1740	6869	5673	381	541	274
纺织制成品制造	1750	25846	21065	2937	893	951
针织品、编织品及其制品制造	1760	30523	25735	2822	1080	886
纺织服装、鞋、帽制造业	1800	87305	69714	10597	2676	4318
纺织服装制造	1810	81595	65147	9759	2549	4140
纺织面料鞋的制造	1820	4105	3142	719	102	142
制帽	1830	1605	1425	119	25	36
皮革、毛皮、羽毛(绒)及其制品业	1900	33546	27124	3590	2027	805
皮革鞣制加工	1910	2678	1911	498	211	58
皮革制品制造	1920	26206	22026	2169	1424	587
毛皮鞣制及制品加工	1930	2891	2245	377	175	94
羽毛(绒)加工及制品制造	1940	1771	942	546	217	66
木材加工及木、竹、藤、棕、草制品业	2000	66066	32972	18399	7184	7511
锯材、木片加工	2010	24629	9213	8829	3045	3542
人造板制造	2020	18456	10796	4459	1671	1530
木制品制造	2030	15436	9105	2431	1633	2267
竹、藤、棕、草制品制造	2040	7545	3858	2680	835	172
家具制造业	2100	39105	24214	8335	4311	2245
木质家具制造	2110	28477	16492	6798	3370	1817
竹、藤家具制造	2120	745	368	285	82	10
金属家具制造	2130	4332	3327	554	298	153
塑料家具制造	2140	600	410	95	52	43
其他家具制造	2190	4951	3617	603	509	222
造纸及纸制品业	2200	52248	37452	7269	4938	2589
纸浆制造	2210	1008	556	234	158	60
造纸	2220	12657	7738	2536	1673	710
纸制品制造	2230	38583	29158	4499	3107	1819
印刷业和记录媒介的复制	2300	55457	36618	7745	7054	4040
印刷	2310	50222	33133	7015	6351	3723
装订及其他印刷服务活动	2320	4953	3282	708	674	289
记录媒介的复制	2330	282	203	22	29	28

行业中类	代码	法人单位数	东部地区	中部地区	西部地区	东北地区
文教体育用品制造业	2400	21114	18288	1863	450	513
文化用品制造	2410	5759	4746	552	198	263
体育用品制造	2420	5138	4564	353	90	131
乐器制造	2430	1424	1239	84	31	70
玩具制造	2440	8000	7037	828	104	31
游艺器材及娱乐用品制造	2450	793	702	46	27	18
石油加工、炼焦及核燃料加工业	2500	6928	3006	1163	1361	1398
精炼石油产品的制造	2510	5018	2651	535	550	1282
炼焦	2520	1880	341	626	801	112
化学原料及化学制品制造业	2600	102269	59576	22331	12028	8334
基础化学原料制造	2610	17798	9304	3827	3079	1588
肥料制造	2620	10136	4015	2365	2555	1201
农药制造	2630	2658	1406	660	345	247
涂料、油墨、颜料及类似产品制造	2640	19334	13803	2678	1369	1484
合成材料制造	2650	6566	4831	845	401	489
专用化学产品制造	2660	35754	19086	10692	3310	2666
日用化学产品制造	2670	10023	7131	1264	969	659
医药制造业	2700	16562	7852	3675	3056	1979
化学药品原药制造	2710	2390	1327	529	372	162
化学药品制剂制造	2720	2405	1201	516	404	284
中药饮片加工	2730	2178	629	479	557	513
中成药制造	2740	2890	913	719	814	444
兽用药品制造	2750	1471	724	372	248	127
生物、生化制品的制造	2760	2716	1530	469	431	286
卫生材料及医药用品制造	2770	2512	1528	591	230	163
化学纤维制造业	2800	4825	4115	384	158	168
纤维素纤维原料及纤维制造	2810	881	662	114	58	47
合成纤维制造	2820	3944	3453	270	100	121
橡胶制品业	2900	22241	16686	2419	1529	1607
轮胎制造	2910	2022	1403	274	206	139
橡胶板、管、带的制造	2920	4256	3099	528	244	385
橡胶零件制造	2930	6306	4660	581	464	601
再生橡胶制造	2940	1152	690	267	141	54
日用及医用橡胶制品制造	2950	1051	843	117	48	43
橡胶靴鞋制造	2960	1943	1645	153	80	65
其他橡胶制品制造	2990	5511	4346	499	346	320

行业中类	代码	法人单位数	东部地区	中部地区	西部地区	东北地区
塑料制品业	3000	105739	80997	11612	7105	6025
塑料薄膜制造	3010	9710	7314	1027	794	575
塑料板、管、型材的制造	3020	15003	9832	2235	1621	1315
塑料丝、绳及编织品的制造	3030	10799	6511	2039	1204	1045
泡沫塑料制造	3040	5339	3897	585	456	401
塑料人造革、合成革制造	3050	1210	1038	102	31	39
塑料包装箱及容器制造	3060	11701	8862	1341	829	669
塑料零件制造	3070	14104	12783	648	345	328
日用塑料制造	3080	13717	10942	1307	690	778
其他塑料制品制造	3090	24156	19818	2328	1135	875
非金属矿物制品业	3100	222934	88662	78464	41237	14571
水泥、石灰和石膏的制造	3110	15689	5699	4942	3996	1052
水泥及石膏制品制造	3120	51368	17216	22858	9135	2159
砖瓦、石材及其他建筑材料制造	3130	103980	37032	36696	23219	7033
玻璃及玻璃制品制造	3140	17056	11753	2771	1493	1039
陶瓷制品制造	3150	9730	6034	2836	632	228
耐火材料制品制造	3160	12049	4655	4499	931	1964
石墨及其他非金属矿物制品制造	3190	13062	6273	3862	1831	1096
黑色金属冶炼及压延加工业	3200	20031	10757	3992	3610	1672
炼铁	3210	2795	765	1147	661	222
炼钢	3220	893	409	234	143	107
钢压延加工	3230	13115	9066	1598	1352	1099
铁合金冶炼	3240	3228	517	1013	1454	244
有色金属冶炼及压延加工业	3300	23111	12715	5496	3650	1250
常用有色金属冶炼	3310	6378	2074	2257	1725	322
贵金属冶炼	3320	644	158	286	144	56
稀有稀土金属冶炼	3330	1454	318	605	410	121
有色金属合金制造	3340	2351	1362	506	314	169
有色金属压延加工	3350	12284	8803	1842	1057	582
金属制品业	3400	146155	110658	16008	10672	8817
结构性金属制品制造	3410	51805	34512	7931	5278	4084
金属工具制造	3420	19058	14732	2064	1341	921
集装箱及金属包装容器制造	3430	5928	4137	756	496	539
金属丝绳及其制品的制造	3440	7508	5841	833	491	343
建筑、安全用金属制品制造	3450	17006	13613	1534	918	941

行业中类	代码	法人单位数	东部地区	中部地区	西部地区	东北地区
金属表面处理及热处理加工	3460	11318	9070	591	666	991
搪瓷制品制造	3470	1093	863	130	57	43
不锈钢及类似日用金属制品制造	3480	13835	12039	854	572	370
其他金属制品制造	3490	18604	15851	1315	853	585
通用设备制造业	3500	195988	138403	24059	13613	19913
锅炉及原动机制造	3510	7735	4370	1295	829	1241
金属加工机械制造	3520	25036	17389	3185	2317	2145
起重运输设备制造	3530	6077	4092	1124	252	609
泵、阀门、压缩机及类似机械的制造	3540	25454	19696	2203	961	2594
轴承、齿轮、传动和驱动部件的制造	3550	13151	9935	1340	511	1365
烘炉、熔炉及电炉制造	3560	1848	1354	188	144	162
风机、衡器、包装设备等通用设备制造	3570	24213	18907	2133	1298	1875
通用零部件制造及机械修理	3580	60128	42841	5711	4837	6739
金属铸、锻加工	3590	32346	19819	6880	2464	3183
专用设备制造业	3600	103610	74241	13566	7133	8670
矿山、冶金、建筑专用设备制造	3610	17710	9178	3898	1927	2707
化工、木材、非金属加工专用设备制造	3620	28931	23957	2082	1242	1650
食品、饮料、烟草及饲料生产专用设备制造	3630	3855	2352	722	437	344
印刷、制药、日化生产专用设备制造	3640	6539	4995	805	330	409
纺织、服装和皮革工业专用设备制造	3650	9113	8177	619	159	158
农、林、牧、渔专用机械制造	3670	8116	4023	2142	1102	849
医疗仪器设备及器械制造	3680	6020	4416	704	456	444
环保、社会公共安全及其他专用设备制造	3690	16089	11837	1673	962	1617
交通运输设备制造业	3700	85794	53237	12823	12307	7427
铁路运输设备制造	3710	3047	1304	662	385	696
汽车制造	3720	58405	34374	10423	8135	5473
摩托车制造	3730	7074	3700	381	2965	28
自行车制造	3740	5570	5087	302	124	57
船舶及浮动装置制造	3750	9482	7315	770	379	1018
航空航天器制造	3760	433	186	42	150	55
交通器材及其他交通运输设备制造	3790	1783	1271	243	169	100
电气机械及器材制造业	3900	104128	81802	9909	5726	6691
电机制造	3910	10989	8687	1003	596	703
输配电及控制设备制造	3920	34414	25801	3155	2269	3189
电线、电缆、光缆及电工器材制造	3930	17909	13193	2374	1142	1200
电池制造	3940	4272	3240	645	242	145

单位：个

行业中类	代码	法人单位数	东部地区	中部地区	西部地区	东北地区
家用电力器具制造	3950	12816	11314	709	399	394
非电力家用器具制造	3960	4102	3048	508	350	196
照明器具制造	3970	14305	12572	929	361	443
其他电气机械及器材制造	3990	5321	3947	586	367	421
通信设备、计算机及其他电子设备制造业	4000	52097	44557	3773	2152	1615
通信设备制造	4010	5568	4421	508	398	241
雷达及配套设备制造	4020	134	74	20	31	9
广播电视设备制造	4030	1605	1355	98	80	72
电子计算机制造	4040	4410	3776	286	168	180
电子器件制造	4050	7368	6167	585	336	280
电子元件制造	4060	22940	20134	1588	747	471
家用视听设备制造	4070	3576	3321	145	60	50
其他电子设备制造	4090	6496	5309	543	332	312
仪器仪表及文化、办公用机械制造业	4100	25543	19006	2461	1709	2367
通用仪器仪表制造	4110	12396	8664	1308	833	1591
专用仪器仪表制造	4120	4306	3043	519	314	430
钟表与计时仪器制造	4130	1892	1759	55	32	46
光学仪器及眼镜制造	4140	3740	3045	301	309	85
文化、办公用机械制造	4150	1778	1539	114	57	68
其他仪器仪表的制造及修理	4190	1431	956	164	164	147
工艺品及其他制造业	4200	53786	39472	8249	3634	2431
工艺美术品制造	4210	32805	25716	3707	1889	1493
日用杂品制造	4220	8582	6703	1330	375	174
煤制品制造	4230	4652	1038	2438	799	377
其他未列明的制造业	4290	7713	5994	773	564	382
废弃资源和废旧材料回收加工业	4300	9205	5097	2638	1022	448
金属废料和碎屑的加工处理	4310	4373	2387	1270	538	178
非金属废料和碎屑的加工处理	4320	4832	2710	1368	484	270
电力、燃气及水的生产和供应业	D	**62038**	**25316**	**15372**	**17544**	**3806**
电力、热力的生产和供应业	4400	40549	16514	9846	11590	2599
电力生产	4410	33596	14627	8590	9631	748
电力供应	4420	3381	873	994	1150	364
热力生产和供应	4430	3572	1014	262	809	1487
燃气生产和供应业	4500	3726	1335	830	1247	314
水的生产和供应业	4600	17763	7467	4696	4707	893
自来水的生产和供应	4610	15021	5798	4253	4282	688
污水处理及其再生利用	4620	2156	1259	381	340	176
其他水的处理、利用与分配	4690	586	410	62	85	29

单位：个

行业中类	代码	法人单位数	东部地区	中部地区	西部地区	东北地区
建筑业	E	**261694**	**142342**	**50593**	**41561**	**27198**
房屋和土木工程建筑业	4700	102148	48399	23913	19845	9991
房屋工程建筑	4710	64669	28205	16976	13842	5646
土木工程建筑	4720	37479	20194	6937	6003	4345
建筑安装业	4800	51071	30891	7536	5943	6701
建筑装饰业	4900	78425	47453	12257	11142	7573
其他建筑业	5000	30050	15599	6887	4631	2933
工程准备	5010	10056	5695	1892	1142	1327
提供施工设备服务	5020	3522	1748	866	645	263
其他未列明的建筑活动	5090	16472	8156	4129	2844	1343
交通运输、仓储和邮政业	F	**175914**	**99518**	**29754**	**30600**	**16042**
铁路运输业	5100	698	251	197	212	38
铁路旅客运输	5110	51	22	10	17	2
铁路货物运输	5120	321	128	68	108	17
铁路运输辅助活动	5130	326	101	119	87	19
道路运输业	5200	82287	40380	16762	17534	7611
公路旅客运输	5210	8418	2716	2624	2376	702
道路货物运输	5220	60751	32932	11147	11029	5643
道路运输辅助活动	5230	13118	4732	2991	4129	1266
城市公共交通业	5300	8156	3036	1998	2054	1068
公共电汽车客运	5310	2248	808	618	594	228
轨道交通	5320	93	45	19	19	10
出租车客运	5330	5327	1982	1232	1307	806
城市轮渡	5340	93	39	43	8	3
其他城市公共交通	5390	395	162	86	126	21
水上运输业	5400	8770	5412	1799	1149	410
水上旅客运输	5410	993	399	272	249	73
水上货物运输	5420	5275	3389	1091	610	185
水上运输辅助活动	5430	2502	1624	436	290	152
航空运输业	5500	942	413	130	277	122
航空客货运输	5510	335	168	34	98	35
通用航空服务	5520	209	79	30	60	40
航空运输辅助活动	5530	398	166	66	119	47

行业中类	代码	法人单位数	东部地区	中部地区	西部地区	东北地区
管道运输业	5600	122	59	22	24	17
装卸搬运和其他运输服务业	5700	49326	34801	4759	5574	4192
装卸搬运	5710	8224	4165	1968	1536	555
运输代理服务	5720	41102	30636	2791	4038	3637
仓储业	5800	19814	11221	3420	3006	2167
谷物、棉花等农产品仓储	5810	5921	1837	1714	1232	1138
其他仓储	5890	13893	9384	1706	1774	1029
邮政业	5900	5799	3945	667	770	417
国家邮政	5910	861	258	192	341	70
其他寄递服务	5990	4938	3687	475	429	347
信息传输、计算机服务和软件业	**G**	**176326**	**101118**	**29995**	**32909**	**12304**
电信和其他信息传输服务业	6000	28423	13886	5201	6871	2465
电信	6010	8545	3867	1718	2084	876
互联网信息服务	6020	14536	8111	2188	3201	1036
广播电视传输服务	6030	5096	1770	1247	1544	535
卫星传输服务	6040	246	138	48	42	18
计算机服务业	6100	99514	51745	21117	21582	5070
计算机系统服务	6110	17636	12265	2041	2172	1158
数据处理	6120	1168	725	167	153	123
计算机维修	6130	3466	2234	390	540	302
其他计算机服务	6190	77244	36521	18519	18717	3487
软件业	6200	48389	35487	3677	4456	4769
公共软件服务	6210	38679	28445	2902	3596	3736
其他软件服务	6290	9710	7042	775	860	1033
批发和零售业	**H**	**1670315**	**1005634**	**248013**	**265529**	**151139**
批发业	6300	1027725	657661	127413	149632	93019
农畜产品批发	6310	49807	18289	13729	9624	8165
食品、饮料及烟草制品批发	6320	76153	45320	11801	11978	7054
纺织、服装及日用品批发	6330	105528	85479	6756	6714	6579
文化、体育用品及器材批发	6340	31869	23617	2735	3329	2188
医药及医疗器材批发	6350	29557	16609	4754	5366	2828
矿产品、建材及化工产品批发	6360	340050	206874	44842	55552	32782
机械设备、五金交电及电子产品批发	6370	285144	190887	29211	39628	25418
贸易经纪与代理	6380	29237	18974	2542	5242	2479
其他批发	6390	80380	51612	11043	12199	5526
零售业	6500	642590	347973	120600	115897	58120
综合零售	6510	77856	34361	23826	14166	5503

单位：个

行业中类	代码	法人单位数	东部地区	中部地区	西部地区	东北地区
食品、饮料及烟草制品专门零售	6520	51061	28243	9251	8968	4599
纺织、服装及日用品专门零售	6530	64348	36938	11556	9220	6634
文化、体育用品及器材专门零售	6540	41193	25979	5681	6344	3189
医药及医疗器材专门零售	6550	58406	30869	10200	10960	6377
汽车、摩托车、燃料及零配件专门零售	6560	91484	45393	17101	19771	9219
家用电器及电子产品专门零售	6570	107610	60205	18653	20053	8699
五金、家具及室内装修材料专门零售	6580	82063	46869	12648	13958	8588
无店铺及其他零售	6590	68569	39116	11684	12457	5312
住宿和餐饮业	I	**154895**	**79642**	**34494**	**30023**	**10736**
住宿业	6600	57385	26867	12603	13890	4025
旅游饭店	6610	19059	8729	4216	4724	1390
一般旅馆	6620	34640	16459	7505	8353	2323
其他住宿服务	6690	3686	1679	882	813	312
餐饮业	6700	97510	52775	21891	16133	6711
正餐服务	6710	79831	41981	18572	13484	5794
快餐服务	6720	6780	4259	1438	635	448
饮料及冷饮服务	6730	4185	2722	615	692	156
其他餐饮服务	6790	6714	3813	1266	1322	313
金融业	J	**36907**	**16439**	**7266**	**9612**	**3590**
银行业	6800	9242	3010	1938	3387	907
中央银行	6810	669	154	161	288	66
商业银行	6820	7513	2524	1537	2737	715
其他银行	6890	1060	332	240	362	126
证券业	6900	1437	804	282	234	117
证券市场管理	6910	109	35	33	26	15
证券经纪与交易	6920	793	426	153	147	67
证券投资	6930	319	197	54	39	29
证券分析与咨询	6940	216	146	42	22	6
保险业	7000	10580	4715	2313	2427	1125
人寿保险	7010	3631	1421	950	856	404
非人寿保险	7020	4142	1569	991	1167	415
保险辅助服务	7030	2807	1725	372	404	306
其他金融活动	7100	15648	7910	2733	3564	1441
金融信托与管理	7110	1473	726	321	296	130
金融租赁	7120	226	109	38	61	18
财务公司	7130	573	287	95	135	56
邮政储蓄	7140	521	148	114	186	73
典当	7150	3600	1600	624	883	493
其他未列明的金融活动	7190	9255	5040	1541	2003	671

单位：个

行业中类	代码	法人单位数	东部地区	中部地区	西部地区	东北地区
房地产业	K	**244043**	**131510**	**43505**	**48127**	**20901**
房地产业	7200	244043	131510	43505	48127	20901
房地产开发经营	7210	101312	47409	21656	23552	8695
物业管理	7220	66174	35515	11183	12696	6780
房地产中介服务	7230	40543	25825	4966	6337	3415
其他房地产活动	7290	36014	22761	5700	5542	2011
租赁和商务服务业	L	**511666**	**332876**	**63215**	**77270**	**38305**
租赁业	7300	23202	12987	3226	5412	1577
机械设备租赁	7310	22225	12431	3068	5245	1481
文化及日用品出租	7320	977	556	158	167	96
商务服务业	7400	488464	319889	59989	71858	36728
企业管理服务	7410	108480	75583	10809	15875	6213
法律服务	7420	22928	11078	4188	5297	2365
咨询与调查	7430	132643	95963	13232	13875	9573
广告业	7440	87670	54424	12074	14276	6896
知识产权服务	7450	4344	3169	453	412	310
职业中介服务	7460	24682	13617	3680	4558	2827
市场管理	7470	19643	10781	3148	3646	2068
旅行社	7480	23425	11338	5082	4715	2290
其他商务服务	7490	64649	43936	7323	9204	4186
科学研究、技术服务和地质勘查业	M	**233221**	**128531**	**36442**	**46404**	**21844**
研究与试验发展	7500	26573	16086	3706	3617	3164
自然科学研究与试验发展	7510	2773	1374	503	455	441
工程和技术研究与试验发展	7520	12210	8735	1092	993	1390
农业科学研究与试验发展	7530	5569	2200	1372	1224	773
医学研究与试验发展	7540	4333	3031	410	523	369
社会人文科学研究与试验发展	7550	1688	746	329	422	191
专业技术服务业	7600	111782	62628	17719	21205	10230
气象服务	7610	4209	1249	1116	1521	323
地震服务	7620	1438	429	303	559	147
海洋服务	7630	252	214	11	8	19
测绘服务	7640	4167	1798	720	1099	550
技术检测	7650	15746	6719	3196	3723	2108

行业中类	代码	法人单位数	东部地区	中部地区	西部地区	东北地区
环境监测	7660	3254	1317	667	887	383
工程技术与规划管理	7670	50871	27879	8342	10089	4561
其他专业技术服务	7690	31845	23023	3364	3319	2139
科技交流和推广服务业	7700	90652	48570	14255	19855	7972
技术推广服务	7710	72560	37742	11628	17246	5944
科技中介服务	7720	7671	4293	1268	1167	943
其他科技服务	7790	10421	6535	1359	1442	1085
地质勘查业	7800	4214	1247	762	1727	478
矿产地质勘查	7810	1866	457	314	877	218
基础地质勘查	7820	849	306	166	269	108
地质勘查技术服务	7830	1499	484	282	581	152
水利、环境和公共设施管理业	**N**	**61740**	**26304**	**14201**	**15581**	**5654**
水利管理业	7900	21220	6339	5864	7042	1975
防洪管理	7910	2667	951	939	484	293
水资源管理	7920	10742	3161	3156	3492	933
其他水利管理	7990	7811	2227	1769	3066	749
环境管理业	8000	13945	6136	2924	3539	1346
自然保护	8010	2382	632	495	969	286
环境治理	8020	11563	5504	2429	2570	1060
公共设施管理业	8100	26575	13829	5413	5000	2333
市政公共设施管理	8110	5693	2793	1247	1088	565
城市绿化管理	8120	12231	7164	1992	1945	1130
游览景区管理	8130	8651	3872	2174	1967	638
居民服务和其他服务业	**O**	**141936**	**83508**	**25647**	**21005**	**11776**
居民服务业	8200	68079	38284	13405	9815	6575
家庭服务	8210	4958	2916	748	855	439
托儿所	8220	1394	759	256	251	128
洗染服务	8230	2341	1509	374	282	176
理发及美容保健服务	8240	17294	11109	3249	1688	1248
洗浴服务	8250	10747	5455	2333	1335	1624
婚姻服务	8260	3955	2114	682	648	511
殡葬服务	8270	4647	2056	919	1018	654
摄影扩印服务	8280	7277	3979	1630	1046	622
其他居民服务	8290	15466	8387	3214	2692	1173
其他服务业	8300	73857	45224	12242	11190	5201
修理与维护	8310	36610	21427	6047	6202	2934
清洁服务	8320	13108	8693	1668	1851	896
其他未列明的服务	8390	24139	15104	4527	3137	1371

行业中类	代码	法　人单位数	东部地区	中部地区	西部地区	东北地区
教育	P	**342003**	**130834**	**86901**	**99343**	**24925**
教育	8400	342003	130834	86901	99343	24925
学前教育	8410	66991	29227	17204	16704	3856
初等教育	8420	129506	44243	33446	46114	5703
中等教育	8430	74868	25040	22178	21095	6555
高等教育	8440	5642	2579	1262	1190	611
其他教育	8490	64996	29745	12811	14240	8200
卫生、社会保障和社会福利业	Q	**209016**	**62250**	**66593**	**61559**	**18614**
卫生	8500	172838	49609	57368	51521	14340
医院	8510	22595	7871	5878	6166	2680
卫生院及社区医疗活动	8520	52091	15248	14916	18098	3829
门诊部医疗活动	8530	70454	18823	29526	17009	5096
计划生育技术服务活动	8540	13015	2779	3397	5947	892
妇幼保健活动	8550	3056	840	733	1154	329
专科疾病防治活动	8560	1928	701	534	397	296
疾病预防控制及防疫活动	8570	5440	1570	1350	1639	881
其他卫生活动	8590	4259	1777	1034	1111	337
社会保障业	8600	11784	3375	2972	4405	1032
社会福利业	8700	24394	9266	6253	5633	3242
提供住宿的社会福利	8710	18528	6468	5291	4047	2722
不提供住宿的社会福利	8720	5866	2798	962	1586	520
文化、体育和娱乐业	R	**90891**	**44257**	**19077**	**20344**	**7213**
新闻出版业	8800	6733	3556	1219	1337	621
新闻业	8810	968	322	244	304	98
出版业	8820	5765	3234	975	1033	523
广播、电视、电影和音像业	8900	14432	6102	3251	3870	1209
广播	8910	2978	597	685	1366	330
电视	8920	4770	2104	1236	1063	367
电影	8930	5137	2479	1087	1167	404
音像制作	8940	1547	922	243	274	108
文化艺术业	9000	37948	16898	8678	9393	2979
文艺创作与表演	9010	6184	2693	1696	1302	493

行业中类	代码	法　人单位数	东部地区	中部地区	西部地区	东北地区
艺术表演场馆	9020	1135	458	321	233	123
图书馆与档案馆	9030	4806	1628	1097	1531	550
文物及文化保护	9040	2651	827	788	865	171
博物馆	9050	1855	882	394	434	145
烈士陵园、纪念馆	9060	977	389	305	201	82
群众文化活动	9070	11575	3948	3005	3670	952
文化艺术经纪代理	9080	2968	2262	289	261	156
其他文化艺术	9090	5797	3811	783	896	307
体育	9100	8262	4522	1400	1573	767
体育组织	9110	4626	2575	795	869	387
体育场馆	9120	1617	909	248	282	178
其他体育	9190	2019	1038	357	422	202
娱乐业	9200	23516	13179	4529	4171	1637
室内娱乐活动	9210	13473	7167	2759	2653	894
游乐园	9220	753	378	162	140	73
休闲健身娱乐活动	9230	6637	4218	1045	870	504
其他娱乐活动	9290	2653	1416	563	508	166
公共管理和社会组织	**S**	**1383842**	**476702**	**372889**	**433315**	**100936**
中国共产党机关	9300	40062	9927	10401	16023	3711
国家机构	9400	399955	115722	109276	135972	38985
国家权力机构	9410	6932	2076	2113	2191	552
国家行政机构	9420	381352	110051	104102	129957	37242
人民法院和人民检察院	9430	7502	2025	1924	2698	855
其他国家机构	9490	4169	1570	1137	1126	336
人民政协和民主党派	9500	6234	2057	1480	2103	594
人民政协	9510	3501	994	878	1291	338
民主党派	9520	2733	1063	602	812	256
群众团体、社会团体和宗教组织	9600	247353	91592	54574	82548	18639
群众团体	9610	27423	10179	6441	8708	2095
社会团体	9620	160485	63663	33131	49643	14048
宗教组织	9630	59445	17750	15002	24197	2496
基层群众自治组织	9700	690238	257404	197158	196669	39007
社区自治组织	9710	81496	34306	18728	19675	8787
村民自治组织	9720	608742	223098	178430	176994	30220

1-6 按行业(中类)、机构类型分组的法人单位数

单位：个

行业中类	代码	法人单位数	企业法人	事业法人	机关法人	社会团体	其他
总计	0000	**8003868**	**5782827**	**730169**	**251022**	**199293**	**1040557**
农、林、牧、渔业	A	**184764**	**144278**	**15315**		**4**	**25167**
农业	0100	53030	42769	692			9569
谷物及其他作物的种植	0110	13975	10957	386			2632
蔬菜、园艺作物的种植	0120	20962	17795	114			3053
水果、坚果、饮料和香料作物的种植	0130	15674	11976	190			3508
中药材的种植	0140	2419	2041	2			376
林业	0200	19651	15286	2714			1651
林木的培育和种植	0210	18315	14125	2639			1551
木材和竹材的采运	0220	748	627	60			61
林产品的采集	0230	588	534	15			39
畜牧业	0300	61836	53683	410		1	7742
牲畜的饲养	0310	19483	16919	190			2374
猪的饲养	0320	23476	20437	87		1	2951
家禽的饲养	0330	14304	12440	41			1823
狩猎和捕捉动物	0340	60	53	1			6
其他畜牧业	0390	4513	3834	91			588
渔业	0400	12457	10963	168			1326
海洋渔业	0410	4023	3656	10			357
内陆渔业	0420	8434	7307	158			969
农、林、牧、渔服务业	0500	37790	21577	11331		3	4879
农业服务业	0510	23837	17579	2637		2	3619
林业服务业	0520	3406	911	2328			167
畜牧服务业	0530	9158	2066	6184		1	907
渔业服务业	0540	1389	1021	182			186
采矿业	B	**103403**	**103390**	**1**			**12**
煤炭开采和洗选业	0600	22937	22935				2
烟煤和无烟煤的开采洗选	0610	21726	21724				2
褐煤的开采洗选	0620	610	610				
其他煤炭采选	0690	601	601				
石油和天然气开采业	0700	1594	1594				
天然原油和天然气开采	0710	344	344				
与石油和天然气开采有关的服务活动	0790	1250	1250				
黑色金属矿采选业	0800	18354	18352				2
铁矿采选	0810	16337	16335				2
其他黑色金属矿采选	0890	2017	2017				

单位：个

行业中类	代码	法人单位数	企业法人	事业法人	机关法人	社会团体	其他
有色金属矿采选业	0900	11279	11278				1
常用有色金属矿采选	0910	7903	7903				
贵金属矿采选	0920	2164	2163				1
稀有稀土金属矿采选	0930	1212	1212				
非金属矿采选业	1000	48084	48077	1			6
土砂石开采	1010	40969	40962	1			6
化学矿采选	1020	1603	1603				
采盐	1030	857	857				
石棉及其他非金属矿采选	1090	4655	4655				
其他采矿业	1100	1155	1154				1
制造业	C	**1959254**	**1958982**	**13**			**259**
农副食品加工业	1300	107245	107220				25
谷物磨制	1310	29474	29469				5
饲料加工	1320	12495	12494				1
植物油加工	1330	10259	10257				2
制糖	1340	664	664				
屠宰及肉类加工	1350	16870	16868				2
水产品加工	1360	8900	8896				4
蔬菜、水果和坚果加工	1370	14416	14412				4
其他农副食品加工	1390	14167	14160				7
食品制造业	1400	44651	44645				6
焙烤食品制造	1410	10997	10996				1
糖果、巧克力及蜜饯制造	1420	4812	4811				1
方便食品制造	1430	7007	7006				1
液体乳及乳制品制造	1440	1989	1989				
罐头制造	1450	3091	3091				
调味品、发酵制品制造	1460	6959	6959				
其他食品制造	1490	9796	9793				3
饮料制造业	1500	36831	36827	1			3
酒精制造	1510	463	463				
酒的制造	1520	13919	13918				1
软饮料制造	1530	12826	12823	1			2
精制茶加工	1540	9623	9623				
烟草制品业	1600	260	260				
烟叶复烤	1610	94	94				
卷烟制造	1620	84	84				
其他烟草制品加工	1690	82	82				

行业中类	代码	法　人单位数	企业法人	事业法人	机关法人	社会团体	其他
纺织业	1700	114480	114455				25
棉、化纤纺织及印染精加工	1710	44864	44853				11
毛纺织和染整精加工	1720	5362	5362				
麻纺织	1730	1016	1016				
丝绢纺织及精加工	1740	6869	6869				
纺织制成品制造	1750	25846	25838				8
针织品、编织品及其制品制造	1760	30523	30517				6
纺织服装、鞋、帽制造业	1800	87305	87289				16
纺织服装制造	1810	81595	81581				14
纺织面料鞋的制造	1820	4105	4103				2
制帽	1830	1605	1605				
皮革、毛皮、羽毛(绒)及其制品业	1900	33546	33544				2
皮革鞣制加工	1910	2678	2677				1
皮革制品制造	1920	26206	26205				1
毛皮鞣制及制品加工	1930	2891	2891				
羽毛(绒)加工及制品制造	1940	1771	1771				
木材加工及木、竹、藤、棕、草制品业	2000	66066	66058				8
锯材、木片加工	2010	24629	24627				2
人造板制造	2020	18456	18452				4
木制品制造	2030	15436	15435				1
竹、藤、棕、草制品制造	2040	7545	7544				1
家具制造业	2100	39105	39101				4
木质家具制造	2110	28477	28474				3
竹、藤家具制造	2120	745	745				
金属家具制造	2130	4332	4332				
塑料家具制造	2140	600	600				
其他家具制造	2190	4951	4950				1
造纸及纸制品业	2200	52248	52234				14
纸浆制造	2210	1008	1008				
造纸	2220	12657	12654				3
纸制品制造	2230	38583	38572				11
印刷业和记录媒介的复制	2300	55457	55446	7			4
印刷	2310	50222	50212	7			3
装订及其他印刷服务活动	2320	4953	4952				1
记录媒介的复制	2330	282	282				

1-6 续表 3 单位：个

行业中类	代码	法人单位数	企业法人	事业法人	机关法人	社会团体	其他
文教体育用品制造业	2400	21114	21112				2
文化用品制造	2410	5759	5758				1
体育用品制造	2420	5138	5137				1
乐器制造	2430	1424	1424				
玩具制造	2440	8000	8000				
游艺器材及娱乐用品制造	2450	793	793				
石油加工、炼焦及核燃料加工业	2500	6928	6925				3
精炼石油产品的制造	2510	5018	5017				1
炼焦	2520	1880	1878				2
化学原料及化学制品制造业	2600	102269	102253				16
基础化学原料制造	2610	17798	17790				8
肥料制造	2620	10136	10134				2
农药制造	2630	2658	2658				
涂料、油墨、颜料及类似产品制造	2640	19334	19333				1
合成材料制造	2650	6566	6566				
专用化学产品制造	2660	35754	35751				3
日用化学产品制造	2670	10023	10021				2
医药制造业	2700	16562	16561				1
化学药品原药制造	2710	2390	2390				
化学药品制剂制造	2720	2405	2405				
中药饮片加工	2730	2178	2178				
中成药制造	2740	2890	2890				
兽用药品制造	2750	1471	1471				
生物、生化制品的制造	2760	2716	2716				
卫生材料及医药用品制造	2770	2512	2511				1
化学纤维制造业	2800	4825	4822				3
纤维素纤维原料及纤维制造	2810	881	880				1
合成纤维制造	2820	3944	3942				2
橡胶制品业	2900	22241	22239				2
轮胎制造	2910	2022	2020				2
橡胶板、管、带的制造	2920	4256	4256				
橡胶零件制造	2930	6306	6306				
再生橡胶制造	2940	1152	1152				
日用及医用橡胶制品制造	2950	1051	1051				
橡胶靴鞋制造	2960	1943	1943				
其他橡胶制品制造	2990	5511	5511				

单位：个

行业中类	代码	法人单位数	企业法人	事业法人	机关法人	社会团体	其他
塑料制品业	3000	105739	105726				13
塑料薄膜制造	3010	9710	9709				1
塑料板、管、型材的制造	3020	15003	15000				3
塑料丝、绳及编织品的制造	3030	10799	10797				2
泡沫塑料制造	3040	5339	5339				
塑料人造革、合成革制造	3050	1210	1210				
塑料包装箱及容器制造	3060	11701	11698				3
塑料零件制造	3070	14104	14104				
日用塑料制造	3080	13717	13714				3
其他塑料制品制造	3090	24156	24155				1
非金属矿物制品业	3100	222934	222907				27
水泥、石灰和石膏的制造	3110	15689	15684				5
水泥及石膏制品制造	3120	51368	51362				6
砖瓦、石材及其他建筑材料制造	3130	103980	103970				10
玻璃及玻璃制品制造	3140	17056	17054				2
陶瓷制品制造	3150	9730	9730				
耐火材料制品制造	3160	12049	12048				1
石墨及其他非金属矿物制品制造	3190	13062	13059				3
黑色金属冶炼及压延加工业	3200	20031	20030				1
炼铁	3210	2795	2795				
炼钢	3220	893	893				
钢压延加工	3230	13115	13115				
铁合金冶炼	3240	3228	3227				1
有色金属冶炼及压延加工业	3300	23111	23110				1
常用有色金属冶炼	3310	6378	6378				
贵金属冶炼	3320	644	644				
稀有稀土金属冶炼	3330	1454	1454				
有色金属合金制造	3340	2351	2350				1
有色金属压延加工	3350	12284	12284				
金属制品业	3400	146155	146141				14
结构性金属制品制造	3410	51805	51801				4
金属工具制造	3420	19058	19054				4
集装箱及金属包装容器制造	3430	5928	5928				
金属丝绳及其制品的制造	3440	7508	7507				1
建筑、安全用金属制品制造	3450	17006	17005				1

行业中类	代码	法人单位数	企业法人	事业法人	机关法人	社会团体	其他
金属表面处理及热处理加工	3450	11318	11318				
搪瓷制品制造	3470	1093	1093				
不锈钢及类似日用金属制品制造	3480	13835	13835				
其他金属制品制造	3490	18604	18600				4
通用设备制造业	3500	195988	195963				25
锅炉及原动机制造	3510	7735	7733				2
金属加工机械制造	3520	25036	25030				6
起重运输设备制造	3530	6077	6076				1
泵、阀门、压缩机及类似机械的制造	3540	25454	25451				3
轴承、齿轮、传动和驱动部件的制造	3550	13151	13151				
烘炉、熔炉及电炉制造	3560	1848	1848				
风机、衡器、包装设备等通用设备制造	3570	24213	24210				3
通用零部件制造及机械修理	3580	60128	60119				9
金属铸、锻加工	3590	32346	32345				1
专用设备制造业	3600	103610	103602				8
矿山、冶金、建筑专用设备制造	3610	17710	17708				2
化工、木材、非金属加工专用设备制造	3620	28931	28930				1
食品、饮料、烟草及饲料生产专用设备制造	3630	3855	3854				1
印刷、制药、日化生产专用设备制造	3640	6539	6539				
纺织、服装和皮革工业专用设备制造	3650	9113	9112				1
农、林、牧、渔专用机械制造	3670	8116	8114				2
医疗仪器设备及器械制造	3680	6020	6020				
环保、社会公共安全及其他专用设备制造	3690	16089	16088				1
交通运输设备制造业	3700	85794	85783	2			9
铁路运输设备制造	3710	3047	3047				
汽车制造	3720	58405	58396	2			7
摩托车制造	3730	7074	7074				
自行车制造	3740	5570	5570				
船舶及浮动装置制造	3750	9482	9480				2
航空航天器制造	3760	433	433				
交通器材及其他交通运输设备制造	3790	1783	1783				
电气机械及器材制造业	3900	104128	104119	1			8
电机制造	3910	10989	10988				1
输配电及控制设备制造	3920	34414	34413				1
电线、电缆、光缆及电工器材制造	3930	17909	17909				
电池制造	3940	4272	4272				

1-6 续表 6 单位：个

行业中类	代码	法人单位数	企业法人	事业法人	机关法人	社会团体	其他
家用电力器具制造	3950	12816	12815				1
非电力家用器具制造	3960	4102	4101				1
照明器具制造	3970	14305	14304				1
其他电气机械及器材制造	3990	5321	5317	1			3
通信设备、计算机及其他电子设备制造业	4000	52097	52092				5
通信设备制造	4010	5568	5567				1
雷达及配套设备制造	4020	134	134				
广播电视设备制造	4030	1605	1605				
电子计算机制造	4040	4410	4410				
电子器件制造	4050	7368	7366				2
电子元件制造	4060	22940	22940				
家用视听设备制造	4070	3576	3576				
其他电子设备制造	4090	6496	6494				2
仪器仪表及文化、办公用机械制造业	4100	25543	25542				1
通用仪器仪表制造	4110	12396	12395				1
专用仪器仪表制造	4120	4306	4306				
钟表与计时仪器制造	4130	1892	1892				
光学仪器及眼镜制造	4140	3740	3740				
文化、办公用机械制造	4150	1778	1778				
其他仪器仪表的制造及修理	4190	1431	1431				
工艺品及其他制造业	4200	53786	53774	1			11
工艺美术品制造	4210	32805	32798				7
日用杂品制造	4220	8582	8582				
煤制品制造	4230	4652	4651				1
其他未列明的制造业	4290	7713	7709	1			3
废弃资源和废旧材料回收加工业	4300	9205	9202	1			2
金属废料和碎屑的加工处理	4310	4373	4372				1
非金属废料和碎屑的加工处理	4320	4832	4830	1			1
电力、燃气及水的生产和供应业	**D**	**62038**	**60998**	**546**			**494**
电力、热力的生产和供应业	4400	40549	40050	200			299
电力生产	4410	33596	33225	110			261
电力供应	4420	3381	3338	28			15
热力生产和供应	4430	3572	3487	62			23
燃气生产和供应业	4500	3726	3687	12			27
水的生产和供应业	4600	17763	17261	334			168
自来水的生产和供应	4610	15021	14595	284			142
污水处理及其再生利用	4620	2156	2093	47			16
其他水的处理、利用与分配	4690	586	573	3			10

行业中类	代码	法人单位数	企业法人	事业法人	机关法人	社会团体	其他
建筑业	E	**261694**	**261571**	**14**			**109**
房屋和土木工程建筑业	4700	102148	102109	13			26
房屋工程建筑	4710	64669	64655	3			11
土木工程建筑	4720	37479	37454	10			15
建筑安装业	4800	51071	51036				35
建筑装饰业	4900	78425	78406				19
其他建筑业	5000	30050	30020	1			29
工程准备	5010	10056	10052	1			3
提供施工设备服务	5020	3522	3518				4
其他未列明的建筑活动	5090	16472	16450				22
交通运输、仓储和邮政业	F	**175914**	**166509**	**6540**			**2865**
铁路运输业	5100	698	651	24			23
铁路旅客运输	5110	51	49	1			1
铁路货物运输	5120	321	303	7			11
铁路运输辅助活动	5130	326	299	16			11
道路运输业	5200	82287	75627	5249			1411
公路旅客运输	5210	8418	8260	47			111
道路货物运输	5220	60751	59647	96			1008
道路运输辅助活动	5230	13118	7720	5106			292
城市公共交通业	5300	8156	7961	95			100
公共电汽车客运	5310	2248	2202	27			19
轨道交通	5320	93	89	4			
出租车客运	5330	5327	5233	28			66
城市轮渡	5340	93	78	11			4
其他城市公共交通	5390	395	359	25			11
水上运输业	5400	8770	8171	435			164
水上旅客运输	5410	993	952	18			23
水上货物运输	5420	5275	5162	18			95
水上运输辅助活动	5430	2502	2057	399			46
航空运输业	5500	942	867	57			18
航空客货运输	5510	335	324	6			5
通用航空服务	5520	209	198	5			6
航空运输辅助活动	5530	398	345	46			7

单位：个

行业中类	代码	法人单位数	企业法人	事业法人	机关法人	社会团体	其他
管道运输业	5600	122	118	2			2
装卸搬运和其他运输服务业	5700	49326	48511	74			741
装卸搬运	5710	8224	8014	21			189
运输代理服务	5720	41102	40497	53			552
仓储业	5800	19814	18973	539			302
谷物、棉花等农产品仓储	5810	5921	5531	297			93
其他仓储	5890	13893	13442	242			209
邮政业	5900	5799	5630	65			104
国家邮政	5910	861	798	57			6
其他寄递服务	5990	4938	4832	8			98
信息传输、计算机服务和软件业	**G**	**176326**	**167174**	**3982**			**5170**
电信和其他信息传输服务业	6000	28423	24036	3247			1140
电信	6010	8545	8267	108			170
互联网信息服务	6020	14536	13509	277			750
广播电视传输服务	6030	5096	2066	2812			218
卫星传输服务	6040	246	194	50			2
计算机服务业	6100	99514	95263	645			3606
计算机系统服务	6110	17636	17146	237			253
数据处理	6120	1168	915	240			13
计算机维修	6130	3466	3369	28			69
其他计算机服务	6190	77244	73833	140			3271
软件业	6200	48389	47875	90			424
公共软件服务	6210	38679	38302	69			308
其他软件服务	6290	9710	9573	21			116
批发和零售业	**H**	**1670315**	**1667256**	**15**			**3044**
批发业	6300	1027725	1024955	8			2762
农畜产品批发	6310	49807	49768	3			36
食品、饮料及烟草制品批发	6320	76153	76111	1			41
纺织、服装及日用品批发	6330	105528	105501	1			26
文化、体育用品及器材批发	6340	31869	31863				6
医药及医疗器材批发	6350	29557	29549				8
矿产品、建材及化工产品批发	6360	340050	339961	2			87
机械设备、五金交电及电子产品批发	6370	285144	285051				93
贸易经纪与代理	6380	29237	26818				2419
其他批发	6390	80380	80333	1			46
零售业	6500	642590	642301	7			282
综合零售	6510	77856	77820	2			34

单位：个

行业中类	代码	法人单位数	企业法人	事业法人	机关法人	社会团体	其他
食品、饮料及烟草制品专门零售	6520	51061	51027	1			33
纺织、服装及日用品专门零售	6530	64348	64326				22
文化、体育用品及器材专门零售	6540	41193	41178	2			13
医药及医疗器材专门零售	6550	58406	58389				17
汽车、摩托车、燃料及零配件专门零售	6560	91484	91455				29
家用电器及电子产品专门零售	6570	107610	107568				42
五金、家具及室内装修材料专门零售	6580	82063	82031	1			31
无店铺及其他零售	6590	68569	68507	1			61
住宿和餐饮业	I	**154895**	**149590**	**938**			**4367**
住宿业	6600	57385	55244	745			1396
旅游饭店	6610	19059	18423	305			331
一般旅馆	6620	34640	33377	363			900
其他住宿服务	6690	3686	3444	77			165
餐饮业	6700	97510	94346	193			2971
正餐服务	6710	79831	77287	147			2397
快餐服务	6720	6780	6559	13			208
饮料及冷饮服务	6730	4185	4075				110
其他餐饮服务	6790	6714	6425	33			256
金融业	J	**36907**	**34682**	**804**	**337**		**1084**
银行业	6800	9242	8406	347	337		152
中央银行	6810	669	94	228	337		10
商业银行	6820	7513	7349	62			102
其他银行	6890	1060	963	57			40
证券业	6900	1437	1356	48			33
证券市场管理	6910	109	70	35			4
证券经纪与交易	6920	793	772	7			14
证券投资	6930	319	303	6			10
证券分析与咨询	6940	216	211				5
保险业	7000	10580	10288	96			196
人寿保险	7010	3631	3546	20			65
非人寿保险	7020	4142	4050	35			57
保险辅助服务	7030	2807	2692	41			74
其他金融活动	7100	15648	14632	313			703
金融信托与管理	7110	1473	1351	55			67
金融租赁	7120	226	215	1			10
财务公司	7130	573	536	10			27
邮政储蓄	7140	521	502	13			6
典当	7150	3600	3502	3			95
其他未列明的金融活动	7190	9255	8526	231			498

行业中类	代码	法人单位数	企业法人	事业法人	机关法人	社会团体	其他
房地产业	K	**244043**	**238655**	**2436**			**2952**
房地产业	7200	244043	238655	2436			2952
房地产开发经营	7210	101312	100859	63			390
物业管理	7220	66174	64511	456			1207
房地产中介服务	7230	40543	39444	287			812
其他房地产活动	7290	36014	33841	1630			543
租赁和商务服务业	L	**511666**	**438766**	**30456**			**42444**
租赁业	7300	23202	22510	53			639
机械设备租赁	7310	22225	21597	40			588
文化及日用品出租	7320	977	913	13			51
商务服务业	7400	488464	416256	30403			41805
企业管理服务	7410	108480	73592	13327			21561
法律服务	7420	22928	8465	5426			9037
咨询与调查	7430	132643	124461	4295			3887
广告业	7440	87670	85824	175			1671
知识产权服务	7450	4344	3981	221			142
职业中介服务	7460	24682	20093	3250			1339
市场管理	7470	19643	16498	1858			1287
旅行社	7480	23425	22614	183			628
其他商务服务	7490	64649	60728	1668			2253
科学研究、技术服务和地质勘查业	M	**233221**	**155158**	**66875**			**11188**
研究与试验发展	7500	26573	18745	5930			1898
自然科学研究与试验发展	7510	2773	1921	705			147
工程和技术研究与试验发展	7520	12210	10822	1009			379
农业科学研究与试验发展	7530	5569	2286	2654			629
医学研究与试验发展	7540	4333	3457	387			489
社会人文科学研究与试验发展	7550	1688	259	1175			254
专业技术服务业	7600	111782	81702	27766			2314
气象服务	7610	4209	934	3229			46
地震服务	7620	1438	78	1340			20
海洋服务	7630	252	155	88			9
测绘服务	7640	4167	3009	1070			88
技术检测	7650	15746	7836	7572			338

单位：个

行业中类	代码	法人单位数	企业法人	事业法人	机关法人	社会团体	其他
环境监测	7660	3254	1255	1940			59
工程技术与规划管理	7670	50871	39296	10601			974
其他专业技术服务	7690	31845	29139	1926			780
科技交流和推广服务业	7700	90652	51922	31817			6913
技术推广服务	7710	72560	38232	28572			5756
科技中介服务	7720	7671	5336	1722			613
其他科技服务	7790	10421	8354	1523			544
地质勘查业	7800	4214	2789	1362			63
矿产地质勘查	7810	1866	1306	543			17
基础地质勘查	7820	849	388	445			16
地质勘查技术服务	7830	1499	1095	374			30
水利、环境和公共设施管理业	**N**	**61740**	**25694**	**33400**		**76**	**2570**
水利管理业	7900	21220	2102	17907			1211
防洪管理	7910	2667	159	2426			82
水资源管理	7920	10742	1100	8836			806
其他水利管理	7990	7811	843	6645			323
环境管理业	8000	13945	5607	7723		76	539
自然保护	8010	2382	364	1874		76	68
环境治理	8020	11563	5243	5849			471
公共设施管理业	8100	26575	17985	7770			820
市政公共设施管理	8110	5693	2484	3041			168
城市绿化管理	8120	12231	9796	2186			249
游览景区管理	8130	8651	5705	2543			403
居民服务和其他服务业	**O**	**141936**	**126539**	**5567**			**9830**
居民服务业	8200	68079	56861	4069			7149
家庭服务	8210	4958	4494	43			421
托儿所	8220	1394	314	112			968
洗染服务	8230	2341	2257	1			83
理发及美容保健服务	8240	17294	16505	52			737
洗浴服务	8250	10747	10273	19			455
婚姻服务	8260	3955	3103	208			644
殡葬服务	8270	4647	1801	2242			604
摄影扩印服务	8280	7277	6973	13			291
其他居民服务	8290	15466	11141	1379			2946
其他服务业	8300	73857	69678	1498			2681
修理与维护	8310	36610	35545	133			932
清洁服务	8320	13108	12495	265			348
其他未列明的服务	8390	24139	21638	1100			1401

单位：个

行业中类	代码	法人单位数	企业法人	事业法人	机关法人	社会团体	其他
教育	**P**	**342003**	**23997**	**224232**		**1**	**93773**
教育	8400	342003	23997	224232		1	93773
学前教育	8410	66991	4122	13202			49667
初等教育	8420	129506	588	122133			6785
中等教育	8430	74868	1021	65209			8638
高等教育	8440	5642	219	4440			983
其他教育	8490	64996	18047	19248		1	27700
卫生、社会保障和社会福利业	**Q**	**209016**	**16659**	**106304**		**1609**	**84444**
卫生	8500	172838	15630	85751			71457
医院	8510	22595	4590	13522			4483
卫生院及社区医疗活动	8520	52091	1980	39545			10566
门诊部医疗活动	8530	70454	7507	8658			54289
计划生育技术服务活动	8540	13015	240	12200			575
妇幼保健活动	8550	3056	91	2809			156
专科疾病防治活动	8560	1928	305	1301			322
疾病预防控制及防疫活动	8570	5440	141	5065			234
其他卫生活动	8590	4259	776	2651			832
社会保障业	8600	11784	279	10756			749
社会福利业	8700	24394	750	9797		1609	12238
提供住宿的社会福利	8710	18528	532	7463			10533
不提供住宿的社会福利	8720	5866	218	2334		1609	1705
文化、体育和娱乐业	**R**	**90891**	**42925**	**37165**		**1884**	**8917**
新闻出版业	8800	6733	2793	3668			272
新闻业	8810	968	118	797			53
出版业	8820	5765	2675	2871			219
广播、电视、电影和音像业	8900	14432	6474	7522			436
广播	8910	2978	231	2668			79
电视	8920	4770	1695	2934			141
电影	8930	5137	3157	1834			146
音像制作	8940	1547	1391	86			70
文化艺术业	9000	37948	11225	22320			4403
文艺创作与表演	9010	6184	2292	2688			1204

单位：个

行业中类	代码	法人单位数	企业法人	事业法人	机关法人	社会团体	其他
艺术表演场馆	9020	1135	358	721			56
图书馆与档案馆	9030	4806	127	4590			89
文物及文化保护	9040	2651	174	2078			399
博物馆	9050	1855	148	1438			269
烈士陵园、纪念馆	9060	977	35	842			100
群众文化活动	9070	11575	1202	8708			1665
文化艺术经纪代理	9080	2968	2774	95			99
其他文化艺术	9090	5797	4115	1160			522
体育	9100	8262	2192	2646		1884	1540
体育组织	9110	4626	781	998		1884	963
体育场馆	9120	1617	669	815			133
其他体育	9190	2019	742	833			444
娱乐业	9200	23516	20241	1009			2266
室内娱乐活动	9210	13473	12100	312			1061
游乐园	9220	753	648	62			43
休闲健身娱乐活动	9230	6637	5496	268			873
其他娱乐活动	9290	2653	1997	367			289
公共管理和社会组织	S	**1383842**	**4**	**195566**	**250685**	**195719**	**741868**
中国共产党机关	9300	40062		2022	38040		
国家机构	9400	399955		193262	206693		
国家权力机构	9410	6932		657	6275		
国家行政机构	9420	381352		189986	191366		
人民法院和人民检察院	9430	7502		396	7106		
其他国家机构	9490	4169		2223	1946		
人民政协和民主党派	9500	6234		282	5952		
人民政协	9510	3501		88	3413		
民主党派	9520	2733		194	2539		
群众团体、社会团体和宗教组织	9600	247353				195719	51634
群众团体	9610	27423				27423	
社会团体	9620	160485				155389	5096
宗教组织	9630	59445				12907	46538
基层群众自治组织	9700	690238	4				690234
社区自治组织	9710	81496					81496
村民自治组织	9720	608742	4				608738

1-7 按地区、机构类型分组的法人单位数

(2009年)　　单位：个

地区	法人单位数	企业法人	事业法人	机关法人	社会团体	其他
全国	**8003868**	**5782827**	**730169**	**251022**	**199293**	**1040557**
北京	374647	344424	10889	2116	4021	13197
天津	147164	128145	6229	1805	1853	9132
河北	328608	217724	33645	12061	5476	59702
山西	195104	117621	24402	8985	5174	38922
内蒙古	128774	80746	17323	7648	5440	17617
辽宁	345704	271203	27829	9463	7973	29236
吉林	131963	89351	17831	5793	3904	15084
黑龙江	164232	111580	19688	9977	5134	17853
上海	362553	339498	8043	1837	2944	10231
江苏	718516	616227	37647	10203	13616	40823
浙江	622940	507907	28152	8271	14211	64399
安徽	227055	154438	23308	9917	8565	30827
福建	271175	196026	25448	8009	10525	31167
江西	167772	96336	24543	9291	6029	31573
山东	674911	495864	36765	12150	13395	116737
河南	385806	244513	40623	11814	5937	82919
湖北	328068	217894	38931	10407	9540	51296
湖南	277061	156567	40558	12920	7785	59231
广东	716720	603644	40334	11595	10440	50707
广西	180744	95744	38966	10069	7725	28240
海南	31128	20953	3454	1362	812	4547
重庆	156504	112500	16921	4540	3926	18617
四川	339035	180790	53135	19597	16280	69233
贵州	102937	48469	21593	7364	3335	22176
云南	149157	90542	20223	10875	6967	20550
西藏	15841	2894	2154	3894	557	6342
陕西	204938	114547	33107	10077	4952	42255
甘肃	101839	46322	18321	7074	5311	24811
青海	25877	11173	3688	2729	1379	6908
宁夏	33433	19047	2841	1487	2261	7797
新疆	93662	50138	13578	7692	3826	18428

1-8 按行业(中类)、开业(成立)

行业中类	代码	法人单位数	1949年及以前	1950-1977年
总计	0000	**8003868**	**87165**	**477580**
农、林、牧、渔业	A	**184764**	**109**	**4792**
农业	0100	53030	43	875
谷物及其他作物的种植	0110	13975	34	575
蔬菜、园艺作物的种植	0120	20962	3	55
水果、坚果、饮料和香料作物的种植	0130	15674	6	234
中药材的种植	0140	2419		11
林业	0200	19651	28	1578
林木的培育和种植	0210	18315	21	1298
木材和竹材的采运	0220	748	7	155
林产品的采集	0230	588		125
畜牧业	0300	61836	10	255
牲畜的饲养	0310	19483	7	137
猪的饲养	0320	23476	1	44
家禽的饲养	0330	14304		26
狩猎和捕捉动物	0340	60		
其他畜牧业	0390	4513	2	48
渔业	0400	12457	1	128
海洋渔业	0410	4023		38
内陆渔业	0420	8434	1	90
农、林、牧、渔服务业	0500	37790	27	1956
农业服务业	0510	23837	7	487
林业服务业	0520	3406	7	368
畜牧服务业	0530	9158	11	1059
渔业服务业	0540	1389	2	42
采矿业	B	**103403**	**68**	**1478**
煤炭开采和洗选业	0600	22937	37	793
烟煤和无烟煤的开采洗选	0610	21726	37	756
褐煤的开采洗选	0620	610		30
其他煤炭采选	0690	601		7
石油和天然气开采业	0700	1594	2	10
天然原油和天然气开采	0710	344	1	3
与石油和天然气开采有关的服务活动	0790	1250	1	7
黑色金属矿采选业	0800	18354	2	74
铁矿采选	0810	16337	2	53
其他黑色金属矿采选	0890	2017		21

时间分组的法人单位数

单位：个

1978-1991年	1992-1995年	1996年	1997年	1998年	1999年	2000年	代码
828935	**389542**	**124667**	**125528**	**220261**	**202782**	**313020**	**0000**
5776	**1934**	**809**	**651**	**7060**	**1708**	**4483**	**A**
706	397	175	149	1893	369	1076	0100
249	86	36	25	307	69	183	0110
122	116	72	52	1095	148	415	0120
308	181	62	65	453	126	401	0130
27	14	5	7	38	26	77	0140
1402	363	134	125	698	256	699	0200
1292	339	123	120	674	248	679	0210
78	15	7	3	13	5	9	0220
32	9	4	2	11	3	11	0230
498	311	148	149	1685	558	1453	0300
176	86	24	30	317	150	340	0310
124	105	64	71	599	221	530	0320
138	86	41	35	594	143	477	0330
1	1		1	1		2	0340
59	33	19	12	174	44	104	0390
246	180	57	50	750	170	346	0400
109	83	18	19	157	64	102	0410
137	97	39	31	593	106	244	0420
2924	683	295	178	2034	355	909	0500
765	246	106	90	1253	166	396	0510
851	144	35	22	98	41	93	0520
1232	279	148	63	548	117	351	0530
76	14	6	3	135	31	69	0540
5440	**4480**	**1807**	**1625**	**3206**	**2461**	**4211**	**B**
2316	1629	663	561	908	659	1001	0600
2247	1589	634	540	871	630	953	0610
40	24	19	14	25	19	25	0620
29	16	10	7	12	10	23	0690
24	52	16	15	158	47	72	0700
8	18	9	8	67	16	16	0710
16	34	7	7	91	31	56	0790
465	428	193	150	318	287	600	0800
411	383	170	132	293	261	535	0810
54	45	23	18	25	26	65	0890

行业中类	代码	法　人单位数	1949年及以前	1950-1977年
有色金属矿采选业	0900	11279	5	114
常用有色金属矿采选	0910	7903	1	70
贵金属矿采选	0920	2164	3	24
稀有稀土金属矿采选	0930	1212	1	20
非金属矿采选业	1000	48084	22	482
土砂石开采	1010	40969	8	328
化学矿采选	1020	1603	2	36
采盐	1030	857	10	69
石棉及其他非金属矿采选	1090	4655	2	49
其他采矿业	1100	1155		5
制造业	**C**	**1959254**	**947**	**20223**
农副食品加工业	1300	107245	36	1533
谷物磨制	1310	29474	18	310
饲料加工	1320	12495		25
植物油加工	1330	10259	7	185
制糖	1340	664	1	49
屠宰及肉类加工	1350	16870	3	794
水产品加工	1360	8900	1	53
蔬菜、水果和坚果加工	1370	14416	1	35
其他农副食品加工	1390	14167	5	82
食品制造业	1400	44651	33	542
焙烤食品制造	1410	10997	8	133
糖果、巧克力及蜜饯制造	1420	4812	2	32
方便食品制造	1430	7007	5	78
液体乳及乳制品制造	1440	1989	2	37
罐头制造	1450	3091	1	27
调味品、发酵制品制造	1460	6959	10	177
其他食品制造	1490	9796	5	58
饮料制造业	1500	36831	57	669
酒精制造	1510	463	2	5
酒的制造	1520	13919	47	321
软饮料制造	1530	12826	5	47
精制茶加工	1540	9623	3	296
烟草制品业	1600	260	16	21
烟叶复烤	1610	94		2
卷烟制造	1620	84	16	17
其他烟草制品加工	1690	82		2

单位：个

1978-1991年	1992-1995年	1996年	1997年	1998年	1999年	2000年	代码
476	469	189	178	268	269	417	0900
222	279	108	94	181	174	276	0910
217	155	48	59	62	72	103	0920
37	35	33	25	25	23	38	0930
2135	1885	741	714	1534	1181	2094	1000
1557	1556	617	581	1275	998	1770	1010
109	77	32	33	59	39	81	1020
238	57	13	15	31	20	30	1030
231	195	79	85	169	124	213	1090
24	17	5	7	20	18	27	1100
84481	**109003**	**37054**	**39304**	**68482**	**62564**	**97901**	C
4309	5364	2204	2414	4582	4094	6502	1300
1219	1649	690	736	1548	1206	2128	1310
354	545	260	322	537	533	724	1320
526	471	212	189	385	378	615	1330
64	48	7	15	19	16	25	1340
913	828	347	406	747	609	922	1350
480	711	218	241	386	360	497	1360
331	598	268	272	484	504	795	1370
422	514	202	233	476	488	796	1390
2012	2661	962	1091	1977	1592	2561	1400
469	563	226	244	447	342	593	1410
230	402	124	165	267	193	262	1420
280	373	139	147	297	239	432	1430
85	85	38	41	80	85	135	1440
154	218	55	92	134	113	196	1450
459	460	194	197	387	281	397	1460
335	560	186	205	365	339	546	1490
2255	2169	868	912	1779	1503	2216	1500
19	26	9	10	17	14	17	1510
1183	983	406	460	849	684	964	1520
318	578	254	269	539	513	779	1530
735	582	199	173	374	292	456	1540
41	23	5	6	13	12	10	1600
11	10	1	2	5	8	5	1610
13	4	1		2	1	2	1620
17	9	3	4	6	3	3	1690

行业中类	代码	法人单位数	1949年及以前	1950-1977年
纺织业	1700	114480	60	796
棉、化纤纺织及印染精加工	1710	44864	30	343
毛纺织和染整精加工	1720	5362	4	32
麻纺织	1730	1016		14
丝绢纺织及精加工	1740	6869	6	57
纺织制成品制造	1750	25846	7	188
针织品、编织品及其制品制造	1760	30523	13	162
纺织服装、鞋、帽制造业	1800	87305	17	501
纺织服装制造	1810	81595	13	432
纺织面料鞋的制造	1820	4105	3	41
制帽	1830	1605	1	28
皮革、毛皮、羽毛(绒)及其制品业	1900	33546	9	192
皮革鞣制加工	1910	2678	1	28
皮革制品制造	1920	26206	6	128
毛皮鞣制及制品加工	1930	2891	2	24
羽毛(绒)加工及制品制造	1940	1771		12
木材加工及木、竹、藤、棕、草制品业	2000	66066	8	336
锯材、木片加工	2010	24629	2	151
人造板制造	2020	18456	5	46
木制品制造	2030	15436	1	94
竹、藤、棕、草制品制造	2040	7545		45
家具制造业	2100	39105	2	212
木质家具制造	2110	28477	2	169
竹、藤家具制造	2120	745		2
金属家具制造	2130	4332		29
塑料家具制造	2140	600		2
其他家具制造	2190	4951		10
造纸及纸制品业	2200	52248	34	406
纸浆制造	2210	1008		16
造纸	2220	12657	25	176
纸制品制造	2230	38583	9	214
印刷业和记录媒介的复制	2300	55457	107	1035
印刷	2310	50222	101	948
装订及其他印刷服务活动	2320	4953	5	82
记录媒介的复制	2330	282	1	5

单位：个

1978-1991年	1992-1995年	1996年	1997年	1998年	1999年	2000年	代码
3612	5119	1802	2043	3594	3558	6446	1700
1403	1695	660	804	1347	1331	2619	1710
255	361	128	123	225	213	347	1720
60	42	16	21	43	27	72	1730
218	275	92	109	255	222	477	1740
828	1213	413	480	862	831	1309	1750
848	1533	493	506	862	934	1622	1760
2207	3920	1264	1432	2179	2185	4054	1800
2018	3609	1176	1311	2000	2010	3793	1810
132	209	72	78	122	128	157	1820
57	102	16	43	57	47	104	1830
1076	2135	702	651	1034	1008	1583	1900
118	228	65	63	104	86	145	1910
821	1728	560	495	794	777	1205	1920
63	76	29	35	62	75	125	1930
74	103	48	58	74	70	108	1940
1647	2156	915	936	1885	1706	3066	2000
647	624	286	313	698	596	1122	2010
230	480	212	257	483	474	894	2020
544	700	268	255	460	419	679	2030
226	352	149	111	244	217	371	2040
1028	1790	773	804	1410	1243	1980	2100
813	1338	599	610	1073	956	1531	2110
23	35	8	15	19	19	37	2120
113	238	88	90	161	129	194	2130
4	22	10	10	18	18	23	2140
75	157	68	79	139	121	195	2190
2491	3133	1168	1158	1896	1849	2730	2200
46	75	25	20	25	37	37	2210
780	879	358	301	456	481	687	2220
1665	2179	785	837	1415	1331	2006	2230
5029	4976	1515	1629	2503	1931	2996	2300
4535	4484	1373	1472	2288	1731	2718	2310
478	471	135	141	201	182	268	2320
16	21	7	16	14	18	10	2330

行业中类	代码	法人单位数	1949年及以前	1950-1977年
文教体育用品制造业	2400	21114	9	126
文化用品制造	2410	5759	5	74
体育用品制造	2420	5138		20
乐器制造	2430	1424	2	18
玩具制造	2440	8000	1	14
游艺器材及娱乐用品制造	2450	793	1	
石油加工、炼焦及核燃料加工业	2500	6928	7	64
精炼石油产品的制造	2510	5018	6	42
炼焦	2520	1880	1	20
化学原料及化学制品制造业	2600	102269	68	1177
基础化学原料制造	2610	17798	15	241
肥料制造	2620	10136	5	270
农药制造	2630	2658	2	50
涂料、油墨、颜料及类似产品制造	2640	19334	13	107
合成材料制造	2650	6566	6	59
专用化学产品制造	2660	35754	14	376
日用化学产品制造	2670	10023	13	74
医药制造业	2700	16562	38	351
化学药品原药制造	2710	2390	7	55
化学药品制剂制造	2720	2405	17	104
中药饮片加工	2730	2178	2	22
中成药制造	2740	2890	9	123
兽用药品制造	2750	1471		22
生物、生化制品的制造	2760	2716	3	8
卫生材料及医药用品制造	2770	2512		17
化学纤维制造业	2800	4825	2	20
纤维素纤维原料及纤维制造	2810	881	1	5
合成纤维制造	2820	3944	1	15
橡胶制品业	2900	22241	11	232
轮胎制造	2910	2022	2	22
橡胶板、管、带的制造	2920	4256	3	56
橡胶零件制造	2930	6306	1	80
再生橡胶制造	2940	1152		7
日用及医用橡胶制品制造	2950	1051		11
橡胶靴鞋制造	2960	1943	3	21
其他橡胶制品制造	2990	5511	2	35

单位：个

1978-1991年	1992-1995年	1996年	1997年	1998年	1999年	2000年	代码
849	1336	415	410	664	675	1016	2400
271	344	138	134	221	227	312	2410
151	284	106	82	167	160	240	2420
65	91	29	32	40	51	92	2430
339	575	129	147	208	222	342	2440
23	42	13	15	28	15	30	2450
294	396	128	144	235	219	326	2500
236	314	99	115	182	184	266	2510
57	81	28	29	53	33	60	2520
5040	6636	2144	2352	4053	3816	5656	2600
1042	1121	383	381	680	641	985	2610
323	413	194	186	379	301	465	2620
190	210	68	72	136	119	161	2630
890	1404	429	517	818	820	1170	2640
279	394	146	148	247	231	372	2650
1870	2252	672	751	1354	1281	1966	2660
446	842	252	297	439	423	537	2670
797	1239	371	389	693	590	850	2700
139	171	50	70	109	81	110	2710
162	270	70	62	116	85	136	2720
86	114	41	37	77	66	84	2730
166	268	87	81	145	102	160	2740
72	81	27	37	59	86	81	2750
61	171	52	48	88	86	141	2760
111	164	44	54	99	84	138	2770
149	246	70	92	143	153	269	2800
31	52	8	22	20	29	51	2810
118	194	62	70	123	124	218	2820
1156	1400	516	502	836	781	1127	2900
76	101	44	37	74	53	99	2910
217	268	90	95	154	145	203	2920
394	458	177	161	260	266	355	2930
49	72	25	22	34	33	51	2940
56	75	27	33	48	33	62	2950
135	172	62	56	68	91	109	2960
229	254	91	98	198	160	248	2990

行业中类	代码	法 人 单位数	1949年及以前	1950-1977年
塑料制品业	3000	105739	10	448
塑料薄膜制造	3010	9710	1	66
塑料板、管、型材的制造	3020	15003	3	84
塑料丝、绳及编织品的制造	3030	10799		62
泡沫塑料制造	3040	5339		13
塑料人造革、合成革制造	3050	1210		4
塑料包装箱及容器制造	3060	11701	1	53
塑料零件制造	3070	14104		44
日用塑料制造	3080	13717	2	61
其他塑料制品制造	3090	24156	3	61
非金属矿物制品业	3100	222934	70	3001
水泥、石灰和石膏的制造	3110	15689	14	687
水泥及石膏制品制造	3120	51368	8	317
砖瓦、石材及其他建筑材料制造	3130	103980	21	1400
玻璃及玻璃制品制造	3140	17056	10	154
陶瓷制品制造	3150	9730	6	187
耐火材料制品制造	3160	12049	9	151
石墨及其他非金属矿物制品制造	3190	13062	2	105
黑色金属冶炼及压延加工业	3200	20031	9	207
炼铁	3210	2795		28
炼钢	3220	893	2	24
钢压延加工	3230	13115	7	132
铁合金冶炼	3240	3228		23
有色金属冶炼及压延加工业	3300	23111	12	184
常用有色金属冶炼	3310	6378	4	59
贵金属冶炼	3320	644		16
稀有稀土金属冶炼	3330	1454		13
有色金属合金制造	3340	2351	1	19
有色金属压延加工	3350	12284	7	77
金属制品业	3400	146155	29	1272
结构性金属制品制造	3410	51805	4	280
金属工具制造	3420	19058	6	336
集装箱及金属包装容器制造	3430	5928	2	74
金属丝绳及其制品的制造	3440	7508	5	77
建筑、安全用金属制品制造	3450	17006	3	129

单位：个

1978-1991年	1992-1995年	1996年	1997年	1998年	1999年	2000年	代码
3675	5626	1886	2068	3485	3413	5463	3000
344	556	207	203	335	324	546	3010
436	708	205	222	503	463	854	3020
476	572	229	241	450	344	608	3030
219	295	125	145	178	188	299	3040
47	99	26	28	52	55	63	3050
393	604	224	235	383	342	567	3060
502	761	262	264	420	469	715	3070
576	889	265	307	508	513	724	3080
682	1142	343	423	656	715	1087	3090
15565	14857	5196	4559	8846	7052	11147	3100
1302	1187	400	302	665	532	795	3110
2786	3104	1219	1102	2308	1664	2860	3120
9035	7533	2525	2038	3928	3049	4909	3130
712	926	326	359	576	570	822	3140
462	639	201	216	399	372	494	3150
746	840	268	293	492	460	572	3160
522	628	257	249	478	405	695	3190
785	1014	346	351	611	592	886	3200
99	123	41	30	58	64	112	3210
35	54	9	17	22	28	35	3220
506	722	241	238	443	416	615	3230
145	115	55	66	88	84	124	3240
852	1242	408	459	715	712	1076	3300
191	280	95	111	163	207	291	3310
25	41	13	17	15	13	32	3320
37	65	25	33	49	38	56	3330
81	124	33	38	78	70	116	3340
518	732	242	260	410	384	581	3350
5453	7411	2365	2694	4657	4559	6903	3400
1502	2235	789	855	1643	1500	2261	3410
724	1053	318	415	676	649	1111	3420
330	445	118	146	224	235	305	3430
327	410	123	159	284	281	383	3440
574	849	283	330	499	543	811	3450

行业中类	代码	法　人 单位数	1949年及以前	1950-1977年
金属表面处理及热处理加工	3460	11318		157
搪瓷制品制造	3470	1093	1	25
不锈钢及类似日用金属制品制造	3480	13835	4	88
其他金属制品制造	3490	18604	4	106
通用设备制造业	3500	195988	93	2262
锅炉及原动机制造	3510	7735	11	212
金属加工机械制造	3520	25036	25	341
起重运输设备制造	3530	6077	6	149
泵、阀门、压缩机及类似机械的制造	3540	25454	17	359
轴承、齿轮、传动和驱动部件的制造	3550	13151	3	156
烘炉、熔炉及电炉制造	3560	1848		18
风机、衡器、包装设备等通用设备制造	3570	24213	14	257
通用零部件制造及机械修理	3580	60128	10	424
金属铸、锻加工	3590	32346	7	346
专用设备制造业	3600	103610	63	1389
矿山、冶金、建筑专用设备制造	3610	17710	13	306
化工、木材、非金属加工专用设备制造	3620	28931	4	151
食品、饮料、烟草及饲料生产专用设备制造	3630	3855		106
印刷、制药、日化生产专用设备制造	3640	6539	6	77
纺织、服装和皮革工业专用设备制造	3650	9113	8	125
农、林、牧、渔专用机械制造	3670	8116	14	311
医疗仪器设备及器械制造	3680	6020	5	90
环保、社会公共安全及其他专用设备制造	3690	16089	3	122
交通运输设备制造业	3700	85794	80	1203
铁路运输设备制造	3710	3047	17	96
汽车制造	3720	58405	37	721
摩托车制造	3730	7074		42
自行车制造	3740	5570	3	53
船舶及浮动装置制造	3750	9482	20	208
航空航天器制造	3760	433	1	69
交通器材及其他交通运输设备制造	3790	1783	2	14
电气机械及器材制造业	3900	104128	34	934
电机制造	3910	10989	6	159
输配电及控制设备制造	3920	34414	8	378
电线、电缆、光缆及电工器材制造	3930	17909	7	153
电池制造	3940	4272	8	41

单位：个

1978-1991年	1992-1995年	1996年	1997年	1998年	1999年	2000年	代码
987	827	201	257	449	407	594	3460
45	59	25	22	44	27	55	3470
398	751	252	250	361	451	712	3480
566	782	256	260	477	466	671	3490
8736	10728	3554	3893	6900	6045	9378	3500
497	524	179	211	358	284	399	3510
876	1083	344	447	777	642	1119	3520
283	363	131	145	223	199	281	3530
1143	1571	519	554	934	847	1323	3540
509	675	283	252	433	435	681	3550
67	112	29	45	60	56	84	3560
813	1241	415	449	854	749	1093	3570
2481	2895	953	1042	1849	1720	2653	3580
2067	2264	701	748	1412	1113	1745	3590
3603	4831	1671	1842	3341	3043	4634	3600
629	772	274	306	599	532	746	3610
699	1070	389	392	747	690	1162	3620
224	269	105	90	158	143	214	3630
242	354	124	164	233	231	350	3640
442	481	171	193	310	331	587	3650
485	392	144	179	325	283	417	3670
233	419	133	124	204	226	290	3680
502	795	246	277	549	426	618	3690
3926	5146	1624	1749	2944	2778	3913	3700
377	219	58	46	117	100	165	3710
2692	3535	1141	1227	2064	1950	2734	3720
276	575	210	225	318	310	375	3730
142	265	65	92	142	145	261	3740
367	456	124	126	236	218	287	3750
18	22	8	7	14	7	12	3760
54	74	18	26	53	48	79	3790
3767	5822	1838	2084	3270	3395	4789	3900
348	586	182	206	352	364	509	3910
1498	2032	621	752	1086	1251	1604	3920
834	1196	357	456	698	634	918	3930
137	191	50	66	148	107	183	3940

行业中类	代码	法 人 单位数	1949年及以前	1950-1977年
家用电力器具制造	3950	12816	3	67
非电力家用器具制造	3960	4102		18
照明器具制造	3970	14305	2	83
其他电气机械及器材制造	3990	5321		35
通信设备、计算机及其他电子设备制造业	4000	52097	10	319
通信设备制造	4010	5568	6	41
雷达及配套设备制造	4020	134	1	20
广播电视设备制造	4030	1605		3
电子计算机制造	4040	4410		11
电子器件制造	4050	7368	1	70
电子元件制造	4060	22940	2	138
家用视听设备制造	4070	3576		19
其他电子设备制造	4090	6496		17
仪器仪表及文化、办公用机械制造业	4100	25543	16	375
通用仪器仪表制造	4110	12396	9	175
专用仪器仪表制造	4120	4306	2	102
钟表与计时仪器制造	4130	1892	4	30
光学仪器及眼镜制造	4140	3740		34
文化、办公用机械制造	4150	1778	1	21
其他仪器仪表的制造及修理	4190	1431		13
工艺品及其他制造业	4200	53786	7	406
工艺美术品制造	4210	32805	2	254
日用杂品制造	4220	8582	3	70
煤制品制造	4230	4652	1	22
其他未列明的制造业	4290	7713	1	60
废弃资源和废旧材料回收加工业	4300	9205		10
金属废料和碎屑的加工处理	4310	4373		6
非金属废料和碎屑的加工处理	4320	4832		4
电力、燃气及水的生产和供应业	D	**62038**	**153**	**3557**
电力、热力的生产和供应业	4400	40549	89	2505
电力生产	4410	33596	39	1784
电力供应	4420	3381	49	707
热力生产和供应	4430	3572	1	14
燃气生产和供应业	4500	3726	8	19
水的生产和供应业	4600	17763	56	1033
自来水的生产和供应	4610	15021	56	1023
污水处理及其再生利用	4620	2156		9
其他水的处理、利用与分配	4690	586		1

单位：个

1978-1991年	1992-1995年	1996年	1997年	1998年	1999年	2000年	代码
324	695	252	229	343	390	595	3950
79	137	55	66	106	95	152	3960
382	743	239	224	406	418	640	3970
165	242	82	85	131	136	188	3990
1144	2626	766	886	1406	1278	2150	4000
153	391	111	110	172	178	262	4010
4	14		3	2	4	7	4020
59	113	40	48	64	51	103	4030
66	194	59	73	124	112	186	4040
152	331	79	119	184	147	295	4050
543	1129	331	359	632	580	953	4060
85	196	57	83	84	91	139	4070
82	258	89	91	144	115	205	4090
1113	1936	569	631	944	950	1276	4100
564	920	282	335	514	516	632	4110
197	290	79	88	162	136	212	4120
117	223	51	52	48	67	80	4130
113	268	76	77	119	120	200	4140
60	140	49	47	50	50	77	4150
62	95	32	32	51	61	75	4190
1691	2833	947	1033	1703	1645	2572	4200
1137	1837	581	633	1038	1048	1538	4210
248	497	166	172	266	254	439	4220
171	239	99	110	238	184	346	4230
132	253	100	118	160	159	246	4290
179	232	62	90	184	187	326	4300
105	124	38	47	100	94	139	4310
74	108	24	43	84	93	187	4320
8241	**3926**	**1351**	**1393**	**2155**	**1859**	**2517**	D
5009	2330	801	870	1365	1229	1499	4400
4226	1897	696	773	1146	982	1191	4410
564	218	54	49	118	162	147	4420
219	215	51	48	101	85	161	4430
157	185	63	61	108	127	180	4500
3075	1411	487	462	682	503	838	4600
3002	1316	452	430	617	454	748	4610
27	37	13	14	43	38	63	4620
46	58	22	18	22	11	27	4690

行业中类	代码	法 人 单位数	1949年及以前	1950-1977年
建筑业	E	**261694**	**99**	**5401**
房屋和土木工程建筑业	4700	102148	85	4868
房屋工程建筑	4710	64669	59	3847
土木工程建筑	4720	37479	26	1021
建筑安装业	4800	51071	9	375
建筑装饰业	4900	78425	3	59
其他建筑业	5000	30050	2	99
工程准备	5010	10056		33
提供施工设备服务	5020	3522	1	9
其他未列明的建筑活动	5090	16472	1	57
交通运输、仓储和邮政业	F	**175914**	**288**	**5301**
铁路运输业	5100	698	3	16
铁路旅客运输	5110	51	2	5
铁路货物运输	5120	321		4
铁路运输辅助活动	5130	326	1	7
道路运输业	5200	82287	110	2632
公路旅客运输	5210	8418	32	513
道路货物运输	5220	60751	28	618
道路运输辅助活动	5230	13118	50	1501
城市公共交通业	5300	8156	13	228
公共电汽车客运	5310	2248	7	177
轨道交通	5320	93		2
出租车客运	5330	5327	1	31
城市轮渡	5340	93	3	10
其他城市公共交通	5390	395	2	8
水上运输业	5400	8770	14	530
水上旅客运输	5410	993	3	87
水上货物运输	5420	5275	4	302
水上运输辅助活动	5430	2502	7	141
航空运输业	5500	942	1	9
航空客货运输	5510	335	1	1
通用航空服务	5520	209		
航空运输辅助活动	5530	398		8

单位：个

1978-1991年	1992-1995年	1996年	1997年	1998年	1999年	2000年	代码
13181	**16039**	**4655**	**4832**	**8362**	**7373**	**10082**	E
9565	8242	2095	2113	3901	3150	4201	4700
7111	5501	1456	1422	2642	2020	2705	4710
2454	2741	639	691	1259	1130	1496	4720
1949	3142	979	1131	1745	1649	2126	4800
1068	3657	1307	1274	2050	1934	2879	4900
599	998	274	314	666	640	876	5000
202	421	101	119	246	221	309	5010
58	82	25	21	70	70	94	5020
339	495	148	174	350	349	473	5090
8631	**7792**	**2480**	**2816**	**4800**	**4135**	**6114**	F
75	43	13	8	23	13	26	5100
3	2	1			1		5110
20	19	8	8	7	4	12	5120
52	22	4		16	8	14	5130
4094	3109	1040	1223	2018	1881	2848	5200
583	452	169	190	366	286	444	5210
1493	1631	507	640	1133	1174	1902	5220
2018	1026	364	393	519	421	502	5230
458	992	278	334	404	368	433	5300
143	132	39	74	97	97	120	5310
6	13	6	4	6	7	9	5320
247	811	222	248	290	248	283	5330
37	5	1			2	1	5340
25	31	10	8	11	14	20	5390
853	556	140	166	280	215	309	5400
129	74	24	17	34	32	48	5410
423	284	76	87	149	125	172	5420
301	198	40	62	97	58	89	5430
46	70	11	21	36	32	42	5500
22	26	6	7	13	12	17	5510
2	10		6	7	4	9	5520
22	34	5	8	16	16	16	5530

行业中类	代码	法人单位数	1949年及以前	1950-1977年
管道运输业	5600	122		
装卸搬运和其他运输服务业	5700	49326	28	511
装卸搬运	5710	8224	21	439
运输代理服务	5720	41102	7	72
仓储业	5800	19814	85	1324
谷物、棉花等农产品仓储	5810	5921	73	981
其他仓储	5890	13893	12	343
邮政业	5900	5799	34	51
国家邮政	5910	861	33	45
其他寄递服务	5990	4938	1	6
信息传输、计算机服务和软件业	**G**	**176326**	**41**	**624**
电信和其他信息传输服务业	6000	28423	36	591
电信	6010	8545	24	34
互联网信息服务	6020	14536	1	5
广播电视传输服务	6030	5096	11	545
卫星传输服务	6040	246		7
计算机服务业	6100	99514	3	27
计算机系统服务	6110	17636		17
数据处理	6120	1168		2
计算机维修	6130	3466		
其他计算机服务	6190	77244	3	8
软件业	6200	48389	2	6
公共软件服务	6210	38679	2	5
其他软件服务	6290	9710		1
批发和零售业	**H**	**1670315**	**1626**	**25193**
批发业	6300	1027725	548	12167
农畜产品批发	6310	49807	112	2972
食品、饮料及烟草制品批发	6320	76153	70	2032
纺织、服装及日用品批发	6330	105528	21	466
文化、体育用品及器材批发	6340	31869	39	201
医药及医疗器材批发	6350	29557	4	451
矿产品、建材及化工产品批发	6360	340050	254	4794
机械设备、五金交电及电子产品批发	6370	285144	22	645
贸易经纪与代理	6380	29237	8	124
其他批发	6390	80380	18	482
零售业	6500	642590	1078	13026
综合零售	6510	77856	476	7606

单位：个

1978-1991年	1992-1995年	1996年	1997年	1998年	1999年	2000年	代码
10	11	1	3	6	1	12	5600
1418	1617	617	626	996	929	1439	5700
850	427	140	125	234	170	283	5710
568	1190	477	501	762	759	1156	5720
1619	1343	355	377	685	558	815	5800
780	404	98	112	311	200	239	5810
839	939	257	265	374	358	576	5890
58	51	25	58	352	138	190	5900
42	22	8	34	286	65	34	5910
16	29	17	24	66	73	156	5990
1531	**2147**	**844**	**1101**	**2115**	**2895**	**6613**	G
1059	790	221	257	457	681	1217	6000
133	165	64	97	184	374	459	6010
60	78	48	50	118	170	453	6020
838	517	104	109	148	131	292	6030
28	30	5	1	7	6	13	6040
336	709	343	450	947	1287	3544	6100
88	272	124	129	278	362	726	6110
84	41	12	18	36	28	56	6120
15	52	35	33	54	71	141	6130
149	344	172	270	579	826	2621	6190
136	648	280	394	711	927	1852	6200
105	522	235	312	578	756	1542	6210
31	126	45	82	133	171	310	6290
37092	**50059**	**19795**	**22825**	**44249**	**42936**	**66512**	H
20257	29128	11468	13434	26996	26073	39403	6300
2949	1625	544	575	1303	1212	1961	6310
3176	2528	953	1051	2194	2204	3018	6320
1223	2326	978	1234	2251	2417	3861	6330
472	951	386	476	838	862	1334	6340
580	968	363	441	822	852	1167	6350
6643	10560	4055	4593	9592	9113	13576	6360
3039	7573	3202	3961	7609	7418	10972	6370
388	663	237	251	505	430	742	6380
1787	1934	750	852	1882	1565	2772	6390
16835	20931	8327	9391	17253	16863	27109	6500
4945	2897	976	1014	1959	1772	3256	6510

行业中类	代码	法人单位数	1949年及以前	1950-1977年
食品、饮料及烟草制品专门零售	6520	51061	54	1819
纺织、服装及日用品专门零售	6530	64348	43	789
文化、体育用品及器材专门零售	6540	41193	437	1042
医药及医疗器材专门零售	6550	58406	19	670
汽车、摩托车、燃料及零配件专门零售	6560	91484	18	231
家用电器及电子产品专门零售	6570	107610	7	124
五金、家具及室内装修材料专门零售	6580	82063	11	342
无店铺及其他零售	6590	68569	13	403
住宿和餐饮业	I	**154895**	**95**	**1827**
住宿业	6600	57385	51	1172
旅游饭店	6610	19059	30	493
一般旅馆	6620	34640	21	615
其他住宿服务	6690	3686		64
餐饮业	6700	97510	44	655
正餐服务	6710	79831	35	509
快餐服务	6720	6780		41
饮料及冷饮服务	6730	4185		5
其他餐饮服务	6790	6714	9	100
金融业	J	**36907**	**160**	**846**
银行业	6800	9242	117	823
中央银行	6810	669	98	109
商业银行	6820	7513	19	679
其他银行	6890	1060		35
证券业	6900	1437	1	2
证券市场管理	6910	109	1	
证券经纪与交易	6920	793		2
证券投资	6930	319		
证券分析与咨询	6940	216		
保险业	7000	10580	40	6
人寿保险	7010	3631	17	2
非人寿保险	7020	4142	23	4
保险辅助服务	7030	2807		
其他金融活动	7100	15648	2	15
金融信托与管理	7110	1473		3
金融租赁	7120	226		
财务公司	7130	573		
邮政储蓄	7140	521		3
典当	7150	3600		2
其他未列明的金融活动	7190	9255	2	7

单位：个

1978-1991年	1992-1995年	1996年	1997年	1998年	1999年	2000年	代码
2206	1756	614	669	1415	1458	2242	6520
1585	1735	800	925	1663	1573	2684	6530
1108	1545	563	658	1062	1209	1796	6540
1192	1191	527	511	1172	1077	1893	6550
1943	4834	1821	2058	3596	3201	5095	6560
814	1987	966	1239	2361	2635	4244	6570
1572	2765	1132	1327	2241	2234	3301	6580
1470	2221	928	990	1784	1704	2598	6590
7359	**7035**	**2694**	**2830**	**4742**	**4357**	**7219**	**I**
5119	3867	1346	1365	2112	1800	2676	6600
1598	1506	518	570	782	717	963	6610
3158	2126	757	725	1208	958	1544	6620
363	235	71	70	122	125	169	6690
2240	3168	1348	1465	2630	2557	4543	6700
1901	2729	1152	1245	2265	2181	3809	6710
119	207	80	109	137	175	311	6720
26	46	25	24	56	66	148	6730
194	186	91	87	172	135	275	6790
2654	**1328**	**1045**	**632**	**574**	**477**	**662**	**J**
2214	648	611	296	197	161	163	6800
165	15	8	2	25	19	5	6810
1986	572	393	210	152	117	147	6820
63	61	210	84	20	25	11	6890
30	186	47	53	30	49	51	6900
3	14	2	2	6	16	5	6910
21	136	35	28	13	21	27	6920
6	19	4	6	5	5	10	6930
	17	6	17	6	7	9	6940
224	190	304	192	150	70	139	7000
55	55	180	86	61	37	53	7010
161	120	115	101	79	27	48	7020
8	15	9	5	10	6	38	7030
186	304	83	91	197	197	309	7100
55	29	10	10	18	16	37	7110
10	3	3	1	1		2	7120
14	33	8	7	6	4	13	7130
15	8	3	3	5	5	5	7140
44	174	33	47	104	77	72	7150
48	57	26	23	63	95	180	7190

行业中类	代码	法人单位数	1949年及以前	1950-1977年
房地产业	K	**244043**	**89**	**3499**
房地产业	7200	244043	89	3499
房地产开发经营	7210	101312	2	71
物业管理	7220	66174	16	327
房地产中介服务	7230	40543	6	123
其他房地产活动	7290	36014	65	2978
租赁和商务服务业	L	**511666**	**527**	**5496**
租赁业	7300	23202	3	163
机械设备租赁	7310	22225	3	135
文化及日用品出租	7320	977		28
商务服务业	7400	488464	524	5333
企业管理服务	7410	108480	446	4409
法律服务	7420	22928	20	114
咨询与调查	7430	132643	10	101
广告业	7440	87670	4	35
知识产权服务	7450	4344		2
职业中介服务	7460	24682	5	44
市场管理	7470	19643	19	317
旅行社	7480	23425	6	53
其他商务服务	7490	64649	14	258
科学研究、技术服务和地质勘查业	M	**233221**	**309**	**13107**
研究与试验发展	7500	26573	70	1914
自然科学研究与试验发展	7510	2773	13	200
工程和技术研究与试验发展	7520	12210	6	422
农业科学研究与试验发展	7530	5569	40	1033
医学研究与试验发展	7540	4333	4	94
社会人文科学研究与试验发展	7550	1688	7	165
专业技术服务业	7600	111782	118	4764
气象服务	7610	4209	51	1788
地震服务	7620	1438	3	418
海洋服务	7630	252		18
测绘服务	7640	4167	4	126
技术检测	7650	15746	19	989

单位：个

1978-1991年	1992-1995年	1996年	1997年	1998年	1999年	2000年	代码
7786	**16480**	**3741**	**4390**	**8029**	**7335**	**10641**	K
7786	16480	3741	4390	8029	7335	10641	7200
2267	9194	1658	1999	3769	3354	5003	7210
1005	2696	1190	1346	2150	2268	3113	7220
352	826	293	362	661	758	1247	7230
4162	3764	600	683	1449	955	1278	7290
23604	**22510**	**6288**	**7386**	**11172**	**12832**	**19097**	L
387	667	257	269	435	451	712	7300
353	627	247	252	409	431	668	7310
34	40	10	17	26	20	44	7320
23217	21843	6031	7117	10737	12381	18385	7400
12827	8479	1692	2320	2987	3458	3403	7410
3640	2243	633	533	1006	928	1650	7420
1679	2850	871	1086	1737	2880	5061	7430
394	2427	906	1156	1705	1777	2998	7440
44	109	36	43	54	80	99	7450
1213	1000	283	299	526	439	767	7460
1261	1490	640	590	922	845	1145	7470
661	1101	357	420	652	766	1288	7480
1498	2144	613	670	1148	1208	1974	7490
25369	**12441**	**3410**	**3422**	**4978**	**4864**	**7785**	M
2568	969	270	329	524	457	843	7500
316	82	28	25	35	54	79	7510
502	400	93	132	226	186	346	7520
936	222	86	86	145	99	180	7530
200	149	34	51	85	88	183	7540
614	116	29	35	33	30	55	7550
10843	6390	1964	1823	2632	2789	4181	7600
433	182	64	89	87	82	133	7610
324	64	48	49	41	24	27	7620
29	20	3	6	4	5	17	7630
317	245	76	70	97	101	165	7640
2728	1004	380	276	413	405	529	7650

行业中类	代码	法人单位数	1949年及以前	1950-1977年
环境监测	7660	3254	7	160
工程技术与规划管理	7670	50871	24	973
其他专业技术服务	7690	31845	10	292
科技交流和推广服务业	7700	90652	111	5740
技术推广服务	7710	72560	101	5353
科技中介服务	7720	7671	5	142
其他科技服务	7790	10421	5	245
地质勘查业	7800	4214	10	689
矿产地质勘查	7810	1866	1	329
基础地质勘查	7820	849	6	213
地质勘查技术服务	7830	1499	3	147
水利、环境和公共设施管理业	**N**	**61740**	**227**	**7270**
水利管理业	7900	21220	125	5504
防洪管理	7910	2667	28	632
水资源管理	7920	10742	55	3573
其他水利管理	7990	7811	42	1299
环境管理业	8000	13945	44	925
自然保护	8010	2382	10	341
环境治理	8020	11563	34	584
公共设施管理业	8100	26575	58	841
市政公共设施管理	8110	5693	13	312
城市绿化管理	8120	12231	3	245
游览景区管理	8130	8651	42	284
居民服务和其他服务业	**O**	**141936**	**69**	**1646**
居民服务业	8200	68079	52	1200
家庭服务	8210	4958		4
托儿所	8220	1394	1	44
洗染服务	8230	2341	3	8
理发及美容保健服务	8240	17294	11	129
洗浴服务	8250	10747	8	56
婚姻服务	8260	3955	3	7
殡葬服务	8270	4647	11	710
摄影扩印服务	8280	7277	9	88
其他居民服务	8290	15466	6	154
其他服务业	8300	73857	17	446
修理与维护	8310	36610	1	185
清洁服务	8320	13108		34
其他未列明的服务	8390	24139	16	227

单位：个

1978-1991年	1992-1995年	1996年	1997年	1998年	1999年	2000年	代码
883	196	54	56	70	53	80	7660
5228	3700	1018	911	1352	1462	2199	7670
901	979	321	366	568	657	1031	7690
11501	4861	1130	1224	1726	1527	2656	7700
10110	4087	949	1005	1376	1189	2086	7710
743	396	91	115	181	167	291	7720
648	378	90	104	169	171	279	7790
457	221	46	46	96	91	105	7800
169	65	10	20	42	37	44	7810
157	77	19	12	20	20	15	7820
131	79	17	14	34	34	46	7830
11488	**4299**	**1184**	**1290**	**1817**	**1506**	**2219**	N
6325	1778	440	434	529	376	521	7900
815	200	65	84	77	70	85	7910
2959	728	214	163	242	185	221	7920
2551	850	161	187	210	121	215	7990
2361	915	254	317	438	341	561	8000
588	170	45	67	74	57	91	8010
1773	745	209	250	364	284	470	8020
2802	1606	490	539	850	789	1137	8100
931	496	143	128	197	186	212	8110
982	591	190	214	367	352	541	8120
889	519	157	197	286	251	384	8130
4409	**5195**	**1899**	**2171**	**3668**	**3542**	**5789**	O
2228	2327	905	1111	1946	1827	3004	8200
33	58	21	20	74	71	122	8210
93	58	21	23	47	52	87	8220
46	82	36	45	79	73	130	8230
231	332	133	176	393	407	688	8240
167	257	155	199	406	379	585	8250
56	104	46	64	106	83	147	8260
745	486	123	141	174	154	212	8270
325	415	196	186	290	271	398	8280
532	535	174	257	377	337	635	8290
2181	2868	994	1060	1722	1715	2785	8300
1265	1838	663	666	1095	1048	1638	8310
165	288	81	126	225	253	433	8320
751	742	250	268	402	414	714	8390

行业中类	代码	法人单位数	1949年及以前	1950-1977年
教育	P	**342003**	**27050**	**90056**
教育	8400	342003	27050	90056
学前教育	8410	66991	356	3588
初等教育	8420	129506	21869	53937
中等教育	8430	74868	4289	28229
高等教育	8440	5642	243	875
其他教育	8490	64996	293	3427
卫生、社会保障和社会福利业	Q	**209016**	**2281**	**54310**
卫生	8500	172838	2155	51956
医院	8510	22595	1468	6700
卫生院及社区医疗活动	8520	52091	446	29023
门诊部医疗活动	8530	70454	155	11976
计划生育技术服务活动	8540	13015	34	487
妇幼保健活动	8550	3056	11	1598
专科疾病防治活动	8560	1928	13	526
疾病预防控制及防疫活动	8570	5440	16	1262
其他卫生活动	8590	4259	12	384
社会保障业	8600	11784	16	145
社会福利业	8700	24394	110	2209
提供住宿的社会福利	8710	18528	78	1945
不提供住宿的社会福利	8720	5866	32	264
文化、体育和娱乐业	R	**90891**	**938**	**9255**
新闻出版业	8800	6733	113	425
新闻业	8810	968	16	70
出版业	8820	5765	97	355
广播、电视、电影和音像业	8900	14432	115	2428
广播	8910	2978	41	608
电视	8920	4770	8	425
电影	8930	5137	62	1384
音像制作	8940	1547	4	11
文化艺术业	9000	37948	677	5735
文艺创作与表演	9010	6184	127	1348

单位：个

1978-1991年	1992-1995年	1996年	1997年	1998年	1999年	2000年	代码
57187	**19856**	**6199**	**5668**	**8172**	**7275**	**11351**	P
57187	19856	6199	5668	8172	7275	11351	8400
7867	4322	1501	1698	2997	2781	4746	8410
22403	6840	2111	1623	1697	1483	1967	8420
17711	4871	1413	1168	1468	1228	1621	8430
1972	375	75	62	123	146	219	8440
7234	3448	1099	1117	1887	1637	2798	8490
42539	**15044**	**4308**	**3481**	**5628**	**4338**	**7238**	Q
33759	12054	3481	2816	4672	3458	5740	8500
3888	1043	273	237	388	300	481	8510
6366	2554	559	459	765	551	986	8520
15114	5392	1986	1617	2829	2105	3479	8530
5585	2271	387	317	343	222	310	8540
822	149	54	32	36	23	43	8550
436	110	40	19	26	27	55	8560
887	225	76	48	136	124	177	8570
661	310	106	87	149	106	209	8590
1933	1168	293	218	225	252	634	8600
6847	1822	534	447	731	628	864	8700
5616	1414	393	321	522	453	695	8710
1231	408	141	126	209	175	169	8720
15767	**5151**	**1404**	**1362**	**2003**	**1709**	**2802**	R
1775	851	169	100	180	191	282	8800
172	108	23	21	28	28	47	8810
1603	743	146	79	152	163	235	8820
3254	1040	253	236	333	233	396	8900
806	257	69	46	73	31	75	8910
1027	527	123	130	163	108	157	8920
1370	205	49	40	74	60	99	8930
51	51	12	20	23	34	65	8940
8923	2003	551	544	722	542	943	9000
898	246	83	73	135	110	173	9010

行业中类	代码	法人单位数	1949年及以前	1950-1977年
艺术表演场馆	9020	1135	29	341
图书馆与档案馆	9030	4806	114	1222
文物及文化保护	9040	2651	45	297
博物馆	9050	1855	23	201
烈士陵园、纪念馆	9060	977	34	312
群众文化活动	9070	11575	295	1894
文化艺术经纪代理	9080	2968	2	20
其他文化艺术	9090	5797	8	100
体育	9100	8262	18	557
体育组织	9110	4626	3	231
体育场馆	9120	1617	9	135
其他体育	9190	2019	6	191
娱乐业	9200	23516	15	110
室内娱乐活动	9210	13473	10	57
游乐园	9220	753		10
休闲健身娱乐活动	9230	6637	3	35
其他娱乐活动	9290	2653	2	8
公共管理和社会组织	S	**1383842**	**52089**	**223699**
中国共产党机关	9300	40062	3049	10077
国家机构	9400	399955	8565	57595
国家权力机构	9410	6932	243	1169
国家行政机构	9420	381352	7740	53176
人民法院和人民检察院	9430	7502	487	2693
其他国家机构	9490	4169	95	557
人民政协和民主党派	9500	6234	271	1434
人民政协	9510	3501	182	923
民主党派	9520	2733	89	511
群众团体、社会团体和宗教组织	9600	247353	7347	14862
群众团体	9610	27423	1504	6531
社会团体	9620	160485	375	2961
宗教组织	9630	59445	5468	5370
基层群众自治组织	9700	690238	32857	139731
社区自治组织	9710	81496	588	6245
村民自治组织	9720	608742	32269	133486

单位：个

1978-1991年	1992-1995年	1996年	1997年	1998年	1999年	2000年	代码
279	46	16	14	17	15	18	9020
2290	241	78	74	78	48	71	9030
1056	203	54	54	57	45	82	9040
646	141	41	47	48	34	49	9050
272	85	27	25	15	13	11	9060
2779	853	189	173	262	154	324	9070
39	48	22	15	35	47	75	9080
664	140	41	69	75	76	140	9090
1143	492	172	152	193	199	336	9100
551	266	98	86	107	126	202	9110
289	124	42	38	40	35	60	9120
303	102	32	28	46	38	74	9190
672	765	259	330	575	544	845	9200
357	412	143	215	360	325	448	9210
56	42	16	8	24	25	32	9220
136	191	57	70	129	127	233	9230
123	120	43	37	62	67	132	9290
466400	**84823**	**23700**	**18349**	**29049**	**28616**	**39784**	S
13957	2655	785	658	605	384	675	9300
115500	34731	9664	8646	10866	7128	10927	9400
3243	387	126	90	131	67	103	9410
108167	33797	9320	8394	10514	6930	10631	9420
2920	236	108	87	92	45	69	9430
1170	311	110	75	129	86	124	9490
2843	303	107	104	144	72	119	9500
1704	92	41	41	71	19	51	9510
1139	211	66	63	73	53	68	9520
53572	18778	5873	4528	8038	6784	10344	9600
6975	1772	548	496	677	504	790	9610
25076	10527	3050	2466	4899	4596	7407	9620
21521	6479	2275	1566	2462	1684	2147	9630
280528	28356	7271	4413	9396	14248	17719	9700
11652	3686	1442	1410	2105	2372	5508	9710
268876	24670	5829	3003	7291	11876	12211	9720

行业中类	代码	2001年	2002年	2003年
总计	0000	**380312**	**416964**	**496553**
农、林、牧、渔业	A	**4297**	**2951**	**4153**
农业	0100	1003	734	1126
谷物及其他作物的种植	0110	210	115	182
蔬菜、园艺作物的种植	0120	396	354	480
水果、坚果、饮料和香料作物的种植	0130	347	208	393
中药材的种植	0140	50	57	71
林业	0200	737	421	521
林木的培育和种植	0210	696	391	494
木材和竹材的采运	0220	29	17	16
林产品的采集	0230	12	13	11
畜牧业	0300	1271	964	1325
牲畜的饲养	0310	352	295	389
猪的饲养	0320	529	371	543
家禽的饲养	0330	273	226	280
狩猎和捕捉动物	0340		1	1
其他畜牧业	0390	117	71	112
渔业	0400	291	204	263
海洋渔业	0410	102	70	101
内陆渔业	0420	189	134	162
农、林、牧、渔服务业	0500	995	628	918
农业服务业	0510	455	315	442
林业服务业	0520	124	91	107
畜牧服务业	0530	369	179	332
渔业服务业	0540	47	43	37
采矿业	B	**5374**	**5520**	**8043**
煤炭开采和洗选业	0600	1184	1096	1731
烟煤和无烟煤的开采洗选	0610	1132	1040	1662
褐煤的开采洗选	0620	24	25	37
其他煤炭采选	0690	28	31	32
石油和天然气开采业	0700	79	71	90
天然原油和天然气开采	0710	12	14	21
与石油和天然气开采有关的服务活动	0790	67	57	69
黑色金属矿采选业	0800	785	865	1457
铁矿采选	0810	710	784	1294
其他黑色金属矿采选	0890	75	81	163

单位：个

2004年	2005年	2006年	2007年	2008年	2009年	开业时间不详	代码
517512	**585536**	**675004**	**676126**	**559073**	**765165**	**162143**	0000
4638	**6772**	**10054**	**16458**	**19469**	**63418**	**25232**	A
1168	1889	2572	4871	5705	23190	5089	0100
200	380	607	896	1225	7369	1227	0110
495	834	1009	2144	2311	8609	2252	0120
404	573	798	1498	1842	6357	1418	0130
69	102	158	333	327	855	192	0140
568	795	1212	1388	1516	4567	2643	0200
514	753	1153	1298	1435	4294	2493	0210
25	22	25	42	44	129	107	0220
29	20	34	48	37	144	43	0230
1512	2376	3830	6358	8011	22420	8702	0300
464	733	1066	1736	2241	8404	2536	0310
598	870	1408	2551	3322	7649	3876	0320
335	554	1064	1551	1818	4756	1907	0330
1	5	4	7	10	18	7	0340
114	214	288	513	620	1593	376	0390
412	576	766	1294	1282	4051	1390	0400
168	196	290	406	444	1236	420	0410
244	380	476	888	838	2815	970	0420
978	1136	1674	2547	2955	9190	7408	0500
579	691	1100	1353	1922	7069	6395	0510
85	118	108	152	169	509	284	0520
258	267	392	960	723	1262	608	0530
56	60	74	82	141	350	121	0540
9699	**10675**	**11748**	**10287**	**8100**	**7630**	**1551**	B
1888	2022	1864	1517	1293	1334	441	0600
1811	1925	1746	1406	1180	1141	426	0610
39	54	61	56	46	65	7	0620
38	43	57	55	67	128	8	0690
111	112	177	162	172	210	14	0700
13	20	24	26	21	40	7	0710
98	92	153	136	151	170	7	0790
2344	2437	2337	2177	1886	1240	309	0800
2115	2156	2090	1946	1686	1038	278	0810
229	281	247	231	200	202	31	0890

行业中类	代码	2001年	2002年	2003年
有色金属矿采选业	0900	508	535	764
常用有色金属矿采选	0910	362	366	543
贵金属矿采选	0920	107	120	143
稀有稀土金属矿采选	0930	39	49	78
非金属矿采选业	1000	2776	2921	3947
土砂石开采	1010	2410	2558	3476
化学矿采选	1020	73	74	113
采盐	1030	23	30	35
石棉及其他非金属矿采选	1090	270	259	323
其他采矿业	1100	42	32	54
制造业	C	**119137**	**131183**	**158119**
农副食品加工业	1300	7152	7466	8756
谷物磨制	1310	2319	2200	2547
饲料加工	1320	778	840	999
植物油加工	1330	736	758	922
制糖	1340	52	43	55
屠宰及肉类加工	1350	984	1063	1260
水产品加工	1360	597	652	721
蔬菜、水果和坚果加工	1370	870	985	1147
其他农副食品加工	1390	816	925	1105
食品制造业	1400	2887	2850	3370
焙烤食品制造	1410	683	625	832
糖果、巧克力及蜜饯制造	1420	288	317	348
方便食品制造	1430	417	432	495
液体乳及乳制品制造	1440	157	178	177
罐头制造	1450	212	209	247
调味品、发酵制品制造	1460	483	450	500
其他食品制造	1490	647	639	771
饮料制造业	1500	2386	2434	2811
酒精制造	1510	28	24	34
酒的制造	1520	932	892	1034
软饮料制造	1530	883	973	1081
精制茶加工	1540	543	545	662
烟草制品业	1600	15	6	15
烟叶复烤	1610	6	1	7
卷烟制造	1620	4		5
其他烟草制品加工	1690	5	5	3

单位：个

2004年	2005年	2006年	2007年	2008年	2009年	开业时间不详	代码
919	1151	1566	1396	1005	789	261	0900
661	827	1194	1046	753	569	177	0910
163	147	189	205	146	144	57	0920
95	177	183	145	106	76	27	0930
4377	4868	5686	4944	3633	3645	499	1000
3781	4270	4967	4281	3103	3037	396	1010
138	136	173	157	145	101	25	1020
105	59	47	28	12	32	3	1030
353	403	499	478	373	475	75	1090
60	85	118	91	111	412	27	1100
158735	**170999**	**200237**	**185806**	**140036**	**156572**	**18471**	C
8926	9872	10213	9246	6905	6756	915	1300
2642	2699	2613	2086	1415	1336	113	1310
1004	1349	1333	1110	857	827	98	1320
903	859	886	786	657	682	102	1330
48	47	49	43	35	43	5	1340
1323	1414	1416	1445	1221	1044	131	1350
613	758	773	677	496	534	132	1360
1284	1415	1689	1588	1112	878	160	1370
1109	1331	1454	1511	1112	1412	174	1390
3427	3824	4187	4010	3172	3092	401	1400
818	922	1097	1145	922	842	86	1410
340	399	486	456	271	207	23	1420
546	610	662	658	561	567	69	1430
187	187	146	147	111	92	19	1440
239	305	289	228	183	164	25	1450
524	537	576	547	417	320	43	1460
773	864	931	829	707	900	136	1490
2671	3041	3269	3045	2202	2192	352	1500
31	66	64	28	24	39	6	1510
879	958	1008	895	636	669	119	1520
1104	1228	1338	1176	829	754	158	1530
657	789	859	946	713	730	69	1540
10	14	20	4	12	16	1	1600
6	8	8	1	4	9		1610
3	2	6	2	4	2		1620
1	4	6	1	4	5	1	1690

行业中类	代码	2001年	2002年	2003年
纺织业	1700	7096	9629	11036
棉、化纤纺织及印染精加工	1710	2876	4133	4502
毛纺织和染整精加工	1720	358	419	481
麻纺织	1730	65	69	124
丝绢纺织及精加工	1740	472	654	991
纺织制成品制造	1750	1508	1990	2249
针织品、编织品及其制品制造	1760	1817	2364	2689
纺织服装、鞋、帽制造业	1800	4902	5609	6827
纺织服装制造	1810	4555	5266	6393
纺织面料鞋的制造	1820	243	220	286
制帽	1830	104	123	148
皮革、毛皮、羽毛(绒)及其制品业	1900	1958	2145	2419
皮革鞣制加工	1910	191	215	222
皮革制品制造	1920	1479	1640	1824
毛皮鞣制及制品加工	1930	151	158	232
羽毛(绒)加工及制品制造	1940	137	132	141
木材加工及木、竹、藤、棕、草制品业	2000	3939	4337	5582
锯材、木片加工	2010	1460	1623	1976
人造板制造	2020	1164	1246	1791
木制品制造	2030	884	925	1174
竹、藤、棕、草制品制造	2040	431	543	641
家具制造业	2100	2330	2423	3116
木质家具制造	2110	1771	1772	2296
竹、藤家具制造	2120	47	52	47
金属家具制造	2130	251	307	348
塑料家具制造	2140	35	39	44
其他家具制造	2190	226	253	381
造纸及纸制品业	2200	3311	3689	4307
纸浆制造	2210	53	55	71
造纸	2220	831	926	1115
纸制品制造	2230	2427	2708	3121
印刷业和记录媒介的复制	2300	3552	3817	4708
印刷	2310	3294	3460	4294
装订及其他印刷服务活动	2320	248	334	389
记录媒介的复制	2330	10	23	25

单位：个

2004年	2005年	2006年	2007年	2008年	2009年	开业时间不详	代码
10246	10699	12706	10413	6879	8044	702	1700
4132	4466	5093	3808	2355	3037	230	1710
412	408	522	469	285	303	17	1720
111	86	94	64	44	60	4	1730
712	529	665	551	316	238	30	1740
2175	2440	2830	2382	1855	2103	183	1750
2704	2770	3502	3139	2024	2303	238	1760
7204	7980	10086	10011	7317	8878	732	1800
6809	7504	9482	9437	6895	8216	676	1810
273	339	461	429	316	543	53	1820
122	137	143	145	106	119	3	1830
2483	2878	3602	3497	2697	3038	439	1900
204	273	247	178	136	161	13	1910
1936	2202	2840	2893	2230	2260	388	1920
230	258	363	281	201	498	28	1930
113	145	152	145	130	119	10	1940
5701	6876	8557	8222	5155	4661	381	2000
2088	2803	3422	3399	1863	1467	89	2010
1801	1868	2484	2264	1416	1230	111	2020
1249	1501	1772	1750	1271	1360	130	2030
563	704	879	809	605	604	51	2040
3303	3540	4287	4117	3050	3303	394	2100
2433	2591	3061	2924	2136	2137	265	2110
56	67	102	83	57	64	12	2120
355	360	504	446	341	325	53	2130
52	48	69	70	57	72	7	2140
407	474	551	594	459	705	57	2190
4203	4360	5056	4628	3379	4093	357	2200
68	76	88	80	76	139	21	2210
967	989	1074	1020	750	760	82	2220
3168	3295	3894	3528	2553	3194	254	2230
4262	3945	4334	3635	2471	2813	199	2300
3849	3593	3902	3292	2226	2478	184	2310
395	340	410	328	233	299	14	2320
18	12	22	15	12	36	1	2330

行业中类	代码	2001年	2002年	2003年
文教体育用品制造业	2400	1276	1349	1806
文化用品制造	2410	371	413	489
体育用品制造	2420	271	337	398
乐器制造	2430	113	86	113
玩具制造	2440	478	464	739
游艺器材及娱乐用品制造	2450	43	49	67
石油加工、炼焦及核燃料加工业	2500	446	476	651
精炼石油产品的制造	2510	361	352	393
炼焦	2520	84	124	256
化学原料及化学制品制造业	2600	7038	7185	8386
基础化学原料制造	2610	1115	1146	1552
肥料制造	2620	565	654	763
农药制造	2630	187	153	197
涂料、油墨、颜料及类似产品制造	2640	1416	1518	1730
合成材料制造	2650	436	462	544
专用化学产品制造	2660	2618	2586	2840
日用化学产品制造	2670	701	666	760
医药制造业	2700	1103	1121	1345
化学药品原药制造	2710	150	161	204
化学药品制剂制造	2720	183	183	184
中药饮片加工	2730	120	141	188
中成药制造	2740	218	195	245
兽用药品制造	2750	103	105	96
生物、生化制品的制造	2760	151	184	213
卫生材料及医药用品制造	2770	178	152	215
化学纤维制造业	2800	267	390	504
纤维素纤维原料及纤维制造	2810	49	64	77
合成纤维制造	2820	218	326	427
橡胶制品业	2900	1444	1501	1790
轮胎制造	2910	120	124	163
橡胶板、管、带的制造	2920	288	310	355
橡胶零件制造	2930	474	463	536
再生橡胶制造	2940	78	77	100
日用及医用橡胶制品制造	2950	63	69	108
橡胶靴鞋制造	2960	106	127	127
其他橡胶制品制造	2990	315	331	401

单位：个

2004年	2005年	2006年	2007年	2008年	2009年	开业时间不详	代码
1843	1819	2166	2101	1635	1459	160	2400
504	492	503	478	358	391	34	2410
492	460	570	511	426	420	43	2420
123	119	123	125	96	90	16	2430
649	685	891	904	681	476	56	2440
75	63	79	83	74	82	11	2450
664	561	599	544	460	572	142	2500
392	382	457	439	327	369	102	2510
269	178	135	103	133	197	39	2520
8165	8945	9875	8076	5990	6528	1139	2600
1457	1570	1695	1389	1068	1090	227	2610
812	945	947	847	774	1147	146	2620
172	217	214	192	142	150	26	2630
1613	1545	1664	1474	1072	950	184	2640
537	537	583	558	401	542	84	2650
2845	3399	3915	2851	1964	1847	353	2660
729	732	857	765	569	802	119	2670
1389	1383	1349	1155	984	1180	235	2700
191	179	185	177	168	149	34	2710
176	179	140	101	91	115	31	2720
230	225	200	192	169	157	27	2730
234	207	182	154	122	155	37	2740
134	139	151	94	64	102	18	2750
219	239	251	237	232	269	63	2760
205	215	240	200	138	233	25	2770
454	409	588	459	262	316	32	2800
79	73	96	74	69	74	7	2810
375	336	492	385	193	242	25	2820
1726	1901	2073	1898	1495	1664	188	2900
129	179	226	195	186	176	16	2910
305	387	373	372	277	312	46	2920
503	521	503	445	329	326	54	2930
99	88	119	131	95	61	11	2940
72	82	108	83	62	53	6	2950
150	140	181	162	121	104	8	2960
468	504	563	510	425	632	47	2990

行业中类	代码	2001年	2002年	2003年
塑料制品业	3000	6729	7923	8696
塑料薄膜制造	3010	657	780	808
塑料板、管、型材的制造	3020	990	1193	1299
塑料丝、绳及编织品的制造	3030	770	856	908
泡沫塑料制造	3040	357	387	475
塑料人造革、合成革制造	3050	79	99	82
塑料包装箱及容器制造	3060	732	887	1008
塑料零件制造	3070	873	1089	1167
日用塑料制造	3080	907	1061	1079
其他塑料制品制造	3090	1364	1571	1870
非金属矿物制品业	3100	13169	13310	16785
水泥、石灰和石膏的制造	3110	958	929	1243
水泥及石膏制品制造	3120	3205	3244	4003
砖瓦、石材及其他建筑材料制造	3130	5650	5752	7311
玻璃及玻璃制品制造	3140	1003	1136	1367
陶瓷制品制造	3150	623	657	800
耐火材料制品制造	3160	881	759	1048
石墨及其他非金属矿物制品制造	3190	849	833	1013
黑色金属冶炼及压延加工业	3200	1130	1346	2100
炼铁	3210	163	229	331
炼钢	3220	48	62	99
钢压延加工	3230	738	877	1278
铁合金冶炼	3240	181	178	392
有色金属冶炼及压延加工业	3300	1362	1448	1748
常用有色金属冶炼	3310	336	328	464
贵金属冶炼	3320	33	51	62
稀有稀土金属冶炼	3330	73	78	98
有色金属合金制造	3340	144	157	206
有色金属压延加工	3350	776	834	918
金属制品业	3400	8719	9609	11603
结构性金属制品制造	3410	3080	3408	4243
金属工具制造	3420	1202	1307	1533
集装箱及金属包装容器制造	3430	368	420	423
金属丝绳及其制品的制造	3440	466	496	601
建筑、安全用金属制品制造	3450	1035	1198	1332

单位：个

2004年	2005年	2006年	2007年	2008年	2009年	开业时间不详	代码
8724	9444	11260	10273	7485	8175	956	3000
740	906	984	814	591	794	54	3010
1263	1310	1566	1434	1138	1158	174	3020
911	951	1137	992	656	567	69	3030
403	447	562	519	367	322	38	3040
108	105	110	84	82	67	20	3050
988	1044	1258	1172	826	881	103	3060
1197	1246	1570	1483	1023	914	105	3070
1083	1177	1362	1244	850	953	156	3080
2031	2258	2711	2531	1952	2519	237	3090
16633	18306	22559	20432	15598	13978	1871	3100
1194	1078	1150	1055	888	1146	164	3110
3847	4426	5365	5032	3714	2874	290	3120
7242	8189	11147	9920	7626	5896	809	3130
1376	1505	1732	1684	1375	1261	162	3140
741	847	835	807	512	836	96	3150
1113	1105	1085	823	626	616	162	3160
1120	1156	1245	1111	857	1349	188	3190
2065	1930	1850	1810	1459	1350	190	3200
282	311	236	241	182	229	36	3210
87	60	62	73	65	104	7	3220
1213	1246	1301	1237	981	817	107	3230
483	313	251	259	231	200	40	3240
1894	2089	2563	2586	1764	1719	278	3300
544	604	796	804	473	521	107	3310
48	53	54	61	45	50	15	3320
129	171	198	162	141	69	19	3330
186	224	235	231	174	213	21	3340
987	1037	1280	1328	931	866	116	3350
11732	12803	15049	14286	11351	14134	1526	3400
4176	4646	5704	5564	4578	4779	558	3410
1556	1670	1807	1644	1236	1653	162	3420
460	533	535	516	359	383	52	3430
660	721	728	681	471	585	50	3440
1379	1456	1830	1683	1227	1655	190	3450

行业中类	代码	2001年	2002年	2003年
金属表面处理及热处理加工	3460	725	771	985
搪瓷制品制造	3470	70	58	67
不锈钢及类似日用金属制品制造	3480	837	862	1070
其他金属制品制造	3490	936	1089	1349
通用设备制造业	3500	11786	13156	16082
锅炉及原动机制造	3510	483	472	570
金属加工机械制造	3520	1467	1466	1992
起重运输设备制造	3530	350	460	514
泵、阀门、压缩机及类似机械的制造	3540	1601	1882	2083
轴承、齿轮、传动和驱动部件的制造	3550	857	979	1178
烘炉、熔炉及电炉制造	3560	105	105	177
风机、衡器、包装设备等通用设备制造	3570	1377	1613	1905
通用零部件制造及机械修理	3580	3394	3842	4773
金属铸、锻加工	3590	2152	2337	2890
专用设备制造业	3600	5953	6671	8217
矿山、冶金、建筑专用设备制造	3610	981	1106	1484
化工、木材、非金属加工专用设备制造	3620	1528	1828	2244
食品、饮料、烟草及饲料生产专用设备制造	3630	259	257	291
印刷、制药、日化生产专用设备制造	3640	390	419	520
纺织、服装和皮革工业专用设备制造	3650	689	822	889
农、林、牧、渔专用机械制造	3670	523	518	624
医疗仪器设备及器械制造	3680	336	412	441
环保、社会公共安全及其他专用设备制造	3690	861	912	1192
交通运输设备制造业	3700	4702	5483	6794
铁路运输设备制造	3710	160	164	183
汽车制造	3720	3314	3903	4879
摩托车制造	3730	420	486	625
自行车制造	3740	327	407	498
船舶及浮动装置制造	3750	356	398	467
航空航天器制造	3760	25	14	23
交通器材及其他交通运输设备制造	3790	100	111	119
电气机械及器材制造业	3900	6118	6814	7991
电机制造	3910	684	767	882
输配电及控制设备制造	3920	2054	2352	2732
电线、电缆、光缆及电工器材制造	3930	1153	1200	1385
电池制造	3940	224	242	345

单位：个

2004年	2005年	2006年	2007年	2008年	2009年	开业时间不详	代码
896	906	995	912	641	498	110	3460
83	90	106	102	100	102	12	3470
1130	1184	1459	1315	1091	1485	135	3480
1392	1597	1885	1869	1648	2994	257	3490
16364	17385	19577	18555	14132	15474	1888	3500
577	608	605	555	418	707	65	3510
2040	2263	2602	2564	2003	2744	241	3520
482	485	596	543	341	437	89	3530
2138	2168	2311	2251	1731	1778	244	3540
1121	1212	1334	1234	947	755	107	3550
153	156	202	195	141	131	12	3560
1956	2028	2369	2240	1836	2759	245	3570
5044	5496	6586	6447	4995	4855	669	3580
2853	2969	2972	2526	1720	1308	216	3590
8459	9204	10724	10091	7885	10847	1142	3600
1454	1619	1852	1720	1296	1767	254	3610
2487	2827	3464	3459	2734	2793	263	3620
284	280	295	288	235	323	34	3630
509	534	580	572	412	757	65	3640
801	799	839	690	423	464	49	3650
564	673	713	647	530	709	65	3670
523	548	603	479	400	488	66	3680
1234	1331	1588	1462	1217	2505	249	3690
6785	7168	8674	8285	6494	7067	979	3700
189	213	226	230	163	283	41	3710
4832	5008	5918	5517	4149	4253	531	3720
570	578	619	570	452	374	49	3730
452	497	699	658	413	402	49	3740
589	690	978	1097	1160	1423	282	3750
30	27	32	49	33	35	7	3760
123	155	202	164	124	297	20	3790
8070	8397	10382	10366	8503	10311	1243	3900
940	880	1067	1012	829	1086	130	3910
2717	2805	3338	3195	2695	2965	331	3920
1351	1450	1799	1641	1219	1299	159	3930
321	370	467	490	396	427	59	3940

行业中类	代码	2001年	2002年	2003年
家用电力器具制造	3950	711	816	973
非电力家用器具制造	3960	200	199	242
照明器具制造	3970	811	955	1087
其他电气机械及器材制造	3990	281	283	345
通信设备、计算机及其他电子设备制造业	4000	2992	3320	3822
通信设备制造	4010	367	367	389
雷达及配套设备制造	4020	7	8	8
广播电视设备制造	4030	121	109	132
电子计算机制造	4040	285	310	353
电子器件制造	4050	461	461	563
电子元件制造	4060	1265	1466	1711
家用视听设备制造	4070	188	246	241
其他电子设备制造	4090	298	353	425
仪器仪表及文化、办公用机械制造业	4100	1731	1706	2044
通用仪器仪表制造	4110	865	842	1004
专用仪器仪表制造	4120	298	291	368
钟表与计时仪器制造	4130	97	102	128
光学仪器及眼镜制造	4140	269	258	311
文化、办公用机械制造	4150	129	115	126
其他仪器仪表的制造及修理	4190	73	98	107
工艺品及其他制造业	4200	3199	3474	4082
工艺美术品制造	4210	1922	2196	2578
日用杂品制造	4220	540	559	643
煤制品制造	4230	391	340	376
其他未列明的制造业	4290	345	373	483
废弃资源和废旧材料回收加工业	4300	445	496	726
金属废料和碎屑的加工处理	4310	199	247	330
非金属废料和碎屑的加工处理	4320	246	249	396
电力、燃气及水的生产和供应业	D	**2949**	**3443**	**4721**
电力、热力的生产和供应业	4400	1904	2304	3305
电力生产	4410	1579	1963	2813
电力供应	4420	138	118	162
热力生产和供应	4430	187	223	330
燃气生产和供应业	4500	211	245	313
水的生产和供应业	4600	834	894	1103
自来水的生产和供应	4610	727	727	895
污水处理及其再生利用	4620	72	132	174
其他水的处理、利用与分配	4690	35	35	34

单位：个

2004年	2005年	2006年	2007年	2008年	2009年	开业时间不详	代码
989	1053	1310	1338	1130	1403	195	3950
247	323	456	430	470	691	136	3960
1090	1121	1407	1730	1347	1471	149	3970
415	395	538	530	417	969	84	3990
4268	4516	5497	5522	4970	5917	688	4000
406	428	486	466	444	713	78	4010
12	8	11	7	8	9	1	4020
140	120	143	140	106	100	13	4030
368	408	444	466	403	490	58	4040
599	682	757	806	751	835	75	4050
1915	1952	2525	2554	2255	2309	321	4060
364	345	411	397	315	269	46	4070
464	573	720	686	688	1192	96	4090
2039	1999	2313	2197	1714	1756	234	4100
994	988	1096	1020	770	763	107	4110
349	333	394	372	299	302	32	4120
143	136	132	171	156	131	24	4130
327	292	354	361	270	250	41	4140
137	125	190	172	142	129	18	4150
89	125	147	101	77	181	12	4190
4213	4751	5681	5152	3716	6148	533	4200
2614	2862	3617	3295	2328	3002	323	4210
716	771	901	854	664	767	52	4220
372	466	448	398	231	190	30	4230
508	650	715	603	491	2189	127	4290
812	960	1141	1190	900	1091	174	4300
414	432	487	526	458	553	74	4310
398	528	654	664	442	538	100	4320
4836	**4689**	**4562**	**3810**	**3002**	**3911**	**963**	D
3539	3383	3072	2441	1811	2419	674	4400
3133	2901	2666	2013	1465	1734	595	4410
127	149	110	107	87	287	28	4420
279	333	296	321	259	398	51	4430
283	282	328	297	254	521	84	4500
1014	1024	1162	1072	937	971	205	4600
817	809	906	788	592	580	82	4610
168	176	210	246	306	312	116	4620
29	39	46	38	39	79	7	4690

行业中类	代码	2001年	2002年	2003年
建筑业	E	**14011**	**14838**	**16967**
房屋和土木工程建筑业	4700	6247	6041	6171
房屋工程建筑	4710	4274	3941	3577
土木工程建筑	4720	1973	2100	2594
建筑安装业	4800	2814	2947	3466
建筑装饰业	4900	3634	4140	5304
其他建筑业	5000	1316	1710	2026
工程准备	5010	438	618	824
提供施工设备服务	5020	131	201	209
其他未列明的建筑活动	5090	747	891	993
交通运输、仓储和邮政业	F	**8049**	**9152**	**11480**
铁路运输业	5100	23	19	30
铁路旅客运输	5110	1		
铁路货物运输	5120	12	11	21
铁路运输辅助活动	5130	10	8	9
道路运输业	5200	4028	4464	5412
公路旅客运输	5210	628	626	593
道路货物运输	5220	2838	3283	4127
道路运输辅助活动	5230	562	555	692
城市公共交通业	5300	552	558	539
公共电汽车客运	5310	128	146	145
轨道交通	5320	8	3	
出租车客运	5330	387	379	368
城市轮渡	5340	3	4	4
其他城市公共交通	5390	26	26	22
水上运输业	5400	377	515	561
水上旅客运输	5410	52	80	68
水上货物运输	5420	228	315	359
水上运输辅助活动	5430	97	120	134
航空运输业	5500	47	47	71
航空客货运输	5510	12	14	22
通用航空服务	5520	13	7	17
航空运输辅助活动	5530	22	26	32

单位：个

2004年	2005年	2006年	2007年	2008年	2009年	开业时间不详	代码
18907	**21933**	**24954**	**24188**	**20395**	**32718**	**2759**	E
6413	7616	8471	7577	5593	8924	875	4700
3736	4570	5181	4454	3025	4642	506	4710
2677	3046	3290	3123	2568	4282	369	4720
3873	4428	4888	4635	3777	6727	411	4800
6201	7130	8341	8981	8361	11231	871	4900
2420	2759	3254	2995	2664	5836	602	5000
932	968	1145	1034	1030	1219	196	5010
298	326	423	392	318	739	55	5020
1190	1465	1686	1569	1316	3878	351	5090
14107	**16968**	**18717**	**18225**	**15060**	**20271**	**1528**	F
27	44	24	38	42	219	12	5100
2	5	2	1	1	23	2	5110
15	18	9	22	24	103	4	5120
10	21	13	15	17	93	6	5130
6546	7210	8754	8628	6898	10654	738	5200
548	580	666	572	401	724	45	5210
5277	5841	7350	7325	5900	9074	610	5220
721	789	738	731	597	856	83	5230
589	548	544	493	352	441	32	5300
161	152	173	156	122	169	10	5310
2	5	3	5	2	12		5320
392	361	338	300	199	203	19	5330
7	4	2	4	2	4		5340
27	26	28	28	27	53	3	5390
680	711	730	763	544	745	81	5400
67	50	50	61	36	73	8	5410
463	495	476	506	352	418	41	5420
150	166	204	196	156	254	32	5430
83	63	84	73	65	127	14	5500
29	26	31	28	24	40	4	5510
17	13	18	19	12	51	4	5520
37	24	35	26	29	36	6	5530

行业中类	代码	2001年	2002年	2003年
管道运输业	5600	6	3	10
装卸搬运和其他运输服务业	5700	1884	2290	3183
装卸搬运	5710	351	360	494
运输代理服务	5720	1533	1930	2689
仓储业	5800	954	1034	1385
谷物、棉花等农产品仓储	5810	257	215	257
其他仓储	5890	697	819	1128
邮政业	5900	178	222	289
国家邮政	5910	7	7	11
其他寄递服务	5990	171	215	278
信息传输、计算机服务和软件业	G	**8581**	**10516**	**14929**
电信和其他信息传输服务业	6000	1498	1511	2116
电信	6010	606	547	746
互联网信息服务	6020	562	653	1033
广播电视传输服务	6030	316	301	313
卫星传输服务	6040	14	10	24
计算机服务业	6100	4828	6357	9255
计算机系统服务	6110	862	913	1259
数据处理	6120	58	65	75
计算机维修	6130	162	197	286
其他计算机服务	6190	3746	5182	7635
软件业	6200	2255	2648	3558
公共软件服务	6210	1836	2139	2858
其他软件服务	6290	419	509	700
批发和零售业	H	**81799**	**93540**	**118879**
批发业	6300	49837	57737	74220
农畜产品批发	6310	2529	2603	3162
食品、饮料及烟草制品批发	6320	3545	3788	4659
纺织、服装及日用品批发	6330	4864	5722	7254
文化、体育用品及器材批发	6340	1603	1920	2561
医药及医疗器材批发	6350	1482	1828	2442
矿产品、建材及化工产品批发	6360	17093	19602	25464
机械设备、五金交电及电子产品批发	6370	14423	17294	21749
贸易经纪与代理	6380	873	1316	1564
其他批发	6390	3425	3664	5365
零售业	6500	31962	35803	44659
综合零售	6510	3553	3631	4346

单位：个

2004年	2005年	2006年	2007年	2008年	2009年	开业时间不详	代码
8	7	8	3	3	28	2	5600
4371	6290	6332	5970	5171	5287	367	5700
528	558	693	812	738	932	69	5710
3843	5732	5639	5158	4433	4355	298	5720
1367	1583	1672	1620	1241	1561	236	5800
273	340	330	345	274	390	42	5810
1094	1243	1342	1275	967	1171	194	5890
436	512	569	637	744	1209	46	5900
7	11	11	11	21	205	1	5910
429	501	558	626	723	1004	45	5990
15851	**18990**	**25267**	**24848**	**18739**	**19416**	**1278**	G
2313	2438	3038	2948	2561	4478	213	6000
805	687	715	685	705	1444	71	6010
1203	1449	2019	2031	1577	2892	134	6020
285	283	289	217	261	128	8	6030
20	19	15	15	18	14		6040
9250	11526	16077	15305	10367	8403	500	6100
1496	1845	2172	2059	2002	2867	165	6110
104	92	132	135	91	130	9	6120
310	382	511	462	380	354	21	6130
7340	9207	13262	12649	7894	5052	305	6190
4288	5026	6152	6595	5811	6535	565	6200
3459	4017	4977	5376	4759	4776	425	6210
829	1009	1175	1219	1052	1759	140	6290
124477	**143629**	**175998**	**181406**	**156798**	**268283**	**15219**	H
77055	88257	108328	112952	97734	172175	9956	6300
3283	4137	4176	4267	3545	8556	296	6310
4580	5541	7429	8632	7926	12107	720	6320
7649	9673	12177	12952	11046	18454	960	6330
2686	2926	3413	3390	3066	4490	255	6340
2539	3039	3307	2967	2352	3740	213	6350
25834	28493	35435	36566	30399	54472	3512	6360
22536	25203	31574	32733	28415	44377	2399	6370
1930	2224	2788	3191	4142	7468	393	6380
6018	7021	8029	8254	6843	18511	1208	6390
47422	55372	67670	68454	59064	96108	5263	6500
4445	5184	6159	6069	4706	14275	587	6510

行业中类	代码	2001年	2002年	2003年
食品、饮料及烟草制品专门零售	6520	2474	2453	3139
纺织、服装及日用品专门零售	6530	3070	3435	4318
文化、体育用品及器材专门零售	6540	2028	2425	3236
医药及医疗器材专门零售	6550	2523	3666	4809
汽车、摩托车、燃料及零配件专门零售	6560	5643	6432	7148
家用电器及电子产品专门零售	6570	5370	5961	7762
五金、家具及室内装修材料专门零售	6580	4284	4569	5780
无店铺及其他零售	6590	3017	3231	4121
住宿和餐饮业	I	**7572**	**8214**	**10496**
住宿业	6600	2634	2870	3597
旅游饭店	6610	878	1041	1317
一般旅馆	6620	1579	1660	2096
其他住宿服务	6690	177	169	184
餐饮业	6700	4938	5344	6899
正餐服务	6710	4150	4424	5777
快餐服务	6720	328	378	390
饮料及冷饮服务	6730	161	224	337
其他餐饮服务	6790	299	318	395
金融业	J	**824**	**1350**	**2083**
银行业	6800	131	94	185
中央银行	6810	3	5	72
商业银行	6820	117	78	98
其他银行	6890	11	11	15
证券业	6900	84	79	66
证券市场管理	6910	6	1	5
证券经纪与交易	6920	51	66	43
证券投资	6930	18	7	13
证券分析与咨询	6940	9	5	5
保险业	7000	234	612	992
人寿保险	7010	96	307	405
非人寿保险	7020	69	222	266
保险辅助服务	7030	69	83	321
其他金融活动	7100	375	565	840
金融信托与管理	7110	35	47	65
金融租赁	7120	4	2	2
财务公司	7130	11	17	18
邮政储蓄	7140	5	2	3
典当	7150	78	278	281
其他未列明的金融活动	7190	242	219	471

单位：个

2004年	2005年	2006年	2007年	2008年	2009年	开业时间不详	代码
3197	4062	5166	5955	5512	6469	401	6520
4753	5896	7207	7928	7116	8310	518	6530
3353	3593	4362	4391	3851	4225	309	6540
5454	6733	6939	6073	4950	8668	339	6550
6984	7369	8662	8129	6511	11091	718	6560
8564	9952	13049	13687	12112	15926	850	6570
6096	7261	9585	9554	8519	10867	623	6580
4576	5322	6541	6668	5787	16277	918	6590
11759	**14579**	**17431**	**18587**	**16373**	**10765**	**961**	I
3923	4755	5502	5901	5280	3067	348	6600
1359	1490	1548	1655	1372	1067	155	6610
2359	2995	3636	3884	3536	1625	158	6620
205	270	318	362	372	375	35	6690
7836	9824	11929	12686	11093	7698	613	6700
6443	8058	9776	10298	8780	5839	460	6710
525	679	805	920	870	662	44	6720
380	464	581	660	634	323	25	6730
488	623	767	808	809	874	84	6790
1954	**2632**	**3191**	**4200**	**4489**	**7402**	**404**	J
216	426	507	597	546	1258	52	6800
90	7	5	2	3	35	1	6810
115	396	467	558	490	880	39	6820
11	23	35	37	53	343	12	6890
49	43	66	109	125	344	23	6900
2	1	6	4	3	31	1	6910
32	29	34	39	57	145	14	6920
9	8	15	48	40	100	6	6930
6	5	11	18	25	68	2	6940
961	1083	1172	1403	1478	1274	56	7000
224	200	231	400	592	608	22	7010
332	511	554	567	546	379	18	7020
405	372	387	436	340	287	16	7030
728	1080	1446	2091	2340	4526	273	7100
61	76	113	100	152	612	34	7110
7	10	14	30	19	114	4	7120
29	27	44	54	57	221	10	7130
	1	3	84	251	123	2	7140
121	391	416	625	318	494	45	7150
510	575	856	1198	1543	2962	178	7190

行业中类	代码	2001年	2002年	2003年
房地产业	K	**13142**	**15049**	**18296**
房地产业	7200	13142	15049	18296
房地产开发经营	7210	6081	6501	7590
物业管理	7220	3684	4363	5429
房地产中介服务	7230	1850	2150	3004
其他房地产活动	7290	1527	2035	2273
租赁和商务服务业	L	**22623**	**24604**	**32553**
租赁业	7300	1011	1126	1395
机械设备租赁	7310	967	1061	1305
文化及日用品出租	7320	44	65	90
商务服务业	7400	21612	23478	31158
企业管理服务	7410	3962	4561	5713
法律服务	7420	2300	1554	1392
咨询与调查	7430	4955	5975	8317
广告业	7440	3796	4231	5718
知识产权服务	7450	220	239	551
职业中介服务	7460	1003	1185	1704
市场管理	7470	1260	1366	1654
旅行社	7480	1566	1414	1941
其他商务服务	7490	2550	2953	4168
科学研究、技术服务和地质勘查业	M	**10382**	**11761**	**14238**
研究与试验发展	7500	1127	1127	1364
自然科学研究与试验发展	7510	119	102	118
工程和技术研究与试验发展	7520	438	517	666
农业科学研究与试验发展	7530	240	223	233
医学研究与试验发展	7540	282	232	290
社会人文科学研究与试验发展	7550	48	53	57
专业技术服务业	7600	5292	6153	7586
气象服务	7610	115	141	156
地震服务	7620	35	64	60
海洋服务	7630	16	12	16
测绘服务	7640	212	270	388
技术检测	7650	683	733	970

单位：个

2004年	2005年	2006年	2007年	2008年	2009年	开业时间不详	代码
18686	**20346**	**23912**	**25776**	**17303**	**25122**	**4421**	K
18686	20346	23912	25776	17303	25122	4421	7200
7105	8157	9584	10391	5764	10429	2393	7210
5680	6150	6862	6761	5291	6958	885	7220
3536	3767	4797	5883	4334	6128	466	7230
2365	2272	2669	2741	1914	1607	677	7290
37507	**45876**	**51744**	**55786**	**54063**	**71634**	**6364**	L
1630	2066	2498	2748	2609	4510	265	7300
1557	1952	2413	2663	2533	4388	261	7310
73	114	85	85	76	122	4	7320
35877	43810	49246	53038	51454	67124	6099	7400
5593	7293	8188	9265	9351	13016	1517	7410
1284	1326	1339	1225	949	749	43	7420
10719	13752	15001	16908	17262	21379	2100	7430
7237	8677	10456	11435	10523	13262	933	7440
513	471	507	446	462	447	21	7450
2020	2273	2622	2926	3011	3133	229	7460
1406	1630	1410	1275	1134	1140	139	7470
2081	2332	2455	2301	1811	2024	196	7480
5024	6056	7268	7257	6951	11974	921	7490
15086	**18528**	**20053**	**20813**	**19687**	**24171**	**2817**	M
1522	1868	2304	2381	2378	4198	360	7500
140	184	206	187	230	613	42	7510
725	923	1257	1391	1369	2434	177	7520
223	283	351	313	287	524	65	7530
358	411	413	406	419	561	73	7540
76	67	77	84	73	66	3	7550
8114	9337	10046	9628	8367	10522	1233	7600
130	125	160	102	60	309	2	7610
57	56	58	42	42	26		7620
14	19	13	11	17	29	3	7630
381	412	381	314	224	350	34	7640
1004	1178	1448	1145	840	926	76	7650

行业中类	代码	2001年	2002年	2003年
环境监测	7660	114	163	184
工程技术与规划管理	7670	2778	3215	3670
其他专业技术服务	7690	1339	1555	2142
科技交流和推广服务业	7700	3801	4338	5112
技术推广服务	7710	3028	3506	3997
科技中介服务	7720	386	390	512
其他科技服务	7790	387	442	603
地质勘查业	7800	162	143	176
矿产地质勘查	7810	60	50	70
基础地质勘查	7820	30	35	41
地质勘查技术服务	7830	72	58	65
水利、环境和公共设施管理业	**N**	**2611**	**2965**	**3457**
水利管理业	7900	617	665	618
防洪管理	7910	92	93	88
水资源管理	7920	286	262	261
其他水利管理	7990	239	310	269
环境管理业	8000	657	727	872
自然保护	8010	119	110	123
环境治理	8020	538	617	749
公共设施管理业	8100	1337	1573	1967
市政公共设施管理	8110	263	271	346
城市绿化管理	8120	669	835	1003
游览景区管理	8130	405	467	618
居民服务和其他服务业	**O**	**6679**	**7579**	**9887**
居民服务业	8200	3354	3948	5033
家庭服务	8210	173	190	305
托儿所	8220	88	95	97
洗染服务	8230	128	194	167
理发及美容保健服务	8240	810	1153	1451
洗浴服务	8250	575	688	1015
婚姻服务	8260	144	201	229
殡葬服务	8270	230	191	264
摄影扩印服务	8280	462	464	486
其他居民服务	8290	744	772	1019
其他服务业	8300	3325	3631	4854
修理与维护	8310	1946	2044	2757
清洁服务	8320	542	656	862
其他未列明的服务	8390	837	931	1235

单位：个

2004年	2005年	2006年	2007年	2008年	2009年	开业时间不详	代码
174	192	200	225	206	221	16	7660
3925	4363	4478	4214	3483	3461	417	7670
2429	2992	3308	3575	3495	5200	685	7690
5230	7046	7382	8428	8537	9121	1181	7700
4005	5214	5710	6445	6861	6561	977	7710
534	604	748	879	772	645	70	7720
691	1228	924	1104	904	1915	134	7790
220	277	321	376	405	330	43	7800
97	136	160	201	207	136	32	7810
34	27	44	25	31	43		7820
89	114	117	150	167	151	11	7830
3143	**3501**	**3587**	**3506**	**3311**	**3797**	**562**	**N**
504	654	608	501	554	427	40	7900
62	80	62	50	39	41	4	7910
222	314	315	267	241	209	25	7920
220	260	231	184	274	177	11	7990
800	880	885	853	927	1050	138	8000
115	104	110	97	70	79	12	8010
685	776	775	756	857	971	126	8020
1839	1967	2094	2152	1830	2320	384	8100
352	360	370	377	297	406	33	8110
947	1005	1038	1001	889	1234	125	8120
540	602	686	774	644	680	226	8130
11204	**12881**	**15084**	**15430**	**13802**	**19928**	**1074**	**O**
5633	6493	7359	7673	6836	6775	375	8200
454	507	585	611	664	1020	46	8210
105	114	110	93	165	96	5	8220
206	220	259	264	224	161	16	8230
1570	2035	2327	2297	2078	1003	70	8240
1089	1122	1274	1248	987	506	31	8250
300	360	484	595	504	492	30	8260
265	225	200	192	166	138	20	8270
553	677	686	676	584	480	31	8280
1091	1233	1434	1697	1464	2879	126	8290
5571	6388	7725	7757	6966	13153	699	8300
3031	3426	4171	3799	3242	3590	205	8310
990	1147	1518	1834	1665	2167	122	8320
1550	1815	2036	2124	2059	7396	372	8390

行业中类	代码	2001年	2002年	2003年
教育	P	**11500**	**12384**	**13889**
教育	8400	11500	12384	13889
学前教育	8410	4370	4675	4989
初等教育	8420	2035	2164	2729
中等教育	8430	1624	1590	1766
高等教育	8440	229	237	220
其他教育	8490	3242	3718	4185
卫生、社会保障和社会福利业	Q	**7464**	**7466**	**8847**
卫生	8500	5886	5794	6240
医院	8510	482	712	857
卫生院及社区医疗活动	8520	1126	1058	979
门诊部医疗活动	8530	3350	2859	3263
计划生育技术服务活动	8540	434	462	384
妇幼保健活动	8550	29	30	32
专科疾病防治活动	8560	78	71	86
疾病预防控制及防疫活动	8570	219	398	423
其他卫生活动	8590	168	204	216
社会保障业	8600	701	753	1453
社会福利业	8700	877	919	1154
提供住宿的社会福利	8710	677	648	832
不提供住宿的社会福利	8720	200	271	322
文化、体育和娱乐业	R	**3318**	**3784**	**4742**
新闻出版业	8800	278	261	331
新闻业	8810	45	36	50
出版业	8820	233	225	281
广播、电视、电影和音像业	8900	491	676	616
广播	8910	124	211	106
电视	8920	189	258	260
电影	8930	105	123	160
音像制作	8940	73	84	90
文化艺术业	9000	1256	1343	1665
文艺创作与表演	9010	219	223	308

单位：个

2004年	2005年	2006年	2007年	2008年	2009年	开业时间不详	代码
13555	**15064**	**14567**	**12309**	**9818**	**5740**	**363**	P
13555	15064	14567	12309	9818	5740	363	8400
4577	5045	4939	3906	3361	1227	46	8410
2286	1963	1703	1324	977	384	11	8420
1761	1665	1592	1277	949	625	21	8430
222	175	148	134	107	74	6	8440
4709	6216	6185	5668	4424	3430	279	8490
8085	**9802**	**9993**	**8885**	**6711**	**2443**	**153**	Q
6155	7814	7784	6389	4934	1648	103	8500
1054	1218	1198	899	828	534	35	8510
1237	1307	1445	1553	1252	405	20	8520
2795	3940	3959	3015	2238	356	26	8530
342	524	411	230	192	73	7	8540
42	46	28	28	29	23	1	8550
62	106	100	73	75	25		8560
353	360	303	255	121	56	1	8570
270	313	340	336	199	176	13	8590
799	723	874	826	571	190	10	8600
1131	1265	1335	1670	1206	605	40	8700
847	925	1000	1016	825	292	29	8710
284	340	335	654	381	313	11	8720
5083	**6341**	**7069**	**7146**	**6162**	**6201**	**654**	R
392	351	292	261	212	246	23	8800
91	61	51	43	33	41	4	8810
301	290	241	218	179	205	19	8820
690	821	810	744	617	617	62	8900
101	134	76	59	80	78	3	8910
263	291	298	244	132	152	15	8920
194	222	250	260	248	207	25	8930
132	174	186	181	157	180	19	8940
1614	2089	2264	2320	2045	2373	339	9000
291	326	388	396	370	426	44	9010

行业中类	代码	2001年	2002年	2003年
艺术表演场馆	9020	30	20	30
图书馆与档案馆	9030	79	89	75
文物及文化保护	9040	83	88	97
博物馆	9050	55	54	67
烈士陵园、纪念馆	9060	31	16	21
群众文化活动	9070	442	501	590
文化艺术经纪代理	9080	119	133	209
其他文化艺术	9090	198	219	268
体育	9100	391	441	543
体育组织	9110	239	257	334
体育场馆	9120	69	81	100
其他体育	9190	83	103	109
娱乐业	9200	902	1063	1587
室内娱乐活动	9210	489	552	921
游乐园	9220	31	43	47
休闲健身娱乐活动	9230	264	324	481
其他娱乐活动	9290	118	144	138
公共管理和社会组织	**S**	**50000**	**50665**	**40774**
中国共产党机关	9300	1090	1181	630
国家机构	9400	17452	21302	14724
国家权力机构	9410	152	168	110
国家行政机构	9420	17055	20859	14395
人民法院和人民检察院	9430	65	67	78
其他国家机构	9490	180	208	141
人民政协和民主党派	9500	114	101	99
人民政协	9510	32	39	33
民主党派	9520	82	62	66
群众团体、社会团体和宗教组织	9600	9598	10442	11666
群众团体	9610	708	857	761
社会团体	9620	6979	7955	9317
宗教组织	9630	1911	1630	1588
基层群众自治组织	9700	21746	17639	13655
社区自治组织	9710	9144	10057	6609
村民自治组织	9720	12602	7582	7046

单位：个

2004年	2005年	2006年	2007年	2008年	2009年	开业时间不详	代码
40	36	64	46	40	49	5	9020
61	82	56	58	51	38	1	9030
84	82	89	98	72	58	7	9040
71	64	81	76	95	54	8	9050
18	18	19	20	18	21	1	9060
474	724	713	508	367	299	34	9070
245	341	404	419	378	374	43	9080
330	416	450	699	654	1054	196	9090
550	625	624	662	568	550	46	9100
333	381	389	398	352	259	14	9110
102	109	90	112	84	91	7	9120
115	135	145	152	132	200	25	9190
1837	2455	3079	3159	2720	2415	184	9200
1070	1458	1839	1906	1563	1284	64	9210
65	55	46	77	79	82	15	9220
547	730	920	888	851	585	66	9230
155	212	274	288	227	464	39	9290
40200	**41331**	**36836**	**38660**	**25755**	**15743**	**77365**	S
419	425	324	290	157	55	2646	9300
12801	15174	11458	10332	7139	3764	22187	9400
85	131	54	57	35	39	542	9410
12552	14857	11236	10110	6996	3628	20995	9420
40	39	44	46	20	12	354	9430
124	147	124	119	88	85	296	9490
72	77	46	41	19	8	260	9500
18	44	10	18	7	5	171	9510
54	33	36	23	12	3	89	9520
12469	15195	16834	17284	12013	11362	364	9600
712	902	928	1003	881	843	31	9610
10442	13088	14560	15414	10620	10433	320	9620
1315	1205	1346	867	512	86	13	9630
14439	10460	8174	10713	6427	554	51912	9700
4722	3561	2851	2747	2318	293	4186	9710
9717	6899	5323	7966	4109	261	47726	9720

1-9 按地区、开业(成立)

(2009年)

地 区	法人单位数	1949年及以前	1950-1977年	1978-1991年	1992-1995年	1996年	1997年	1998年	1999年
全 国	**8003868**	**87165**	**477580**	**828935**	**389542**	**124667**	**125528**	**220261**	**202782**
北 京	374647	878	4547	18521	20144	5653	6382	9835	11626
天 津	147164	892	3042	9192	7904	2418	2484	3503	3772
河 北	328608	19010	28568	41801	12351	5473	4733	8160	7378
山 西	195104	5064	22594	30341	6765	2150	2373	4600	3650
内蒙古	128774	1417	13292	13506	3798	1615	1645	2752	2535
辽 宁	345704	2776	16413	33731	17169	4966	5269	8899	10165
吉 林	131963	1708	12735	15941	5041	1951	1581	3787	3212
黑龙江	164232	2266	15252	19332	6295	2348	2224	4229	4059
上 海	362553	650	3103	12589	22511	6464	7291	9950	10219
江 苏	718516	2513	16604	44189	29435	9764	10307	32419	16479
浙 江	622940	5197	14546	45996	30710	10217	10784	15801	17416
安 徽	227055	1914	13761	20543	11601	3977	3529	4898	4447
福 建	271175	2708	13831	31529	15172	4984	5379	6945	6901
江 西	167772	1862	17107	28001	6762	2296	2058	3760	3287
山 东	674911	5528	23886	90637	22919	8561	8458	16840	16207
河 南	385806	5104	31922	57184	18825	7092	6619	11540	9809
湖 北	328068	2625	22023	41749	13409	5522	4510	8181	7340
湖 南	277061	1772	16474	26830	11681	3535	3585	10154	5000
广 东	716720	4374	23832	41678	43231	11077	12623	19220	29353
广 西	180744	2971	21109	23945	12072	4547	3284	3286	3172
海 南	31128	171	4200	2776	2169	473	447	619	700
重 庆	156504	1112	6276	9451	7687	2225	2915	4903	3402
四 川	339035	2919	42814	47057	21679	5201	5197	8849	7176
贵 州	102937	1449	9339	14774	14734	1146	1328	1889	1785
云 南	149157	1223	13066	17490	5996	2231	2404	3231	3634
西 藏	15841	554	3129	4937	857	691	191	338	413
陕 西	204938	3543	28485	34219	8935	4768	4772	5974	4592
甘 肃	101839	2465	15656	23285	4139	1448	1349	2362	1884
青 海	25877	588	4485	6168	909	277	257	517	446
宁 夏	33433	320	2999	5499	1279	537	448	863	691
新 疆	93662	1592	12490	16044	3363	1060	1102	1957	2032

时间分组的法人单位数

单位：个

2000年	2001年	2002年	2003年	2004年	2005年	2006年	2007年	2008年	2009年	开业时间不详
313020	**380312**	**416964**	**496553**	**517512**	**585536**	**675004**	**676126**	**559073**	**765165**	**162143**
17148	23805	25804	32144	36092	38932	35561	36426	29944	16270	4935
5675	7739	7520	9870	10317	11859	14383	14065	14529	16486	1514
12556	13738	15397	16563	17247	19742	23963	21554	19579	34794	6001
5713	6553	8192	8759	8989	10436	12688	13181	11647	22504	8905
4884	5409	5873	6447	7375	9457	12521	11758	8786	14192	1512
13789	15348	17711	21318	23625	27342	31629	32322	27644	29098	6490
6325	7421	6479	7868	8123	10959	12437	11223	6668	7996	508
7476	9661	8064	9202	9942	10831	12517	12849	8928	17887	870
15465	19191	24573	30965	36039	40748	36706	31092	25816	25987	3194
30632	43155	45068	53080	51081	55575	70264	70583	51417	83597	2354
25768	31179	38712	43787	42594	45878	59147	62874	56585	58920	6829
7879	8401	10440	12454	14999	16802	21765	23682	22324	21596	2043
9097	10094	12376	15783	16236	17893	20714	21493	21037	32604	6399
5666	7408	7913	9951	9107	10665	13139	11892	8116	16907	1875
29762	37669	36409	44270	43443	50220	58630	53268	36612	82579	9013
16082	17490	17944	21628	21225	28640	30197	28619	20973	21609	13304
13999	15959	16403	18619	20742	24337	27431	25058	20059	38169	1933
9522	13043	11715	14861	15416	19093	21096	17584	11465	15223	49012
25236	30468	36016	43743	48192	53629	64938	67226	60947	86629	14308
4367	5238	8915	8863	7988	10544	10919	12100	12488	23828	1108
852	1287	1403	1838	1952	2245	2704	2920	2483	1585	304
5998	9582	8667	10517	11038	10953	12840	20257	13060	14633	988
11430	14509	14481	19837	19494	20661	22641	25156	22443	19800	7691
2580	3441	4190	5442	6180	5362	6261	8125	6448	6548	1916
10571	4824	5758	7208	7532	8213	10179	10123	10971	21236	3267
223	176	771	308	342	386	341	372	422	420	970
6973	8524	8829	9168	9094	10180	12510	12590	11174	19124	1484
2695	3568	4334	4415	4664	5011	5503	5856	5129	5706	2370
810	1053	1148	1130	1091	1132	1308	1519	1427	1366	246
1068	1008	1418	2035	2122	2158	2421	2387	2503	3390	287
2779	3371	4441	4480	5231	5653	7651	7972	7449	4482	513

1-10 按地区分组的法人单位数

单位：个

地　区	法人单位数(2009年)	#多产业法人单位	法人单位数(2008年)	#多产业法人单位
全　国	**8003868**	**400372**	**7098765**	**360523**
北　京	374647	19330	267869	15069
天　津	147164	4294	145411	3287
河　北	328608	10475	278581	9429
山　西	195104	23533	160748	18488
内蒙古	128774	6465	113568	6240
辽　宁	345704	10183	315408	9687
吉　林	131963	3981	124427	3901
黑龙江	164232	9233	150273	9054
上　海	362553	15317	360466	15111
江　苏	718516	16939	630836	15677
浙　江	622940	24981	560177	23506
安　徽	227055	13355	205275	13087
福　建	271175	21611	232603	17214
江　西	167772	8328	147815	7773
山　东	674911	24047	603846	22945
河　南	385806	16096	351074	10599
湖　北	328068	21425	293352	20688
湖　南	277061	13110	258434	12684
广　东	716720	35808	617659	30214
广　西	180744	15355	154748	14064
海　南	31128	1874	29411	1742
重　庆	156504	10837	139074	10431
四　川	339035	19063	310270	18593
贵　州	102937	7388	94296	6676
云　南	149157	13450	122667	12653
西　藏	15841	1206	15324	1191
陕　西	204938	12368	178971	11946
甘　肃	101839	9963	94361	8723
青　海	25877	2545	24394	2469
宁　夏	33433	1541	29312	1368
新　疆	93662	6271	88115	6014

1-11 农、林、牧、渔业按地区分组的法人单位数

单位：个

地区	法人单位数(2009年)	#多产业法人单位	法人单位数(2008年)	#多产业法人单位
全国	**184764**	**17701**	**2023**	**1417**
北京			31	31
天津	1312	92		
河北	9226	18	10	10
山西	20438	4870	15	15
内蒙古	4415	95	64	64
辽宁	8822	54	43	43
吉林	3894	61	24	24
黑龙江	3312	249	208	208
上海	2248	27	19	19
江苏	10489	107	19	19
浙江	16539	253	85	85
安徽	2527	48	52	52
福建	8177	3052	31	31
江西	4929	337	34	34
山东	9195	173		
河南	13388	5072	52	15
湖北	5835	56	24	24
湖南	5536	27	3	3
广东	12794	351	52	50
广西	2630	153	210	87
海南	635	104	104	104
重庆	6862	106	54	54
四川	10043	136	28	28
贵州	2228	504	85	15
云南	7075	189	127	127
西藏	14	2	1	1
陕西	5539	134	14	14
甘肃	2603	1032	265	22
青海	564	76	158	27
宁夏	1057	82	8	8
新疆	2438	241	203	203

1-12 采矿业按地区分组的法人单位数

单位：个

地 区	法人单位数(2009年)	#多产业法人单位	法人单位数(2008年)	#多产业法人单位
全 国	**103403**	**1813**	**97315**	**1706**
北 京	299	12	142	8
天 津	70	9	99	7
河 北	8595	117	7794	93
山 西	8213	143	7969	139
内蒙古	4478	79	4174	74
辽 宁	5692	59	5522	64
吉 林	1880	18	1877	17
黑龙江	2343	58	2287	56
上 海	2	1	1	1
江 苏	1229	20	1145	21
浙 江	1547	19	1529	21
安 徽	3347	54	3162	52
福 建	2711	32	2466	29
江 西	3986	37	3703	35
山 东	4744	90	4581	91
河 南	7801	45	7454	43
湖 北	5083	110	4862	113
湖 南	8137	80	7919	78
广 东	2614	50	2330	29
广 西	2716	82	2258	73
海 南	233	2	223	3
重 庆	3380	140	3389	130
四 川	5654	219	5436	227
贵 州	4613	36	4285	38
云 南	5115	157	4681	130
西 藏	114	6	101	5
陕 西	4186	37	3643	34
甘 肃	1721	28	1570	25
青 海	556	19	521	19
宁 夏	596	6	567	5
新 疆	1748	48	1625	46

1-13 制造业按地区分组的法人单位数

单位：个

地 区	法人单位数(2009年)	#多产业法人单位	法人单位数(2008年)	#多产业法人单位
全 国	**1959254**	**30994**	**1818370**	**25895**
北 京	35985	1642	28785	1337
天 津	39874	977	41354	893
河 北	88616	659	78240	383
山 西	24207	489	22410	461
内蒙古	16404	352	15279	314
辽 宁	85931	886	82603	755
吉 林	25154	162	24865	112
黑龙江	29888	479	29131	446
上 海	81131	2169	80736	1973
江 苏	287932	2237	265261	1728
浙 江	257424	5953	242892	5537
安 徽	57819	632	52886	571
福 建	68744	795	61938	521
江 西	38236	254	34665	205
山 东	190092	2389	175986	2174
河 南	110886	366	105315	291
湖 北	58560	936	54633	854
湖 南	57981	340	55536	262
广 东	216698	4723	191810	3095
广 西	22156	741	19683	568
海 南	2426	46	2325	48
重 庆	29265	908	28221	821
四 川	52426	992	49258	959
贵 州	9723	248	8893	218
云 南	15448	701	13922	601
西 藏	345	27	309	27
陕 西	30388	285	27644	242
甘 肃	11264	294	10550	243
青 海	2231	71	2077	67
宁 夏	4207	53	3810	34
新 疆	7813	188	7353	155

1-14 电力、燃气及水的生产和供应业按地区分组的法人单位数

单位：个

地 区	法人单位数(2009年)	#多产业法人单位	法人单位数(2008年)	#多产业法人单位
全 国	**62038**	**3426**	**57923**	**3272**
北 京	408	33	359	34
天 津	334	21	307	14
河 北	1218	85	977	80
山 西	904	64	770	59
内蒙古	1130	113	986	105
辽 宁	1636	117	1488	122
吉 林	1166	72	1094	70
黑龙江	1004	136	869	133
上 海	280	21	262	13
江 苏	3313	70	3218	66
浙 江	3941	199	3884	196
安 徽	2041	119	1935	116
福 建	6060	140	5871	130
江 西	3668	130	3422	129
山 东	1843	167	1569	153
河 南	1462	102	1367	98
湖 北	2679	191	2517	195
湖 南	4618	123	4423	123
广 东	7651	283	7182	245
广 西	2508	236	2271	228
海 南	268	3	263	6
重 庆	1967	148	1870	146
四 川	5542	278	5288	277
贵 州	1180	118	1123	119
云 南	1901	207	1670	173
西 藏	91	17	80	17
陕 西	1261	50	1091	48
甘 肃	949	115	863	111
青 海	248	11	231	11
宁 夏	173	10	138	7
新 疆	594	47	535	48

1-15 建筑业按地区分组的法人单位数

单位：个

地区	法人单位数(2009年)	#多产业法人单位	法人单位数(2008年)	#多产业法人单位
全国	**261694**	**10010**	**226768**	**7324**
北京	11885	867	9163	693
天津	6110	194	5466	120
河北	6829	232	5164	129
山西	4979	199	4203	180
内蒙古	3591	133	3106	119
辽宁	16510	474	14959	426
吉林	4347	51	4092	38
黑龙江	6341	266	5821	239
上海	18938	497	19312	442
江苏	29516	850	25046	629
浙江	15120	1264	12936	1103
安徽	10477	240	9197	186
福建	7438	527	5983	167
江西	3692	130	3027	39
山东	27423	401	23740	284
河南	10365	177	9083	68
湖北	14828	307	12453	191
湖南	6252	168	5559	72
广东	17339	1077	14457	635
广西	3130	242	2329	171
海南	1744	28	1718	12
重庆	6331	254	5565	191
四川	8744	452	7864	398
贵州	1868	133	1591	109
云南	4721	221	3725	151
西藏	337	5	251	3
陕西	6934	151	5530	106
甘肃	2241	148	2058	126
青海	745	51	721	47
宁夏	1046	61	886	55
新疆	1873	210	1763	195

1-16 交通运输、仓储和邮政业按地区分组的法人单位数

单位：个

地 区	法人单位数(2009年)	#多产业法人单位	法人单位数(2008年)	#多产业法人单位
全 国	**175914**	**8896**	**157589**	**7490**
北 京	7715	541	6002	412
天 津	6435	159	7416	49
河 北	6122	131	4967	104
山 西	3560	164	2964	162
内蒙古	3525	178	3212	165
辽 宁	9603	286	8958	222
吉 林	2979	75	2901	69
黑龙江	3460	143	3124	138
上 海	13410	765	13330	457
江 苏	15236	405	13813	359
浙 江	11331	831	10251	791
安 徽	5747	299	5015	285
福 建	6582	327	5763	255
江 西	4021	134	3344	131
山 东	14790	314	13025	242
河 南	5422	144	4885	138
湖 北	7032	307	6009	278
湖 南	3972	146	3664	140
广 东	17231	1454	14804	1174
广 西	3929	371	3178	323
海 南	666	66	632	53
重 庆	4149	298	3691	263
四 川	6420	422	5835	401
贵 州	1397	114	1210	109
云 南	2635	234	2206	218
西 藏	168	25	161	26
陕 西	3635	164	2930	142
甘 肃	1460	125	1323	121
青 海	432	62	409	62
宁 夏	531	34	444	30
新 疆	2319	178	2123	171

1-17 信息传输、计算机服务和软件业按地区分组的法人单位数

单位：个

地 区	法人单位数(2009年)	#多产业法人单位	法人单位数(2008年)	#多产业法人单位
全 国	**176326**	**4847**	**153290**	**3866**
北 京	20987	944	15775	598
天 津	2072	35	1843	12
河 北	4773	74	3993	54
山 西	3088	80	2603	76
内蒙古	1913	83	1630	79
辽 宁	7777	131	6330	109
吉 林	1837	70	1668	72
黑龙江	2690	89	2214	88
上 海	10989	431	10745	322
江 苏	13174	204	11692	165
浙 江	13166	285	11514	264
安 徽	5427	69	4880	60
福 建	5775	114	4949	90
江 西	1711	71	1310	70
山 东	12911	189	11451	163
河 南	5001	72	4631	73
湖 北	7043	135	6024	128
湖 南	7725	80	7213	70
广 东	16479	764	14467	554
广 西	5610	133	5040	102
海 南	792	19	715	13
重 庆	3668	150	3269	132
四 川	8802	175	8384	158
贵 州	1889	50	1699	48
云 南	3278	93	2526	83
西 藏	157	22	141	21
陕 西	3600	71	2822	54
甘 肃	922	61	804	62
青 海	383	36	358	36
宁 夏	677	21	621	17
新 疆	2010	96	1979	93

1-18 批发和零售业按地区分组的法人单位数

单位：个

地　区	法人单位数(2009年)	#多产业法人单位	法人单位数(2008年)	#多产业法人单位
全　国	**1670315**	**65353**	**1403141**	**59536**
北　京	113263	6707	85050	5396
天　津	43702	783	44056	455
河　北	64573	1526	46879	1182
山　西	35126	1811	28977	1751
内蒙古	27710	862	23379	811
辽　宁	80425	1561	72700	1439
吉　林	31202	405	29534	401
黑龙江	39512	1261	33775	1228
上　海	116462	6853	118526	7128
江　苏	169042	5324	134732	5217
浙　江	112898	6172	97126	5845
安　徽	37307	1805	31128	1758
福　建	53092	2383	42037	2080
江　西	20410	526	15765	498
山　东	154520	2605	129114	2389
河　南	54469	1772	47473	1725
湖　北	68643	1912	58526	1788
湖　南	32058	582	27809	539
广　东	172071	7384	141359	6198
广　西	33174	2843	21560	2304
海　南	6011	334	5630	291
重　庆	31087	1733	27425	1580
四　川	46364	2372	39561	2285
贵　州	13607	799	11236	700
云　南	30430	1785	20283	1549
西　藏	886	67	668	63
陕　西	35657	771	27687	692
甘　肃	16361	893	14040	826
青　海	3421	222	2878	215
宁　夏	6994	210	5682	170
新　疆	19838	1090	18546	1033

1-19 住宿和餐饮业按地区分组的法人单位数

单位：个

地 区	法人单位数(2009年)	#多产业法人单位	法人单位数(2008年)	#多产业法人单位
全 国	**154895**	**7058**	**145297**	**6577**
北 京	13195	1165	10667	983
天 津	2950	100	3844	72
河 北	4372	122	3947	107
山 西	3183	107	2866	101
内蒙古	3250	113	3047	104
辽 宁	5989	160	5658	150
吉 林	2413	35	2467	39
黑龙江	2334	69	2330	72
上 海	9464	601	9281	637
江 苏	9012	351	8366	336
浙 江	6958	1126	6426	1130
安 徽	4355	185	4025	174
福 建	4347	161	3695	134
江 西	3243	35	2955	33
山 东	14021	244	13190	222
河 南	9212	193	8809	190
湖 北	7794	189	7877	169
湖 南	6707	78	6547	76
广 东	14257	815	13309	722
广 西	2378	146	2152	144
海 南	1066	56	1033	55
重 庆	4407	215	4142	190
四 川	6060	276	5696	268
贵 州	1366	35	1251	30
云 南	2672	166	2531	154
西 藏	294	4	281	4
陕 西	5488	94	4964	71
甘 肃	1943	107	1884	101
青 海	550	27	517	27
宁 夏	561	15	493	13
新 疆	1054	68	1047	69

1-20 金融业按地区分组的法人单位数

单位：个

地区	法人单位数(2009年)	#多产业法人单位	法人单位数(2008年)	#多产业法人单位
全国	**36907**	**11359**	**28668**	**10951**
北京	1159	237	1025	163
天津	702	254	580	239
河北	1443	435	880	418
山西	993	343	731	341
内蒙古	1345	362	983	355
辽宁	1735	483	1410	481
吉林	744	270	671	269
黑龙江	1111	358	938	360
上海	817	210	707	175
江苏	2763	560	2310	553
浙江	2168	629	1961	614
安徽	1524	413	1151	405
福建	1963	365	1164	337
江西	913	331	556	322
山东	2588	705	1795	684
河南	1466	513	1076	505
湖北	1330	408	1074	392
湖南	1040	427	848	416
广东	2625	871	1969	824
广西	938	367	636	359
海南	211	61	200	56
重庆	1053	316	909	302
四川	1687	624	1503	620
贵州	647	237	521	233
云南	1158	431	772	406
西藏	109	64	105	64
陕西	1018	352	698	342
甘肃	583	283	525	272
青海	186	88	175	87
宁夏	241	70	190	68
新疆	647	292	605	289

1-21 房地产业按地区分组的法人单位数

单位：个

地 区	法人单位数(2009年)	#多产业法人单位	法人单位数(2008年)	#多产业法人单位
全 国	**244043**	**11404**	**214391**	**9869**
北 京	13935	1392	10955	1194
天 津	4303	236	3825	182
河 北	7165	166	5523	98
山 西	4286	124	3886	107
内蒙古	4500	54	3905	46
辽 宁	12424	301	11379	290
吉 林	3537	21	3361	18
黑龙江	4940	168	4426	159
上 海	12128	770	11850	835
江 苏	18651	725	16970	669
浙 江	14531	1141	13267	1035
安 徽	7977	292	7130	269
福 建	8672	555	7725	470
江 西	4843	74	4170	56
山 东	16263	256	14013	206
河 南	7985	54	6765	35
湖 北	11468	328	10122	284
湖 南	6946	57	6004	43
广 东	32983	2645	28526	2192
广 西	7084	346	5628	205
海 南	2879	82	2763	58
重 庆	6024	435	5363	368
四 川	9358	481	8426	470
贵 州	4046	127	3722	113
云 南	5174	226	4298	151
西 藏	106		94	
陕 西	5112	73	4111	67
甘 肃	2268	70	2062	62
青 海	741	41	713	41
宁 夏	886	16	778	10
新 疆	2828	148	2631	136

1-22 租赁和商务服务业按地区分组的法人单位数

单位：个

地区	法人单位数(2009年)	#多产业法人单位	法人单位数(2008年)	#多产业法人单位
全国	**511666**	**12940**	**427001**	**10899**
北京	69420	1945	44997	1324
天津	11299	170	9546	90
河北	10000	214	7816	164
山西	7580	275	6615	259
内蒙古	6963	135	5776	119
辽宁	22526	286	20085	252
吉林	6655	65	6260	52
黑龙江	9124	184	8342	172
上海	43880	1402	43380	1370
江苏	38185	743	33041	660
浙江	43411	1286	37945	1155
安徽	10574	235	8806	215
福建	17485	405	13888	331
江西	5704	103	4568	90
山东	32470	382	26729	309
河南	11949	125	9821	114
湖北	18029	297	13630	262
湖南	9379	162	8165	146
广东	63854	2581	55996	2163
广西	12964	489	10535	403
海南	2872	99	2698	83
重庆	10629	199	8942	156
四川	15702	357	13675	321
贵州	4420	115	3652	95
云南	8281	248	6397	206
西藏	238	2	192	1
陕西	7451	94	5938	82
甘肃	3240	110	2911	103
青海	978	43	924	39
宁夏	1553	22	1238	17
新疆	4851	167	4493	146

1-23 科学研究、技术服务和地质勘查业按地区分组的法人单位数

单位：个

地区	法人单位数(2009年)	#多产业法人单位	法人单位数(2008年)	#多产业法人单位
全 国	**233221**	**7122**	**201689**	**5858**
北 京	32508	995	20452	666
天 津	5859	83	4971	36
河 北	5053	101	4140	72
山 西	4309	117	3957	114
内蒙古	3837	78	3588	70
辽 宁	11819	157	10705	134
吉 林	4355	47	4160	42
黑龙江	5670	162	5236	152
上 海	15096	397	14823	356
江 苏	14409	294	13009	252
浙 江	14259	570	12396	532
安 徽	4822	172	4341	163
福 建	7175	269	6279	206
江 西	3653	96	3294	90
山 东	13020	168	11477	128
河 南	5648	79	5266	62
湖 北	11242	320	9841	273
湖 南	6768	187	6378	167
广 东	20148	861	16717	615
广 西	7627	524	7141	453
海 南	1004	67	957	60
重 庆	3739	153	3502	135
四 川	10808	293	10348	247
贵 州	3063	90	2901	87
云 南	5222	372	4911	337
西 藏	164	16	145	15
陕 西	5055	105	4287	87
甘 肃	2095	116	1963	113
青 海	864	50	848	47
宁 夏	684	26	617	24
新 疆	3246	157	3039	123

1-24 水利、环境和公共设施管理业按地区分组的法人单位数

单位：个

地区	法人单位数(2009年)	#多产业法人单位	法人单位数(2008年)	#多产业法人单位
全国	**61740**	**2533**	**57553**	**2409**
北京	2323	78	1719	66
天津	1074	36	987	31
河北	1786	55	1514	51
山西	1863	68	1720	66
内蒙古	1676	75	1584	73
辽宁	2788	66	2642	61
吉林	1303	23	1276	23
黑龙江	1563	72	1516	69
上海	1931	43	1906	42
江苏	5175	97	4935	93
浙江	3826	189	3580	183
安徽	1781	140	1654	140
福建	2128	88	1953	86
江西	1532	53	1404	49
山东	3442	125	3169	112
河南	2352	49	2206	46
湖北	3860	180	3760	171
湖南	2813	110	2684	109
广东	4323	207	3979	180
广西	2227	126	2081	120
海南	296	20	286	22
重庆	1337	75	1203	72
四川	3150	108	3021	100
贵州	1075	38	1004	38
云南	1816	114	1764	115
西藏	39	3	34	3
陕西	1988	49	1788	48
甘肃	847	112	821	109
青海	286	12	282	12
宁夏	257	18	224	16
新疆	883	104	857	103

1-25 居民服务和其他服务业按地区分组的法人单位数

单位：个

地 区	法人单位数（2009年）	#多产业法人单位	法人单位数（2008年）	#多产业法人单位
全 国	**141936**	**3710**	**120467**	**3445**
北 京	14974	745	10239	593
天 津	5547	94	5566	65
河 北	3867	76	2814	60
山 西	3239	88	2685	84
内蒙古	2022	47	1601	44
辽 宁	6221	75	5711	64
吉 林	2257	17	2140	17
黑龙江	3298	48	3233	49
上 海	12303	470	12409	640
江 苏	10283	185	8560	177
浙 江	6330	294	5589	264
安 徽	3089	73	2647	65
福 建	4210	134	3433	123
江 西	2394	22	1929	21
山 东	11342	127	9351	116
河 南	4227	47	3700	45
湖 北	7722	91	6022	75
湖 南	4976	31	4445	29
广 东	14123	549	12140	468
广 西	2152	87	1607	67
海 南	529	18	499	17
重 庆	2862	84	2499	78
四 川	3834	84	3394	80
贵 州	1417	24	1145	20
云 南	2033	68	1566	61
西 藏	101	3	93	2
陕 西	3229	32	2465	29
甘 肃	1305	42	1158	42
青 海	250	9	215	7
宁 夏	451	6	366	6
新 疆	1349	40	1246	37

1-26 教育按地区分组的法人单位数

单位：个

地 区	法人单位数（2009年）	#多产业法人单位	法人单位数（2008年）	#多产业法人单位
全 国	**342003**	**33176**	**335065**	**32987**
北 京	8220	312	6242	254
天 津	3132	268	3130	255
河 北	19059	1150	18885	1150
山 西	9144	1092	9003	1093
内蒙古	5435	341	5296	349
辽 宁	11668	1057	11564	1052
吉 林	5699	670	5638	675
黑龙江	7558	703	7445	706
上 海	5244	115	5186	124
江 苏	14801	858	14470	839
浙 江	15997	1031	15711	1018
安 徽	13346	1642	13152	1642
福 建	11694	1039	11401	1036
江 西	10018	1362	9826	1360
山 东	20607	2027	20484	2027
河 南	22752	2007	22536	2010
湖 北	16918	2475	16788	2477
湖 南	14723	2118	14497	2051
广 东	29967	1398	29205	1358
广 西	16776	1211	16435	1213
海 南	2113	241	2092	238
重 庆	7612	1765	7393	1773
四 川	19612	2720	19476	2724
贵 州	9520	1309	9401	1307
云 南	7424	1387	7271	1378
西 藏	1039	272	1035	270
陕 西	15030	944	14779	945
甘 肃	9047	847	8974	843
青 海	1220	239	1185	245
宁 夏	1379	163	1344	163
新 疆	5249	413	5221	412

1-27 卫生、社会保障和社会福利业按地区分组的法人单位数

单位：个

地区	法人单位数(2009年)	#多产业法人单位	法人单位数(2008年)	#多产业法人单位
全国	**209016**	**13844**	**206480**	**13822**
北京	3014	224	2270	210
天津	1360	205	1505	202
河北	7237	310	7105	310
山西	5369	459	5292	459
内蒙古	4436	256	4379	256
辽宁	10201	334	10138	335
吉林	3620	134	3610	142
黑龙江	4793	502	4743	505
上海	2491	86	2412	89
江苏	9796	973	9660	974
浙江	7206	949	7104	949
安徽	7124	772	7048	772
福建	6084	368	5970	370
江西	7554	366	7448	364
山东	15714	1263	15637	1264
河南	26115	223	26057	223
湖北	12176	1150	12213	1153
湖南	8255	759	8136	741
广东	8587	870	8323	870
广西	6363	393	6207	390
海南	761	20	749	20
重庆	5880	600	5793	598
四川	14283	581	14255	581
贵州	3910	314	3852	313
云南	4252	846	4226	848
西藏	504	25	506	25
陕西	14267	240	14223	239
甘肃	3479	305	3461	304
青海	761	95	757	95
宁夏	801	45	791	45
新疆	2623	177	2610	176

1-28 文化、体育和娱乐业按地区分组的法人单位数

单位：个

地区	法人单位数（2009年）	#多产业法人单位	法人单位数（2008年）	#多产业法人单位
全国	**90891**	**2560**	**81878**	**2407**
北京	11456	352	7369	280
天津	1233	56	1181	49
河北	2207	55	1982	49
山西	2463	81	2299	80
内蒙古	1744	30	1602	27
辽宁	3660	67	3477	68
吉林	1793	23	1758	22
黑龙江	1760	56	1754	56
上海	3810	134	3692	161
江苏	5518	98	5187	93
浙江	5016	189	4703	177
安徽	2336	59	2177	57
福建	3503	119	3128	112
江西	2145	35	1939	34
山东	4559	108	4213	102
河南	3629	52	3492	52
湖北	4476	127	4191	127
湖南	4028	67	3687	65
广东	6367	282	5764	253
广西	2795	101	2600	96
海南	588	25	547	22
重庆	2050	59	1904	56
四川	4245	108	4342	106
贵州	1428	20	1369	19
云南	2381	86	2139	79
西藏	163		160	
陕西	2542	39	2328	34
甘肃	1168	51	1121	51
青海	380	20	373	20
宁夏	324	12	298	11
新疆	1124	49	1102	49

1-29 公共管理和社会组织按地区分组的法人单位数

单位：个

地 区	法人单位数（2009年）	#多产业法人单位	法人单位数（2008年）	#多产业法人单位
全 国	**1383842**	**151625**	**1363857**	**150793**
北 京	13901	1139	6627	827
天 津	9796	522	9735	516
河 北	76467	4949	75951	4915
山 西	52160	12959	51783	12941
内蒙古	30400	3079	29977	3066
辽 宁	40277	3629	40036	3620
吉 林	27128	1762	27031	1799
黑龙江	33531	4230	32881	4218
上 海	11929	325	11889	327
江 苏	59992	2838	59402	2827
浙 江	71272	2601	71278	2607
安 徽	45435	6106	44889	6105
福 建	45335	10738	44929	10706
江 西	45120	4232	44456	4213
山 东	125367	12314	124322	12279
河 南	81677	5004	81086	4866
湖 北	63350	11906	62786	11734
湖 南	85147	7568	84917	7554
广 东	56609	8643	55270	8589
广 西	43587	6764	43197	6758
海 南	6034	583	5977	581
重 庆	24202	3199	23940	3386
四 川	106301	8385	104480	8343
贵 州	35540	3077	35356	3065
云 南	38141	5919	37652	5886
西 藏	10972	646	10967	644
陕 西	52558	8683	52029	8670
甘 肃	38343	5224	38008	5187
青 海	11081	1373	11052	1365
宁 夏	11015	671	10817	669
新 疆	31175	2558	31137	2530

第二部分

企业法人单位综合资料

2-1 按行业(中类)、

(2009年)

行业中类	代码	企业单位数	北京	天津	河北	山西	内蒙古
总计	0000	**5782827**	**344424**	**128145**	**217724**	**117621**	**80746**
农、林、牧、渔业	A	**144278**		**1134**	**7408**	**17015**	**3115**
农业	0100	42769		361	1694	4650	861
谷物及其他作物的种植	0110	10957		111	480	1650	547
蔬菜、园艺作物的种植	0120	17795		217	812	1908	243
水果、坚果、饮料和香料作物的种植	0130	11976		33	340	862	42
中药材的种植	0140	2041			62	230	29
林业	0200	15286		68	641	1807	435
林木的培育和种植	0210	14125		68	625	1793	408
木材和竹材的采运	0220	627			6	7	20
林产品的采集	0230	534			10	7	7
畜牧业	0300	53683		376	3406	9084	1421
牲畜的饲养	0310	16919		172	1421	4128	971
猪的饲养	0320	20437		93	1096	2875	170
家禽的饲养	0330	12440		85	626	1570	193
狩猎和捕捉动物	0340	53			2	7	
其他畜牧业	0390	3834		26	261	504	87
渔业	0400	10963		214	145	187	45
海洋渔业	0410	3656		76	53	11	7
内陆渔业	0420	7307		138	92	176	38
农、林、牧、渔服务业	0500	21577		115	1522	1287	353
农业服务业	0510	17579		82	1251	1088	213
林业服务业	0520	911		9	51	64	23
畜牧服务业	0530	2066		13	145	124	107
渔业服务业	0540	1021		11	75	11	10
采矿业	B	**103390**	**299**	**70**	**8593**	**8213**	**4478**
煤炭开采和洗选业	0600	22935	82	4	863	4822	938
烟煤和无烟煤的开采洗选	0610	21724	81		819	4795	608
褐煤的开采洗选	0620	610		1	16	6	283
其他煤炭采选	0690	601	1	3	28	21	47
石油和天然气开采业	0700	1594	14	24	22	17	46
天然原油和天然气开采	0710	344	2	4	4	14	18
与石油和天然气开采有关的服务活动	0790	1250	12	20	18	3	28

地区分组的企业法人单位数

单位：个

辽宁	吉林	黑龙江	上海	江苏	浙江	安徽	福建	江西	山东	代码
271203	**89351**	**111580**	**339498**	**616227**	**507907**	**154438**	**196026**	**96336**	**495864**	0000
7067	**2941**	**2533**	**1991**	**8332**	**11562**	**1915**	**6922**	**3860**	**7333**	A
2026	662	742	1033	2857	5434	509	2516	1202	2223	0100
452	243	484	261	567	1279	128	456	368	557	0110
818	183	172	617	1717	1974	230	956	388	984	0120
599	56	43	150	539	1995	132	1046	402	637	0130
157	180	43	5	34	186	19	58	44	45	0140
542	397	423	347	624	851	174	972	734	455	0200
527	349	342	346	606	802	162	827	613	444	0210
12	42	66	1	11	29	4	128	100	3	0220
3	6	15		7	20	8	17	21	8	0230
2747	1446	980	269	2326	2168	870	1517	1162	2340	0300
888	514	480	84	518	332	178	282	326	705	0310
799	331	218	67	728	669	342	872	577	691	0320
808	346	156	75	881	817	296	258	166	706	0330
1	4	3	1	2	3		3	1	4	0340
251	251	123	42	197	347	54	102	92	234	0390
1016	130	86	166	1156	1751	185	1392	349	860	0400
750		7	15	234	712	5	579	4	731	0410
266	130	79	151	922	1039	180	813	345	129	0420
736	306	302	176	1369	1358	177	525	413	1455	0500
501	256	223	132	1065	1095	148	325	277	1152	0510
14	19	17	22	40	59	5	78	49	38	0520
141	28	54	11	125	115	18	28	56	196	0530
80	3	8	11	139	89	6	94	31	69	0540
5692	**1880**	**2343**	**2**	**1228**	**1547**	**3346**	**2710**	**3986**	**4739**	B
744	262	1283		48	14	240	301	752	585	0600
711	197	1241		43	2	217	287	714	549	0610
18	49	23		2		5		11	19	0620
15	16	19		3	12	18	14	27	17	0690
109	200	194	1	11		2	1	3	57	0700
6	105	13	1	5				1	27	0710
103	95	181		6		2	1	2	30	0790

2-1 续表 1

行业中类	代码	企业单位数	北京	天津	河北	山西	内蒙古
黑色金属矿采选业	0800	18352	23	7	4922	1530	1216
铁矿采选	0810	16335	21	6	4883	1506	1185
其他黑色金属矿采选	0890	2017	2	1	39	24	31
有色金属矿采选业	0900	11278	3	2	408	141	536
常用有色金属矿采选	0910	7903	3		116	114	386
贵金属矿采选	0920	2163		1	253	25	112
稀有稀土金属矿采选	0930	1212		1	39	2	38
非金属矿采选业	1000	48077	177	29	2353	1677	1661
土砂石开采	1010	40962	171	18	1895	1525	1353
化学矿采选	1020	1603			7	76	35
采盐	1030	857		8	118		12
石棉及其他非金属矿采选	1090	4655	6	3	333	76	261
其他采矿业	1100	1154		4	25	26	81
制造业	C	**1958982**	**35984**	**39874**	**88614**	**24207**	**16404**
农副食品加工业	1300	107220	995	944	5033	1879	2072
谷物磨制	1310	29469	64	102	1299	579	318
饲料加工	1320	12494	361	263	876	231	306
植物油加工	1330	10257	44	75	561	128	124
制糖	1340	664	6	7	23	6	12
屠宰及肉类加工	1350	16868	275	142	802	280	818
水产品加工	1360	8896	14	70	289	2	3
蔬菜、水果和坚果加工	1370	14412	117	125	580	294	194
其他农副食品加工	1390	14160	114	160	603	359	297
食品制造业	1400	44645	1079	924	2289	1025	854
焙烤食品制造	1410	10996	343	146	457	238	251
糖果、巧克力及蜜饯制造	1420	4811	84	116	585	204	9
方便食品制造	1430	7006	132	93	275	112	83
液体乳及乳制品制造	1440	1989	61	38	123	94	189
罐头制造	1450	3091	25	72	158	62	21
调味品、发酵制品制造	1460	6959	126	153	359	196	141
其他食品制造	1490	9793	308	306	332	119	160
饮料制造业	1500	36827	445	259	1240	541	639
酒精制造	1510	463	2	7	15	12	21
酒的制造	1520	13918	122	95	629	232	385
软饮料制造	1530	12823	305	156	589	288	231
精制茶加工	1540	9623	16	1	7	9	2

单位：个

辽宁	吉林	黑龙江	上海	江苏	浙江	安徽	福建	江西	山东	代码
1631	204	73		80	16	522	283	332	700	0800
1554	203	72		79	14	491	245	316	683	0810
77	1	1		1	2	31	38	16	17	0890
781	192	66		25	71	303	299	493	284	0900
524	88	31		21	40	243	223	208	51	0910
161	81	25		2	7	42	31	77	225	0920
96	23	10		2	24	18	45	208	8	0930
2414	984	700	1	1054	1439	2253	1786	2321	3035	1000
1845	843	621	1	943	1303	1984	1591	2096	2278	1010
121	21	1		14	8	75	12	18	7	1020
35				38	27	1	23	2	477	1030
413	120	78		59	101	193	160	205	273	1090
13	38	27		10	7	26	40	85	78	1100
85906	**25154**	**29888**	**81131**	**287905**	**257421**	**57814**	**68736**	**38236**	**189924**	C
5185	3244	4311	725	7287	4223	5823	3396	3213	16078	1300
734	1301	2069	36	2293	220	2614	349	1519	2190	1310
1087	508	521	148	715	395	287	378	277	1329	1320
247	128	405	42	486	188	788	146	300	1740	1330
15	3	29	9	19	7	1	19	12	49	1340
905	400	488	170	1170	570	807	350	378	2341	1350
1137	77	27	55	1111	1325	78	1045	59	2189	1360
660	304	241	73	713	1152	532	694	193	4371	1370
400	523	531	192	780	366	716	415	475	1869	1390
1960	951	1233	1155	2968	1882	1314	2022	1132	5329	1400
592	301	257	348	780	422	411	426	279	1203	1410
73	9	36	88	182	168	98	373	106	517	1420
231	185	240	143	417	247	248	234	264	720	1430
80	30	157	19	96	54	34	26	18	222	1440
183	21	37	42	204	250	102	375	88	444	1450
298	144	176	144	524	233	195	254	85	784	1460
503	261	330	371	765	508	226	334	292	1439	1490
1286	1130	1160	267	2079	2364	1864	2874	910	2950	1500
20	28	23	3	66	3	9	6	8	42	1510
645	720	714	60	770	613	487	278	298	1433	1520
612	378	415	190	819	807	408	438	352	1190	1530
9	4	8	14	424	941	960	2152	252	285	1540

行业中类	代码	企业单位数	北京	天津	河北	山西	内蒙古
烟草制品业	1600	260	1	1	4	1	2
烟叶复烤	1610	94					
卷烟制造	1620	84	1	1	4	1	2
其他烟草制品加工	1690	82					
纺织业	1700	114455	779	1169	4936	289	720
棉、化纤纺织及印染精加工	1710	44853	112	321	2564	130	29
毛纺织和染整精加工	1720	5362	35	73	705	10	305
麻纺织	1730	1016		1	6	5	5
丝绢纺织及精加工	1740	6869	12	25	27	10	3
纺织制成品制造	1750	25838	280	396	1220	60	105
针织品、编织品及其制品制造	1760	30517	340	353	414	74	273
纺织服装、鞋、帽制造业	1800	87289	2489	1727	1871	265	261
纺织服装制造	1810	81581	2415	1651	1628	230	251
纺织面料鞋的制造	1820	4103	51	53	180	30	7
制帽	1830	1605	23	23	63	5	3
皮革、毛皮、羽毛(绒)及其制品业	1900	33544	222	300	2011	36	142
皮革鞣制加工	1910	2677	5	22	376	2	13
皮革制品制造	1920	26205	183	241	800	19	46
毛皮鞣制及制品加工	1930	2891	30	26	731	14	58
羽毛(绒)加工及制品制造	1940	1771	4	11	104	1	25
木材加工及木、竹、藤、棕、草制品业	2000	66058	707	511	1511	259	826
锯材、木片加工	2010	24627	66	67	292	88	495
人造板制造	2020	18452	95	86	761	66	164
木制品制造	2030	15435	538	330	365	87	158
竹、藤、棕、草制品制造	2040	7544	8	28	93	18	9
家具制造业	2100	39101	1425	638	1621	242	169
木质家具制造	2110	28474	1136	411	1159	191	142
竹、藤家具制造	2120	745	5		10	2	1
金属家具制造	2130	4332	169	94	338	19	12
塑料家具制造	2140	600	7	3	14	8	2
其他家具制造	2190	4950	108	130	100	22	12
造纸及纸制品业	2200	52234	984	1294	2629	581	225
纸浆制造	2210	1008	3	31	110	15	11
造纸	2220	12654	178	352	801	192	62
纸制品制造	2230	38572	803	911	1718	374	152

单位：个

辽宁	吉林	黑龙江	上海	江苏	浙江	安徽	福建	江西	山东	代码
6	14	11	2	10	8	9	8	7	16	1600
2	8	8			1	2	5	3	5	1610
4	4	2	2	3	3	6	3	4	7	1620
	2	1		7	4	1			4	1690
2269	283	519	4141	30645	27767	2148	3184	1573	11191	1700
590	61	85	829	13604	9420	690	917	389	5789	1710
48	23	10	167	1467	757	49	49	61	434	1720
14	15	116	6	186	63	54	11	65	72	1730
268	2	4	53	3083	2030	200	37	57	221	1740
630	78	241	1270	6655	6030	569	723	172	2314	1750
719	104	63	1816	5650	9467	586	1447	829	2361	1760
3642	365	309	5961	16840	12167	2610	5781	1979	7276	1800
3502	351	285	5728	15727	11301	2488	5300	1887	6603	1810
116	9	17	144	592	608	85	452	68	485	1820
24	5	7	89	521	258	37	29	24	188	1830
614	86	105	1022	2386	7761	646	3354	489	2212	1900
23	11	24	14	103	489	44	194	42	280	1910
486	46	55	953	1900	6181	315	3090	386	1515	1920
75	8	11	22	173	782	17	18	6	319	1930
30	21	15	33	210	309	270	52	55	98	1940
2371	2074	3066	1529	7702	4246	3152	3966	2882	9327	2000
745	1106	1691	188	2222	494	1339	827	1105	4047	2010
463	438	629	203	3363	948	727	992	520	3410	2020
1084	482	701	1093	1783	1700	528	847	400	1289	2030
79	48	45	45	334	1104	558	1300	857	581	2040
1137	461	645	2781	2579	3223	1162	1371	789	3910	2100
936	381	498	2026	1855	1782	898	885	595	3386	2110
5	1	4	16	28	85	63	64	62	35	2120
76	27	50	205	325	810	75	229	43	166	2130
9	18	16	15	43	111	16	31	9	43	2140
111	34	77	519	328	435	110	162	80	280	2190
1633	413	542	2528	6519	7670	1064	2453	799	4741	2200
14	16	30	12	84	35	33	35	48	86	2210
380	126	204	339	1000	1467	298	597	298	1192	2220
1239	271	308	2177	5435	6168	733	1821	453	3463	2230

行业中类	代码	企业单位数	北京	天津	河北	山西	内蒙古
印刷业和记录媒介的复制	2300	55446	1700	1005	2301	693	564
印刷	2310	50212	1404	843	1897	613	490
装订及其他印刷服务活动	2320	4952	269	155	386	78	72
记录媒介的复制	2330	282	27	7	18	2	2
文教体育用品制造业	2400	21112	346	427	539	51	12
文化用品制造	2410	5758	100	108	78	12	5
体育用品制造	2420	5137	82	130	282	32	2
乐器制造	2430	1424	97	158	121	2	4
玩具制造	2440	8000	46	27	43	3	1
游艺器材及娱乐用品制造	2450	793	21	4	15	2	
石油加工、炼焦及核燃料加工业	2500	6925	217	151	445	463	111
精炼石油产品的制造	2510	5017	215	136	317	50	39
炼焦	2520	1878	2	15	127	413	71
化学原料及化学制品制造业	2600	102253	2377	2613	5203	1580	1045
基础化学原料制造	2610	17790	171	459	1426	555	452
肥料制造	2620	10134	149	118	556	223	163
农药制造	2630	2658	41	67	177	63	18
涂料、油墨、颜料及类似产品制造	2640	19333	873	742	940	175	86
合成材料制造	2650	6566	115	128	275	50	35
专用化学产品制造	2660	35751	707	793	1497	440	258
日用化学产品制造	2670	10021	321	306	332	74	33
医药制造业	2700	16561	614	380	556	277	177
化学药品原药制造	2710	2390	34	58	104	31	35
化学药品制剂制造	2720	2405	132	64	86	70	29
中药饮片加工	2730	2178	59	22	56	32	33
中成药制造	2740	2890	100	48	80	50	28
兽用药品制造	2750	1471	51	36	102	51	18
生物、生化制品的制造	2760	2716	165	78	68	22	28
卫生材料及医药用品制造	2770	2511	73	74	60	21	6
化学纤维制造业	2800	4822	37	53	206	18	13
纤维素纤维原料及纤维制造	2810	880	3	13	80	1	3
合成纤维制造	2820	3942	34	40	126	17	10
橡胶制品业	2900	22239	223	637	1830	172	55
轮胎制造	2910	2020	21	85	87	15	14
橡胶板、管、带的制造	2920	4256	42	94	589	44	6

单位：个

辽宁	吉林	黑龙江	上海	江苏	浙江	安徽	福建	江西	山东	代码
2086	969	984	2604	5958	7654	1282	1924	903	4111	2300
1941	884	897	2253	5418	7106	1226	1797	832	3711	2310
129	76	84	334	518	532	53	121	66	373	2320
16	9	3	17	22	16	3	6	5	27	2330
309	63	140	1191	3874	5084	712	760	344	1720	2400
124	43	96	485	609	2248	111	164	167	275	2410
101	7	22	239	862	1080	149	354	61	728	2420
50	11	9	137	216	159	8	21	4	122	2430
19	2	10	293	2116	1317	438	211	109	574	2440
15		3	37	71	280	6	10	3	21	2450
988	110	300	138	605	235	73	98	59	749	2500
942	92	248	133	551	232	59	92	38	639	2510
45	18	49	5	51	3	14	6	20	106	2520
5238	1449	1646	3467	13641	7752	2796	2539	4148	12777	2600
1007	312	269	330	2679	1122	410	298	488	2257	2610
587	259	355	53	710	193	388	241	194	1629	2620
115	45	87	31	438	128	100	42	94	382	2630
992	225	266	1144	2951	1993	546	587	297	1771	2640
292	113	84	292	1336	698	201	194	82	1054	2650
1790	404	472	960	4584	2745	951	726	2770	4927	2660
455	91	113	657	943	873	200	451	223	757	2670
788	769	421	550	1614	1167	518	349	597	1523	2700
105	19	38	79	420	285	57	33	86	234	2710
132	73	79	102	236	135	83	50	81	187	2720
144	318	51	26	64	102	133	26	46	121	2730
132	219	93	49	67	102	79	73	147	173	2740
61	27	39	32	96	61	34	18	51	227	2750
144	65	77	156	269	179	69	102	39	328	2760
70	48	44	106	462	303	63	47	147	253	2770
116	26	26	136	1870	985	101	145	34	391	2800
32	7	8	30	208	109	17	30	14	117	2810
84	19	18	106	1662	876	84	115	20	274	2820
1215	203	189	1116	3458	3085	508	895	212	2707	2900
81	29	29	52	182	141	30	72	46	659	2910
299	48	38	146	614	711	111	78	33	509	2920

行业中类	代码	企业单位数	北京	天津	河北	山西	内蒙古
橡胶零件制造	2930	6306	74	165	518	48	14
再生橡胶制造	2940	1152	3	23	172	32	10
日用及医用橡胶制品制造	2950	1051	21	14	93	6	1
橡胶靴鞋制造	2960	1943	7	53	36	7	
其他橡胶制品制造	2990	5511	55	203	335	20	10
塑料制品业	3000	105726	1570	2053	4469	602	437
塑料薄膜制造	3010	9709	89	211	741	63	45
塑料板、管、型材的制造	3020	15000	239	276	826	134	129
塑料丝、绳及编织品的制造	3030	10797	91	166	501	128	90
泡沫塑料制造	3040	5339	125	144	228	69	22
塑料人造革、合成革制造	3050	1210	5	15	61	4	1
塑料包装箱及容器制造	3060	11698	277	303	437	62	28
塑料零件制造	3070	14104	111	231	467	16	12
日用塑料制造	3080	13714	361	100	441	60	31
其他塑料制品制造	3090	24155	272	607	767	66	79
非金属矿物制品业	3100	222907	2943	1699	12104	6291	3252
水泥、石灰和石膏的制造	3110	15684	163	91	1424	611	436
水泥及石膏制品制造	3120	51362	913	428	2163	795	608
砖瓦、石材及其他建筑材料制造	3130	103970	1065	673	4937	3242	1866
玻璃及玻璃制品制造	3140	17054	474	253	1367	320	62
陶瓷制品制造	3150	9730	55	31	415	146	21
耐火材料制品制造	3160	12048	128	76	949	828	93
石墨及其他非金属矿物制品制造	3190	13059	145	147	849	349	166
黑色金属冶炼及压延加工业	3200	20030	157	935	1727	632	506
炼铁	3210	2795	11	16	307	348	145
炼钢	3220	893	3	23	107	55	14
钢压延加工	3230	13115	138	880	1219	146	112
铁合金冶炼	3240	3227	5	16	94	83	235
有色金属冶炼及压延加工业	3300	23110	255	439	1359	375	413
常用有色金属冶炼	3310	6378	17	71	526	234	119
贵金属冶炼	3320	644	3	3	33	8	31
稀有稀土金属冶炼	3330	1454	10	10	21	21	121
有色金属合金制造	3340	2350	37	49	169	32	51
有色金属压延加工	3350	12284	188	306	610	80	91

单位：个

辽宁	吉林	黑龙江	上海	江苏	浙江	安徽	福建	江西	山东	代码
484	64	53	373	1167	1187	186	122	28	509	2930
31	13	10	21	131	53	31	32	42	144	2940
31	8	4	55	197	159	28	56	18	88	2950
59	3	3	45	155	468	16	357	8	106	2960
230	38	52	424	1012	366	106	178	37	692	2990
3977	969	1079	5155	16016	19049	2715	3894	1019	9575	3000
376	88	111	448	1400	1126	246	423	101	1072	3010
767	257	291	488	2436	2087	444	302	182	1780	3020
773	131	141	195	1218	1793	550	236	161	1814	3030
276	69	56	239	730	838	111	294	51	480	3040
26	8	5	35	185	354	28	113	17	76	3050
453	128	88	681	2033	1744	421	288	137	1194	3060
231	55	42	725	2586	4980	222	246	51	592	3070
595	69	114	422	1078	3511	345	1163	126	680	3080
480	164	231	1922	4350	2616	348	829	193	1887	3090
8338	3108	3122	2999	18163	9324	11717	8704	7549	21856	3100
555	237	260	95	795	606	547	488	527	1299	3110
1142	477	540	620	4443	2247	3234	637	613	4609	3120
3246	1955	1831	1014	5675	3218	6509	6132	4605	10518	3130
698	138	202	821	3355	1569	612	301	323	1950	3140
153	24	51	136	819	416	82	872	1117	682	3150
1784	95	84	134	1264	679	165	85	116	1196	3160
760	182	154	179	1812	589	568	189	248	1602	3190
1342	150	180	335	2923	2115	374	452	253	1120	3200
159	35	28	4	117	32	69	48	30	126	3210
84	6	17	4	90	35	25	36	21	53	3220
898	82	119	309	2559	2004	255	291	174	867	3230
201	27	16	18	157	44	25	77	28	74	3240
976	134	140	782	3884	2489	459	376	983	1012	3300
238	45	39	55	500	308	163	73	259	253	3310
47	8	1	5	30	31	8	10	34	22	3320
93	12	16	14	112	23	19	34	168	48	3330
134	11	24	110	427	210	44	60	57	94	3340
464	58	60	598	2815	1917	225	199	465	595	3350

行业中类	代码	企业单位数	北京	天津	河北	山西	内蒙古
金属制品业	3400	146141	3754	5434	8337	1291	1090
结构性金属制品制造	3410	51801	2315	1905	2445	524	704
金属工具制造	3420	19054	193	371	669	129	64
集装箱及金属包装容器制造	3430	5928	123	260	241	34	29
金属丝绳及其制品的制造	3440	7507	57	603	1381	94	108
建筑、安全用金属制品制造	3450	17005	304	581	1413	278	89
金属表面处理及热处理加工	3460	11318	242	518	455	64	13
搪瓷制品制造	3470	1093	5	27	50	3	5
不锈钢及类似日用金属制品制造	3480	13835	271	332	241	50	20
其他金属制品制造	3490	18600	244	837	1442	115	58
通用设备制造业	3500	195963	3033	4856	11156	3652	1063
锅炉及原动机制造	3510	7733	178	219	405	255	120
金属加工机械制造	3520	25030	379	771	1148	270	177
起重运输设备制造	3530	6076	100	164	308	73	11
泵、阀门、压缩机及类似机械的制造	3540	25451	412	1012	926	316	51
轴承、齿轮、传动和驱动部件的制造	3550	13151	108	133	587	86	15
烘炉、熔炉及电炉制造	3560	1848	50	43	59	8	6
风机、衡器、包装设备等通用设备制造	3570	24210	566	556	887	149	77
通用零部件制造及机械修理	3580	60119	879	1552	3851	842	462
金属铸、锻加工	3590	32345	361	406	2985	1653	144
专用设备制造业	3600	103602	2466	2764	4358	999	494
矿山、冶金、建筑专用设备制造	3610	17708	271	449	1425	425	125
化工、木材、非金属加工专用设备制造	3620	28930	328	819	705	92	58
食品、饮料、烟草及饲料生产专用设备制造	3630	3854	95	66	164	9	24
印刷、制药、日化生产专用设备制造	3640	6539	152	136	379	31	10
纺织、服装和皮革工业专用设备制造	3650	9112	62	154	199	141	1
农、林、牧、渔专用机械制造	3670	8114	90	73	355	65	149
医疗仪器设备及器械制造	3680	6020	506	227	135	32	16
环保、社会公共安全及其他专用设备制造	3690	16088	736	635	821	136	86
交通运输设备制造业	3700	85783	1451	2748	3837	624	496
铁路运输设备制造	3710	3047	157	67	205	95	37
汽车制造	3720	58396	1158	1314	2792	504	448
摩托车制造	3730	7074	8	55	179	4	
自行车制造	3740	5570	24	1012	413	5	
船舶及浮动装置制造	3750	9480	9	239	144		1
航空航天器制造	3760	433	44	10	7	1	1
交通器材及其他交通运输设备制造	3790	1783	51	51	97	15	9

单位：个

辽宁	吉林	黑龙江	上海	江苏	浙江	安徽	福建	江西	山东	代码
5900	1328	1589	9970	25042	18183	3000	3252	1324	12532	3400
2643	721	720	3242	9731	3463	1433	1112	587	5148	3410
491	169	261	1303	3714	3246	464	362	194	1864	3420
406	67	66	309	1177	568	161	138	49	617	3430
259	28	56	269	1656	866	169	88	48	445	3440
581	163	197	1017	1810	4211	235	488	149	1089	3450
868	37	86	846	2307	2217	157	232	37	566	3460
31	6	6	64	154	220	18	36	18	119	3470
233	57	80	939	1457	2208	130	374	118	865	3480
388	80	117	1981	3036	1184	233	422	124	1819	3490
15288	1828	2796	10205	40220	35067	3840	3273	1363	21080	3500
621	191	428	245	1414	539	238	85	91	1100	3510
1393	280	472	1546	5463	2347	467	451	256	3395	3520
527	45	37	372	1270	1012	132	118	34	442	3530
2309	129	156	1600	4998	7302	371	607	107	2130	3540
1192	47	126	477	2156	4317	216	212	122	1590	3550
109	9	44	77	638	240	19	14	14	136	3560
1290	287	298	1928	6274	3840	276	350	145	2605	3570
5173	571	995	3311	12208	12054	1046	801	417	5085	3580
2674	269	240	649	5799	3416	1075	635	177	4597	3590
5587	1222	1860	6281	21279	13021	2124	2467	1022	10895	3600
1836	277	594	356	2694	800	501	371	235	2469	3610
1234	194	222	2599	6141	4799	567	836	184	2166	3620
190	46	108	208	535	442	97	85	22	477	3630
272	63	74	508	1240	875	97	159	72	672	3640
127	7	24	582	2760	2875	76	196	80	924	3650
321	221	306	109	913	647	215	200	94	1444	3670
258	107	79	523	1221	678	140	108	116	372	3680
1076	230	311	972	4179	1360	273	298	128	1705	3690
4336	1982	1108	3310	12331	15275	2466	2403	1222	7103	3700
441	113	142	49	448	109	61	14	32	227	3710
2761	1822	889	2249	6738	10236	1991	1699	978	5186	3720
14	11	3	94	880	1519	38	236	34	222	3730
45	3	9	212	1367	1371	84	32	34	262	3740
992	8	18	578	2579	1792	237	382	108	853	3750
34	4	17	32	37	17	6	10	8	17	3760
49	21	30	96	282	231	49	30	28	336	3790

2-1 续表 6

行业中类	代码	企业单位数	北京	天津	河北	山西	内蒙古
电气机械及器材制造业	3900	104119	2080	2052	3697	474	298
电机制造	3910	10988	120	259	212	41	52
输配电及控制设备制造	3920	34413	996	795	1247	185	97
电线、电缆、光缆及电工器材制造	3930	17909	247	469	1256	114	70
电池制造	3940	4272	70	91	157	19	12
家用电力器具制造	3950	12815	180	129	204	12	7
非电力家用器具制造	3960	4101	137	43	206	32	15
照明器具制造	3970	14304	209	100	168	31	14
其他电气机械及器材制造	3990	5317	121	166	247	40	31
通信设备、计算机及其他电子设备制造业	4000	52092	1485	1456	767	149	70
通信设备制造	4010	5567	293	162	158	16	12
雷达及配套设备制造	4020	134	10	5	1	1	
广播电视设备制造	4030	1605	75	21	48	3	2
电子计算机制造	4040	4410	280	65	69	6	10
电子器件制造	4050	7366	262	145	71	22	6
电子元件制造	4060	22940	283	782	298	70	26
家用视听设备制造	4070	3576	41	38	13	1	2
其他电子设备制造	4090	6494	241	238	109	30	12
仪器仪表及文化、办公用机械制造业	4100	25542	1255	932	714	132	40
通用仪器仪表制造	4110	12395	688	587	490	79	21
专用仪器仪表制造	4120	4306	306	143	122	23	5
钟表与计时仪器制造	4130	1892	13	41	21	3	
光学仪器及眼镜制造	4140	3740	90	31	10	5	1
文化、办公用机械制造	4150	1778	59	48	23	9	
其他仪器仪表的制造及修理	4190	1431	99	82	48	13	13
工艺品及其他制造业	4200	53774	808	1227	1522	505	267
工艺美术品制造	4210	32798	462	519	851	161	107
日用杂品制造	4220	8582	69	98	217	17	50
煤制品制造	4230	4651	181	18	160	294	25
其他未列明的制造业	4290	7709	93	591	293	33	85
废弃资源和废旧材料回收加工业	4300	9202	87	246	342	109	91
金属废料和碎屑的加工处理	4310	4372	39	225	149	47	53
非金属废料和碎屑的加工处理	4320	4830	48	21	193	62	38

单位：个

辽宁	吉林	黑龙江	上海	江苏	浙江	安徽	福建	江西	山东	代码
4734	820	1137	5546	17744	22625	2431	2548	1168	6353	3900
446	83	174	532	2251	2736	196	834	90	767	3910
2335	377	477	1980	5837	7491	659	603	369	2188	3920
859	136	205	1001	3420	2532	694	254	243	1035	3930
97	20	28	148	704	582	138	159	98	318	3940
267	61	66	505	1208	3839	243	193	83	604	3950
117	42	37	101	630	768	160	54	35	501	3960
360	39	44	710	2576	4109	244	353	206	422	3970
253	62	106	569	1118	568	97	98	44	518	3990
1106	195	314	2407	10214	6677	863	1564	688	2558	4000
139	38	64	290	852	713	61	210	77	301	4010
7	1	1	4	25	4	7	3	1	6	4020
57	5	10	60	252	351	24	46	22	45	4030
101	32	47	196	704	289	42	136	58	147	4040
204	35	41	484	1607	797	133	299	101	289	4050
373	38	60	845	5496	3679	458	543	320	1315	4060
33	9	8	86	239	501	67	88	28	54	4070
192	37	83	442	1039	343	71	239	81	401	4090
1703	284	379	1820	4149	4810	427	698	300	1464	4100
1188	169	233	881	2188	2183	226	171	80	849	4110
285	55	90	340	814	604	146	79	34	280	4120
39	2	5	95	66	202	8	176	17	92	4130
45	32	8	202	632	1292	17	186	128	45	4140
44	4	20	134	241	382	17	65	28	92	4150
102	22	23	168	208	147	13	21	13	106	4190
1517	420	492	2794	4722	10556	1096	3806	920	6656	4200
1125	196	171	961	2851	7383	584	2748	564	4751	4210
116	26	32	251	962	2903	339	681	143	455	4220
181	109	87	5	149	58	113	50	62	382	4230
91	89	201	1572	755	209	60	326	151	1066	4290
259	104	85	214	1183	957	520	180	355	712	4300
106	46	26	100	505	399	126	75	200	335	4310
153	58	59	114	678	558	394	105	155	377	4320

行业中类	代码	企业单位数	北京	天津	河北	山西	内蒙古
电力、燃气及水的生产和供应业	D	**60998**	**401**	**329**	**1193**	**842**	**1099**
电力、热力的生产和供应业	4400	40050	268	168	684	439	736
电力生产	4410	33225	41	36	369	269	274
电力供应	4420	3338	10	20	141	56	171
热力生产和供应	4430	3487	217	112	174	114	291
燃气生产和供应业	4500	3687	41	58	153	130	91
水的生产和供应业	4600	17261	92	103	356	273	272
自来水的生产和供应	4610	14595	44	47	232	207	208
污水处理及其再生利用	4620	2093	40	30	116	57	46
其他水的处理、利用与分配	4690	573	8	26	8	9	18
建筑业	E	**261571**	**11880**	**6110**	**6827**	**4978**	**3591**
房屋和土木工程建筑业	4700	102109	2328	1768	3346	1953	1688
房屋工程建筑	4710	64655	1201	675	2031	1052	1085
土木工程建筑	4720	37454	1127	1093	1315	901	603
建筑安装业	4800	51036	2428	1940	1253	917	489
建筑装饰业	4900	78406	6250	1606	1552	1494	1062
其他建筑业	5000	30020	874	796	676	614	352
工程准备	5010	10052	303	92	288	211	114
提供施工设备服务	5020	3518	99	91	83	109	81
其他未列明的建筑活动	5090	16450	472	613	305	294	157
交通运输、仓储和邮政业	F	**166509**	**7698**	**6173**	**5492**	**3285**	**3120**
铁路运输业	5100	651	31	11	19	76	40
铁路旅客运输	5110	49	3	2			1
铁路货物运输	5120	303	17	1	8	17	17
铁路运输辅助活动	5130	299	11	8	11	59	22
道路运输业	5200	75627	3774	1607	3174	1896	1984
公路旅客运输	5210	8260	19	69	234	187	155
道路货物运输	5220	59647	3317	1415	2653	1471	1606
道路运输辅助活动	5230	7720	438	123	287	238	223
城市公共交通业	5300	7961	314	93	348	253	199
公共电汽车客运	5310	2202	41	30	119	83	75
轨道交通	5320	89	3	4	6		2
出租车客运	5330	5233	261	51	213	165	109
城市轮渡	5340	78					
其他城市公共交通	5390	359	9	8	10	5	13

单位：个

辽宁	吉林	黑龙江	上海	江苏	浙江	安徽	福建	江西	山东	代码
1581	**1154**	**982**	**278**	**3302**	**3907**	**2012**	**5962**	**3598**	**1789**	D
1034	850	684	52	416	2622	818	5082	2952	762	4400
270	255	222	24	251	2452	648	4907	2705	321	4410
100	108	154	9	55	109	147	158	221	182	4420
664	487	308	19	110	61	23	17	26	259	4430
143	100	66	48	242	135	115	57	128	350	4500
404	204	232	178	2644	1150	1079	823	518	677	4600
284	164	188	125	2272	713	1007	757	474	441	4610
112	30	34	38	335	223	65	55	34	183	4620
8	10	10	15	37	214	7	11	10	53	4690
16508	**4347**	**6341**	**18938**	**29511**	**15120**	**10469**	**7434**	**3692**	**27337**	E
5466	1860	2663	4580	10492	5558	5031	3108	1857	12206	4700
2791	1135	1720	1943	6034	2608	3899	1880	1265	8794	4710
2675	725	943	2637	4458	2950	1132	1228	592	3412	4720
4395	1004	1302	4874	6768	2468	1211	1198	505	5504	4800
4971	1049	1553	8224	8885	5210	2680	1892	1001	6133	4900
1676	434	823	1260	3366	1884	1547	1236	329	3494	5000
940	143	244	471	1145	1431	631	418	62	720	5010
141	42	80	198	356	119	214	148	46	455	5020
595	249	499	591	1865	334	702	670	221	2319	5090
9283	**2788**	**3191**	**13375**	**14813**	**10985**	**5509**	**6185**	**3527**	**14104**	F
30	3	4	16	24	9	11	21	8	74	5100
2			1		3		4	2	5	5110
14	1	1	12	11	5	5	5	3	42	5120
14	2	3	3	13	1	6	12	3	27	5130
3918	1522	1509	3198	7660	4964	3033	2368	2306	5499	5200
294	183	212	55	459	452	370	388	391	320	5210
3374	1114	1090	2973	6732	3982	2319	1714	1678	4864	5220
250	225	207	170	469	530	344	266	237	315	5230
561	177	319	215	482	363	259	221	223	403	5300
86	51	88	50	107	97	73	83	86	104	5310
5	3	1	8	5	4	4		4	6	5320
467	118	215	146	331	229	167	109	109	274	5330
		3	2	11	9	5	3	4	3	5340
3	5	12	9	28	24	10	26	20	16	5390

行业中类	代码	企业单位数	北京	天津	河北	山西	内蒙古
水上运输业	5400	8171	14	160	97	15	5
水上旅客运输	5410	952	1	8	9	6	1
水上货物运输	5420	5162	10	79	47	3	
水上运输辅助活动	5430	2057	3	73	41	6	4
航空运输业	5500	867	44	16	19	29	29
航空客货运输	5510	324	14	4	4	4	11
通用航空服务	5520	198	6	7	5	9	4
航空运输辅助活动	5530	345	24	5	10	16	14
管道运输业	5600	118	8	4	9	2	1
装卸搬运和其他运输服务业	5700	48511	2140	3367	1095	494	424
装卸搬运	5710	8014	131	132	377	236	106
运输代理服务	5720	40497	2009	3235	718	258	318
仓储业	5800	18973	840	863	632	465	360
谷物、棉花等农产品仓储	5810	5531	74	65	181	221	160
其他仓储	5890	13442	766	798	451	244	200
邮政业	5900	5630	533	52	99	55	78
国家邮政	5910	798	3	15	23	26	33
其他寄递服务	5990	4832	530	37	76	29	45
信息传输、计算机服务和软件业	**G**	**167174**	**20872**	**1909**	**4609**	**2797**	**1757**
电信和其他信息传输服务业	6000	24036	3029	354	582	801	340
电信	6010	8267	959	95	221	435	156
互联网信息服务	6020	13509	1824	235	283	325	139
广播电视传输服务	6030	2066	171	22	76	38	44
卫星传输服务	6040	194	75	2	2	3	1
计算机服务业	6100	95263	6641	949	3491	1677	1120
计算机系统服务	6110	17146	2579	279	234	204	171
数据处理	6120	915	241	18	8	8	14
计算机维修	6130	3369	483	54	68	40	43
其他计算机服务	6190	73833	3338	598	3181	1425	892
软件业	6200	47875	11202	606	536	319	297
公共软件服务	6210	38302	9059	385	421	274	217
其他软件服务	6290	9573	2143	221	115	45	80
批发和零售业	**H**	**1667256**	**113262**	**43700**	**64557**	**35123**	**27709**
批发业	6300	1024955	55016	29056	37245	16619	15165
农畜产品批发	6310	49768	924	733	2421	1219	1873

单位：个

辽宁	吉林	黑龙江	上海	江苏	浙江	安徽	福建	江西	山东	代码
304	21	61	252	1151	891	660	921	174	579	5400
43	9	17	15	41	94	66	53	15	50	5410
152	4	25	145	774	581	480	708	129	323	5420
109	8	19	92	336	216	114	160	30	206	5430
38	30	47	39	29	43	12	34	10	43	5500
16	9	9	14	9	26	1	11	3	14	5510
9	14	13	7	10	2	3	4	2	13	5520
13	7	25	18	10	15	8	19	5	16	5530
6	8	3	5	10			2	2	13	5600
3294	372	501	6781	3663	3607	828	1943	435	4308	5700
278	76	198	285	989	690	355	290	215	585	5710
3016	296	303	6496	2674	2917	473	1653	220	3723	5720
903	579	643	2027	1277	635	570	470	285	2891	5800
318	411	394	32	325	95	300	97	177	631	5810
585	168	249	1995	952	540	270	373	108	2260	5890
229	76	104	842	517	473	136	205	84	294	5900
30	12	22	5	27	33	25	34	25	33	5910
199	64	82	837	490	440	111	171	59	261	5990
7289	**1737**	**2587**	**10893**	**12392**	**12707**	**5050**	**5185**	**1418**	**12172**	**G**
1135	423	471	812	979	975	729	787	463	2047	6000
476	194	187	228	355	328	180	246	112	581	6010
530	129	224	517	529	574	429	494	285	1395	6020
126	96	55	61	88	65	115	40	64	67	6030
3	4	5	6	7	8	5	7	2	4	6040
2947	734	1173	6133	7343	7608	3708	3109	719	7753	6100
565	279	272	2484	1284	1522	299	563	118	1161	6110
52	15	19	61	81	42	8	28	10	46	6120
162	80	51	310	317	229	71	114	21	259	6130
2168	360	831	3278	5661	5815	3330	2404	570	6287	6190
3207	580	943	3948	4070	4124	613	1289	236	2372	6200
2601	445	662	2788	3176	3806	499	1057	166	1699	6210
606	135	281	1160	894	318	114	232	70	673	6290
80421	**31202**	**39512**	**116462**	**169001**	**112892**	**37266**	**53061**	**20410**	**154230**	**H**
54356	14254	24406	83454	123155	85818	22473	35520	10464	92797	6300
2692	2373	3100	419	4456	1528	2310	948	927	4857	6310

行业中类	代码	企业单位数	北京	天津	河北	山西	内蒙古
食品、饮料及烟草制品批发	6320	76111	4087	1407	3042	1416	788
纺织、服装及日用品批发	6330	105501	5020	1804	1668	520	464
文化、体育用品及器材批发	6340	31863	3839	910	584	262	169
医药及医疗器材批发	6350	29549	2491	518	1121	404	303
矿产品、建材及化工产品批发	6360	339961	12911	10346	16890	7365	6758
机械设备、五金交电及电子产品批发	6370	285051	21215	7944	8251	4060	3188
贸易经纪与代理	6380	26818	1577	536	344	286	449
其他批发	6390	80333	2952	4858	2924	1087	1173
零售业	6500	642301	58246	14644	27312	18504	12544
综合零售	6510	77820	3690	1280	3262	3271	1146
食品、饮料及烟草制品专门零售	6520	51027	4794	1239	2006	1711	842
纺织、服装及日用品专门零售	6530	64326	6095	1586	2034	1713	1102
文化、体育用品及器材专门零售	6540	41178	7988	1320	1303	914	657
医药及医疗器材专门零售	6550	58389	3673	809	1975	1177	791
汽车、摩托车、燃料及零配件专门零售	6560	91455	3717	1343	6671	2869	2368
家用电器及电子产品专门零售	6570	107568	14681	1643	3804	2400	2061
五金、家具及室内装修材料专门零售	6580	82031	7915	2641	2932	2357	2081
无店铺及其他零售	6590	68507	5693	2783	3325	2092	1496
住宿和餐饮业	I	**149590**	**13126**	**2542**	**4305**	**3029**	**3145**
住宿业	6600	55244	3967	567	1748	1288	1237
旅游饭店	6610	18423	1088	143	610	374	385
一般旅馆	6620	33377	2626	334	1042	830	790
其他住宿服务	6690	3444	253	90	96	84	62
餐饮业	6700	94346	9159	1975	2557	1741	1908
正餐服务	6710	77287	7236	1647	2285	1541	1792
快餐服务	6720	6559	732	128	135	98	77
饮料及冷饮服务	6730	4075	660	51	42	26	8
其他餐饮服务	6790	6425	531	149	95	76	31
金融业	J	**34682**	**1143**	**688**	**1337**	**932**	**1283**
银行业	6800	8406	88	273	445	264	267
中央银行	6810	94		2	4	2	3
商业银行	6820	7349	81	255	395	229	238
其他银行	6890	963	7	16	46	33	26

单位：个

辽宁	吉林	黑龙江	上海	江苏	浙江	安徽	福建	江西	山东	代码
4518	779	1757	3669	6673	6337	2303	4218	1053	7661	6320
4618	526	1435	12029	15833	19853	1390	4968	608	7955	6330
1388	258	542	3608	2528	3269	476	1490	290	2231	6340
1294	513	1021	2042	1703	1672	1131	887	470	2395	6350
20003	4695	8083	23973	45983	27056	7729	10256	3125	32744	6360
16361	3636	5421	29482	33021	20480	5107	8937	2155	23244	6370
1026	312	1139	2039	2784	1726	377	1067	338	3019	6380
2456	1162	1908	6193	10174	3897	1650	2749	1498	8691	6390
26065	16948	15106	33008	45846	27074	14793	17541	9946	61433	6500
2522	1482	1499	3454	5278	1416	2451	1725	1386	9535	6510
2191	1363	1045	2975	3920	2043	997	2015	900	4987	6520
3463	1899	1272	4879	4896	2725	1406	2311	848	5537	6530
1496	947	746	2861	3059	1671	712	1038	512	2760	6540
2508	1669	2200	1379	3821	7659	1052	1134	1054	5721	6550
4513	2565	2141	2304	6430	4072	2887	2961	1503	10070	6560
3936	2495	2267	3597	8274	3875	2594	2897	1402	7967	6570
3632	2971	1985	6863	5258	2424	1576	2204	954	7445	6580
1804	1557	1951	4696	4910	1189	1118	1256	1387	7411	6590
5894	**2340**	**2231**	**9407**	**8988**	**6881**	**4143**	**4010**	**2942**	**13324**	I
1988	835	1070	2437	2991	3479	1497	1868	1427	2880	6600
675	316	345	479	1002	1212	577	773	589	860	6610
1183	462	620	1811	1764	2208	836	964	786	1804	6620
130	57	105	147	225	59	84	131	52	216	6690
3906	1505	1161	6970	5997	3402	2646	2142	1515	10444	6700
3376	1292	1007	4883	4793	2540	2244	1656	1366	9111	6710
255	98	87	473	455	325	154	213	62	849	6720
108	27	18	703	248	304	125	123	36	102	6730
167	88	49	911	501	233	123	150	51	382	6790
1618	**704**	**1053**	**800**	**2572**	**2117**	**1388**	**1847**	**848**	**2340**	J
328	183	314	134	274	277	291	219	282	531	6800
5	2	5		2	1	2	1	5	7	6810
258	165	271	132	243	252	262	197	206	438	6820
65	16	38	2	29	24	27	21	71	86	6890

行业中类	代码	企 业 单位数	北京	天津	河北	山西	内蒙古
证券业	6900	1356	136	42	42	24	20
证券市场管理	6910	70	1	1		3	1
证券经纪与交易	6920	772	46	37	29	14	14
证券投资	6930	303	60	2	9	2	3
证券分析与咨询	6940	211	29	2	4	5	2
保险业	7000	10288	463	124	405	289	266
人寿保险	7010	3546	64	24	136	108	82
非人寿保险	7020	4050	51	32	175	118	124
保险辅助服务	7030	2692	348	68	94	63	60
其他金融活动	7100	14632	456	249	445	355	730
金融信托与管理	7110	1351	43	18	24	26	38
金融租赁	7120	215	21	3	7	8	16
财务公司	7130	536	34	3	12	9	12
邮政储蓄	7140	502		20	14	12	16
典当	7150	3502	99	65	118	82	135
其他未列明的金融活动	7190	8526	259	140	270	218	513
房地产业	K	**238655**	**13791**	**4183**	**6963**	**4169**	**4345**
房地产业	7200	238655	13791	4183	6963	4169	4345
房地产开发经营	7210	100859	3825	1449	3481	2047	2625
物业管理	7220	64511	4110	1193	2077	1179	1182
房地产中介服务	7230	39444	3666	709	863	318	304
其他房地产活动	7290	33841	2190	832	542	625	234
租赁和商务服务业	L	**438766**	**64544**	**10173**	**8462**	**5795**	**5549**
租赁业	7300	22510	2431	540	540	382	517
机械设备租赁	7310	21597	2253	525	529	374	506
文化及日用品出租	7320	913	178	15	11	8	11
商务服务业	7400	416256	62113	9633	7922	5413	5032
企业管理服务	7410	73592	6285	1500	965	902	771
法律服务	7420	8465	447	195	355	113	102
咨询与调查	7430	124461	27238	3120	1768	1230	1060
广告业	7440	85824	11462	1966	1832	1192	1246
知识产权服务	7450	3981	1018	46	57	27	37
职业中介服务	7460	20093	1428	448	543	176	295
市场管理	7470	16498	1133	322	296	348	222
旅行社	7480	22614	1303	348	1004	722	610
其他商务服务	7490	60728	11799	1688	1102	703	689

单位：个

辽宁	吉林	黑龙江	上海	江苏	浙江	安徽	福建	江西	山东	代码
44	30	34	111	74	53	58	56	38	80	6900
5		5	5		1	5	2	3	3	6910
27	17	21	75	45	20	36	25	22	45	6920
10	12	5	5	20	17	8	21	9	18	6930
2	1	3	26	9	15	9	8	4	14	6940
564	218	318	289	648	484	358	354	285	832	7000
187	79	133	50	242	167	156	121	129	331	7010
184	87	137	43	251	206	154	143	123	298	7020
193	52	48	196	155	111	48	90	33	203	7030
682	273	387	266	1576	1303	681	1218	243	897	7100
65	30	30	9	141	73	80	92	32	154	7110
8	7	2	14	16	7	10	12	5	12	7120
15	15	23	12	57	7	25	36	7	43	7130
25	17	28	1	13	14	12	25	27	36	7140
231	96	158	138	279	260	103	171	51	155	7150
338	108	146	92	1070	942	451	882	121	497	7190
12034	**3424**	**4812**	**12109**	**18586**	**14215**	**7758**	**8247**	**4653**	**15582**	K
12034	3424	4812	12109	18586	14215	7758	8247	4653	15582	7200
5373	1490	1812	3946	7775	5965	3649	3683	2806	6973	7210
3757	1210	1554	3164	4727	2951	1985	1996	1007	4401	7220
2013	410	917	3858	3229	3341	925	1116	419	2711	7230
891	314	529	1141	2855	1958	1199	1452	421	1497	7290
19091	**5668**	**7757**	**42510**	**33377**	**34271**	**9022**	**14240**	**4222**	**28272**	L
819	304	423	1334	1792	1641	735	1144	288	1780	7300
780	291	384	1269	1731	1595	718	1118	278	1738	7310
39	13	39	65	61	46	17	26	10	42	7320
18272	5364	7334	41176	31585	32630	8287	13096	3934	26492	7400
2355	631	954	6453	5485	8857	1078	2705	708	3387	7410
357	203	278	375	740	609	227	197	124	783	7420
5802	1158	1772	15989	8074	8532	1716	3524	648	7690	7430
3735	1378	1666	6901	6667	6557	2273	3256	1005	6000	7440
146	48	93	278	284	476	63	123	22	195	7450
1617	328	454	1559	3355	1022	880	484	166	1480	7460
954	381	497	1095	1985	2139	370	208	87	871	7470
1224	472	538	916	1579	1587	782	878	561	1852	7480
2082	765	1082	7610	3416	2851	898	1721	613	4234	7490

行业中类	代码	企业单位数	北京	天津	河北	山西	内蒙古
科学研究、技术服务和地质勘查业	M	**155158**	**31099**	**5003**	**3182**	**2188**	**1875**
研究与试验发展	7500	18745	2654	231	223	232	139
自然科学研究与试验发展	7510	1921	226	33	22	23	25
工程和技术研究与试验发展	7520	10822	1315	105	138	128	33
农业科学研究与试验发展	7530	2286	160	35	35	59	59
医学研究与试验发展	7540	3457	908	50	24	20	18
社会人文科学研究与试验发展	7550	259	45	8	4	2	4
专业技术服务业	7600	81702	10399	2537	2183	1337	1067
气象服务	7610	934	21	5	27	27	5
地震服务	7620	78	14	2	2	4	2
海洋服务	7630	155	9	25	6	1	
测绘服务	7640	3009	137	34	153	85	139
技术检测	7650	7836	534	184	361	203	119
环境监测	7660	1255	100	27	58	31	31
工程技术与规划管理	7670	39296	4004	556	1176	721	578
其他专业技术服务	7690	29139	5580	1704	400	265	193
科技交流和推广服务业	7700	51922	17811	2191	682	532	419
技术推广服务	7710	38232	14196	1572	397	364	204
科技中介服务	7720	5336	1195	109	177	71	75
其他科技服务	7790	8354	2420	510	108	97	140
地质勘查业	7800	2789	235	44	94	87	250
矿产地质勘查	7810	1306	97	15	38	34	186
基础地质勘查	7820	388	19	6	24	19	18
地质勘查技术服务	7830	1095	119	23	32	34	46
水利、环境和公共设施管理业	N	**25694**	**1687**	**500**	**878**	**641**	**524**
水利管理业	7900	2102	55	38	61	95	54
防洪管理	7910	159	3	2		2	4
水资源管理	7920	1100	30	19	34	38	28
其他水利管理	7990	843	22	17	27	55	22
环境管理业	8000	5607	334	90	136	130	123
自然保护	8010	364	20	4	12	15	17
环境治理	8020	5243	314	86	124	115	106
公共设施管理业	8100	17985	1298	372	681	416	347
市政公共设施管理	8110	2484	93	69	88	45	56
城市绿化管理	8120	9796	914	256	276	187	147
游览景区管理	8130	5705	291	47	317	184	144

单位：个

辽宁	吉林	黑龙江	上海	江苏	浙江	安徽	福建	江西	山东	代码
8292	**2388**	**3510**	**14407**	**9858**	**11082**	**2751**	**3892**	**1345**	**8657**	M
1441	336	507	1400	1519	867	270	401	76	876	7500
184	66	84	80	135	86	17	60	14	122	7510
849	115	250	656	920	488	140	157	21	421	7520
209	89	126	34	133	154	55	122	26	181	7530
182	53	38	620	311	124	55	57	12	129	7540
17	13	9	10	20	15	3	5	3	23	7550
4047	1247	1776	7923	5940	6074	1810	2683	787	4618	7600
22	11	16	17	49	47	31	50	27	67	7610
5	1	2	2	5	2	4			12	7620
12		1	8	8	16		6	1	35	7630
196	100	126	52	206	299	83	121	48	168	7640
509	197	244	323	600	721	275	237	110	503	7650
71	19	50	80	151	112	33	30	13	68	7660
2113	672	740	3659	2989	3521	1035	1470	410	2200	7670
1119	247	597	3782	1932	1356	349	769	178	1565	7690
2684	746	1114	5057	2319	4088	594	744	439	2996	7700
1967	374	511	3693	1502	3678	458	461	275	2034	7710
485	136	116	267	422	272	73	86	89	506	7720
232	236	487	1097	395	138	63	197	75	456	7790
120	59	113	27	80	53	77	64	43	167	7800
46	32	55	10	21	17	48	28	21	61	7810
25	8	14	8	20	18	14	10	6	39	7820
49	19	44	9	39	18	15	26	16	67	7830
1031	**401**	**542**	**1493**	**2500**	**2457**	**835**	**949**	**431**	**2006**	N
90	38	48	82	163	160	39	117	31	165	7900
6		7	10	16	21	7	10	3	7	7910
41	27	20	32	70	83	15	76	25	77	7920
43	11	21	40	77	56	17	31	3	81	7990
194	75	107	337	546	541	146	259	80	328	8000
14	5	11	14	19	21	8	13	8	20	8010
180	70	96	323	527	520	138	246	72	308	8020
747	288	387	1074	1791	1756	650	573	320	1513	8100
103	52	49	216	248	261	71	91	44	200	8110
423	155	265	798	1162	901	294	206	105	905	8120
221	81	73	60	381	594	285	276	171	408	8130

行业中类	代码	企业单位数	北京	天津	河北	山西	内蒙古
居民服务和其他服务业	**O**	**126539**	**14533**	**4749**	**3453**	**2765**	**1721**
居民服务业	8200	56861	6941	1265	1457	1273	881
家庭服务	8210	4494	644	125	115	67	75
托儿所	8220	314	5	10	6	3	3
洗染服务	8230	2257	476	63	52	65	26
理发及美容保健服务	8240	16505	3158	196	309	227	124
洗浴服务	8250	10273	660	123	291	278	186
婚姻服务	8260	3103	400	85	109	71	70
殡葬服务	8270	1801	52	23	31	30	53
摄影扩印服务	8280	6973	883	118	238	186	107
其他居民服务	8290	11141	663	522	306	346	237
其他服务业	8300	69678	7592	3484	1996	1492	840
修理与维护	8310	35545	3755	807	1111	911	399
清洁服务	8320	12495	1793	347	369	177	130
其他未列明的服务	8390	21638	2044	2330	516	404	311
教育	**P**	**23997**	**2947**	**207**	**655**	**525**	**399**
教育	8400	23997	2947	207	655	525	399
学前教育	8410	4122	127	13	88	71	35
初等教育	8420	588	25	3	5	16	8
中等教育	8430	1021	28	18	38	39	14
高等教育	8440	219	25	3	2	2	
其他教育	8490	18047	2742	170	522	397	342
卫生、社会保障和社会福利业	**Q**	**16659**	**1200**	**221**	**439**	**437**	**192**
卫生	8500	15630	1137	192	404	411	178
医院	8510	4590	261	67	187	195	69
卫生院及社区医疗活动	8520	1980	13	10	79	71	21
门诊部医疗活动	8530	7507	764	64	111	89	60
计划生育技术服务活动	8540	240	2	3		6	
妇幼保健活动	8550	91	6	1	1	6	1
专科疾病防治活动	8560	305	15	2	10	8	4
疾病预防控制及防疫活动	8570	141	6	2	3	1	8
其他卫生活动	8590	776	70	43	13	35	15

单位：个

辽宁	吉林	黑龙江	上海	江苏	浙江	安徽	福建	江西	山东	代码
5523	**2038**	**2862**	**11773**	**9094**	**5651**	**2695**	**3650**	**1890**	**9523**	O
3033	939	1481	5968	3621	2360	1359	1676	761	3790	8200
217	68	97	342	234	337	78	122	39	206	8210
9	5	32	1	15	9	2	6	6	36	8220
101	26	43	168	143	167	36	63	19	164	8230
705	189	293	2883	560	664	209	389	222	647	8240
997	220	359	1009	1200	227	447	412	92	593	8250
241	39	106	203	229	241	93	85	22	251	8260
163	27	89	115	124	180	82	85	31	92	8270
277	138	196	525	354	264	174	165	112	660	8280
323	227	266	722	762	271	238	349	218	1141	8290
2490	1099	1381	5805	5473	3291	1336	1974	1129	5733	8300
1537	666	672	2596	2727	2002	763	1183	584	2960	8310
418	167	288	956	956	854	304	388	116	676	8320
535	266	421	2253	1790	435	269	403	429	2097	8390
1084	**403**	**507**	**486**	**1433**	**1555**	**747**	**878**	**354**	**1448**	P
1084	403	507	486	1433	1555	747	878	354	1448	8400
187	32	85	20	111	253	154	77	50	273	8410
8	9	9	7	14	17	13	8	6	19	8420
47	31	46	24	37	34	67	17	20	85	8430
14	2	9	7	10	11	8	6	3	22	8440
828	329	358	428	1261	1240	505	770	275	1049	8490
1251	**300**	**375**	**648**	**780**	**897**	**766**	**655**	**201**	**967**	Q
1156	260	330	578	731	810	727	631	188	880	8500
291	142	157	166	249	205	152	116	82	285	8510
115	39	59	8	121	79	312	75	33	145	8520
674	54	77	297	283	465	227	381	44	352	8530
3	1	1	4	1	1	4	2		2	8540
2	3	1	3	4	7	3	2	1	9	8550
17	3	16	62	20	19	7	9	3	18	8560
16	3	5	10	3	7	5	12	4	13	8570
38	15	14	28	50	27	17	34	21	56	8590

行业中类	代码	企业单位数	北京	天津	河北	山西	内蒙古
社会保障业	8600	279	10	21	3	12	4
社会福利业	8700	750	53	8	32	14	10
提供住宿的社会福利	8710	532	15	5	30	11	8
不提供住宿的社会福利	8720	218	38	3	2	3	2
文化、体育和娱乐业	**R**	**42929**	**9958**	**580**	**757**	**680**	**440**
新闻出版业	8800	2793	918	46	46	45	39
新闻业	8810	118	7	2	4	7	4
出版业	8820	2675	911	44	42	38	35
广播、电视、电影和音像业	8900	6474	1574	59	133	104	94
广播	8910	231	24	4	12	9	3
电视	8920	1695	558	13	31	23	15
电影	8930	3157	581	27	69	39	37
音像制作	8940	1391	411	15	21	33	39
文化艺术业	9000	11225	5055	138	126	164	98
文艺创作与表演	9010	2292	460	26	39	50	21
艺术表演场馆	9020	358	34	8	6	10	6
图书馆与档案馆	9030	127	4	1	3		
文物及文化保护	9040	174	18	2	6	15	3
博物馆	9050	148	20	3	6	9	4
烈士陵园、纪念馆	9060	35		1	2	1	
群众文化活动	9070	1202	609	11	15	22	4
文化艺术经纪代理	9080	2774	1458	27	17	12	23
其他文化艺术	9090	4115	2452	59	32	45	37
体育	9100	2192	585	51	29	36	15
体育组织	9110	781	276	20	8	13	5
体育场馆	9120	669	78	13	11	18	7
其他体育	9190	742	231	18	10	5	3
娱乐业	9200	20245	1826	286	423	331	194
室内娱乐活动	9210	12100	676	150	212	223	112
游乐园	9220	648	20	3	23	12	16
休闲健身娱乐活动	9230	5496	989	79	146	72	41
其他娱乐活动	9290	2001	141	54	42	24	25

单位：个

辽宁	吉林	黑龙江	上海	江苏	浙江	安徽	福建	江西	山东	代码
38	4	20	6	15	26	12	7	3	31	8600
57	36	25	64	34	61	27	17	10	56	8700
46	32	23	48	24	39	22	11	4	45	8710
11	4	2	16	10	22	5	6	6	11	8720
1638	**482**	**554**	**2795**	**2555**	**2640**	**952**	**1463**	**723**	**2117**	**R**
141	58	37	160	100	103	39	40	36	135	8800
4	5	6	1	7	6		5	5	7	8810
137	53	31	159	93	97	39	35	31	128	8820
229	94	84	253	385	614	144	150	117	270	8900
3	2	9	4	11	8	4	7	11	16	8910
56	18	24	69	62	321	21	31	38	34	8920
122	46	30	124	255	232	100	77	56	163	8930
48	28	21	56	57	53	19	35	12	57	8940
403	92	169	381	479	404	229	193	95	474	9000
143	13	16	88	174	127	140	62	20	98	9010
24	12	6	28	24	33	12	6	6	17	9020
24	5	3	2	10	30		3	6	6	9030
3	2	1		11	12	5	5	6	9	9040
16			5	10	15	3	8	1	7	9050
1	1		1	4	1			2	1	9060
38	9	9	21	36	59	18	16	2	23	9070
69	9	62	83	111	87	22	37	10	195	9080
85	41	72	153	99	40	29	56	42	118	9090
106	20	14	150	121	113	40	63	21	86	9100
38	3	2	35	47	46	16	13	5	30	9110
41	13	8	76	33	43	12	31	6	22	9120
27	4	4	39	41	24	12	19	10	34	9190
759	218	250	1851	1470	1406	500	1017	454	1152	9200
446	125	113	1161	949	797	350	692	287	618	9210
25	11	25	12	38	50	21	28	9	62	9220
230	66	72	595	304	433	76	194	90	306	9230
58	16	40	83	179	126	53	103	68	166	9290

行业中类	代码	河南	湖北	湖南	广东	广西	海南
总计	**0000**	**244513**	**217894**	**156567**	**603644**	**95744**	**20953**
农、林、牧、渔业	**A**	**11621**	**4852**	**3987**	**11323**	**1669**	**522**
农业	0100	1572	1135	1256	2403	462	188
谷物及其他作物的种植	0110	380	428	280	401	151	38
蔬菜、园艺作物的种植	0120	847	378	457	1009	128	36
水果、坚果、饮料和香料作物的种植	0130	284	284	477	928	168	111
中药材的种植	0140	61	45	42	65	15	3
林业	0200	818	511	861	1132	344	135
林木的培育和种植	0210	779	502	793	1078	322	25
木材和竹材的采运	0220	12	3	30	28	15	1
林产品的采集	0230	27	6	38	26	7	109
畜牧业	0300	7621	1810	1013	1267	531	115
牲畜的饲养	0310	1453	353	317	201	96	29
猪的饲养	0320	3960	775	533	597	246	53
家禽的饲养	0330	1963	588	96	378	139	23
狩猎和捕捉动物	0340	3	2	2	1		
其他畜牧业	0390	242	92	65	90	50	10
渔业	0400	329	672	402	782	120	18
海洋渔业	0410	4	28	3	357	53	4
内陆渔业	0420	325	644	399	425	67	14
农、林、牧、渔服务业	0500	1281	724	455	5739	212	66
农业服务业	0510	1039	557	309	5481	151	60
林业服务业	0520	42	39	76	50	20	2
畜牧服务业	0530	172	67	42	66	22	
渔业服务业	0540	28	61	28	142	19	4
采矿业	**B**	**7799**	**5083**	**8137**	**2614**	**2716**	**233**
煤炭开采和洗选业	0600	1339	527	1807	2	50	
烟煤和无烟煤的开采洗选	0610	1325	459	1674	1	30	
褐煤的开采洗选	0620	11	2	12		18	
其他煤炭采选	0690	3	66	121	1	2	
石油和天然气开采业	0700	10	9	1	22	5	2
天然原油和天然气开采	0710	3	5		12	2	2
与石油和天然气开采有关的服务活动	0790	7	4	1	10	3	

单位：个

重庆	四川	贵州	云南	西藏	陕西	甘肃	青海	宁夏	新疆	代码
112500	**180790**	**48469**	**90542**	**2894**	**114547**	**46322**	**11173**	**19047**	**50138**	**0000**
5363	**6390**	**1804**	**5607**	**8**	**3592**	**1880**	**368**	**771**	**1393**	**A**
1944	2013	638	2496	2	711	397	90	259	433	0100
237	248	69	470	1	114	218	39	68	232	0110
966	1109	224	800		289	106	40	105	82	0120
562	504	272	1034	1	255	52	5	61	102	0130
179	152	73	192		53	21	6	25	17	0140
478	602	226	782	4	517	129	75	71	131	0200
446	571	204	591	4	505	128	75	70	120	0210
9	27	18	38		6	1		1	9	0220
23	4	4	153		6				2	0230
2095	2826	846	1906	1	1681	1052	163	323	321	0300
410	565	230	658	1	650	457	103	208	189	0310
880	1586	357	803		657	347	35	51	29	0320
625	531	212	337		267	185	11	37	65	0330
2	3	2			1	2		3	1	0340
178	141	45	108		106	61	14	24	37	0390
406	238	48	116		63	20	4	37	26	0400
2	3	2	7		3	1		3	2	0410
404	235	46	109		60	19	4	34	24	0420
440	711	46	307	1	620	282	36	81	482	0500
276	419	40	243	1	470	209	28	60	428	0510
33	51	4	31		21	18	4	5	27	0520
97	211	2	17		120	52	3	14	20	0530
34	30		16		9	3	1	2	7	0540
3380	**5654**	**4613**	**5115**	**114**	**4186**	**1721**	**556**	**595**	**1748**	**B**
1208	1699	1861	1514	2	962	317	59	285	365	0600
1185	1677	1841	1379	2	900	290	57	283	357	0610
7	4	2	108		4	8			1	0620
16	18	18	27		58	19	2	2	7	0690
18	63	3	6		616	14	2	48	74	0700
10	23	1	3		20	6	2	46	9	0710
8	40	2	3		596	8		2	65	0790

行业中类	代码	河南	湖北	湖南	广东	广西	海南
黑色金属矿采选业	0800	1153	1049	1015	341	581	9
铁矿采选	0810	1140	1007	382	323	167	9
其他黑色金属矿采选	0890	13	42	633	18	414	
有色金属矿采选业	0900	1237	442	1185	235	591	135
常用有色金属矿采选	0910	584	398	980	167	502	118
贵金属矿采选	0920	422	32	90	17	70	9
稀有稀土金属矿采选	0930	231	12	115	51	19	8
非金属矿采选业	1000	4010	2952	4071	1949	1419	76
土砂石开采	1010	3558	2309	3742	1706	1111	61
化学矿采选	1020	43	409	46	6	46	
采盐	1030	4	2	3	44	4	4
石棉及其他非金属矿采选	1090	405	232	280	193	258	11
其他采矿业	1100	50	104	58	65	70	11
制造业	**C**	**110861**	**58560**	**57981**	**216698**	**22154**	**2425**
农副食品加工业	1300	12309	5796	5225	3629	1652	330
谷物磨制	1310	6094	2482	2035	408	255	11
饲料加工	1320	1275	375	519	560	276	22
植物油加工	1330	1423	744	617	305	147	6
制糖	1340	23	17	17	88	110	28
屠宰及肉类加工	1350	1117	657	724	734	316	93
水产品加工	1360	55	269	96	689	120	104
蔬菜、水果和坚果加工	1370	695	376	443	428	126	25
其他农副食品加工	1390	1627	876	774	417	302	41
食品制造业	1400	3575	1668	1814	3723	1051	176
焙烤食品制造	1410	946	461	561	899	320	21
糖果、巧克力及蜜饯制造	1420	243	74	176	964	87	55
方便食品制造	1430	866	391	421	357	196	5
液体乳及乳制品制造	1440	156	39	35	51	22	6
罐头制造	1450	156	132	142	156	94	9
调味品、发酵制品制造	1460	575	224	142	486	122	18
其他食品制造	1490	633	347	337	810	210	62
饮料制造业	1500	2289	2307	1603	1513	849	96
酒精制造	1510	45	15	9	24	49	2
酒的制造	1520	752	491	484	461	199	28
软饮料制造	1530	1089	671	600	867	321	58
精制茶加工	1540	403	1130	510	161	280	8

单位：个

重庆	四川	贵州	云南	西藏	陕西	甘肃	青海	宁夏	新疆	代码
211	405	234	592	20	275	271	52	15	590	0800
29	368	87	477	12	217	242	44	14	559	0810
182	37	147	115	8	58	29	8	1	31	0890
33	588	357	1499	56	620	298	103	5	290	0900
32	468	271	1397	53	400	191	85	3	206	0910
	77	60	48	1	114	95	17	1	68	0920
1	43	26	54	2	106	12	1	1	16	0930
1889	2830	2114	1460	36	1671	765	330	241	380	1000
1770	2437	1835	1168	24	1424	597	270	215	268	1010
46	151	163	180	8	91	7	4	1	7	1020
3	20	1	4		5	4	9		9	1030
70	222	115	108	4	151	157	47	25	96	1090
21	69	44	44		42	56	10	1	49	1100
29265	**52426**	**9723**	**15445**	**345**	**30388**	**11263**	**2231**	**4206**	**7813**	**C**
2273	4170	791	1448	46	2015	1448	207	610	863	1300
418	608	96	95	19	551	354	16	143	197	1310
257	634	92	216	1	285	137	24	69	70	1320
267	436	160	105	6	212	98	46	41	242	1330
21	24	15	76		4	7		2	15	1340
553	1389	202	317	9	358	202	88	68	145	1350
11	26	3	22		6	4	2	1	7	1360
413	509	72	303	1	285	285	4	83	121	1370
333	544	151	314	10	314	361	27	203	66	1390
981	2154	380	655	15	1187	511	80	199	359	1400
186	396	59	164	2	307	90	11	57	62	1410
66	143	24	51		172	81		10	17	1420
258	427	67	101		174	66	2	28	23	1430
18	55	14	38	7	114	68	18	37	70	1440
51	97	16	23	2	24	17	1	5	82	1450
267	623	124	104	2	243	128	23	34	32	1460
135	413	76	174	2	153	61	25	28	73	1490
1080	3250	800	1354	24	804	357	51	112	330	1500
1	18	5	13		6	5	1		5	1510
634	2093	304	335	10	161	220	32	61	172	1520
259	511	245	338	14	349	122	16	45	140	1530
186	628	246	668		288	10	2	6	13	1540

行业中类	代码	河南	湖北	湖南	广东	广西	海南
烟草制品业	1600	14	13	15	30	4	2
烟叶复烤	1610	6	3	9	7	1	
卷烟制造	1620	3	3	2	5	3	1
其他烟草制品加工	1690	5	7	4	18		1
纺织业	1700	3788	3059	1655	9452	707	40
棉、化纤纺织及印染精加工	1710	2171	1797	472	2630	100	
毛纺织和染整精加工	1720	142	42	43	589	89	2
麻纺织	1730	70	65	118	32	13	1
丝绢纺织及精加工	1740	50	41	23	184	109	1
纺织制成品制造	1750	715	861	559	2153	94	19
针织品、编织品及其制品制造	1760	640	253	440	3864	302	17
纺织服装、鞋、帽制造业	1800	1818	2981	942	15511	401	79
纺织服装制造	1810	1477	2912	763	14705	385	79
纺织面料鞋的制造	1820	310	57	169	575	12	
制帽	1830	31	12	10	231	4	
皮革、毛皮、羽毛(绒)及其制品业	1900	1360	262	796	7851	300	4
皮革鞣制加工	1910	307	24	78	428	41	
皮革制品制造	1920	572	204	673	7161	207	1
毛皮鞣制及制品加工	1930	316	16	8	143	8	1
羽毛(绒)加工及制品制造	1940	165	18	37	119	44	2
木材加工及木、竹、藤、棕、草制品业	2000	6649	1715	3741	3323	2097	143
锯材、木片加工	2010	4087	696	1514	924	887	84
人造板制造	2020	1864	409	872	907	556	28
木制品制造	2030	503	407	506	1136	317	23
竹、藤、棕、草制品制造	2040	195	203	849	356	337	8
家具制造业	2100	3490	1188	1464	6582	399	82
木质家具制造	2110	2967	927	1220	3802	305	49
竹、藤家具制造	2120	42	24	92	122	23	3
金属家具制造	2130	301	79	37	987	17	4
塑料家具制造	2140	27	27	8	143	7	
其他家具制造	2190	153	131	107	1528	47	26
造纸及纸制品业	2200	1863	1065	1897	8550	864	73
纸浆制造	2210	26	57	55	159	49	1
造纸	2220	688	271	789	1788	406	23
纸制品制造	2230	1149	737	1053	6603	409	49

单位：个

重庆	四川	贵州	云南	西藏	陕西	甘肃	青海	宁夏	新疆	代码
4	12	8	32		14	10		1	1	1600
2	3	6	16		6			1		1610
2	4	1	7		3	2			1	1620
	5	1	9		5	8				1690
1437	1107	65	233	9	669	173	29	127	292	1700
1088	389	12	48	1	381	58	6	7	163	1710
16	43	3	4	3	25	38	8	97	25	1720
21	37	1	18		4	8		1	8	1730
116	223	2	39		42	3		1	3	1740
90	237	28	84	4	136	39	8	17	51	1750
106	178	19	40	1	81	27	7	4	42	1760
438	680	66	146	11	399	95	25	28	126	1800
420	645	62	140	10	382	83	21	28	122	1810
18	30	4	5	1	15	7			3	1820
	5		1		2	5	4		1	1830
545	713	15	36	5	72	105	11	46	37	1900
20	51		11		5	36	2	18	14	1910
473	553	13	22	2	52	35	5	3	13	1920
8	31	1	1	3	12	24	4	19	6	1930
44	78	1	2		3	10		6	4	1940
652	1524	352	766	17	570	131	30	38	181	2000
228	550	141	393	12	203	52	18	7	59	2010
102	347	120	128	2	133	27	4	9	79	2020
220	373	60	204	3	196	41	5	16	40	2030
102	254	31	41		38	11	3	6	3	2040
1001	1301	114	242	7	692	171	16	51	148	2100
823	998	76	181	5	528	141	15	39	117	2110
13	32	6	4		2	1				2120
48	93	22	27	1	42	13		5	18	2130
15	7	2	5		6	1		3	4	2140
102	171	8	25	1	114	15	1	4	9	2190
615	1200	208	421	2	919	180	12	88	202	2200
7	35	6	11		17	12		3	7	2210
206	427	71	131		221	43	2	41	61	2220
402	738	131	279	2	681	125	10	44	134	2230

行业中类	代码	河南	湖北	湖南	广东	广西	海南
印刷业和记录媒介的复制	2300	1865	1581	1419	9213	832	142
印刷	2310	1702	1376	1265	8567	745	131
装订及其他印刷服务活动	2320	162	199	149	585	82	9
记录媒介的复制	2330	1	6	5	61	5	2
文教体育用品制造业	2400	340	156	260	4344	100	2
文化用品制造	2410	110	61	91	677	26	1
体育用品制造	2420	38	23	50	806	12	1
乐器制造	2430	46	18	6	208	1	
玩具制造	2440	122	46	110	2410	57	
游艺器材及娱乐用品制造	2450	24	8	3	243	4	
石油加工、炼焦及核燃料加工业	2500	290	131	146	357	57	9
精炼石油产品的制造	2510	202	116	69	327	50	9
炼焦	2520	87	15	77	24	7	
化学原料及化学制品制造业	2600	5002	2853	5952	9017	1623	175
基础化学原料制造	2610	989	564	821	545	210	9
肥料制造	2620	630	566	364	307	354	57
农药制造	2630	201	99	103	90	86	10
涂料、油墨、颜料及类似产品制造	2640	891	417	352	2791	152	11
合成材料制造	2650	218	151	143	730	27	9
专用化学产品制造	2660	1722	838	3971	2096	637	48
日用化学产品制造	2670	351	218	198	2458	157	31
医药制造业	2700	1019	717	547	992	402	107
化学药品原药制造	2710	130	148	77	69	35	11
化学药品制剂制造	2720	131	93	58	156	46	53
中药饮片加工	2730	138	52	78	149	54	4
中成药制造	2740	188	142	113	204	131	17
兽用药品制造	2750	141	34	61	95	62	6
生物、生化制品的制造	2760	120	117	102	175	40	10
卫生材料及医药用品制造	2770	171	131	58	144	34	6
化学纤维制造业	2800	104	68	59	282	10	7
纤维素纤维原料及纤维制造	2810	42	26	14	71	1	
合成纤维制造	2820	62	42	45	211	9	7
橡胶制品业	2900	796	384	347	2703	150	30
轮胎制造	2910	87	52	44	101	29	1
橡胶板、管、带的制造	2920	220	60	60	308	28	8

单位：个

重庆	四川	贵州	云南	西藏	陕西	甘肃	青海	宁夏	新疆	代码
869	1789	376	589	15	981	450	78	176	333	2300
787	1637	349	524	14	849	411	71	169	303	2310
79	145	26	58	1	129	38	7	7	30	2320
3	7	1	7		3	1				2330
66	124	16	30		54	22	3	5	18	2400
25	61	9	19		23	13	3	4	10	2410
15	34	3	1		10	4		1	8	2420
5	4	1	5		10	1				2430
18	16	3	2		7					2440
3	9		3		4	4				2450
73	191	154	138		309	66	10	60	192	2500
51	124	7	15		83	54	5	17	105	2510
22	63	147	123		223	11	5	43	86	2520
1140	3053	734	1102	17	1435	670	190	365	654	2600
229	823	203	269	3	310	206	62	187	125	2610
162	566	229	364	1	245	157	93	52	169	2620
38	76	14	17		66	13	1	5	11	2630
230	395	37	86	1	175	92	4	23	88	2640
51	121	13	22		73	24	3	10	22	2650
317	802	187	249	3	441	123	22	74	197	2660
113	270	51	95	9	125	55	5	14	42	2670
245	765	209	252	28	565	228	50	37	98	2700
50	90	5	16		114	13	3	2	9	2710
43	116	23	31		86	10	7	4	9	2720
30	147	18	46	4	66	122	10	6	21	2730
41	138	128	95	20	129	43	23	11	27	2740
18	86	5	9	1	29	7	1	7	5	2750
35	139	15	34	1	91	22	5	5	16	2760
28	49	15	21	2	50	11	1	2	11	2770
16	50	4	2		28	9	3	2	21	2800
5	16	1	1		11	1			19	2810
11	34	3	1		17	8	3	2	2	2820
284	393	97	133		283	58	5	23	48	2900
33	47	12	16		26	14		5	10	2910
33	62	9	23		42	14	2	8	17	2920

行业中类	代码	河南	湖北	湖南	广东	广西	海南
橡胶零件制造	2930	145	88	86	543	19	2
再生橡胶制造	2940	97	36	29	110	9	1
日用及医用橡胶制品制造	2950	29	17	19	157	13	3
橡胶靴鞋制造	2960	69	21	32	417	6	1
其他橡胶制品制造	2990	149	110	77	1067	46	14
塑料制品业	3000	3528	2216	1530	19119	800	86
塑料薄膜制造	3010	266	213	138	1790	101	13
塑料板、管、型材的制造	3020	792	407	274	1389	124	8
塑料丝、绳及编织品的制造	3030	684	317	199	486	157	9
泡沫塑料制造	3040	189	122	43	810	47	9
塑料人造革、合成革制造	3050	19	13	21	193	6	1
塑料包装箱及容器制造	3060	301	250	170	1882	89	20
塑料零件制造	3070	111	183	65	2841	27	4
日用塑料制造	3080	336	239	201	3175	110	8
其他塑料制品制造	3090	830	472	419	6553	139	14
非金属矿物制品业	3100	28963	11442	12496	10549	3610	304
水泥、石灰和石膏的制造	3110	1118	994	1145	702	541	31
水泥及石膏制品制造	3120	10715	4220	3280	1081	418	70
砖瓦、石材及其他建筑材料制造	3130	10902	5212	6221	3624	2118	173
玻璃及玻璃制品制造	3140	876	340	300	1648	90	14
陶瓷制品制造	3150	726	81	684	2603	173	5
耐火材料制品制造	3160	2794	217	379	142	41	2
石墨及其他非金属矿物制品制造	3190	1832	378	487	749	229	9
黑色金属冶炼及压延加工业	3200	889	552	1291	977	447	16
炼铁	3210	139	103	458	100	68	4
炼钢	3220	41	55	37	55	16	3
钢压延加工	3230	462	336	225	790	115	9
铁合金冶炼	3240	247	58	571	32	248	
有色金属冶炼及压延加工业	3300	1509	521	1649	2105	366	13
常用有色金属冶炼	3310	616	166	819	265	235	6
贵金属冶炼	3320	33	9	194	20	13	1
稀有稀土金属冶炼	3330	163	56	178	45	14	1
有色金属合金制造	3340	146	55	172	202	14	3
有色金属压延加工	3350	551	235	286	1573	90	2

单位：个

重庆	四川	贵州	云南	西藏	陕西	甘肃	青海	宁夏	新疆	代码
129	104	44	19		114	4	1	3	13	2930
17	48	12	14		18	7	1	2	3	2940
3	15		1		10			4	1	2950
26	19	9	5		9	4	1		1	2960
43	98	11	55		64	15		1	3	2990
956	1921	291	540	4	851	399	48	157	701	3000
87	210	19	58		89	57	3	19	106	3010
201	399	76	125	3	167	89	7	37	264	3020
110	280	61	133	1	135	85	17	50	85	3030
54	102	15	24		86	29	9	9	59	3040
4	15	1	1		2				1	3050
114	261	31	70		121	50	5	16	44	3060
100	115	16	10		41	14	2	2	6	3070
90	193	26	44		104	31	3	7	51	3080
196	346	46	75		106	44	2	17	85	3090
4024	11376	2424	2746	65	7357	3282	671	1034	1395	3100
290	738	313	357	12	736	280	74	83	136	3110
1293	2689	445	407	21	2090	537	154	195	278	3120
1934	6330	1322	1680	27	4064	2208	375	462	832	3130
263	632	81	72	2	154	39	9	13	76	3140
78	201	21	33		76	18	3	2	6	3150
82	375	85	51		98	52	11	19	24	3160
84	411	157	146	3	139	148	45	260	43	3190
321	776	341	378		274	242	87	137	101	3200
23	103	79	113		28	34	4	30	34	3210
11	44	6	18		16	9	3	1	5	3220
243	415	44	145		142	61	7	21	47	3230
44	214	212	102		88	138	73	85	15	3240
294	596	255	715	7	651	152	58	65	78	3300
115	233	166	524	2	145	72	41	40	33	3310
2	14	11	20		8	17	1	1	26	3320
12	66	37	71		66	10	3	10		3330
52	97	10	20		45	9	6	7	3	3340
113	186	31	80	5	387	44	7	7	16	3350

行业中类	代码	河南	湖北	湖南	广东	广西	海南
金属制品业	3400	5023	3251	2118	24065	803	76
结构性金属制品制造	3410	2818	1705	863	5115	308	33
金属工具制造	3420	445	371	461	2997	114	9
集装箱及金属包装容器制造	3430	216	225	71	695	36	9
金属丝绳及其制品的制造	3440	324	125	73	473	22	2
建筑、安全用金属制品制造	3450	491	232	149	2692	72	7
金属表面处理及热处理加工	3460	124	127	82	1685	36	2
搪瓷制品制造	3470	54	18	19	188	4	
不锈钢及类似日用金属制品制造	3480	218	165	173	5344	110	8
其他金属制品制造	3490	333	283	227	4876	101	6
通用设备制造业	3500	8085	3865	3254	9455	1059	34
锅炉及原动机制造	3510	274	275	162	183	67	1
金属加工机械制造	3520	850	760	582	1878	129	5
起重运输设备制造	3530	669	123	93	304	34	1
泵、阀门、压缩机及类似机械的制造	3540	773	311	325	703	70	3
轴承、齿轮、传动和驱动部件的制造	3550	580	167	169	352	44	3
烘炉、熔炉及电炉制造	3560	74	31	42	97	7	
风机、衡器、包装设备等通用设备制造	3570	739	463	361	1896	102	2
通用零部件制造及机械修理	3580	1808	911	687	3078	297	13
金属铸、锻加工	3590	2318	824	833	964	309	6
专用设备制造业	3600	5368	2328	1724	10662	787	42
矿山、冶金、建筑专用设备制造	3610	1823	540	374	341	152	
化工、木材、非金属加工专用设备制造	3620	543	458	238	5556	135	7
食品、饮料、烟草及饲料生产专用设备制造	3630	333	148	112	279	75	1
印刷、制药、日化生产专用设备制造	3640	334	140	131	873	49	1
纺织、服装和皮革工业专用设备制造	3650	178	90	54	424	7	
农、林、牧、渔专用机械制造	3670	1336	146	286	174	204	17
医疗仪器设备及器械制造	3680	170	145	101	639	53	7
环保、社会公共安全及其他专用设备制造	3690	467	400	269	1124	82	6
交通运输设备制造业	3700	3033	3697	1780	4556	1163	215
铁路运输设备制造	3710	197	120	157	28	22	
汽车制造	3720	2363	3159	1427	2821	977	175
摩托车制造	3730	227	31	47	501	4	6
自行车制造	3740	145	24	10	394	27	
船舶及浮动装置制造	3750	26	303	96	707	115	30
航空航天器制造	3760	7	11	9	12	5	
交通器材及其他交通运输设备制造	3790	68	49	34	93	13	4

单位：个

重庆	四川	贵州	云南	西藏	陕西	甘肃	青海	宁夏	新疆	代码
1623	2799	405	782	9	1621	615	183	228	514	3400
620	1345	159	401	3	812	369	92	143	322	3410
330	365	81	71	1	212	58	12	13	20	3420
60	160	17	50		69	28	2	10	35	3430
46	86	33	26	2	60	20	51	10	27	3440
125	248	32	55		166	55	10	19	47	3450
180	219	18	43		103	24	8	5	17	3460
15	14	3	2		11	2		1		3470
115	144	19	52	1	73	14	1	7	16	3480
132	218	43	82	2	115	45	7	20	30	3490
1822	4401	418	736		2951	502	90	237	334	3500
94	222	10	16		143	68	13	22	54	3510
268	713	98	108		646	85	15	51	27	3520
56	62	5	23		28	5		13	15	3530
123	448	31	28		153	39	2	6	10	3540
112	160	26	24		80	24	4	18	4	3550
25	26	5	6		60	4	2	2	1	3560
239	362	43	63		299	43	14	17	39	3570
561	1729	128	268		1091	100	25	57	119	3580
344	679	72	200		451	134	15	51	65	3590
989	1956	192	359	2	1600	346	35	105	268	3600
176	574	64	90		510	115	10	37	74	3610
300	412	37	41		188	34	4	14	19	3620
34	144	9	50		75	12	2	4	8	3630
52	89	8	13		84	16	1	3	5	3640
23	20				91	7			10	3650
150	180	23	52	2	132	74	8	20	108	3670
60	143	9	23		105	22	3	10	12	3680
139	250	30	69		225	42	6	9	24	3690
5554	2172	519	669	16	1040	331	102	88	156	3700
31	126	14	10		115	21	2		7	3710
2451	1762	461	621	14	794	295	98	77	136	3720
2829	102	4	1		23	1		1		3730
17	58	1	4		9	1	1	1	5	3740
197	44	12	3		4	3				3750
2	35	18	4		79	6				3760
27	45	9	26	2	16	4	1	9	8	3790

行业中类	代码	河南	湖北	湖南	广东	广西	海南
电气机械及器材制造业	3900	2615	1740	1481	19108	531	40
电机制造	3910	285	222	169	974	70	1
输配电及控制设备制造	3920	833	620	489	4647	195	16
电线、电缆、光缆及电工器材制造	3930	665	348	310	2973	88	6
电池制造	3940	194	100	96	1009	25	2
家用电力器具制造	3950	139	108	124	4449	43	2
非电力家用器具制造	3960	136	90	55	605	34	2
照明器具制造	3970	246	106	96	3917	38	7
其他电气机械及器材制造	3990	117	146	142	534	38	4
通信设备、计算机及其他电子设备制造业	4000	501	861	711	17404	295	20
通信设备制造	4010	70	217	67	1438	54	3
雷达及配套设备制造	4020	1	5	5	16	2	
广播电视设备制造	4030	19	11	19	457	10	
电子计算机制造	4040	32	82	66	1888	18	2
电子器件制造	4050	85	169	75	2208	24	3
电子元件制造	4060	192	198	350	6885	120	8
家用视听设备制造	4070	14	15	20	2261	15	
其他电子设备制造	4090	88	164	109	2251	52	4
仪器仪表及文化、办公用机械制造业	4100	616	621	365	3157	107	7
通用仪器仪表制造	4110	378	357	188	625	42	2
专用仪器仪表制造	4120	128	118	70	353	19	2
钟表与计时仪器制造	4130	10	8	9	1052	10	1
光学仪器及眼镜制造	4140	68	41	42	556	18	1
文化、办公用机械制造	4150	23	19	18	494	6	1
其他仪器仪表的制造及修理	4190	9	78	38	77	12	
工艺品及其他制造业	4200	3334	1154	1240	7308	591	63
工艺美术品制造	4210	1462	505	431	5134	458	50
日用杂品制造	4220	464	125	242	1066	56	1
煤制品制造	4230	1305	191	473	33	20	1
其他未列明的制造业	4290	103	332	94	1075	56	11
废弃资源和废旧材料回收加工业	4300	826	368	460	1161	97	12
金属废料和碎屑的加工处理	4310	421	187	289	556	57	3
非金属废料和碎屑的加工处理	4320	405	181	171	605	40	9

单位：个

重庆	四川	贵州	云南	西藏	陕西	甘肃	青海	宁夏	新疆	代码
766	1667	179	332	5	1288	282	46	92	240	3900
109	173	7	18		127	23	3	9	5	3910
226	635	56	89	1	654	134	10	34	138	3920
155	344	47	89	1	244	35	6	13	50	3930
46	95	8	18		23	4	5	4	2	3940
70	131	29	12		78	14	3	1	11	3950
28	68	17	73	2	42	37	10	13	11	3960
73	124	7	15		53	13	6	3	15	3970
59	97	8	18	1	67	22	3	15	8	3990
220	884	51	45		520	48	1	6	12	4000
62	149	8	10		92	7		2	2	4010
	17	2			8	2				4020
4	45		2		12	2			3	4030
13	75	2	10		36	2		2		4040
32	147	11	9		89	18				4050
64	323	22	4		173	9	1	1	4	4060
7	26	2	2		3			1	2	4070
38	102	4	8		107	8			1	4090
508	370	32	121		424	56	4	28	19	4100
266	164	15	31		233	30	4	20	7	4110
54	93	4	9		112	11		2	5	4120
8	7	2			5					4130
125	57	5	71		26	4		1	1	4140
8	18	2	6		6	6		3	2	4150
47	31	4	4		42	5		2	4	4190
344	715	170	335	39	682	278	93	52	68	4200
160	264	107	159	35	318	160	51	23	47	4210
62	95	10	34		42	20		1	5	4220
85	246	26	22	1	234	74	38	20	8	4230
37	107	27	119	3	87	23	4	8	8	4290
125	317	57	108	2	133	46	13	9	24	4300
53	169	34	61		68	23	5	3	12	4310
72	148	23	47	2	65	23	8	6	12	4320

行业中类	代码	河南	湖北	湖南	广东	广西	海南
电力、燃气及水的生产和供应业	D	**1415**	**2626**	**4581**	**7528**	**2450**	**258**
电力、热力的生产和供应业	4400	625	1243	3628	6061	1829	162
电力生产	4410	444	1034	3385	5875	1661	136
电力供应	4420	133	185	232	157	158	25
热力生产和供应	4430	48	24	11	29	10	1
燃气生产和供应业	4500	148	182	115	210	51	24
水的生产和供应业	4600	642	1201	838	1257	570	72
自来水的生产和供应	4610	540	1131	772	1021	521	65
污水处理及其再生利用	4620	91	61	52	207	43	4
其他水的处理、利用与分配	4690	11	9	14	29	6	3
建筑业	E	**10362**	**14828**	**6252**	**17339**	**3128**	**1743**
房屋和土木工程建筑业	4700	5740	5627	3697	4691	1278	297
房屋工程建筑	4710	4271	3720	2766	2897	827	134
土木工程建筑	4720	1469	1907	931	1794	451	163
建筑安装业	4800	1247	2867	788	4129	453	295
建筑装饰业	4900	2239	3736	1105	6759	1027	926
其他建筑业	5000	1136	2598	662	1760	370	225
工程准备	5010	234	597	157	678	107	145
提供施工设备服务	5020	117	276	104	176	80	19
其他未列明的建筑活动	5090	785	1725	401	906	183	61
交通运输、仓储和邮政业	F	**5106**	**6447**	**3670**	**16664**	**3424**	**596**
铁路运输业	5100	48	37	4	27	24	3
铁路旅客运输	5110	2	4	2	3	3	1
铁路货物运输	5120	24	15		17	9	2
铁路运输辅助活动	5130	22	18	2	7	12	
道路运输业	5200	2793	3427	1824	5799	1694	212
公路旅客运输	5210	398	726	496	596	267	66
道路货物运输	5220	1993	2374	1077	4541	1219	135
道路运输辅助活动	5230	402	327	251	662	208	11
城市公共交通业	5300	388	337	457	492	198	49
公共电汽车客运	5310	98	84	177	152	72	13
轨道交通	5320	4	2	4	7		
出租车客运	5330	282	220	246	309	106	33
城市轮渡	5340		21	7	5		
其他城市公共交通	5390	4	10	23	19	20	3

单位：个

重庆	四川	贵州	云南	西藏	陕西	甘肃	青海	宁夏	新疆	代码
1954	**5530**	**1170**	**1862**	**87**	**1224**	**898**	**237**	**170**	**579**	D
1129	3369	882	1429	72	630	737	184	98	405	4400
1073	3130	764	1260	60	499	469	160	42	189	4410
52	232	112	164	12	74	123	7	6	25	4420
4	7	6	5		57	145	17	50	191	4430
167	591	32	50	4	135	33	7	28	53	4500
658	1570	256	383	11	459	128	46	44	121	4600
594	1463	242	356	11	424	106	40	36	110	4610
54	91	11	25		26	13	1	6	10	4620
10	16	3	2		9	9	5	2	1	4690
6330	**8744**	**1868**	**4720**	**337**	**6934**	**2240**	**745**	**1045**	**1873**	E
2931	4144	760	2018	308	3624	1340	396	520	834	4700
2200	3050	553	1336	241	2610	967	233	299	438	4710
731	1094	207	682	67	1014	373	163	221	396	4720
754	1326	225	639	11	1005	375	123	164	379	4800
1639	2300	659	1513	12	1660	395	153	294	427	4900
1006	974	224	550	6	645	130	73	67	233	5000
90	201	65	94	1	251	50	37	30	102	5010
127	136	25	32	1	103	14	8	11	27	5020
789	637	134	424	4	291	66	28	26	104	5090
4001	**5944**	**1210**	**2320**	**124**	**3253**	**1246**	**317**	**487**	**2172**	F
5	21	16	10	1	41	9	8	4	16	5100
1	2		1		2	4			1	5110
3	8	9	7	1	27	1	5	2	14	5120
1	11	7	2		12	4	3	2	1	5130
2208	3491	681	1270	61	1674	557	162	284	1078	5200
255	572	197	217	20	247	142	35	62	176	5210
1748	2369	393	844	32	1211	313	94	205	797	5220
205	550	91	209	9	216	102	33	17	105	5230
140	422	107	161	28	367	149	33	55	148	5300
39	111	32	44	2	85	40	7	16	57	5310
2	6		5		3				1	5320
85	280	64	103	26	270	103	24	36	82	5330
2	3									5340
12	22	11	9		9	6	2	3	8	5390

行业中类	代码	河南	湖北	湖南	广东	广西	海南
水上运输业	5400	84	513	187	1000	343	89
水上旅客运输	5410	14	106	46	105	53	11
水上货物运输	5420	61	291	102	582	239	66
水上运输辅助活动	5430	9	116	39	313	51	12
航空运输业	5500	21	21	24	107	34	9
航空客货运输	5510	8	6	10	65	12	2
通用航空服务	5520	4	2	7	21	7	2
航空运输辅助活动	5530	9	13	7	21	15	5
管道运输业	5600	2	6	9	5	2	1
装卸搬运和其他运输服务业	5700	590	1439	798	7234	651	155
装卸搬运	5710	250	548	289	563	187	20
运输代理服务	5720	340	891	509	6671	464	135
仓储业	5800	1101	499	254	1193	400	49
谷物、棉花等农产品仓储	5810	611	155	126	184	196	17
其他仓储	5890	490	344	128	1009	204	32
邮政业	5900	79	168	113	807	78	29
国家邮政	5910	22	45	38	46	26	15
其他寄递服务	5990	57	123	75	761	52	14
信息传输、计算机服务和软件业	**G**	**4493**	**6160**	**7353**	**15939**	**5191**	**748**
电信和其他信息传输服务业	6000	405	1123	576	2640	887	122
电信	6010	179	454	250	731	257	32
互联网信息服务	6020	148	546	193	1768	601	80
广播电视传输服务	6030	75	109	125	128	26	8
卫星传输服务	6040	3	14	8	13	3	2
计算机服务业	6100	3494	4013	6013	6379	3907	478
计算机系统服务	6110	268	767	275	1838	273	58
数据处理	6120	24	32	12	106	7	8
计算机维修	6130	77	113	39	332	52	24
其他计算机服务	6190	3125	3101	5687	4103	3575	388
软件业	6200	594	1024	764	6920	397	148
公共软件服务	6210	502	796	573	5756	286	97
其他软件服务	6290	92	228	191	1164	111	51
批发和零售业	**H**	**54367**	**68642**	**32057**	**172063**	**30733**	**6010**
批发业	6300	26868	35024	15885	112908	16556	2475
农畜产品批发	6310	3235	4937	1086	1851	840	139

单位：个

重庆	四川	贵州	云南	西藏	陕西	甘肃	青海	宁夏	新疆	代码
377	166	47	33		19	4	1	3		5400
74	65	14	19		14	2	1			5410
260	61	23	8		5	1		3		5420
43	40	10	6			1				5430
18	40	13	36	4	22	26	4	8	18	5500
2	14	7	18	4	8	9		5	5	5510
7	11	1	8		4	7	2	1	6	5520
9	15	5	10		10	10	2	2	7	5530
1	2		1		9			2	5	5600
905	1315	180	493	10	451	253	44	67	674	5700
310	355	63	145		129	57	17	30	108	5710
595	960	117	348	10	322	196	27	37	566	5720
255	352	134	195	3	605	207	46	47	193	5800
45	102	62	31		287	127	27	26	54	5810
210	250	72	164	3	318	80	19	21	139	5890
92	135	32	121	17	65	41	19	17	40	5900
51	40	14	51	8	35	21	12	8	20	5910
41	95	18	70	9	30	20	7	9	20	5990
3477	**8424**	**1732**	**3051**	**133**	**3392**	**826**	**346**	**643**	**1892**	G
906	964	345	610	52	607	319	75	76	402	6000
408	314	106	209	31	237	97	43	36	130	6010
450	430	201	359	21	294	212	21	26	247	6020
44	216	38	38		74	9	11	13	24	6030
4	4		4		2	1		1	1	6040
1907	6269	1209	1875	79	2044	424	239	508	1320	6100
208	447	117	347	11	250	36	23	55	159	6110
3	20	2	14		25	2			9	6120
68	135	20	33	2	76	18	8	24	46	6130
1628	5667	1070	1481	66	1693	368	208	429	1106	6190
664	1191	178	566	2	741	83	32	59	170	6200
504	1022	116	466	2	676	55	29	56	111	6210
160	169	62	100		65	28	3	3	59	6290
31087	**46363**	**13607**	**30425**	**884**	**35657**	**16323**	**3419**	**6973**	**19838**	H
16165	28489	7280	18376	145	16806	9137	1690	3857	13496	6300
987	1894	262	520	11	975	820	85	298	1048	6310

行业中类	代码	河南	湖北	湖南	广东	广西	海南
食品、饮料及烟草制品批发	6320	2200	3073	1746	7872	1383	327
纺织、服装及日用品批发	6330	1129	2133	969	16145	914	188
文化、体育用品及器材批发	6340	522	830	355	5050	447	104
医药及医疗器材批发	6350	886	1215	646	3433	615	342
矿产品、建材及化工产品批发	6360	10384	10920	5297	25998	6338	667
机械设备、五金交电及电子产品批发	6370	6134	8064	3674	37821	3810	430
贸易经纪与代理	6380	292	804	444	5796	792	80
其他批发	6390	2086	3048	1668	8942	1417	198
零售业	6500	27499	33618	16172	59155	14177	3535
综合零售	6510	5747	7512	3450	4362	1667	335
食品、饮料及烟草制品专门零售	6520	2397	2225	1013	4003	1083	243
纺织、服装及日用品专门零售	6530	3026	3021	1535	6353	909	512
文化、体育用品及器材专门零售	6540	1417	1358	762	3737	648	235
医药及医疗器材专门零售	6550	1680	3370	1864	4514	2752	171
汽车、摩托车、燃料及零配件专门零售	6560	4162	3451	2222	7427	1922	378
家用电器及电子产品专门零售	6570	4596	5336	2312	12785	2228	664
五金、家具及室内装修材料专门零售	6580	2609	3673	1468	8581	1374	589
无店铺及其他零售	6590	1865	3672	1546	7393	1594	408
住宿和餐饮业	I	**8700**	**7132**	**6687**	**13901**	**2277**	**985**
住宿业	6600	2642	2462	2554	5501	1357	651
旅游饭店	6610	779	802	904	1921	543	389
一般旅馆	6620	1735	1387	1478	3227	726	235
其他住宿服务	6690	128	273	172	353	88	27
餐饮业	6700	6058	4670	4133	8400	920	334
正餐服务	6710	5122	3907	3493	6476	705	241
快餐服务	6720	590	296	152	826	67	13
饮料及冷饮服务	6730	63	126	212	397	29	33
其他餐饮服务	6790	283	341	276	701	119	47
金融业	J	**1332**	**1234**	**988**	**2532**	**899**	**200**
银行业	6800	354	279	281	488	360	44
中央银行	6810	2	17	7	3	4	
商业银行	6820	327	225	248	430	307	36
其他银行	6890	25	37	26	55	49	8

单位：个

重庆	四川	贵州	云南	西藏	陕西	甘肃	青海	宁夏	新疆	代码
1360	2701	684	1567	36	1354	826	162	248	864	6320
797	1409	309	918	3	704	347	58	123	664	6330
370	550	221	464	3	467	241	44	76	275	6340
603	1179	346	711	8	618	418	89	99	376	6350
5836	10401	2950	6657	15	6059	3492	690	1650	4690	6360
4551	7768	1814	4137	41	5447	2449	413	1082	4914	6370
427	255	59	168	2	318	62	57	53	190	6380
1234	2332	635	3234	26	864	482	92	228	475	6390
14922	17874	6327	12049	739	18851	7186	1729	3116	6342	6500
1711	2127	714	1485	72	3052	1177	179	264	569	6510
1092	1409	524	932	115	1490	632	196	227	418	6520
1453	1507	300	751	43	1623	606	119	312	490	6530
697	920	348	634	46	1130	489	134	223	416	6540
1257	1980	430	649	82	1782	477	236	199	324	6550
1945	3977	1354	2259	87	3013	840	291	557	1156	6560
3041	3134	1250	1674	84	2868	1395	284	639	1385	6570
2162	1592	720	1015	56	2507	829	120	469	1029	6580
1564	1228	687	2650	154	1386	741	170	226	555	6590
4311	**6035**	**1276**	**2521**	**265**	**5291**	**1834**	**507**	**544**	**1017**	I
1236	2634	733	1741	222	1949	954	325	287	717	6600
339	898	271	681	123	611	229	97	85	323	6610
812	1604	419	940	92	1244	652	207	184	375	6620
85	132	43	120	7	94	73	21	18	19	6690
3075	3401	543	780	43	3342	880	182	257	300	6700
2574	2750	442	625	30	2791	738	140	231	253	6710
96	115	20	33	3	120	45	1	9	32	6720
118	268	33	35	5	130	25	10	7	3	6730
287	268	48	87	5	301	72	31	10	12	6790
983	**1601**	**615**	**1080**	**96**	**939**	**522**	**153**	**224**	**614**	J
498	463	157	340	74	298	244	88	44	224	6800
	1		3	2	5	2	5		2	6810
458	428	139	291	56	271	218	72	34	187	6820
40	34	18	46	16	22	24	11	10	35	6890

行业中类	代码	河南	湖北	湖南	广东	广西	海南
证券业	6900	35	53	52	164	20	11
证券市场管理	6910	2	7	4	5	2	2
证券经纪与交易	6920	17	25	31	92	11	5
证券投资	6930	12	10	10	32	4	3
证券分析与咨询	6940	4	11	7	35	3	1
保险业	7000	469	435	400	908	232	60
人寿保险	7010	183	184	166	215	88	23
非人寿保险	7020	209	180	178	311	114	20
保险辅助服务	7030	77	71	56	382	30	17
其他金融活动	7100	474	467	255	972	287	85
金融信托与管理	7110	54	52	31	122	32	4
金融租赁	7120	5	4	3	14	5	1
财务公司	7130	19	13	6	67	12	3
邮政储蓄	7140	13	31	15	19	28	1
典当	7150	83	122	149	213	64	61
其他未列明的金融活动	7190	300	245	51	537	146	15
房地产业	**K**	**7910**	**10899**	**6875**	**32385**	**7017**	**2854**
房地产业	7200	7910	10899	6875	32385	7017	2854
房地产开发经营	7210	4879	4066	4172	8344	3975	1622
物业管理	7220	1737	3080	1759	9539	1291	618
房地产中介服务	7230	872	1702	417	5387	975	417
其他房地产活动	7290	422	2051	527	9115	776	197
租赁和商务服务业	**L**	**9895**	**14895**	**7106**	**54011**	**7931**	**2629**
租赁业	7300	584	742	298	1225	373	225
机械设备租赁	7310	546	710	280	1141	361	211
文化及日用品出租	7320	38	32	18	84	12	14
商务服务业	7400	9311	14153	6808	52786	7558	2404
企业管理服务	7410	988	2562	986	17140	1599	373
法律服务	7420	262	187	359	843	141	47
咨询与调查	7430	2815	3523	1469	15344	1313	579
广告业	7440	2477	3119	1503	8342	1845	526
知识产权服务	7450	79	107	62	490	39	11
职业中介服务	7460	410	631	351	1166	266	80
市场管理	7470	335	540	511	1344	333	48
旅行社	7480	916	970	810	1308	571	249
其他商务服务	7490	1029	2514	757	6809	1451	491

单位：个

重庆	四川	贵州	云南	西藏	陕西	甘肃	青海	宁夏	新疆	代码
17	55	12	20	2	47	13	2	6	5	6900
	2		2	1	6	2				6910
8	42	11	14	1	26	10	2	1	3	6920
3	8	1	3		8	1		5	2	6930
6	3		1		7					6940
143	478	132	371	14	326	175	29	46	173	7000
60	189	47	115	5	115	59	10	14	64	7010
51	189	69	208	9	148	104	17	26	91	7020
32	100	16	48		63	12	2	6	18	7030
325	605	314	349	6	268	90	34	128	212	7100
24	52	19	31	2	31	10	5	4	23	7110
3	7	3	12		3	3		2	2	7120
21	25	2	22		8	5	1	5	17	7130
47	22	8	12	1	12	15	4	6	8	7140
66	155	132	78	2	69	29	16	48	74	7150
164	344	150	194	1	145	28	8	63	88	7190
5897	**9281**	**3933**	**5058**	**104**	**4945**	**2217**	**733**	**872**	**2804**	K
5897	9281	3933	5058	104	4945	2217	733	872	2804	7200
2572	4415	2218	2741	62	1665	1185	391	414	1239	7210
1787	2759	794	1019	39	1598	718	222	297	761	7220
936	1383	309	878	1	520	273	66	131	378	7230
602	724	612	420	2	1162	41	54	30	426	7290
9543	**13387**	**3490**	**7116**	**201**	**6310**	**2717**	**837**	**1357**	**4388**	L
860	1160	318	395	41	714	242	76	237	350	7300
842	1136	289	385	36	694	231	72	235	339	7310
18	24	29	10	5	20	11	4	2	11	7320
8683	12227	3172	6721	160	5596	2475	761	1120	4038	7400
939	2253	559	1245	13	742	245	124	117	671	7410
216	496	90	173	3	187	115	31	30	180	7420
2391	2715	594	1546	29	1165	426	93	196	942	7430
2570	2751	699	1383	45	1509	579	115	344	881	7440
62	84	17	26	1	37	3	3	19	28	7450
598	920	188	205	3	401	176	43	109	311	7460
396	844	127	409	3	208	201	70	69	152	7470
484	773	263	446	40	566	281	160	84	317	7480
1027	1391	635	1288	23	781	449	122	152	556	7490

行业中类	代码	河南	湖北	湖南	广东	广西	海南
科学研究、技术服务和地质勘查业	M	**2855**	**5557**	**2353**	**17109**	**2197**	**624**
研究与试验发展	7500	271	633	333	4583	175	95
自然科学研究与试验发展	7510	26	209	41	264	27	11
工程和技术研究与试验发展	7520	111	282	157	3809	70	23
农业科学研究与试验发展	7530	83	86	76	153	44	32
医学研究与试验发展	7540	46	51	46	337	30	26
社会人文科学研究与试验发展	7550	5	5	13	20	4	3
专业技术服务业	7600	1767	3100	1275	10066	1469	418
气象服务	7610	22	249	24	45	27	9
地震服务	7620	2	1	2	5	1	1
海洋服务	7630		2	1	12	6	4
测绘服务	7640	98	64	38	181	104	18
技术检测	7650	206	283	146	758	231	48
环境监测	7660	33	41	24	91	21	7
工程技术与规划管理	7670	1021	1413	676	4294	746	219
其他专业技术服务	7690	385	1047	364	4680	333	112
科技交流和推广服务业	7700	729	1750	701	2374	481	85
技术推广服务	7710	515	1232	444	1725	307	43
科技中介服务	7720	128	146	116	284	67	6
其他科技服务	7790	86	372	141	365	107	36
地质勘查业	7800	88	74	44	86	72	26
矿产地质勘查	7810	26	22	22	22	44	18
基础地质勘查	7820	10	12	5	27	4	2
地质勘查技术服务	7830	52	40	17	37	24	6
水利、环境和公共设施管理业	N	**885**	**1080**	**604**	**2132**	**518**	**128**
水利管理业	7900	55	173	77	129	39	11
防洪管理	7910	8	4	8	14	6	
水资源管理	7920	17	116	38	76	20	8
其他水利管理	7990	30	53	31	39	13	3
环境管理业	8000	119	251	112	634	122	37
自然保护	8010	12	18	10	25	7	1
环境治理	8020	107	233	102	609	115	36
公共设施管理业	8100	711	656	415	1369	357	80
市政公共设施管理	8110	84	108	55	231	51	11
城市绿化管理	8120	311	320	150	812	109	24
游览景区管理	8130	316	228	210	326	197	45

单位：个

重庆	四川	贵州	云南	西藏	陕西	甘肃	青海	宁夏	新疆	代码
1967	**3859**	**952**	**2208**	**50**	**2701**	**755**	**314**	**398**	**1730**	**M**
204	449	101	311	5	215	75	14	23	86	7500
19	45	7	52		8	10	4	4	17	7510
89	226	38	110	1	103	28	3	9	27	7520
34	89	31	75	2	41	21	6	5	31	7530
55	83	24	68	2	58	14	1	4	11	7540
7	6	1	6		5	2		1		7550
1215	2420	656	1429	31	1346	513	223	289	1057	7600
7	17	29	17	2	29	11		8	16	7610
		3	2		1	1	2			7620
			1						1	7630
25	169	43	143	1	75	23	10	15	55	7640
128	208	76	133	6	167	57	34	42	193	7650
29	31	16	19	1	32	7	5	9	15	7660
658	1404	315	806	18	743	286	149	192	512	7670
368	591	174	308	3	299	128	23	23	265	7690
499	865	131	327	5	1045	127	54	70	263	7700
248	613	66	196	3	830	85	23	55	161	7710
104	131	24	50		101	16	22	9	53	7720
147	121	41	81	2	114	26	9	6	49	7790
49	125	64	141	9	95	40	23	16	324	7800
19	47	26	86	6	53	27	14	11	154	7810
9	23	8	13		13	4	2	2	6	7820
21	55	30	42	3	29	9	7	3	164	7830
711	**812**	**290**	**542**	**12**	**568**	**140**	**34**	**101**	**262**	**N**
67	68	55	44	2	74	18	6	8	40	7900
5	4	4			4				4	7910
44	43	35	20	2	22	12	2	4	26	7920
18	21	16	24		48	6	4	4	10	7990
243	246	51	121	2	134	27	14	15	53	8000
14	19	6	18	1	8	5	6	3	10	8010
229	227	45	103	1	126	22	8	12	43	8020
401	498	184	377	8	360	95	14	78	169	8100
46	67	16	47		37	15	5	4	21	8110
207	280	52	183	4	184	44	3	42	77	8120
148	151	116	147	4	139	36	6	32	71	8130

行业中类	代码	河南	湖北	湖南	广东	广西	海南
居民服务和其他服务业	O	**3584**	**6530**	**4594**	**12700**	**1898**	**471**
居民服务业	8200	2182	2306	2983	5406	640	218
家庭服务	8210	125	137	208	533	57	24
托儿所	8220	13	12	24	66	6	
洗染服务	8230	64	76	86	166	20	3
理发及美容保健服务	8240	383	616	1267	1935	165	75
洗浴服务	8250	696	251	406	728	45	11
婚姻服务	8260	108	133	70	139	30	5
殡葬服务	8270	74	51	56	106	21	7
摄影扩印服务	8280	435	329	276	610	91	35
其他居民服务	8290	284	701	590	1123	205	58
其他服务业	8300	1402	4224	1611	7294	1258	253
修理与维护	8310	854	1575	999	3701	636	94
清洁服务	8320	265	442	210	1901	222	88
其他未列明的服务	8390	283	2207	402	1692	400	71
教育	P	**1079**	**972**	**1078**	**3147**	**435**	**132**
教育	8400	1079	972	1078	3147	435	132
学前教育	8410	319	110	379	1034	87	7
初等教育	8420	154	9	26	184	7	
中等教育	8430	92	38	76	106	23	4
高等教育	8440	2	5	11	47	2	
其他教育	8490	512	810	586	1776	316	121
卫生、社会保障和社会福利业	Q	**1157**	**798**	**481**	**1696**	**318**	**45**
卫生	8500	1121	763	453	1623	304	40
医院	8510	215	142	184	225	64	12
卫生院及社区医疗活动	8520	83	89	92	168	32	6
门诊部医疗活动	8530	788	455	133	937	152	7
计划生育技术服务活动	8540	1	21	1	175		
妇幼保健活动	8550	3	5	3	7	4	3
专科疾病防治活动	8560	9	5	6	33	8	5
疾病预防控制及防疫活动	8570	4	6	5	12	1	1
其他卫生活动	8590	18	40	29	66	43	6

单位：个

重庆	四川	贵州	云南	西藏	陕西	甘肃	青海	宁夏	新疆	代码
2499	**3266**	**1216**	**1840**	**81**	**2993**	**1127**	**206**	**412**	**1202**	O
1256	1446	481	652	31	1372	468	101	129	385	8200
129	201	62	80	1	76	30	4	18	43	8210
18	7	1	1		8	2	1	1	6	8220
43	56	12	29		56	19	1	4	10	8230
383	275	80	119	6	274	76	13	18	45	8240
163	199	88	110	6	291	84	29	21	51	8250
94	105	10	23	1	90	18	6	10	16	8260
69	72	39	29		45	14	9	15	17	8270
118	136	47	87	2	241	93	13	21	42	8280
239	395	142	174	15	291	132	25	21	155	8290
1243	1820	735	1188	50	1621	659	105	283	817	8300
622	1136	383	587	37	1066	394	55	211	522	8310
324	345	99	159	4	240	110	24	41	82	8320
297	339	253	442	9	315	155	26	31	213	8390
548	**1129**	**332**	**415**	**24**	**472**	**195**	**51**	**59**	**301**	P
548	1129	332	415	24	472	195	51	59	301	8400
62	280	61	42	7	104	12	4	5	33	8410
3	7	11	5	1	11	1			2	8420
18	38	14	15	1	25	10	4	2	10	8430
3	7		12			4	1		1	8440
462	797	246	341	15	332	168	42	52	255	8490
215	**621**	**307**	**352**	**10**	**847**	**126**	**35**	**68**	**254**	Q
193	587	302	329	9	828	122	34	68	241	8500
73	313	184	227	3	80	39	16	41	148	8510
43	98	46	28	1	22	27	13	9	43	8520
58	136	49	52	4	696	42	4	13	39	8530
2	2		2	1	1	3		1		8540
3	2	1	4		3	2			1	8550
2	7	3	3		4	2	1		4	8560
2	5		1		3	1		2		8570
10	24	19	12		19	6		2	6	8590

行业中类	代码	河南	湖北	湖南	广东	广西	海南
社会保障业	8600	7	10	10	7	2	2
社会福利业	8700	29	25	18	66	12	3
提供住宿的社会福利	8710	23	19	10	48	7	1
不提供住宿的社会福利	8720	6	6	8	18	5	2
文化、体育和娱乐业	R	**1092**	**1599**	**1783**	**3863**	**789**	**350**
新闻出版业	8800	50	122	73	251	43	27
新闻业	8810	3	3	6	15	3	
出版业	8820	47	119	67	236	40	27
广播、电视、电影和音像业	8900	185	260	161	523	137	58
广播	8910	6	21	6	28	3	
电视	8920	34	47	34	122	12	8
电影	8930	108	131	81	241	101	36
音像制作	8940	37	61	40	132	21	14
文化艺术业	9000	309	417	275	587	134	99
文艺创作与表演	9010	171	54	65	173	36	23
艺术表演场馆	9020	14	12	24	31	4	4
图书馆与档案馆	9030	3	3	3	11	1	3
文物及文化保护	9040	23	9	8	10	1	
博物馆	9050	2	3	2	10	1	2
烈士陵园、纪念馆	9060	2	2	9	2	1	1
群众文化活动	9070	25	80	23	80	12	5
文化艺术经纪代理	9080	33	66	85	136	32	31
其他文化艺术	9090	36	188	56	134	46	30
体育	9100	47	85	39	310	39	20
体育组织	9110	27	25	8	86	12	3
体育场馆	9120	7	9	15	143	18	8
其他体育	9190	13	51	16	81	9	9
娱乐业	9200	501	715	1235	2192	436	146
室内娱乐活动	9210	322	387	820	1364	282	48
游乐园	9220	39	35	15	90	13	9
休闲健身娱乐活动	9230	92	194	284	578	75	52
其他娱乐活动	9290	48	99	116	160	66	37

单位：个

重庆	四川	贵州	云南	西藏	陕西	甘肃	青海	宁夏	新疆	代码
1	8	3	13		1	1			2	8600
21	26	2	10	1	18	3	1		11	8700
15	18	1	7	1	11	2			6	8710
6	8	1	3		7	1	1		5	8720
969	**1324**	**331**	**865**	**19**	**855**	**292**	**84**	**122**	**258**	**R**
74	73	10	21		67	12	2	5	20	8800
6	6		1		2	1			2	8810
68	67	10	20		65	11	2	5	18	8820
105	219	72	110	2	180	38	21	28	71	8900
5	10	2	3		8	1	3	4	4	8910
15	35	12	22		24	3	4	1	8	8920
45	123	54	63	1	115	27	13	18	42	8930
40	51	4	22	1	33	7	1	5	17	8940
150	195	61	252	4	147	36	9	7	43	9000
56	78	19	59	2	54	9	2	1	13	9010
5	9	2	5		7	4		1	4	9020
2	2		2							9030
6	3	2	4		9	1				9040
5	4	1	3		3	1			4	9050
			1		2					9060
11	27	6	24		10	2			5	9070
31	32	12	44	1	29	7	2	1	10	9080
34	40	19	110	1	33	12	5	4	7	9090
26	53	14	59		27	6	5	2	10	9100
5	19	6	12		10	2	3	1	5	9110
10	18	3	8		9	4	1	1	3	9120
11	16	5	39		8		1		2	9190
614	784	174	423	13	434	200	47	80	114	9200
452	558	114	261	9	285	133	40	47	67	9210
11	24	2	13	1	18	5	1	8	9	9220
81	146	37	88	1	106	31	2	12	24	9230
70	56	21	61	2	25	31	4	13	14	9290

2-2 按行业(中类)、地区分组的

(2009年)

行业中类	代码	企业单位数	北京	天津	河北	山西	内蒙古
总计	0000	**239536**	**17011**	**7551**	**8537**	**8295**	**4195**
农、林、牧、渔业	A	**4607**		**35**	**173**	**200**	**166**
农业	0100	1331		11	33	44	55
谷物及其他作物的种植	0110	720		5	22	19	44
蔬菜、园艺作物的种植	0120	246		5	7	14	9
水果、坚果、饮料和香料作物的种植	0130	330		1	4	10	2
中药材的种植	0140	35				1	
林业	0200	1519		3	55	52	59
林木的培育和种植	0210	1165		3	52	49	37
木材和竹材的采运	0220	205			3	2	20
林产品的采集	0230	149				1	2
畜牧业	0300	844		10	32	88	31
牲畜的饲养	0310	359		3	17	48	26
猪的饲养	0320	257		4	9	23	1
家禽的饲养	0330	130		3	6	14	
狩猎和捕捉动物	0340	2					
其他畜牧业	0390	96				3	4
渔业	0400	250		8	3		2
海洋渔业	0410	70		3	3		
内陆渔业	0420	180		5			2
农、林、牧、渔服务业	0500	663		3	50	16	19
农业服务业	0510	385		1	34	13	10
林业服务业	0520	130			3	1	4
畜牧服务业	0530	107		1	8	1	4
渔业服务业	0540	41		1	5	1	1
采矿业	B	**2936**	**19**	**18**	**132**	**386**	**113**
煤炭开采和洗选业	0600	1337	5		60	340	57
烟煤和无烟煤的开采洗选	0610	1269	5		60	334	33
褐煤的开采洗选	0620	49					22
其他煤炭采选	0690	19				6	2
石油和天然气开采业	0700	163	5	11	2	6	6
天然原油和天然气开采	0710	93	1	2	1	5	5
与石油和天然气开采有关的服务活动	0790	70	4	9	1	1	1

国有控股企业法人单位数

单位：个

辽宁	吉林	黑龙江	上海	江苏	浙江	安徽	福建	江西	山东	代码
13387	**4771**	**8374**	**11985**	**11151**	**10039**	**7785**	**8890**	**7175**	**13029**	**0000**
305	**364**	**500**	**85**	**54**	**167**	**32**	**147**	**244**	**87**	**A**
93	57	196	34	20	56	19	44	53	17	0100
45	35	185	8	7	10	13	12	17	6	0110
15	5	8	14	4	23	3	8	17	9	0120
27	7	3	12	8	23	1	24	17	2	0130
6	10			1		2		2		0140
89	200	184	6	3	48	1	64	114	14	0200
86	167	122	6	3	40	1	56	83	14	0210
3	32	60			8		8	29		0220
	1	2						2		0230
63	61	58	19	10	17	3	11	24	19	0300
22	18	38	12	7	3	1	1	9	5	0310
12	11	10	3		7	2	7	12	5	0320
17	7	8	3	1	3		2	2	5	0330
	1									0340
12	24	2	1	2	4		1	1	4	0390
21	9	13	13	10	17	6	6	10	22	0400
9		2	6	1	7		3		17	0410
12	9	11	7	9	10	6	3	10	5	0420
39	37	49	13	11	29	3	22	43	15	0500
20	22	25	6	6	10	2	17	15	12	0510
3	11	12	3	3	10		4	22	1	0520
15	4	11	4	2	6	1		4	2	0530
1		1			3		1	2		0540
79	**62**	**103**	**1**	**53**	**27**	**78**	**92**	**143**	**203**	**B**
26	16	45		12	1	28	24	41	106	0600
25	13	43		12	1	27	24	40	101	0610
1	3	2				1			4	0620
								1	1	0690
8	17	19	1	3			1		22	0700
3	11	7	1	2					14	0710
5	6	12		1			1		8	0790

行业中类	代码	企业单位数	北京	天津	河北	山西	内蒙古
黑色金属矿采选业	0800	264	4		33	14	6
铁矿采选	0810	220	4		33	14	6
其他黑色金属矿采选	0890	44					
有色金属矿采选业	0900	498		1	9	8	21
常用有色金属矿采选	0910	219			1	2	10
贵金属矿采选	0920	187		1	6	6	5
稀有稀土金属矿采选	0930	92			2		6
非金属矿采选业	1000	642	5	6	27	18	22
土砂石开采	1010	394	5	2	9	15	11
化学矿采选	1020	67			2	3	3
采盐	1030	110		4	15		4
石棉及其他非金属矿采选	1090	71			1		4
其他采矿业	1100	32			1		1
制造业	**C**	**34250**	**1929**	**1832**	**1298**	**1048**	**529**
农副食品加工业	1300	2913	63	47	73	115	40
谷物磨制	1310	645	14	9	11	38	7
饲料加工	1320	250	14	10	9	17	3
植物油加工	1330	211	5	3	4	7	3
制糖	1340	72	1			1	2
屠宰及肉类加工	1350	1304	20	7	39	40	14
水产品加工	1360	146	2	9	3		
蔬菜、水果和坚果加工	1370	112	3	1	4	5	2
其他农副食品加工	1390	173	4	8	3	7	9
食品制造业	1400	1126	50	49	43	51	24
焙烤食品制造	1410	217	12	4	3	21	
糖果、巧克力及蜜饯制造	1420	47	2	2	2	2	
方便食品制造	1430	167	11	7	5	8	1
液体乳及乳制品制造	1440	129	5	5	8	4	12
罐头制造	1450	88		11	5	3	
调味品、发酵制品制造	1460	192	4	6	10	6	3
其他食品制造	1490	286	16	14	10	7	8
饮料制造业	1500	1023	44	26	37	24	17
酒精制造	1510	26		4		1	
酒的制造	1520	430	18	7	19	11	10
软饮料制造	1530	349	24	15	18	12	7
精制茶加工	1540	218	2				

单位：个

辽宁	吉林	黑龙江	上海	江苏	浙江	安徽	福建	江西	山东	代码
7	7	2		6	3	14	9	4	13	0800
7	7	2		6	3	13	7	3	13	0810
						1	2	1		0890
9	9	10		3	4	8	14	51	26	0900
2	5	5		2	2	4	6	7	2	0910
4	4	5		1	1	4	5	5	23	0920
3					1		3	39	1	0930
28	12	24		29	19	28	42	47	34	1000
21	9	22		12	15	22	27	40	11	1010
1	1			1	2	2	1	1		1020
3				14	2	1	11		18	1030
3	2	2		2		3	3	6	5	1090
1	1	3					2		2	1100
2691	**627**	**1407**	**1752**	**1475**	**819**	**1055**	**982**	**1129**	**2058**	C
140	49	130	25	80	53	263	108	110	157	1300
40	27	47	4	38	12	51	13	47	27	1310
14	3	12	2	4	4	9	10	5	19	1320
6	4	10	5	5	2	15	3	9	12	1330
1		2					2			1340
59	6	35	6	23	28	181	48	41	49	1350
10	2	1	2	2	6		23	2	27	1360
5	2	8	2	4	1	2	5	1	6	1370
5	5	15	4	4		5	4	5	17	1390
89	14	50	52	49	26	24	48	49	66	1400
25	4	7	16	6	3	6	6	8	10	1410
2	1	3	4	3	1	1	6	2	3	1420
13	3	11	5	4	3	6	9	8	9	1430
3		10	4	3	3	2		3	4	1440
4	1		5	3	1		5	8	2	1450
17	1	5	2	12	7	5	12	10	18	1460
25	4	14	16	18	8	4	10	10	20	1490
34	21	47	18	38	34	33	65	53	66	1500
1	2							1	5	1510
17	10	23	6	9	15	17	18	21	46	1520
16	9	23	12	11	10	6	11	11	13	1530
		1		18	9	10	36	20	2	1540

行业中类	代码	企业单位数	北京	天津	河北	山西	内蒙古
烟草制品业	1600	142	1	1	4	1	2
烟叶复烤	1610	60					
卷烟制造	1620	65	1	1	4	1	2
其他烟草制品加工	1690	17					
纺织业	1700	1268	44	153	58	19	16
棉、化纤纺织及印染精加工	1710	502	14	54	29	12	2
毛纺织和染整精加工	1720	108	6	18	4	1	4
麻纺织	1730	33				1	
丝绢纺织及精加工	1740	79		9	4	1	
纺织制成品制造	1750	279	13	40	12	1	6
针织品、编织品及其制品制造	1760	267	11	32	9	3	4
纺织服装、鞋、帽制造业	1800	659	29	39	23	10	13
纺织服装制造	1810	630	28	36	22	9	13
纺织面料鞋的制造	1820	21		2	1		
制帽	1830	8	1	1		1	
皮革、毛皮、羽毛(绒)及其制品业	1900	194	8	19	6	4	1
皮革鞣制加工	1910	22	2	1			
皮革制品制造	1920	135	5	14	5	2	1
毛皮鞣制及制品加工	1930	18	1	3	1	2	
羽毛(绒)加工及制品制造	1940	19		1			
木材加工及木、竹、藤、棕、草制品业	2000	699	12	17	14	3	23
锯材、木片加工	2010	299	1	2	2		6
人造板制造	2020	182	1	3	4	1	3
木制品制造	2030	178	10	12	7	2	14
竹、藤、棕、草制品制造	2040	40			1		
家具制造业	2100	241	15	14	12	3	3
木质家具制造	2110	173	12	10	6	2	2
竹、藤家具制造	2120	3					
金属家具制造	2130	33	2	1	6	1	
塑料家具制造	2140	2					
其他家具制造	2190	30	1	3			1
造纸及纸制品业	2200	546	25	38	14	4	4
纸浆制造	2210	40	1	2			1
造纸	2220	228	6	19	8	3	1
纸制品制造	2230	278	18	17	6	1	2

单位：个

辽宁	吉林	黑龙江	上海	江苏	浙江	安徽	福建	江西	山东	代码
3	5	6	2	6	3	5	5	4	11	1600
1		5				2	3	1	4	1610
2	3	1	2	3	3	3	2	3	5	1620
	2			3					2	1690
83	2	43	67	81	57	34	20	47	72	1700
34		6	21	46	14	21	5	22	35	1710
12		2	7	6	4		1	3	3	1720
	1	7				2	1	2		1730
9		1	3	6	10	1		4	1	1740
14		18	29	11	15	5	3	5	17	1750
14	1	9	7	12	14	5	10	11	16	1760
47	11	13	46	50	19	12	29	39	56	1800
44	11	11	46	50	19	12	25	38	51	1810
3		1					4		5	1820
		1						1		1830
18		7	19	2	7	2	10	6	5	1900
3		2	1	2	1	1	2	1	3	1910
13		2	17		6		6	3	2	1920
2		1	1							1930
		2				1	2	2		1940
37	50	95	19	8	7	24	32	54	34	2000
16	26	54	1	1	3	9	10	34	6	2010
7	15	18	4	2	1	10	10	8	19	2020
12	9	23	13	4	2	4	6	3	6	2030
2			1	1	1	1	6	9	3	2040
10	3	20	19	6	3	2	17	13	11	2100
6	1	17	11	5	2	2	11	8	9	2110
								1		2120
2	1	1	4	1			2	1	1	2130
1										2140
1	1	2	4		1		4	3	1	2190
32	10	32	19	10	9	11	28	20	44	2200
	2	1					3	1	5	2210
16	5	16	7	2	6	5	9	7	17	2220
16	3	15	12	8	3	6	16	12	22	2230

行业中类	代码	企业单位数	北京	天津	河北	山西	内蒙古
印刷业和记录媒介的复制	2300	2039	203	63	66	66	48
印刷	2310	1876	180	55	63	61	45
装订及其他印刷服务活动	2320	125	13	6	2	5	3
记录媒介的复制	2330	38	10	2	1		
文教体育用品制造业	2400	171	16	15	2	4	1
文化用品制造	2410	72	5	6	1	2	
体育用品制造	2420	40		6	1	2	1
乐器制造	2430	20	6	2			
玩具制造	2440	34	4	1			
游艺器材及娱乐用品制造	2450	5	1				
石油加工、炼焦及核燃料加工业	2500	323	10	12	17	25	8
精炼石油产品的制造	2510	226	10	11	8	3	4
炼焦	2520	90		1	9	22	4
化学原料及化学制品制造业	2600	2557	126	135	103	98	35
基础化学原料制造	2610	680	14	38	25	30	17
肥料制造	2620	454	8	6	23	29	5
农药制造	2630	112	5	6	3	1	1
涂料、油墨、颜料及类似产品制造	2640	222	28	33	10	5	1
合成材料制造	2650	185	8	6	10	3	1
专用化学产品制造	2660	715	50	35	29	25	8
日用化学产品制造	2670	189	13	11	3	5	2
医药制造业	2700	841	69	48	17	27	11
化学药品原药制造	2710	144	4	12	4	4	3
化学药品制剂制造	2720	214	23	14	7	8	
中药饮片加工	2730	61	4	3		2	2
中成药制造	2740	208	15	14	1	8	1
兽用药品制造	2750	69	7	2	1	1	2
生物、生化制品的制造	2760	104	14	1	3	4	1
卫生材料及医药用品制造	2770	41	2	2	1		2
化学纤维制造业	2800	112	3	7	9	3	
纤维素纤维原料及纤维制造	2810	34		1	7		
合成纤维制造	2820	78	3	6	2	3	
橡胶制品业	2900	288	11	32	4	7	3
轮胎制造	2910	69	3	4	1	3	2
橡胶板、管、带的制造	2920	43		3		3	

单位：个

辽宁	吉林	黑龙江	上海	江苏	浙江	安徽	福建	江西	山东	代码
144	33	70	107	81	47	55	73	66	110	2300
139	29	62	88	76	45	55	66	61	100	2310
4	2	8	13	5	1		5	4	10	2320
1	2		6		1		2	1		2330
6	1	7	26	7	8	2	3	5	11	2400
4	1	5	15	4	3	1	1	2	5	2410
		1	5		3		1	1	3	2420
1			4					1		2430
1		1	2	3	1	1	1	1	2	2440
					1				1	2450
38	8	19	8	13	4	5	6	5	32	2500
36	8	14	7	12	3	3	5	3	27	2510
2		4	1	1	1	2	1	1	5	2520
181	42	84	113	111	74	58	62	74	189	2600
51	11	15	30	45	24	14	9	20	42	2610
18	5	17	1	7	4	15	15	8	32	2620
10	1	7	2	8	6	6		5	7	2630
20	3	8	21	5	5	1	4	3	6	2640
12	4	10	18	11	9	2	5	2	25	2650
62	17	19	27	28	23	15	21	28	66	2660
8	1	8	14	7	3	5	8	8	11	2670
53	22	32	73	36	20	29	13	32	43	2700
10	1	6	8	8	8	9	2	5	15	2710
13	2	5	28	14	7	8	3	8	7	2720
5	1	3	6	3	2	1	1	1	2	2730
9	10	9	12	2		5	5	8	7	2740
5	2	2	4	5		1		5	8	2750
7	6	2	12	2	3	3	1	2	4	2760
4		5	3	2		2	1	3		2770
8	3	2	7	14	10	2		3	12	2800
3	2			5	1			2	3	2810
5	1	2	7	9	9	2		1	9	2820
34	3	10	21	12	8	10	4	4	25	2900
4	2	2	4	3	5	1		2	6	2910
6	1		4	3		3			3	2920

行业中类	代码	企业单位数	北京	天津	河北	山西	内蒙古
橡胶零件制造	2930	63	2	6	1	1	
再生橡胶制造	2940	11	1	1	2		
日用及医用橡胶制品制造	2950	21	3	3			
橡胶靴鞋制造	2960	28	1	2			
其他橡胶制品制造	2990	53	1	13			1
塑料制品业	3000	801	49	77	26	18	4
塑料薄膜制造	3010	113	4	7	3	4	
塑料板、管、型材的制造	3020	174	9	15	9	3	2
塑料丝、绳及编织品的制造	3030	98	2	6	4	6	
泡沫塑料制造	3040	32	4	2	3	1	
塑料人造革、合成革制造	3050	9		2	1	1	
塑料包装箱及容器制造	3060	75	3	5	1	1	2
塑料零件制造	3070	61	6	12	1		
日用塑料制造	3080	79	12	5	1	1	
其他塑料制品制造	3090	160	9	23	3	1	
非金属矿物制品业	3100	3149	144	81	165	128	75
水泥、石灰和石膏的制造	3110	784	13	9	39	42	15
水泥及石膏制品制造	3120	702	44	19	36	25	18
砖瓦、石材及其他建筑材料制造	3130	846	35	20	37	30	30
玻璃及玻璃制品制造	3140	264	25	21	13	4	2
陶瓷制品制造	3150	167	5	1	25	9	
耐火材料制品制造	3160	134	8	3	5	5	2
石墨及其他非金属矿物制品制造	3190	252	14	8	10	13	8
黑色金属冶炼及压延加工业	3200	529	18	53	36	29	8
炼铁	3210	62		2	6	10	2
炼钢	3220	50		6	6	3	
钢压延加工	3230	319	18	41	23	7	3
铁合金冶炼	3240	98		4	1	9	3
有色金属冶炼及压延加工业	3300	703	22	25	23	26	34
常用有色金属冶炼	3310	258	2	4	9	15	11
贵金属冶炼	3320	61	1		2	1	1
稀有稀土金属冶炼	3330	83	1	1	2	1	11
有色金属合金制造	3340	58	6	1	2	2	6
有色金属压延加工	3350	243	12	19	8	7	5

单位：个

辽宁	吉林	黑龙江	上海	江苏	浙江	安徽	福建	江西	山东	代码
9		3	7	2	1	2			8	2930
1		2		1				1		2940
1			2			1			1	2950
6			3		1	1	2		3	2960
7		3	1	3	1	2	2	1	4	2990
65	11	48	55	31	23	21	21	24	48	3000
9		8	10	11	4	2	4	3	5	3010
11	3	16	8	6	6	4	2	6	11	3020
8	4	5		1	2	7	1	5	6	3030
4		1	4		1			1	1	3040
			2	1			1			3050
4	3	2	10	4	2	2	1	4	4	3060
4		2	4	2	2	2	2		3	3070
16		5	3	2	3	3	8	1	3	3080
9	1	9	14	4	3	1	2	4	15	3090
206	67	113	90	91	69	81	113	132	172	3100
31	12	15	7	25	43	24	29	26	42	3110
52	14	21	31	25	14	20	22	15	39	3120
50	32	58	16	16	4	27	44	45	37	3130
20	1	6	20	12	3	3	7	13	12	3140
7		3	2	6	2		6	24	10	3150
28	1	2	7	1		2		3	14	3160
18	7	8	7	6	3	5	5	6	18	3190
64	9	12	14	14	12	14	9	4	30	3200
3	1	2		2		1	4		8	3210
7	1	1		4	1			1	3	3220
45	5	7	11	7	10	11	4	3	17	3230
9	2	2	3	1	1	2	1		2	3240
35	3	6	17	19	10	8	16	41	21	3300
5	1	1		2	2	2		10	5	3310
4	1		1		1	2	3	2	2	3320
3		1	2	1			4	13	3	3330
2		1	3		2	1	2	7	1	3340
21	1	3	11	16	5	3	7	9	10	3350

行业中类	代码	企业单位数	北京	天津	河北	山西	内蒙古
金属制品业	3400	1441	85	124	72	27	23
结构性金属制品制造	3410	573	59	32	24	11	12
金属工具制造	3420	183	1	10	9	3	2
集装箱及金属包装容器制造	3430	129	9	15	3	1	
金属丝绳及其制品的制造	3440	94		25	9	5	1
建筑、安全用金属制品制造	3450	115	3	5	10	3	3
金属表面处理及热处理加工	3460	92	3	11	4	1	1
搪瓷制品制造	3470	17			3		1
不锈钢及类似日用金属制品制造	3480	79	2	11	1		
其他金属制品制造	3490	159	8	15	9	3	3
通用设备制造业	3500	2807	137	156	108	122	50
锅炉及原动机制造	3510	273	9	10	15	13	2
金属加工机械制造	3520	481	22	35	17	19	12
起重运输设备制造	3530	173	14	7	4	4	
泵、阀门、压缩机及类似机械的制造	3540	368	18	28	11	17	3
轴承、齿轮、传动和驱动部件的制造	3550	174	8	2	4	5	2
烘炉、熔炉及电炉制造	3560	20	3		1		
风机、衡器、包装设备等通用设备制造	3570	361	24	26	11	3	4
通用零部件制造及机械修理	3580	653	21	32	31	40	21
金属铸、锻加工	3590	304	18	16	14	21	6
专用设备制造业	3600	2343	186	155	115	87	28
矿山、冶金、建筑专用设备制造	3610	649	25	32	66	40	13
化工、木材、非金属加工专用设备制造	3620	280	13	28	3	2	3
食品、饮料、烟草及饲料生产专用设备制造	3630	109	10	6	6	1	
印刷、制药、日化生产专用设备制造	3640	107	14	6	5		
纺织、服装和皮革工业专用设备制造	3650	148	9	30	4	4	
农、林、牧、渔专用机械制造	3670	231	7	8	8	8	4
医疗仪器设备及器械制造	3680	171	21	13	3	1	2
环保、社会公共安全及其他专用设备制造	3690	376	49	24	15	11	2
交通运输设备制造业	3700	2921	158	144	101	54	31
铁路运输设备制造	3710	366	33	12	12	22	11
汽车制造	3720	1855	104	88	71	29	20
摩托车制造	3730	86		3			
自行车制造	3740	61	3	25	5	1	
船舶及浮动装置制造	3750	351		10	8		
航空航天器制造	3760	152	15	3	4	1	
交通器材及其他交通运输设备制造	3790	50	3	3	1	1	

单位：个

辽宁	吉林	黑龙江	上海	江苏	浙江	安徽	福建	江西	山东	代码
113	17	70	94	66	26	32	22	34	102	3400
45	8	14	30	31	8	17	8	16	40	3410
8	3	12	13	6	4	3	3	11	17	3420
19		10	8	8	5	4	3		7	3430
4	1	6	5	5		1		3	6	3440
9	3	10	8	2	3	4	3	2	6	3450
14	1	5	7	5	2				5	3460
			3					1	3	3470
3	1	6	9	2		1	2		3	3480
11		7	11	7	4	2	3	1	15	3490
396	52	135	160	153	72	65	56	62	194	3500
19	9	28	19	19	9	10	4	11	20	3510
49	5	28	23	27	7	7	9	12	38	3520
33	1	3	11	11	7	4	6	4	6	3530
79	6	6	18	22	15	6	11	1	29	3540
20	2	6	13	7	5	4	6	4	9	3550
5	1	2	2	2				1	1	3560
43	9	14	29	19	14	8	5	9	30	3570
102	15	34	29	36	8	22	10	14	39	3580
46	4	14	16	10	7	4	5	6	22	3590
206	39	99	154	115	44	64	46	52	137	3600
69	10	30	23	34	7	19	10	11	46	3610
25	5	16	26	15	7	9	6	8	17	3620
5	1	3	4	4		2	2		6	3630
6	2	5	11	6	1	2	1	5	10	3640
10		1	16	5	1	2	4	5	6	3650
21	6	11	6	8	6	8	9	4	10	3670
9	1	5	31	12	3	3	1	3	9	3680
48	9	12	22	23	15	8	4	8	25	3690
295	90	107	197	135	52	96	61	85	179	3700
51	15	31	6	15	3	8	2	11	23	3710
191	69	63	116	66	27	76	42	50	106	3720
	2			5	6		1	4	7	3730
3			3	1			1	1	5	3740
39	1	2	56	41	13	7	13	10	30	3750
10	2	6	12	6		4		5	4	3760
1	1	5	4	1	3	1	2	4	4	3790

行业中类	代码	企业单位数	北京	天津	河北	山西	内蒙古
电气机械及器材制造业	3900	1663	92	94	76	43	12
电机制造	3910	252	10	16	8	7	4
输配电及控制设备制造	3920	664	47	34	36	20	3
电线、电缆、光缆及电工器材制造	3930	283	9	18	6	9	2
电池制造	3940	117	7	8	9	4	2
家用电力器具制造	3950	118	7	5	2		
非电力家用器具制造	3960	45	4	2	1		
照明器具制造	3970	91	6	3	1	1	
其他电气机械及器材制造	3990	93	2	8	13	2	1
通信设备、计算机及其他电子设备制造业	4000	1306	162	101	24	15	5
通信设备制造	4010	277	39	22	5	1	2
雷达及配套设备制造	4020	41	3	3		1	
广播电视设备制造	4030	55	5	6	1		
电子计算机制造	4040	106	20	6	1	1	
电子器件制造	4050	269	47	8	9	4	
电子元件制造	4060	356	29	42	4	5	3
家用视听设备制造	4070	64	3	7		1	
其他电子设备制造	4090	138	16	7	4	2	
仪器仪表及文化、办公用机械制造业	4100	792	105	73	23	16	2
通用仪器仪表制造	4110	388	56	37	14	7	2
专用仪器仪表制造	4120	191	31	13	5	6	
钟表与计时仪器制造	4130	37		5		1	
光学仪器及眼镜制造	4140	83	6	4	1	2	
文化、办公用机械制造	4150	54	8	6	1		
其他仪器仪表的制造及修理	4190	39	4	8	2		
工艺品及其他制造业	4200	508	33	29	20	12	6
工艺美术品制造	4210	256	15	11	10	4	
日用杂品制造	4220	38	1	2	1		
煤制品制造	4230	47	4		4	6	
其他未列明的制造业	4290	156	10	15	5	2	6
废弃资源和废旧材料回收加工业	4300	145	9	5	7	7	2
金属废料和碎屑的加工处理	4310	70	7	5	3	1	1
非金属废料和碎屑的加工处理	4320	75	2		4	6	1

单位：个

辽宁	吉林	黑龙江	上海	江苏	浙江	安徽	福建	江西	山东	代码
178	23	70	78	82	47	51	43	41	96	3900
22	4	16	11	10	9	4	17	11	9	3910
85	11	26	28	40	17	23	12	12	38	3920
29	2	17	13	7	8	9	2	7	18	3930
9		1	6	4	3		4	2	9	3940
8	3	3	5	9	8	10	3	4	6	3950
6	1	1	2	2		1	1		7	3960
9	2	3	8	5	1	3	3	3	1	3970
10		3	5	5	1	1	1	2	8	3990
81	13	31	108	99	40	32	29	34	49	4000
8	1	5	33	18	9	2	7	7	11	4010
1			1	6		3	1			4020
3		1	3	7	1	3		1	1	4030
8	2	4	8	10	5	1	3	3	5	4040
20	5	8	23	21	11	7	8	5	11	4050
24	4	2	24	26	11	10	8	12	14	4060
7	1		8	2	1	2		2		4070
10		11	8	9	2	4	2	4	7	4090
65	16	26	89	48	21	9	10	14	27	4100
46	5	14	41	24	5	5	5	3	12	4110
9	3	6	21	10	6	3	2	6	7	4120
3		2	10				1		4	4130
3	5	1	3	9	7	1	1	4	2	4140
2	1	2	11	3	3		1	1		4150
2	2	1	3	2					2	4190
23	5	19	43	13	8	8	27	17	53	4200
12	3	2	24	6	5	7	20	7	31	4210
1		3	7		3			3	5	4220
2	1	2	1				3	5	1	4230
7	1	12	9	5		1	4	2	16	4290
7	5	4	12	5	6	3	6	5	6	4300
3	2	2	6	3	2	2	2	3	1	4310
4	3	2	6	2	4	1	4	2	5	4320

行业中类	代码	企业单位数	北京	天津	河北	山西	内蒙古
电力、燃气及水的生产和供应业	D	**10849**	**132**	**126**	**518**	**324**	**420**
电力、热力的生产和供应业	4400	6579	88	85	324	155	307
电力生产	4410	3625	14	28	139	97	143
电力供应	4420	2244	7	15	128	22	123
热力生产和供应	4430	710	67	42	57	36	41
燃气生产和供应业	4500	486	10	13	25	30	6
水的生产和供应业	4600	3784	34	28	169	139	107
自来水的生产和供应	4610	3248	20	23	132	112	91
污水处理及其再生利用	4620	505	14	3	36	25	14
其他水的处理、利用与分配	4690	31		2	1	2	2
建筑业	E	**12836**	**741**	**414**	**463**	**467**	**189**
房屋和土木工程建筑业	4700	8437	395	212	334	343	138
房屋工程建筑	4710	3093	198	61	101	124	54
土木工程建筑	4720	5344	197	151	233	219	84
建筑安装业	4800	2132	140	108	57	55	27
建筑装饰业	4900	1031	154	47	23	21	12
其他建筑业	5000	1236	52	47	49	48	12
工程准备	5010	453	20	9	21	22	3
提供施工设备服务	5020	102	5	5	7	3	1
其他未列明的建筑活动	5090	681	27	33	21	23	8
交通运输、仓储和邮政业	F	**15742**	**602**	**540**	**596**	**505**	**310**
铁路运输业	5100	233	18		9	29	18
铁路旅客运输	5110	23	3				
铁路货物运输	5120	109	11		5	5	10
铁路运输辅助活动	5130	101	4		4	24	8
道路运输业	5200	5021	138	124	224	195	83
公路旅客运输	5210	1353	6	19	51	38	17
道路货物运输	5220	1847	81	72	112	87	29
道路运输辅助活动	5230	1821	51	33	61	70	37
城市公共交通业	5300	1190	86	30	35	23	9
公共电汽车客运	5310	603	12	15	18	13	6
轨道交通	5320	40	3	3	1		1
出租车客运	5330	459	69	10	14	8	2
城市轮渡	5340	27					
其他城市公共交通	5390	61	2	2	2	2	

单位：个

辽宁	吉林	黑龙江	上海	江苏	浙江	安徽	福建	江西	山东	代码
413	**276**	**359**	**75**	**234**	**525**	**352**	**439**	**416**	**481**	D
277	182	254	26	94	279	207	293	287	295	4400
99	64	78	17	69	192	94	207	144	114	4410
72	74	125	3	14	72	108	82	141	126	4420
106	44	51	6	11	15	5	4	2	55	4430
20	12	5	18	21	21	9	8	14	30	4500
116	82	100	31	119	225	136	138	115	156	4600
89	71	92	21	83	167	110	130	108	125	4610
25	11	7	10	36	55	26	8	7	26	4620
2		1			3				5	4690
951	**219**	**509**	**484**	**670**	**363**	**478**	**389**	**392**	**946**	E
596	159	325	248	408	248	308	244	253	597	4700
203	45	140	98	115	30	102	91	99	186	4710
393	114	185	150	293	218	206	153	154	411	4720
213	36	106	96	128	62	77	48	72	156	4800
66	8	33	108	68	23	36	27	31	77	4900
76	16	45	32	66	30	57	70	36	116	5000
44	7	13	13	18	18	25	25	13	21	5010
5	2	5	2	5	1	6	5	1	12	5020
27	7	27	17	43	11	26	40	22	83	5090
857	**446**	**689**	**772**	**806**	**685**	**653**	**700**	**483**	**815**	F
9		1	1	5	6	3	6	4	25	5100
1					3		1	1	1	5110
5		1	1	3	3	2	3	2	11	5120
3				2		1	2	1	13	5130
235	126	190	149	221	233	217	232	183	218	5200
49	33	62	10	56	72	55	88	66	59	5210
106	28	58	116	110	38	61	68	54	112	5220
80	65	70	23	55	123	101	76	63	47	5230
55	18	24	98	54	67	41	66	24	59	5300
25	14	10	27	28	38	25	46	12	29	5310
3			8	2	1	4		1	2	5320
27	4	9	61	19	21	10	11	9	23	5330
		2	2	1	6		1		2	5340
		3		4	1	2	8	2	3	5390

行业中类	代码	企业单位数	北京	天津	河北	山西	内蒙古
水上运输业	5400	922	4	50	19	3	
水上旅客运输	5410	114			1	1	
水上货物运输	5420	409	3	13	2	1	
水上运输辅助活动	5430	399	1	37	16	1	
航空运输业	5500	270	13	2	11	5	15
航空客货运输	5510	103	5		2	1	8
通用航空服务	5520	31	1	1	2	2	
航空运输辅助活动	5530	136	7	1	7	2	7
管道运输业	5600	47	2	3	5		
装卸搬运和其他运输服务业	5700	2407	193	149	80	32	41
装卸搬运	5710	425	15	16	17	12	14
运输代理服务	5720	1982	178	133	63	20	27
仓储业	5800	4836	141	166	190	192	115
谷物、棉花等农产品仓储	5810	3355	60	38	132	152	95
其他仓储	5890	1481	81	128	58	40	20
邮政业	5900	816	7	16	23	26	29
国家邮政	5910	687	3	13	20	25	21
其他寄递服务	5990	129	4	3	3	1	8
信息传输、计算机服务和软件业	**G**	**5750**	**636**	**94**	**143**	**200**	**134**
电信和其他信息传输服务业	6000	3921	158	39	115	185	114
电信	6010	2468	67	20	71	154	81
互联网信息服务	6020	382	48	9	6	11	10
广播电视传输服务	6030	1015	22	9	37	20	22
卫星传输服务	6040	56	21	1	1		1
计算机服务业	6100	942	225	31	17	11	12
计算机系统服务	6110	390	123	11	5	5	1
数据处理	6120	43	13		1	2	
计算机维修	6130	40	6	1			1
其他计算机服务	6190	469	83	19	11	4	10
软件业	6200	887	253	24	11	4	8
公共软件服务	6210	714	196	15	8	2	7
其他软件服务	6290	173	57	9	3	2	1
批发和零售业	**H**	**57253**	**3559**	**1622**	**2365**	**2815**	**928**
批发业	6300	36404	2143	1130	1506	1634	565
农畜产品批发	6310	7302	86	49	505	320	154

单位：个

辽宁	吉林	黑龙江	上海	江苏	浙江	安徽	福建	江西	山东	代码
44	9	18	79	70	82	27	66	29	52	5400
3	3	3	8	6	14	2	8	5	5	5410
17	1	7	43	37	27	13	26	17	15	5420
24	5	8	28	27	41	12	32	7	32	5430
13	8	10	14	8	8	4	11	3	16	5500
3	4	3	7	3	3		3		6	5510
1	2	1		1		1	1		1	5520
9	2	6	7	4	5	3	7	3	9	5530
3	1	2	2	6					6	5600
177	33	51	243	183	134	51	140	32	162	5700
20	12	26	14	37	19	10	26	16	25	5710
157	21	25	229	146	115	41	114	16	137	5720
289	235	370	180	226	134	282	151	182	241	5800
184	215	330	15	152	74	247	81	153	161	5810
105	20	40	165	74	60	35	70	29	80	5890
32	16	23	6	33	21	28	28	26	36	5900
28	11	17	5	20	18	23	25	19	27	5910
4	5	6	1	13	3	5	3	7	9	5990
203	**160**	**165**	**222**	**235**	**171**	**137**	**146**	**160**	**349**	G
134	137	128	56	131	111	104	98	135	228	6000
87	64	89	27	76	59	64	67	68	178	6010
10	4	7	14	16	13	5	7	11	21	6020
37	68	30	13	36	38	35	22	55	28	6030
	1	2	2	3	1		2	1	1	6040
28	10	19	81	45	23	15	30	17	82	6100
10	6	5	42	17	14	4	13	4	23	6110
1		1	2		1	1	3		2	6120
2	1	1	3	1	1	3		1	4	6130
15	3	12	34	27	7	7	14	12	53	6190
41	13	18	85	59	37	18	18	8	39	6200
34	11	12	69	53	32	16	15	5	30	6210
7	2	6	16	6	5	2	3	3	9	6290
3173	**1116**	**2118**	**2581**	**2622**	**1679**	**1774**	**2181**	**1842**	**3143**	H
2141	758	1394	1656	1888	1109	1257	1541	1193	1809	6300
303	431	412	39	618	84	486	142	430	263	6310

行业中类	代码	企业单位数	北京	天津	河北	山西	内蒙古
食品、饮料及烟草制品批发	6320	7264	199	127	256	333	115
纺织、服装及日用品批发	6330	1731	162	91	44	27	13
文化、体育用品及器材批发	6340	1229	180	41	34	22	17
医药及医疗器材批发	6350	1252	84	31	56	62	13
矿产品、建材及化工产品批发	6360	9481	649	418	363	618	142
机械设备、五金交电及电子产品批发	6370	5144	547	218	175	143	61
贸易经纪与代理	6380	1029	139	43	17	22	15
其他批发	6390	1972	97	112	56	87	35
零售业	6500	20849	1416	492	859	1181	363
综合零售	6510	3361	231	45	149	214	38
食品、饮料及烟草制品专门零售	6520	4009	160	97	126	336	48
纺织、服装及日用品专门零售	6530	1103	83	26	43	64	10
文化、体育用品及器材专门零售	6540	3131	323	77	174	126	96
医药及医疗器材专门零售	6550	1874	81	30	72	93	22
汽车、摩托车、燃料及零配件专门零售	6560	3324	221	84	121	115	66
家用电器及电子产品专门零售	6570	1087	83	36	49	52	25
五金、家具及室内装修材料专门零售	6580	1225	115	40	50	68	28
无店铺及其他零售	6590	1735	119	57	75	113	30
住宿和餐饮业	**I**	**11263**	**1230**	**237**	**524**	**366**	**215**
住宿业	6600	8702	946	172	441	279	153
旅游饭店	6610	4214	407	55	200	102	53
一般旅馆	6620	3997	494	90	219	157	92
其他住宿服务	6690	491	45	27	22	20	8
餐饮业	6700	2561	284	65	83	87	62
正餐服务	6710	2148	252	44	74	79	58
快餐服务	6720	140	16	10	5	2	2
饮料及冷饮服务	6730	35	3	1		1	
其他餐饮服务	6790	238	13	10	4	5	2
金融业	**J**	**10616**	**264**	**332**	**355**	**314**	**278**
银行业	6800	4392	33	229	177	110	104
中央银行	6810	75		1	2	2	2
商业银行	6820	3743	26	217	152	93	86
其他银行	6890	574	7	11	23	15	16

单位：个

辽宁	吉林	黑龙江	上海	江苏	浙江	安徽	福建	江西	山东	代码
295	76	189	160	351	300	344	311	270	322	6320
104	11	43	207	99	103	28	122	25	123	6330
74	8	23	114	29	41	32	53	35	50	6340
66	6	48	92	27	39	38	44	25	62	6350
669	140	387	463	416	315	208	459	230	503	6360
507	47	146	400	223	164	72	211	72	302	6370
37	9	56	93	40	28	14	74	13	50	6380
86	30	90	88	85	35	35	125	93	134	6390
1032	358	724	925	734	570	517	640	649	1334	6500
176	50	139	197	132	58	107	100	88	243	6510
152	45	65	135	166	77	84	146	165	191	6520
81	13	38	94	34	23	22	38	25	74	6530
138	55	104	140	134	134	71	40	106	189	6540
118	15	76	62	64	47	55	69	95	102	6550
125	105	125	156	90	185	98	117	69	237	6560
81	17	33	27	36	11	22	35	26	84	6570
80	30	54	59	22	10	18	55	18	91	6580
81	28	90	55	56	25	40	40	57	123	6590
498	**217**	**344**	**457**	**522**	**343**	**276**	**283**	**309**	**661**	I
399	163	285	325	384	283	216	236	251	347	6600
175	70	99	172	234	185	124	128	149	216	6610
202	75	161	143	129	93	75	96	96	111	6620
22	18	25	10	21	5	17	12	6	20	6690
99	54	59	132	138	60	60	47	58	314	6700
87	45	53	105	113	45	54	43	57	262	6710
3	2	4	7	10	5	4	2		18	6720
2			4	4	4					6730
7	7	2	16	11	6	2	2	1	34	6790
440	**253**	**351**	**208**	**506**	**413**	**507**	**329**	**361**	**628**	J
166	103	166	36	153	117	183	112	155	247	6800
5	2	4		2		2	1	3	5	6810
131	88	142	34	135	101	163	100	122	198	6820
30	13	20	2	16	16	18	11	30	44	6890

行业中类	代码	企业单位数	北京	天津	河北	山西	内蒙古
证券业	6900	521	51	23	18	7	9
证券市场管理	6910	23					
证券经纪与交易	6920	407	27	22	16	6	8
证券投资	6930	75	24	1	2	1	1
证券分析与咨询	6940	16					
保险业	7000	3945	76	34	124	135	109
人寿保险	7010	1675	30	9	48	54	37
非人寿保险	7020	2065	22	19	72	69	64
保险辅助服务	7030	205	24	6	4	12	8
其他金融活动	7100	1758	104	46	36	62	56
金融信托与管理	7110	239	25	3	3	11	3
金融租赁	7120	34	6	1		1	
财务公司	7130	100	30	1	1	2	2
邮政储蓄	7140	443		20	13	11	13
典当	7150	130	6	4	2	3	4
其他未列明的金融活动	7190	812	37	17	17	34	34
房地产业	**K**	**19615**	**1930**	**732**	**406**	**441**	**136**
房地产业	7200	19615	1930	732	406	441	136
房地产开发经营	7210	8191	663	369	130	180	73
物业管理	7220	5309	776	151	123	97	47
房地产中介服务	7230	1095	79	49	37	4	5
其他房地产活动	7290	5020	412	163	116	160	11
租赁和商务服务业	**L**	**24935**	**2669**	**633**	**628**	**552**	**389**
租赁业	7300	769	79	36	21	16	15
机械设备租赁	7310	708	71	33	19	16	14
文化及日用品出租	7320	61	8	3	2		1
商务服务业	7400	24166	2590	597	607	536	374
企业管理服务	7410	10500	837	167	250	231	164
法律服务	7420	254	9	6	8	5	4
咨询与调查	7430	3018	573	119	62	48	48
广告业	7440	1904	298	59	40	29	35
知识产权服务	7450	146	35	1	3	3	
职业中介服务	7460	1370	195	54	45	17	9
市场管理	7470	1297	100	26	28	52	16
旅行社	7480	2404	202	43	92	54	44
其他商务服务	7490	3273	341	122	79	97	54

单位：个

辽宁	吉林	黑龙江	上海	江苏	浙江	安徽	福建	江西	山东	代码
16	13	9	61	36	13	28	14	7	22	6900
2		2	3			2	1		1	6910
12	7	6	53	30	12	21	9	6	18	6920
2	5			5		4	4	1	3	6930
	1	1	5	1	1	1				6940
194	98	125	61	217	182	179	128	141	261	7000
84	51	53	29	88	65	80	54	72	127	7010
101	42	64	23	122	109	92	70	65	117	7020
9	5	8	9	7	8	7	4	4	17	7030
64	39	51	50	100	101	117	75	58	98	7100
7	4	4	5	10	9	15	5	10	21	7110
1			2	3	1	3	2		1	7120
	1	1	7	2	3	3	4	3	3	7130
23	16	21	1	11	11	12	24	15	31	7140
6	2	4	13	7	1	12	9	5	9	7150
27	16	21	22	67	76	72	31	25	33	7190
812	**177**	**476**	**1547**	**982**	**916**	**765**	**1038**	**583**	**893**	K
812	177	476	1547	982	916	765	1038	583	893	7200
284	64	160	816	469	454	326	363	254	427	7210
285	76	166	466	206	200	159	223	115	227	7220
49	11	37	105	54	33	44	40	35	79	7230
194	26	113	160	253	229	236	412	179	160	7290
1151	**306**	**554**	**1817**	**1604**	**2136**	**740**	**1173**	**498**	**1243**	L
35	8	21	41	34	23	17	20	18	50	7300
35	8	16	39	33	22	17	18	18	46	7310
		5	2	1	1		2		4	7320
1116	298	533	1776	1570	2113	723	1153	480	1193	7400
419	113	197	620	730	1241	364	562	228	358	7410
11	3	12	4	16	21	2	7	4	29	7420
146	22	53	362	168	186	74	120	45	196	7430
106	23	54	168	126	108	43	67	38	127	7440
9	1	1	18	9	17		6	1	9	7450
97	27	15	125	141	77	32	82	12	70	7460
82	27	53	91	88	163	33	22	20	47	7470
107	30	58	106	107	121	87	143	64	136	7480
139	52	90	282	185	179	88	144	68	221	7490

行业中类	代码	企业单位数	北京	天津	河北	山西	内蒙古
科学研究、技术服务和地质勘查业	M	**13810**	**1662**	**506**	**397**	**302**	**148**
研究与试验发展	7500	1230	149	52	39	20	17
自然科学研究与试验发展	7510	134	17	10	4	2	4
工程和技术研究与试验发展	7520	708	102	27	28	15	5
农业科学研究与试验发展	7530	227	7	8	6	2	6
医学研究与试验发展	7540	141	22	7	1	1	1
社会人文科学研究与试验发展	7550	20	1				1
专业技术服务业	7600	8860	773	328	278	216	89
气象服务	7610	332	6	1	16	8	1
地震服务	7620	17	3		1	1	
海洋服务	7630	23	3	3	2		
测绘服务	7640	451	19	4	24	13	8
技术检测	7650	1457	122	49	56	36	14
环境监测	7660	148	14	2	6	2	4
工程技术与规划管理	7670	5213	486	146	142	134	45
其他专业技术服务	7690	1219	120	123	31	22	17
科技交流和推广服务业	7700	3062	711	106	58	39	19
技术推广服务	7710	2209	551	54	40	27	10
科技中介服务	7720	437	74	16	12	7	5
其他科技服务	7790	416	86	36	6	5	4
地质勘查业	7800	658	29	20	22	27	23
矿产地质勘查	7810	285	17	7	10	11	11
基础地质勘查	7820	157	5	3	7	7	5
地质勘查技术服务	7830	216	7	10	5	9	7
水利、环境和公共设施管理业	N	**3770**	**197**	**82**	**160**	**89**	**66**
水利管理业	7900	724	16	14	24	29	15
防洪管理	7910	72	1	1			
水资源管理	7920	407	9	8	14	15	8
其他水利管理	7990	245	6	5	10	14	7
环境管理业	8000	847	50	11	43	20	16
自然保护	8010	72	4		4		
环境治理	8020	775	46	11	39	20	16
公共设施管理业	8100	2199	131	57	93	40	35
市政公共设施管理	8110	671	10	25	33	11	14
城市绿化管理	8120	698	83	28	21	11	8
游览景区管理	8130	830	38	4	39	18	13

单位：个

辽宁	吉林	黑龙江	上海	江苏	浙江	安徽	福建	江西	山东	代码
956	**242**	**384**	**1061**	**637**	**893**	**499**	**501**	**264**	**702**	M
122	25	31	78	70	44	36	23	8	60	7500
7	8	5	7	9	5	3	1		3	7510
81	7	17	46	35	23	24	9	3	35	7520
15	8	7	3	14	10	6	10	5	10	7530
16	2	2	21	10	4	3	3		7	7540
3			1	2	2				5	7550
586	167	261	537	417	610	383	391	177	488	7600
13	4	5	10	18	26	22	26	12	26	7610
			1	2		2			1	7620
			1	1	1		1		4	7630
33	15	21	13	30	53	23	15	14	30	7640
114	35	58	70	65	119	74	70	26	71	7650
12	3	6	9	16	14	5	2	2	6	7660
374	101	123	241	229	365	241	233	99	274	7670
40	9	48	192	56	32	16	44	24	76	7690
215	37	72	436	124	218	57	70	59	121	7700
143	19	44	391	70	191	36	46	37	68	7710
55	5	10	29	29	23	11	15	13	23	7720
17	13	18	16	25	4	10	9	9	30	7790
33	13	20	10	26	21	23	17	20	33	7800
11	6	13	6	12	7	8	4	10	13	7810
12	2	3	2	4	7	8	4	5	10	7820
10	5	4	2	10	7	7	9	5	10	7830
167	**64**	**77**	**216**	**229**	**397**	**114**	**170**	**89**	**201**	N
44	16	23	15	32	76	15	36	10	42	7900
3		7	4	3	11	4	6		3	7910
27	13	6	4	13	49	6	23	9	17	7920
14	3	10	7	16	16	5	7	1	22	7990
29	15	15	77	52	59	21	27	12	43	8000
2		3	4	2	1	2	2	1	1	8010
27	15	12	73	50	58	19	25	11	42	8020
94	33	39	124	145	262	78	107	67	116	8100
30	11	12	37	45	90	21	34	23	32	8110
29	9	16	62	49	74	28	20	16	44	8120
35	13	11	25	51	98	29	53	28	40	8130

行业中类	代码	企业单位数	北京	天津	河北	山西	内蒙古
居民服务和其他服务业	O	**3670**	**365**	**230**	**123**	**116**	**67**
居民服务业	8200	1545	121	64	52	52	36
家庭服务	8210	67	9	3	2	3	1
托儿所	8220	13		1		1	1
洗染服务	8230	58	15	8	1	2	
理发及美容保健服务	8240	139	23	2	3	1	4
洗浴服务	8250	178	6	4	12	14	2
婚姻服务	8260	65	3	2	6	2	
殡葬服务	8270	279	10		3	5	8
摄影扩印服务	8280	174	17	5	11	10	2
其他居民服务	8290	572	38	39	14	14	18
其他服务业	8300	2125	244	166	71	64	31
修理与维护	8310	940	142	25	37	26	8
清洁服务	8320	241	33	13	6	6	4
其他未列明的服务	8390	944	69	128	28	32	19
教育	P	**1547**	**138**	**30**	**64**	**36**	**30**
教育	8400	1547	138	30	64	36	30
学前教育	8410	147	4		2	3	4
初等教育	8420	36	5			3	1
中等教育	8430	93	2	5	3	2	1
高等教育	8440	30	2	2			
其他教育	8490	1241	125	23	59	28	24
卫生、社会保障和社会福利业	Q	**1398**	**39**	**15**	**70**	**61**	**20**
卫生	8500	1189	20	12	56	55	18
医院	8510	514	10	3	32	26	5
卫生院及社区医疗活动	8520	283	1		10	16	5
门诊部医疗活动	8530	228	6	2	12	8	4
计划生育技术服务活动	8540	33	1	2			
妇幼保健活动	8550	15					
专科疾病防治活动	8560	11				1	
疾病预防控制及防疫活动	8570	28			1	1	4
其他卫生活动	8590	77	2	5	1	3	

单位：个

辽宁	吉林	黑龙江	上海	江苏	浙江	安徽	福建	江西	山东	代码
196	**107**	**111**	**291**	**176**	**106**	**86**	**118**	**90**	**235**	O
114	65	69	117	83	51	47	61	25	92	8200
5		3	3	4	4	1	3		3	8210
1		1							2	8220
2			8	1	3	2	3		1	8230
6	3	9	26	4	1	1	8	3	11	8240
21	7	8	13	19	3	8	9		13	8250
15		4	5	5	3				7	8260
30	4	24	24	17	25	10	17	4	16	8270
10	3	3	12	11	1	5	7	4	17	8280
24	48	17	26	22	11	20	14	14	22	8290
82	42	42	174	93	55	39	57	65	143	8300
44	11	16	88	39	31	18	26	32	68	8310
8	7	5	30	12	10	2	9	2	7	8320
30	24	21	56	42	14	19	22	31	68	8390
105	**24**	**48**	**65**	**83**	**93**	**57**	**51**	**27**	**95**	P
105	24	48	65	83	93	57	51	27	95	8400
12	1	2	1	3	1	6	1	2	14	8410
		1		3		1	1	1	3	8420
7	2	5	2	2		3	1	1	4	8430
2		3		1	2					8440
84	21	37	62	74	90	47	48	23	74	8490
140	**40**	**103**	**32**	**46**	**34**	**69**	**34**	**33**	**88**	Q
113	35	93	21	41	15	57	27	31	75	8500
58	19	50	7	21	4	24	3	20	28	8510
15	7	24		9	1	24	12	3	10	8520
30	5	13	9	5	6	5	7	4	25	8530
		1	1			1	1		1	8540
							1	1	3	8550
2		2			1		2			8560
4	2	1		2		1		1	2	8570
4	2	2	4	4	3	2	1	2	6	8590

行业中类	代码	企 业 单位数	北京	天津	河北	山西	内蒙古
社会保障业	8600	70	3	1		2	2
社会福利业	8700	139	16	2	14	4	
提供住宿的社会福利	8710	70	4	1	14	1	
不提供住宿的社会福利	8720	69	12	1		3	
文化、体育和娱乐业	R	**4689**	**899**	**73**	**122**	**73**	**57**
新闻出版业	8800	1562	561	27	24	18	19
新闻业	8810	38	2		1	1	1
出版业	8820	1524	559	27	23	17	18
广播、电视、电影和音像业	8900	1781	138	21	67	35	27
广播	8910	75	3		5	2	1
电视	8920	383	51	4	11	11	7
电影	8930	1242	71	15	50	18	16
音像制作	8940	81	13	2	1	4	3
文化艺术业	9000	651	99	6	12	10	5
文艺创作与表演	9010	148	19		3	3	1
艺术表演场馆	9020	118	10	4	3	2	
图书馆与档案馆	9030	36			1		
文物及文化保护	9040	39	1		1	2	2
博物馆	9050	25	1		2	1	
烈士陵园、纪念馆	9060	7		1			
群众文化活动	9070	105	19				1
文化艺术经纪代理	9080	87	26			1	
其他文化艺术	9090	86	23	1	2	1	1
体育	9100	202	51	5	3	4	1
体育组织	9110	71	21	2		2	
体育场馆	9120	84	11	1	3	1	1
其他体育	9190	47	19	2		1	
娱乐业	9200	493	50	14	16	6	5
室内娱乐活动	9210	194	15	5	5		3
游乐园	9220	56	3	2	1	1	
休闲健身娱乐活动	9230	149	23	4	8	1	2
其他娱乐活动	9290	94	9	3	2	4	

单位：个

辽宁	吉林	黑龙江	上海	江苏	浙江	安徽	福建	江西	山东	代码
18	2	7	2	1	5	6	2		9	8600
9	3	3	9	4	14	6	5	2	4	8700
6	3	2	4	4	3	5	1	1	1	8710
3		1	5		11	1	4	1	3	8720
250	**71**	**76**	**319**	**217**	**272**	**113**	**117**	**112**	**201**	**R**
94	21	16	127	58	73	15	18	16	40	8800
1		1	1	2	4			1	2	8810
93	21	15	126	56	69	15	18	15	38	8820
66	31	35	73	65	111	82	51	67	116	8900
1	1	3	2	1	4	1	1	4	5	8910
13	9	17	13	19	20	10	11	23	17	8920
50	20	13	51	40	81	70	38	39	92	8930
2	1	2	7	5	6	1	1	1	2	8940
45	10	7	50	43	56	9	15	13	22	9000
10	1	1	12	13	14	1	5	2	6	9010
9	4		15	5	15	3	2	2	5	9020
11	1	2		5	3		1	2	2	9030
1	2			1	5		1	1	2	9040
1			1	1	3	1		1	2	9050
			1					1		9060
7	1	1	4	7	6		2	1	2	9070
2		2	11	4	10	1	1		3	9080
4	1	1	6	7		3	3	3		9090
18	2	3	19	14	9	1	8	1	7	9100
4			8	3	4	1	3	1	2	9110
10	2	3	5	9	4		4		4	9120
4			6	2	1		1		1	9190
27	7	15	50	37	23	6	25	15	16	9200
12	3	4	31	14	6	2	11	11	3	9210
		6	2	5	6	2	5	1	3	9220
11	4	2	13	9	8	2	7	2	6	9230
4		3	4	9	3		2	1	4	9290

行业中类	代码	河南	湖北	湖南	广东	广西	海南
总计	0000	**9132**	**11276**	**7614**	**18080**	**7151**	**1927**
农、林、牧、渔业	A	**119**	**126**	**122**	**352**	**223**	**103**
农业	0100	42	33	30	69	89	6
谷物及其他作物的种植	0110	31	24	10	24	46	4
蔬菜、园艺作物的种植	0120	9	4	5	16	9	
水果、坚果、饮料和香料作物的种植	0130	2	5	12	28	34	2
中药材的种植	0140			3	1		
林业	0200	21	27	33	103	76	93
林木的培育和种植	0210	20	26	28	82	71	4
木材和竹材的采运	0220	1		2	9	2	
林产品的采集	0230		1	3	12	3	89
畜牧业	0300	25	18	23	45	24	3
牲畜的饲养	0310	4	4	9	8	8	
猪的饲养	0320	15	6	11	23	11	1
家禽的饲养	0330	4	6	3	10	1	
狩猎和捕捉动物	0340						
其他畜牧业	0390	2	2		4	4	2
渔业	0400	4	22	25	29	6	
海洋渔业	0410				15	4	
内陆渔业	0420	4	22	25	14	2	
农、林、牧、渔服务业	0500	27	26	11	106	28	1
农业服务业	0510	20	14	5	74	17	
林业服务业	0520	3	1	2	19	3	
畜牧服务业	0530	3	7	1	6	5	
渔业服务业	0540	1	4	3	7	3	1
采矿业	B	**151**	**72**	**137**	**65**	**104**	**14**
煤炭开采和洗选业	0600	92	7	77		9	
烟煤和无烟煤的开采洗选	0610	91	5	77		6	
褐煤的开采洗选	0620	1				3	
其他煤炭采选	0690		2				
石油和天然气开采业	0700	4	3		4	1	1
天然原油和天然气开采	0710	1	2				1
与石油和天然气开采有关的服务活动	0790	3	1		4	1	

单位：个

重庆	四川	贵州	云南	西藏	陕西	甘肃	青海	宁夏	新疆	代码
5617	**8649**	**4815**	**5177**	**723**	**7213**	**3556**	**1176**	**1073**	**4182**	**0000**
63	**191**	**71**	**220**	**2**	**171**	**89**	**19**	**33**	**144**	**A**
22	35	23	88	1	41	43	10	17	50	0100
2	7	2	35		13	38	10	8	38	0110
11	11	2	10		15	2		7	4	0120
8	15	19	38	1	13	2		2	8	0130
1	2		5			1				0140
7	58	34	80	1	49	17	4	3	21	0200
7	56	24	40	1	47	17	4	3	16	0210
	2	10	7		2				5	0220
			33							0230
25	65	10	21		48	22	4	10	55	0300
7	19	3	5		19	7	3	8	45	0310
8	27	4	10		21	8	1	1	4	0320
4	12	3	6		4	3		1	2	0330
					1					0340
6	7				3	4			4	0390
4	5	2	7		1			1	4	0400
										0410
4	5	2	7		1			1	4	0420
5	28	2	24		32	7	1	2	14	0500
	8	2	12		21	6		1	12	0510
1	10		10				1	1	2	0520
4	6		2		9	1				0530
	4				2					0540
54	**129**	**142**	**115**	**16**	**179**	**74**	**36**	**15**	**124**	**B**
32	37	94	39	1	96	27	10	11	44	0600
32	37	94	26	1	92	26	10	10	44	0610
			12							0620
			1		4	1		1		0690
10	17		2		10	2	1		7	0700
8	14		2		5	2	1		5	0710
2	3				5				2	0790

行业中类	代码	河南	湖北	湖南	广东	广西	海南
黑色金属矿采选业	0800	3	12	6	9	26	
铁矿采选	0810	3	10	4	9	6	
其他黑色金属矿采选	0890		2	2		20	
有色金属矿采选业	0900	35	8	35	12	40	9
常用有色金属矿采选	0910	4	5	19	3	22	8
贵金属矿采选	0920	24	3	9	1	14	1
稀有稀土金属矿采选	0930	7		7	8	4	
非金属矿采选业	1000	16	41	18	39	24	4
土砂石开采	1010	13	22	11	27	12	2
化学矿采选	1020		16	1	1	1	
采盐	1030	1	1	2	10	4	2
石棉及其他非金属矿采选	1090	2	2	4	1	7	
其他采矿业	1100	1	1	1	1	4	
制造业	C	**1213**	**1772**	**1130**	**2469**	**1043**	**298**
农副食品加工业	1300	135	190	106	271	182	98
谷物磨制	1310	38	49	33	15	9	
饲料加工	1320	9	17	10	15	14	2
植物油加工	1330	10	9	8	8	8	
制糖	1340		1		13	26	5
屠宰及肉类加工	1350	69	86	42	176	99	82
水产品加工	1360	2	9		26	13	5
蔬菜、水果和坚果加工	1370	3	8	5	7	1	2
其他农副食品加工	1390	4	11	8	11	12	2
食品制造业	1400	26	45	29	78	47	17
焙烤食品制造	1410	8	7	5	13	15	3
糖果、巧克力及蜜饯制造	1420		1	1	3	1	4
方便食品制造	1430	5	7	6	11	10	
液体乳及乳制品制造	1440	3	7	4	9	3	3
罐头制造	1450	1		3	5	3	
调味品、发酵制品制造	1460	3	9	4	16	8	1
其他食品制造	1490	6	14	6	21	7	6
饮料制造业	1500	23	41	31	78	47	15
酒精制造	1510	2		1	2	5	
酒的制造	1520	7	15	8	34	11	3
软饮料制造	1530	13	7	8	31	15	9
精制茶加工	1540	1	19	14	11	16	3

单位：个

重庆	四川	贵州	云南	西藏	陕西	甘肃	青海	宁夏	新疆	代码
4	20	3	10	4	6	7	2	1	29	0800
2	20	1	7		3	5	2	1	29	0810
2		2	3	4	3	2				0890
1	32	16	34	6	41	23	10	1	22	0900
1	24	8	31	4	15	10	5		12	0910
	5	7	2	1	23	12	5	1	9	0920
	3	1	1	1	3	1			1	0930
7	22	27	29	5	24	11	11	2	21	1000
4	12	12	15	4	16	9	5	1	8	1010
2	4	9	11	1	3				1	1020
	4		1		3	1	4		5	1030
1	2	6	2		2	1	2	1	7	1090
	1	2	1		2	4	2		1	1100
667	**1113**	**727**	**604**	**70**	**1186**	**517**	**121**	**134**	**555**	**C**
47	88	84	29	10	73	41	16	12	78	1300
21	20	21	4	5	14	6		3	22	1310
3	1	8	4		11	6	2	3	10	1320
5	9	18	2	4	7	7	5		18	1330
	2	2	2						12	1340
9	51	28	10	1	32	5	6	4	8	1350
			1		1					1360
7	4	4	3		4	6		1	6	1370
2	1	3	3		4	11	3	1	2	1390
17	30	23	19	2	43	16	5	3	42	1400
2	5	5	6		14		1		2	1410
	1				1			1		1420
2	8	4	3		6	1			1	1430
3	3	5			7	4	2	1	9	1440
1	4	1			2	1		1	18	1450
4	4	5	1	1	10	4	1		3	1460
5	5	3	9	1	3	6	1		9	1490
15	40	58	31	4	32	25	1	5	20	1500
		1			1					1510
7	21	22	7		13	20		3	12	1520
3	9	13	12	4	13	3	1	2	8	1530
5	10	22	12		5	2				1540

行业中类	代码	河南	湖北	湖南	广东	广西	海南
烟草制品业	1600	8	9	7	7	3	1
烟叶复烤	1610	5	2	4	4	1	
卷烟制造	1620	2	3	1	2	2	1
其他烟草制品加工	1690	1	4	2	1		
纺织业	1700	57	74	60	100	27	7
棉、化纤纺织及印染精加工	1710	36	44	10	27	7	
毛纺织和染整精加工	1720	2	3	3	10	3	2
麻纺织	1730	1	1	5	1	3	
丝绢纺织及精加工	1740	1	6		7	2	
纺织制成品制造	1750	9	12	11	25	4	1
针织品、编织品及其制品制造	1760	8	8	31	30	8	4
纺织服装、鞋、帽制造业	1800	22	41	30	69	6	3
纺织服装制造	1810	21	38	30	67	6	3
纺织面料鞋的制造	1820		2		1		
制帽	1830	1	1		1		
皮革、毛皮、羽毛(绒)及其制品业	1900	8	8	6	32	7	
皮革鞣制加工	1910			1	1		
皮革制品制造	1920	6	6	3	27	4	
毛皮鞣制及制品加工	1930	1			2	1	
羽毛(绒)加工及制品制造	1940	1	2	2	2	2	
木材加工及木、竹、藤、棕、草制品业	2000	14	22	25	34	47	14
锯材、木片加工	2010	6	6	9	16	25	8
人造板制造	2020	7	4	8	8	14	5
木制品制造	2030	1	11	6	4	6	1
竹、藤、棕、草制品制造	2040		1	2	6	2	
家具制造业	2100	9	16	2	20	3	4
木质家具制造	2110	7	13	2	15	1	4
竹、藤家具制造	2120				1		
金属家具制造	2130	1	1		2	1	
塑料家具制造	2140						
其他家具制造	2190	1	2		2	1	
造纸及纸制品业	2200	17	21	29	62	30	6
纸浆制造	2210		1	2	4	5	
造纸	2220	8	7	13	20	14	3
纸制品制造	2230	9	13	14	38	11	3

单位：个

重庆	四川	贵州	云南	西藏	陕西	甘肃	青海	宁夏	新疆	代码
4	7	6	21		6	2		1	1	1600
2	2	5	15		3			1		1610
2	4	1	6		2	2			1	1620
	1				1					1690
9	26	9	9	1	44	14	1	1	33	1700
1	8	2	2		26	3			21	1710
1		2		1	3	2			5	1720
2	1	1				3			1	1730
3	9		1		1					1740
	6	3	4		8	5		1	1	1750
2	2	1	2		6	1	1		5	1760
4	11	5	6		10	1	1	2	12	1800
4	10	5	6		10		1	2	12	1810
	1					1				1820
										1830
5	3	3		1	3	3			1	1900
	1									1910
2	2	2		1	3	2			1	1920
1		1				1				1930
2										1940
11	20	32	23	8	15	1		1	3	2000
5	10	21	9	8	4				1	2010
3	3	6	9		6	1		1	1	2020
3	6	4	4		4				1	2030
	1	1	1		1					2040
6	8	2	3		12	2			3	2100
5	5	2	1		9	2			3	2110
	1									2120
	2		2		1					2130
1										2140
					2					2190
10	10	14	11	1	14	4		5	12	2200
	2	2	1		1	1		2	3	2210
5	5	6	3		7	1		3	6	2220
5	3	6	7	1	6	2			3	2230

行业中类	代码	河南	湖北	湖南	广东	广西	海南
印刷业和记录媒介的复制	2300	53	107	53	142	78	17
印刷	2310	49	98	50	126	72	17
装订及其他印刷服务活动	2320	4	9	3	7	5	
记录媒介的复制	2330				9	1	
文教体育用品制造业	2400	3	4	4	33	2	
文化用品制造	2410		2	2	6		
体育用品制造	2420	3		1	10	1	
乐器制造	2430				4		
玩具制造	2440		2	1	12	1	
游艺器材及娱乐用品制造	2450				1		
石油加工、炼焦及核燃料加工业	2500	9	8	12	14	6	1
精炼石油产品的制造	2510	6	6	8	13	6	1
炼焦	2520	3	2	4	1		
化学原料及化学制品制造业	2600	101	102	79	141	72	19
基础化学原料制造	2610	32	30	22	34	12	5
肥料制造	2620	26	26	14	11	24	6
农药制造	2630	4	4	5	5	7	
涂料、油墨、颜料及类似产品制造	2640	4	10	5	21	4	
合成材料制造	2650	9	2	5	16		1
专用化学产品制造	2660	20	26	23	28	21	5
日用化学产品制造	2670	6	4	5	26	4	2
医药制造业	2700	18	25	25	62	26	6
化学药品原药制造	2710	3	7	8	4	6	1
化学药品制剂制造	2720	5	4	4	15	5	5
中药饮片加工	2730			2	3	1	
中成药制造	2740	8	6	5	18	10	
兽用药品制造	2750	2	1	3	6	4	
生物、生化制品的制造	2760		4	2	13		
卫生材料及医药用品制造	2770		3	1	3		
化学纤维制造业	2800	5		1	3	1	2
纤维素纤维原料及纤维制造	2810	2			1		
合成纤维制造	2820	3		1	2	1	2
橡胶制品业	2900	7	12	7	27	10	3
轮胎制造	2910	2	4	3	6	4	
橡胶板、管、带的制造	2920	3	1		3	2	

单位：个

重庆	四川	贵州	云南	西藏	陕西	甘肃	青海	宁夏	新疆	代码
32	64	49	42	8	59	34	9	9	51	2300
31	58	46	42	8	54	33	8	9	50	2310
1	4	3			5	1	1		1	2320
	2									2330
3	2	2	1		3					2400
3	2	1			1					2410
		1								2420
					2					2430
										2440
			1							2450
4	15	5	5		12	9	1	1	11	2500
2	6				7	7			10	2510
2	6	5	5		4	1	1	1	1	2520
57	100	82	71	5	101	44	27	19	52	2600
22	20	29	20	3	27	12	6	7	14	2610
8	18	30	26		30	7	16	6	13	2620
4	6	3			4			1	1	2630
4	4	3	1		3	6			4	2640
1	3	1	3		4	4	1	2	7	2650
11	43	12	14	2	28	10	4	3	12	2660
7	6	4	7		5	5			1	2670
23	35	5	16	7	35	15	4	1	13	2700
5	3				5	1			2	2710
6	6	2	3		6		1	1	4	2720
2	3	1	1		5	4			3	2730
8	13	1	8	6	12	5	1		1	2740
1	1		1	1		2	1		1	2750
	6	1	3		5	3			2	2760
1	3				2		1			2770
	5		1		3	2		1	5	2800
	2		1						4	2810
	3				3	2		1	1	2820
4	4	9	5		7	1	1		3	2900
1	2	2	1						2	2910
		1	1		4		1		1	2920

行业中类	代码	河南	湖北	湖南	广东	广西	海南
橡胶零件制造	2930	1		1	8		
再生橡胶制造	2940	1					1
日用及医用橡胶制品制造	2950		4	1	1	2	1
橡胶靴鞋制造	2960		1	1	3		1
其他橡胶制品制造	2990		2	1	6	2	
塑料制品业	3000	13	20	18	90	17	7
塑料薄膜制造	3010		3	2	15	3	1
塑料板、管、型材的制造	3020	1	2	5	10	5	
塑料丝、绳及编织品的制造	3030	6	6	2	2	6	2
泡沫塑料制造	3040	1	1		4		
塑料人造革、合成革制造	3050				1		
塑料包装箱及容器制造	3060	2	3	1	9	2	1
塑料零件制造	3070		2	1	9		
日用塑料制造	3080	1			9	1	1
其他塑料制品制造	3090	2	3	7	31		2
非金属矿物制品业	3100	166	186	123	163	139	28
水泥、石灰和石膏的制造	3110	47	40	43	32	54	7
水泥及石膏制品制造	3120	23	52	17	37	25	5
砖瓦、石材及其他建筑材料制造	3130	34	69	21	51	36	10
玻璃及玻璃制品制造	3140	16	9	9	11	8	1
陶瓷制品制造	3150	4	1	18	18	9	2
耐火材料制品制造	3160	14	10	5	2		1
石墨及其他非金属矿物制品制造	3190	28	5	10	12	7	2
黑色金属冶炼及压延加工业	3200	20	19	24	21	18	1
炼铁	3210	5	2	2			
炼钢	3220	2	2	4	3		
钢压延加工	3230	12	14	7	17	7	1
铁合金冶炼	3240	1	1	11	1	11	
有色金属冶炼及压延加工业	3300	55	23	46	30	26	1
常用有色金属冶炼	3310	25	11	20	11	18	
贵金属冶炼	3320	5		2		2	
稀有稀土金属冶炼	3330	6	2	10	4	2	1
有色金属合金制造	3340	4	1	5	2		
有色金属压延加工	3350	15	9	9	13	4	

单位：个

重庆	四川	贵州	云南	西藏	陕西	甘肃	青海	宁夏	新疆	代码
1	1	5	2		2					2930
										2940
	1									2950
1		1	1							2960
1					1	1				2990
9	15	15	9		18	16		2	31	3000
	1	6			2				6	3010
3	5	2	3		7	4		2	14	3020
2	2	3	3		1	4			2	3030
		1			1				2	3040
										3050
1	3		1		2	2				3060
2		2	1		1	3				3070
1					2				1	3080
	4	1	1		2	3			6	3090
53	120	81	65	12	106	65	11	26	78	3100
14	19	39	21	6	28	18	4	5	35	3110
7	32	14	12	2	26	24	1	6	24	3120
12	35	16	18	4	22	15	4	8	10	3130
9	19	4	4		6	3			3	3140
4	1	1			8				1	3150
3	5	1	2		7	2			1	3160
4	9	6	8		9	3	2	7	4	3190
10	21	14	20		16	7	2	3	7	3200
1	2	1	4		1	1			2	3210
	1		1		2	1	1			3220
9	14	2	9		9	1		1	4	3230
	4	11	6		4	4	1	2	1	3240
20	23	20	57		40	26	14	3	13	3300
7	9	11	35		15	8	13	1	5	3310
	3	4	4		4	9			7	3320
	4	1	3		1	3	1	2		3330
1	2		3		3	1				3340
12	5	4	12		17	5			1	3350

行业中类	代码	河南	湖北	湖南	广东	广西	海南
金属制品业	3400	32	93	33	144	16	10
结构性金属制品制造	3410	17	49	16	34	7	7
金属工具制造	3420	3	9	4	20	3	1
集装箱及金属包装容器制造	3430	3	2		13	1	1
金属丝绳及其制品的制造	3440	2	3	1	5		
建筑、安全用金属制品制造	3450	2	6	4	8	1	1
金属表面处理及热处理加工	3460		6	1	16	1	
搪瓷制品制造	3470		2	2	1		
不锈钢及类似日用金属制品制造	3480	1	5	1	23	2	
其他金属制品制造	3490	4	11	4	24	1	
通用设备制造业	3500	107	140	78	131	53	1
锅炉及原动机制造	3510	5	9	8	8	8	
金属加工机械制造	3520	12	35	11	25	8	
起重运输设备制造	3530	6	11	10	10	3	
泵、阀门、压缩机及类似机械的制造	3540	12	15	14	11	5	
轴承、齿轮、传动和驱动部件的制造	3550	21	8	5	8		
烘炉、熔炉及电炉制造	3560	1		1			
风机、衡器、包装设备等通用设备制造	3570	13	14	8	24	11	
通用零部件制造及机械修理	3580	22	25	11	36	12	
金属铸、锻加工	3590	15	23	10	9	6	1
专用设备制造业	3600	111	108	75	116	48	6
矿山、冶金、建筑专用设备制造	3610	39	20	19	17	12	
化工、木材、非金属加工专用设备制造	3620	7	14	8	26	5	1
食品、饮料、烟草及饲料生产专用设备制造	3630	7	8	5	8	8	
印刷、制药、日化生产专用设备制造	3640	4	1	2	13	3	
纺织、服装和皮革工业专用设备制造	3650	5	12	4	8	1	
农、林、牧、渔专用机械制造	3670	25	6	7	8	10	3
医疗仪器设备及器械制造	3680	3	8	6	15		
环保、社会公共安全及其他专用设备制造	3690	10	19	13	13	8	1
交通运输设备制造业	3700	74	228	87	166	76	20
铁路运输设备制造	3710	15	11	13	4	6	
汽车制造	3720	42	169	64	87	57	15
摩托车制造	3730	8	2	2	17		
自行车制造	3740	2	3	1	3	3	
船舶及浮动装置制造	3750	1	37	3	49	9	3
航空航天器制造	3760	4	4	2	4	1	
交通器材及其他交通运输设备制造	3790	2	2	2	2		2

单位：个

重庆	四川	贵州	云南	西藏	陕西	甘肃	青海	宁夏	新疆	代码
21	45	16	22	1	52	25	2	5	17	3400
6	18	4	15		21	15		3	6	3410
4	7	8	1		13	2	1	1	1	3420
4	4		2		3	2			2	3430
1	1	2	1	1	2			1	3	3440
3	4	1	1		5		1		4	3450
3	2				3	1				3460
			1							3470
	3				1	2				3480
	6	1	1		4	3			1	3490
54	74	33	32		105	48	12	10	11	3500
6	10	2	2		8	6		3	1	3510
12	15	8	9		21	10	4		1	3520
6	2	2			5	2		1		3530
6	8	5			13	7			2	3540
5	7	5	1		9	5	1	2		3550
										3560
9	7	2	4		13	6		1	1	3570
7	17	7	14		27	7	6	2	6	3580
3	8	2	2		9	5	1	1		3590
37	64	31	30	2	121	36	1	8	22	3600
9	22	10	6		34	11		7	8	3610
6	11	3	5		8	3				3620
2	4	3	7		6	1				3630
1	1	1			5	1		1		3640
	1				20					3650
	5	6	5	2	12	5			13	3670
4	7	1	1		7	2				3680
7	6	2	2		9	9	1		1	3690
119	114	59	31	4	112	21	6	6	13	3700
4	21	4	2		24	4			3	3710
81	68	34	28	3	56	12	6	6	9	3720
22	4	1	1		1					3730
	1									3740
10	5	3				1				3750
1	14	16			31	3				3760
1	1	1		1		1			1	3790

行业中类	代码	河南	湖北	湖南	广东	广西	海南
电气机械及器材制造业	3900	54	82	65	163	24	3
电机制造	3910	7	14	16	21	2	
输配电及控制设备制造	3920	21	20	22	54	10	1
电线、电缆、光缆及电工器材制造	3930	10	17	12	31	2	
电池制造	3940	5	9	4	13	3	
家用电力器具制造	3950	3	9	2	17	2	
非电力家用器具制造	3960	1	2	1	2	3	
照明器具制造	3970	5	6	4	20		2
其他电气机械及器材制造	3990	2	5	4	5	2	
通信设备、计算机及其他电子设备制造业	4000	26	58	32	173	11	5
通信设备制造	4010	7	18	5	34	5	1
雷达及配套设备制造	4020		3	1		1	
广播电视设备制造	4030	1	2	1	11	1	
电子计算机制造	4040		2	2	16	1	
电子器件制造	4050	7	13	3	24	2	1
电子元件制造	4060	3	11	12	58	1	1
家用视听设备制造	4070		1	4	16		
其他电子设备制造	4090	8	8	4	14		2
仪器仪表及文化、办公用机械制造业	4100	20	54	17	39	7	
通用仪器仪表制造	4110	10	30	9	16	1	
专用仪器仪表制造	4120	5	13	6	6	2	
钟表与计时仪器制造	4130		1	1	7		
光学仪器及眼镜制造	4140	5	2			2	
文化、办公用机械制造	4150		5		8		
其他仪器仪表的制造及修理	4190		3	1	2	2	
工艺品及其他制造业	4200	13	25	18	54	11	2
工艺美术品制造	4210	8	8	9	34	8	1
日用杂品制造	4220	2			7		
煤制品制造	4230	1	1	3	1	1	1
其他未列明的制造业	4290	2	16	6	12	2	
废弃资源和废旧材料回收加工业	4300	7	11	8	6	3	1
金属废料和碎屑的加工处理	4310	2	6	5	5	2	
非金属废料和碎屑的加工处理	4320	5	5	3	1	1	1

单位：个

重庆	四川	贵州	云南	西藏	陕西	甘肃	青海	宁夏	新疆	代码
32	46	24	17		67	38	3	7	12	3900
3	9	2	2		11	5		2		3910
15	17	10	6		32	14	1	1	8	3920
6	13	4	4		14	11			3	3930
4	2	4	3		1			1		3940
1	2	3			3	2	1			3950
	2		1			2	1	1	1	3960
	1				2	2				3970
3		1	1		4	2		2		3990
20	82	19	6		43	5			3	4000
9	13	4	1		9	1				4010
	13	1			2	1				4020
	5				1				1	4030
1	4		3							4040
3	12	4	2		11					4050
5	23	8			14	1			1	4060
2	5	1			1					4070
	7	1			5	2			1	4090
35	24	8	14		22	6		1	1	4100
17	12	2	1		8	4		1	1	4110
9	8	2	1		11					4120
		1			1					4130
6	3	3	11		2					4140
			1			1				4150
3	1					1				4190
5	9	15	6	4	10	9	4	2	5	4200
3	1	7	2	4	3	6	2		3	4210
2		1								4220
		2	1		3		1	2	1	4230
	6	5	3		4	3	1		1	4290
1	8	4	2		2	1			2	4300
	4				1	1			1	4310
1	4	4	2		1				1	4320

行业中类	代码	河南	湖北	湖南	广东	广西	海南
电力、燃气及水的生产和供应业	D	**363**	**500**	**600**	**606**	**522**	**89**
电力、热力的生产和供应业	4400	221	282	385	423	317	55
电力生产	4410	85	158	276	328	194	33
电力供应	4420	120	117	108	90	120	21
热力生产和供应	4430	16	7	1	5	3	1
燃气生产和供应业	4500	14	10	14	27	5	6
水的生产和供应业	4600	128	208	201	156	200	28
自来水的生产和供应	4610	100	187	183	128	185	27
污水处理及其再生利用	4620	28	20	17	26	14	1
其他水的处理、利用与分配	4690		1	1	2	1	
建筑业	E	**495**	**737**	**514**	**852**	**257**	**61**
房屋和土木工程建筑业	4700	357	470	387	544	183	30
房屋工程建筑	4710	99	153	129	274	80	15
土木工程建筑	4720	258	317	258	270	103	15
建筑安装业	4800	73	110	63	154	35	8
建筑装饰业	4900	25	53	21	73	15	12
其他建筑业	5000	40	104	43	81	24	11
工程准备	5010	12	24	10	39	11	8
提供施工设备服务	5020	4	11	2	6	1	1
其他未列明的建筑活动	5090	24	69	31	36	12	2
交通运输、仓储和邮政业	F	**777**	**760**	**503**	**1204**	**487**	**120**
铁路运输业	5100	17	13		9	11	1
铁路旅客运输	5110	2	1		2	3	1
铁路货物运输	5120	8	2		4	4	
铁路运输辅助活动	5130	7	10		3	4	
道路运输业	5200	263	266	174	412	127	33
公路旅客运输	5210	66	84	50	128	22	25
道路货物运输	5220	97	90	51	133	55	4
道路运输辅助活动	5230	100	92	73	151	50	4
城市公共交通业	5300	41	64	78	94	28	9
公共电汽车客运	5310	29	25	60	46	18	5
轨道交通	5320	1	1	1	3		
出租车客运	5330	11	25	9	44	8	4
城市轮渡	5340		12	1			
其他城市公共交通	5390		1	7	1	2	

单位：个

重庆	四川	贵州	云南	西藏	陕西	甘肃	青海	宁夏	新疆	代码
332	**865**	**390**	**384**	**77**	**312**	**312**	**76**	**77**	**254**	D
136	443	223	235	65	165	223	48	45	160	4400
105	317	129	114	54	97	90	35	24	87	4410
31	125	92	120	11	46	100	7	2	22	4420
	1	2	1		22	33	6	19	51	4430
34	86	7	8	2	17	6		5	3	4500
162	336	160	141	10	130	83	28	27	91	4600
130	314	153	131	10	122	72	26	23	83	4610
31	22	6	9		8	9		4	7	4620
1		1	1			2	2		1	4690
330	**462**	**217**	**210**	**46**	**361**	**217**	**87**	**103**	**212**	E
239	332	158	159	39	264	151	74	84	158	4700
94	142	89	50	21	123	59	18	24	76	4710
145	190	69	109	18	141	92	56	60	82	4720
33	82	19	24	5	46	48	9	12	30	4800
21	18	12	8	2	15	8		3	11	4900
37	30	28	19		36	10	4	4	13	5000
8	15	9	11		17	3	4	3	7	5010
2	1	1			7				1	5020
27	14	18	8		12	7		1	5	5090
372	**522**	**270**	**231**	**51**	**388**	**205**	**103**	**65**	**225**	F
1	7	12	3		11	1	8	3	2	5100
	1		1		1	1				5110
1	2	7	2		8		5	2	2	5120
	4	5			2		3	1		5130
137	226	118	88	25	159	62	42	13	108	5200
35	66	45	24	13	46	17	11	6	34	5210
50	62	33	31	5	48	15	8	3	30	5220
52	98	40	33	7	65	30	23	4	44	5230
27	54	16	16	10	30	16	2	3	13	5300
12	33	12	5	2	18	7		3	10	5310
1			4							5320
9	16	2	3	8	11	8	1		3	5330
										5340
5	5	2	4		1	1	1			5390

行业中类	代码	河南	湖北	湖南	广东	广西	海南
水上运输业	5400	13	74	20	156	16	19
水上旅客运输	5410	2	8	3	17	3	3
水上货物运输	5420	6	39	11	71	9	11
水上运输辅助活动	5430	5	27	6	68	4	5
航空运输业	5500	5	11	7	24	14	
航空客货运输	5510	1	2	4	13	6	
通用航空服务	5520	3			4	3	
航空运输辅助活动	5530	1	9	3	7	5	
管道运输业	5600			2			1
装卸搬运和其他运输服务业	5700	37	120	61	218	53	24
装卸搬运	5710	10	26	13	27	14	8
运输代理服务	5720	27	94	48	191	39	16
仓储业	5800	380	166	111	244	210	18
谷物、棉花等农产品仓储	5810	325	112	88	127	177	13
其他仓储	5890	55	54	23	117	33	5
邮政业	5900	21	46	50	47	28	15
国家邮政	5910	19	38	37	39	24	15
其他寄递服务	5990	2	8	13	8	4	
信息传输、计算机服务和软件业	**G**	**144**	**320**	**243**	**423**	**148**	**30**
电信和其他信息传输服务业	6000	104	235	192	255	121	16
电信	6010	72	148	102	156	86	14
互联网信息服务	6020	7	22	27	47	19	1
广播电视传输服务	6030	25	62	62	49	16	
卫星传输服务	6040		3	1	3		1
计算机服务业	6100	27	52	18	82	19	9
计算机系统服务	6110	7	17	9	33	9	1
数据处理	6120	1			9		
计算机维修	6130			3	4	2	1
其他计算机服务	6190	19	35	6	36	8	7
软件业	6200	13	33	33	86	8	5
公共软件服务	6210	11	27	29	74	7	4
其他软件服务	6290	2	6	4	12	1	1
批发和零售业	**H**	**3291**	**2839**	**1433**	**4674**	**1826**	**361**
批发业	6300	2202	1683	830	3231	1038	156
农畜产品批发	6310	994	405	160	194	205	20

单位：个

重庆	四川	贵州	云南	西藏	陕西	甘肃	青海	宁夏	新疆	代码
40	24	3	3		1	1				5400
6	10		3							5410
27	10	2			1					5420
7	4	1				1				5430
3	13	9	6	3	10	11	2	6	5	5500
	4	5	2	3	3	7		4	1	5510
	1		2		1	2			1	5520
3	8	4	2		6	2	2	2	3	5530
1	2		1		6			1	3	5600
52	42	12	18	2	22	16	4	5	20	5700
18	16	2	1		4	4			3	5710
34	26	10	17	2	18	12	4	5	17	5720
59	114	89	46	2	117	75	31	28	52	5800
35	81	61	23		86	59	24	25	30	5810
24	33	28	23	2	31	16	7	3	22	5890
52	40	11	50	9	32	23	14	6	22	5900
51	34	11	47	8	30	21	12	6	20	5910
1	6		3	1	2	2	2		2	5990
221	**343**	**103**	**154**	**27**	**177**	**80**	**50**	**30**	**102**	G
189	302	87	131	26	163	66	48	28	85	6000
153	117	57	99	23	92	57	37	19	64	6010
6	15	2	11	3	18	4	1		7	6020
28	167	28	20		51	4	10	8	13	6030
2	3		1		2	1		1	1	6040
20	14	12	14	1	9	8	1	2	8	6100
6	6	2	7	1	3	1	1		4	6110
	1		2		1	2				6120
1	2	1							1	6130
13	5	9	5		5	5		2	3	6190
12	27	4	9		5	6	1		9	6200
10	22	3	6		3	5			8	6210
2	5	1	3		2	1	1		1	6290
1071	**1612**	**1040**	**1048**	**195**	**2051**	**919**	**234**	**233**	**908**	H
653	1062	626	635	48	1081	516	109	125	685	6300
93	258	53	58	7	201	88	6	29	209	6310

行业中类	代码	河南	湖北	湖南	广东	广西	海南
食品、饮料及烟草制品批发	6320	499	416	230	892	166	43
纺织、服装及日用品批发	6330	49	49	26	254	22	6
文化、体育用品及器材批发	6340	35	57	21	130	52	9
医药及医疗器材批发	6350	42	48	31	156	25	25
矿产品、建材及化工产品批发	6360	357	328	187	774	327	25
机械设备、五金交电及电子产品批发	6370	149	225	99	457	123	14
贸易经纪与代理	6380	22	50	22	158	36	4
其他批发	6390	55	105	54	216	82	10
零售业	6500	1089	1156	603	1443	788	205
综合零售	6510	219	207	101	163	138	53
食品、饮料及烟草制品专门零售	6520	272	255	110	235	222	23
纺织、服装及日用品专门零售	6530	90	49	26	93	28	19
文化、体育用品及器材专门零售	6540	144	132	131	144	95	21
医药及医疗器材专门零售	6550	117	82	38	184	55	30
汽车、摩托车、燃料及零配件专门零售	6560	89	153	92	299	92	28
家用电器及电子产品专门零售	6570	52	80	25	88	47	4
五金、家具及室内装修材料专门零售	6580	63	64	29	93	54	12
无店铺及其他零售	6590	43	134	51	144	57	15
住宿和餐饮业	I	**442**	**497**	**396**	**755**	**291**	**137**
住宿业	6600	342	338	311	610	228	127
旅游饭店	6610	153	179	187	282	105	80
一般旅馆	6620	182	124	106	294	106	40
其他住宿服务	6690	7	35	18	34	17	7
餐饮业	6700	100	159	85	145	63	10
正餐服务	6710	76	141	46	117	52	8
快餐服务	6720	10	6	4	12	6	1
饮料及冷饮服务	6730	1		1	5		
其他餐饮服务	6790	13	12	34	11	5	1
金融业	J	**455**	**434**	**371**	**615**	**332**	**56**
银行业	6800	192	159	133	216	186	18
中央银行	6810	2	10	7	3	4	
商业银行	6820	171	125	109	185	155	11
其他银行	6890	19	24	17	28	27	7

单位：个

重庆	四川	贵州	云南	西藏	陕西	甘肃	青海	宁夏	新疆	代码
124	347	197	149	17	227	133	36	30	110	6320
19	22	14	10	1	30	11		1	15	6330
14	30	44	20	1	29	13	6	4	11	6340
20	37	28	20	1	73	17	4	4	28	6350
225	208	185	217	4	273	124	32	39	196	6360
111	111	55	109	10	181	103	14	10	85	6370
11	12	2	12		28	6	4	4	8	6380
36	37	48	40	7	39	21	7	4	23	6390
418	550	414	413	147	970	403	125	108	223	6500
61	69	54	43	14	192	39	14	7	20	6510
67	141	116	99	79	168	121	36	37	35	6520
17	20	19	9	1	36	16	2	1	9	6530
24	78	63	64	8	133	101	32	21	33	6540
44	29	16	14	9	161	26	7	21	40	6550
83	148	65	99	20	146	29	19	6	42	6560
43	20	23	9	1	36	16	5	8	13	6570
43	21	17	14		56	13	1	2	5	6580
36	24	41	62	15	42	42	9	5	26	6590
220	**527**	**220**	**319**	**59**	**434**	**182**	**54**	**48**	**200**	I
158	373	191	294	57	359	164	49	35	186	6600
73	175	80	147	38	136	63	24	15	108	6610
75	180	99	126	16	207	89	24	19	77	6620
10	18	12	21	3	16	12	1	1	1	6690
62	154	29	25	2	75	18	5	13	14	6700
46	141	25	20	2	61	15	5	11	11	6710
2	2	2			2	1			2	6720
2	3		1		3					6730
12	8	2	4		9	2		2	1	6790
634	**511**	**194**	**429**	**88**	**328**	**247**	**75**	**43**	**265**	J
458	199	67	165	74	135	115	50	14	120	6800
	1		3	2	4	1	5		2	6810
424	174	53	131	56	116	98	36	10	101	6820
34	24	14	31	16	15	16	9	4	17	6890

行业中类	代码	河南	湖北	湖南	广东	广西	海南
证券业	6900	12	14	17	62	3	5
证券市场管理	6910	1	2	1	2		1
证券经纪与交易	6920	10	10	14	46	3	3
证券投资	6930	1	2	2	11		1
证券分析与咨询	6940				3		
保险业	7000	203	185	187	256	98	25
人寿保险	7010	91	88	87	96	48	14
非人寿保险	7020	106	91	93	133	47	11
保险辅助服务	7030	6	6	7	27	3	
其他金融活动	7100	48	76	34	81	45	8
金融信托与管理	7110	8	7	3	22	8	2
金融租赁	7120			1	2		
财务公司	7130	3	3	1	12		
邮政储蓄	7140	10	30	15	19	22	1
典当	7150		4	11	8	3	1
其他未列明的金融活动	7190	27	32	3	18	12	4
房地产业	**K**	**418**	**894**	**671**	**1893**	**588**	**264**
房地产业	7200	418	894	671	1893	588	264
房地产开发经营	7210	242	283	358	579	275	109
物业管理	7220	67	264	139	558	72	63
房地产中介服务	7230	48	51	18	92	26	24
其他房地产活动	7290	61	296	156	664	215	68
租赁和商务服务业	**L**	**514**	**907**	**650**	**2212**	**613**	**194**
租赁业	7300	27	29	28	44	27	23
机械设备租赁	7310	25	28	27	42	26	23
文化及日用品出租	7320	2	1	1	2	1	
商务服务业	7400	487	878	622	2168	586	171
企业管理服务	7410	152	413	240	1203	289	77
法律服务	7420	7	6	10	13	6	
咨询与调查	7430	65	81	79	196	38	14
广告业	7440	46	53	64	143	29	10
知识产权服务	7450		2	2	14	1	
职业中介服务	7460	28	45	16	93	21	4
市场管理	7470	34	69	62	53	40	7
旅行社	7480	86	97	78	182	81	35
其他商务服务	7490	69	112	71	271	81	24

单位：个

重庆	四川	贵州	云南	西藏	陕西	甘肃	青海	宁夏	新疆	代码
5	25	6	9		20	9	2	1	4	6900
			2		2	1				6910
4	23	6	5		17	7	2	1	3	6920
1			2			1			1	6930
	2				1					6940
90	198	70	185	11	142	99	13	21	98	7000
47	90	30	66	4	53	34		7	39	7010
40	101	37	113	7	86	64	13	14	58	7020
3	7	3	6		3	1			1	7030
81	89	51	70	3	31	24	10	7	43	7100
8	13	3	11	2	6	3	1	1	6	7110
1	2	1	5						1	7120
	8	2	5		1				2	7130
46	19	8	11	1	11	13	4	5	6	7140
	2	4	1		1	3	1		4	7150
26	45	33	37		12	5	4	1	24	7190
505	**560**	**551**	**311**	**24**	**478**	**174**	**83**	**80**	**287**	K
505	560	551	311	24	478	174	83	80	287	7200
267	278	174	170	12	179	81	21	32	99	7210
120	165	85	59	12	126	81	34	37	110	7220
29	27	24	25		24	9	16	5	16	7230
89	90	268	57		149	3	12	6	62	7290
534	**935**	**436**	**537**	**42**	**410**	**226**	**104**	**88**	**440**	L
20	19	37	9	7	24	17	3	3	18	7300
19	19	20	7	4	23	17	3	3	17	7310
1		17	2	3	1				1	7320
514	916	399	528	35	386	209	101	85	422	7400
221	501	186	268	4	148	71	38	33	175	7410
4	18	8	9	1	8	6	1	2	14	7420
58	86	25	47	1	39	14	13	8	32	7430
48	53	30	27	3	19	16	5	3	34	7440
5	2	2	2		1			1	1	7450
24	40	16	20	1	25	9	1	5	24	7460
23	35	18	22	2	27	20	11	7	19	7470
66	64	47	79	16	64	30	20	13	52	7480
65	117	67	54	7	55	43	12	13	71	7490

行业中类	代码	河南	湖北	湖南	广东	广西	海南
科学研究、技术服务和地质勘查业	M	**341**	**663**	**343**	**838**	**335**	**94**
研究与试验发展	7500	28	49	42	117	22	8
自然科学研究与试验发展	7510	5	4	5	13	5	
工程和技术研究与试验发展	7520	17	30	21	66	11	3
农业科学研究与试验发展	7530	6	8	12	26	5	3
医学研究与试验发展	7540		7	3	11	1	2
社会人文科学研究与试验发展	7550			1	1		
专业技术服务业	7600	253	422	224	593	246	68
气象服务	7610	10	10	15	15	15	3
地震服务	7620	2	1		1		
海洋服务	7630		1		2	2	2
测绘服务	7640	12	17	9	18	15	4
技术检测	7650	36	67	25	86	43	5
环境监测	7660	3	7	3	3	3	
工程技术与规划管理	7670	174	243	143	403	140	40
其他专业技术服务	7690	16	76	29	65	28	14
科技交流和推广服务业	7700	32	171	61	89	51	12
技术推广服务	7710	17	129	39	59	32	9
科技中介服务	7720	8	16	7	15	13	1
其他科技服务	7790	7	26	15	15	6	2
地质勘查业	7800	28	21	16	39	16	6
矿产地质勘查	7810	12	9	7	8	8	4
基础地质勘查	7820	6	6	3	19	2	1
地质勘查技术服务	7830	10	6	6	12	6	1
水利、环境和公共设施管理业	N	**90**	**204**	**109**	**237**	**107**	**25**
水利管理业	7900	12	56	26	48	17	2
防洪管理	7910	3	2	2	9	3	
水资源管理	7920	5	31	13	34	9	1
其他水利管理	7990	4	23	11	5	5	1
环境管理业	8000	16	49	25	48	28	5
自然保护	8010		4	2	3	3	1
环境治理	8020	16	45	23	45	25	4
公共设施管理业	8100	62	99	58	141	62	18
市政公共设施管理	8110	16	28	22	59	26	3
城市绿化管理	8120	18	46	15	47	6	3
游览景区管理	8130	28	25	21	35	30	12

单位：个

重庆	四川	贵州	云南	西藏	陕西	甘肃	青海	宁夏	新疆	代码
266	**398**	**202**	**287**	**14**	**319**	**158**	**82**	**60**	**256**	M
30	42	21	24		32	18	7	2	14	7500
1	4		3		2	3	2	1	1	7510
16	28	7	13		24	10	2		3	7520
2	7	12	6		5	4	3	1	10	7530
9	2	2	2		1	1				7540
2	1									7550
187	261	142	201	8	172	105	57	43	177	7600
4	6	17	8	2	16	3		3	11	7610
		1					1			7620
										7630
3	8	7	10		10	6	2	8	7	7640
33	37	18	32	1	24	16	9	4	42	7650
6	5	1	1		6		1	3	3	7660
109	179	83	132	5	101	67	41	24	96	7670
32	26	15	18		15	13	3	1	18	7690
39	58	17	36	1	86	17	9	10	31	7700
21	41	6	23		70	12	4	6	14	7710
7	13	2	8		4	2	5	3	6	7720
11	4	9	5	1	12	3		1	11	7790
10	37	22	26	5	29	18	9	5	34	7800
3	13	7	13	3	15	12	5	3	17	7810
3	11	6	6		6	2		1	1	7820
4	13	9	7	2	8	4	4	1	16	7830
126	**142**	**73**	**102**	**3**	**120**	**25**	**13**	**22**	**54**	N
35	30	22	15	1	23	6	2	4	18	7900
3	1	2			2				2	7910
20	16	14	9	1	13	5		2	13	7920
12	13	6	6		8	1	2	2	3	7990
41	42	18	31	2	30	4	2	5	11	8000
4	7	2	8	1	2	1	1	2	5	8010
37	35	16	23	1	28	3	1	3	6	8020
50	70	33	56		67	15	9	13	25	8100
13	19	4	12		18	7	5	1	10	8110
10	15	2	14		11	3	1	4	5	8120
27	36	27	30		38	5	3	8	10	8130

行业中类	代码	河南	湖北	湖南	广东	广西	海南
居民服务和其他服务业	O	**85**	**177**	**95**	**259**	**88**	**21**
居民服务业	8200	43	53	52	104	27	9
家庭服务	8210	5		4	5	1	1
托儿所	8220		1	1	2		
洗染服务	8230	2	1	1	5	1	
理发及美容保健服务	8240	2	4	2	16	2	
洗浴服务	8250	8	3	2	7		
婚姻服务	8260	2	2	1	3	1	
殡葬服务	8270	5	8	5	14	5	2
摄影扩印服务	8280	4	6	3	10	5	2
其他居民服务	8290	15	28	33	42	12	4
其他服务业	8300	42	124	43	155	61	12
修理与维护	8310	16	51	19	69	26	3
清洁服务	8320	8	4	5	30	7	2
其他未列明的服务	8390	18	69	19	56	28	7
教育	P	**38**	**74**	**60**	**139**	**34**	**13**
教育	8400	38	74	60	139	34	13
学前教育	8410	10	4	21	37	3	2
初等教育	8420	3		1	7	2	
中等教育	8430	8	8	5	9	6	1
高等教育	8440		1	1	7		
其他教育	8490	17	61	32	79	23	10
卫生、社会保障和社会福利业	Q	**75**	**80**	**50**	**104**	**24**	**5**
卫生	8500	69	74	46	98	19	3
医院	8510	42	17	21	24	5	
卫生院及社区医疗活动	8520	15	17	9	34	5	1
门诊部医疗活动	8530	7	18	11	18	4	
计划生育技术服务活动	8540		14		8		
妇幼保健活动	8550	2	2		2		2
专科疾病防治活动	8560			1	1		
疾病预防控制及防疫活动	8570		1	1	4		
其他卫生活动	8590	3	5	3	7	5	

单位：个

重庆	四川	贵州	云南	西藏	陕西	甘肃	青海	宁夏	新疆	代码
68	**79**	**62**	**78**	**3**	**107**	**56**	**9**	**13**	**53**	O
31	35	25	30		45	18	3	2	19	8200
1	2		3			1				8210
1					1					8220
		1	1							8230
	1	2	2		1	1			1	8240
1	3	3	2		7	1			2	8250
2			1						1	8260
9	7	5	8		7	1	1	1	4	8270
4	1	1	5		9	4			2	8280
13	21	13	8		20	10	2	1	9	8290
37	44	37	48	3	62	38	6	11	34	8300
12	16	17	18	3	34	19	3	5	18	8310
5	6	5	1		3	5	1	3	2	8320
20	22	15	29		25	14	2	3	14	8390
27	**52**	**32**	**48**	**3**	**23**	**19**	**10**	**2**	**27**	P
27	52	32	48	3	23	19	10	2	27	8400
2	5	3	2	1					1	8410
		1			3					8420
3	1	2	1		4	2	1	1	1	8430
1	1		3			3	1			8440
21	45	26	42	2	16	14	8	1	25	8490
30	**55**	**26**	**32**	**2**	**42**	**23**	**5**	**6**	**15**	Q
25	49	24	31	2	35	23	5	6	11	8500
11	17	15	16		11	13	3	3	6	8510
7	22	6	9	1	9	6	2	1	2	8520
5	4		2	1	11	4		1	1	8530
1	1							1		8540
	1				1					8550
	1									8560
1			1		1					8570
	3	3	3		2				2	8590

行业中类	代码	河南	湖北	湖南	广东	广西	海南
社会保障业	8600	2	1		1	1	1
社会福利业	8700	4	5	4	5	4	1
提供住宿的社会福利	8710	3	3	3	2	1	
不提供住宿的社会福利	8720	1	2	1	3	3	1
文化、体育和娱乐业	R	**121**	**220**	**187**	**383**	**129**	**42**
新闻出版业	8800	23	51	42	131	22	16
新闻业	8810	1	2	3	8		
出版业	8820	22	49	39	123	22	16
广播、电视、电影和音像业	8900	66	92	80	131	80	19
广播	8910	2	7	4	6	2	
电视	8920	11	19	20	39	4	3
电影	8930	53	58	52	81	72	14
音像制作	8940		8	4	5	2	2
文化艺术业	9000	20	51	35	55	9	5
文艺创作与表演	9010		7	5	20		1
艺术表演场馆	9020	8	3	5	11	2	1
图书馆与档案馆	9030	1	1	1	2		
文物及文化保护	9040	5	6	1	2		
博物馆	9050	1	1	1	3		
烈士陵园、纪念馆	9060			1	2		
群众文化活动	9070	2	24	5	9	2	1
文化艺术经纪代理	9080		5	10	2	3	
其他文化艺术	9090	3	4	6	4	2	2
体育	9100	3	11	5	21		
体育组织	9110	1	4	1	10		
体育场馆	9120	2	4	3	8		
其他体育	9190		3	1	3		
娱乐业	9200	9	15	25	45	18	2
室内娱乐活动	9210	3	6	15	15	8	
游乐园	9220			1	7	1	
休闲健身娱乐活动	9230	3	5	5	14	1	
其他娱乐活动	9290	3	4	4	9	8	2

单位：个

重庆	四川	贵州	云南	西藏	陕西	甘肃	青海	宁夏	新疆	代码
1		2							1	8600
4	6		1		7				3	8700
2	3				3					8710
2	3		1		4				3	8720
97	**153**	**59**	**68**	**1**	**127**	**33**	**15**	**21**	**61**	**R**
34	49	5	6		35	6	1	4	10	8800
1	4		1		1					8810
33	45	5	5		34	6	1	4	10	8820
33	71	42	34	1	61	15	13	13	45	8900
3	7		2		2	1	2	1	2	8910
4	18	6	5		9	1	2		6	8920
21	43	36	27	1	49	13	9	12	37	8930
5	3				1					8940
20	15	8	9		17	3	1		1	9000
9	1	5	2		6	1				9010
	4		2		2	1				9020
1	1		1							9030
3					2	1				9040
1		1	1		2					9050
			1							9060
2	4		1		3				1	9070
2	2		1				1			9080
2	3	2			2					9090
5	5		2		3			1		9100
1	1		1		1					9110
3	3				2			1		9120
1	1		1							9190
5	13	4	17		11	9		3	5	9200
3	2	1	7		3	4		1	1	9210
	4		2		3				1	9220
1	4	3	6		2	2			1	9230
1	3		2		3	3		2	2	9290

2-3 按行业(中类)、营业状态分组的企业法人单位数

(2009年) 单位：个

行业中类	代码	企业单位数	营业	停业(歇业)	筹建	当年关闭	当年破产	其他
总计	0000	**5782827**	**5151424**	**275380**	**258808**	**49258**	**5412**	**42545**
农、林、牧、渔业	A	**144278**	**127360**	**3268**	**11070**	**292**	**46**	**2242**
农业	0100	42769	36536	988	4460	73	9	703
谷物及其他作物的种植	0110	10957	9416	233	1096	11	1	200
蔬菜、园艺作物的种植	0120	17795	15439	433	1622	33	6	262
水果、坚果、饮料和香料作物的种植	0130	11976	9987	236	1539	16	1	197
中药材的种植	0140	2041	1694	86	203	13	1	44
林业	0200	15286	13546	378	1141	37	3	181
林木的培育和种植	0210	14125	12501	343	1082	33	3	163
木材和竹材的采运	0220	627	586	14	19	2		6
林产品的采集	0230	534	459	21	40	2		12
畜牧业	0300	53683	48127	1107	3475	99	26	849
牲畜的饲养	0310	16919	14975	367	1222	46	9	300
猪的饲养	0320	20437	18538	366	1207	30	7	289
家禽的饲养	0330	12440	11207	240	768	16	9	200
狩猎和捕捉动物	0340	53	45	3	4			1
其他畜牧业	0390	3834	3362	131	274	7	1	59
渔业	0400	10963	9603	356	839	31	2	132
海洋渔业	0410	3656	3076	192	331	16	1	40
内陆渔业	0420	7307	6527	164	508	15	1	92
农、林、牧、渔服务业	0500	21577	19548	439	1155	52	6	377
农业服务业	0510	17579	15913	344	1007	47	6	262
林业服务业	0520	911	804	22	49	2		34
畜牧服务业	0530	2066	1898	46	48	3		71
渔业服务业	0540	1021	933	27	51			10
采矿业	B	**103390**	**83049**	**10955**	**6620**	**2118**	**183**	**465**
煤炭开采和洗选业	0600	22935	17849	2706	1370	819	33	158
烟煤和无烟煤的开采洗选	0610	21724	16836	2630	1271	807	31	149
褐煤的开采洗选	0620	610	509	44	49	4	1	3
其他煤炭采选	0690	601	504	32	50	8	1	6
石油和天然气开采业	0700	1594	1413	67	99	3		12
天然原油和天然气开采	0710	344	295	15	30	1		3
与石油和天然气开采有关的服务活动	0790	1250	1118	52	69	2		9

单位：个

行业中类	代码	企业单位数	营业	停业(歇业)	筹建	当年关闭	当年破产	其他
黑色金属矿采选业	0800	18352	13758	2654	1515	334	30	61
铁矿采选	0810	16335	12181	2459	1325	307	24	39
其他黑色金属矿采选	0890	2017	1577	195	190	27	6	22
有色金属矿采选业	0900	11278	7876	1712	1369	222	33	66
常用有色金属矿采选	0910	7903	5384	1280	1001	170	19	49
贵金属矿采选	0920	2163	1614	258	243	31	8	9
稀有稀土金属矿采选	0930	1212	878	174	125	21	6	8
非金属矿采选业	1000	48077	41327	3707	2081	723	83	156
土砂石开采	1010	40962	35653	2989	1532	602	63	123
化学矿采选	1020	1603	1191	241	121	39	7	4
采盐	1030	857	805	27	16	7		2
石棉及其他非金属矿采选	1090	4655	3678	450	412	75	13	27
其他采矿业	1100	1154	826	109	186	17	4	12
制造业	**C**	**1958982**	**1753590**	**94266**	**81302**	**19760**	**2921**	**7143**
农副食品加工业	1300	107220	97645	4901	3187	922	224	341
谷物磨制	1310	29469	27801	965	367	195	64	77
饲料加工	1320	12494	11247	661	387	122	28	49
植物油加工	1330	10257	9257	484	356	100	36	24
制糖	1340	664	578	43	26	9	2	6
屠宰及肉类加工	1350	16868	15412	716	502	148	27	63
水产品加工	1360	8896	7863	511	389	82	7	44
蔬菜、水果和坚果加工	1370	14412	12931	784	513	128	26	30
其他农副食品加工	1390	14160	12556	737	647	138	34	48
食品制造业	1400	44645	39626	2537	1697	500	93	192
焙烤食品制造	1410	10996	9950	522	334	120	21	49
糖果、巧克力及蜜饯制造	1420	4811	4429	215	101	48	5	13
方便食品制造	1430	7006	6268	359	274	70	13	22
液体乳及乳制品制造	1440	1989	1696	171	80	25	5	12
罐头制造	1450	3091	2695	226	105	49	6	10
调味品、发酵制品制造	1460	6959	6260	376	205	75	19	24
其他食品制造	1490	9793	8328	668	598	113	24	62
饮料制造业	1500	36827	32762	2108	1345	408	59	145
酒精制造	1510	463	371	40	33	15	2	2
酒的制造	1520	13918	12291	927	461	153	32	54
软饮料制造	1530	12823	11331	722	528	170	16	56
精制茶加工	1540	9623	8769	419	323	70	9	33

单位：个

行业中类	代码	企业单位数	营业	停业(歇业)	筹建	当年关闭	当年破产	其他
烟草制品业	1600	260	237	14	5	3		1
烟叶复烤	1610	94	84	5	3	2		
卷烟制造	1620	84	80	2	1	1		
其他烟草制品加工	1690	82	73	7	1			1
纺织业	1700	114455	103832	5461	3170	1438	236	318
棉、化纤纺织及印染精加工	1710	44853	41153	1910	1056	510	113	111
毛纺织和染整精加工	1720	5362	4816	310	114	91	21	10
麻纺织	1730	1016	891	73	24	20	3	5
丝绢纺织及精加工	1740	6869	6138	453	175	80	10	13
纺织制成品制造	1750	25838	23276	1233	881	316	37	95
针织品、编织品及其制品制造	1760	30517	27558	1482	920	421	52	84
纺织服装、鞋、帽制造业	1800	87289	77573	4580	3525	1195	110	306
纺织服装制造	1810	81581	72434	4327	3295	1124	104	297
纺织面料鞋的制造	1820	4103	3660	178	202	50	6	7
制帽	1830	1605	1479	75	28	21		2
皮革、毛皮、羽毛(绒)及其制品业	1900	33544	29671	1871	1396	445	56	105
皮革鞣制加工	1910	2677	2248	321	61	33	4	10
皮革制品制造	1920	26205	23233	1275	1229	347	42	79
毛皮鞣制及制品加工	1930	2891	2624	158	54	37	8	10
羽毛(绒)加工及制品制造	1940	1771	1566	117	52	28	2	6
木材加工及木、竹、藤、棕、草制品业	2000	66058	60515	2890	1707	679	102	165
锯材、木片加工	2010	24627	22884	970	463	209	37	64
人造板制造	2020	18452	17020	692	465	215	31	29
木制品制造	2030	15435	13833	841	545	150	19	47
竹、藤、棕、草制品制造	2040	7544	6778	387	234	105	15	25
家具制造业	2100	39101	35234	1685	1596	410	32	144
木质家具制造	2110	28474	25799	1218	1040	307	24	86
竹、藤家具制造	2120	745	654	36	40	11	1	3
金属家具制造	2130	4332	3864	182	214	48	3	21
塑料家具制造	2140	600	516	38	39	5	1	1
其他家具制造	2190	4950	4401	211	263	39	3	33
造纸及纸制品业	2200	52234	47280	2384	1726	572	97	175
纸浆制造	2210	1008	826	67	71	30	5	9
造纸	2220	12654	11203	760	388	204	47	52
纸制品制造	2230	38572	35251	1557	1267	338	45	114

单位：个

行业中类	代码	企业单位数	营业	停业(歇业)	筹建	当年关闭	当年破产	其他
印刷业和记录媒介的复制	2300	55446	52089	1793	905	400	74	185
印刷	2310	50212	47204	1601	834	349	71	153
装订及其他印刷服务活动	2320	4952	4625	182	64	49	3	29
记录媒介的复制	2330	282	260	10	7	2		3
文教体育用品制造业	2400	21112	18991	889	931	221	23	57
文化用品制造	2410	5758	5134	292	241	64	9	18
体育用品制造	2420	5137	4559	211	299	49	4	15
乐器制造	2430	1424	1273	60	69	15	2	5
玩具制造	2440	8000	7329	297	268	82	8	16
游艺器材及娱乐用品制造	2450	793	696	29	54	11		3
石油加工、炼焦及核燃料加工业	2500	6925	5661	599	474	143	15	33
精炼石油产品的制造	2510	5017	4255	356	327	47	8	24
炼焦	2520	1878	1380	241	146	96	7	8
化学原料及化学制品制造业	2600	102253	89680	6075	4707	1177	198	416
基础化学原料制造	2610	17790	15288	1225	920	230	48	79
肥料制造	2620	10134	8322	864	711	147	34	56
农药制造	2630	2658	2287	205	106	31	14	15
涂料、油墨、颜料及类似产品制造	2640	19333	17212	1080	750	214	19	58
合成材料制造	2650	6566	5772	314	359	76	14	31
专用化学产品制造	2660	35751	32132	1767	1319	366	48	119
日用化学产品制造	2670	10021	8667	620	542	113	21	58
医药制造业	2700	16561	14204	915	1143	139	35	125
化学药品原药制造	2710	2390	1987	159	188	30	5	21
化学药品制剂制造	2720	2405	2084	131	154	11	8	17
中药饮片加工	2730	2178	1912	113	115	22	4	12
中成药制造	2740	2890	2547	138	158	22	7	18
兽用药品制造	2750	1471	1329	68	53	12	5	4
生物、生化制品的制造	2760	2716	2134	194	325	22	3	38
卫生材料及医药用品制造	2770	2511	2211	112	150	20	3	15
化学纤维制造业	2800	4822	4275	258	183	79	11	16
纤维素纤维原料及纤维制造	2810	880	755	51	51	13	6	4
合成纤维制造	2820	3942	3520	207	132	66	5	12
橡胶制品业	2900	22239	20060	974	912	195	31	67
轮胎制造	2910	2020	1769	112	101	26	4	8
橡胶板、管、带的制造	2920	4256	3812	189	199	37	6	13

单位：个

行业中类	代码	企业单位数	营业	停业(歇业)	筹建	当年关闭	当年破产	其他
橡胶零件制造	2930	6306	5813	249	191	37	8	8
再生橡胶制造	2940	1152	1032	66	37	11	4	2
日用及医用橡胶制品制造	2950	1051	957	53	30	8	2	1
橡胶靴鞋制造	2960	1943	1742	105	60	23	3	10
其他橡胶制品制造	2990	5511	4935	200	294	53	4	25
塑料制品业	3000	105726	95687	4510	4098	993	130	308
塑料薄膜制造	3010	9709	8923	366	309	71	16	24
塑料板、管、型材的制造	3020	15000	13416	680	700	141	17	46
塑料丝、绳及编织品的制造	3030	10797	9902	504	222	113	27	29
泡沫塑料制造	3040	5339	4873	240	156	49	7	14
塑料人造革、合成革制造	3050	1210	1070	59	64	12		5
塑料包装箱及容器制造	3060	11698	10704	466	401	86	9	32
塑料零件制造	3070	14104	12937	528	488	105	11	35
日用塑料制造	3080	13714	12248	654	572	191	22	27
其他塑料制品制造	3090	24155	21614	1013	1186	225	21	96
非金属矿物制品业	3100	222907	201110	11060	7192	2441	418	686
水泥、石灰和石膏的制造	3110	15684	13691	914	652	326	49	52
水泥及石膏制品制造	3120	51362	47171	2234	1361	396	62	138
砖瓦、石材及其他建筑材料制造	3130	103970	94421	4872	3030	1197	156	294
玻璃及玻璃制品制造	3140	17054	15167	884	703	207	41	52
陶瓷制品制造	3150	9730	8716	412	420	81	65	36
耐火材料制品制造	3160	12048	10553	975	366	96	29	29
石墨及其他非金属矿物制品制造	3190	13059	11391	769	660	138	16	85
黑色金属冶炼及压延加工业	3200	20030	16800	1764	972	352	64	78
炼铁	3210	2795	2063	465	131	103	20	13
炼钢	3220	893	731	83	54	15	3	7
钢压延加工	3230	13115	11355	893	641	161	21	44
铁合金冶炼	3240	3227	2651	323	146	73	20	14
有色金属冶炼及压延加工业	3300	23110	19584	1698	1307	345	40	136
常用有色金属冶炼	3310	6378	5000	751	428	120	21	58
贵金属冶炼	3320	644	532	49	41	8	1	13
稀有稀土金属冶炼	3330	1454	1180	134	92	33	2	13
有色金属合金制造	3340	2350	2034	131	145	33		7
有色金属压延加工	3350	12284	10838	633	601	151	16	45

单位：个

行业中类	代码	企业单位数	营业	停业（歇业）	筹建	当年关闭	当年破产	其他
金属制品业	3400	146141	129967	7121	6912	1368	159	614
结构性金属制品制造	3410	51801	45479	2910	2598	544	46	224
金属工具制造	3420	19054	17248	840	721	164	22	59
集装箱及金属包装容器制造	3430	5928	5364	255	234	51	3	21
金属丝绳及其制品的制造	3440	7507	6742	426	234	62	22	21
建筑、安全用金属制品制造	3450	17005	15104	838	840	128	14	81
金属表面处理及热处理加工	3460	11318	10336	472	356	115	6	33
搪瓷制品制造	3470	1093	921	72	81	10	2	7
不锈钢及类似日用金属制品制造	3480	13835	12354	543	724	138	16	60
其他金属制品制造	3490	18600	16419	765	1124	156	28	108
通用设备制造业	3500	195963	176566	8788	8163	1542	242	662
锅炉及原动机制造	3510	7733	6917	392	292	77	18	37
金属加工机械制造	3520	25030	22320	1124	1212	207	25	142
起重运输设备制造	3530	6076	5512	196	322	28	6	12
泵、阀门、压缩机及类似机械的制造	3540	25451	22949	1033	1186	182	33	68
轴承、齿轮、传动和驱动部件的制造	3550	13151	12097	455	442	99	28	30
烘炉、熔炉及电炉制造	3560	1848	1694	67	69	12	1	5
风机、衡器、包装设备等通用设备制造	3570	24210	21566	1063	1269	177	23	112
通用零部件制造及机械修理	3580	60119	53863	2884	2646	470	67	189
金属铸、锻加工	3590	32345	29648	1574	725	290	41	67
专用设备制造业	3600	103602	91810	4685	5692	792	122	501
矿山、冶金、建筑专用设备制造	3610	17708	15618	878	978	126	25	83
化工、木材、非金属加工专用设备制造	3620	28930	26071	1139	1422	193	18	87
食品、饮料、烟草及饲料生产专用设备制造	3630	3854	3469	194	142	23	6	20
印刷、制药、日化生产专用设备制造	3640	6539	5777	300	376	47	10	29
纺织、服装和皮革工业专用设备制造	3650	9112	8247	459	293	64	13	36
农、林、牧、渔专用机械制造	3670	8114	7249	427	274	88	23	53
医疗仪器设备及器械制造	3680	6020	5292	213	430	41	3	41
环保、社会公共安全及其他专用设备制造	3690	16088	13812	780	1244	137	16	99
交通运输设备制造业	3700	85783	76518	3542	4627	669	102	325
铁路运输设备制造	3710	3047	2745	141	118	19	9	15
汽车制造	3720	58396	52626	2262	2825	431	71	181
摩托车制造	3730	7074	6512	225	260	61	3	13
自行车制造	3740	5570	4795	319	332	64	14	46
船舶及浮动装置制造	3750	9480	7944	479	921	74	4	58
航空航天器制造	3760	433	370	13	44	2		4
交通器材及其他交通运输设备制造	3790	1783	1526	103	127	18	1	8

单位：个

行业中类	代码	企业单位数	营业	停业(歇业)	筹建	当年关闭	当年破产	其他
电气机械及器材制造业	3900	104119	92034	4690	5998	908	97	392
电机制造	3910	10988	9729	451	681	82	14	31
输配电及控制设备制造	3920	34413	30859	1539	1610	235	29	141
电线、电缆、光缆及电工器材制造	3930	17909	16087	793	799	161	20	49
电池制造	3940	4272	3670	213	315	45	2	27
家用电力器具制造	3950	12815	11105	566	921	156	12	55
非电力家用器具制造	3960	4101	3385	199	461	39	2	15
照明器具制造	3970	14304	12649	644	810	145	12	44
其他电气机械及器材制造	3990	5317	4550	285	401	45	6	30
通信设备、计算机及其他电子设备制造业	4000	52092	45852	2097	3355	498	49	241
通信设备制造	4010	5567	4886	248	357	47	4	25
雷达及配套设备制造	4020	134	126	5	1	1		1
广播电视设备制造	4030	1605	1462	69	52	14	3	5
电子计算机制造	4040	4410	3931	157	260	37	1	24
电子器件制造	4050	7366	6409	307	555	59	5	31
电子元件制造	4060	22940	20206	925	1451	246	24	88
家用视听设备制造	4070	3576	3235	122	165	35	3	16
其他电子设备制造	4090	6494	5597	264	514	59	9	51
仪器仪表及文化、办公用机械制造业	4100	25542	23032	1089	1101	179	21	120
通用仪器仪表制造	4110	12395	11265	519	469	83	9	50
专用仪器仪表制造	4120	4306	3871	169	212	26	4	24
钟表与计时仪器制造	4130	1892	1715	83	63	14	6	11
光学仪器及眼镜制造	4140	3740	3333	153	211	24	2	17
文化、办公用机械制造	4150	1778	1577	78	90	25		8
其他仪器仪表的制造及修理	4190	1431	1271	87	56	7		10
工艺品及其他制造业	4200	53774	47691	2620	2554	597	62	250
工艺美术品制造	4210	32798	29038	1697	1476	391	40	156
日用杂品制造	4220	8582	7859	289	326	71	6	31
煤制品制造	4230	4651	4209	286	83	61	6	6
其他未列明的制造业	4290	7709	6554	347	668	73	10	57
废弃资源和废旧材料回收加工业	4300	9202	7604	668	722	150	19	39
金属废料和碎屑的加工处理	4310	4372	3580	319	370	72	8	23
非金属废料和碎屑的加工处理	4320	4830	4024	349	352	78	11	16

单位：个

行业中类	代码	企业单位数	营业	停业(歇业)	筹建	当年关闭	当年破产	其他
电力、燃气及水的生产和供应业	D	**60998**	**55045**	**1326**	**4066**	**284**	**38**	**239**
电力、热力的生产和供应业	4400	40050	35891	928	2848	191	22	170
电力生产	4410	33225	29640	738	2558	153	16	120
电力供应	4420	3338	3096	88	105	18	1	30
热力生产和供应	4430	3487	3155	102	185	20	5	20
燃气生产和供应业	4500	3687	3194	107	327	31	8	20
水的生产和供应业	4600	17261	15960	291	891	62	8	49
自来水的生产和供应	4610	14595	13977	171	363	49	8	27
污水处理及其再生利用	4620	2093	1497	82	486	10		18
其他水的处理、利用与分配	4690	573	486	38	42	3		4
建筑业	E	**261571**	**229089**	**16780**	**11724**	**1963**	**146**	**1869**
房屋和土木工程建筑业	4700	102109	91316	5572	3907	639	65	610
房屋工程建筑	4710	64655	58724	3102	2067	362	42	358
土木工程建筑	4720	37454	32592	2470	1840	277	23	252
建筑安装业	4800	51036	45188	3101	2032	361	31	323
建筑装饰业	4900	78406	67683	5719	3600	722	37	645
其他建筑业	5000	30020	24902	2388	2185	241	13	291
工程准备	5010	10052	7945	1107	797	101	4	98
提供施工设备服务	5020	3518	2970	245	244	28	5	26
其他未列明的建筑活动	5090	16450	13987	1036	1144	112	4	167
交通运输、仓储和邮政业	F	**166509**	**149084**	**7598**	**7342**	**1329**	**141**	**1015**
铁路运输业	5100	651	563	29	52	2		5
铁路旅客运输	5110	49	44	2	3			
铁路货物运输	5120	303	260	11	30	1		1
铁路运输辅助活动	5130	299	259	16	19	1		4
道路运输业	5200	75627	67718	3610	3043	731	91	434
公路旅客运输	5210	8260	7789	208	165	50	9	39
道路货物运输	5220	59647	53011	3058	2558	615	76	329
道路运输辅助活动	5230	7720	6918	344	320	66	6	66
城市公共交通业	5300	7961	7605	153	121	41	1	40
公共电汽车客运	5310	2202	2081	56	41	11		13
轨道交通	5320	89	79	1	9			
出租车客运	5330	5233	5047	83	55	22	1	25
城市轮渡	5340	78	74	2	2			
其他城市公共交通	5390	359	324	11	14	8		2

单位：个

行业中类	代码	企业单位数	营业	停业(歇业)	筹建	当年关闭	当年破产	其他
水上运输业	5400	8171	7213	395	454	57	6	46
水上旅客运输	5410	952	867	43	33	5	1	3
水上货物运输	5420	5162	4622	244	228	40	4	24
水上运输辅助活动	5430	2057	1724	108	193	12	1	19
航空运输业	5500	867	776	28	45	8		10
航空客货运输	5510	324	291	11	19	1		2
通用航空服务	5520	198	175	7	12	1		3
航空运输辅助活动	5530	345	310	10	14	6		5
管道运输业	5600	118	99	4	13	2		
装卸搬运和其他运输服务业	5700	48511	43567	2153	2139	331	22	299
装卸搬运	5710	8014	7043	519	300	90	11	51
运输代理服务	5720	40497	36524	1634	1839	241	11	248
仓储业	5800	18973	16473	1057	1154	113	21	155
谷物、棉花等农产品仓储	5810	5531	5015	300	123	32	14	47
其他仓储	5890	13442	11458	757	1031	81	7	108
邮政业	5900	5630	5070	169	321	44		26
国家邮政	5910	798	773	5	15	3		2
其他寄递服务	5990	4832	4297	164	306	41		24
信息传输、计算机服务和软件业	**G**	**167174**	**154743**	**5253**	**5275**	**894**	**51**	**958**
电信和其他信息传输服务业	6000	24036	22213	808	669	156	14	176
电信	6010	8267	7672	260	205	51	6	73
互联网信息服务	6020	13509	12393	492	434	96	8	86
广播电视传输服务	6030	2066	1968	48	25	8		17
卫星传输服务	6040	194	180	8	5	1		
计算机服务业	6100	95263	90102	2229	1978	516	24	414
计算机系统服务	6110	17146	15440	680	814	89	6	117
数据处理	6120	915	818	39	49	3		6
计算机维修	6130	3369	3113	128	79	24	1	24
其他计算机服务	6190	73833	70731	1382	1036	400	17	267
软件业	6200	47875	42428	2216	2628	222	13	368
公共软件服务	6210	38302	34153	1729	1969	172	11	268
其他软件服务	6290	9573	8275	487	659	50	2	100
批发和零售业	**H**	**1667256**	**1505037**	**69505**	**64905**	**11997**	**1229**	**14583**
批发业	6300	1024955	915874	44976	47264	7161	763	8917
农畜产品批发	6310	49768	44879	2594	1413	398	131	353

单位：个

行业中类	代码	企业单位数	营业	停业(歇业)	筹建	当年关闭	当年破产	其他
食品、饮料及烟草制品批发	6320	76111	67997	3402	3501	546	63	602
纺织、服装及日用品批发	6330	105501	94087	4477	5240	740	49	908
文化、体育用品及器材批发	6340	31863	28915	1179	1255	210	10	294
医药及医疗器材批发	6350	29549	27498	758	921	126	17	229
矿产品、建材及化工产品批发	6360	339961	302338	15816	16391	2600	292	2524
机械设备、五金交电及电子产品批发	6370	285051	259589	10087	11438	1507	107	2323
贸易经纪与代理	6380	26818	22396	1601	1964	244	12	601
其他批发	6390	80333	68175	5062	5141	790	82	1083
零售业	6500	642301	589163	24529	17641	4836	466	5666
综合零售	6510	77820	70753	3669	1920	691	113	674
食品、饮料及烟草制品专门零售	6520	51027	45948	2664	1445	450	57	463
纺织、服装及日用品专门零售	6530	64326	58548	2575	1985	526	45	647
文化、体育用品及器材专门零售	6540	41178	37423	1901	1026	333	11	484
医药及医疗器材专门零售	6550	58389	55983	997	827	251	19	312
汽车、摩托车、燃料及零配件专门零售	6560	91455	84869	2938	2431	679	56	482
家用电器及电子产品专门零售	6570	107568	100143	3148	2538	664	55	1020
五金、家具及室内装修材料专门零售	6580	82031	73974	3983	2539	725	63	747
无店铺及其他零售	6590	68507	61522	2654	2930	517	47	837
住宿和餐饮业	**I**	**149590**	**140144**	**4294**	**3148**	**1358**	**84**	**562**
住宿业	6600	55244	51768	1655	1253	347	34	187
旅游饭店	6610	18423	17098	536	629	111	6	43
一般旅馆	6620	33377	31555	981	498	203	24	116
其他住宿服务	6690	3444	3115	138	126	33	4	28
餐饮业	6700	94346	88376	2639	1895	1011	50	375
正餐服务	6710	77287	72595	2122	1423	852	40	255
快餐服务	6720	6559	6198	151	119	52	4	35
饮料及冷饮服务	6730	4075	3798	136	89	37	2	13
其他餐饮服务	6790	6425	5785	230	264	70	4	72
金融业	**J**	**34682**	**31958**	**744**	**1662**	**128**	**10**	**180**
银行业	6800	8406	8270	1	117			18
中央银行	6810	94	92		2			
商业银行	6820	7349	7249	1	83			16
其他银行	6890	963	929		32			2

行业中类	代码	企业单位数	营业	停业(歇业)	筹建	当年关闭	当年破产	其他
证券业	6900	1356	1268	29	48	6	1	4
证券市场管理	6910	70	65	2	1	2		
证券经纪与交易	6920	772	744	7	17	2		2
证券投资	6930	303	264	17	20			2
证券分析与咨询	6940	211	195	3	10	2	1	
保险业	7000	10288	9965	84	185	29	4	21
人寿保险	7010	3546	3472	6	58	3		7
非人寿保险	7020	4050	3978	8	52	5	1	6
保险辅助服务	7030	2692	2515	70	75	21	3	8
其他金融活动	7100	14632	12455	630	1312	93	5	137
金融信托与管理	7110	1351	1103	59	151	7	1	30
金融租赁	7120	215	182	5	24	3		1
财务公司	7130	536	460	17	48	5		6
邮政储蓄	7140	502	490		12			
典当	7150	3502	3253	75	147	13	1	13
其他未列明的金融活动	7190	8526	6967	474	930	65	3	87
房地产业	**K**	**238655**	**197241**	**20306**	**14320**	**1817**	**178**	**4793**
房地产业	7200	238655	197241	20306	14320	1817	178	4793
房地产开发经营	7210	100859	79979	10753	6370	708	66	2983
物业管理	7220	64511	56948	2947	3665	385	31	535
房地产中介服务	7230	39444	34013	2698	1924	420	17	372
其他房地产活动	7290	33841	26301	3908	2361	304	64	903
租赁和商务服务业	**L**	**438766**	**379498**	**23123**	**27541**	**3886**	**219**	**4499**
租赁业	7300	22510	19442	1302	1323	204	26	213
机械设备租赁	7310	21597	18626	1259	1295	195	26	196
文化及日用品出租	7320	913	816	43	28	9		17
商务服务业	7400	416256	360056	21821	26218	3682	193	4286
企业管理服务	7410	73592	59189	5464	7043	547	55	1294
法律服务	7420	8465	8096	153	102	58	2	54
咨询与调查	7430	124461	105863	7052	9065	1191	41	1249
广告业	7440	85824	76886	3719	3674	861	21	663
知识产权服务	7450	3981	3693	132	115	17		24
职业中介服务	7460	20093	17232	1279	1194	199	17	172
市场管理	7470	16498	15168	521	583	118	13	95
旅行社	7480	22614	21025	690	609	154	10	126
其他商务服务	7490	60728	52904	2811	3833	537	34	609

行业中类	代码	企业单位数	营业	停业(歇业)	筹建	当年关闭	当年破产	其他
科学研究、技术服务和地质勘查业	**M**	**155158**	**133702**	**8051**	**10162**	**1305**	**68**	**1870**
研究与试验发展	7500	18745	15269	1199	1900	134	9	234
自然科学研究与试验发展	7510	1921	1510	134	237	10		30
工程和技术研究与试验发展	7520	10822	9045	554	1055	64	6	98
农业科学研究与试验发展	7530	2286	1727	220	261	28	3	47
医学研究与试验发展	7540	3457	2775	272	329	26		55
社会人文科学研究与试验发展	7550	259	212	19	18	6		4
专业技术服务业	7600	81702	72555	3305	4431	536	34	841
气象服务	7610	934	892	23	9	6		4
地震服务	7620	78	73	2	1	2		
海洋服务	7630	155	129	7	17			2
测绘服务	7640	3009	2770	86	114	17		22
技术检测	7650	7836	7045	292	401	39	2	57
环境监测	7660	1255	1082	65	81	10		17
工程技术与规划管理	7670	39296	35372	1499	1906	237	17	265
其他专业技术服务	7690	29139	25192	1331	1902	225	15	474
科技交流和推广服务业	7700	51922	43711	3333	3487	615	23	753
技术推广服务	7710	38232	32237	2431	2598	435	20	511
科技中介服务	7720	5336	4476	388	287	74	1	110
其他科技服务	7790	8354	6998	514	602	106	2	132
地质勘查业	7800	2789	2167	214	344	20	2	42
矿产地质勘查	7810	1306	896	136	234	13	1	26
基础地质勘查	7820	388	354	16	12	1		5
地质勘查技术服务	7830	1095	917	62	98	6	1	11
水利、环境和公共设施管理业	**N**	**25694**	**21114**	**1564**	**2545**	**202**	**15**	**254**
水利管理业	7900	2102	1784	128	140	8	1	41
防洪管理	7910	159	126	20	12			1
水资源管理	7920	1100	934	61	79	5		21
其他水利管理	7990	843	724	47	49	3	1	19
环境管理业	8000	5607	4559	282	673	37	4	52
自然保护	8010	364	288	23	47	3		3
环境治理	8020	5243	4271	259	626	34	4	49
公共设施管理业	8100	17985	14771	1154	1732	157	10	161
市政公共设施管理	8110	2484	2078	141	196	20	2	47
城市绿化管理	8120	9796	8437	590	593	90	5	81
游览景区管理	8130	5705	4256	423	943	47	3	33

行业中类	代码	企　业 单位数	营业	停业 (歇业)	筹建	当年 关闭	当年 破产	其他
居民服务和其他服务业	O	**126539**	**115000**	**4819**	**4350**	**1222**	**42**	**1106**
居民服务业	8200	56861	52323	2010	1576	503	16	433
家庭服务	8210	4494	3888	283	237	52	1	33
托儿所	8220	314	297	2	11		1	3
洗染服务	8230	2257	2097	78	46	25		11
理发及美容保健服务	8240	16505	15556	428	297	137	1	86
洗浴服务	8250	10273	9711	291	151	82	6	32
婚姻服务	8260	3103	2756	153	132	31	1	30
殡葬服务	8270	1801	1658	41	82	10		10
摄影扩印服务	8280	6973	6556	197	126	53	2	39
其他居民服务	8290	11141	9804	537	494	113	4	189
其他服务业	8300	69678	62677	2809	2774	719	26	673
修理与维护	8310	35545	33081	1247	671	333	11	202
清洁服务	8320	12495	11045	639	572	131	4	104
其他未列明的服务	8390	21638	18551	923	1531	255	11	367
教育	P	**23997**	**21931**	**867**	**689**	**194**	**9**	**307**
教育	8400	23997	21931	867	689	194	9	307
学前教育	8410	4122	3945	63	39	15	2	58
初等教育	8420	588	558	8	10	4	1	7
中等教育	8430	1021	918	32	36	17		18
高等教育	8440	219	196	10	7	1		5
其他教育	8490	18047	16314	754	597	157	6	219
卫生、社会保障和社会福利业	Q	**16659**	**15823**	**333**	**297**	**84**	**9**	**113**
卫生	8500	15630	14960	269	234	73	8	86
医院	8510	4590	4382	59	101	21	3	24
卫生院及社区医疗活动	8520	1980	1937	17	14	7		5
门诊部医疗活动	8530	7507	7219	136	76	33	3	40
计划生育技术服务活动	8540	240	231	1	2	1		5
妇幼保健活动	8550	91	86	3	2			
专科疾病防治活动	8560	305	290	7	4	2		2
疾病预防控制及防疫活动	8570	141	131	2	4	1		3
其他卫生活动	8590	776	684	44	31	8	2	7

 单位：个

行业中类	代码	企业单位数	营业	停业(歇业)	筹建	当年关闭	当年破产	其他
社会保障业	8600	279	247	11	9			12
社会福利业	8700	750	616	53	54	11	1	15
提供住宿的社会福利	8710	532	446	30	43	5		8
不提供住宿的社会福利	8720	218	170	23	11	6	1	7
文化、体育和娱乐业	**R**	**42929**	**38016**	**2328**	**1790**	**425**	**23**	**347**
新闻出版业	8800	2793	2639	76	42	20	2	14
新闻业	8810	118	110	4	2			2
出版业	8820	2675	2529	72	40	20	2	12
广播、电视、电影和音像业	8900	6474	5782	386	178	54	3	71
广播	8910	231	215	8	7	1		
电视	8920	1695	1540	80	45	15		15
电影	8930	3157	2788	225	72	27	3	42
音像制作	8940	1391	1239	73	54	11		14
文化艺术业	9000	11225	9592	776	596	142	2	117
文艺创作与表演	9010	2292	1960	149	147	19		17
艺术表演场馆	9020	358	304	30	13	3	1	7
图书馆与档案馆	9030	127	119	5	3			
文物及文化保护	9040	174	138	10	18	1		7
博物馆	9050	148	119	11	17	1		
烈士陵园、纪念馆	9060	35	26	3	3			3
群众文化活动	9070	1202	1007	99	65	20		11
文化艺术经纪代理	9080	2774	2390	213	103	34		34
其他文化艺术	9090	4115	3529	256	227	64	1	38
体育	9100	2192	1823	178	137	29		25
体育组织	9110	781	635	68	53	14		11
体育场馆	9120	669	580	53	27	6		3
其他体育	9190	742	608	57	57	9		11
娱乐业	9200	20245	18180	912	837	180	16	120
室内娱乐活动	9210	12100	11254	429	248	97	10	62
游乐园	9220	648	509	69	61	6		3
休闲健身娱乐活动	9230	5496	4780	269	344	58	5	40
其他娱乐活动	9290	2001	1637	145	184	19	1	15

2-4 按地区、营业状态分组的企业法人单位数

(2009年) 单位：个

地区	企业单位数	营业	停业(歇业)	筹建	当年关闭	当年破产	其他
全国	**5782827**	**5151424**	**275380**	**258808**	**49258**	**5412**	**42545**
北京	344424	300625	26479	5558	7117	136	4509
天津	128145	95192	13044	14520	2960	134	2295
河北	217724	195238	12087	7594	1257	290	1258
山西	117621	96346	12245	6094	1788	261	887
内蒙古	80746	72972	3319	3477	488	76	414
辽宁	271203	231320	25330	11465	1511	198	1379
吉林	89351	84159	3145	1219	420	105	303
黑龙江	111580	101311	4724	2558	634	106	2247
上海	339498	302417	10069	23568	119	5	3320
江苏	616227	553090	26462	27558	6858	283	1976
浙江	507907	442119	26489	34589	4406	167	137
安徽	154438	135722	6182	9996	1390	261	887
福建	196026	166095	9965	15898	2258	143	1667
江西	96336	87456	3238	3842	1071	115	614
山东	495864	464446	12447	11526	3568	671	3206
河南	244513	231359	6591	3820	1445	399	899
湖北	217894	202418	7830	4342	1284	341	1679
湖南	156567	148928	3713	1835	984	332	775
广东	603644	545978	20629	28579	3542	239	4677
广西	95744	81944	5115	4988	1265	119	2313
海南	20953	16554	1802	1404	55	6	1132
重庆	112500	103545	3152	4354	696	100	653
四川	180790	162948	8203	6703	1249	243	1444
贵州	48469	39225	3997	4343	388	97	419
云南	90542	74476	5809	8026	653	66	1512
西藏	2894	2609	103	152	4	5	21
陕西	114547	103796	4976	3860	697	149	1069
甘肃	46322	41930	2214	1364	389	202	223
青海	11173	9345	779	788	130	35	96
宁夏	19047	16935	956	969	103	14	70
新疆	50138	40926	4286	3819	529	114	464

2-5 按行业(中类)、营业状态分组的国有控股企业法人单位数

单位：个

行业中类	代码	企业单位数	营业	停业(歇业)	筹建	当年关闭	当年破产	其他
总计	0000	**239536**	**211384**	**16914**	**5509**	**1923**	**808**	**2998**
农、林、牧、渔业	A	**4607**	**4302**	**131**	**118**	**8**		**48**
农业	0100	1331	1255	26	37	1		12
谷物及其他作物的种植	0110	720	688	15	11			6
蔬菜、园艺作物的种植	0120	246	225	5	14	1		1
水果、坚果、饮料和香料作物的种植	0130	330	310	5	11			4
中药材的种植	0140	35	32	1	1			1
林业	0200	1519	1457	27	23	2		10
林木的培育和种植	0210	1165	1111	23	19	2		10
木材和竹材的采运	0220	205	199	3	3			
林产品的采集	0230	149	147	1	1			
畜牧业	0300	844	770	40	24	2		8
牲畜的饲养	0310	359	325	16	11			7
猪的饲养	0320	257	242	6	9			
家禽的饲养	0330	130	118	6	3	2		1
狩猎和捕捉动物	0340	2	2					
其他畜牧业	0390	96	83	12	1			
渔业	0400	250	223	12	9	2		4
海洋渔业	0410	70	58	6	4			2
内陆渔业	0420	180	165	6	5	2		2
农、林、牧、渔服务业	0500	663	597	26	25	1		14
农业服务业	0510	385	342	14	17	1		11
林业服务业	0520	130	118	5	5			2
畜牧服务业	0530	107	99	6	1			1
渔业服务业	0540	41	38	1	2			
采矿业	B	**2936**	**2339**	**236**	**258**	**47**	**13**	**43**
煤炭开采和洗选业	0600	1337	1051	96	131	17	9	33
烟煤和无烟煤的开采洗选	0610	1269	990	94	127	16	9	33
褐煤的开采洗选	0620	49	45	1	3			
其他煤炭采选	0690	19	16	1	1	1		
石油和天然气开采业	0700	163	150	4	6	1		2
天然原油和天然气开采	0710	93	88	2	2	1		
与石油和天然气开采有关的服务活动	0790	70	62	2	4			2

行业中类	代码	企业单位数	营业	停业(歇业)	筹建	当年关闭	当年破产	其他
黑色金属矿采选业	0800	264	190	30	38	3	1	2
铁矿采选	0810	220	161	21	33	3		2
其他黑色金属矿采选	0890	44	29	9	5		1	
有色金属矿采选业	0900	498	389	47	49	9	2	2
常用有色金属矿采选	0910	219	165	18	34	1		1
贵金属矿采选	0920	187	143	24	11	6	2	1
稀有稀土金属矿采选	0930	92	81	5	4	2		
非金属矿采选业	1000	642	538	55	28	16	1	4
土砂石开采	1010	394	337	34	14	7	1	1
化学矿采选	1020	67	52	4	4	7		
采盐	1030	110	97	7	3	1		2
石棉及其他非金属矿采选	1090	71	52	10	7	1		1
其他采矿业	1100	32	21	4	6	1		
制造业	**C**	**34250**	**27811**	**4200**	**832**	**468**	**389**	**550**
农副食品加工业	1300	2913	2417	373	36	39	22	26
谷物磨制	1310	645	527	87	8	13	4	6
饲料加工	1320	250	163	68	5	7	3	4
植物油加工	1330	211	148	41	6	5	8	3
制糖	1340	72	52	16	1	1	1	1
屠宰及肉类加工	1350	1304	1189	90	4	10	2	9
水产品加工	1360	146	113	26	4	1	1	1
蔬菜、水果和坚果加工	1370	112	90	16	5		1	
其他农副食品加工	1390	173	135	29	3	2	2	2
食品制造业	1400	1126	825	237	15	18	15	16
焙烤食品制造	1410	217	137	67		5	5	3
糖果、巧克力及蜜饯制造	1420	47	28	15		2		2
方便食品制造	1430	167	120	39	1	4	1	2
液体乳及乳制品制造	1440	129	112	15		1	1	
罐头制造	1450	88	60	23	2	1	1	1
调味品、发酵制品制造	1460	192	136	46	1	3	4	2
其他食品制造	1490	286		32	11	2	3	6
饮料制造业	1500	1023		124	26	15	8	8
酒精制造	1510	26	16	6	2	1		1
酒的制造	1520	430	340	58	11	8	8	5
软饮料制造	1530	349	292	45	8	3		1
精制茶加工	1540	218	194	15	5	3		1

单位：个

行业中类	代码	企业单位数	营业	停业(歇业)	筹建	当年关闭	当年破产	其他
烟草制品业	1600	142	137	3	1	1		
烟叶复烤	1610	60	55	3	1	1		
卷烟制造	1620	65	65					
其他烟草制品加工	1690	17	17					
纺织业	1700	1268	866	296	12	30	38	26
棉、化纤纺织及印染精加工	1710	502	334	127	4	13	17	7
毛纺织和染整精加工	1720	108	67	34		2	5	
麻纺织	1730	33	21	9		1	2	
丝绢纺织及精加工	1740	79	38	35		1	3	2
纺织制成品制造	1750	279	198	50	3	10	4	14
针织品、编织品及其制品制造	1760	267	208	41	5	3	7	3
纺织服装、鞋、帽制造业	1800	659	540	82	13	8	7	9
纺织服装制造	1810	630	524	71	12	8	6	9
纺织面料鞋的制造	1820	21	12	7	1		1	
制帽	1830	8	4	4				
皮革、毛皮、羽毛(绒)及其制品业	1900	194	112	66	5	4	4	3
皮革鞣制加工	1910	22	8	12			1	1
皮革制品制造	1920	135	87	37	4	3	2	2
毛皮鞣制及制品加工	1930	18	8	8	1		1	
羽毛(绒)加工及制品制造	1940	19	9	9		1		
木材加工及木、竹、藤、棕、草制品业	2000	699	539	114	17	12	5	12
锯材、木片加工	2010	299	235	49	7	2	3	3
人造板制造	2020	182	145	27	2	4	2	2
木制品制造	2030	178	125	33	8	5		7
竹、藤、棕、草制品制造	2040	40	34	5		1		
家具制造业	2100	241	180	45	6	3	4	3
木质家具制造	2110	173	131	31	4	2	3	2
竹、藤家具制造	2120	3	3					
金属家具制造	2130	33	21	10		1		1
塑料家具制造	2140	2	1				1	
其他家具制造	2190	30	24	4	2			
造纸及纸制品业	2200	546	389	100	14	20	11	12
纸浆制造	2210	40	28	9	2			1
造纸	2220	228	142	54	5	11	9	7
纸制品制造	2230	278	219	37	7	9	2	4

行业中类	代码	企业单位数	营业	停业(歇业)	筹建	当年关闭	当年破产	其他
印刷业和记录媒介的复制	2300	2039	1832	145	2	25	14	21
印刷	2310	1876	1682	137	2	23	14	18
装订及其他印刷服务活动	2320	125	115	6		2		2
记录媒介的复制	2330	38	35	2				1
文教体育用品制造业	2400	171	139	23	3	1	1	4
文化用品制造	2410	72	56	13	1	1	1	
体育用品制造	2420	40	36	3	1			
乐器制造	2430	20	13	5				2
玩具制造	2440	34	30	2				2
游艺器材及娱乐用品制造	2450	5	4		1			
石油加工、炼焦及核燃料加工业	2500	323	273	19	24	3		4
精炼石油产品的制造	2510	226	195	12	15	2		2
炼焦	2520	90	72	7	9	1		1
化学原料及化学制品制造业	2600	2557	2068	297	92	29	37	34
基础化学原料制造	2610	680	537	83	39	5	7	9
肥料制造	2620	454	348	71	13	8	11	3
农药制造	2630	112	93	13	1	1	2	2
涂料、油墨、颜料及类似产品制造	2640	222	188	21	3	2	1	7
合成材料制造	2650	185	159	16	6	1		3
专用化学产品制造	2660	715	611	56	25	7	10	6
日用化学产品制造	2670	189	132	37	5	5	6	4
医药制造业	2700	841	719	78	19	8	9	8
化学药品原药制造	2710	144	122	16	4	1	1	
化学药品制剂制造	2720	214	195	12	2		5	
中药饮片加工	2730	61	52	5	2			2
中成药制造	2740	208	182	17	3	2		4
兽用药品制造	2750	69	54	10	1	1	2	1
生物、生化制品的制造	2760	104	82	15	4	2		1
卫生材料及医药用品制造	2770	41	32	3	3	2	1	
化学纤维制造业	2800	112	79	21	4	3	3	2
纤维素纤维原料及纤维制造	2810	34	24	5	1	2	2	
合成纤维制造	2820	78	55	16	3	1	1	2
橡胶制品业	2900	288	221	39	8	9	7	4
轮胎制造	2910	69	51	11	2	4	1	
橡胶板、管、带的制造	2920	43	36	4		2	1	

2-5　续表 4　　　　单位：个

行业中类	代码	企业单位数	营业	停业(歇业)	筹建	当年关闭	当年破产	其他
橡胶零件制造	2930	63	50	7		1	3	2
再生橡胶制造	2940	11	8	1			1	1
日用及医用橡胶制品制造	2950	21	19	2				
橡胶靴鞋制造	2960	28	20	6	1		1	
其他橡胶制品制造	2990	53	37	8	5	2		1
塑料制品业	3000	801	642	110	13	15	8	13
塑料薄膜制造	3010	113	84	19	4	3	2	1
塑料板、管、型材的制造	3020	174	141	24	4	4	1	
塑料丝、绳及编织品的制造	3030	98	79	12	1	2	2	2
泡沫塑料制造	3040	32	23	8				1
塑料人造革、合成革制造	3050	9	7	1				1
塑料包装箱及容器制造	3060	75	60	11		2	1	1
塑料零件制造	3070	61	51	7				3
日用塑料制造	3080	79	61	12	1	4	1	
其他塑料制品制造	3090	160	136	16	3		1	4
非金属矿物制品业	3100	3149	2493	399	119	56	38	44
水泥、石灰和石膏的制造	3110	784	631	72	41	19	15	6
水泥及石膏制品制造	3120	702	579	86	25	6		6
砖瓦、石材及其他建筑材料制造	3130	846	680	104	23	18	7	14
玻璃及玻璃制品制造	3140	264	202	44	3	4	8	3
陶瓷制品制造	3150	167	112	42	1	2	5	5
耐火材料制品制造	3160	134	97	25	7	2	2	1
石墨及其他非金属矿物制品制造	3190	252	192	26	19	5	1	9
黑色金属冶炼及压延加工业	3200	529	403	81	22	6	7	10
炼铁	3210	62	38	16	2	2	1	3
炼钢	3220	50	35	10	3	1		1
钢压延加工	3230	319	261	35	14	1	3	5
铁合金冶炼	3240	98	69	20	3	2	3	1
有色金属冶炼及压延加工业	3300	703	550	70	43	12	4	24
常用有色金属冶炼	3310	258	197	24	18	4	3	12
贵金属冶炼	3320	61	54	3	3	1		
稀有稀土金属冶炼	3330	83	62	7	5	4		5
有色金属合金制造	3340	58	50	4	3			1
有色金属压延加工	3350	243	187	32	14	3	1	6

单位：个

行业中类	代码	企业单位数	营业	停业(歇业)	筹建	当年关闭	当年破产	其他
金属制品业	3400	1441	1179	177	30	17	13	25
结构性金属制品制造	3410	573	468	72	15	7	1	10
金属工具制造	3420	183	147	21	5	3	3	4
集装箱及金属包装容器制造	3430	129	104	18	1	2		4
金属丝绳及其制品的制造	3440	94	76	16				2
建筑、安全用金属制品制造	3450	115	101	8	2	1	1	2
金属表面处理及热处理加工	3460	92	79	8	1	1	2	1
搪瓷制品制造	3470	17	10	6			1	
不锈钢及类似日用金属制品制造	3480	79	59	13	2	1	3	1
其他金属制品制造	3490	159	135	15	4	2	2	1
通用设备制造业	3500	2807	2272	359	42	37	40	57
锅炉及原动机制造	3510	273	222	31	3	2	6	9
金属加工机械制造	3520	481	384	62	12	5	8	10
起重运输设备制造	3530	173	150	19	1		2	1
泵、阀门、压缩机及类似机械的制造	3540	368	292	49	5	10	5	7
轴承、齿轮、传动和驱动部件的制造	3550	174	133	20	1	1	7	12
烘炉、熔炉及电炉制造	3560	20	19	1				
风机、衡器、包装设备等通用设备制造	3570	361	293	45	7	7	3	6
通用零部件制造及机械修理	3580	653	533	87	11	8	6	8
金属铸、锻加工	3590	304	246	45	2	4	3	4
专用设备制造业	3600	2343	1902	249	72	33	31	56
矿山、冶金、建筑专用设备制造	3610	649	541	58	19	6	12	13
化工、木材、非金属加工专用设备制造	3620	280	228	27	12	4	4	5
食品、饮料、烟草及饲料生产专用设备制造	3630	109	79	23	1	4		2
印刷、制药、日化生产专用设备制造	3640	107	90	11	4	1	1	
纺织、服装和皮革工业专用设备制造	3650	148	108	21	1	4	3	11
农、林、牧、渔专用机械制造	3670	231	157	54	3	6	3	8
医疗仪器设备及器械制造	3680	171	151	6	7	1	1	5
环保、社会公共安全及其他专用设备制造	3690	376	318	28	12	6	3	9
交通运输设备制造业	3700	2921	2560	228	64	15	14	40
铁路运输设备制造	3710	366	338	14	7	2	3	2
汽车制造	3720	1855	1627	154	36	7	8	23
摩托车制造	3730	86	77	7		1	1	
自行车制造	3740	61	32	12		2	1	14
船舶及浮动装置制造	3750	351	302	30	15	2	1	1
航空航天器制造	3760	152	142	5	5			
交通器材及其他交通运输设备制造	3790	50	42	6	1	1		

行业中类	代码	企业单位数	营业	停业(歇业)	筹建	当年关闭	当年破产	其他
电气机械及器材制造业	3900	1663	1334	208	42	19	27	33
电机制造	3910	252	197	30	8	1	9	7
输配电及控制设备制造	3920	664	542	77	11	10	12	12
电线、电缆、光缆及电工器材制造	3930	283	241	29	5	2	3	3
电池制造	3940	117	88	23	3			3
家用电力器具制造	3950	118	86	20	4	3	1	4
非电力家用器具制造	3960	45	37	2	6			
照明器具制造	3970	91	68	16	2	3	1	1
其他电气机械及器材制造	3990	93	75	11	3		1	3
通信设备、计算机及其他电子设备制造业	4000	1306	1111	105	36	12	14	28
通信设备制造	4010	277	250	15	4	1	3	4
雷达及配套设备制造	4020	41	40	1				
广播电视设备制造	4030	55	45	5	2		3	
电子计算机制造	4040	106	94	5	3			4
电子器件制造	4050	269	224	29	13		1	2
电子元件制造	4060	356	296	37	5	7	3	8
家用视听设备制造	4070	64	53	5	1		1	4
其他电子设备制造	4090	138	109	8	8	4	3	6
仪器仪表及文化、办公用机械制造业	4100	792	674	69	15	9	4	21
通用仪器仪表制造	4110	388	334	35	3	5	3	8
专用仪器仪表制造	4120	191	169	12	6	1	1	2
钟表与计时仪器制造	4130	37	23	7	2	1		4
光学仪器及眼镜制造	4140	83	70	5	3	2		3
文化、办公用机械制造	4150	54	46	5				3
其他仪器仪表的制造及修理	4190	39	32	5	1			1
工艺品及其他制造业	4200	508	395	75	20	9	4	5
工艺美术品制造	4210	256	185	49	11	5	2	4
日用杂品制造	4220	38	28	7	1	1	1	
煤制品制造	4230	47	33	9	3	2		
其他未列明的制造业	4290	156	138	10	5	1	1	1
废弃资源和废旧材料回收加工业	4300	145	118	8	17			2
金属废料和碎屑的加工处理	4310	70	62	4	4			
非金属废料和碎屑的加工处理	4320	75	56	4	13			2

 单位：个

行业中类	代码	企业单位数	营业	停业(歇业)	筹建	当年关闭	当年破产	其他
电力、燃气及水的生产和供应业	D	**10849**	**9878**	**209**	**657**	**50**	**8**	**47**
电力、热力的生产和供应业	4400	6579	5946	146	409	39	4	35
电力生产	4410	3625	3137	96	344	23	3	22
电力供应	4420	2244	2163	27	39	7		8
热力生产和供应	4430	710	646	23	26	9	1	5
燃气生产和供应业	4500	486	420	12	44	5	2	3
水的生产和供应业	4600	3784	3512	51	204	6	2	9
自来水的生产和供应	4610	3248	3134	33	68	5	2	6
污水处理及其再生利用	4620	505	352	18	131	1		3
其他水的处理、利用与分配	4690	31	26		5			
建筑业	E	**12836**	**11639**	**710**	**293**	**89**	**11**	**94**
房屋和土木工程建筑业	4700	8437	7737	416	177	45	9	53
房屋工程建筑	4710	3093	2845	164	44	18	6	16
土木工程建筑	4720	5344	4892	252	133	27	3	37
建筑安装业	4800	2132	1950	117	39	12	1	13
建筑装饰业	4900	1031	894	85	22	18		12
其他建筑业	5000	1236	1058	92	55	14	1	16
工程准备	5010	453	392	38	15	6		2
提供施工设备服务	5020	102	84	8	5	2		3
其他未列明的建筑活动	5090	681	582	46	35	6	1	11
交通运输、仓储和邮政业	F	**15742**	**14414**	**712**	**335**	**103**	**37**	**141**
铁路运输业	5100	233	211	6	12	1		3
铁路旅客运输	5110	23	21	2				
铁路货物运输	5120	109	98	2	8	1		
铁路运输辅助活动	5130	101	92	2	4			3
道路运输业	5200	5021	4562	244	102	43	20	50
公路旅客运输	5210	1353	1280	34	16	8	7	8
道路货物运输	5220	1847	1615	153	33	21	11	14
道路运输辅助活动	5230	1821	1667	57	53	14	2	28
城市公共交通业	5300	1190	1142	20	14	7		7
公共电汽车客运	5310	603	585	9	3	3		3
轨道交通	5320	40	32		8			
出租车客运	5330	459	442	8	3	2		4
城市轮渡	5340	27	27					
其他城市公共交通	5390	61	56	3		2		

行业中类	代码	企　业单位数	营业	停业(歇业)	筹建	当年关闭	当年破产	其他
水上运输业	5400	922	820	55	34	5	1	7
水上旅客运输	5410	114	102	5	3	2	1	1
水上货物运输	5420	409	365	37	3	1		3
水上运输辅助活动	5430	399	353	13	28	2		3
航空运输业	5500	270	251	5	12	1		1
航空客货运输	5510	103	97	1	4			1
通用航空服务	5520	31	29	1	1			
航空运输辅助活动	5530	136	125	3	7	1		
管道运输业	5600	47	46	1				
装卸搬运和其他运输服务业	5700	2407	2226	101	43	14	2	21
装卸搬运	5710	425	391	20	6	3	1	4
运输代理服务	5720	1982	1835	81	37	11	1	17
仓储业	5800	4836	4363	277	102	29	14	51
谷物、棉花等农产品仓储	5810	3355	3080	181	30	19	12	33
其他仓储	5890	1481	1283	96	72	10	2	18
邮政业	5900	816	793	3	16	3		1
国家邮政	5910	687	668	3	12	3		1
其他寄递服务	5990	129	125		4			
信息传输、计算机服务和软件业	**G**	**5750**	**5480**	**118**	**74**	**32**	**2**	**44**
电信和其他信息传输服务业	6000	3921	3787	40	39	25	2	28
电信	6010	2468	2386	15	26	17	2	22
互联网信息服务	6020	382	364	6	6	3		3
广播电视传输服务	6030	1015	985	16	7	4		3
卫星传输服务	6040	56	52	3		1		
计算机服务业	6100	942	869	39	19	1		14
计算机系统服务	6110	390	363	14	10			3
数据处理	6120	43	41		1			1
计算机维修	6130	40	35	4	1			
其他计算机服务	6190	469	430	21	7	1		10
软件业	6200	887	824	39	16	6		2
公共软件服务	6210	714	662	33	12	6		1
其他软件服务	6290	173	162	6	4			1
批发和零售业	**H**	**57253**	**49920**	**5353**	**593**	**523**	**224**	**640**
批发业	6300	36404	31514	3587	385	340	157	421
农畜产品批发	6310	7302	6351	696	27	87	65	76

行业中类	代码	企业单位数	营业	停业(歇业)	筹建	当年关闭	当年破产	其他
食品、饮料及烟草制品批发	6320	7264	6466	628	46	56	18	50
纺织、服装及日用品批发	6330	1731	1423	225	14	22	9	38
文化、体育用品及器材批发	6340	1229	1156	51	10	2		10
医药及医疗器材批发	6350	1252	1138	80	5	6	8	15
矿产品、建材及化工产品批发	6360	9481	8132	985	149	88	28	99
机械设备、五金交电及电子产品批发	6370	5144	4375	554	70	47	17	81
贸易经纪与代理	6380	1029	848	136	20	7	1	17
其他批发	6390	1972	1625	232	44	25	11	35
零售业	6500	20849	18406	1766	208	183	67	219
综合零售	6510	3361	2852	378	37	38	16	40
食品、饮料及烟草制品专门零售	6520	4009	3313	569	14	45	22	46
纺织、服装及日用品专门零售	6530	1103	933	126	11	11	4	18
文化、体育用品及器材专门零售	6540	3131	3023	72	9	12		15
医药及医疗器材专门零售	6550	1874	1772	59	17	8	4	14
汽车、摩托车、燃料及零配件专门零售	6560	3324	3046	161	59	28	6	24
家用电器及电子产品专门零售	6570	1087	957	88	12	9	2	19
五金、家具及室内装修材料专门零售	6580	1225	1002	154	23	15	4	27
无店铺及其他零售	6590	1735	1508	159	26	17	9	16
住宿和餐饮业	**I**	**11263**	**10521**	**513**	**78**	**96**	**10**	**45**
住宿业	6600	8702	8179	367	48	71	7	30
旅游饭店	6610	4214	4012	140	23	30	2	7
一般旅馆	6620	3997	3730	200	16	33	4	14
其他住宿服务	6690	491	437	27	9	8	1	9
餐饮业	6700	2561	2342	146	30	25	3	15
正餐服务	6710	2148	1965	123	26	23	2	9
快餐服务	6720	140	124	10	2	2		2
饮料及冷饮服务	6730	35	32	2			1	
其他餐饮服务	6790	238	221	11	2			4
金融业	**J**	**10616**	**10349**	**80**	**152**	**7**	**2**	**26**
银行业	6800	4392	4339	1	43			9
中央银行	6810	75	73		2			
商业银行	6820	3743	3703	1	30			9
其他银行	6890	574	563		11			

行业中类	代码	企业单位数	营业	停业(歇业)	筹建	当年关闭	当年破产	其他
证券业	6900	521	506	10	5			
证券市场管理	6910	23	22	1				
证券经纪与交易	6920	407	401	1	5			
证券投资	6930	75	67	8				
证券分析与咨询	6940	16	16					
保险业	7000	3945	3898	5	38	3	1	
人寿保险	7010	1675	1655		19	1		
非人寿保险	7020	2065	2045	2	16	2		
保险辅助服务	7030	205	198	3	3		1	
其他金融活动	7100	1758	1606	64	66	4	1	17
金融信托与管理	7110	239	210	12	14	1	1	1
金融租赁	7120	34	29	1	4			
财务公司	7130	100	94	4	2			
邮政储蓄	7140	443	439		4			
典当	7150	130	125	1	2	1		1
其他未列明的金融活动	7190	812	709	46	40	2		15
房地产业	K	**19615**	**16964**	**1533**	**406**	**128**	**50**	**534**
房地产业	7200	19615	16964	1533	406	128	50	534
房地产开发经营	7210	8191	7088	589	212	46	9	247
物业管理	7220	5309	4922	221	93	19	7	47
房地产中介服务	7230	1095	966	88	12	12	1	16
其他房地产活动	7290	5020	3988	635	89	51	33	224
租赁和商务服务业	L	**24935**	**21644**	**1683**	**902**	**211**	**40**	**455**
租赁业	7300	769	647	65	11	13	3	30
机械设备租赁	7310	708	603	60	11	13	3	18
文化及日用品出租	7320	61	44	5				12
商务服务业	7400	24166	20997	1618	891	198	37	425
企业管理服务	7410	10500	8585	924	604	85	24	278
法律服务	7420	254	243	5	3	3		
咨询与调查	7430	3018	2652	202	80	32	3	49
广告业	7440	1904	1758	91	27	15		13
知识产权服务	7450	146	137	6	2	1		
职业中介服务	7460	1370	1241	85	17	15	1	11
市场管理	7470	1297	1195	53	27	5	5	12
旅行社	7480	2404	2232	99	37	20	1	15
其他商务服务	7490	3273	2954	153	94	22	3	47

行业中类	代码	企业单位数	营业	停业(歇业)	筹建	当年关闭	当年破产	其他
科学研究、技术服务和地质勘查业	**M**	**13810**	**12672**	**638**	**267**	**71**	**12**	**150**
研究与试验发展	7500	1230	1071	84	38	8	4	25
自然科学研究与试验发展	7510	134	120	4	8			2
工程和技术研究与试验发展	7520	708	627	45	17	2	2	15
农业科学研究与试验发展	7530	227	186	24	6	4	2	5
医学研究与试验发展	7540	141	118	11	7	2		3
社会人文科学研究与试验发展	7550	20	20					
专业技术服务业	7600	8860	8316	283	139	41	5	76
气象服务	7610	332	319	9	2			2
地震服务	7620	17	16	1				
海洋服务	7630	23	22		1			
测绘服务	7640	451	433	7	2	3		6
技术检测	7650	1457	1360	52	23	10	1	11
环境监测	7660	148	138	3	4	2		1
工程技术与规划管理	7670	5213	4945	130	80	16	3	39
其他专业技术服务	7690	1219	1083	81	27	10	1	17
科技交流和推广服务业	7700	3062	2688	248	63	20	3	40
技术推广服务	7710	2209	1935	187	42	15	2	28
科技中介服务	7720	437	382	32	12	2	1	8
其他科技服务	7790	416	371	29	9	3		4
地质勘查业	7800	658	597	23	27	2		9
矿产地质勘查	7810	285	246	11	22	1		5
基础地质勘查	7820	157	146	6	1	1		3
地质勘查技术服务	7830	216	205	6	4			1
水利、环境和公共设施管理业	**N**	**3770**	**3219**	**166**	**319**	**18**	**1**	**47**
水利管理业	7900	724	627	37	42	4		14
防洪管理	7910	72	57	9	5			1
水资源管理	7920	407	349	18	29	2		9
其他水利管理	7990	245	221	10	8	2		4
环境管理业	8000	847	660	24	150	5		8
自然保护	8010	72	60	4	7			1
环境治理	8020	775	600	20	143	5		7
公共设施管理业	8100	2199	1932	105	127	9	1	25
市政公共设施管理	8110	671	573	31	51	4		12
城市绿化管理	8120	698	644	28	19		1	6
游览景区管理	8130	830	715	46	57	5		7

单位：个

行业中类	代码	企业单位数	营业	停业(歇业)	筹建	当年关闭	当年破产	其他
居民服务和其他服务业	O	**3670**	**3262**	**224**	**97**	**37**	**4**	**46**
居民服务业	8200	1545	1398	83	35	9	2	18
家庭服务	8210	67	57	4	5			1
托儿所	8220	13	12				1	
洗染服务	8230	58	51	5	1	1		
理发及美容保健服务	8240	139	127	10	2			
洗浴服务	8250	178	162	10	2	3		1
婚姻服务	8260	65	61	3				1
殡葬服务	8270	279	261	6	11			1
摄影扩印服务	8280	174	158	11		2		3
其他居民服务	8290	572	509	34	14	3	1	11
其他服务业	8300	2125	1864	141	62	28	2	28
修理与维护	8310	940	844	68	9	13	1	5
清洁服务	8320	241	210	12	14	1		4
其他未列明的服务	8390	944	810	61	39	14	1	19
教育	P	**1547**	**1418**	**72**	**25**	**10**		**22**
教育	8400	1547	1418	72	25	10		22
学前教育	8410	147	140	5	1	1		
初等教育	8420	36	33	1	1			1
中等教育	8430	93	82	1		4		6
高等教育	8440	30	29	1				
其他教育	8490	1241	1134	64	23	5		15
卫生、社会保障和社会福利业	Q	**1398**	**1310**	**45**	**19**	**9**	**2**	**13**
卫生	8500	1189	1137	23	13	5	2	9
医院	8510	514	488	10	6	3	2	5
卫生院及社区医疗活动	8520	283	279	2	1			1
门诊部医疗活动	8530	228	216	8	2	1		1
计划生育技术服务活动	8540	33	32					1
妇幼保健活动	8550	15	14		1			
专科疾病防治活动	8560	11	11					
疾病预防控制及防疫活动	8570	28	28					
其他卫生活动	8590	77	69	3	3	1		1

行业中类	代码	企业单位数	营业	停业(歇业)	筹建	当年关闭	当年破产	其他
社会保障业	8600	70	66	1				3
社会福利业	8700	139	107	21	6	4		1
提供住宿的社会福利	8710	70	58	8	3	1		
不提供住宿的社会福利	8720	69	49	13	3	3		1
文化、体育和娱乐业	**R**	**4689**	**4242**	**291**	**84**	**16**	**3**	**53**
新闻出版业	8800	1562	1528	22	10	1		1
新闻业	8810	38	38					
出版业	8820	1524	1490	22	10	1		1
广播、电视、电影和音像业	8900	1781	1572	147	19	9	3	31
广播	8910	75	71	3	1			
电视	8920	383	364	13	6			
电影	8930	1242	1059	129	11	9	3	31
音像制作	8940	81	78	2	1			
文化艺术业	9000	651	560	48	30	2		11
文艺创作与表演	9010	148	124	13	8			3
艺术表演场馆	9020	118	99	9	7	1		2
图书馆与档案馆	9030	36	36					
文物及文化保护	9040	39	30	2	3			4
博物馆	9050	25	22		2	1		
烈士陵园、纪念馆	9060	7	5		1			1
群众文化活动	9070	105	95	8	2			
文化艺术经纪代理	9080	87	80	5	2			
其他文化艺术	9090	86	69	11	5			1
体育	9100	202	163	26	7	1		5
体育组织	9110	71	55	10	4			2
体育场馆	9120	84	76	7				1
其他体育	9190	47	32	9	3	1		2
娱乐业	9200	493	419	48	18	3		5
室内娱乐活动	9210	194	163	24	4	2		1
游乐园	9220	56	47	4	4			1
休闲健身娱乐活动	9230	149	135	7	5	1		1
其他娱乐活动	9290	94	74	13	5			2

2-6 按地区、营业状态分组的国有控股企业法人单位数

(2009年)　　单位：个

地区	企业单位数	营业	停业(歇业)	筹建	当年关闭	当年破产	其他
全国	**239536**	**211384**	**16914**	**5509**	**1923**	**808**	**2998**
北京	17011	14959	1439	125	312	24	152
天津	7551	5926	870	285	163	31	276
河北	8537	7350	747	245	26	41	128
山西	8295	6749	1060	267	105	46	68
内蒙古	4195	3889	110	143	21	11	21
辽宁	13387	10938	1964	218	90	70	107
吉林	4771	4495	169	41	14	29	23
黑龙江	8374	7613	439	118	41	19	144
上海	11985	11165	462	230	6		122
江苏	11151	10061	627	271	87	20	85
浙江	10039	8983	607	388	57	1	3
安徽	7785	6850	465	219	87	44	120
福建	8890	7410	812	339	98	19	212
江西	7175	6344	505	122	86	25	93
山东	13029	12070	505	234	72	30	118
河南	9132	8292	400	144	85	29	182
湖北	11276	10158	685	153	89	64	127
湖南	7614	7073	295	80	35	76	55
广东	18080	15950	1355	411	112	19	233
广西	7151	5964	695	175	81	28	208
海南	1927	1618	203	33	8	2	63
重庆	5617	5207	183	132	38	25	32
四川	8649	7797	493	220	46	21	72
贵州	4815	3935	521	203	36	37	83
云南	5177	4503	285	280	30	13	66
西藏	723	702	10	6			5
陕西	7213	6377	508	158	45	35	90
甘肃	3556	3263	164	64	21	23	21
青海	1176	1051	57	42	3	7	16
宁夏	1073	1003	26	33	4		7
新疆	4182	3689	253	130	25	19	66

2-7 按行业(中类)、控股情况分组的企业法人单位数

单位：个

行业中类	代码	企业单位数	国有控股	集体控股	私人控股	港澳台商控股	外商控股	其他
总计	**0000**	**5782827**	**239536**	**264704**	**4524338**	**82818**	**91201**	**580230**
农、林、牧、渔业	**A**	**144278**	**4607**	**5503**	**81621**	**280**	**265**	**52002**
农业	0100	42769	1331	1868	25686	146	128	13610
谷物及其他作物的种植	0110	10957	720	527	6263	17	20	3410
蔬菜、园艺作物的种植	0120	17795	246	577	10977	69	76	5850
水果、坚果、饮料和香料作物的种植	0130	11976	330	683	7215	56	28	3664
中药材的种植	0140	2041	35	81	1231	4	4	686
林业	0200	15286	1519	1167	7810	43	41	4706
林木的培育和种植	0210	14125	1165	1088	7369	40	38	4425
木材和竹材的采运	0220	627	205	44	200	2		176
林产品的采集	0230	534	149	35	241	1	3	105
畜牧业	0300	53683	844	1069	31744	47	62	19917
牲畜的饲养	0310	16919	359	356	10061	10	28	6105
猪的饲养	0320	20437	257	367	11710	20	12	8071
家禽的饲养	0330	12440	130	235	7501	8	15	4551
狩猎和捕捉动物	0340	53	2		36			15
其他畜牧业	0390	3834	96	111	2436	9	7	1175
渔业	0400	10963	250	558	6945	27	21	3162
海洋渔业	0410	3656	70	176	2509	15	13	873
内陆渔业	0420	7307	180	382	4436	12	8	2289
农、林、牧、渔服务业	0500	21577	663	841	9436	17	13	10607
农业服务业	0510	17579	385	627	7269	12	10	9276
林业服务业	0520	911	130	31	488		1	261
畜牧服务业	0530	2066	107	115	1025		1	818
渔业服务业	0540	1021	41	68	654	5	1	252
采矿业	**B**	**103390**	**2936**	**6310**	**86887**	**236**	**252**	**6769**
煤炭开采和洗选业	0600	22935	1337	2477	17920	30	20	1151
烟煤和无烟煤的开采洗选	0610	21724	1269	2382	16985	28	18	1042
褐煤的开采洗选	0620	610	49	59	446	2	1	53
其他煤炭采选	0690	601	19	36	489		1	56
石油和天然气开采业	0700	1594	163	75	1178	10	11	157
天然原油和天然气开采	0710	344	93	12	179	7	4	49
与石油和天然气开采有关的服务活动	0790	1250	70	63	999	3	7	108
黑色金属矿采选业	0800	18352	264	657	16390	29	27	985
铁矿采选	0810	16335	220	578	14669	27	23	818
其他黑色金属矿采选	0890	2017	44	79	1721	2	4	167

行业中类	代码	企业单位数	国有控股	集体控股	私人控股	港澳台商控股	外商控股	其他
有色金属矿采选业	0900	11278	498	726	9194	42	70	748
常用有色金属矿采选	0910	7903	219	316	6764	30	48	526
贵金属矿采选	0920	2163	187	352	1473	8	18	125
稀有稀土金属矿采选	0930	1212	92	58	957	4	4	97
非金属矿采选业	1000	48077	642	2340	41286	125	117	3567
土砂石开采	1010	40962	394	1731	35547	91	85	3114
化学矿采选	1020	1603	67	155	1262	6	6	107
采盐	1030	857	110	247	454	2	5	39
石棉及其他非金属矿采选	1090	4655	71	207	4023	26	21	307
其他采矿业	1100	1154	32	35	919		7	161
制造业	C	**1958982**	**34250**	**67978**	**1614262**	**54001**	**53637**	**134854**
农副食品加工业	1300	107220	2913	3106	89788	1048	1843	8522
谷物磨制	1310	29469	645	478	26149	46	77	2074
饲料加工	1320	12494	250	256	10528	157	227	1076
植物油加工	1330	10257	211	301	8765	44	108	828
制糖	1340	664	72	32	466	11	17	66
屠宰及肉类加工	1350	16868	1304	1030	12959	153	145	1277
水产品加工	1360	8896	146	402	6921	251	492	684
蔬菜、水果和坚果加工	1370	14412	112	253	12104	248	528	1167
其他农副食品加工	1390	14160	173	354	11896	138	249	1350
食品制造业	1400	44645	1126	1221	36058	958	1350	3932
焙烤食品制造	1410	10996	217	224	8997	237	294	1027
糖果、巧克力及蜜饯制造	1420	4811	47	112	4086	130	113	323
方便食品制造	1430	7006	167	178	5754	136	161	610
液体乳及乳制品制造	1440	1989	129	92	1456	32	81	199
罐头制造	1450	3091	88	79	2463	81	139	241
调味品、发酵制品制造	1460	6959	192	256	5633	99	167	612
其他食品制造	1490	9793	286	280	7669	243	395	920
饮料制造业	1500	36827	1023	1803	30021	411	634	2935
酒精制造	1510	463	26	11	373	5	9	39
酒的制造	1520	13918	430	438	11675	107	217	1051
软饮料制造	1530	12823	349	531	10341	224	355	1023
精制茶加工	1540	9623	218	823	7632	75	53	822
烟草制品业	1600	260	142	31	75			12
烟叶复烤	1610	94	60	4	27			3
卷烟制造	1620	84	65	9	10			
其他烟草制品加工	1690	82	17	18	38			9
纺织业	1700	114455	1268	2472	98178	4159	2816	5562
棉、化纤纺织及印染精加工	1710	44853	502	884	39486	1206	674	2101

行业中类	代码	企业单位数	国有控股	集体控股	私人控股	港澳台商控股	外商控股	其他
毛纺织和染整精加工	1720	5362	108	144	4522	201	103	284
麻纺织	1730	1016	33	40	818	33	19	73
丝绢纺织及精加工	1740	6869	79	141	6185	171	118	175
纺织制成品制造	1750	25838	279	689	21520	909	919	1522
针织品、编织品及其制品制造	1760	30517	267	574	25647	1639	983	1407
纺织服装、鞋、帽制造业	1800	87289	659	2102	69233	5213	4191	5891
纺织服装制造	1810	81581	630	1955	64649	4938	3935	5474
纺织面料鞋的制造	1820	4103	21	104	3323	173	148	334
制帽	1830	1605	8	43	1261	102	108	83
皮革、毛皮、羽毛(绒)及其制品业	1900	33544	194	634	27099	2277	1537	1803
皮革鞣制加工	1910	2677	22	69	2172	167	92	155
皮革制品制造	1920	26205	135	481	20937	1994	1339	1319
毛皮鞣制及制品加工	1930	2891	18	42	2506	57	60	208
羽毛(绒)加工及制品制造	1940	1771	19	42	1484	59	46	121
木材加工及木、竹、藤、棕、草制品业	2000	66058	699	1320	58111	723	728	4477
锯材、木片加工	2010	24627	299	502	21768	79	101	1878
人造板制造	2020	18452	182	214	16553	229	183	1091
木制品制造	2030	15435	178	458	13155	287	331	1026
竹、藤、棕、草制品制造	2040	7544	40	146	6635	128	113	482
家具制造业	2100	39101	241	710	32459	1177	1026	3488
木质家具制造	2110	28474	173	525	23995	740	643	2398
竹、藤家具制造	2120	745	3	12	620	28	19	63
金属家具制造	2130	4332	33	101	3492	203	157	346
塑料家具制造	2140	600	2	9	481	29	17	62
其他家具制造	2190	4950	30	63	3871	177	190	619
造纸及纸制品业	2200	52234	546	1947	43920	1403	801	3617
纸浆制造	2210	1008	40	44	759	24	14	127
造纸	2220	12654	228	619	10352	331	183	941
纸制品制造	2230	38572	278	1284	32809	1048	604	2549
印刷业和记录媒介的复制	2300	55446	2039	4094	43828	747	388	4350
印刷	2310	50212	1876	3662	39785	691	346	3852
装订及其他印刷服务活动	2320	4952	125	419	3869	41	28	470
记录媒介的复制	2330	282	38	13	174	15	14	28
文教体育用品制造业	2400	21112	171	490	16279	1860	1218	1094
文化用品制造	2410	5758	72	204	4723	271	240	248
体育用品制造	2420	5137	40	89	3712	503	476	317
乐器制造	2430	1424	20	44	1099	59	114	88
玩具制造	2440	8000	34	143	6068	980	364	411
游艺器材及娱乐用品制造	2450	793	5	10	677	47	24	30

单位：个

行业中类	代码	企　业单位数	国有控股	集体控股	私人控股	港澳台商控股	外商控股	其他
石油加工、炼焦及核燃料加工业	2500	6925	323	356	5473	100	130	543
精炼石油产品的制造	2510	5017	226	278	3896	84	112	421
炼焦	2520	1878	90	77	1560	16	18	117
化学原料及化学制品制造业	2600	102253	2557	4493	82369	2520	3016	7298
基础化学原料制造	2610	17790	680	1057	14208	277	400	1168
肥料制造	2620	10134	454	327	8168	121	143	921
农药制造	2630	2658	112	137	2059	49	70	231
涂料、油墨、颜料及类似产品制造	2640	19333	222	749	15636	693	637	1396
合成材料制造	2650	6566	185	269	4988	282	365	477
专用化学产品制造	2660	35751	715	1580	29530	670	928	2328
日用化学产品制造	2670	10021	189	374	7780	428	473	777
医药制造业	2700	16561	841	672	12196	540	788	1524
化学药品原药制造	2710	2390	144	106	1774	70	125	171
化学药品制剂制造	2720	2405	214	115	1541	125	179	231
中药饮片加工	2730	2178	61	79	1747	42	48	201
中成药制造	2740	2890	208	156	2038	110	94	284
兽用药品制造	2750	1471	69	51	1184	12	36	119
生物、生化制品的制造	2760	2716	104	67	1980	96	189	280
卫生材料及医药用品制造	2770	2511	41	98	1932	85	117	238
化学纤维制造业	2800	4822	112	110	4010	214	164	212
纤维素纤维原料及纤维制造	2810	880	34	26	690	38	41	51
合成纤维制造	2820	3942	78	84	3320	176	123	161
橡胶制品业	2900	22239	288	954	18155	753	679	1410
轮胎制造	2910	2020	69	73	1584	52	78	164
橡胶板、管、带的制造	2920	4256	43	194	3621	80	78	240
橡胶零件制造	2930	6306	63	331	5299	136	177	300
再生橡胶制造	2940	1152	11	48	990	16	7	80
日用及医用橡胶制品制造	2950	1051	21	44	798	58	67	63
橡胶靴鞋制造	2960	1943	28	76	1451	174	89	125
其他橡胶制品制造	2990	5511	53	188	4412	237	183	438
塑料制品业	3000	105726	801	2985	88369	4184	2756	6631
塑料薄膜制造	3010	9709	113	295	7900	375	250	776
塑料板、管、型材的制造	3020	15000	174	412	12751	362	352	949
塑料丝、绳及编织品的制造	3030	10797	98	474	9391	117	133	584
泡沫塑料制造	3040	5339	32	169	4448	197	112	381
塑料人造革、合成革制造	3050	1210	9	34	973	80	41	73

单位：个

行业中类	代码	企业单位数	国有控股	集体控股	私人控股	港澳台商控股	外商控股	其他
塑料包装箱及容器制造	3060	11698	75	345	9786	416	335	741
塑料零件制造	3070	14104	61	292	12018	616	475	642
日用塑料制造	3080	13714	79	472	11351	695	366	751
其他塑料制品制造	3090	24155	160	492	19751	1326	692	1734
非金属矿物制品业	3100	222907	3149	9667	189671	1948	1954	16518
水泥、石灰和石膏的制造	3110	15684	784	1049	12349	135	113	1254
水泥及石膏制品制造	3120	51362	702	1428	44923	281	229	3799
砖瓦、石材及其他建筑材料制造	3130	103970	846	5326	88734	518	566	7980
玻璃及玻璃制品制造	3140	17054	264	527	14262	423	453	1125
陶瓷制品制造	3150	9730	167	277	8001	368	243	674
耐火材料制品制造	3160	12048	134	596	10407	78	135	698
石墨及其他非金属矿物制品制造	3190	13059	252	464	10995	145	215	988
黑色金属冶炼及压延加工业	3200	20030	529	823	16809	265	264	1340
炼铁	3210	2795	62	114	2379	16	17	207
炼钢	3220	893	50	48	692	14	9	80
钢压延加工	3230	13115	319	503	11020	213	212	848
铁合金冶炼	3240	3227	98	158	2718	22	26	205
有色金属冶炼及压延加工业	3300	23110	703	884	19007	491	509	1516
常用有色金属冶炼	3310	6378	258	239	5328	70	76	407
贵金属冶炼	3320	644	61	31	501	7	7	37
稀有稀土金属冶炼	3330	1454	83	63	1139	21	43	105
有色金属合金制造	3340	2350	58	94	1905	65	96	132
有色金属压延加工	3350	12284	243	457	10134	328	287	835
金属制品业	3400	146141	1441	5174	122181	3577	3067	10701
结构性金属制品制造	3410	51801	573	1780	43814	775	736	4123
金属工具制造	3420	19054	183	609	16213	416	439	1194
集装箱及金属包装容器制造	3430	5928	129	326	4667	189	191	426
金属丝绳及其制品的制造	3440	7507	94	325	6409	119	139	421
建筑、安全用金属制品制造	3450	17005	115	495	14298	421	500	1176
金属表面处理及热处理加工	3460	11318	92	740	9282	311	239	654
搪瓷制品制造	3470	1093	17	52	891	28	33	72
不锈钢及类似日用金属制品制造	3480	13835	79	313	11378	688	369	1008
其他金属制品制造	3490	18600	159	534	15229	630	421	1627
通用设备制造业	3500	195963	2807	7589	167277	2539	4220	11531
锅炉及原动机制造	3510	7733	273	458	6135	70	162	635
金属加工机械制造	3520	25030	481	879	20706	395	537	2032
起重运输设备制造	3530	6076	173	276	4842	124	221	440

单位：个

行业中类	代码	企业单位数	国有控股	集体控股	私人控股	港澳台商控股	外商控股	其他
泵、阀门、压缩机及类似机械的制造	3540	25451	368	977	21683	359	883	1181
轴承、齿轮、传动和驱动部件的制造	3550	13151	174	351	11492	206	380	548
烘炉、熔炉及电炉制造	3560	1848	20	58	1583	22	53	112
风机、衡器、包装设备等通用设备制造	3570	24210	361	778	20064	499	839	1669
通用零部件制造及机械修理	3580	60119	653	2407	52419	631	827	3182
金属铸、锻加工	3590	32345	304	1405	28353	233	318	1732
专用设备制造业	3600	103602	2343	3202	84034	2762	3793	7468
矿山、冶金、建筑专用设备制造	3610	17708	649	791	14317	137	335	1479
化工、木材、非金属加工专用设备制造	3620	28930	280	601	23789	1271	1301	1688
食品、饮料、烟草及饲料生产专用设备制造	3630	3854	109	157	3088	66	133	301
印刷、制药、日化生产专用设备制造	3640	6539	107	173	5337	210	224	488
纺织、服装和皮革工业专用设备制造	3650	9112	148	236	7846	276	252	354
农、林、牧、渔专用机械制造	3670	8114	231	362	6622	49	126	724
医疗仪器设备及器械制造	3680	6020	171	192	4543	201	449	464
环保、社会公共安全及其他专用设备制造	3690	16088	376	495	12976	291	628	1322
交通运输设备制造业	3700	85783	2921	3782	69002	1482	2928	5668
铁路运输设备制造	3710	3047	366	516	1854	18	48	245
汽车制造	3720	58396	1855	2552	46638	982	2224	4145
摩托车制造	3730	7074	86	196	6353	99	86	254
自行车制造	3740	5570	61	96	4683	238	178	314
船舶及浮动装置制造	3750	9480	351	340	7866	104	287	532
航空航天器制造	3760	433	152	14	172	9	57	29
交通器材及其他交通运输设备制造	3790	1783	50	68	1436	32	48	149
电气机械及器材制造业	3900	104119	1663	3736	84291	4051	3716	6662
电机制造	3910	10988	252	329	9062	303	383	659
输配电及控制设备制造	3920	34413	664	1609	27723	1121	1183	2113
电线、电缆、光缆及电工器材制造	3930	17909	283	791	14453	729	588	1065
电池制造	3940	4272	117	119	3271	251	241	273
家用电力器具制造	3950	12815	118	260	10392	666	533	846
非电力家用器具制造	3960	4101	45	77	3470	74	96	339
照明器具制造	3970	14304	91	301	11631	802	524	955
其他电气机械及器材制造	3990	5317	93	250	4289	105	168	412
通信设备、计算机及其他电子设备制造业	4000	52092	1306	966	35909	4806	5372	3733
通信设备制造	4010	5567	277	157	3741	389	511	492
雷达及配套设备制造	4020	134	41	3	68	2	3	17
广播电视设备制造	4030	1605	55	36	1187	105	125	97
电子计算机制造	4040	4410	106	61	2655	620	645	323

单位：个

行业中类	代码	企 业单位数	国有控股	集体控股	私人控股	港澳台商控股	外商控股	其他
电子器件制造	4050	7366	269	143	4751	674	1021	508
电子元件制造	4060	22940	356	398	16468	2050	2282	1386
家用视听设备制造	4070	3576	64	63	2368	538	322	221
其他电子设备制造	4090	6494	138	105	4671	428	463	689
仪器仪表及文化、办公用机械制造业	4100	25542	792	1047	19410	1241	1377	1675
通用仪器仪表制造	4110	12395	388	571	9857	240	520	819
专用仪器仪表制造	4120	4306	191	193	3276	112	218	316
钟表与计时仪器制造	4130	1892	37	75	1165	407	98	110
光学仪器及眼镜制造	4140	3740	83	77	2818	276	291	195
文化、办公用机械制造	4150	1778	54	44	1198	184	196	102
其他仪器仪表的制造及修理	4190	1431	39	87	1096	22	54	133
工艺品及其他制造业	4200	53774	508	1326	43266	2457	2197	4020
工艺美术品制造	4210	32798	256	871	25977	1700	1647	2347
日用杂品制造	4220	8582	38	170	7122	515	302	435
煤制品制造	4230	4651	47	115	4170	3	10	306
其他未列明的制造业	4290	7709	156	170	5981	237	237	928
废弃资源和废旧材料回收加工业	4300	9202	145	282	7784	95	175	721
金属废料和碎屑的加工处理	4310	4372	70	165	3611	51	125	350
非金属废料和碎屑的加工处理	4320	4830	75	117	4173	44	50	371
电力、燃气及水的生产和供应业	D	**60998**	**10849**	**9058**	**35594**	**519**	**538**	**4440**
电力、热力的生产和供应业	4400	40050	6579	4942	25178	260	248	2843
电力生产	4410	33225	3625	4396	22449	229	218	2308
电力供应	4420	3338	2244	302	590	4	5	193
热力生产和供应	4430	3487	710	244	2139	27	25	342
燃气生产和供应业	4500	3687	486	160	2375	153	146	367
水的生产和供应业	4600	17261	3784	3956	8041	106	144	1230
自来水的生产和供应	4610	14595	3248	3727	6530	67	62	961
污水处理及其再生利用	4620	2093	505	199	1059	37	76	217
其他水的处理、利用与分配	4690	573	31	30	452	2	6	52
建筑业	E	**261571**	**12836**	**15274**	**209009**	**810**	**783**	**22859**
房屋和土木工程建筑业	4700	102109	8437	9621	75252	154	210	8435
房屋工程建筑	4710	64655	3093	6714	49296	77	106	5369
土木工程建筑	4720	37454	5344	2907	25956	77	104	3066
建筑安装业	4800	51036	2132	2861	41022	221	227	4573
建筑装饰业	4900	78406	1031	1663	68480	376	269	6587
其他建筑业	5000	30020	1236	1129	24255	59	77	3264
工程准备	5010	10052	453	384	8382	15	17	801
提供施工设备服务	5020	3518	102	116	2900	12	7	381
其他未列明的建筑活动	5090	16450	681	629	12973	32	53	2082

单位：个

行业中类	代码	企业单位数	国有控股	集体控股	私人控股	港澳台商控股	外商控股	其他
交通运输、仓储和邮政业	F	**166509**	**15742**	**10342**	**118617**	**1999**	**1570**	**18239**
铁路运输业	5100	651	233	68	260			90
铁路旅客运输	5110	49	23	1	19			6
铁路货物运输	5120	303	109	27	133			34
铁路运输辅助活动	5130	299	101	40	108			50
道路运输业	5200	75627	5021	4686	56418	477	291	8734
公路旅客运输	5210	8260	1353	939	4727	62	11	1168
道路货物运输	5220	59647	1847	2652	47950	320	216	6662
道路运输辅助活动	5230	7720	1821	1095	3741	95	64	904
城市公共交通业	5300	7961	1190	820	4853	51	32	1015
公共电汽车客运	5310	2202	603	223	1083	22	9	262
轨道交通	5320	89	40	5	26	2	3	13
出租车客运	5330	5233	459	517	3526	24	19	688
城市轮渡	5340	78	27	14	28	2		7
其他城市公共交通	5390	359	61	61	190	1	1	45
水上运输业	5400	8171	922	886	5251	87	74	951
水上旅客运输	5410	952	114	167	526	12	2	131
水上货物运输	5420	5162	409	556	3593	27	25	552
水上运输辅助活动	5430	2057	399	163	1132	48	47	268
航空运输业	5500	867	270	33	416	8	22	118
航空客货运输	5510	324	103	7	153	4	10	47
通用航空服务	5520	198	31	8	124	1	2	32
航空运输辅助活动	5530	345	136	18	139	3	10	39
管道运输业	5600	118	47	7	42	4	3	15
装卸搬运和其他运输服务业	5700	48511	2407	2463	37201	905	561	4974
装卸搬运	5710	8014	425	1459	5210	19	29	872
运输代理服务	5720	40497	1982	1004	31991	886	532	4102
仓储业	5800	18973	4836	1298	9958	440	568	1873
谷物、棉花等农产品仓储	5810	5531	3355	235	1608	8	13	312
其他仓储	5890	13442	1481	1063	8350	432	555	1561
邮政业	5900	5630	816	81	4218	27	19	469
国家邮政	5910	798	687	22	59	1		29
其他寄递服务	5990	4832	129	59	4159	26	19	440

单位：个

行业中类	代码	企业单位数	国有控股	集体控股	私人控股	港澳台商控股	外商控股	其他
信息传输、计算机服务和软件业	G	**167174**	**5750**	**1989**	**136074**	**2091**	**4253**	**17017**
电信和其他信息传输服务业	6000	24036	3921	635	15725	305	341	3109
电信	6010	8267	2468	256	4186	230	216	911
互联网信息服务	6020	13509	382	166	10810	65	116	1970
广播电视传输服务	6030	2066	1015	202	627	7	8	207
卫星传输服务	6040	194	56	11	102	3	1	21
计算机服务业	6100	95263	942	695	83067	392	772	9395
计算机系统服务	6110	17146	390	238	14161	217	389	1751
数据处理	6120	915	43	22	648	23	73	106
计算机维修	6130	3369	40	32	2901	23	24	349
其他计算机服务	6190	73833	469	403	65357	129	286	7189
软件业	6200	47875	887	659	37282	1394	3140	4513
公共软件服务	6210	38302	714	523	29836	1130	2564	3535
其他软件服务	6290	9573	173	136	7446	264	576	978
批发和零售业	H	**1667256**	**57253**	**65701**	**1342599**	**8009**	**12535**	**181159**
批发业	6300	1024955	36404	33396	835169	6377	10573	103036
农畜产品批发	6310	49768	7302	3061	33195	62	140	6008
食品、饮料及烟草制品批发	6320	76111	7264	3204	56487	452	718	7986
纺织、服装及日用品批发	6330	105501	1731	1931	90917	1336	1939	7647
文化、体育用品及器材批发	6340	31863	1229	757	26242	377	442	2816
医药及医疗器材批发	6350	29549	1252	716	23809	141	217	3414
矿产品、建材及化工产品批发	6360	339961	9481	14358	278726	986	1591	34819
机械设备、五金交电及电子产品批发	6370	285051	5144	5740	241376	2061	3581	27149
贸易经纪与代理	6380	26818	1029	533	20667	353	729	3507
其他批发	6390	80333	1972	3096	63750	609	1216	9690
零售业	6500	642301	20849	32305	507430	1632	1962	78123
综合零售	6510	77820	3361	12071	51195	269	393	10531
食品、饮料及烟草制品专门零售	6520	51027	4009	3200	37713	143	183	5779
纺织、服装及日用品专门零售	6530	64326	1103	2819	52387	457	376	7184
文化、体育用品及器材专门零售	6540	41178	3131	1818	31716	112	140	4261
医药及医疗器材专门零售	6550	58389	1874	1865	47603	53	63	6931
汽车、摩托车、燃料及零配件专门零售	6560	91455	3324	3422	73639	160	184	10726
家用电器及电子产品专门零售	6570	107568	1087	1531	91998	153	239	12560
五金、家具及室内装修材料专门零售	6580	82031	1225	2893	67176	129	161	10447
无店铺及其他零售	6590	68507	1735	2686	54003	156	223	9704
住宿和餐饮业	I	**149590**	**11263**	**8522**	**110548**	**1710**	**2010**	**15537**
住宿业	6600	55244	8702	5175	34367	666	502	5832
旅游饭店	6610	18423	4214	1354	9827	518	354	2156
一般旅馆	6620	33377	3997	3452	22474	121	120	3213
其他住宿服务	6690	3444	491	369	2066	27	28	463

单位：个

行业中类	代码	企业单位数	国有控股	集体控股	私人控股	港澳台商控股	外商控股	其他
餐饮业	6700	94346	2561	3347	76181	1044	1508	9705
正餐服务	6710	77287	2148	2634	62636	790	1052	8027
快餐服务	6720	6559	140	234	5173	126	234	652
饮料及冷饮服务	6730	4075	35	102	3456	64	117	301
其他餐饮服务	6790	6425	238	377	4916	64	105	725
金融业	**J**	**34682**	**10616**	**3907**	**13756**	**239**	**635**	**5529**
银行业	6800	8406	4392	2382	399	88	258	887
中央银行	6810	94	75	1	7		1	10
商业银行	6820	7349	3743	2246	266	85	239	770
其他银行	6890	963	574	135	126	3	18	107
证券业	6900	1356	521	61	460	3	12	299
证券市场管理	6910	70	23	1	22			24
证券经纪与交易	6920	772	407	49	124	2	9	181
证券投资	6930	303	75	6	163	1	2	56
证券分析与咨询	6940	211	16	5	151		1	38
保险业	7000	10288	3945	974	2926	94	282	2067
人寿保险	7010	3546	1675	409	497	15	133	817
非人寿保险	7020	4050	2065	472	564	62	120	767
保险辅助服务	7030	2692	205	93	1865	17	29	483
其他金融活动	7100	14632	1758	490	9971	54	83	2276
金融信托与管理	7110	1351	239	50	837	4	5	216
金融租赁	7120	215	34	8	111	10	19	33
财务公司	7130	536	100	9	338	1	7	81
邮政储蓄	7140	502	443	10	22			27
典当	7150	3502	130	148	2507	4	3	710
其他未列明的金融活动	7190	8526	812	265	6156	35	49	1209
房地产业	**K**	**238655**	**19615**	**18900**	**168745**	**5635**	**3437**	**22323**
房地产业	7200	238655	19615	18900	168745	5635	3437	22323
房地产开发经营	7210	100859	8191	4842	74192	3976	2384	7274
物业管理	7220	64511	5309	5208	44520	804	476	8194
房地产中介服务	7230	39444	1095	1037	33005	288	234	3785
其他房地产活动	7290	33841	5020	7813	17028	567	343	3070
租赁和商务服务业	**L**	**438766**	**24935**	**30619**	**321477**	**4297**	**6615**	**50823**
租赁业	7300	22510	769	741	17960	68	103	2869
机械设备租赁	7310	21597	708	683	17314	62	96	2734
文化及日用品出租	7320	913	61	58	646	6	7	135

单位：个

行业中类	代码	企业单位数	国有控股	集体控股	私人控股	港澳台商控股	外商控股	其他
商务服务业	7400	416256	24166	29878	303517	4229	6512	47954
企业管理服务	7410	73592	10500	16469	36562	861	1271	7929
法律服务	7420	8465	254	284	6498	10	12	1407
咨询与调查	7430	124461	3018	2790	98778	2546	4152	13177
广告业	7440	85824	1904	1124	72430	201	202	9963
知识产权服务	7450	3981	146	78	3348	20	29	360
职业中介服务	7460	20093	1370	1388	14676	45	42	2572
市场管理	7470	16498	1297	4134	8954	53	41	2019
旅行社	7480	22614	2404	1065	16023	45	66	3011
其他商务服务	7490	60728	3273	2546	46248	448	697	7516
科学研究、技术服务和地质勘查业	**M**	**155158**	**13810**	**7447**	**111430**	**1723**	**3108**	**17640**
研究与试验发展	7500	18745	1230	628	13301	466	874	2246
自然科学研究与试验发展	7510	1921	134	42	1328	25	50	342
工程和技术研究与试验发展	7520	10822	708	338	7929	293	487	1067
农业科学研究与试验发展	7530	2286	227	105	1561	23	29	341
医学研究与试验发展	7540	3457	141	135	2311	122	305	443
社会人文科学研究与试验发展	7550	259	20	8	172	3	3	53
专业技术服务业	7600	81702	8860	4048	57634	750	1213	9197
气象服务	7610	934	332	118	333	3	1	147
地震服务	7620	78	17	11	42		1	7
海洋服务	7630	155	23	11	96	1	2	22
测绘服务	7640	3009	451	243	1923	4	8	380
技术检测	7650	7836	1457	743	4434	64	115	1023
环境监测	7660	1255	148	64	886	1	12	144
工程技术与规划管理	7670	39296	5213	1905	27154	242	506	4276
其他专业技术服务	7690	29139	1219	953	22766	435	568	3198
科技交流和推广服务业	7700	51922	3062	2671	38882	498	975	5834
技术推广服务	7710	38232	2209	2005	28824	373	742	4079
科技中介服务	7720	5336	437	360	3629	54	104	752
其他科技服务	7790	8354	416	306	6429	71	129	1003
地质勘查业	7800	2789	658	100	1613	9	46	363
矿产地质勘查	7810	1306	285	49	773	5	32	162
基础地质勘查	7820	388	157	16	166	1	1	47
地质勘查技术服务	7830	1095	216	35	674	3	13	154
水利、环境和公共设施管理业	**N**	**25694**	**3770**	**2214**	**16164**	**171**	**183**	**3192**
水利管理业	7900	2102	724	317	747	5	5	304
防洪管理	7910	159	72	16	50	1		20
水资源管理	7920	1100	407	173	330	3	4	183
其他水利管理	7990	843	245	128	367	1	1	101

行业中类	代码	企　业单位数	国有控股	集体控股	私人控股	港澳台商控股	外商控股	其他
环境管理业	8000	5607	847	447	3472	39	84	718
自然保护	8010	364	72	25	201	4	7	55
环境治理	8020	5243	775	422	3271	35	77	663
公共设施管理业	8100	17985	2199	1450	11945	127	94	2170
市政公共设施管理	8110	2484	671	265	1221	14	12	301
城市绿化管理	8120	9796	698	475	7384	19	23	1197
游览景区管理	8130	5705	830	710	3340	94	59	672
居民服务和其他服务业	**O**	**126539**	**3670**	**6014**	**98587**	**544**	**740**	**16984**
居民服务业	8200	56861	1545	2726	44866	282	358	7084
家庭服务	8210	4494	67	156	3692	10	7	562
托儿所	8220	314	13	4	240		1	56
洗染服务	8230	2257	58	84	1822	14	21	258
理发及美容保健服务	8240	16505	139	385	14095	91	172	1623
洗浴服务	8250	10273	178	383	8509	59	40	1104
婚姻服务	8260	3103	65	104	2568	9	12	345
殡葬服务	8270	1801	279	393	895	14	5	215
摄影扩印服务	8280	6973	174	325	5509	65	50	850
其他居民服务	8290	11141	572	892	7536	20	50	2071
其他服务业	8300	69678	2125	3288	53721	262	382	9900
修理与维护	8310	35545	940	1693	27977	114	139	4682
清洁服务	8320	12495	241	460	10210	40	53	1491
其他未列明的服务	8390	21638	944	1135	15534	108	190	3727
教育	**P**	**23997**	**1547**	**1339**	**17381**	**104**	**153**	**3473**
教育	8400	23997	1547	1339	17381	104	153	3473
学前教育	8410	4122	147	237	3090	20	12	616
初等教育	8420	588	36	33	424	2	1	92
中等教育	8430	1021	93	64	675	7	6	176
高等教育	8440	219	30	12	131	3	3	40
其他教育	8490	18047	1241	993	13061	72	131	2549
卫生、社会保障和社会福利业	**Q**	**16659**	**1398**	**1631**	**10960**	**35**	**67**	**2568**
卫生	8500	15630	1189	1451	10515	33	64	2378
医院	8510	4590	514	285	3181	18	29	563
卫生院及社区医疗活动	8520	1980	283	337	1072	2	1	285
门诊部医疗活动	8530	7507	228	667	5289	9	18	1296
计划生育技术服务活动	8540	240	33	51	120			36

行业中类	代码	企业单位数	国有控股	集体控股	私人控股	港澳台商控股	外商控股	其他
妇幼保健活动	8550	91	15	6	54		3	13
专科疾病防治活动	8560	305	11	17	235	1	2	39
疾病预防控制及防疫活动	8570	141	28	28	66			19
其他卫生活动	8590	776	77	60	498	3	11	127
社会保障业	8600	279	70	69	81			59
社会福利业	8700	750	139	111	364	2	3	131
提供住宿的社会福利	8710	532	70	69	297		1	95
不提供住宿的社会福利	8720	218	69	42	67	2	2	36
文化、体育和娱乐业	**R**	**42929**	**4689**	**1956**	**30626**	**415**	**420**	**4823**
新闻出版业	8800	2793	1562	192	758	6	6	269
新闻业	8810	118	38	9	55			16
出版业	8820	2675	1524	183	703	6	6	253
广播、电视、电影和音像业	8900	6474	1781	482	3539	45	25	602
广播	8910	231	75	27	98	1	2	28
电视	8920	1695	383	94	1035	11	6	166
电影	8930	3157	1242	331	1280	27	10	267
音像制作	8940	1391	81	30	1126	6	7	141
文化艺术业	9000	11225	651	463	8672	37	57	1345
文艺创作与表演	9010	2292	148	93	1730	8	8	305
艺术表演场馆	9020	358	118	24	172	2	2	40
图书馆与档案馆	9030	127	36	39	38		1	13
文物及文化保护	9040	174	39	22	86		1	26
博物馆	9050	148	25	12	88		3	20
烈士陵园、纪念馆	9060	35	7	11	8	1		8
群众文化活动	9070	1202	105	74	882	1	5	135
文化艺术经纪代理	9080	2774	87	61	2291	12	15	308
其他文化艺术	9090	4115	86	127	3377	13	22	490
体育	9100	2192	202	93	1516	35	40	306
体育组织	9110	781	71	27	533	11	13	126
体育场馆	9120	669	84	43	433	13	12	84
其他体育	9190	742	47	23	550	11	15	96
娱乐业	9200	20245	493	726	16141	292	292	2301
室内娱乐活动	9210	12100	194	376	10030	94	86	1320
游乐园	9220	648	56	53	419	17	16	87
休闲健身娱乐活动	9230	5496	149	200	4251	153	164	579
其他娱乐活动	9290	2001	94	97	1441	28	26	315

2-8 按地区、控股情况分组的企业法人单位数

(2009年)

单位：个

地 区	企业单位数	国有控股	集体控股	私人控股	港澳台商控股	外商控股	其他
全 国	**5782827**	**239536**	**264704**	**4524338**	**82818**	**91201**	**580230**
北 京	344424	17011	17888	268806	4089	8468	28162
天 津	128145	7551	6069	85337	1334	3571	24283
河 北	217724	8537	12545	177041	465	1039	18097
山 西	117621	8295	8993	86339	138	192	13664
内蒙古	80746	4195	2480	60487	127	200	13257
辽 宁	271203	13387	22638	213732	1805	6068	13573
吉 林	89351	4771	3102	69216	156	532	11574
黑龙江	111580	8374	5689	78834	231	365	18087
上 海	339498	11985	13180	281028	8920	17500	6885
江 苏	616227	11151	16836	544189	9041	13868	21142
浙 江	507907	10039	17729	462157	6145	7225	4612
安 徽	154438	7785	6971	118700	647	793	19542
福 建	196026	8890	7820	137771	7296	3949	30300
江 西	96336	7175	3960	71226	1015	612	12348
山 东	495864	13029	15321	373146	1871	8259	84238
河 南	244513	9132	10031	202221	459	457	22213
湖 北	217894	11276	9508	149742	873	858	45637
湖 南	156567	7614	8719	131910	669	563	7092
广 东	603644	18080	35764	430530	34618	13286	71366
广 西	95744	7151	6124	67246	669	502	14052
海 南	20953	1927	1006	12360	309	214	5137
重 庆	112500	5617	4007	83570	425	451	18430
四 川	180790	8649	7102	148912	583	882	14662
贵 州	48469	4815	2866	33378	161	168	7081
云 南	90542	5177	5232	67215	280	404	12234
西 藏	2894	723	306	1407	3	17	438
陕 西	114547	7213	6811	73489	258	419	26357
甘 肃	46322	3556	3214	30373	77	90	9012
青 海	11173	1176	682	7735	28	38	1514
宁 夏	19047	1073	542	15822	23	56	1531
新 疆	50138	4182	1569	40419	103	155	3710

2-9 按行业(中类)、登记注册

(2009年)

行业中类	代码	企业单位数	内资企业			
				国有企业	集体企业	股份合作企业
总计	**0000**	**5782827**	**5579528**	**152043**	**198238**	**72404**
农、林、牧、渔业	**A**	**144278**	**143628**	**3591**	**3263**	**572**
农业	0100	42769	42437	1025	807	194
谷物及其他作物的种植	0110	10957	10909	643	204	54
蔬菜、园艺作物的种植	0120	17795	17621	122	242	69
水果、坚果、饮料和香料作物的种植	0130	11976	11878	239	318	65
中药材的种植	0140	2041	2029	21	43	6
林业	0200	15286	15189	1430	1079	97
林木的培育和种植	0210	14125	14033	1085	1017	89
木材和竹材的采运	0220	627	626	197	35	4
林产品的采集	0230	534	530	148	27	4
畜牧业	0300	53683	53565	437	430	173
牲畜的饲养	0310	16919	16878	206	153	55
猪的饲养	0320	20437	20404	107	130	60
家禽的饲养	0330	12440	12411	59	96	40
狩猎和捕捉动物	0340	53	53	1		
其他畜牧业	0390	3834	3819	64	51	18
渔业	0400	10963	10896	186	379	52
海洋渔业	0410	3656	3615	44	144	14
内陆渔业	0420	7307	7281	142	235	38
农、林、牧、渔服务业	0500	21577	21541	513	568	56
农业服务业	0510	17579	17554	259	428	42
林业服务业	0520	911	909	131	21	6
畜牧服务业	0530	2066	2064	92	78	6
渔业服务业	0540	1021	1014	31	41	2
采矿业	**B**	**103390**	**102726**	**1622**	**5598**	**1399**
煤炭开采和洗选业	0600	22935	22854	795	2122	594
烟煤和无烟煤的开采洗选	0610	21724	21650	755	2033	570
褐煤的开采洗选	0620	610	607	27	56	11
其他煤炭采选	0690	601	597	13	33	13
石油和天然气开采业	0700	1594	1564	81	30	17
天然原油和天然气开采	0710	344	332	36	6	5
与石油和天然气开采有关的服务活动	0790	1250	1232	45	24	12

单位：个

国有联营企业	集体联营企业	国有与集体联营	其他联营	国有独资公司	其他有限责任公司	股份有限公司	私营独资	私营合伙	代码
2124	**5022**	**1690**	**3648**	**11701**	**647834**	**108746**	**1428964**	**236760**	**0000**
23	**162**	**41**	**86**	**72**	**5997**	**889**	**23074**	**4299**	**A**
6	53	21	30	23	1923	263	4967	1141	0100
2	14	4	2	11	481	68	827	196	0110
2	9	8	14	12	864	108	2374	460	0120
2	26	8	14		452	68	1447	434	0130
	4	1			126	19	319	51	0140
7	43	8	15	12	890	124	2249	492	0200
5	36	7	15	7	847	110	2135	454	0210
1	4	1		4	21	5	48	25	0220
1	3			1	22	9	66	13	0230
5	36	9	21	18	1984	321	11732	1708	0300
2	9	5	4	6	749	124	3063	586	0310
	14	1	6	9	629	105	4921	623	0320
2	8	2	9	1	434	63	2990	374	0330
					6	1	9	3	0340
1	5	1	2	2	166	28	749	122	0390
1	10	2	9	7	456	71	1894	421	0400
	2	1	1	4	215	22	629	143	0410
1	8	1	8	3	241	49	1265	278	0420
4	20	1	11	12	744	110	2232	537	0500
3	16	1	8	10	608	71	1637	367	0510
	1			1	53	18	127	31	0520
1	3		2		48	12	290	49	0530
			1	1	35	9	178	90	0540
50	**154**	**25**	**112**	**182**	**7716**	**1797**	**45867**	**14886**	**B**
17	61	8	33	91	2787	602	7307	3234	0600
16	60	8	32	84	2615	571	6924	3100	0610
	1		1	7	113	22	170	38	0620
1					59	9	213	96	0690
		1	1	7	298	74	299	54	0700
				3	82	37	86	3	0710
		1	1	4	216	37	213	51	0790

行业中类	代码	企业单位数	内资企业			
				国有企业	集体企业	股份合作企业
黑色金属矿采选业	0800	18352	18273	124	576	122
铁矿采选	0810	16335	16269	98	507	107
其他黑色金属矿采选	0890	2017	2004	26	69	15
有色金属矿采选业	0900	11278	11127	236	564	179
常用有色金属矿采选	0910	7903	7795	93	254	119
贵金属矿采选	0920	2163	2131	105	278	45
稀有稀土金属矿采选	0930	1212	1201	38	32	15
非金属矿采选业	1000	48077	47762	373	2277	474
土砂石开采	1010	40962	40732	218	1700	403
化学矿采选	1020	1603	1591	38	143	27
采盐	1030	857	848	79	246	5
石棉及其他非金属矿采选	1090	4655	4591	38	188	39
其他采矿业	1100	1154	1146	13	29	13
制造业	C	**1958982**	**1828933**	**18176**	**54333**	**24908**
农副食品加工业	1300	107220	103173	2092	2336	905
谷物磨制	1310	29469	29307	404	352	157
饲料加工	1320	12494	11986	151	145	129
植物油加工	1330	10257	10053	125	239	61
制糖	1340	664	630	41	15	7
屠宰及肉类加工	1350	16868	16466	1126	908	181
水产品加工	1360	8896	7805	96	273	162
蔬菜、水果和坚果加工	1370	14412	13312	54	162	74
其他农副食品加工	1390	14160	13614	95	242	134
食品制造业	1400	44645	41780	671	810	417
焙烤食品制造	1410	10996	10389	154	159	90
糖果、巧克力及蜜饯制造	1420	4811	4535	28	88	41
方便食品制造	1430	7006	6622	109	121	52
液体乳及乳制品制造	1440	1989	1831	53	36	31
罐头制造	1450	3091	2789	42	51	30
调味品、发酵制品制造	1460	6959	6626	128	186	76
其他食品制造	1490	9793	8988	157	169	97
饮料制造业	1500	36827	35449	580	1596	417
酒精制造	1510	463	443	13	8	3
酒的制造	1520	13918	13486	223	320	162
软饮料制造	1530	12823	12055	190	396	145
精制茶加工	1540	9623	9465	154	872	107

单位：个

国有联营企业	集体联营企业	国有与集体联营	其他联营	国有独资公司	其他有限责任公司	股份有限公司	私营独资	私营合伙	代码
7	12	3	14	26	1372	319	7365	2756	0800
5	12	3	13	24	1230	278	6612	2415	0810
2			1	2	142	41	753	341	0890
17	20	8	11	29	1265	319	3608	1357	0900
7	17	3	5	13	818	209	2658	1034	0910
7	1	4	4	5	243	71	655	177	0920
3	2	1	2	11	204	39	295	146	0930
8	60	5	51	28	1880	453	26882	7374	1000
4	49	4	43	17	1297	331	23908	6505	1010
	4		3	4	182	32	559	157	1020
2			2	5	108	17	137	142	1030
2	7	1	3	2	293	73	2278	570	1090
1	1		2	1	114	30	406	111	1100
327	**1274**	**449**	**745**	**1375**	**156060**	**24151**	**700745**	**91201**	**C**
30	89	28	72	69	7881	1635	50630	5515	1300
8	17	10	21	21	1495	291	18778	1542	1310
4	3	3	6	5	1374	295	4660	516	1320
1	5	1	5	6	794	141	5372	492	1330
2	1	1		5	146	30	144	21	1340
13	38	8	17	21	1449	317	6307	933	1350
	6	2	7	3	728	118	2591	472	1360
1	7	2	6	3	881	209	5974	778	1370
1	12	1	10	5	1014	234	6804	761	1390
9	24	11	15	27	4002	778	17647	1816	1400
2	5			4	807	124	4858	429	1410
	2	1		1	303	41	2094	181	1420
3	6	2	4	3	538	115	3229	321	1430
1		2	2	4	374	109	433	56	1440
1	1		2	1	249	59	1076	210	1450
	4	3	4	6	603	122	3033	276	1460
2	6	3	3	8	1128	208	2924	343	1490
16	34	6	24	47	2900	663	16155	1990	1500
				1	77	13	128	14	1510
3	12	1	6	19	1217	317	6631	553	1520
10	11	3	9	21	1191	227	5058	697	1530
3	11	2	9	6	415	106	4338	726	1540

行业中类	代码	企业单位数	内资企业			
				国有企业	集体企业	股份合作企业
烟草制品业	1600	260	256	90	29	4
烟叶复烤	1610	94	92	30	5	2
卷烟制造	1620	84	83	49	8	1
其他烟草制品加工	1690	82	81	11	16	1
纺织业	1700	114455	105473	687	1817	923
棉、化纤纺织及印染精加工	1710	44853	42383	262	623	333
毛纺织和染整精加工	1720	5362	4952	61	98	50
麻纺织	1730	1016	948	18	22	13
丝绢纺织及精加工	1740	6869	6450	49	97	43
纺织制成品制造	1750	25838	23577	147	526	252
针织品、编织品及其制品制造	1760	30517	27163	150	451	232
纺织服装、鞋、帽制造业	1800	87289	75947	333	1632	687
纺织服装制造	1810	81581	70872	317	1507	620
纺织面料鞋的制造	1820	4103	3724	12	86	47
制帽	1830	1605	1351	4	39	20
皮革、毛皮、羽毛(绒)及其制品业	1900	33544	29097	117	521	393
皮革鞣制加工	1910	2677	2348	17	58	47
皮革制品制造	1920	26205	22401	71	393	319
毛皮鞣制及制品加工	1930	2891	2723	11	42	10
羽毛(绒)加工及制品制造	1940	1771	1625	18	28	17
木材加工及木、竹、藤、棕、草制品业	2000	66058	64148	432	1171	417
锯材、木片加工	2010	24627	24404	213	482	122
人造板制造	2020	18452	17890	94	140	86
木制品制造	2030	15435	14666	101	421	149
竹、藤、棕、草制品制造	2040	7544	7188	24	128	60
家具制造业	2100	39101	36512	102	598	277
木质家具制造	2110	28474	26844	67	460	193
竹、藤家具制造	2120	745	688	3	10	3
金属家具制造	2130	4332	3901	22	80	44
塑料家具制造	2140	600	551	2	7	5
其他家具制造	2190	4950	4528	8	41	32
造纸及纸制品业	2200	52234	49645	281	1632	750
纸浆制造	2210	1008	966	15	35	12
造纸	2220	12654	11997	127	499	178
纸制品制造	2230	38572	36682	139	1098	560

单位：个

国有联营企业	集体联营企业	国有与集体联营	其他联营	国有独资公司	其他有限责任公司	股份有限公司	私营独资	私营合伙	代码
			1	9	48	8	24	5	1600
				2	28	2	5	4	1610
				7	10	2	3		1620
			1		10	4	16	1	1690
8	38	12	33	56	6896	977	37867	4002	1700
4	11	3	14	26	3120	427	14838	1628	1710
	3	2	3	7	384	57	1622	208	1720
1	2		1	2	86	22	364	48	1730
1			2	5	365	91	2270	156	1740
	13	4	4	9	1465	209	8629	1007	1750
2	9	3	9	7	1476	171	10144	955	1760
7	46	11	17	38	5179	689	27261	2520	1800
7	41	11	16	37	4888	660	24971	2297	1810
	5		1		230	23	1784	166	1820
				1	61	6	506	57	1830
1	9	5	6	8	1816	264	11403	1113	1900
	3		1		215	33	931	154	1910
1	6	5	3	8	1344	153	8535	802	1920
					127	67	1258	81	1930
			2		130	11	679	76	1940
3	35	3	26	13	2942	512	35615	4743	2000
2	13	1	13	4	780	161	15943	1698	2010
	5	2	5	3	991	187	9234	1390	2020
1	12		5	4	929	123	6346	801	2030
	5		3	2	242	41	4092	854	2040
3	19	4	9	7	2634	277	17479	1410	2100
1	12	2	5	7	1741	188	13849	1047	2110
					41	4	364	71	2120
1	5	2	3		326	46	1289	120	2130
	1		1		67	4	216	21	2140
1	1				459	35	1761	151	2190
5	29	12	18	20	3833	569	19326	2674	2200
				1	107	22	406	66	2210
2	8	4	4	13	1067	209	4377	724	2220
3	21	8	14	6	2659	338	14543	1884	2230

行业中类	代码	企业单位数	内资企业	国有企业	集体企业	股份合作企业
印刷业和记录媒介的复制	2300	55446	54062	1560	3496	1356
印刷	2310	50212	48959	1452	3107	1221
装订及其他印刷服务活动	2320	4952	4857	93	379	135
记录媒介的复制	2330	282	246	15	10	
文教体育用品制造业	2400	21112	17560	91	390	193
文化用品制造	2410	5758	5137	50	165	81
体育用品制造	2420	5137	4030	14	65	38
乐器制造	2430	1424	1204	10	37	23
玩具制造	2440	8000	6478	16	115	45
游艺器材及娱乐用品制造	2450	793	711	1	8	6
石油加工、炼焦及核燃料加工业	2500	6925	6575	120	221	185
精炼石油产品的制造	2510	5017	4733	90	183	96
炼焦	2520	1878	1812	27	38	88
化学原料及化学制品制造业	2600	102253	95301	1140	3470	1549
基础化学原料制造	2610	17790	16832	294	804	304
肥料制造	2620	10134	9760	217	251	126
农药制造	2630	2658	2501	51	89	47
涂料、油墨、颜料及类似产品制造	2640	19333	17749	108	605	327
合成材料制造	2650	6566	5765	53	185	75
专用化学产品制造	2660	35751	33721	321	1249	507
日用化学产品制造	2670	10021	8973	96	287	163
医药制造业	2700	16561	14727	333	293	211
化学药品原药制造	2710	2390	2105	46	55	34
化学药品制剂制造	2720	2405	2003	84	39	22
中药饮片加工	2730	2178	2045	28	35	34
中成药制造	2740	2890	2598	84	51	37
兽用药品制造	2750	1471	1394	40	26	24
生物、生化制品的制造	2760	2716	2348	29	24	24
卫生材料及医药用品制造	2770	2511	2234	22	63	36
化学纤维制造业	2800	4822	4296	46	70	35
纤维素纤维原料及纤维制造	2810	880	778	14	16	8
合成纤维制造	2820	3942	3518	32	54	27
橡胶制品业	2900	22239	20559	158	786	347
轮胎制造	2910	2020	1858	23	52	24
橡胶板、管、带的制造	2920	4256	4058	27	154	59

单位：个

国有联营企业	集体联营企业	国有与集体联营	其他联营	国有独资公司	其他有限责任公司	股份有限公司	私营独资	私营合伙	代码
22	67	16	26	41	4740	723	19003	2241	2300
21	60	14	25	33	4287	653	17152	2035	2310
1	7	1	1	5	394	65	1813	203	2320
		1		3	59	5	38	3	2330
	11	6	8	8	1073	126	7449	617	2400
	6	2	4	3	277	40	1921	188	2410
		2	2	2	314	37	1382	134	2420
				2	92	12	419	45	2430
	5	2	2	1	325	33	3535	234	2440
					65	4	192	16	2450
6	7	2	4	19	944	208	1615	230	2500
4	5	2	3	11	561	145	1236	137	2510
2	2		1	7	378	62	374	92	2520
29	82	36	41	106	10821	1962	30710	4929	2600
7	13	6	12	33	2433	447	4512	760	2610
4	10	5	8	15	1297	306	3254	463	2620
	3		2	5	377	98	648	71	2630
3	9	2	5	5	1859	256	5752	651	2640
	2	2	1	13	700	130	1620	222	2650
14	39	16	7	32	3268	570	12310	2375	2660
1	6	5	6	3	887	155	2614	387	2670
8	9	11	13	31	3239	864	2649	341	2700
1	2	1	1	6	536	117	317	52	2710
		3	4	7	621	167	202	28	2720
	2	2	1	3	353	97	577	67	2730
	3	4	2	9	716	262	354	52	2740
1		1	2	1	241	59	257	41	2750
4			2	4	499	115	371	48	2760
2	2		1	1	273	47	571	53	2770
	4	2	1	5	344	80	989	148	2800
	1	1		3	90	23	219	24	2810
	3	1	1	2	254	57	770	124	2820
1	11	4	8	11	1573	248	7476	958	2900
1	2	1	1	6	182	36	547	86	2910
			3	1	323	56	1399	173	2920

行业中类	代码	企业单位数	内资企业	国有企业	集体企业	股份合作企业
橡胶零件制造	2930	6306	5939	33	285	108
再生橡胶制造	2940	1152	1126	5	45	9
日用及医用橡胶制品制造	2950	1051	890	13	38	17
橡胶靴鞋制造	2960	1943	1638	18	57	54
其他橡胶制品制造	2990	5511	5050	39	155	76
塑料制品业	3000	105726	97761	299	2377	1450
塑料薄膜制造	3010	9709	8950	44	226	113
塑料板、管、型材的制造	3020	15000	14104	63	312	158
塑料丝、绳及编织品的制造	3030	10797	10472	42	373	157
泡沫塑料制造	3040	5339	4984	11	133	92
塑料人造革、合成革制造	3050	1210	1045	3	25	15
塑料包装箱及容器制造	3060	11698	10840	31	264	166
塑料零件制造	3070	14104	12905	16	230	190
日用塑料制造	3080	13714	12495	35	402	326
其他塑料制品制造	3090	24155	21966	54	412	233
非金属矿物制品业	3100	222907	217869	1587	8998	2492
水泥、石灰和石膏的制造	3110	15684	15352	356	806	227
水泥及石膏制品制造	3120	51362	50676	368	1207	407
砖瓦、石材及其他建筑材料制造	3130	103970	102624	449	5471	1330
玻璃及玻璃制品制造	3140	17054	15915	108	400	198
陶瓷制品制造	3150	9730	8936	106	213	88
耐火材料制品制造	3160	12048	11772	69	544	110
石墨及其他非金属矿物制品制造	3190	13059	12594	131	357	132
黑色金属冶炼及压延加工业	3200	20030	19240	223	591	313
炼铁	3210	2795	2747	33	90	29
炼钢	3220	893	855	24	31	10
钢压延加工	3230	13115	12492	115	361	239
铁合金冶炼	3240	3227	3146	51	109	35
有色金属冶炼及压延加工业	3300	23110	21803	251	668	298
常用有色金属冶炼	3310	6378	6163	90	157	73
贵金属冶炼	3320	644	625	19	22	5
稀有稀土金属冶炼	3330	1454	1364	25	39	13
有色金属合金制造	3340	2350	2158	22	67	29
有色金属压延加工	3350	12284	11493	95	383	178

单位：个

国有联营企业	集体联营企业	国有与集体联营	其他联营	国有独资公司	其他有限责任公司	股份有限公司	私营独资	私营合伙	代码
	5		4	3	376	56	2514	301	2930
					85	17	463	85	2940
					73	10	300	32	2950
	1			1	114	15	548	91	2960
	3	3			420	58	1705	190	2990
5	44	17	26	26	7727	870	38413	4489	3000
	3		7	4	764	101	3464	355	3010
	4	6	2	7	1261	172	4908	545	3020
	7	2	2	2	746	100	4805	556	3030
	4	4	1	4	370	46	2022	253	3040
			1		114	11	267	40	3050
3	7	1	3		886	107	4008	455	3060
1	5	1	4	3	812	67	5505	725	3070
	5			1	1074	86	5030	661	3080
1	9	3	6	5	1700	180	8404	899	3090
42	282	43	125	103	13827	2418	114029	20422	3100
13	27	12	18	37	1923	421	5923	1218	3110
7	42	7	25	25	2834	490	31513	3265	3120
14	181	14	69	19	4274	736	56170	13618	3130
3	8	3	6	11	1559	239	5551	632	3140
1	4	1	3	4	780	144	4043	497	3150
1	9	2	2	1	1046	170	5494	591	3160
3	11	4	2	6	1411	218	5335	601	3190
5	7	5	12	40	2234	331	5596	1164	3200
1	1		2	6	323	49	1064	276	3210
		1	3	2	141	29	224	49	3220
4	4	4	4	26	1246	173	3574	644	3230
	2		3	6	524	80	734	195	3240
8	17	11	16	47	2701	477	6592	1050	3300
5	5	2	7	15	818	197	2001	383	3310
1		1		7	92	26	147	35	3320
1	4		2	9	239	46	330	85	3330
	3	3		3	266	41	585	85	3340
1	5	5	7	13	1286	167	3529	462	3350

行业中类	代码	企业单位数	内资企业	国有企业	集体企业	股份合作企业
金属制品业	3400	146141	138328	700	4368	1904
结构性金属制品制造	3410	51801	50002	270	1516	636
金属工具制造	3420	19054	18011	105	542	220
集装箱及金属包装容器制造	3430	5928	5457	57	250	93
金属丝绳及其制品的制造	3440	7507	7169	55	267	92
建筑、安全用金属制品制造	3450	17005	15934	57	416	205
金属表面处理及热处理加工	3460	11318	10691	47	647	333
搪瓷制品制造	3470	1093	1014	9	38	10
不锈钢及类似日用金属制品制造	3480	13835	12605	32	257	139
其他金属制品制造	3490	18600	17445	68	435	176
通用设备制造业	3500	195963	187584	1571	5994	3324
锅炉及原动机制造	3510	7733	7418	152	350	163
金属加工机械制造	3520	25030	23921	261	695	332
起重运输设备制造	3530	6076	5638	103	203	91
泵、阀门、压缩机及类似机械的制造	3540	25451	23913	193	660	694
轴承、齿轮、传动和驱动部件的制造	3550	13151	12374	93	244	164
烘炉、熔炉及电炉制造	3560	1848	1757	13	49	26
风机、衡器、包装设备等通用设备制造	3570	24210	22607	198	567	360
通用零部件制造及机械修理	3580	60119	58381	401	2014	930
金属铸、锻加工	3590	32345	31575	157	1212	564
专用设备制造业	3600	103602	96009	1192	2331	1388
矿山、冶金、建筑专用设备制造	3610	17708	17073	327	564	228
化工、木材、非金属加工专用设备制造	3620	28930	26093	123	435	340
食品、饮料、烟草及饲料生产专用设备制造	3630	3854	3628	64	108	97
印刷、制药、日化生产专用设备制造	3640	6539	6025	51	123	99
纺织、服装和皮革工业专用设备制造	3650	9112	8468	61	168	147
农、林、牧、渔专用机械制造	3670	8114	7896	161	308	110
医疗仪器设备及器械制造	3680	6020	5233	90	123	113
环保、社会公共安全及其他专用设备制造	3690	16088	15013	189	369	178
交通运输设备制造业	3700	85783	80308	1574	2983	1374
铁路运输设备制造	3710	3047	2950	238	454	70
汽车制造	3720	58396	54437	990	1990	974
摩托车制造	3730	7074	6835	22	145	136
自行车制造	3740	5570	5090	34	89	56
船舶及浮动装置制造	3750	9480	8966	198	248	119
航空航天器制造	3760	433	343	62	8	2
交通器材及其他交通运输设备制造	3790	1783	1687	30	49	17

单位：个

国有联营企业	集体联营企业	国有与集体联营	其他联营	国有独资公司	其他有限责任公司	股份有限公司	私营独资	私营合伙	代码
22	79	35	40	37	11561	1439	49471	5358	3400
10	26	8	17	20	4598	651	17170	1652	3410
3	9	5	4	6	1232	127	7602	716	3420
	6	5	1	2	617	87	1648	160	3430
	6	2	1	1	505	58	2744	365	3440
	7	2	3	2	1307	156	5464	702	3450
	8	7	7	1	684	94	4012	598	3460
		1	1		98	9	330	41	3470
5	7	1	2	1	1049	109	4688	429	3480
4	10	4	4	4	1471	148	5813	695	3490
20	114	48	65	122	15112	2331	67892	7780	3500
1	12	2	5	18	839	167	2213	251	3510
2	14	8	7	24	2236	329	7822	934	3520
2	5	2	2	13	714	110	1350	189	3530
3	9	4	6	12	2280	388	6692	977	3540
1	8	4	5	7	932	162	4463	624	3550
		1	1		155	22	640	52	3560
3	12	5	5	10	2133	301	5952	697	3570
7	31	14	22	20	3839	545	23754	2468	3580
1	23	8	12	18	1984	307	15006	1588	3590
15	57	27	21	120	10291	1422	28091	3544	3600
5	18	5	6	33	2432	318	4807	538	3610
3	9	6	4	17	2391	220	7910	1201	3620
	2			6	342	70	1227	161	3630
1	1	3	4	3	608	85	1754	230	3640
	2	6	1	6	533	83	3166	407	3650
1	10	3	2	3	601	131	3876	321	3670
3	3	2	1	2	716	106	983	139	3680
1	10	2	1	12	1786	264	3054	352	3690
23	53	32	33	167	8529	1303	25845	3698	3700
1	5	1	2	19	426	62	593	64	3710
15	38	19	25	82	6074	936	18437	2674	3720
1	2		2	5	642	78	2512	327	3730
1		2			352	43	1627	212	3740
5	7	10	4	20	750	134	2241	371	3750
	1			39	101	19	26	3	3760
				2	184	31	409	47	3790

行业中类	代码	企业单位数	内资企业	国有企业	集体企业	股份合作企业
电气机械及器材制造业	3900	104119	94893	777	2571	1600
电机制造	3910	10988	10130	125	214	180
输配电及控制设备制造	3920	34413	31678	304	1087	717
电线、电缆、光缆及电工器材制造	3930	17909	16368	129	574	282
电池制造	3940	4272	3685	50	74	31
家用电力器具制造	3950	12815	11416	55	180	104
非电力家用器具制造	3960	4101	3878	12	60	31
照明器具制造	3970	14304	12748	50	195	182
其他电气机械及器材制造	3990	5317	4990	52	187	73
通信设备、计算机及其他电子设备制造业	4000	52092	40764	446	617	391
通信设备制造	4010	5567	4551	89	88	51
雷达及配套设备制造	4020	134	127	17		5
广播电视设备制造	4030	1605	1341	19	22	18
电子计算机制造	4040	4410	3057	33	34	18
电子器件制造	4050	7366	5475	87	80	48
电子元件制造	4060	22940	18060	120	276	196
家用视听设备制造	4070	3576	2645	22	36	15
其他电子设备制造	4090	6494	5508	59	81	40
仪器仪表及文化、办公用机械制造业	4100	25542	22487	391	718	522
通用仪器仪表制造	4110	12395	11473	179	373	280
专用仪器仪表制造	4120	4306	3902	112	134	77
钟表与计时仪器制造	4130	1892	1366	27	57	26
光学仪器及眼镜制造	4140	3740	3060	35	52	94
文化、办公用机械制造	4150	1778	1351	23	35	20
其他仪器仪表的制造及修理	4190	1431	1335	15	67	25
工艺品及其他制造业	4200	53774	48466	259	1055	706
工艺美术品制造	4210	32798	28954	126	689	512
日用杂品制造	4220	8582	7642	21	136	126
煤制品制造	4230	4651	4636	29	106	21
其他未列明的制造业	4290	7709	7206	79	124	47
废弃资源和废旧材料回收加工业	4300	9202	8861	73	194	80
金属废料和碎屑的加工处理	4310	4372	4144	24	120	29
非金属废料和碎屑的加工处理	4320	4830	4717	49	74	51

单位：个

国有联营企业	集体联营企业	国有与集体联营	其他联营	国有独资公司	其他有限责任公司	股份有限公司	私营独资	私营合伙	代码
15	52	32	40	60	10809	1425	24328	3456	3900
2	7	4	2	9	1050	167	2482	450	3910
10	18	13	20	26	3847	552	6928	1111	3920
2	6	6	6	7	1874	265	4535	641	3930
	2	1	2	8	471	80	823	119	3940
1	8	2	2	3	1414	114	3184	426	3950
	3	1	2		452	53	1060	111	3960
	4	3	4	2	1203	127	4275	457	3970
	4	2	2	5	498	67	1041	141	3990
15	13	14	17	66	5215	677	8043	1274	4000
3	1	5		12	784	109	688	117	4010
				15	25	4	15	1	4020
1		1	1	2	157	34	328	47	4030
1	2	2	2	3	449	78	356	82	4040
1	2		3	11	836	133	779	149	4050
5	6	5	7	20	1873	197	4349	600	4060
2	1		1	1	300	35	633	88	4070
2	1	1	3	2	791	87	895	190	4090
4	15	9	7	42	2747	369	4618	801	4100
3	2	4	3	19	1464	219	2193	374	4110
1	4	2	2	10	524	74	670	113	4120
	3			2	124	16	387	40	4130
			1	9	316	31	775	171	4140
	1	3		1	160	20	281	49	4150
	5		1	1	159	9	312	54	4190
3	19	5	18	22	3548	406	20539	2500	4200
2	13	3	15	8	2214	240	12282	1186	4210
	2	1	2	2	444	49	2949	820	4220
1	2		1	2	155	33	3417	226	4230
	2	1		9	725	83	1890	266	4290
2	8	2	3	8	894	100	3990	413	4300
2	7	1	2	5	533	66	1487	165	4310
	1	1	1	3	361	34	2503	248	4320

行业中类	代码	企业单位数	内资企业			
				国有企业	集体企业	股份合作企业
电力、燃气及水的生产和供应业	D	**60998**	**59534**	**7685**	**7786**	**1374**
电力、热力的生产和供应业	4400	40050	39262	4415	3874	1105
电力生产	4410	33225	32534	2169	3525	1024
电力供应	4420	3338	3323	1806	212	41
热力生产和供应	4430	3487	3405	440	137	40
燃气生产和供应业	4500	3687	3321	241	92	60
水的生产和供应业	4600	17261	16951	3029	3820	209
自来水的生产和供应	4610	14595	14429	2664	3661	138
污水处理及其再生利用	4620	2093	1956	349	142	16
其他水的处理、利用与分配	4690	573	566	16	17	55
建筑业	E	**261571**	**259793**	**8278**	**10474**	**2107**
房屋和土木工程建筑业	4700	102109	101689	5682	6872	860
房屋工程建筑	4710	64655	64453	2029	4985	560
土木工程建筑	4720	37454	37236	3653	1887	300
建筑安装业	4800	51036	50546	1332	1854	454
建筑装饰业	4900	78406	77695	506	1021	567
其他建筑业	5000	30020	29863	758	727	226
工程准备	5010	10052	10011	295	271	70
提供施工设备服务	5020	3518	3498	60	72	22
其他未列明的建筑活动	5090	16450	16354	403	384	134
交通运输、仓储和邮政业	F	**166509**	**162067**	**11035**	**7649**	**2241**
铁路运输业	5100	651	648	163	61	10
铁路旅客运输	5110	49	49	15		
铁路货物运输	5120	303	301	62	15	7
铁路运输辅助活动	5130	299	298	86	46	3
道路运输业	5200	75627	74660	3323	3278	1162
公路旅客运输	5210	8260	8161	899	516	279
道路货物运输	5220	59647	59038	1139	1898	686
道路运输辅助活动	5230	7720	7461	1285	864	197
城市公共交通业	5300	7961	7847	748	462	194
公共电汽车客运	5310	2202	2162	409	105	47
轨道交通	5320	89	78	17	2	1
出租车客运	5330	5233	5176	259	300	138
城市轮渡	5340	78	76	23	13	
其他城市公共交通	5390	359	355	40	42	8

单位：个

国有联营企业	集体联营企业	国有与集体联营	其他联营	国有独资公司	其他有限责任公司	股份有限公司	私营独资	私营合伙	代码
96	**238**	**57**	**94**	**577**	**6154**	**1778**	**13835**	**9291**	D
66	170	34	75	316	4144	1334	8745	8188	4400
50	164	28	67	155	2913	1041	8031	8064	4410
13	3	5	3	117	424	161	165	56	4420
3	3	1	5	44	807	132	549	68	4430
5	7	2	3	40	629	160	826	155	4500
25	61	21	16	221	1381	284	4264	948	4600
24	60	19	15	158	934	211	3887	838	4610
1	1	2		59	384	66	223	34	4620
			1	4	63	7	154	76	4690
79	**229**	**71**	**183**	**725**	**46714**	**7034**	**35035**	**7405**	E
41	142	47	93	518	20992	3634	17310	3460	4700
15	94	24	63	187	13493	2517	13037	2671	4710
26	48	23	30	331	7499	1117	4273	789	4720
14	40	8	44	96	9119	1175	4798	1034	4800
11	25	9	27	40	11328	1492	8532	2078	4900
13	22	7	19	71	5275	733	4395	833	5000
3	4	2	3	24	1543	192	1663	294	5010
3	3		2	8	612	105	568	91	5020
7	15	5	14	39	3120	436	2164	448	5090
164	**299**	**88**	**196**	**656**	**21952**	**4648**	**25563**	**8169**	F
5	2	1		11	113	26	53	12	5100
1					12	2	5		5110
2	2			10	61	15	25	4	5120
2		1		1	40	9	23	8	5130
45	164	31	123	189	10378	2425	13683	3957	5200
18	40	10	31	54	1548	648	971	727	5210
9	72	10	67	65	7789	1464	11554	2814	5220
18	52	11	25	70	1041	313	1158	416	5230
21	20	9	18	64	1695	508	930	338	5300
10	7	5	9	33	468	145	264	105	5310
2	1			4	21	6	7	1	5320
9	12	3	9	22	1126	340	616	213	5330
					11	1	7	5	5340
		1		5	69	16	36	14	5390

行业中类	代码	企业单位数	内资企业	国有企业	集体企业	股份合作企业
水上运输业	5400	8171	7868	515	757	102
水上旅客运输	5410	952	924	62	149	22
水上货物运输	5420	5162	5080	236	484	58
水上运输辅助活动	5430	2057	1864	217	124	22
航空运输业	5500	867	814	163	18	12
航空客货运输	5510	324	299	63	3	3
通用航空服务	5520	198	193	20	6	2
航空运输辅助活动	5530	345	322	80	9	7
管道运输业	5600	118	106	28	3	
装卸搬运和其他运输服务业	5700	48511	46801	1356	2020	512
装卸搬运	5710	8014	7928	280	1427	111
运输代理服务	5720	40497	38873	1076	593	401
仓储业	5800	18973	17758	3968	1011	200
谷物、棉花等农产品仓储	5810	5531	5503	3024	199	38
其他仓储	5890	13442	12255	944	812	162
邮政业	5900	5630	5565	771	39	49
国家邮政	5910	798	797	687	11	11
其他寄递服务	5990	4832	4768	84	28	38
信息传输、计算机服务和软件业	**G**	**167174**	**160091**	**2829**	**668**	**1031**
电信和其他信息传输服务业	6000	24036	23096	2288	308	207
电信	6010	8267	7549	1472	130	91
互联网信息服务	6020	13509	13309	161	32	80
广播电视传输服务	6030	2066	2049	626	145	29
卫星传输服务	6040	194	189	29	1	7
计算机服务业	6100	95263	94013	302	254	549
计算机系统服务	6110	17146	16495	127	77	91
数据处理	6120	915	815	24	8	4
计算机维修	6130	3369	3313	20	12	50
其他计算机服务	6190	73833	73390	131	157	404
软件业	6200	47875	42982	239	106	275
公共软件服务	6210	38302	34313	189	84	189
其他软件服务	6290	9573	8669	50	22	86
批发和零售业	**H**	**1667256**	**1645722**	**38927**	**51849**	**18160**
批发业	6300	1024955	1007405	24779	25409	8298
农畜产品批发	6310	49768	49545	5926	2627	482

单位：个

国有联营企业	集体联营企业	国有与集体联营	其他联营	国有独资公司	其他有限责任公司	股份有限公司	私营独资	私营合伙	代码
11	25	3	11	47	1102	297	877	803	5400
	3	1	5	8	147	44	123	80	5410
6	17	2	5	20	667	187	489	624	5420
5	5		1	19	288	66	265	99	5430
4			3	23	181	39	50	11	5500
1			2	8	59	18	13	4	5510
1				2	39	7	23	4	5520
2			1	13	83	14	14	3	5530
				1	23	10	13	3	5600
51	45	18	23	114	5960	872	6005	1921	5700
8	28	2	8	11	769	159	1761	591	5710
43	17	16	15	103	5191	713	4244	1330	5720
26	39	26	14	197	1949	386	3190	961	5800
9	11	6	3	141	297	104	884	103	5810
17	28	20	11	56	1652	282	2306	858	5890
1	4		4	10	551	85	762	163	5900
1	3			6	27	3	14	1	5910
	1		4	4	524	82	748	162	5990
58	**34**	**20**	**96**	**222**	**15373**	**2801**	**57114**	**6940**	G
33	13	11	38	143	2792	1149	5879	845	6000
18	7	6	17	89	1035	676	898	146	6010
3	3	4	18	15	1310	249	4823	657	6020
10	3	1	3	36	387	216	148	39	6030
2				3	60	8	10	3	6040
10	13	7	40	36	5618	808	49010	5250	6100
2	5	3	7	20	2422	309	1287	366	6110
					169	17	74	19	6120
				2	343	43	616	106	6130
8	8	4	33	14	2684	439	47033	4759	6190
15	8	2	18	43	6963	844	2225	845	6200
14	4	2	15	36	5609	675	1588	643	6210
1	4		3	7	1354	169	637	202	6290
621	**1430**	**455**	**1233**	**1917**	**200395**	**28192**	**337434**	**49393**	H
331	708	227	592	1369	127294	16124	157728	27113	6300
69	87	22	48	253	5029	1112	13832	1924	6310

行业中类	代码	企业单位数	内资企业			
				国有企业	集体企业	股份合作企业
食品、饮料及烟草制品批发	6320	76111	74883	5807	2249	774
纺织、服装及日用品批发	6330	105501	102152	907	1342	555
文化、体育用品及器材批发	6340	31863	31013	827	518	340
医药及医疗器材批发	6350	29549	29167	796	307	310
矿产品、建材及化工产品批发	6360	339961	337247	5742	12000	2596
机械设备、五金交电及电子产品批发	6370	285051	279267	2968	3624	2445
贸易经纪与代理	6380	26818	25702	603	280	152
其他批发	6390	80333	78429	1203	2462	644
零售业	6500	642301	638317	14148	26440	9862
综合零售	6510	77820	77119	2294	11532	1201
食品、饮料及烟草制品专门零售	6520	51027	50669	3243	2546	1016
纺织、服装及日用品专门零售	6530	64326	63431	747	2166	991
文化、体育用品及器材专门零售	6540	41178	40898	2460	1299	1154
医药及医疗器材专门零售	6550	58389	58257	1217	1160	959
汽车、摩托车、燃料及零配件专门零售	6560	91455	91007	1764	2605	1115
家用电器及电子产品专门零售	6570	107568	107141	494	818	1226
五金、家具及室内装修材料专门零售	6580	82031	81719	741	2243	1289
无店铺及其他零售	6590	68507	68076	1188	2071	911
住宿和餐饮业	I	**149590**	**145212**	**8978**	**6838**	**2540**
住宿业	6600	55244	53736	7101	4438	1038
旅游饭店	6610	18423	17275	3188	929	285
一般旅馆	6620	33377	33086	3501	3164	688
其他住宿服务	6690	3444	3375	412	345	65
餐饮业	6700	94346	91476	1877	2400	1502
正餐服务	6710	77287	75200	1574	1906	1147
快餐服务	6720	6559	6159	91	132	139
饮料及冷饮服务	6730	4075	3885	25	46	91
其他餐饮服务	6790	6425	6232	187	316	125
金融业	J	**34682**	**33411**	**3699**	**1980**	**1694**
银行业	6800	8406	8064	1977	1794	1193
中央银行	6810	94	94	62		2
商业银行	6820	7349	7027	1439	1695	1130
其他银行	6890	963	943	476	99	61

单位：个

国有联营企业	集体联营企业	国有与集体联营	其他联营	国有独资公司	其他有限责任公司	股份有限公司	私营独资	私营合伙	代码
37	67	27	71	350	9078	1340	12969	2908	6320
17	28	12	35	69	11130	1201	12001	2261	6330
9	18	9	17	44	3921	467	3100	744	6340
9	14	4	26	27	5026	819	3594	718	6350
103	269	72	199	352	43547	5716	60086	9031	6360
62	129	56	130	152	37091	3950	30947	6490	6370
6	13	8	16	65	3389	445	3304	760	6380
19	83	17	50	57	9083	1074	17895	2277	6390
290	722	228	641	548	73101	12068	179706	22280	6500
25	204	27	130	55	7897	1491	24535	2865	6510
32	61	12	46	135	4963	829	13944	1766	6520
14	64	10	47	19	6660	980	19006	1951	6530
17	30	9	24	126	4814	750	8039	1196	6540
51	87	23	146	47	5973	1256	24439	2347	6550
113	115	110	93	69	11641	2274	30915	3564	6560
6	34	13	51	37	14009	1962	20440	3376	6570
10	66	6	41	19	9388	1227	21989	2622	6580
22	61	18	63	41	7756	1299	16399	2593	6590
99	**187**	**70**	**152**	**261**	**13948**	**2803**	**53971**	**7810**	**I**
82	117	46	56	199	6307	1395	15409	2895	6600
40	22	19	18	126	3299	668	3032	609	6610
35	81	25	35	62	2645	642	11424	2118	6620
7	14	2	3	11	363	85	953	168	6690
17	70	24	96	62	7641	1408	38562	4915	6700
14	50	22	84	52	6279	1186	32514	3957	6710
2	7		3	3	520	77	2542	326	6720
1	2		1		332	44	1392	275	6730
	11	2	8	7	510	101	2114	357	6790
32	**31**	**21**	**22**	**308**	**5205**	**8788**	**1607**	**539**	**J**
9	14	9	3	30	141	2554	60	9	6800
1				1	2	16	4	1	6810
5	12	3	3	23	85	2435	19	5	6820
3	2	6		6	54	103	37	3	6890

行业中类	代码	企业单位数	内资企业			
				国有企业	集体企业	股份合作企业
证券业	6900	1356	1301	118	1	15
证券市场管理	6910	70	70	14		1
证券经纪与交易	6920	772	724	86	1	9
证券投资	6930	303	297	16		2
证券分析与咨询	6940	211	210	2		3
保险业	7000	10288	9580	735	46	284
人寿保险	7010	3546	3157	313	18	127
非人寿保险	7020	4050	3806	363	22	128
保险辅助服务	7030	2692	2617	59	6	29
其他金融活动	7100	14632	14466	869	139	202
金融信托与管理	7110	1351	1336	112	23	24
金融租赁	7120	215	179	14		1
财务公司	7130	536	523	31	4	2
邮政储蓄	7140	502	502	323	7	4
典当	7150	3502	3499	43	24	61
其他未列明的金融活动	7190	8526	8427	346	81	110
房地产业	**K**	**238655**	**229167**	**11876**	**11718**	**2621**
房地产业	7200	238655	229167	11876	11718	2621
房地产开发经营	7210	100859	94352	4059	1583	654
物业管理	7220	64511	63081	3031	2896	807
房地产中介服务	7230	39444	38904	739	611	299
其他房地产活动	7290	33841	32830	4047	6628	861
租赁和商务服务业	**L**	**438766**	**427021**	**14981**	**21226**	**6011**
租赁业	7300	22510	22319	462	520	300
机械设备租赁	7310	21597	21422	410	468	278
文化及日用品出租	7320	913	897	52	52	22
商务服务业	7400	416256	404702	14519	20706	5711
企业管理服务	7410	73592	71227	5981	11278	1114
法律服务	7420	8465	8439	197	214	114
咨询与调查	7430	124461	117378	1682	1538	1623
广告业	7440	85824	85380	984	539	680
知识产权服务	7450	3981	3932	86	32	50
职业中介服务	7460	20093	19995	907	1125	242
市场管理	7470	16498	16393	898	3446	305
旅行社	7480	22614	22485	1645	574	449
其他商务服务	7490	60728	59473	2139	1960	1134

单位：个

国有联营企业	集体联营企业	国有与集体联营	其他联营	国有独资公司	其他有限责任公司	股份有限公司	私营独资	私营合伙	代码
1	1		1	20	467	264	65	18	6900
1				3	11	13	10		6910
	1		1	9	295	211	24	4	6920
				7	100	30	17	7	6930
				1	61	10	14	7	6940
9	6	3	2	43	1085	5180	241	99	7000
3	2	1		15	192	2164	57	14	7010
4	4	1		22	159	2794	52	7	7020
2		1	2	6	734	222	132	78	7030
13	10	9	16	215	3512	790	1241	413	7100
	1	3		40	308	89	116	29	7110
				5	40	13	16	5	7120
1				17	127	16	45	17	7130
				19	103	24	2	2	7140
4	2	5	8	7	1087	164	350	92	7150
8	7	1	8	127	1847	484	712	268	7190
162	**189**	**102**	**153**	**1268**	**60447**	**8771**	**16208**	**4425**	K
162	189	102	153	1268	60447	8771	16208	4425	7200
54	51	41	59	685	33965	4790	3486	872	7210
52	63	28	54	330	15704	2294	5234	1198	7220
11	23	5	24	41	5759	894	5259	1738	7230
45	52	28	16	212	5019	793	2229	617	7290
192	**330**	**126**	**271**	**2757**	**60769**	**8973**	**43670**	**17105**	L
9	18	8	9	40	2918	517	4017	973	7300
9	16	8	8	39	2822	498	3863	941	7310
	2		1	1	96	19	154	32	7320
183	312	118	262	2717	57851	8456	39653	16132	7400
53	94	52	49	2013	12105	1760	3394	1095	7410
1	1	1	8	6	352	71	1053	3931	7420
24	42	16	53	143	16386	1856	9626	4489	7430
12	18	9	31	99	11278	1580	10300	2473	7440
	1	2	2	13	518	53	350	395	7450
24	16		15	61	2779	455	3384	676	7460
10	72	17	33	71	2390	459	2111	710	7470
26	21	6	28	110	4122	1103	2745	727	7480
33	47	15	43	201	7921	1119	6690	1636	7490

行业中类	代码	企业单位数	内资企业			
				国有企业	集体企业	股份合作企业
科学研究、技术服务和地质勘查业	M	**155158**	**149778**	**9412**	**4637**	**2683**
研究与试验发展	7500	18745	17269	826	348	401
自然科学研究与试验发展	7510	1921	1831	87	27	30
工程和技术研究与试验发展	7520	10822	9991	487	180	146
农业科学研究与试验发展	7530	2286	2216	157	80	44
医学研究与试验发展	7540	3457	2978	76	57	159
社会人文科学研究与试验发展	7550	259	253	19	4	22
专业技术服务业	7600	81702	79498	6180	2371	1262
气象服务	7610	934	929	252	108	12
地震服务	7620	78	77	14	8	2
海洋服务	7630	155	148	15	7	
测绘服务	7640	3009	3000	357	188	48
技术检测	7650	7836	7607	1078	502	157
环境监测	7660	1255	1240	108	45	33
工程技术与规划管理	7670	39296	38473	3664	968	547
其他专业技术服务	7690	29139	28024	692	545	463
科技交流和推广服务业	7700	51922	50285	1907	1849	981
技术推广服务	7710	38232	37001	1333	1338	738
科技中介服务	7720	5336	5164	314	310	139
其他科技服务	7790	8354	8120	260	201	104
地质勘查业	7800	2789	2726	499	69	39
矿产地质勘查	7810	1306	1263	202	30	19
基础地质勘查	7820	388	385	133	15	7
地质勘查技术服务	7830	1095	1078	164	24	13
水利、环境和公共设施管理业	N	**25694**	**25246**	**2444**	**1614**	**339**
水利管理业	7900	2102	2093	559	315	20
防洪管理	7910	159	159	55	15	
水资源管理	7920	1100	1094	311	192	9
其他水利管理	7990	843	840	193	108	11
环境管理业	8000	5607	5451	541	325	78
自然保护	8010	364	349	57	17	9
环境治理	8020	5243	5102	484	308	69
公共设施管理业	8100	17985	17702	1344	974	241
市政公共设施管理	8110	2484	2440	413	198	27
城市绿化管理	8120	9796	9746	407	287	129
游览景区管理	8130	5705	5516	524	489	85

单位：个

国有联营企业	集体联营企业	国有与集体联营	其他联营	国有独资公司	其他有限责任公司	股份有限公司	私营独资	私营合伙	代码
97	**138**	**61**	**101**	**617**	**23391**	**3700**	**12280**	**3958**	M
11	13	12	13	58	2659	371	1621	476	7500
1		2	1	6	339	38	157	47	7510
3	6	3	10	38	1438	184	685	227	7520
3	5	3	2	7	336	75	436	79	7530
4	2	3		7	517	67	310	110	7540
		1			29	7	33	13	7550
52	72	27	45	416	13520	2429	6075	2023	7600
	1	1		10	138	26	34	9	7610
				1	7	3	7	1	7620
1				2	21	4	5	1	7630
	3		2	13	478	123	269	101	7640
16	16	7	9	58	1422	339	741	191	7650
3				7	193	47	118	37	7660
23	30	14	22	276	7375	1404	2505	967	7670
9	22	5	12	49	3886	483	2396	716	7690
30	51	19	43	110	6673	781	4375	1407	7700
26	41	15	35	82	4800	555	3161	1061	7710
4	6	3	5	19	727	86	531	157	7720
	4	1	3	9	1146	140	683	189	7790
4	2	3		33	539	119	209	52	7800
3		2		24	245	62	106	24	7810
		1		3	63	14	25	6	7820
1	2			6	231	43	78	22	7830
33	**42**	**19**	**27**	**393**	**4147**	**903**	**3103**	**692**	N
8	7	2	1	64	272	64	189	41	7900
				10	23	4	16	2	7910
6	4	2	1	39	135	27	91	26	7920
2	3			15	114	33	82	13	7990
10	4	4	5	98	901	178	590	128	8000
1		1		4	48	14	37	10	8010
9	4	3	5	94	853	164	553	118	8020
15	31	13	21	231	2974	661	2324	523	8100
2	1	4	3	99	466	70	184	45	8110
6	12	2	6	49	1616	272	1176	235	8120
7	18	7	12	83	892	319	964	243	8130

行业中类	代码	企业单位数	内资企业	国有企业	集体企业	股份合作企业
居民服务和其他服务业	O	**126539**	**125049**	**2494**	**4724**	**2732**
居民服务业	8200	56861	56116	1088	2144	1345
家庭服务	8210	4494	4481	31	121	89
托儿所	8220	314	313	8	6	2
洗染服务	8230	2257	2209	33	68	75
理发及美容保健服务	8240	16505	16214	63	219	487
洗浴服务	8250	10273	10151	129	296	205
婚姻服务	8260	3103	3080	53	75	44
殡葬服务	8270	1801	1773	225	346	42
摄影扩印服务	8280	6973	6835	137	230	229
其他居民服务	8290	11141	11060	409	783	172
其他服务业	8300	69678	68933	1406	2580	1387
修理与维护	8310	35545	35257	634	1353	867
清洁服务	8320	12495	12383	138	324	178
其他未列明的服务	8390	21638	21293	634	903	342
教育	P	**23997**	**23700**	**1191**	**968**	**607**
教育	8400	23997	23700	1191	968	607
学前教育	8410	4122	4087	112	205	34
初等教育	8420	588	584	28	19	15
中等教育	8430	1021	1009	75	37	20
高等教育	8440	219	213	26	7	6
其他教育	8490	18047	17807	950	700	532
卫生、社会保障和社会福利业	Q	**16659**	**16535**	**1195**	**1522**	**447**
卫生	8500	15630	15513	1011	1329	429
医院	8510	4590	4530	452	182	198
卫生院及社区医疗活动	8520	1980	1977	252	379	19
门诊部医疗活动	8530	7507	7476	178	628	172
计划生育技术服务活动	8540	240	239	27	49	
妇幼保健活动	8550	91	88	13	5	4
专科疾病防治活动	8560	305	302	9	14	8
疾病预防控制及防疫活动	8570	141	141	29	25	3
其他卫生活动	8590	776	760	51	47	25

单位：个

国有联营企业	集体联营企业	国有与集体联营	其他联营	国有独资公司	其他有限责任公司	股份有限公司	私营独资	私营合伙	代码
31	**166**	**48**	**69**	**128**	**12252**	**2028**	**36592**	**5641**	O
11	77	25	35	44	4200	828	20053	2972	8200
	4	1	1	6	456	79	883	198	8210
1					7		158	22	8220
1	2		1	1	210	42	590	81	8230
	10		5	1	803	128	7330	963	8240
1	9	4	6	4	583	139	4828	726	8250
	3		2	2	256	46	790	154	8260
4	14	19	7	5	208	52	282	81	8270
	8		6	1	511	109	2469	291	8280
4	27	1	7	24	1166	233	2723	456	8290
20	89	23	34	84	8052	1200	16539	2669	8300
8	45	14	16	22	3417	603	11296	1579	8310
2	10	3	6	16	1525	221	2055	450	8320
10	34	6	12	46	3110	376	3188	640	8390
20	**43**	**12**	**43**	**30**	**1917**	**430**	**6986**	**1558**	P
20	43	12	43	30	1917	430	6986	1558	8400
4	7	1	6		85	19	2045	258	8410
	1				15	4	260	51	8420
1	4	1	4	1	58	24	327	71	8430
			3		21	1	39	10	8440
15	31	10	30	29	1738	382	4315	1168	8490
10	**31**	**7**	**24**	**20**	**693**	**194**	**6681**	**1267**	Q
9	25	4	23	17	620	178	6476	1232	8500
2	8		5	10	282	91	1557	442	8510
2	5		5	2	45	23	663	104	8520
2	7	2	11	2	191	36	3816	613	8530
1	2		1		1		76	14	8540
		1			8	1	22	3	8550
			1		14	2	142	15	8560
	1				10	1	23	3	8570
2	2	1		3	69	24	177	38	8590

行业中类	代码	企业单位数	内资企业	国有企业	集体企业	股份合作企业
社会保障业	8600	279	279	62	77	3
社会福利业	8700	750	743	122	116	15
提供住宿的社会福利	8710	532	529	61	63	14
不提供住宿的社会福利	8720	218	214	61	53	1
文化、体育和娱乐业	R	**42929**	**41915**	**3630**	**1391**	**938**
新闻出版业	8800	2793	2774	1340	150	41
新闻业	8810	118	118	30	4	3
出版业	8820	2675	2656	1310	146	38
广播、电视、电影和音像业	8900	6474	6386	1409	370	101
广播	8910	231	229	50	14	3
电视	8920	1695	1676	242	62	32
电影	8930	3157	3105	1070	275	47
音像制作	8940	1391	1376	47	19	19
文化艺术业	9000	11225	11113	436	287	381
文艺创作与表演	9010	2292	2272	100	54	56
艺术表演场馆	9020	358	351	93	22	5
图书馆与档案馆	9030	127	126	32	33	1
文物及文化保护	9040	174	173	26	16	3
博物馆	9050	148	144	18	8	6
烈士陵园、纪念馆	9060	35	34	4	11	1
群众文化活动	9070	1202	1196	84	63	44
文化艺术经纪代理	9080	2774	2741	35	26	98
其他文化艺术	9090	4115	4076	44	54	167
体育	9100	2192	2099	129	61	58
体育组织	9110	781	755	44	17	27
体育场馆	9120	669	635	63	32	9
其他体育	9190	742	709	22	12	22
娱乐业	9200	20245	19543	316	523	357
室内娱乐活动	9210	12100	11878	135	306	186
游乐园	9220	648	606	36	34	14
休闲健身娱乐活动	9230	5496	5125	89	110	131
其他娱乐活动	9290	2001	1934	56	73	26

单位：个

国有联营企业	集体联营企业	国有与集体联营	其他联营	国有独资公司	其他有限责任公司	股份有限公司	私营独资	私营合伙	代码
	2				29	11	26	4	8600
1	4	3	1	3	44	5	179	31	8700
1	3	2	1	1	30	3	156	29	8710
	1	1		2	14	2	23	2	8720
30	**45**	**18**	**41**	**193**	**4704**	**866**	**9199**	**2181**	R
12	3	2	5	56	312	57	119	23	8800
	1			1	15	1	7	3	8810
12	2	2	5	55	297	56	112	20	8820
8	5	6	4	67	972	218	422	123	8900
	1		1	3	45	13	15	6	8910
2	1	2	1	18	287	68	54	24	8920
4	2	4	2	38	417	96	188	48	8930
2	1			8	223	41	165	45	8940
6	11	3	8	40	1458	205	1367	336	9000
1	5	1	1	9	285	42	494	113	9010
			3	9	48	7	39	9	9020
					7	4	10	3	9030
		1		6	26	12	22	3	9040
1	1			1	28	2	25	2	9050
	1			1	1		4	3	9060
2				1	153	18	146	35	9070
	1		3	8	400	53	219	69	9080
2	3	1	1	5	510	67	408	99	9090
	3		4	18	348	44	318	86	9100
	2		1	4	145	16	91	20	9110
	1		2	9	90	10	141	41	9120
			1	5	113	18	86	25	9190
4	23	7	20	12	1614	342	6973	1613	9200
2	12	2	10		730	174	4842	1144	9210
	3	2	3	5	72	31	157	31	9220
	5	3	4	5	607	95	1391	309	9230
2	3		3	2	205	42	583	129	9290

行业中类	代码	私营有限责任公司	私营股份有限公司	其他	港、澳、台商投资企业	与港、澳、台商合资经营
总计	0000	**2343275**	**137335**	**229744**	**91872**	**23440**
农、林、牧、渔业	A	**19956**	**2226**	**79377**	**325**	**63**
农业	0100	6603	685	24696	179	30
谷物及其他作物的种植	0110	1379	155	6869	27	5
蔬菜、园艺作物的种植	0120	3279	301	9757	86	17
水果、坚果、饮料和香料作物的种植	0130	1573	173	7059	63	8
中药材的种植	0140	372	56	1011	3	
林业	0200	2754	322	5667	47	7
林木的培育和种植	0210	2605	304	5317	45	7
木材和竹材的采运	0220	68	9	204	1	
林产品的采集	0230	81	9	146	1	
畜牧业	0300	6358	776	29557	47	12
牲畜的饲养	0310	2230	297	9389	10	1
猪的饲养	0320	2070	226	11503	18	6
家禽的饲养	0330	1417	168	6748	14	4
狩猎和捕捉动物	0340	8	2	23		
其他畜牧业	0390	633	83	1894	5	1
渔业	0400	2120	186	5102	35	10
海洋渔业	0410	936	76	1384	19	6
内陆渔业	0420	1184	110	3718	16	4
农、林、牧、渔服务业	0500	2121	257	14355	17	4
农业服务业	0510	1675	207	12222	12	4
林业服务业	0520	141	22	357		
畜牧服务业	0530	151	19	1313		
渔业服务业	0540	154	9	463	5	
采矿业	B	**18532**	**2573**	**2213**	**303**	**161**
煤炭开采和洗选业	0600	4323	598	282	43	25
烟煤和无烟煤的开采洗选	0610	4079	548	255	38	22
褐煤的开采洗选	0620	127	25	9	3	1
其他煤炭采选	0690	117	25	18	2	2
石油和天然气开采业	0700	595	70	37	12	4
天然原油和天然气开采	0710	58	6	10	7	1
与石油和天然气开采有关的服务活动	0790	537	64	27	5	3

单位：个

与港、澳、台商合作经营	港、澳、台商独资	港、澳、台商投资股份有限公司	外商投资企业	中外合资经营	中外合作经营	外资企业	外商投资股份有限公司	代码
4254	**61437**	**2741**	**111427**	**34149**	**3953**	**70007**	**3318**	**0000**
17	**225**	**20**	**325**	**87**	**22**	**187**	**29**	**A**
6	132	11	153	45	10	79	19	0100
1	20	1	21	6	2	10	3	0110
2	63	4	88	25	5	49	9	0120
3	46	6	35	9	1	19	6	0130
	3		9	5	2	1	1	0140
2	34	4	50	13	2	31	4	0200
1	33	4	47	12	2	29	4	0210
	1							0220
1			3	1		2		0230
6	26	3	71	13	4	51	3	0300
2	6	1	31	3	1	26	1	0310
1	11		15	3	1	10	1	0320
3	6	1	15	4	2	8	1	0330
								0340
	3	1	10	3		7		0390
3	21	1	32	9	5	15	3	0400
2	11		22	7	5	9	1	0410
1	10	1	10	2		6	2	0420
	12	1	19	7	1	11		0500
	7	1	13	5	1	7		0510
			2	1		1		0520
			2	1		1		0530
	5		2			2		0540
19	**111**	**12**	**361**	**182**	**42**	**111**	**26**	**B**
4	12	2	38	21	5	7	5	0600
4	10	2	36	20	5	6	5	0610
	2							0620
			2	1		1		0690
3	4	1	18	11	4	3		0700
2	3	1	5	1	3	1		0710
1	1		13	10	1	2		0790

行业中类	代码	私营有限责任公司	私营股份有限公司	其他	港、澳、台商投资企业	与港、澳、台商合资经营
黑色金属矿采选业	0800	4573	637	367	40	25
铁矿采选	0810	4086	567	312	39	25
其他黑色金属矿采选	0890	487	70	55	1	
有色金属矿采选业	0900	2925	402	187	49	30
常用有色金属矿采选	0910	2135	291	139	39	24
贵金属矿采选	0920	447	58	31	7	4
稀有稀土金属矿采选	0930	343	53	17	3	2
非金属矿采选业	1000	5809	816	1272	159	77
土砂石开采	1010	4472	659	1122	121	53
化学矿采选	1020	367	43	32	6	3
采盐	1030	91	3	11	2	1
石棉及其他非金属矿采选	1090	879	111	107	30	20
其他采矿业	1100	307	50	68		
制造业	**C**	**681239**	**37685**	**36265**	**61499**	**16089**
农副食品加工业	1300	26307	2136	3448	1341	563
谷物磨制	1310	4800	430	981	54	21
饲料加工	1320	4043	338	314	204	105
植物油加工	1330	2269	237	305	59	32
制糖	1340	187	15	15	16	12
屠宰及肉类加工	1350	4351	331	466	186	73
水产品加工	1360	2973	181	193	322	131
蔬菜、水果和坚果加工	1370	4225	286	650	319	123
其他农副食品加工	1390	3459	318	524	181	66
食品制造业	1400	13307	958	1288	1107	340
焙烤食品制造	1410	3221	210	326	269	66
糖果、巧克力及蜜饯制造	1420	1539	99	117	139	30
方便食品制造	1430	1733	134	252	157	50
液体乳及乳制品制造	1440	638	52	40	34	11
罐头制造	1450	912	59	96	108	50
调味品、发酵制品制造	1460	1829	154	202	119	38
其他食品制造	1490	3435	250	255	281	95
饮料制造业	1500	9133	793	1095	487	187
酒精制造	1510	162	17	7	8	4
酒的制造	1520	3470	302	250	130	58
软饮料制造	1530	3489	308	300	263	111
精制茶加工	1540	2012	166	538	86	14

单位：个

与港、澳、台商合作经营	港、澳、台商独资	港、澳、台商投资股份有限公司	外商投资企业	中外合资经营	中外合作经营	外资企业	外商投资股份有限公司	代码
	13	2	39	18	5	13	3	0800
	12	2	27	8	3	13	3	0810
	1		12	10	2			0890
2	14	3	102	55	20	23	4	0900
2	10	3	69	42	7	18	2	0910
	3		25	7	13	4	1	0920
	1		8	6		1	1	0930
10	68	4	156	73	8	62	13	1000
6	59	3	109	41	7	51	10	1010
2		1	6	2		3	1	1020
	1		7	2		5		1030
2	8		34	28	1	3	2	1090
			8	4		3	1	1100
2392	**41593**	**1425**	**68550**	**24005**	**2102**	**41215**	**1228**	**C**
63	677	38	2706	1299	117	1234	56	1300
3	29	1	108	61	3	38	6	1310
7	88	4	304	142	17	141	4	1320
1	24	2	145	74	1	67	3	1330
1	3		18	12		4	2	1340
13	94	6	216	126	8	75	7	1350
25	155	11	769	392	56	313	8	1360
11	177	8	781	344	23	401	13	1370
2	107	6	365	148	9	195	13	1390
48	682	37	1758	630	78	998	52	1400
10	191	2	338	80	20	223	15	1410
11	93	5	137	29	9	96	3	1420
7	95	5	227	82	13	128	4	1430
1	20	2	124	59	1	56	8	1440
7	47	4	194	98	11	77	8	1450
4	70	7	214	79	9	124	2	1460
8	166	12	524	203	15	294	12	1490
21	259	20	891	422	33	393	43	1500
	4		12	7	1	4		1510
8	59	5	302	139	11	135	17	1520
10	134	8	505	249	19	214	23	1530
3	62	7	72	27	2	40	3	1540

行业中类	代码	私营有限责任公司	私营股份有限公司	其他	港、澳、台商投资企业	与港、澳、台商合资经营
烟草制品业	1600	27		11	3	3
烟叶复烤	1610	9		5	1	1
卷烟制造	1620	3			1	1
其他烟草制品加工	1690	15		6	1	1
纺织业	1700	48687	1835	1635	5048	1664
棉、化纤纺织及印染精加工	1710	19682	747	665	1518	566
毛纺织和染整精加工	1720	2287	86	84	255	83
麻纺织	1730	316	31	22	38	15
丝绢纺织及精加工	1740	3163	139	69	244	111
纺织制成品制造	1750	10486	437	389	1067	341
针织品、编织品及其制品制造	1760	12753	395	406	1926	548
纺织服装、鞋、帽制造业	1800	34311	1409	1807	5819	1284
纺织服装制造	1810	32491	1332	1677	5497	1223
纺织面料鞋的制造	1820	1218	52	100	201	33
制帽	1830	602	25	30	121	28
皮革、毛皮、羽毛(绒)及其制品业	1900	12394	489	558	2485	466
皮革鞣制加工	1910	772	67	50	191	49
皮革制品制造	1920	10020	341	400	2143	344
毛皮鞣制及制品加工	1930	1005	51	71	73	37
羽毛(绒)加工及制品制造	1940	597	30	37	78	36
木材加工及木、竹、藤、棕、草制品业	2000	14879	1088	2269	896	292
锯材、木片加工	2010	3243	315	1414	98	35
人造板制造	2020	5030	376	347	287	116
木制品制造	2030	5229	286	259	343	97
竹、藤、棕、草制品制造	2040	1377	111	249	168	44
家具制造业	2100	12182	578	933	1297	221
木质家具制造	2110	8192	404	676	815	139
竹、藤家具制造	2120	155	17	20	33	8
金属家具制造	2130	1796	79	88	225	39
塑料家具制造	2140	205	10	12	30	1
其他家具制造	2190	1834	68	137	194	34
造纸及纸制品业	2200	18617	955	924	1537	383
纸浆制造	2210	253	17	32	26	8
造纸	2220	4202	291	292	371	126
纸制品制造	2230	14162	647	600	1140	249

单位：个

与港、澳、台商合作经营	港、澳、台商独资	港、澳、台商投资股份有限公司	外商投资企业	中外合资经营	中外合作经营	外资企业	外商投资股份有限公司	代码
			1	1				1600
			1	1				1610
								1620
								1690
202	3095	87	3934	1669	120	2098	47	1700
63	865	24	952	392	39	503	18	1710
14	152	6	155	89	5	60	1	1720
1	22		30	16	2	12		1730
3	125	5	175	85	2	86	2	1740
27	678	21	1194	424	22	738	10	1750
94	1253	31	1428	663	50	699	16	1760
187	4230	118	5523	2024	178	3241	80	1800
178	3989	107	5212	1944	167	3030	71	1810
3	158	7	178	46	4	121	7	1820
6	83	4	133	34	7	90	2	1830
108	1828	83	1962	628	70	1219	45	1900
13	127	2	138	57	10	67	4	1910
90	1631	78	1661	493	57	1071	40	1920
1	35		95	44	2	49		1930
4	35	3	68	34	1	32	1	1940
38	534	32	1014	399	51	548	16	2000
2	57	4	125	35	1	86	3	2010
8	154	9	275	126	15	129	5	2020
13	220	13	426	154	21	249	2	2030
15	103	6	188	84	14	84	6	2040
56	993	27	1292	397	30	847	18	2100
40	620	16	815	254	22	528	11	2110
1	23	1	24	5	1	18		2120
5	176	5	206	75	2	124	5	2130
	27	2	19	5		14		2140
10	147	3	228	58	5	163	2	2190
71	1049	34	1052	432	40	566	14	2200
1	14	3	16	7		9		2210
10	226	9	286	157	11	113	5	2220
60	809	22	750	268	29	444	9	2230

行业中类	代码	私营有限责任公司	私营股份有限公司	其他	港、澳、台商投资企业	与港、澳、台商合资经营
印刷业和记录媒介的复制	2300	18810	980	981	877	282
印刷	2310	17173	870	856	799	248
装订及其他印刷服务活动	2320	1543	96	121	59	25
记录媒介的复制	2330	94	14	4	19	9
文教体育用品制造业	2400	7062	299	227	2025	309
文化用品制造	2410	2261	87	52	307	68
体育用品制造	2420	1909	78	53	537	90
乐器制造	2430	519	30	15	75	23
玩具制造	2440	1970	95	100	1056	122
游艺器材及娱乐用品制造	2450	403	9	7	50	6
石油加工、炼焦及核燃料加工业	2500	2704	206	104	132	63
精炼石油产品的制造	2510	2050	137	73	108	48
炼焦	2520	647	69	25	24	15
化学原料及化学制品制造业	2600	36390	2494	1542	3011	1003
基础化学原料制造	2610	6434	528	245	365	192
肥料制造	2620	3272	326	206	156	67
农药制造	2630	979	83	48	65	35
涂料、油墨、颜料及类似产品制造	2640	7506	379	282	781	198
合成材料制造	2650	2530	140	92	340	105
专用化学产品制造	2660	11709	785	519	816	293
日用化学产品制造	2670	3960	253	150	488	113
医药制造业	2700	5963	521	241	693	376
化学药品原药制造	2710	834	76	27	109	76
化学药品制剂制造	2720	739	60	27	149	75
中药饮片加工	2730	700	89	57	48	22
中成药制造	2740	903	92	29	143	83
兽用药品制造	2750	636	45	20	19	13
生物、生化制品的制造	2760	1117	78	33	116	56
卫生材料及医药用品制造	2770	1034	81	48	109	51
化学纤维制造业	2800	2461	68	43	289	129
纤维素纤维原料及纤维制造	2810	350	14	15	47	16
合成纤维制造	2820	2111	54	28	242	113
橡胶制品业	2900	8209	462	307	838	152
轮胎制造	2910	818	38	41	63	20
橡胶板、管、带的制造	2920	1697	111	55	92	23

单位：个

与港、澳、台商合作经营	港、澳、台商独资	港、澳、台商投资股份有限公司	外商投资企业	中外合资经营	中外合作经营	外资企业	外商投资股份有限公司	代码
67	501	27	507	211	40	245	11	2300
61	466	24	454	190	36	219	9	2310
4	28	2	36	14	2	18	2	2320
2	7	1	17	7	2	8		2330
98	1571	47	1527	421	50	1031	25	2400
13	218	8	314	107	14	187	6	2410
15	420	12	570	120	16	429	5	2420
6	42	4	145	53	4	86	2	2430
63	850	21	466	131	15	308	12	2440
1	41	2	32	10	1	21		2450
4	56	9	218	125	10	80	3	2500
2	51	7	176	95	8	72	1	2510
2	5	2	42	30	2	8	2	2520
105	1829	74	3941	1599	141	2129	72	2600
13	151	9	593	303	24	251	15	2610
5	78	6	218	103	9	94	12	2620
1	23	6	92	53	3	33	3	2630
24	549	10	803	301	36	451	15	2640
12	211	12	461	162	7	287	5	2650
29	468	26	1214	509	43	646	16	2660
21	349	5	560	168	19	367	6	2670
16	273	28	1141	604	37	470	30	2700
2	28	3	176	107	7	59	3	2710
6	59	9	253	139	10	98	6	2720
	23	3	85	53	2	29	1	2730
2	55	3	149	85	7	53	4	2740
1	5		58	35	1	20	2	2750
3	49	8	252	115	6	121	10	2760
2	54	2	168	70	4	90	4	2770
2	148	10	237	109	6	122		2800
	31		55	18	2	35		2810
2	117	10	182	91	4	87		2820
33	638	15	842	254	18	551	19	2900
	41	2	99	44	1	52	2	2910
5	62	2	106	33	2	68	3	2920

行业中类	代码	私营有限责任公司	私营股份有限公司	其他	港、澳、台商投资企业	与港、澳、台商合资经营
橡胶零件制造	2930	2069	109	76	153	29
再生橡胶制造	2940	356	31	30	16	4
日用及医用橡胶制品制造	2950	377	19	11	77	20
橡胶靴鞋制造	2960	687	32	20	193	28
其他橡胶制品制造	2990	2205	122	74	244	28
塑料制品业	3000	38598	1748	1672	4562	867
塑料薄膜制造	3010	3502	182	185	431	110
塑料板、管、型材的制造	3020	6113	331	222	413	133
塑料丝、绳及编织品的制造	3030	3304	185	191	143	44
泡沫塑料制造	3040	1846	103	95	220	46
塑料人造革、合成革制造	3050	539	19	11	105	40
塑料包装箱及容器制造	3060	4557	176	176	460	129
塑料零件制造	3070	5034	176	136	648	94
日用塑料制造	3080	4523	182	170	763	122
其他塑料制品制造	3090	9180	394	486	1379	149
非金属矿物制品业	3100	44442	3669	5390	2367	908
水泥、石灰和石膏的制造	3110	3678	396	297	170	95
水泥及石膏制品制造	3120	8292	683	1511	358	179
砖瓦、石材及其他建筑材料制造	3130	16188	1453	2638	623	230
玻璃及玻璃制品制造	3140	6598	359	240	520	193
陶瓷制品制造	3150	2630	213	209	434	118
耐火材料制品制造	3160	3238	276	219	96	41
石墨及其他非金属矿物制品制造	3190	3818	289	276	166	52
黑色金属冶炼及压延加工业	3200	7943	508	268	357	181
炼铁	3210	718	87	68	26	10
炼钢	3220	299	24	18	21	16
钢压延加工	3230	5676	279	143	278	143
铁合金冶炼	3240	1250	118	39	32	12
有色金属冶炼及压延加工业	3300	8610	705	352	619	242
常用有色金属冶炼	3310	2054	249	107	97	44
贵金属冶炼	3320	230	21	19	9	5
稀有稀土金属冶炼	3330	490	54	27	29	11
有色金属合金制造	3340	963	64	27	71	24
有色金属压延加工	3350	4873	317	172	413	158

与港、澳、台商合作经营	港、澳、台商独资	港、澳、台商投资股份有限公司	外商投资企业	中外合资经营	中外合作经营	外资企业	外商投资股份有限公司	代码
4	118	2	214	64	6	138	6	2930
	12		10	3		7		2940
4	53		84	40	2	41	1	2950
11	148	6	112	32	4	74	2	2960
9	204	3	217	38	3	171	5	2990
205	3413	77	3403	994	123	2226	60	3000
26	287	8	328	100	15	206	7	3010
9	262	9	483	203	18	256	6	3020
3	92	4	182	81	5	91	5	3030
11	160	3	135	46	6	81	2	3040
3	60	2	60	25	3	32		3050
22	301	8	398	117	11	258	12	3060
28	516	10	551	115	14	415	7	3070
35	600	6	456	137	19	290	10	3080
68	1135	27	810	170	32	597	11	3090
171	1220	68	2671	1176	159	1264	72	3100
10	56	9	162	88	7	63	4	3110
25	145	9	328	175	19	129	5	3120
19	360	14	723	283	45	373	22	3130
20	291	16	619	274	22	309	14	3140
89	219	8	360	131	55	164	10	3150
	49	6	180	96	5	72	7	3160
8	100	6	299	129	6	154	10	3190
9	155	12	433	219	12	194	8	3200
1	12	3	22	9		12	1	3210
	4	1	17	8	1	7	1	3220
7	121	7	345	170	9	160	6	3230
1	18	1	49	32	2	15		3240
21	336	20	688	319	22	333	14	3300
6	38	9	118	64	5	44	5	3310
	4		10	5	3	2		3320
4	12	2	61	31	5	24	1	3330
1	43	3	121	50	1	70		3340
10	239	6	378	169	8	193	8	3350

行业中类	代码	私营有限责任公司	私营股份有限公司	其他	港、澳、台商投资企业	与港、澳、台商合资经营
金属制品业	3400	57921	2925	2468	3963	869
结构性金属制品制造	3410	21278	1174	976	888	212
金属工具制造	3420	6821	326	293	478	113
集装箱及金属包装容器制造	3430	2337	104	90	221	87
金属丝绳及其制品的制造	3440	2828	144	101	138	52
建筑、安全用金属制品制造	3450	6954	380	279	464	113
金属表面处理及热处理加工	3460	3907	185	161	340	79
搪瓷制品制造	3470	439	23	15	33	9
不锈钢及类似日用金属制品制造	3480	5510	205	171	752	125
其他金属制品制造	3490	7847	384	382	649	79
通用设备制造业	3500	76486	4067	2658	3012	952
锅炉及原动机制造	3510	2886	216	143	79	35
金属加工机械制造	3520	10076	669	512	461	117
起重运输设备制造	3530	2632	159	63	148	58
泵、阀门、压缩机及类似机械的制造	3540	11281	486	228	444	173
轴承、齿轮、传动和驱动部件的制造	3550	5293	254	120	276	104
烘炉、熔炉及电炉制造	3560	728	48	22	27	8
风机、衡器、包装设备等通用设备制造	3570	11425	566	373	588	176
通用零部件制造及机械修理	3580	22556	1106	674	705	168
金属铸、锻加工	3590	9609	563	523	284	113
专用设备制造业	3600	43700	2351	1459	3067	708
矿山、冶金、建筑专用设备制造	3610	6979	537	276	176	70
化工、木材、非金属加工专用设备制造	3620	12596	500	338	1347	219
食品、饮料、烟草及饲料生产专用设备制造	3630	1395	81	75	77	24
印刷、制药、日化生产专用设备制造	3640	2811	157	95	240	63
纺织、服装和皮革工业专用设备制造	3650	3673	148	67	336	89
农、林、牧、渔专用机械制造	3670	2042	135	192	59	23
医疗仪器设备及器械制造	3680	2742	151	59	239	85
环保、社会公共安全及其他专用设备制造	3690	8076	478	241	323	94
交通运输设备制造业	3700	31733	1737	1224	1744	657
铁路运输设备制造	3710	901	70	44	22	12
汽车制造	3720	20101	1177	905	1168	464
摩托车制造	3730	2778	142	43	112	44
自行车制造	3740	2524	83	67	256	54
船舶及浮动装置制造	3750	4506	221	132	133	58
航空航天器制造	3760	70	7	5	17	13
交通器材及其他交通运输设备制造	3790	853	37	28	36	12

单位：个

与港、澳、台商合作经营	港、澳、台商独资	港、澳、台商投资股份有限公司	外商投资企业	中外合资经营	中外合作经营	外资企业	外商投资股份有限公司	代码
205	2797	92	3850	1298	117	2349	86	3400
33	620	23	911	324	28	540	19	3410
34	315	16	565	191	16	341	17	3420
11	120	3	250	111	4	127	8	3430
8	75	3	200	83	7	103	7	3440
19	323	9	607	197	15	384	11	3450
21	231	9	287	90	9	183	5	3460
2	22		46	20		23	3	3470
56	558	13	478	154	22	293	9	3480
21	533	16	506	128	16	355	7	3490
90	1899	71	5367	1942	136	3209	80	3500
3	38	3	236	111	7	110	8	3510
22	311	11	648	195	15	427	11	3520
3	83	4	290	125	10	154	1	3530
11	251	9	1094	386	15	679	14	3540
11	155	6	501	204	14	278	5	3550
	19		64	21	2	40	1	3560
13	383	16	1015	334	26	642	13	3570
16	507	14	1033	338	20	659	16	3580
11	152	8	486	228	27	220	11	3590
81	2220	58	4526	1252	104	3105	65	3600
2	100	4	459	190	13	252	4	3610
29	1080	19	1490	317	29	1125	19	3620
6	46	1	149	44	7	95	3	3630
14	154	9	274	83	13	171	7	3640
14	225	8	308	101	9	194	4	3650
3	32	1	159	47		110	2	3670
5	147	2	548	181	12	347	8	3680
3	219	7	752	215	14	512	11	3690
54	999	34	3731	1460	80	2127	64	3700
1	9		75	46	4	25		3710
36	641	27	2791	1070	56	1624	41	3720
6	61	1	127	63	4	58	2	3730
4	194	4	224	63	4	152	5	3740
3	70	2	381	153	8	207	13	3750
1	3		73	41	4	27	1	3760
3	21		60	24		34	2	3790

行业中类	代码	私营有限责任公司	私营股份有限公司	其他	港、澳、台商投资企业	与港、澳、台商合资经营
电气机械及器材制造业	3900	46417	2198	1113	4559	1201
电机制造	3910	5015	311	112	361	125
输配电及控制设备制造	3920	16028	685	332	1266	332
电线、电缆、光缆及电工器材制造	3930	7445	404	192	826	190
电池制造	3940	1878	106	40	284	101
家用电力器具制造	3950	5603	223	97	724	181
非电力家用器具制造	3960	1935	78	80	88	30
照明器具制造	3970	5857	228	161	888	202
其他电气机械及器材制造	3990	2656	163	99	122	40
通信设备、计算机及其他电子设备制造业	4000	22497	936	543	5195	1000
通信设备制造	4010	2402	118	84	424	108
雷达及配套设备制造	4020	43	1	1	2	1
广播电视设备制造	4030	682	20	9	121	27
电子计算机制造	4040	1863	83	51	645	79
电子器件制造	4050	3157	146	43	744	185
电子元件制造	4060	9854	341	211	2248	436
家用视听设备制造	4070	1406	65	40	560	99
其他电子设备制造	4090	3090	162	104	451	65
仪器仪表及文化、办公用机械制造业	4100	11433	557	254	1373	316
通用仪器仪表制造	4110	5935	315	110	287	110
专用仪器仪表制造	4120	2030	108	41	132	40
钟表与计时仪器制造	4130	644	16	24	407	46
光学仪器及眼镜制造	4140	1493	50	33	307	67
文化、办公用机械制造	4150	714	27	17	209	44
其他仪器仪表的制造及修理	4190	617	41	29	31	9
工艺品及其他制造业	4200	17359	820	1207	2685	433
工艺美术品制造	4210	10519	489	656	1868	314
日用杂品制造	4220	2817	122	151	558	76
煤制品制造	4230	453	46	144	4	3
其他未列明的制造业	4290	3561	163	256	253	38
废弃资源和废旧材料回收加工业	4300	2657	193	244	111	38
金属废料和碎屑的加工处理	4310	1488	91	124	61	26
非金属废料和碎屑的加工处理	4320	1169	102	120	50	12

单位：个

与港、澳、台商合作经营	港、澳、台商独资	港、澳、台商投资股份有限公司	外商投资企业	中外合资经营	中外合作经营	外资企业	外商投资股份有限公司	代码
127	3121	110	4667	1610	117	2856	84	3900
5	221	10	497	193	21	281	2	3910
36	872	26	1469	496	31	914	28	3920
28	582	26	715	217	13	473	12	3930
4	174	5	303	115	7	178	3	3940
22	498	23	675	243	23	393	16	3950
5	51	2	135	55	1	75	4	3960
22	646	18	668	222	20	412	14	3970
5	77		205	69	1	130	5	3990
154	3925	116	6133	1225	95	4708	105	4000
14	293	9	592	174	8	401	9	4010
	1		5	4		1		4020
2	90	2	143	45		94	4	4030
9	539	18	708	102	6	587	13	4040
16	521	22	1147	253	23	851	20	4050
75	1691	46	2632	441	42	2101	48	4060
22	431	8	371	97	11	260	3	4070
16	359	11	535	109	5	413	8	4090
46	980	31	1682	571	46	1044	21	4100
4	161	12	635	249	11	368	7	4110
5	85	2	272	91	6	170	5	4120
22	336	3	119	31	12	74	2	4130
6	228	6	373	130	12	227	4	4140
7	152	6	218	44	5	166	3	4150
2	18	2	65	26		39		4190
108	2097	47	2623	631	65	1895	32	4200
86	1435	33	1976	449	49	1458	20	4210
14	456	12	382	111	10	255	6	4220
	1		11	3	1	5	2	4230
8	205	2	250	65	5	176	4	4290
2	68	3	230	84	7	133	6	4300
1	33	1	167	67	3	94	3	4310
1	35	2	63	17	4	39	3	4320

行业中类	代码	私营有限责任公司	私营股份有限公司	其他	港、澳、台商投资企业	与港、澳、台商合资经营
电力、燃气及水的生产和供应业	D	**7658**	**1460**	**1451**	**681**	**359**
电力、热力的生产和供应业	4400	4902	1171	723	384	213
电力生产	4410	3680	1025	598	342	188
电力供应	4420	210	46	61	5	2
热力生产和供应	4430	1012	100	64	37	23
燃气生产和供应业	4500	887	109	105	173	95
水的生产和供应业	4600	1869	180	623	124	51
自来水的生产和供应	4610	1138	127	555	80	31
污水处理及其再生利用	4620	585	43	51	42	19
其他水的处理、利用与分配	4690	146	10	17	2	1
建筑业	E	**128516**	**7885**	**5058**	**870**	**486**
房屋和土木工程建筑业	4700	37129	2757	2152	172	105
房屋工程建筑	4710	21440	1817	1521	83	55
土木工程建筑	4720	15689	940	631	89	50
建筑安装业	4800	28071	1598	909	224	109
建筑装饰业	4900	48303	2579	1177	409	242
其他建筑业	5000	15013	951	820	65	30
工程准备	5010	5213	266	168	15	7
提供施工设备服务	5020	1727	128	97	11	4
其他未列明的建筑活动	5090	8073	557	555	39	19
交通运输、仓储和邮政业	F	**70790**	**4671**	**3946**	**2240**	**657**
铁路运输业	5100	146	13	32		
铁路旅客运输	5110	12	2			
铁路货物运输	5120	77	7	14		
铁路运输辅助活动	5130	57	4	18		
道路运输业	5200	31504	2395	2003	524	133
公路旅客运输	5210	1867	309	244	79	26
道路货物运输	5220	28083	1916	1472	332	75
道路运输辅助活动	5230	1554	170	287	113	32
城市公共交通业	5300	2369	327	144	60	30
公共电汽车客运	5310	433	76	46	24	15
轨道交通	5320	13		3	5	2
出租车客运	5330	1815	229	85	26	11
城市轮渡	5340	12	1	3	2	1
其他城市公共交通	5390	96	21	7	3	1

单位：个

与港、澳、台商合作经营	港、澳、台商独资	港、澳、台商投资股份有限公司	外商投资企业	中外合资经营	中外合作经营	外资企业	外商投资股份有限公司	代码
76	**215**	**31**	**783**	**402**	**91**	**238**	**52**	D
47	106	18	404	215	64	85	40	4400
43	95	16	349	183	59	70	37	4410
1	2		10	7	1	1	1	4420
3	9	2	45	25	4	14	2	4430
11	57	10	193	115	9	62	7	4500
18	52	3	186	72	18	91	5	4600
17	29	3	86	36	14	35	1	4610
1	22		95	33	3	55	4	4620
	1		5	3	1	1		4690
56	**299**	**29**	**908**	**434**	**62**	**378**	**34**	E
8	54	5	248	129	19	88	12	4700
2	23	3	119	52	9	53	5	4710
6	31	2	129	77	10	35	7	4720
16	90	9	266	121	11	128	6	4800
26	127	14	302	140	23	125	14	4900
6	28	1	92	44	9	37	2	5000
2	6		26	17	6	3		5010
2	5		9	5		4		5020
2	17	1	57	22	3	30	2	5090
315	**1135**	**133**	**2202**	**860**	**242**	**986**	**114**	F
			3	2		1		5100
								5110
			2	2				5120
			1			1		5130
258	97	36	443	139	181	101	22	5200
46	2	5	20	11	4	4	1	5210
157	75	25	277	101	77	85	14	5220
55	20	6	146	27	100	12	7	5230
8	17	5	54	30	10	8	6	5300
4	5		16	6	7	2	1	5310
1	1	1	6	3	1	2		5320
2	10	3	31	21	1	4	5	5330
		1						5340
1	1		1		1			5390

行业中类	代码	私营有限责任公司	私营股份有限公司	其他	港、澳、台商投资企业	与港、澳、台商合资经营
水上运输业	5400	2911	202	205	142	87
水上旅客运输	5410	222	30	28	19	15
水上货物运输	5420	2041	131	113	34	15
水上运输辅助活动	5430	648	41	64	89	57
航空运输业	5500	282	10	18	14	6
航空客货运输	5510	116	5	4	6	2
通用航空服务	5520	81	1	7	2	2
航空运输辅助活动	5530	85	4	7	6	2
管道运输业	5600	19	1	5	3	
装卸搬运和其他运输服务业	5700	25763	1237	904	977	237
装卸搬运	5710	2344	164	265	32	20
运输代理服务	5720	23419	1073	639	945	217
仓储业	5800	4904	353	534	491	152
谷物、棉花等农产品仓储	5810	492	58	134	10	4
其他仓储	5890	4412	295	400	481	148
邮政业	5900	2892	133	101	29	12
国家邮政	5910	23	2	8	1	
其他寄递服务	5990	2869	131	93	28	12
信息传输、计算机服务和软件业	G	**65192**	**2835**	**4878**	**2243**	**319**
电信和其他信息传输服务业	6000	7985	430	975	418	51
电信	6010	2526	138	300	339	34
互联网信息服务	6020	5086	262	606	68	13
广播电视传输服务	6030	314	26	66	8	3
卫星传输服务	6040	59	4	3	3	1
计算机服务业	6100	27411	1335	3370	399	73
计算机系统服务	6110	11037	459	283	228	46
数据处理	6120	463	25	12	24	4
计算机维修	6130	1953	100	68	26	2
其他计算机服务	6190	13958	751	3007	121	21
软件业	6200	29796	1070	533	1426	195
公共软件服务	6210	24045	843	377	1156	156
其他软件服务	6290	5751	227	156	270	39
批发和零售业	H	**820246**	**45363**	**50107**	**8127**	**1215**
批发业	6300	561236	27689	28508	6444	827
农畜产品批发	6310	12989	960	4185	66	10

单位：个

与港、澳、台商合作经营	港、澳、台商独资	港、澳、台商投资股份有限公司	外商投资企业	中外合资经营	中外合作经营	外资企业	外商投资股份有限公司	代码
8	29	18	161	107	7	38	9	5400
4			9	7		2		5410
	15	4	48	29	1	15	3	5420
4	14	14	104	71	6	21	6	5430
	6	2	39	17	1	14	7	5500
	3	1	19	6		8	5	5510
			3	1		2		5520
	3	1	17	10	1	4	2	5530
1		2	9	8		1		5600
25	666	49	733	283	24	391	35	5700
4	5	3	54	38	3	9	4	5710
21	661	46	679	245	21	382	31	5720
14	306	19	724	247	18	426	33	5800
	6		18	8		9	1	5810
14	300	19	706	239	18	417	32	5890
1	14	2	36	27	1	6	2	5900
	1							5910
1	13	2	36	27	1	6	2	5990
42	**1679**	**203**	**4840**	**822**	**65**	**3615**	**338**	**G**
9	250	108	522	58	8	334	122	6000
3	206	96	379	32	3	236	108	6010
5	40	10	132	22	5	92	13	6020
	3	2	9	3		5	1	6030
1	1		2	1		1		6040
13	279	34	851	158	18	630	45	6100
6	161	15	423	83	7	319	14	6110
	19	1	76	17	1	54	4	6120
1	18	5	30	5		19	6	6130
6	81	13	322	53	10	238	21	6190
20	1150	61	3467	606	39	2651	171	6200
17	931	52	2833	496	32	2154	151	6210
3	219	9	634	110	7	497	20	6290
169	**6442**	**301**	**13407**	**2252**	**241**	**10452**	**462**	**H**
99	5318	200	11106	1538	137	9110	321	6300
2	51	3	157	48	7	96	6	6310

行业中类	代码	私营有限责任公司	私营股份有限公司	其他	港、澳、台商投资企业	与港、澳、台商合资经营
食品、饮料及烟草制品批发	6320	31960	1930	5316	454	65
纺织、服装及日用品批发	6330	68753	2426	1415	1358	150
文化、体育用品及器材批发	6340	19713	832	454	384	39
医药及医疗器材批发	6350	15845	1027	645	141	32
矿产品、建材及化工产品批发	6360	180368	9287	7879	1000	184
机械设备、五金交电及电子产品批发	6370	178826	8106	4291	2078	252
贸易经纪与代理	6380	13957	849	1855	352	29
其他批发	6390	38825	2272	2468	611	66
零售业	6500	259010	17674	21599	1683	388
综合零售	6510	19915	1644	3304	274	67
食品、饮料及烟草制品专门零售	6520	18078	1254	2744	142	21
纺织、服装及日用品专门零售	6530	27105	1618	2053	481	100
文化、体育用品及器材专门零售	6540	18789	1195	996	122	26
医药及医疗器材专门零售	6550	16782	1505	2265	52	18
汽车、摩托车、燃料及零配件专门零售	6560	31438	2480	2711	163	56
家用电器及电子产品专门零售	6570	59003	3444	2228	158	41
五金、家具及室内装修材料专门零售	6580	37468	2466	2144	126	16
无店铺及其他零售	6590	30432	2068	3154	165	43
住宿和餐饮业	I	**39017**	**3366**	**5172**	**1901**	**630**
住宿业	6600	11937	1237	1479	786	353
旅游饭店	6610	4211	457	372	620	296
一般旅馆	6620	7011	697	958	135	44
其他住宿服务	6690	715	83	149	31	13
餐饮业	6700	27080	2129	3693	1115	277
正餐服务	6710	21576	1740	3099	846	237
快餐服务	6720	1940	131	246	132	17
饮料及冷饮服务	6730	1457	114	105	67	5
其他餐饮服务	6790	2107	144	243	70	18
金融业	J	**7786**	**782**	**917**	**254**	**60**
银行业	6800	114	19	138	86	5
中央银行	6810	3		2		
商业银行	6820	59	15	99	83	5
其他银行	6890	52	4	37	3	

单位：个

与港、澳、台商合作经营	港、澳、台商独资	港、澳、台商投资股份有限公司	外商投资企业	中外合资经营	中外合作经营	外资企业	外商投资股份有限公司	代码
12	357	20	774	169	21	559	25	6320
27	1146	35	1991	240	18	1670	63	6330
5	328	12	466	66	9	378	13	6340
4	98	7	241	52	5	178	6	6350
18	768	30	1714	323	32	1304	55	6360
21	1732	73	3706	431	34	3129	112	6370
2	311	10	764	74	4	665	21	6380
8	527	10	1293	135	7	1131	20	6390
70	1124	101	2301	714	104	1342	141	6500
17	179	11	427	128	28	244	27	6510
4	103	14	216	68	14	126	8	6520
9	343	29	414	88	7	300	19	6530
3	92	1	158	30	8	115	5	6540
2	27	5	80	37	1	33	9	6550
16	80	11	285	151	19	93	22	6560
3	101	13	269	73	6	170	20	6570
8	95	7	186	48	7	120	11	6580
8	104	10	266	91	14	141	20	6590
149	**1038**	**84**	**2477**	**696**	**181**	**1474**	**126**	**I**
92	306	35	722	291	95	299	37	6600
70	231	23	528	235	79	195	19	6610
22	59	10	156	43	11	90	12	6620
	16	2	38	13	5	14	6	6690
57	732	49	1755	405	86	1175	89	6700
44	523	42	1241	312	61	808	60	6710
6	108	1	268	50	17	185	16	6720
2	58	2	123	9	4	104	6	6730
5	43	4	123	34	4	78	7	6790
6	**169**	**19**	**1017**	**460**	**10**	**378**	**169**	**J**
	75	6	256	10	1	210	35	6800
								6810
	72	6	239	9		201	29	6820
	3		17	1	1	9	6	6890

行业中类	代码	私营有限责任公司	私营股份有限公司	其他	港、澳、台商投资企业	与港、澳、台商合资经营
证券业	6900	259	26	45	7	6
证券市场管理	6910	8	2	7		
证券经纪与交易	6920	50	8	25	6	5
证券投资	6930	102	8	8	1	1
证券分析与咨询	6940	99	8	5		
保险业	7000	1431	199	217	98	23
人寿保险	7010	117	49	85	14	10
非人寿保险	7020	127	59	64	62	3
保险辅助服务	7030	1187	91	68	22	10
其他金融活动	7100	5982	538	517	63	26
金融信托与管理	7110	485	37	69	8	6
金融租赁	7120	71	7	7	13	8
财务公司	7130	204	25	34	3	2
邮政储蓄	7140	12		6		
典当	7150	1436	128	88	1	
其他未列明的金融活动	7190	3774	341	313	38	10
房地产业	**K**	**99084**	**7510**	**4633**	**5795**	**2012**
房地产业	7200	99084	7510	4633	5795	2012
房地产开发经营	7210	39156	3576	1321	4071	1553
物业管理	7220	27663	2028	1699	844	242
房地产中介服务	7230	21466	1213	822	286	52
其他房地产活动	7290	10799	693	791	594	165
租赁和商务服务业	**L**	**223511**	**11288**	**15811**	**4404**	**634**
租赁业	7300	11016	812	700	73	25
机械设备租赁	7310	10601	789	672	64	22
文化及日用品出租	7320	415	23	28	9	3
商务服务业	7400	212495	10476	15111	4331	609
企业管理服务	7410	25300	1284	5655	897	155
法律服务	7420	1260	88	1142	11	1
咨询与调查	7430	74547	2846	2507	2597	272
广告业	7440	52922	2762	1693	206	56
知识产权服务	7450	2267	87	76	20	2
职业中介服务	7460	9037	564	710	43	17
市场管理	7470	4582	395	894	54	19
旅行社	7480	9460	870	599	52	16
其他商务服务	7490	33120	1580	1835	451	71

单位：个

与港、澳、台商合作经营	港、澳、台商独资	港、澳、台商投资股份有限公司	外商投资企业	中外合资经营	中外合作经营	外资企业	外商投资股份有限公司	代码
		1	48	42		5	1	6900
								6910
		1	42	39		2	1	6920
			5	3		2		6930
			1			1		6940
2	66	7	610	371	5	108	126	7000
1	3		375	287	4	25	59	7010
1	55	3	182	49		69	64	7020
	8	4	53	35	1	14	3	7030
4	28	5	103	37	4	55	7	7100
2			7	1	1	3	2	7110
	5		23	9	1	13		7120
	1		10	4	1	5		7130
								7140
		1	2	2				7150
2	22	4	61	21	1	34	5	7190
667	**2950**	**166**	**3693**	**1426**	**339**	**1814**	**114**	K
667	2950	166	3693	1426	339	1814	114	7200
533	1873	112	2436	1058	230	1076	72	7210
60	519	23	586	192	45	330	19	7220
15	208	11	254	49	6	185	14	7230
59	350	20	417	127	58	223	9	7290
129	**3474**	**167**	**7341**	**1054**	**213**	**5745**	**329**	L
6	37	5	118	28	11	71	8	7300
5	33	4	111	28	9	66	8	7310
1	4	1	7		2	5		7320
123	3437	162	7223	1026	202	5674	321	7400
35	663	44	1468	199	44	1137	88	7410
	10		15	3	1	7	4	7420
41	2200	84	4486	504	94	3703	185	7430
14	130	6	238	86	14	133	5	7440
	17	1	29	7	4	16	2	7450
3	21	2	55	25	4	24	2	7460
1	33	1	51	17	6	27	1	7470
2	31	3	77	23	4	48	2	7480
27	332	21	804	162	31	579	32	7490

行业中类	代码	私营有限责任公司	私营股份有限公司	其他	港、澳、台商投资企业	与港、澳、台商合资经营
科学研究、技术服务和地质勘查业	M	**77718**	**3845**	**7140**	**1823**	**356**
研究与试验发展	7500	9436	488	536	483	80
自然科学研究与试验发展	7510	947	60	89	32	8
工程和技术研究与试验发展	7520	6088	283	213	290	35
农业科学研究与试验发展	7530	791	66	132	33	6
医学研究与试验发展	7540	1514	72	80	126	30
社会人文科学研究与试验发展	7550	96	7	22	2	1
专业技术服务业	7600	40612	2207	2207	792	160
气象服务	7610	259	9	70	4	
地震服务	7620	28	2	4		
海洋服务	7630	85	3	4	1	
测绘服务	7640	1202	112	104	3	1
技术检测	7650	2642	186	243	69	19
环境监测	7660	577	30	42		
工程技术与规划管理	7670	18744	1142	792	257	68
其他专业技术服务	7690	17075	723	948	458	72
科技交流和推广服务业	7700	26676	1066	4317	536	114
技术推广服务	7710	19534	717	3565	394	79
科技中介服务	7720	2381	139	343	56	9
其他科技服务	7790	4761	210	409	86	26
地质勘查业	7800	994	84	80	12	2
矿产地质勘查	7810	471	47	28	7	1
基础地质勘查	7820	99	6	13	2	1
地质勘查技术服务	7830	424	31	39	3	
水利、环境和公共设施管理业	N	**9832**	**760**	**898**	**204**	**73**
水利管理业	7900	396	35	120	5	3
防洪管理	7910	21	2	11		
水资源管理	7920	163	15	73	3	2
其他水利管理	7990	212	18	36	2	1
环境管理业	8000	2213	156	220	50	17
自然保护	8010	111	12	28	5	1
环境治理	8020	2102	144	192	45	16
公共设施管理业	8100	7223	569	558	149	53
市政公共设施管理	8110	789	49	90	21	11
城市绿化管理	8120	4963	307	279	21	9
游览景区管理	8130	1471	213	189	107	33

单位：个

与港、澳、台商合作经营	港、澳、台商独资	港、澳、台商投资股份有限公司	外商投资企业	中外合资经营	中外合作经营	外资企业	外商投资股份有限公司	代码
43	**1354**	**70**	**3557**	**877**	**126**	**2386**	**168**	M
8	379	16	993	227	20	706	40	7500
1	19	4	58	23	1	32	2	7510
4	246	5	541	111	11	395	24	7520
1	21	5	37	16	3	15	3	7530
2	92	2	353	76	5	261	11	7540
	1		4	1		3		7550
18	576	38	1412	361	46	919	86	7600
1	3		1			1		7610
			1			1		7620
	1		6	2	1	3		7630
	2		6			6		7640
1	45	4	160	76	7	66	11	7650
			15	4	1	9	1	7660
8	163	18	566	121	16	389	40	7670
8	362	16	657	158	21	444	34	7690
15	391	16	1101	283	32	744	42	7700
13	291	11	837	227	23	555	32	7710
1	44	2	116	14	4	94	4	7720
1	56	3	148	42	5	95	6	7790
2	8		51	6	28	17		7800
1	5		36	5	21	10		7810
	1		1		1			7820
1	2		14	1	6	7		7830
18	**105**	**8**	**244**	**94**	**29**	**94**	**27**	N
1	1		4	1		3		7900
								7910
	1		3	1		2		7920
1			1			1		7990
5	26	2	106	39	14	46	7	8000
2	2		10	4	3	2	1	8010
3	24	2	96	35	11	44	6	8020
12	78	6	134	54	15	45	20	8100
3	7		23	10	7	2	4	8110
	10	2	29	13	3	9	4	8120
9	61	4	82	31	5	34	12	8130

行业中类	代码	私营有限责任公司	私营股份有限公司	其他	港、澳、台商投资企业	与港、澳、台商合资经营
居民服务和其他服务业	O	**49386**	**3213**	**5545**	**592**	**140**
居民服务业	8200	18965	1425	2904	317	74
家庭服务	8210	2319	124	169	8	2
托儿所	8220	59	4	46		
洗染服务	8230	982	57	66	17	2
理发及美容保健服务	8240	5146	366	693	97	10
洗浴服务	8250	2507	252	462	63	22
婚姻服务	8260	1394	116	145	8	2
殡葬服务	8270	352	39	97	17	6
摄影扩印服务	8280	2414	183	247	85	26
其他居民服务	8290	3792	284	979	22	4
其他服务业	8300	30421	1788	2641	275	66
修理与维护	8310	13307	911	1185	115	29
清洁服务	8320	6764	363	328	46	18
其他未列明的服务	8390	10350	514	1128	114	19
教育	P	**6492**	**518**	**2885**	**106**	**27**
教育	8400	6492	518	2885	106	27
学前教育	8410	476	44	791	20	5
初等教育	8420	70	5	116	2	
中等教育	8430	162	27	197	6	2
高等教育	8440	54	3	43	3	1
其他教育	8490	5730	439	1738	75	19
卫生、社会保障和社会福利业	Q	**2308**	**276**	**1860**	**42**	**17**
卫生	8500	2162	264	1734	39	16
医院	8510	825	136	340	23	8
卫生院及社区医疗活动	8520	118	21	339	2	1
门诊部医疗活动	8530	850	68	900	9	6
计划生育技术服务活动	8540	17	2	49		
妇幼保健活动	8550	20	2	9		
专科疾病防治活动	8560	71	8	18	1	1
疾病预防控制及防疫活动	8570	28	6	12		
其他卫生活动	8590	233	21	67	4	

单位：个

与港、澳、台商合作经营	港、澳、台商独资	港、澳、台商投资股份有限公司	外商投资企业	中外合资经营	中外合作经营	外资企业	外商投资股份有限公司	代码
46	**373**	**33**	**898**	**230**	**52**	**559**	**57**	**O**
29	202	12	428	99	21	279	29	8200
1	5		5			5		8210
			1			1		8220
2	10	3	31	14	3	13	1	8230
3	80	4	194	28	5	149	12	8240
6	34	1	59	24	3	26	6	8250
	6		15	2	1	11	1	8260
6	4	1	11	2	5	3	1	8270
9	48	2	53	13	2	34	4	8280
2	15	1	59	16	2	37	4	8290
17	171	21	470	131	31	280	28	8300
8	64	14	173	57	14	85	17	8310
1	25	2	66	18	7	38	3	8320
8	82	5	231	56	10	157	8	8390
18	**56**	**5**	**191**	**48**	**23**	**111**	**9**	**P**
18	56	5	191	48	23	111	9	8400
4	11		15	5	3	7		8410
	2		2	1		1		8420
	4		6	1	1	4		8430
2			3	1	1	1		8440
12	39	5	165	40	18	98	9	8490
7	**12**	**6**	**82**	**38**	**31**	**10**	**3**	**Q**
6	12	5	78	37	30	8	3	8500
6	5	4	37	22	15			8510
	1		1	1				8520
	3		22	8	10	3	1	8530
			1		1			8540
			3		1	1	1	8550
			2	1		1		8560
								8570
	3	1	12	5	3	3	1	8590

行业中类	代码	私营有限责任公司	私营股份有限公司	其他	港、澳、台商投资企业	与港、澳、台商合资经营
社会保障业	8600	36	1	28		
社会福利业	8700	110	11	98	3	1
提供住宿的社会福利	8710	83	7	75	1	1
不提供住宿的社会福利	8720	27	4	23	2	
文化、体育和娱乐业	**R**	**16012**	**1079**	**1588**	**462**	**142**
新闻出版业	8800	491	40	123	7	2
新闻业	8810	31	4	18		
出版业	8820	460	36	105	7	2
广播、电视、电影和音像业	8900	2401	135	145	50	21
广播	8910	55	15	8		
电视	8920	814	29	40	10	4
电影	8930	801	47	66	32	13
音像制作	8940	731	44	31	8	4
文化艺术业	9000	5870	287	418	46	15
文艺创作与表演	9010	893	63	155	9	3
艺术表演场馆	9020	84	14	18	4	2
图书馆与档案馆	9030	25		11		
文物及文化保护	9040	40	6	12		
博物馆	9050	41	3	8		
烈士陵园、纪念馆	9060	1	1	6	1	
群众文化活动	9070	570	25	55	1	
文化艺术经纪代理	9080	1720	61	48	16	7
其他文化艺术	9090	2496	114	105	15	3
体育	9100	871	64	95	40	7
体育组织	9110	321	20	47	12	1
体育场馆	9120	207	12	18	17	3
其他体育	9190	343	32	30	11	3
娱乐业	9200	6379	553	807	319	97
室内娱乐活动	9210	3530	313	492	108	48
游乐园	9220	179	17	22	21	2
休闲健身娱乐活动	9230	2048	155	173	158	37
其他娱乐活动	9290	622	68	120	32	10

单位：个

与港、澳、台商合作经营	港、澳、台商独资	港、澳、台商投资股份有限公司	外商投资企业	中外合资经营	中外合作经营	外资企业	外商投资股份有限公司	代码
								8600
1		1	4	1	1	2		8700
			2	1		1		8710
1		1	2		1	1		8720
85	**206**	**29**	**550**	**182**	**82**	**253**	**33**	**R**
1	2	2	12	7		5		8800
								8810
1	2	2	12	7		5		8820
7	22		38	19	3	16		8900
			2			2		8910
2	4		9	4		5		8920
4	15		20	13	1	6		8930
1	3		7	2	2	3		8940
3	26	2	66	19	4	40	3	9000
1	4	1	11	7		4		9010
1		1	3	1		2		9020
			1			1		9030
			1	1				9040
			4	1	1	2		9050
	1							9060
	1		5	2	1	1	1	9070
1	8		17	5	1	10	1	9080
	12		24	2	1	20	1	9090
6	25	2	53	13	6	31	3	9100
2	8	1	14	3	4	6	1	9110
4	10		17	4	2	9	2	9120
	7	1	22	6		16		9190
68	131	23	381	124	69	161	27	9200
26	29	5	114	51	23	33	7	9210
1	15	3	21	7	2	9	3	9220
34	74	13	213	57	38	104	14	9230
7	13	2	33	9	6	15	3	9290

2-10 按地区、登记注册

(2009年)

地区	企业单位数	内资企业	国有企业	集体企业	股份合作企业	国有联营企业
全国	**5782827**	**5579528**	**152043**	**198238**	**72404**	**2124**
北京	344424	330597	8122	12504	16113	85
天津	128145	121537	4066	5611	956	58
河北	217724	215280	6190	9212	1968	71
山西	117621	117142	6120	6880	1352	41
内蒙古	80746	80221	2444	1585	743	24
辽宁	271203	261424	9640	16868	3950	66
吉林	89351	88415	3403	2734	541	55
黑龙江	111580	110701	5773	4757	1967	38
上海	339498	311514	5405	9353	2516	162
江苏	616227	589438	6846	13391	4108	91
浙江	507907	489164	5368	10646	8263	81
安徽	154438	152542	5155	6267	1672	62
福建	196026	183238	5776	7463	2297	169
江西	96336	94474	5281	3039	2303	60
山东	495864	482838	8081	10966	2278	98
河南	244513	243168	6220	7714	1565	57
湖北	217894	215545	7560	7894	2623	102
湖南	156567	154830	5463	5725	1575	76
广东	603644	552576	11490	22561	5698	315
广西	95744	94206	5206	5367	1317	49
海南	20953	20315	1384	757	224	28
重庆	112500	111364	2926	3109	1186	49
四川	180790	178932	5428	6228	2425	64
贵州	48469	48072	3400	2279	782	47
云南	90542	89627	3121	3837	1089	28
西藏	2894	2861	576	237	50	10
陕西	114547	113608	5452	6670	1687	61
甘肃	46322	46063	2248	2675	737	31
青海	11173	11064	826	511	171	7
宁夏	19047	18922	681	374	95	9
新疆	50138	49850	2392	1024	153	30

类型分组的企业法人单位数

单位：个

集体联营企业	国有与集体联营	其他联营	国有独资公司	其他有限责任公司	股份有限公司	私营独资	私营合伙
5022	**1690**	**3648**	**11701**	**647834**	**108746**	**1428964**	**236760**
196	146	75	1178	59013	5324	16588	4284
105	50	85	233	13955	1675	15370	3669
172	48	160	303	26350	6131	76304	12884
122	29	146	213	13702	4192	28987	4685
40	6	36	188	16859	2447	16010	2236
191	55	103	459	37969	4320	69073	5269
81	21	55	185	11235	2460	30021	1726
115	26	137	203	18269	3703	24702	2589
271	341	176	521	15432	1646	39997	10175
275	98	225	439	32044	6711	153309	14128
226	81	50	1267	37366	4230	112656	25439
159	34	114	522	15625	3566	46946	9434
230	62	174	454	21409	3641	33913	14143
310	56	114	156	12327	3198	28643	12728
340	77	188	395	39014	8723	169544	12036
158	35	164	304	31743	6210	117712	10229
365	83	288	267	32672	5641	68120	14853
210	60	158	416	10970	3752	62892	19455
437	126	511	1035	84204	7543	114549	18967
162	24	103	298	9946	3227	24687	5740
25	13	20	57	6978	762	1751	759
99	27	99	491	13949	3294	32691	6269
211	64	159	536	28169	6848	52861	8850
70	18	66	300	12501	1464	11907	3830
120	30	52	350	9732	2584	17174	3185
19	5	9	21	400	168	490	100
170	35	73	282	17770	2485	38326	5164
80	20	67	101	6794	1613	11815	1981
14	4	11	78	1804	312	2327	511
9	3	14	93	2054	297	3753	531
40	13	16	356	7579	579	5846	911

地区						
	私营有限责任公司	私营股份有限公司	其他	港、澳、台商投资企业	与港、澳、台商合资经营	与港、澳、台商合作经营
全国	**2343275**	**137335**	**229744**	**91872**	**23440**	**4254**
北京	197855	8729	385	4502	1357	239
天津	66999	2223	6482	1678	631	39
河北	57435	6203	11849	745	428	34
山西	29288	3780	17605	182	94	17
内蒙古	31857	2031	3715	162	75	7
辽宁	99169	6564	7728	2088	1009	110
吉林	29449	2397	4052	182	98	10
黑龙江	37765	4049	6608	287	148	13
上海	215755	8398	1366	9256	1613	529
江苏	330535	12185	15053	10353	3347	189
浙江	265917	6106	11468	8386	4247	183
安徽	53905	4210	4871	777	336	17
福建	78530	5132	9845	7886	1510	134
江西	17327	3220	5712	1086	269	26
山东	192211	12086	26801	2492	1178	103
河南	42935	4451	13671	579	281	25
湖北	56040	5106	13931	1119	463	30
湖南	29236	5422	9420	941	534	35
广东	251999	9746	23395	35699	4508	2344
广西	31367	3073	3640	784	273	58
海南	6371	510	676	342	80	18
重庆	34469	4068	8638	489	180	16
四川	54233	5110	7746	665	249	22
贵州	8355	1386	1667	178	68	7
云南	40484	3591	4250	374	179	21
西藏	632	91	53	3		1
陕西	26469	4528	4436	331	139	16
甘肃	13869	1294	2738	109	58	3
青海	3546	602	340	47	22	2
宁夏	9807	500	702	34	14	2
新疆	29466	544	901	116	52	4

单位：个

港、澳、台商独资	港、澳、台商投资股份有限公司	外商投资企业	中外合资经营	中外合作经营	外资企业	外商投资股份有限公司
61437	**2741**	**111427**	**34149**	**3953**	**70007**	**3318**
2829	77	9325	2563	326	6229	207
959	49	4930	1468	133	3261	68
236	47	1699	885	77	669	68
55	16	297	179	15	86	17
60	20	363	167	22	152	22
854	115	7691	3258	364	3858	211
60	14	754	277	37	423	17
108	18	592	275	32	241	44
6990	124	18728	3100	719	14683	226
6396	421	16436	4990	295	10474	677
3721	235	10357	5203	206	4704	244
388	36	1119	520	36	506	57
6026	216	4902	1282	108	3336	176
729	62	776	274	21	383	98
1118	93	10534	3053	196	7045	240
240	33	766	437	42	236	51
555	71	1230	564	38	553	75
335	37	796	478	38	247	33
28052	795	15369	3126	1001	10785	457
416	37	754	324	65	311	54
230	14	296	104	11	165	16
248	45	647	294	22	294	37
337	57	1193	523	52	530	88
92	11	219	94	14	93	18
151	23	541	197	26	279	39
1	1	30	17	2	9	2
141	35	608	253	25	284	46
38	10	150	77	6	55	12
21	2	62	32	7	20	3
6	12	91	51	6	30	4
45	15	172	84	11	66	11

2-11 按行业(中类)、东中西部以及东北地区分组的企业法人单位数

(2009年) 单位：个

行业中类	代码	企业单位数	东部地区	中部地区	西部地区	东北地区
总计	0000	**5782827**	**3470412**	**987369**	**852912**	**472134**
农、林、牧、渔业	A	**144278**	**56527**	**43250**	**31960**	**12541**
农业	0100	42769	18709	10324	10306	3430
谷物及其他作物的种植	0110	10957	4150	3234	2394	1179
蔬菜、园艺作物的种植	0120	17795	8322	4208	4092	1173
水果、坚果、饮料和香料作物的种植	0130	11976	5779	2441	3058	698
中药材的种植	0140	2041	458	441	762	380
林业	0200	15286	5225	4905	3794	1362
林木的培育和种植	0210	14125	4821	4642	3444	1218
木材和竹材的采运	0220	627	207	156	144	120
林产品的采集	0230	534	197	107	206	24
畜牧业	0300	53683	13784	21560	13166	5173
牲畜的饲养	0310	16919	3744	6755	4538	1882
猪的饲养	0320	20437	4866	9062	5161	1348
家禽的饲养	0330	12440	3849	4679	2602	1310
狩猎和捕捉动物	0340	53	16	15	14	8
其他畜牧业	0390	3834	1309	1049	851	625
渔业	0400	10963	6484	2124	1123	1232
海洋渔业	0410	3656	2761	55	83	757
内陆渔业	0420	7307	3723	2069	1040	475
农、林、牧、渔服务业	0500	21577	12325	4337	3571	1344
农业服务业	0510	17579	10643	3418	2538	980
林业服务业	0520	911	349	275	237	50
畜牧服务业	0530	2066	699	479	665	223
渔业服务业	0540	1021	634	165	131	91
采矿业	B	**103390**	**22035**	**36564**	**34876**	**9915**
煤炭开采和洗选业	0600	22935	1899	9487	9260	2289
烟煤和无烟煤的开采洗选	0610	21724	1782	9184	8609	2149
褐煤的开采洗选	0620	610	38	47	435	90
其他煤炭采选	0690	601	79	256	216	50
石油和天然气开采业	0700	1594	154	42	895	503
天然原油和天然气开采	0710	344	57	23	140	124
与石油和天然气开采有关的服务活动	0790	1250	97	19	755	379
黑色金属矿采选业	0800	18352	6381	5601	4462	1908
铁矿采选	0810	16335	6263	4842	3401	1829
其他黑色金属矿采选	0890	2017	118	759	1061	79

单位：个

行业中类	代码	企业单位数	东部地区	中部地区	西部地区	东北地区
有色金属矿采选业	0900	11278	1462	3801	4976	1039
常用有色金属矿采选	0910	7903	739	2527	3994	643
贵金属矿采选	0920	2163	545	688	663	267
稀有稀土金属矿采选	0930	1212	178	586	319	129
非金属矿采选业	1000	48077	11899	17284	14796	4098
土砂石开采	1010	40962	9967	15214	12472	3309
化学矿采选	1020	1603	54	667	739	143
采盐	1030	857	739	12	71	35
石棉及其他非金属矿采选	1090	4655	1139	1391	1514	611
其他采矿业	1100	1154	240	349	487	78
制造业	C	**1958982**	**1268712**	**347659**	**201663**	**140948**
农副食品加工业	1300	107220	42640	34245	17595	12740
谷物磨制	1310	29469	6972	15323	3070	4104
饲料加工	1320	12494	5047	2964	2367	2116
植物油加工	1330	10257	3593	4000	1884	780
制糖	1340	664	255	76	286	47
屠宰及肉类加工	1350	16868	6647	3963	4465	1793
水产品加工	1360	8896	6891	559	205	1241
蔬菜、水果和坚果加工	1370	14412	8278	2533	2396	1205
其他农副食品加工	1390	14160	4957	4827	2922	1454
食品制造业	1400	44645	21547	10528	8426	4144
焙烤食品制造	1410	10996	5045	2896	1905	1150
糖果、巧克力及蜜饯制造	1420	4811	3132	901	660	118
方便食品制造	1430	7006	2623	2302	1425	656
液体乳及乳制品制造	1440	1989	696	376	650	267
罐头制造	1450	3091	1735	682	433	241
调味品、发酵制品制造	1460	6959	3081	1417	1843	618
其他食品制造	1490	9793	5235	1954	1510	1094
饮料制造业	1500	36827	14087	9514	9650	3576
酒精制造	1510	463	170	98	124	71
酒的制造	1520	13918	4489	2744	4606	2079
软饮料制造	1530	12823	5419	3408	2591	1405
精制茶加工	1540	9623	4009	3264	2329	21
烟草制品业	1600	260	82	59	88	31
烟叶复烤	1610	94	18	23	35	18
卷烟制造	1620	84	30	19	25	10
其他烟草制品加工	1690	82	34	17	28	3
纺织业	1700	114455	93304	12512	5568	3071
棉、化纤纺织及印染精加工	1710	44853	36186	5649	2282	736

行业中类	代码	企业单位数	东部地区	中部地区	西部地区	东北地区
毛纺织和染整精加工	1720	5362	4278	347	656	81
麻纺织	1730	1016	378	377	116	145
丝绢纺织及精加工	1740	6869	5673	381	541	274
纺织制成品制造	1750	25838	21060	2936	893	949
针织品、编织品及其制品制造	1760	30517	25729	2822	1080	886
纺织服装、鞋、帽制造业	1800	87289	69702	10595	2676	4316
纺织服装制造	1810	81581	65137	9757	2549	4138
纺织面料鞋的制造	1820	4103	3140	719	102	142
制帽	1830	1605	1425	119	25	36
皮革、毛皮、羽毛(绒)及其制品业	1900	33544	27123	3589	2027	805
皮革鞣制加工	1910	2677	1911	497	211	58
皮革制品制造	1920	26205	22025	2169	1424	587
毛皮鞣制及制品加工	1930	2891	2245	377	175	94
羽毛(绒)加工及制品制造	1940	1771	942	546	217	66
木材加工及木、竹、藤、棕、草制品业	2000	66058	32965	18398	7184	7511
锯材、木片加工	2010	24627	9211	8829	3045	3542
人造板制造	2020	18452	10793	4458	1671	1530
木制品制造	2030	15435	9104	2431	1633	2267
竹、藤、棕、草制品制造	2040	7544	3857	2680	835	172
家具制造业	2100	39101	24212	8335	4311	2243
木质家具制造	2110	28474	16491	6798	3370	1815
竹、藤家具制造	2120	745	368	285	82	10
金属家具制造	2130	4332	3327	554	298	153
塑料家具制造	2140	600	410	95	52	43
其他家具制造	2190	4950	3616	603	509	222
造纸及纸制品业	2200	52234	37441	7269	4936	2588
纸浆制造	2210	1008	556	234	158	60
造纸	2220	12654	7737	2536	1671	710
纸制品制造	2230	38572	29148	4499	3107	1818
印刷业和记录媒介的复制	2300	55446	36612	7743	7052	4039
印刷	2310	50212	33127	7014	6349	3722
装订及其他印刷服务活动	2320	4952	3282	707	674	289
记录媒介的复制	2330	282	203	22	29	28
文教体育用品制造业	2400	21112	18287	1863	450	512
文化用品制造	2410	5758	4745	552	198	263
体育用品制造	2420	5137	4564	353	90	130
乐器制造	2430	1424	1239	84	31	70
玩具制造	2440	8000	7037	828	104	31
游艺器材及娱乐用品制造	2450	793	702	46	27	18

2-11 续表 3

单位：个

行业中类	代码	企业单位数	东部地区	中部地区	西部地区	东北地区
石油加工、炼焦及核燃料加工业	2500	6925	3004	1162	1361	1398
精炼石油产品的制造	2510	5017	2651	534	550	1282
炼焦	2520	1878	339	626	801	112
化学原料及化学制品制造业	2600	102253	59561	22331	12028	8333
基础化学原料制造	2610	17790	9296	3827	3079	1588
肥料制造	2620	10134	4013	2365	2555	1201
农药制造	2630	2658	1406	660	345	247
涂料、油墨、颜料及类似产品制造	2640	19333	13803	2678	1369	1483
合成材料制造	2650	6566	4831	845	401	489
专用化学产品制造	2660	35751	19083	10692	3310	2666
日用化学产品制造	2670	10021	7129	1264	969	659
医药制造业	2700	16561	7852	3675	3056	1978
化学药品原药制造	2710	2390	1327	529	372	162
化学药品制剂制造	2720	2405	1201	516	404	284
中药饮片加工	2730	2178	629	479	557	513
中成药制造	2740	2890	913	719	814	444
兽用药品制造	2750	1471	724	372	248	127
生物、生化制品的制造	2760	2716	1530	469	431	286
卫生材料及医药用品制造	2770	2511	1528	591	230	162
化学纤维制造业	2800	4822	4112	384	158	168
纤维素纤维原料及纤维制造	2810	880	661	114	58	47
合成纤维制造	2820	3942	3451	270	100	121
橡胶制品业	2900	22239	16684	2419	1529	1607
轮胎制造	2910	2020	1401	274	206	139
橡胶板、管、带的制造	2920	4256	3099	528	244	385
橡胶零件制造	2930	6306	4660	581	464	601
再生橡胶制造	2940	1152	690	267	141	54
日用及医用橡胶制品制造	2950	1051	843	117	48	43
橡胶靴鞋制造	2960	1943	1645	153	80	65
其他橡胶制品制造	2990	5511	4346	499	346	320
塑料制品业	3000	105726	80986	11610	7105	6025
塑料薄膜制造	3010	9709	7313	1027	794	575
塑料板、管、型材的制造	3020	15000	9831	2233	1621	1315
塑料丝、绳及编织品的制造	3030	10797	6509	2039	1204	1045
泡沫塑料制造	3040	5339	3897	585	456	401
塑料人造革、合成革制造	3050	1210	1038	102	31	39

行业中类	代码	企业单位数	东部地区	中部地区	西部地区	东北地区
塑料包装箱及容器制造	3060	11698	8859	1341	829	669
塑料零件制造	3070	14104	12783	648	345	328
日用塑料制造	3080	13714	10939	1307	690	778
其他塑料制品制造	3090	24155	19817	2328	1135	875
非金属矿物制品业	3100	222907	88645	78458	41236	14568
水泥、石灰和石膏的制造	3110	15684	5694	4942	3996	1052
水泥及石膏制品制造	3120	51362	17211	22857	9135	2159
砖瓦、石材及其他建筑材料制造	3130	103970	37029	36691	23218	7032
玻璃及玻璃制品制造	3140	17054	11752	2771	1493	1038
陶瓷制品制造	3150	9730	6034	2836	632	228
耐火材料制品制造	3160	12048	4655	4499	931	1963
石墨及其他非金属矿物制品制造	3190	13059	6270	3862	1831	1096
黑色金属冶炼及压延加工业	3200	20030	10757	3991	3610	1672
炼铁	3210	2795	765	1147	661	222
炼钢	3220	893	409	234	143	107
钢压延加工	3230	13115	9066	1598	1352	1099
铁合金冶炼	3240	3227	517	1012	1454	244
有色金属冶炼及压延加工业	3300	23110	12714	5496	3650	1250
常用有色金属冶炼	3310	6378	2074	2257	1725	322
贵金属冶炼	3320	644	158	286	144	56
稀有稀土金属冶炼	3330	1454	318	605	410	121
有色金属合金制造	3340	2350	1361	506	314	169
有色金属压延加工	3350	12284	8803	1842	1057	582
金属制品业	3400	146141	110645	16007	10672	8817
结构性金属制品制造	3410	51801	34509	7930	5278	4084
金属工具制造	3420	19054	14728	2064	1341	921
集装箱及金属包装容器制造	3430	5928	4137	756	496	539
金属丝绳及其制品的制造	3440	7507	5840	833	491	343
建筑、安全用金属制品制造	3450	17005	13612	1534	918	941
金属表面处理及热处理加工	3460	11318	9070	591	666	991
搪瓷制品制造	3470	1093	863	130	57	43
不锈钢及类似日用金属制品制造	3480	13835	12039	854	572	370
其他金属制品制造	3490	18600	15847	1315	853	585
通用设备制造业	3500	195963	138379	24059	13613	19912
锅炉及原动机制造	3510	7733	4369	1295	829	1240
金属加工机械制造	3520	25030	17383	3185	2317	2145
起重运输设备制造	3530	6076	4091	1124	252	609

单位：个

行业中类	代码	企业单位数	东部地区	中部地区	西部地区	东北地区
泵、阀门、压缩机及类似机械的制造	3540	25451	19693	2203	961	2594
轴承、齿轮、传动和驱动部件的制造	3550	13151	9935	1340	511	1365
烘炉、熔炉及电炉制造	3560	1848	1354	188	144	162
风机、衡器、包装设备等通用设备制造	3570	24210	18904	2133	1298	1875
通用零部件制造及机械修理	3580	60119	42832	5711	4837	6739
金属铸、锻加工	3590	32345	19818	6880	2464	3183
专用设备制造业	3600	103602	74235	13565	7133	8669
矿山、冶金、建筑专用设备制造	3610	17708	9176	3898	1927	2707
化工、木材、非金属加工专用设备制造	3620	28930	23956	2082	1242	1650
食品、饮料、烟草及饲料生产专用设备制造	3630	3854	2352	721	437	344
印刷、制药、日化生产专用设备制造	3640	6539	4995	805	330	409
纺织、服装和皮革工业专用设备制造	3650	9112	8176	619	159	158
农、林、牧、渔专用机械制造	3670	8114	4022	2142	1102	848
医疗仪器设备及器械制造	3680	6020	4416	704	456	444
环保、社会公共安全及其他专用设备制造	3690	16088	11836	1673	962	1617
交通运输设备制造业	3700	85783	53229	12822	12306	7426
铁路运输设备制造	3710	3047	1304	662	385	696
汽车制造	3720	58396	34368	10422	8134	5472
摩托车制造	3730	7074	3700	381	2965	28
自行车制造	3740	5570	5087	302	124	57
船舶及浮动装置制造	3750	9480	7313	770	379	1018
航空航天器制造	3760	433	186	42	150	55
交通器材及其他交通运输设备制造	3790	1783	1271	243	169	100
电气机械及器材制造业	3900	104119	81793	9909	5726	6691
电机制造	3910	10988	8686	1003	596	703
输配电及控制设备制造	3920	34413	25800	3155	2269	3189
电线、电缆、光缆及电工器材制造	3930	17909	13193	2374	1142	1200
电池制造	3940	4272	3240	645	242	145
家用电力器具制造	3950	12815	11313	709	399	394
非电力家用器具制造	3960	4101	3047	508	350	196
照明器具制造	3970	14304	12571	929	361	443
其他电气机械及器材制造	3990	5317	3943	586	367	421
通信设备、计算机及其他电子设备制造业	4000	52092	44552	3773	2152	1615
通信设备制造	4010	5567	4420	508	398	241
雷达及配套设备制造	4020	134	74	20	31	9
广播电视设备制造	4030	1605	1355	98	80	72
电子计算机制造	4040	4410	3776	286	168	180

单位：个

行业中类	代码	企业单位数	东部地区	中部地区	西部地区	东北地区
电子器件制造	4050	7366	6165	585	336	280
电子元件制造	4060	22940	20134	1588	747	471
家用视听设备制造	4070	3576	3321	145	60	50
其他电子设备制造	4090	6494	5307	543	332	312
仪器仪表及文化、办公用机械制造业	4100	25542	19006	2461	1709	2366
通用仪器仪表制造	4110	12395	8664	1308	833	1590
专用仪器仪表制造	4120	4306	3043	519	314	430
钟表与计时仪器制造	4130	1892	1759	55	32	46
光学仪器及眼镜制造	4140	3740	3045	301	309	85
文化、办公用机械制造	4150	1778	1539	114	57	68
其他仪器仪表的制造及修理	4190	1431	956	164	164	147
工艺品及其他制造业	4200	53774	39462	8249	3634	2429
工艺美术品制造	4210	32798	25710	3707	1889	1492
日用杂品制造	4220	8582	6703	1330	375	174
煤制品制造	4230	4651	1037	2438	799	377
其他未列明的制造业	4290	7709	5991	773	564	381
废弃资源和废旧材料回收加工业	4300	9202	5094	2638	1022	448
金属废料和碎屑的加工处理	4310	4372	2386	1270	538	178
非金属废料和碎屑的加工处理	4320	4830	2708	1368	484	270
电力、燃气及水的生产和供应业	D	**60998**	**24947**	**15074**	**17260**	**3717**
电力、热力的生产和供应业	4400	40050	16277	9705	11500	2568
电力生产	4410	33225	14412	8485	9581	747
电力供应	4420	3338	866	974	1136	362
热力生产和供应	4430	3487	999	246	783	1459
燃气生产和供应业	4500	3687	1318	818	1242	309
水的生产和供应业	4600	17261	7352	4551	4518	840
自来水的生产和供应	4610	14595	5717	4131	4111	636
污水处理及其再生利用	4620	2093	1231	360	326	176
其他水的处理、利用与分配	4690	573	404	60	81	28
建筑业	E	**261571**	**142239**	**50581**	**41555**	**27196**
房屋和土木工程建筑业	4700	102109	48374	23905	19841	9989
房屋工程建筑	4710	64655	28197	16973	13839	5646
土木工程建筑	4720	37454	20177	6932	6002	4343
建筑安装业	4800	51036	30857	7535	5943	6701
建筑装饰业	4900	78406	47437	12255	11141	7573
其他建筑业	5000	30020	15571	6886	4630	2933
工程准备	5010	10052	5691	1892	1142	1327
提供施工设备服务	5020	3518	1744	866	645	263
其他未列明的建筑活动	5090	16450	8136	4128	2843	1343

行业中类	代码	企业单位数	东部地区	中部地区	西部地区	东北地区
交通运输、仓储和邮政业	F	**166509**	**96085**	**27544**	**27618**	**15262**
铁路运输业	5100	651	235	184	195	37
铁路旅客运输	5110	49	22	10	15	2
铁路货物运输	5120	303	120	64	103	16
铁路运输辅助活动	5130	299	93	110	77	19
道路运输业	5200	75627	38255	15279	15144	6949
公路旅客运输	5210	8260	2658	2568	2345	689
道路货物运输	5220	59647	32326	10912	10831	5578
道路运输辅助活动	5230	7720	3271	1799	1968	682
城市公共交通业	5300	7961	2980	1917	2007	1057
公共电汽车客运	5310	2202	796	601	580	225
轨道交通	5320	89	43	18	19	9
出租车客运	5330	5233	1956	1189	1288	800
城市轮渡	5340	78	33	37	5	3
其他城市公共交通	5390	359	152	72	115	20
水上运输业	5400	8171	5154	1633	998	386
水上旅客运输	5410	952	387	253	243	69
水上货物运输	5420	5162	3315	1066	600	181
水上运输辅助活动	5430	2057	1452	314	155	136
航空运输业	5500	867	383	117	252	115
航空客货运输	5510	324	163	32	95	34
通用航空服务	5520	198	77	27	58	36
航空运输辅助活动	5530	345	143	58	99	45
管道运输业	5600	118	57	21	23	17
装卸搬运和其他运输服务业	5700	48511	34293	4584	5467	4167
装卸搬运	5710	8014	4062	1893	1507	552
运输代理服务	5720	40497	30231	2691	3960	3615
仓储业	5800	18973	10877	3174	2797	2125
谷物、棉花等农产品仓储	5810	5531	1701	1590	1117	1123
其他仓储	5890	13442	9176	1584	1680	1002
邮政业	5900	5630	3851	635	735	409
国家邮政	5910	798	234	181	319	64
其他寄递服务	5990	4832	3617	454	416	345

行业中类	代码	企业单位数	东部地区	中部地区	西部地区	东北地区
信息传输、计算机服务和软件业	G	**167174**	**97426**	**27271**	**30864**	**11613**
电信和其他信息传输服务业	6000	24036	12327	4097	5583	2029
电信	6010	8267	3776	1610	2024	857
互联网信息服务	6020	13509	7699	1926	3001	883
广播电视传输服务	6030	2066	726	526	537	277
卫星传输服务	6040	194	126	35	21	12
计算机服务业	6100	95263	49884	19624	20901	4854
计算机系统服务	6110	17146	12002	1931	2097	1116
数据处理	6120	915	639	94	96	86
计算机维修	6130	3369	2190	361	525	293
其他计算机服务	6190	73833	35053	17238	18183	3359
软件业	6200	47875	35215	3550	4380	4730
公共软件服务	6210	38302	28244	2810	3540	3708
其他软件服务	6290	9573	6971	740	840	1022
批发和零售业	H	**1667256**	**1005238**	**247865**	**263018**	**151135**
批发业	6300	1024955	657444	127333	147162	93016
农畜产品批发	6310	49768	18276	13714	9613	8165
食品、饮料及烟草制品批发	6320	76111	45293	11791	11973	7054
纺织、服装及日用品批发	6330	105501	85463	6749	6710	6579
文化、体育用品及器材批发	6340	31863	23613	2735	3327	2188
医药及医疗器材批发	6350	29549	16604	4752	5365	2828
矿产品、建材及化工产品批发	6360	339961	206824	44820	55536	32781
机械设备、五金交电及电子产品批发	6370	285051	190825	29194	39614	25418
贸易经纪与代理	6380	26818	18968	2541	2832	2477
其他批发	6390	80333	51578	11037	12192	5526
零售业	6500	642301	347794	120532	115856	58119
综合零售	6510	77820	34337	23817	14163	5503
食品、饮料及烟草制品专门零售	6520	51027	28225	9243	8960	4599
纺织、服装及日用品专门零售	6530	64326	36928	11549	9215	6634
文化、体育用品及器材专门零售	6540	41178	25972	5675	6342	3189
医药及医疗器材专门零售	6550	58389	30856	10197	10959	6377
汽车、摩托车、燃料及零配件专门零售	6560	91455	45373	17094	19769	9219
家用电器及电子产品专门零售	6570	107568	60187	18640	20043	8698
五金、家具及室内装修材料专门零售	6580	82031	46852	12637	13954	8588
无店铺及其他零售	6590	68507	39064	11680	12451	5312
住宿和餐饮业	I	**149590**	**77469**	**32633**	**29023**	**10465**
住宿业	6600	55244	26089	11870	13392	3893
旅游饭店	6610	18423	8477	4025	4585	1336
一般旅馆	6620	33377	16015	7052	8045	2265
其他住宿服务	6690	3444	1597	793	762	292

单位：个

行业中类	代码	企业单位数	东部地区	中部地区	西部地区	东北地区
餐饮业	6700	94346	51380	20763	15631	6572
正餐服务	6710	77287	40868	17673	13071	5675
快餐服务	6720	6559	4149	1352	618	440
饮料及冷饮服务	6730	4075	2663	588	671	153
其他餐饮服务	6790	6425	3700	1150	1271	304
金融业	J	**34682**	**15576**	**6722**	**9009**	**3375**
银行业	6800	8406	2773	1751	3057	825
中央银行	6810	94	20	35	27	12
商业银行	6820	7349	2459	1497	2699	694
其他银行	6890	963	294	219	331	119
证券业	6900	1356	769	260	219	108
证券市场管理	6910	70	20	24	16	10
证券经纪与交易	6920	772	419	145	143	65
证券投资	6930	303	187	51	38	27
证券分析与咨询	6940	211	143	40	22	6
保险业	7000	10288	4567	2236	2385	1100
人寿保险	7010	3546	1373	926	848	399
非人寿保险	7020	4050	1530	962	1150	408
保险辅助服务	7030	2692	1664	348	387	293
其他金融活动	7100	14632	7467	2475	3348	1342
金融信托与管理	7110	1351	680	275	271	125
金融租赁	7120	215	107	35	56	17
财务公司	7130	536	274	79	130	53
邮政储蓄	7140	502	143	110	179	70
典当	7150	3502	1559	590	868	485
其他未列明的金融活动	7190	8526	4704	1386	1844	592
房地产业	K	**238655**	**128915**	**42264**	**47206**	**20270**
房地产业	7200	238655	128915	42264	47206	20270
房地产开发经营	7210	100859	47063	21619	23502	8675
物业管理	7220	64511	34776	10747	12467	6521
房地产中介服务	7230	39444	25297	4653	6154	3340
其他房地产活动	7290	33841	21779	5245	5083	1734
租赁和商务服务业	L	**438766**	**292489**	**50935**	**62826**	**32516**
租赁业	7300	22510	12652	3029	5283	1546
机械设备租赁	7310	21597	12110	2906	5126	1455
文化及日用品出租	7320	913	542	123	157	91

行业中类	代码	企业单位数	东部地区	中部地区	西部地区	东北地区
商务服务业	7400	416256	279837	47906	57543	30970
企业管理服务	7410	73592	53150	7224	9278	3940
法律服务	7420	8465	4591	1272	1764	838
咨询与调查	7430	124461	91858	11401	12470	8732
广告业	7440	85824	53509	11569	13967	6779
知识产权服务	7450	3981	2978	360	356	287
职业中介服务	7460	20093	11565	2614	3515	2399
市场管理	7470	16498	9441	2191	3034	1832
旅行社	7480	22614	11024	4761	4595	2234
其他商务服务	7490	60728	41721	6514	8564	3929
科学研究、技术服务和地质勘查业	**M**	**155158**	**104913**	**17049**	**19006**	**14190**
研究与试验发展	7500	18745	12849	1815	1797	2284
自然科学研究与试验发展	7510	1921	1039	330	218	334
工程和技术研究与试验发展	7520	10822	8032	839	737	1214
农业科学研究与试验发展	7530	2286	1039	385	438	424
医学研究与试验发展	7540	3457	2586	230	368	273
社会人文科学研究与试验发展	7550	259	153	31	36	39
专业技术服务业	7600	81702	52841	10076	11715	7070
气象服务	7610	934	337	380	168	49
地震服务	7620	78	45	13	12	8
海洋服务	7630	155	129	5	8	13
测绘服务	7640	3009	1369	416	802	422
技术检测	7650	7836	4269	1223	1394	950
环境监测	7660	1255	724	175	216	140
工程技术与规划管理	7670	39296	24088	5276	6407	3525
其他专业技术服务	7690	29139	21880	2588	2708	1963
科技交流和推广服务业	7700	51922	38347	4745	4286	4544
技术推广服务	7710	38232	29301	3288	2791	2852
科技中介服务	7720	5336	3324	623	652	737
其他科技服务	7790	8354	5722	834	843	955
地质勘查业	7800	2789	876	413	1208	292
矿产地质勘查	7810	1306	327	173	673	133
基础地质勘查	7820	388	173	66	102	47
地质勘查技术服务	7830	1095	376	174	433	112
水利、环境和公共设施管理业	**N**	**25694**	**14730**	**4476**	**4514**	**1974**
水利管理业	7900	2102	981	470	475	176
防洪管理	7910	159	83	32	31	13
水资源管理	7920	1100	505	249	258	88
其他水利管理	7990	843	393	189	186	75

单位：个

行业中类	代码	企业单位数	东部地区	中部地区	西部地区	东北地区
环境管理业	8000	5607	3242	838	1151	376
自然保护	8010	364	149	71	114	30
环境治理	8020	5243	3093	767	1037	346
公共设施管理业	8100	17985	10507	3168	2888	1422
市政公共设施管理	8110	2484	1508	407	365	204
城市绿化管理	8120	9796	6254	1367	1332	843
游览景区管理	8130	5705	2745	1394	1191	375
居民服务和其他服务业	**O**	**126539**	**75597**	**22058**	**18461**	**10423**
居民服务业	8200	56861	32702	10864	7842	5453
家庭服务	8210	4494	2682	654	776	382
托儿所	8220	314	154	60	54	46
洗染服务	8230	2257	1465	346	276	170
理发及美容保健服务	8240	16505	10816	2924	1578	1187
洗浴服务	8250	10273	5254	2170	1273	1576
婚姻服务	8260	3103	1747	497	473	386
殡葬服务	8270	1801	815	324	383	279
摄影扩印服务	8280	6973	3852	1512	998	611
其他居民服务	8290	11141	5917	2377	2031	816
其他服务业	8300	69678	42895	11194	10619	4970
修理与维护	8310	35545	20936	5686	6048	2875
清洁服务	8320	12495	8328	1514	1780	873
其他未列明的服务	8390	21638	13631	3994	2791	1222
教育	**P**	**23997**	**12888**	**4755**	**4360**	**1994**
教育	8400	23997	12888	4755	4360	1994
学前教育	8410	4122	2003	1083	732	304
初等教育	8420	588	282	224	56	26
中等教育	8430	1021	391	332	174	124
高等教育	8440	219	133	31	30	25
其他教育	8490	18047	10079	3085	3368	1515
卫生、社会保障和社会福利业	**Q**	**16659**	**7548**	**3840**	**3345**	**1926**
卫生	8500	15630	7026	3663	3195	1746
医院	8510	4590	1773	970	1257	590
卫生院及社区医疗活动	8520	1980	704	680	383	213
门诊部医疗活动	8530	7507	3661	1736	1305	805
计划生育技术服务活动	8540	240	190	33	12	5

行业中类	代码	企业单位数	东部地区	中部地区	西部地区	东北地区
妇幼保健活动	8550	91	43	21	21	6
专科疾病防治活动	8560	305	193	38	38	36
疾病预防控制及防疫活动	8570	141	69	25	23	24
其他卫生活动	8590	776	393	160	156	67
社会保障业	8600	279	128	54	35	62
社会福利业	8700	750	394	123	115	118
提供住宿的社会福利	8710	532	266	89	76	101
不提供住宿的社会福利	8720	218	128	34	39	17
文化、体育和娱乐业	**R**	**42929**	**27078**	**6829**	**6348**	**2674**
新闻出版业	8800	2793	1826	365	366	236
新闻业	8810	118	54	24	25	15
出版业	8820	2675	1772	341	341	221
广播、电视、电影和音像业	8900	6474	4019	971	1077	407
广播	8910	231	114	57	46	14
电视	8920	1695	1249	197	151	98
电影	8930	3157	1805	515	639	198
音像制作	8940	1391	851	202	241	97
文化艺术业	9000	11225	7936	1489	1136	664
文艺创作与表演	9010	2292	1270	500	350	172
艺术表演场馆	9020	358	191	78	47	42
图书馆与档案馆	9030	127	73	15	7	32
文物及文化保护	9040	174	73	66	29	6
博物馆	9050	148	86	20	26	16
烈士陵园、纪念馆	9060	35	13	16	4	2
群众文化活动	9070	1202	875	170	101	56
文化艺术经纪代理	9080	2774	2182	228	224	140
其他文化艺术	9090	4115	3173	396	348	198
体育	9100	2192	1528	268	256	140
体育组织	9110	781	564	94	80	43
体育场馆	9120	669	458	67	82	62
其他体育	9190	742	506	107	94	35
娱乐业	9200	20245	11769	3736	3513	1227
室内娱乐活动	9210	12100	6667	2389	2360	684
游乐园	9220	648	335	131	121	61
休闲健身娱乐活动	9230	5496	3676	808	644	368
其他娱乐活动	9290	2001	1091	408	388	114

2-12 按开业(成立)时间、营业状态分组的企业法人单位数

(2009年)

单位：个

开业(成立)时间	企业单位数	营业	停业(歇业)	筹建	当年关闭	当年破产	其他
按开业年份分组	**5782827**	**5151424**	**275380**	**258808**	**49258**	**5412**	**42545**
1949年及以前	3788	3420	262	1	23	22	60
1950-1977年	72664	62169	8135	50	770	470	1070
1978-1991年	194028	174140	15199	239	2360	540	1550
1992-1995年	247648	226512	16265	377	2479	334	1681
1996年	84362	78278	4685	99	765	100	435
1997年	92537	86185	4740	167	816	118	511
1998年	168358	148591	8388	8602	1671	227	879
1999年	155700	144571	8149	270	1568	197	945
2000年	245206	226442	13129	616	2897	336	1786
2001年	299678	277474	15720	695	3650	332	1807
2002年	334821	311321	16446	1123	3721	319	1891
2003年	421170	390789	21090	1980	4373	414	2524
2004年	446176	413840	21785	2999	4406	387	2759
2005年	508732	468885	26599	4493	5151	431	3173
2006年	602707	552956	31685	8055	5573	441	3997
2007年	603494	546207	32397	15245	4807	384	4454
2008年	503232	413562	21872	59620	3048	265	4865
2009年	717584	589128	8707	110526	1159	94	7970
年份不详	80942	36954	127	43651	21	1	188

2-13 按行业(中类)、开业(成立)

(2009年)

行业中类	代码	企业单位数	1949年及以前	1950-1977年
总计	0000	**5782827**	**3788**	**72664**
农、林、牧、渔业	A	**144278**	**57**	**1692**
农业	0100	42769	38	558
谷物及其他作物的种植	0110	10957	31	368
蔬菜、园艺作物的种植	0120	17795	2	31
水果、坚果、饮料和香料作物的种植	0130	11976	5	149
中药材的种植	0140	2041		10
林业	0200	15286	10	754
林木的培育和种植	0210	14125	4	506
木材和竹材的采运	0220	627	6	126
林产品的采集	0230	534		122
畜牧业	0300	53683	5	152
牲畜的饲养	0310	16919	4	89
猪的饲养	0320	20437		21
家禽的饲养	0330	12440		14
狩猎和捕捉动物	0340	53		
其他畜牧业	0390	3834	1	28
渔业	0400	10963	1	91
海洋渔业	0410	3656		34
内陆渔业	0420	7307	1	57
农、林、牧、渔服务业	0500	21577	3	137
农业服务业	0510	17579	2	62
林业服务业	0520	911		28
畜牧服务业	0530	2066		33
渔业服务业	0540	1021	1	14
采矿业	B	**103390**	**68**	**1477**
煤炭开采和洗选业	0600	22935	37	793
烟煤和无烟煤的开采洗选	0610	21724	37	756
褐煤的开采洗选	0620	610		30
其他煤炭采选	0690	601		7
石油和天然气开采业	0700	1594	2	10
天然原油和天然气开采	0710	344	1	3
与石油和天然气开采有关的服务活动	0790	1250	1	7

时间分组的企业法人单位数

单位：个

1978-1991年	1992-1995年	1996年	1997年	1998年	1999年	2000年	代码
194028	**247648**	**84362**	**92537**	**168358**	**155700**	**245206**	**0000**
1916	**1102**	**492**	**484**	**5419**	**1342**	**3337**	**A**
469	324	151	135	1703	332	859	0100
156	65	29	21	249	56	140	0110
92	104	66	46	1027	139	365	0120
196	142	51	61	395	114	281	0130
25	13	5	7	32	23	73	0140
618	200	91	97	567	194	461	0200
536	177	81	93	545	188	443	0210
58	14	6	2	13	3	8	0220
24	9	4	2	9	3	10	0230
327	273	127	133	1473	499	1364	0300
108	75	20	28	283	141	318	0310
92	89	53	62	504	180	502	0320
89	79	39	31	532	139	450	0330
1	1		1	1		2	0340
37	29	15	11	153	39	92	0390
213	167	53	46	682	156	317	0400
107	80	18	19	154	63	96	0410
106	87	35	27	528	93	221	0420
289	138	70	73	994	161	336	0500
177	106	54	54	780	111	216	0510
42	7	4	2	26	5	18	0520
38	17	8	14	99	23	49	0530
32	8	4	3	89	22	53	0540
5440	**4480**	**1807**	**1625**	**3206**	**2461**	**4211**	**B**
2316	1629	663	561	908	659	1001	0600
2247	1589	634	540	871	630	953	0610
40	24	19	14	25	19	25	0620
29	16	10	7	12	10	23	0690
24	52	16	15	158	47	72	0700
8	18	9	8	67	16	16	0710
16	34	7	7	91	31	56	0790

行业中类	代码	企业单位数		
			1949年及以前	1950-1977年
黑色金属矿采选业	0800	18352	2	74
铁矿采选	0810	16335	2	53
其他黑色金属矿采选	0890	2017		21
有色金属矿采选业	0900	11278	5	114
常用有色金属矿采选	0910	7903	1	70
贵金属矿采选	0920	2163	3	24
稀有稀土金属矿采选	0930	1212	1	20
非金属矿采选业	1000	48077	22	481
土砂石开采	1010	40962	8	327
化学矿采选	1020	1603	2	36
采盐	1030	857	10	69
石棉及其他非金属矿采选	1090	4655	2	49
其他采矿业	1100	1154		5
制造业	C	**1958982**	**947**	**20221**
农副食品加工业	1300	107220	36	1533
谷物磨制	1310	29469	18	310
饲料加工	1320	12494		25
植物油加工	1330	10257	7	185
制糖	1340	664	1	49
屠宰及肉类加工	1350	16868	3	794
水产品加工	1360	8896	1	53
蔬菜、水果和坚果加工	1370	14412	1	35
其他农副食品加工	1390	14160	5	82
食品制造业	1400	44645	33	542
焙烤食品制造	1410	10996	8	133
糖果、巧克力及蜜饯制造	1420	4811	2	32
方便食品制造	1430	7006	5	78
液体乳及乳制品制造	1440	1989	2	37
罐头制造	1450	3091	1	27
调味品、发酵制品制造	1460	6959	10	177
其他食品制造	1490	9793	5	58
饮料制造业	1500	36827	57	669
酒精制造	1510	463	2	5
酒的制造	1520	13918	47	321
软饮料制造	1530	12823	5	47
精制茶加工	1540	9623	3	296

单位：个

1978-1991年	1992-1995年	1996年	1997年	1998年	1999年	2000年	代码
465	428	193	150	318	287	600	0800
411	383	170	132	293	261	535	0810
54	45	23	18	25	26	65	0890
476	469	189	178	268	269	417	0900
222	279	108	94	181	174	276	0910
217	155	48	59	62	72	103	0920
37	35	33	25	25	23	38	0930
2135	1885	741	714	1534	1181	2094	1000
1557	1556	617	581	1275	998	1770	1010
109	77	32	33	59	39	81	1020
238	57	13	15	31	20	30	1030
231	195	79	85	169	124	213	1090
24	17	5	7	20	18	27	1100
84476	**108999**	**37053**	**39304**	**68480**	**62560**	**97897**	C
4309	5364	2204	2414	4582	4094	6502	1300
1219	1649	690	736	1548	1206	2128	1310
354	545	260	322	537	533	724	1320
526	471	212	189	385	378	615	1330
64	48	7	15	19	16	25	1340
913	828	347	406	747	609	922	1350
480	711	218	241	386	360	497	1360
331	598	268	272	484	504	795	1370
422	514	202	233	476	488	796	1390
2012	2661	962	1091	1977	1592	2561	1400
469	563	226	244	447	342	593	1410
230	402	124	165	267	193	262	1420
280	373	139	147	297	239	432	1430
85	85	38	41	80	85	135	1440
154	218	55	92	134	113	196	1450
459	460	194	197	387	281	397	1460
335	560	186	205	365	339	546	1490
2255	2169	868	912	1779	1503	2216	1500
19	26	9	10	17	14	17	1510
1183	983	406	460	849	684	964	1520
318	578	254	269	539	513	779	1530
735	582	199	173	374	292	456	1540

行业中类	代码	企业单位数	1949年及以前	1950-1977年
烟草制品业	1600	260	16	21
烟叶复烤	1610	94		2
卷烟制造	1620	84	16	17
其他烟草制品加工	1690	82		2
纺织业	1700	114455	60	796
棉、化纤纺织及印染精加工	1710	44853	30	343
毛纺织和染整精加工	1720	5362	4	32
麻纺织	1730	1016		14
丝绢纺织及精加工	1740	6869	6	57
纺织制成品制造	1750	25838	7	188
针织品、编织品及其制品制造	1760	30517	13	162
纺织服装、鞋、帽制造业	1800	87289	17	501
纺织服装制造	1810	81581	13	432
纺织面料鞋的制造	1820	4103	3	41
制帽	1830	1605	1	28
皮革、毛皮、羽毛(绒)及其制品业	1900	33544	9	192
皮革鞣制加工	1910	2677	1	28
皮革制品制造	1920	26205	6	128
毛皮鞣制及制品加工	1930	2891	2	24
羽毛(绒)加工及制品制造	1940	1771		12
木材加工及木、竹、藤、棕、草制品业	2000	66058	8	336
锯材、木片加工	2010	24627	2	151
人造板制造	2020	18452	5	46
木制品制造	2030	15435	1	94
竹、藤、棕、草制品制造	2040	7544		45
家具制造业	2100	39101	2	212
木质家具制造	2110	28474	2	169
竹、藤家具制造	2120	745		2
金属家具制造	2130	4332		29
塑料家具制造	2140	600		2
其他家具制造	2190	4950		10
造纸及纸制品业	2200	52234	34	406
纸浆制造	2210	1008		16
造纸	2220	12654	25	176
纸制品制造	2230	38572	9	214

单位：个

1978–1991年	1992–1995年	1996年	1997年	1998年	1999年	2000年	代码
41	23	5	6	13	12	10	1600
11	10	1	2	5	8	5	1610
13	4	1		2	1	2	1620
17	9	3	4	6	3	3	1690
3612	5119	1802	2043	3593	3557	6445	1700
1403	1695	660	804	1347	1331	2619	1710
255	361	128	123	225	213	347	1720
60	42	16	21	43	27	72	1730
218	275	92	109	255	222	477	1740
828	1213	413	480	861	831	1308	1750
848	1533	493	506	862	933	1622	1760
2206	3920	1264	1432	2179	2185	4053	1800
2018	3609	1176	1311	2000	2010	3792	1810
131	209	72	78	122	128	157	1820
57	102	16	43	57	47	104	1830
1076	2135	702	651	1034	1008	1583	1900
118	228	65	63	104	86	145	1910
821	1728	560	495	794	777	1205	1920
63	76	29	35	62	75	125	1930
74	103	48	58	74	70	108	1940
1647	2156	915	936	1885	1706	3066	2000
647	624	286	313	698	596	1122	2010
230	480	212	257	483	474	894	2020
544	700	268	255	460	419	679	2030
226	352	149	111	244	217	371	2040
1028	1790	773	804	1410	1243	1979	2100
813	1338	599	610	1073	956	1531	2110
23	35	8	15	19	19	37	2120
113	238	88	90	161	129	194	2130
4	22	10	10	18	18	23	2140
75	157	68	79	139	121	194	2190
2491	3132	1167	1158	1896	1849	2730	2200
46	75	25	20	25	37	37	2210
780	878	357	301	456	481	687	2220
1665	2179	785	837	1415	1331	2006	2230

行业中类	代码	企业单位数	1949年及以前	1950-1977年
印刷业和记录媒介的复制	2300	55446	107	1034
印刷	2310	50212	101	947
装订及其他印刷服务活动	2320	4952	5	82
记录媒介的复制	2330	282	1	5
文教体育用品制造业	2400	21112	9	126
文化用品制造	2410	5758	5	74
体育用品制造	2420	5137		20
乐器制造	2430	1424	2	18
玩具制造	2440	8000	1	14
游艺器材及娱乐用品制造	2450	793	1	
石油加工、炼焦及核燃料加工业	2500	6925	7	64
精炼石油产品的制造	2510	5017	6	42
炼焦	2520	1878	1	20
化学原料及化学制品制造业	2600	102253	68	1177
基础化学原料制造	2610	17790	15	241
肥料制造	2620	10134	5	270
农药制造	2630	2658	2	50
涂料、油墨、颜料及类似产品制造	2640	19333	13	107
合成材料制造	2650	6566	6	59
专用化学产品制造	2660	35751	14	376
日用化学产品制造	2670	10021	13	74
医药制造业	2700	16561	38	351
化学药品原药制造	2710	2390	7	55
化学药品制剂制造	2720	2405	17	104
中药饮片加工	2730	2178	2	22
中成药制造	2740	2890	9	123
兽用药品制造	2750	1471		22
生物、生化制品的制造	2760	2716	3	8
卫生材料及医药用品制造	2770	2511		17
化学纤维制造业	2800	4822	2	20
纤维素纤维原料及纤维制造	2810	880	1	5
合成纤维制造	2820	3942	1	15
橡胶制品业	2900	22239	11	232
轮胎制造	2910	2020	2	22
橡胶板、管、带的制造	2920	4256	3	56

单位：个

1978-1991年	1992-1995年	1996年	1997年	1998年	1999年	2000年	代码
5026	4974	1515	1629	2503	1931	2995	2300
4532	4482	1373	1472	2288	1731	2718	2310
478	471	135	141	201	182	267	2320
16	21	7	16	14	18	10	2330
849	1336	415	410	664	675	1016	2400
271	344	138	134	221	227	312	2410
151	284	106	82	167	160	240	2420
65	91	29	32	40	51	92	2430
339	575	129	147	208	222	342	2440
23	42	13	15	28	15	30	2450
294	396	128	144	235	219	326	2500
236	314	99	115	182	184	266	2510
57	81	28	29	53	33	60	2520
5040	6636	2144	2352	4053	3816	5656	2600
1042	1121	383	381	680	641	985	2610
323	413	194	186	379	301	465	2620
190	210	68	72	136	119	161	2630
890	1404	429	517	818	820	1170	2640
279	394	146	148	247	231	372	2650
1870	2252	672	751	1354	1281	1966	2660
446	842	252	297	439	423	537	2670
797	1239	371	389	693	590	850	2700
139	171	50	70	109	81	110	2710
162	270	70	62	116	85	136	2720
86	114	41	37	77	66	84	2730
166	268	87	81	145	102	160	2740
72	81	27	37	59	86	81	2750
61	171	52	48	88	86	141	2760
111	164	44	54	99	84	138	2770
149	246	70	92	143	153	269	2800
31	52	8	22	20	29	51	2810
118	194	62	70	123	124	218	2820
1156	1400	516	502	836	781	1127	2900
76	101	44	37	74	53	99	2910
217	268	90	95	154	145	203	2920

2-13 续表 4

行业中类	代码	企业单位数	1949年及以前	1950-1977年
橡胶零件制造	2930	6306	1	80
再生橡胶制造	2940	1152		7
日用及医用橡胶制品制造	2950	1051		11
橡胶靴鞋制造	2960	1943	3	21
其他橡胶制品制造	2990	5511	2	35
塑料制品业	3000	105726	10	448
塑料薄膜制造	3010	9709	1	66
塑料板、管、型材的制造	3020	15000	3	84
塑料丝、绳及编织品的制造	3030	10797		62
泡沫塑料制造	3040	5339		13
塑料人造革、合成革制造	3050	1210		4
塑料包装箱及容器制造	3060	11698	1	53
塑料零件制造	3070	14104		44
日用塑料制造	3080	13714	2	61
其他塑料制品制造	3090	24155	3	61
非金属矿物制品业	3100	222907	70	3001
水泥、石灰和石膏的制造	3110	15684	14	687
水泥及石膏制品制造	3120	51362	8	317
砖瓦、石材及其他建筑材料制造	3130	103970	21	1400
玻璃及玻璃制品制造	3140	17054	10	154
陶瓷制品制造	3150	9730	6	187
耐火材料制品制造	3160	12048	9	151
石墨及其他非金属矿物制品制造	3190	13059	2	105
黑色金属冶炼及压延加工业	3200	20030	9	207
炼铁	3210	2795		28
炼钢	3220	893	2	24
钢压延加工	3230	13115	7	132
铁合金冶炼	3240	3227		23
有色金属冶炼及压延加工业	3300	23110	12	184
常用有色金属冶炼	3310	6378	4	59
贵金属冶炼	3320	644		16
稀有稀土金属冶炼	3330	1454		13
有色金属合金制造	3340	2350	1	19
有色金属压延加工	3350	12284	7	77

单位：个

1978-1991年	1992-1995年	1996年	1997年	1998年	1999年	2000年	代码
394	458	177	161	260	266	355	2930
49	72	25	22	34	33	51	2940
56	75	27	33	48	33	62	2950
135	172	62	56	68	91	109	2960
229	254	91	98	198	160	248	2990
3675	5626	1886	2068	3485	3412	5463	3000
344	556	207	203	335	324	546	3010
436	708	205	222	503	463	854	3020
476	572	229	241	450	344	608	3030
219	295	125	145	178	188	299	3040
47	99	26	28	52	55	63	3050
393	604	224	235	383	342	567	3060
502	761	262	264	420	469	715	3070
576	889	265	307	508	512	724	3080
682	1142	343	423	656	715	1087	3090
15565	14857	5196	4559	8846	7052	11147	3100
1302	1187	400	302	665	532	795	3110
2786	3104	1219	1102	2308	1664	2860	3120
9035	7533	2525	2038	3928	3049	4909	3130
712	926	326	359	576	570	822	3140
462	639	201	216	399	372	494	3150
746	840	268	293	492	460	572	3160
522	628	257	249	478	405	695	3190
785	1014	346	351	611	592	886	3200
99	123	41	30	58	64	112	3210
35	54	9	17	22	28	35	3220
506	722	241	238	443	416	615	3230
145	115	55	66	88	84	124	3240
852	1242	408	459	715	712	1076	3300
191	280	95	111	163	207	291	3310
25	41	13	17	15	13	32	3320
37	65	25	33	49	38	56	3330
81	124	33	38	78	70	116	3340
518	732	242	260	410	384	581	3350

行业中类	代码	企业单位数	1949年及以前	1950-1977年
金属制品业	3400	146141	29	1272
结构性金属制品制造	3410	51801	4	280
金属工具制造	3420	19054	6	336
集装箱及金属包装容器制造	3430	5928	2	74
金属丝绳及其制品的制造	3440	7507	5	77
建筑、安全用金属制品制造	3450	17005	3	129
金属表面处理及热处理加工	3460	11318		157
搪瓷制品制造	3470	1093	1	25
不锈钢及类似日用金属制品制造	3480	13835	4	88
其他金属制品制造	3490	18600	4	106
通用设备制造业	3500	195963	93	2262
锅炉及原动机制造	3510	7733	11	212
金属加工机械制造	3520	25030	25	341
起重运输设备制造	3530	6076	6	149
泵、阀门、压缩机及类似机械的制造	3540	25451	17	359
轴承、齿轮、传动和驱动部件的制造	3550	13151	3	156
烘炉、熔炉及电炉制造	3560	1848		18
风机、衡器、包装设备等通用设备制造	3570	24210	14	257
通用零部件制造及机械修理	3580	60119	10	424
金属铸、锻加工	3590	32345	7	346
专用设备制造业	3600	103602	63	1389
矿山、冶金、建筑专用设备制造	3610	17708	13	306
化工、木材、非金属加工专用设备制造	3620	28930	4	151
食品、饮料、烟草及饲料生产专用设备制造	3630	3854		106
印刷、制药、日化生产专用设备制造	3640	6539	6	77
纺织、服装和皮革工业专用设备制造	3650	9112	8	125
农、林、牧、渔专用机械制造	3670	8114	14	311
医疗仪器设备及器械制造	3680	6020	5	90
环保、社会公共安全及其他专用设备制造	3690	16088	3	122
交通运输设备制造业	3700	85783	80	1202
铁路运输设备制造	3710	3047	17	96
汽车制造	3720	58396	37	720
摩托车制造	3730	7074		42
自行车制造	3740	5570	3	53
船舶及浮动装置制造	3750	9480	20	208
航空航天器制造	3760	433	1	69
交通器材及其他交通运输设备制造	3790	1783	2	14

单位：个

1978-1991年	1992-1995年	1996年	1997年	1998年	1999年	2000年	代码
5453	7411	2365	2694	4657	4559	6903	3400
1502	2235	789	855	1643	1500	2261	3410
724	1053	318	415	676	649	1111	3420
330	445	118	146	224	235	305	3430
327	410	123	159	284	281	383	3440
574	849	283	330	499	543	811	3450
987	827	201	257	449	407	594	3460
45	59	25	22	44	27	55	3470
398	751	252	250	361	451	712	3480
566	782	256	260	477	466	671	3490
8736	10728	3554	3893	6900	6044	9378	3500
497	524	179	211	358	284	399	3510
876	1083	344	447	777	641	1119	3520
283	363	131	145	223	199	281	3530
1143	1571	519	554	934	847	1323	3540
509	675	283	252	433	435	681	3550
67	112	29	45	60	56	84	3560
813	1241	415	449	854	749	1093	3570
2481	2895	953	1042	1849	1720	2653	3580
2067	2264	701	748	1412	1113	1745	3590
3603	4831	1671	1842	3341	3043	4634	3600
629	772	274	306	599	532	746	3610
699	1070	389	392	747	690	1162	3620
224	269	105	90	158	143	214	3630
242	354	124	164	233	231	350	3640
442	481	171	193	310	331	587	3650
485	392	144	179	325	283	417	3670
233	419	133	124	204	226	290	3680
502	795	246	277	549	426	618	3690
3926	5145	1624	1749	2944	2777	3913	3700
377	219	58	46	117	100	165	3710
2692	3534	1141	1227	2064	1949	2734	3720
276	575	210	225	318	310	375	3730
142	265	65	92	142	145	261	3740
367	456	124	126	236	218	287	3750
18	22	8	7	14	7	12	3760
54	74	18	26	53	48	79	3790

行业中类	代码	企业单位数	1949年及以前	1950-1977年
电气机械及器材制造业	3900	104119	34	934
电机制造	3910	10988	6	159
输配电及控制设备制造	3920	34413	8	378
电线、电缆、光缆及电工器材制造	3930	17909	7	153
电池制造	3940	4272	8	41
家用电力器具制造	3950	12815	3	67
非电力家用器具制造	3960	4101		18
照明器具制造	3970	14304	2	83
其他电气机械及器材制造	3990	5317		35
通信设备、计算机及其他电子设备制造业	4000	52092	10	319
通信设备制造	4010	5567	6	41
雷达及配套设备制造	4020	134	1	20
广播电视设备制造	4030	1605		3
电子计算机制造	4040	4410		11
电子器件制造	4050	7366	1	70
电子元件制造	4060	22940	2	138
家用视听设备制造	4070	3576		19
其他电子设备制造	4090	6494		17
仪器仪表及文化、办公用机械制造业	4100	25542	16	375
通用仪器仪表制造	4110	12395	9	175
专用仪器仪表制造	4120	4306	2	102
钟表与计时仪器制造	4130	1892	4	30
光学仪器及眼镜制造	4140	3740		34
文化、办公用机械制造	4150	1778	1	21
其他仪器仪表的制造及修理	4190	1431		13
工艺品及其他制造业	4200	53774	7	406
工艺美术品制造	4210	32798	2	254
日用杂品制造	4220	8582	3	70
煤制品制造	4230	4651	1	22
其他未列明的制造业	4290	7709	1	60
废弃资源和废旧材料回收加工业	4300	9202		10
金属废料和碎屑的加工处理	4310	4372		6
非金属废料和碎屑的加工处理	4320	4830		4

单位：个

1978-1991年	1992-1995年	1996年	1997年	1998年	1999年	2000年	代码
3767	5822	1838	2084	3269	3395	4789	3900
348	586	182	206	352	364	509	3910
1498	2032	621	752	1085	1251	1604	3920
834	1196	357	456	698	634	918	3930
137	191	50	66	148	107	183	3940
324	695	252	229	343	390	595	3950
79	137	55	66	106	95	152	3960
382	743	239	224	406	418	640	3970
165	242	82	85	131	136	188	3990
1144	2626	766	886	1406	1278	2150	4000
153	391	111	110	172	178	262	4010
4	14		3	2	4	7	4020
59	113	40	48	64	51	103	4030
66	194	59	73	124	112	186	4040
152	331	79	119	184	147	295	4050
543	1129	331	359	632	580	953	4060
85	196	57	83	84	91	139	4070
82	258	89	91	144	115	205	4090
1113	1936	569	631	944	950	1276	4100
564	920	282	335	514	516	632	4110
197	290	79	88	162	136	212	4120
117	223	51	52	48	67	80	4130
113	268	76	77	119	120	200	4140
60	140	49	47	50	50	77	4150
62	95	32	32	51	61	75	4190
1690	2833	947	1033	1703	1645	2572	4200
1137	1837	581	633	1038	1048	1538	4210
248	497	166	172	266	254	439	4220
171	239	99	110	238	184	346	4230
131	253	100	118	160	159	246	4290
179	232	62	90	184	187	326	4300
105	124	38	47	100	94	139	4310
74	108	24	43	84	93	187	4320

行业中类	代码	企业单位数	1949年及以前	1950-1977年
电力、燃气及水的生产和供应业	D	**60998**	**152**	**3456**
电力、热力的生产和供应业	4400	40050	88	2455
电力生产	4410	33225	38	1740
电力供应	4420	3338	49	701
热力生产和供应	4430	3487	1	14
燃气生产和供应业	4500	3687	8	19
水的生产和供应业	4600	17261	56	982
自来水的生产和供应	4610	14595	56	975
污水处理及其再生利用	4620	2093		7
其他水的处理、利用与分配	4690	573		
建筑业	E	**261571**	**99**	**5398**
房屋和土木工程建筑业	4700	102109	85	4865
房屋工程建筑	4710	64655	59	3847
土木工程建筑	4720	37454	26	1018
建筑安装业	4800	51036	9	375
建筑装饰业	4900	78406	3	59
其他建筑业	5000	30020	2	99
工程准备	5010	10052		33
提供施工设备服务	5020	3518	1	9
其他未列明的建筑活动	5090	16450	1	57
交通运输、仓储和邮政业	F	**166509**	**231**	**3728**
铁路运输业	5100	651	2	14
铁路旅客运输	5110	49	2	5
铁路货物运输	5120	303		2
铁路运输辅助活动	5130	299		7
道路运输业	5200	75627	66	1359
公路旅客运输	5210	8260	32	504
道路货物运输	5220	59647	27	600
道路运输辅助活动	5230	7720	7	255
城市公共交通业	5300	7961	10	219
公共电汽车客运	5310	2202	7	175
轨道交通	5320	89		2
出租车客运	5330	5233	1	28
城市轮渡	5340	78	2	6
其他城市公共交通	5390	359		8

单位：个

1978-1991年	1992-1995年	1996年	1997年	1998年	1999年	2000年	代码
8017	**3851**	**1308**	**1377**	**2121**	**1828**	**2474**	D
4919	2291	781	860	1346	1212	1485	4400
4171	1874	680	765	1127	967	1180	4410
555	215	53	48	118	162	145	4420
193	202	48	47	101	83	160	4430
152	183	63	61	107	127	179	4500
2946	1377	464	456	668	489	810	4600
2876	1284	430	424	604	443	726	4610
25	36	12	14	42	35	59	4620
45	57	22	18	22	11	25	4690
13178	**16037**	**4652**	**4832**	**8362**	**7371**	**10082**	E
9563	8240	2092	2113	3901	3149	4201	4700
7111	5500	1455	1422	2642	2019	2705	4710
2452	2740	637	691	1259	1130	1496	4720
1948	3142	979	1131	1745	1648	2126	4800
1068	3657	1307	1274	2050	1934	2879	4900
599	998	274	314	666	640	876	5000
202	421	101	119	246	221	309	5010
58	82	25	21	70	70	94	5020
339	495	148	174	350	349	473	5090
6628	**7024**	**2271**	**2576**	**4468**	**3924**	**5841**	F
70	40	11	8	19	13	26	5100
3	2	1			1		5110
18	18	7	8	6	4	12	5120
49	20	3		13	8	14	5130
2495	2500	875	1049	1788	1750	2675	5200
556	447	169	188	361	284	437	5210
1441	1597	501	635	1115	1161	1880	5220
498	456	205	226	312	305	358	5230
435	974	268	326	402	360	425	5300
138	128	38	72	97	96	118	5310
6	12	6	4	6	7	8	5320
240	803	215	245	288	241	280	5330
32	3	1			2	1	5340
19	28	8	5	11	14	18	5390

行业中类	代码	企业单位数	1949年及以前	1950-1977年
水上运输业	5400	8171	11	432
水上旅客运输	5410	952	2	77
水上货物运输	5420	5162	4	297
水上运输辅助活动	5430	2057	5	58
航空运输业	5500	867	1	6
航空客货运输	5510	324	1	1
通用航空服务	5520	198		
航空运输辅助活动	5530	345		5
管道运输业	5600	118		
装卸搬运和其他运输服务业	5700	48511	28	502
装卸搬运	5710	8014	21	436
运输代理服务	5720	40497	7	66
仓储业	5800	18973	80	1153
谷物、棉花等农产品仓储	5810	5531	71	920
其他仓储	5890	13442	9	233
邮政业	5900	5630	33	43
国家邮政	5910	798	32	38
其他寄递服务	5990	4832	1	5
信息传输、计算机服务和软件业	**G**	**167174**	**31**	**65**
电信和其他信息传输服务业	6000	24036	26	45
电信	6010	8267	24	30
互联网信息服务	6020	13509		3
广播电视传输服务	6030	2066	2	11
卫星传输服务	6040	194		1
计算机服务业	6100	95263	3	15
计算机系统服务	6110	17146		9
数据处理	6120	915		
计算机维修	6130	3369		
其他计算机服务	6190	73833	3	6
软件业	6200	47875	2	5
公共软件服务	6210	38302	2	4
其他软件服务	6290	9573		1
批发和零售业	**H**	**1667256**	**1626**	**25188**
批发业	6300	1024955	548	12164
农畜产品批发	6310	49768	112	2971

单位：个

1978-1991年	1992-1995年	1996年	1997年	1998年	1999年	2000年	代码
677	512	134	152	264	202	298	5400
119	70	24	17	32	30	47	5410
413	280	75	87	146	122	170	5420
145	162	35	48	86	50	81	5430
35	63	9	19	31	30	38	5500
21	25	5	7	12	11	16	5510
	10		6	6	4	8	5520
14	28	4	6	13	15	14	5530
10	11	1	3	6	1	12	5600
1377	1589	607	612	980	911	1408	5700
832	422	135	123	228	168	276	5710
545	1167	472	489	752	743	1132	5720
1479	1287	342	350	633	523	773	5800
710	374	93	99	270	186	215	5810
769	913	249	251	363	337	558	5890
50	48	24	57	345	134	186	5900
36	20	7	33	280	62	33	5910
14	28	17	24	65	72	153	5990
501	**1661**	**724**	**976**	**1983**	**2754**	**6276**	G
196	384	125	175	378	597	1042	6000
100	153	59	93	179	371	451	6010
27	64	40	42	110	156	428	6020
65	145	22	39	83	65	154	6030
4	22	4	1	6	5	9	6040
182	644	321	416	901	1242	3394	6100
45	253	120	124	269	353	710	6110
7	19	6	6	26	21	43	6120
13	48	32	32	53	69	136	6130
117	324	163	254	553	799	2505	6190
123	633	278	385	704	915	1840	6200
97	511	234	304	573	746	1534	6210
26	122	44	81	131	169	306	6290
37085	**50052**	**19793**	**22822**	**44244**	**42927**	**66500**	H
20253	29124	11466	13431	26992	26067	39394	6300
2949	1625	544	575	1303	1212	1960	6310

行业中类	代码	企业单位数	1949年及以前	1950-1977年
食品、饮料及烟草制品批发	6320	76111	70	2032
纺织、服装及日用品批发	6330	105501	21	465
文化、体育用品及器材批发	6340	31863	39	201
医药及医疗器材批发	6350	29549	4	451
矿产品、建材及化工产品批发	6360	339961	254	4794
机械设备、五金交电及电子产品批发	6370	285051	22	645
贸易经纪与代理	6380	26818	8	124
其他批发	6390	80333	18	481
零售业	6500	642301	1078	13024
综合零售	6510	77820	476	7605
食品、饮料及烟草制品专门零售	6520	51027	54	1819
纺织、服装及日用品专门零售	6530	64326	43	789
文化、体育用品及器材专门零售	6540	41178	437	1041
医药及医疗器材专门零售	6550	58389	19	670
汽车、摩托车、燃料及零配件专门零售	6560	91455	18	231
家用电器及电子产品专门零售	6570	107568	7	124
五金、家具及室内装修材料专门零售	6580	82031	11	342
无店铺及其他零售	6590	68507	13	403
住宿和餐饮业	I	**149590**	**82**	**1582**
住宿业	6600	55244	43	971
旅游饭店	6610	18423	26	405
一般旅馆	6620	33377	17	513
其他住宿服务	6690	3444		53
餐饮业	6700	94346	39	611
正餐服务	6710	77287	31	473
快餐服务	6720	6559		41
饮料及冷饮服务	6730	4075		5
其他餐饮服务	6790	6425	8	92
金融业	J	**34682**	**68**	**722**
银行业	6800	8406	27	705
中央银行	6810	94	9	7
商业银行	6820	7349	18	666
其他银行	6890	963		32

单位：个

1978-1991年	1992-1995年	1996年	1997年	1998年	1999年	2000年	代码
3176	2528	953	1051	2194	2204	3017	6320
1222	2326	978	1234	2251	2417	3861	6330
472	951	386	476	838	862	1334	6340
580	968	363	441	822	852	1167	6350
6643	10559	4055	4593	9591	9112	13574	6360
3039	7573	3202	3960	7609	7417	10972	6370
385	660	235	249	502	426	738	6380
1787	1934	750	852	1882	1565	2771	6390
16832	20928	8327	9391	17252	16860	27106	6500
4945	2897	976	1014	1959	1770	3256	6510
2206	1756	614	669	1415	1457	2242	6520
1585	1735	800	925	1663	1573	2684	6530
1108	1544	563	658	1062	1209	1795	6540
1192	1191	527	511	1172	1077	1893	6550
1940	4833	1821	2058	3596	3201	5094	6560
814	1987	966	1239	2360	2635	4244	6570
1572	2764	1132	1327	2241	2234	3301	6580
1470	2221	928	990	1784	1704	2597	6590
6937	**6792**	**2603**	**2756**	**4575**	**4243**	**7009**	I
4791	3715	1305	1334	2029	1753	2603	6600
1494	1455	505	565	757	708	942	6610
2977	2039	734	705	1160	930	1500	6620
320	221	66	64	112	115	161	6690
2146	3077	1298	1422	2546	2490	4406	6700
1821	2652	1116	1209	2190	2118	3697	6710
112	201	76	106	134	174	304	6720
26	46	23	23	56	65	146	6730
187	178	83	84	166	133	259	6790
2429	**1242**	**999**	**604**	**522**	**413**	**602**	J
2040	625	582	280	166	142	150	6800
20	3	5		2	1		6810
1960	564	387	206	145	116	141	6820
60	58	190	74	19	25	9	6890

行业中类	代码	企业单位数	1949年及以前	1950-1977年
证券业	6900	1356		1
证券市场管理	6910	70		
证券经纪与交易	6920	772		1
证券投资	6930	303		
证券分析与咨询	6940	211		
保险业	7000	10288	40	5
人寿保险	7010	3546	17	2
非人寿保险	7020	4050	23	3
保险辅助服务	7030	2692		
其他金融活动	7100	14632	1	11
金融信托与管理	7110	1351		3
金融租赁	7120	215		
财务公司	7130	536		
邮政储蓄	7140	502		2
典当	7150	3502		2
其他未列明的金融活动	7190	8526	1	4
房地产业	**K**	**238655**	**80**	**3272**
房地产业	7200	238655	80	3272
房地产开发经营	7210	100859	2	70
物业管理	7220	64511	16	265
房地产中介服务	7230	39444	5	108
其他房地产活动	7290	33841	57	2829
租赁和商务服务业	**L**	**438766**	**185**	**1975**
租赁业	7300	22510	3	136
机械设备租赁	7310	21597	3	111
文化及日用品出租	7320	913		25
商务服务业	7400	416256	182	1839
企业管理服务	7410	73592	156	1320
法律服务	7420	8465	1	10
咨询与调查	7430	124461	4	33
广告业	7440	85824	3	28
知识产权服务	7450	3981		
职业中介服务	7460	20093		13
市场管理	7470	16498	6	224
旅行社	7480	22614	6	50
其他商务服务	7490	60728	6	161

单位：个

1978–1991年	1992–1995年	1996年	1997年	1998年	1999年	2000年	代码
24	174	44	53	24	32	47	6900
2	5		2	1	2	3	6910
19	134	34	28	13	19	26	6920
3	19	4	6	5	4	9	6930
	16	6	17	5	7	9	6940
209	165	301	189	148	69	122	7000
52	45	179	84	61	36	50	7010
154	109	114	101	78	27	45	7020
3	11	8	4	9	6	27	7030
156	278	72	82	184	170	283	7100
51	26	9	7	15	15	32	7110
10	3	3	1	1		2	7120
13	31	5	7	4	3	12	7130
12	6	1	3	4	4	4	7140
42	169	33	46	103	73	72	7150
28	43	21	18	57	75	161	7190
7208	**16036**	**3634**	**4285**	**7862**	**7202**	**10411**	K
7208	16036	3634	4285	7862	7202	10411	7200
2257	9182	1655	1996	3766	3352	4997	7210
891	2613	1152	1316	2096	2218	3028	7220
297	756	268	349	629	740	1198	7230
3763	3485	559	624	1371	892	1188	7290
9497	**15655**	**4436**	**5828**	**8267**	**9537**	**15650**	L
365	648	253	263	419	438	695	7300
337	610	244	247	398	419	654	7310
28	38	9	16	21	19	41	7320
9132	15007	4183	5565	7848	9099	14955	7400
4700	4891	940	1703	1551	1582	2190	7410
464	788	199	191	372	353	651	7420
687	2289	727	917	1500	2576	4556	7430
362	2371	871	1114	1654	1728	2932	7440
14	75	22	29	44	67	91	7450
342	501	116	138	311	300	571	7460
829	1149	422	474	739	665	897	7470
627	1072	346	409	629	744	1243	7480
1107	1871	540	590	1048	1084	1824	7490

行业中类	代码	企业单位数	1949年及以前	1950-1977年
科学研究、技术服务和地质勘查业	**M**	**155158**	**19**	**813**
研究与试验发展	7500	18745	2	132
自然科学研究与试验发展	7510	1921		18
工程和技术研究与试验发展	7520	10822	1	88
农业科学研究与试验发展	7530	2286	1	17
医学研究与试验发展	7540	3457		7
社会人文科学研究与试验发展	7550	259		2
专业技术服务业	7600	81702	11	463
气象服务	7610	934		8
地震服务	7620	78		
海洋服务	7630	155		
测绘服务	7640	3009	1	5
技术检测	7650	7836	1	33
环境监测	7660	1255		
工程技术与规划管理	7670	39296	7	363
其他专业技术服务	7690	29139	2	54
科技交流和推广服务业	7700	51922	6	150
技术推广服务	7710	38232	4	117
科技中介服务	7720	5336	1	4
其他科技服务	7790	8354	1	29
地质勘查业	7800	2789		68
矿产地质勘查	7810	1306		33
基础地质勘查	7820	388		14
地质勘查技术服务	7830	1095		21
水利、环境和公共设施管理业	**N**	**25694**	**13**	**297**
水利管理业	7900	2102	7	208
防洪管理	7910	159	1	16
水资源管理	7920	1100	5	164
其他水利管理	7990	843	1	28
环境管理业	8000	5607	1	33
自然保护	8010	364		20
环境治理	8020	5243	1	13
公共设施管理业	8100	17985	5	56
市政公共设施管理	8110	2484	2	22
城市绿化管理	8120	9796	1	16
游览景区管理	8130	5705	2	18

单位：个

1978-1991年	1992-1995年	1996年	1997年	1998年	1999年	2000年	代码
3517	**6192**	**1668**	**1766**	**2967**	**3451**	**5553**	M
339	549	137	177	347	318	633	7500
29	35	13	12	22	35	52	7510
199	324	74	105	201	161	316	7520
62	75	26	33	57	52	102	7530
45	102	23	26	63	66	152	7540
4	13	1	1	4	4	11	7550
2097	3671	1074	1085	1697	2057	3202	7600
19	62	4	18	12	22	51	7610
	4	2	3		4	5	7620
6	17	1	4	3	2	9	7630
64	112	23	29	52	68	113	7640
253	402	116	92	160	191	271	7650
17	49	13	9	14	18	30	7660
1418	2283	668	611	959	1154	1800	7670
320	742	247	319	497	598	923	7690
914	1824	438	478	869	1020	1647	7700
694	1370	331	355	649	787	1239	7710
123	218	50	58	105	103	195	7720
97	236	57	65	115	130	213	7790
167	148	19	26	54	56	71	7800
63	50	6	14	27	21	30	7810
49	46	7	7	8	15	9	7820
55	52	6	5	19	20	32	7830
722	**1071**	**314**	**346**	**708**	**715**	**1136**	N
224	126	35	25	76	66	86	7900
13	11	1	1	6	6	10	7910
129	65	17	12	38	33	42	7920
82	50	17	12	32	27	34	7990
96	183	45	51	124	132	241	8000
8	24	4	5	15	19	21	8010
88	159	41	46	109	113	220	8020
402	762	234	270	508	517	809	8100
85	156	39	30	63	72	92	8110
153	374	115	142	275	287	448	8120
164	232	80	98	170	158	269	8130

行业中类	代码	企业单位数	1949年及以前	1950-1977年
居民服务和其他服务业	O	**126539**	**35**	**642**
居民服务业	8200	56861	25	351
家庭服务	8210	4494		2
托儿所	8220	314		3
洗染服务	8230	2257	3	6
理发及美容保健服务	8240	16505	6	107
洗浴服务	8250	10273	7	46
婚姻服务	8260	3103		1
殡葬服务	8270	1801	1	23
摄影扩印服务	8280	6973	8	84
其他居民服务	8290	11141		79
其他服务业	8300	69678	10	291
修理与维护	8310	35545	1	165
清洁服务	8320	12495		5
其他未列明的服务	8390	21638	9	121
教育	P	**23997**	**6**	**151**
教育	8400	23997	6	151
学前教育	8410	4122		89
初等教育	8420	588	6	14
中等教育	8430	1021		15
高等教育	8440	219		1
其他教育	8490	18047		32
卫生、社会保障和社会福利业	Q	**16659**	**36**	**1283**
卫生	8500	15630	36	1271
医院	8510	4590	30	273
卫生院及社区医疗活动	8520	1980		247
门诊部医疗活动	8530	7507	6	708
计划生育技术服务活动	8540	240		18
妇幼保健活动	8550	91		3
专科疾病防治活动	8560	305		5
疾病预防控制及防疫活动	8570	141		9
其他卫生活动	8590	776		8

单位：个

1978-1991年	1992-1995年	1996年	1997年	1998年	1999年	2000年	代码
2968	**4403**	**1636**	**1884**	**3221**	**3119**	**5107**	O
1195	1752	719	887	1584	1501	2470	8200
19	47	16	16	68	66	112	8210
11	9	2	6	13	8	16	8220
45	79	36	44	76	72	125	8230
205	315	128	167	372	387	654	8240
153	249	150	192	391	365	566	8250
15	56	28	39	70	55	108	8260
141	210	53	58	71	51	97	8270
308	394	185	177	276	261	384	8280
298	393	121	188	247	236	408	8290
1773	2651	917	997	1637	1618	2637	8300
1198	1786	647	651	1069	1017	1600	8310
106	259	73	117	213	236	408	8320
469	606	197	229	355	365	629	8390
685	**861**	**314**	**313**	**613**	**560**	**1107**	P
685	861	314	313	613	560	1107	8400
224	198	84	90	179	128	286	8410
18	14	9	12	27	33	39	8420
55	46	17	15	34	27	65	8430
10	14	6	1	7	6	9	8440
378	589	198	195	366	366	708	8490
1211	**778**	**236**	**267**	**433**	**363**	**574**	Q
1136	738	217	251	390	304	528	8500
242	172	47	53	81	71	119	8510
177	136	31	39	39	40	78	8520
625	369	112	142	237	165	287	8530
34	14	7	4	4	7	6	8540
8	2	3	1	1	1	3	8550
14	11	7	2	6	6	11	8560
10	7	1	2	2	6	6	8570
26	27	9	8	20	8	18	8590

行业中类	代码	企业单位数	1949年及以前	1950-1977年
社会保障业	8600	279		2
社会福利业	8700	750		10
提供住宿的社会福利	8710	532		7
不提供住宿的社会福利	8720	218		3
文化、体育和娱乐业	R	**42929**	**53**	**702**
新闻出版业	8800	2793	14	70
新闻业	8810	118		2
出版业	8820	2675	14	68
广播、电视、电影和音像业	8900	6474	28	541
广播	8910	231		1
电视	8920	1695		7
电影	8930	3157	28	530
音像制作	8940	1391		3
文化艺术业	9000	11225	8	66
文艺创作与表演	9010	2292	3	17
艺术表演场馆	9020	358	5	31
图书馆与档案馆	9030	127		1
文物及文化保护	9040	174		2
博物馆	9050	148		
烈士陵园、纪念馆	9060	35		1
群众文化活动	9070	1202		9
文化艺术经纪代理	9080	2774		2
其他文化艺术	9090	4115		3
体育	9100	2192		5
体育组织	9110	781		1
体育场馆	9120	669		3
其他体育	9190	742		1
娱乐业	9200	20245	3	20
室内娱乐活动	9210	12100	2	13
游乐园	9220	648		3
休闲健身娱乐活动	9230	5496		2
其他娱乐活动	9290	2001	1	2

单位：个

1978-1991年	1992-1995年	1996年	1997年	1998年	1999年	2000年	代码
11	13	2	2	7	9	10	8600
64	27	17	14	36	50	36	8700
45	17	13	11	19	27	31	8710
19	10	4	3	17	23	5	8720
1613	**1412**	**422**	**492**	**907**	**930**	**1438**	**R**
450	282	54	32	75	95	135	8800
11	7	2	3		2	7	8810
439	275	52	29	75	93	128	8820
678	268	60	71	119	132	216	8900
17	3	3	5	5	5	13	8910
29	89	23	26	35	52	71	8920
610	135	25	26	61	46	77	8930
22	41	9	14	18	29	55	8940
220	207	73	79	168	185	300	9000
61	59	30	16	55	51	76	9010
43	11	6	5	8	8	6	9020
6	9	1		3	8	10	9030
9	9	1	2	6	3	8	9040
7	5	2	2	3	2	5	9050
2	5		1	1			9060
56	29	6	8	18	20	39	9070
12	35	16	12	28	45	68	9080
24	45	11	33	46	48	88	9090
30	58	30	27	44	40	97	9100
10	22	9	8	17	17	33	9110
14	23	14	12	14	15	30	9120
6	13	7	7	13	8	34	9190
235	597	205	283	501	478	690	9200
140	358	123	201	330	305	404	9210
30	28	12	7	22	22	27	9220
44	146	47	59	104	100	188	9230
21	65	23	16	45	51	71	9290

2-13 续表 14

行业中类	代码			
		2001年	2002年	2003年
总计	**0000**	**299678**	**334821**	**421170**
农、林、牧、渔业	**A**	**3130**	**2307**	**3079**
农业	0100	795	617	862
谷物及其他作物的种植	0110	170	97	136
蔬菜、园艺作物的种植	0120	359	300	411
水果、坚果、饮料和香料作物的种植	0130	226	169	257
中药材的种植	0140	40	51	58
林业	0200	493	361	433
林木的培育和种植	0210	466	331	409
木材和竹材的采运	0220	15	17	13
林产品的采集	0230	12	13	11
畜牧业	0300	1173	855	1112
牲畜的饲养	0310	330	265	368
猪的饲养	0320	487	314	395
家禽的饲养	0330	249	209	253
狩猎和捕捉动物	0340		1	1
其他畜牧业	0390	107	66	95
渔业	0400	267	185	236
海洋渔业	0410	102	67	97
内陆渔业	0420	165	118	139
农、林、牧、渔服务业	0500	402	289	436
农业服务业	0510	293	216	324
林业服务业	0520	29	13	24
畜牧服务业	0530	54	27	57
渔业服务业	0540	26	33	31
采矿业	**B**	**5374**	**5520**	**8043**
煤炭开采和洗选业	0600	1184	1096	1731
烟煤和无烟煤的开采洗选	0610	1132	1040	1662
褐煤的开采洗选	0620	24	25	37
其他煤炭采选	0690	28	31	32
石油和天然气开采业	0700	79	71	90
天然原油和天然气开采	0710	12	14	21
与石油和天然气开采有关的服务活动	0790	67	57	69

单位：个

2004年	2005年	2006年	2007年	2008年	2009年	开业时间不详	代码
446176	**508732**	**602707**	**603494**	**503232**	**717584**	**80942**	0000
3592	**5680**	**8680**	**13616**	**15907**	**50266**	**22180**	A
992	1631	2201	4144	4510	18077	4371	0100
168	330	504	748	927	5770	992	0110
454	743	895	1907	1928	6924	2002	0120
308	469	656	1204	1378	4712	1203	0130
62	89	146	285	277	671	174	0140
484	697	1049	1201	1300	4021	2255	0200
431	656	993	1124	1231	3793	2118	0210
24	21	25	34	37	107	98	0220
29	20	31	43	32	121	39	0230
1300	2161	3611	5653	6989	18525	7951	0300
433	659	1007	1588	1951	7026	2226	0310
471	784	1332	2260	2915	6331	3645	0320
295	521	1000	1364	1578	3860	1738	0330
1	4	4	6	10	16	4	0340
100	193	268	435	535	1292	338	0390
377	522	716	1123	1166	3321	1324	0400
157	182	278	331	408	1055	408	0410
220	340	438	792	758	2266	916	0420
439	669	1103	1495	1942	6322	6279	0500
318	506	844	1023	1470	5057	5966	0510
26	37	61	87	77	352	73	0520
48	73	136	322	280	644	144	0530
47	53	62	63	115	269	96	0540
9699	**10675**	**11748**	**10287**	**8100**	**7618**	**1551**	B
1888	2022	1864	1517	1293	1332	441	0600
1811	1925	1746	1406	1180	1139	426	0610
39	54	61	56	46	65	7	0620
38	43	57	55	67	128	8	0690
111	112	177	162	172	210	14	0700
13	20	24	26	21	40	7	0710
98	92	153	136	151	170	7	0790

行业中类	代码	2001年	2002年	2003年
黑色金属矿采选业	0800	785	865	1457
铁矿采选	0810	710	784	1294
其他黑色金属矿采选	0890	75	81	163
有色金属矿采选业	0900	508	535	764
常用有色金属矿采选	0910	362	366	543
贵金属矿采选	0920	107	120	143
稀有稀土金属矿采选	0930	39	49	78
非金属矿采选业	1000	2776	2921	3947
土砂石开采	1010	2410	2558	3476
化学矿采选	1020	73	74	113
采盐	1030	23	30	35
石棉及其他非金属矿采选	1090	270	259	323
其他采矿业	1100	42	32	54
制造业	C	**119134**	**131181**	**158113**
农副食品加工业	1300	7151	7465	8756
谷物磨制	1310	2318	2200	2547
饲料加工	1320	778	840	999
植物油加工	1330	736	758	922
制糖	1340	52	43	55
屠宰及肉类加工	1350	984	1063	1260
水产品加工	1360	597	651	721
蔬菜、水果和坚果加工	1370	870	985	1147
其他农副食品加工	1390	816	925	1105
食品制造业	1400	2887	2850	3370
焙烤食品制造	1410	683	625	832
糖果、巧克力及蜜饯制造	1420	288	317	348
方便食品制造	1430	417	432	495
液体乳及乳制品制造	1440	157	178	177
罐头制造	1450	212	209	247
调味品、发酵制品制造	1460	483	450	500
其他食品制造	1490	647	639	771
饮料制造业	1500	2385	2434	2811
酒精制造	1510	28	24	34
酒的制造	1520	932	892	1034
软饮料制造	1530	882	973	1081
精制茶加工	1540	543	545	662

单位：个

2004年	2005年	2006年	2007年	2008年	2009年	开业时间不详	代码
2344	2437	2337	2177	1886	1238	309	0800
2115	2156	2090	1946	1686	1036	278	0810
229	281	247	231	200	202	31	0890
919	1151	1566	1396	1005	788	261	0900
661	827	1194	1046	753	569	177	0910
163	147	189	205	146	143	57	0920
95	177	183	145	106	76	27	0930
4377	4868	5686	4944	3633	3639	499	1000
3781	4270	4967	4281	3103	3031	396	1010
138	136	173	157	145	101	25	1020
105	59	47	28	12	32	3	1030
353	403	499	478	373	475	75	1090
60	85	118	91	111	411	27	1100
158732	**170993**	**200234**	**185803**	**140024**	**156362**	**18469**	**C**
8924	9871	10213	9245	6904	6739	914	1300
2642	2699	2613	2086	1415	1332	113	1310
1004	1349	1333	1110	857	826	98	1320
903	859	886	786	657	680	102	1330
48	47	49	43	35	43	5	1340
1322	1414	1416	1445	1221	1043	131	1350
613	758	773	677	495	532	132	1360
1284	1415	1689	1588	1112	875	159	1370
1108	1330	1454	1510	1112	1408	174	1390
3427	3824	4187	4010	3172	3086	401	1400
818	922	1097	1145	922	841	86	1410
340	399	486	456	271	206	23	1420
546	610	662	658	561	566	69	1430
187	187	146	147	111	92	19	1440
239	305	289	228	183	164	25	1450
524	537	576	547	417	320	43	1460
773	864	931	829	707	897	136	1490
2671	3040	3269	3045	2202	2190	352	1500
31	66	64	28	24	39	6	1510
879	958	1008	895	636	668	119	1520
1104	1227	1338	1176	829	753	158	1530
657	789	859	946	713	730	69	1540

行业中类	代码	2001年	2002年	2003年
烟草制品业	1600	15	6	15
烟叶复烤	1610	6	1	7
卷烟制造	1620	4		5
其他烟草制品加工	1690	5	5	3
纺织业	1700	7096	9629	11036
棉、化纤纺织及印染精加工	1710	2876	4133	4502
毛纺织和染整精加工	1720	358	419	481
麻纺织	1730	65	69	124
丝绢纺织及精加工	1740	472	654	991
纺织制成品制造	1750	1508	1990	2249
针织品、编织品及其制品制造	1760	1817	2364	2689
纺织服装、鞋、帽制造业	1800	4902	5609	6827
纺织服装制造	1810	4555	5266	6393
纺织面料鞋的制造	1820	243	220	286
制帽	1830	104	123	148
皮革、毛皮、羽毛(绒)及其制品业	1900	1958	2145	2419
皮革鞣制加工	1910	191	215	222
皮革制品制造	1920	1479	1640	1824
毛皮鞣制及制品加工	1930	151	158	232
羽毛(绒)加工及制品制造	1940	137	132	141
木材加工及木、竹、藤、棕、草制品业	2000	3939	4337	5582
锯材、木片加工	2010	1460	1623	1976
人造板制造	2020	1164	1246	1791
木制品制造	2030	884	925	1174
竹、藤、棕、草制品制造	2040	431	543	641
家具制造业	2100	2330	2423	3116
木质家具制造	2110	1771	1772	2296
竹、藤家具制造	2120	47	52	47
金属家具制造	2130	251	307	348
塑料家具制造	2140	35	39	44
其他家具制造	2190	226	253	381
造纸及纸制品业	2200	3311	3689	4307
纸浆制造	2210	53	55	71
造纸	2220	831	926	1115
纸制品制造	2230	2427	2708	3121

单位：个

2004年	2005年	2006年	2007年	2008年	2009年	开业时间不详	代码
10	14	20	4	12	16	1	1600
6	8	8	1	4	9		1610
3	2	6	2	4	2		1620
1	4	6	1	4	5	1	1690
10246	10698	12706	10413	6879	8023	702	1700
4132	4465	5093	3808	2355	3027	230	1710
412	408	522	469	285	303	17	1720
111	86	94	64	44	60	4	1730
712	529	665	551	316	238	30	1740
2175	2440	2830	2382	1855	2097	183	1750
2704	2770	3502	3139	2024	2298	238	1760
7204	7980	10086	10011	7317	8864	732	1800
6809	7504	9482	9437	6895	8203	676	1810
273	339	461	429	316	542	53	1820
122	137	143	145	106	119	3	1830
2483	2878	3602	3497	2697	3036	439	1900
204	273	247	178	136	160	13	1910
1936	2202	2840	2893	2230	2259	388	1920
230	258	363	281	201	498	28	1930
113	145	152	145	130	119	10	1940
5701	6876	8557	8222	5154	4654	381	2000
2088	2803	3422	3399	1863	1465	89	2010
1801	1868	2484	2264	1415	1227	111	2020
1249	1501	1772	1750	1271	1359	130	2030
563	704	879	809	605	603	51	2040
3303	3540	4287	4117	3049	3301	394	2100
2433	2591	3061	2924	2135	2135	265	2110
56	67	102	83	57	64	12	2120
355	360	504	446	341	325	53	2130
52	48	69	70	57	72	7	2140
407	474	551	594	459	705	57	2190
4203	4360	5056	4628	3378	4082	357	2200
68	76	88	80	76	139	21	2210
967	989	1074	1020	750	759	82	2220
3168	3295	3894	3528	2552	3184	254	2230

行业中类	代码	2001年	2002年	2003年
印刷业和记录媒介的复制	2300	3551	3817	4708
印刷	2310	3293	3460	4294
装订及其他印刷服务活动	2320	248	334	389
记录媒介的复制	2330	10	23	25
文教体育用品制造业	2400	1276	1349	1805
文化用品制造	2410	371	413	488
体育用品制造	2420	271	337	398
乐器制造	2430	113	86	113
玩具制造	2440	478	464	739
游艺器材及娱乐用品制造	2450	43	49	67
石油加工、炼焦及核燃料加工业	2500	446	476	650
精炼石油产品的制造	2510	361	352	393
炼焦	2520	84	124	255
化学原料及化学制品制造业	2600	7038	7185	8386
基础化学原料制造	2610	1115	1146	1552
肥料制造	2620	565	654	763
农药制造	2630	187	153	197
涂料、油墨、颜料及类似产品制造	2640	1416	1518	1730
合成材料制造	2650	436	462	544
专用化学产品制造	2660	2618	2586	2840
日用化学产品制造	2670	701	666	760
医药制造业	2700	1103	1121	1345
化学药品原药制造	2710	150	161	204
化学药品制剂制造	2720	183	183	184
中药饮片加工	2730	120	141	188
中成药制造	2740	218	195	245
兽用药品制造	2750	103	105	96
生物、生化制品的制造	2760	151	184	213
卫生材料及医药用品制造	2770	178	152	215
化学纤维制造业	2800	267	390	504
纤维素纤维原料及纤维制造	2810	49	64	77
合成纤维制造	2820	218	326	427
橡胶制品业	2900	1444	1501	1790
轮胎制造	2910	120	124	163
橡胶板、管、带的制造	2920	288	310	355

单位：个

2004年	2005年	2006年	2007年	2008年	2009年	开业时间不详	代码
4262	3944	4334	3635	2471	2811	199	2300
3849	3592	3902	3292	2226	2476	184	2310
395	340	410	328	233	299	14	2320
18	12	22	15	12	36	1	2330
1843	1819	2166	2101	1635	1458	160	2400
504	492	503	478	358	391	34	2410
492	460	570	511	426	419	43	2420
123	119	123	125	96	90	16	2430
649	685	891	904	681	476	56	2440
75	63	79	83	74	82	11	2450
664	561	599	544	460	570	142	2500
392	382	457	439	327	368	102	2510
269	178	135	103	133	196	39	2520
8165	8944	9875	8075	5990	6514	1139	2600
1457	1570	1695	1389	1068	1082	227	2610
812	945	947	847	774	1145	146	2620
172	217	214	192	142	150	26	2630
1613	1545	1664	1474	1072	949	184	2640
537	537	583	558	401	542	84	2650
2845	3398	3915	2851	1964	1845	353	2660
729	732	857	764	569	801	119	2670
1389	1383	1349	1155	984	1179	235	2700
191	179	185	177	168	149	34	2710
176	179	140	101	91	115	31	2720
230	225	200	192	169	157	27	2730
234	207	182	154	122	155	37	2740
134	139	151	94	64	102	18	2750
219	239	251	237	232	269	63	2760
205	215	240	200	138	232	25	2770
454	409	588	459	262	313	32	2800
79	73	96	74	69	73	7	2810
375	336	492	385	193	240	25	2820
1726	1901	2073	1898	1494	1663	188	2900
129	179	226	195	185	175	16	2910
305	387	373	372	277	312	46	2920

2-13 续表 18

行业中类	代码	2001年	2002年	2003年
橡胶零件制造	2930	474	463	536
再生橡胶制造	2940	78	77	100
日用及医用橡胶制品制造	2950	63	69	108
橡胶靴鞋制造	2960	106	127	127
其他橡胶制品制造	2990	315	331	401
塑料制品业	3000	6729	7923	8696
塑料薄膜制造	3010	657	780	808
塑料板、管、型材的制造	3020	990	1193	1299
塑料丝、绳及编织品的制造	3030	770	856	908
泡沫塑料制造	3040	357	387	475
塑料人造革、合成革制造	3050	79	99	82
塑料包装箱及容器制造	3060	732	887	1008
塑料零件制造	3070	873	1089	1167
日用塑料制造	3080	907	1061	1079
其他塑料制品制造	3090	1364	1571	1870
非金属矿物制品业	3100	13169	13310	16785
水泥、石灰和石膏的制造	3110	958	929	1243
水泥及石膏制品制造	3120	3205	3244	4003
砖瓦、石材及其他建筑材料制造	3130	5650	5752	7311
玻璃及玻璃制品制造	3140	1003	1136	1367
陶瓷制品制造	3150	623	657	800
耐火材料制品制造	3160	881	759	1048
石墨及其他非金属矿物制品制造	3190	849	833	1013
黑色金属冶炼及压延加工业	3200	1130	1346	2100
炼铁	3210	163	229	331
炼钢	3220	48	62	99
钢压延加工	3230	738	877	1278
铁合金冶炼	3240	181	178	392
有色金属冶炼及压延加工业	3300	1362	1448	1748
常用有色金属冶炼	3310	336	328	464
贵金属冶炼	3320	33	51	62
稀有稀土金属冶炼	3330	73	78	98
有色金属合金制造	3340	144	157	206
有色金属压延加工	3350	776	834	918

单位：个

2004年	2005年	2006年	2007年	2008年	2009年	开业时间不详	代码
503	521	503	445	329	326	54	2930
99	88	119	131	95	61	11	2940
72	82	108	83	62	53	6	2950
150	140	181	162	121	104	8	2960
468	504	563	510	425	632	47	2990
8724	9444	11260	10273	7485	8164	955	3000
740	906	984	814	591	793	54	3010
1263	1310	1566	1434	1138	1155	174	3020
911	951	1137	992	656	565	69	3030
403	447	562	519	367	322	38	3040
108	105	110	84	82	67	20	3050
988	1044	1258	1172	826	879	102	3060
1197	1246	1570	1483	1023	914	105	3070
1083	1177	1362	1244	850	951	156	3080
2031	2258	2711	2531	1952	2518	237	3090
16632	18306	22559	20431	15597	13954	1871	3100
1194	1078	1150	1054	888	1142	164	3110
3847	4426	5365	5032	3714	2868	290	3120
7241	8189	11147	9920	7625	5888	809	3130
1376	1505	1732	1684	1375	1259	162	3140
741	847	835	807	512	836	96	3150
1113	1105	1085	823	626	615	162	3160
1120	1156	1245	1111	857	1346	188	3190
2065	1930	1850	1810	1459	1349	190	3200
282	311	236	241	182	229	36	3210
87	60	62	73	65	104	7	3220
1213	1246	1301	1237	981	817	107	3230
483	313	251	259	231	199	40	3240
1894	2089	2563	2586	1764	1718	278	3300
544	604	796	804	473	521	107	3310
48	53	54	61	45	50	15	3320
129	171	198	162	141	69	19	3330
186	224	235	231	174	212	21	3340
987	1037	1280	1328	931	866	116	3350

行业中类	代码	2001年	2002年	2003年
金属制品业	3400	8719	9609	11602
结构性金属制品制造	3410	3080	3408	4243
金属工具制造	3420	1202	1307	1533
集装箱及金属包装容器制造	3430	368	420	423
金属丝绳及其制品的制造	3440	466	496	601
建筑、安全用金属制品制造	3450	1035	1198	1332
金属表面处理及热处理加工	3460	725	771	985
搪瓷制品制造	3470	70	58	67
不锈钢及类似日用金属制品制造	3480	837	862	1070
其他金属制品制造	3490	936	1089	1348
通用设备制造业	3500	11786	13156	16079
锅炉及原动机制造	3510	483	472	570
金属加工机械制造	3520	1467	1466	1991
起重运输设备制造	3530	350	460	514
泵、阀门、压缩机及类似机械的制造	3540	1601	1882	2082
轴承、齿轮、传动和驱动部件的制造	3550	857	979	1178
烘炉、熔炉及电炉制造	3560	105	105	177
风机、衡器、包装设备等通用设备制造	3570	1377	1613	1905
通用零部件制造及机械修理	3580	3394	3842	4772
金属铸、锻加工	3590	2152	2337	2890
专用设备制造业	3600	5953	6671	8217
矿山、冶金、建筑专用设备制造	3610	981	1106	1484
化工、木材、非金属加工专用设备制造	3620	1528	1828	2244
食品、饮料、烟草及饲料生产专用设备制造	3630	259	257	291
印刷、制药、日化生产专用设备制造	3640	390	419	520
纺织、服装和皮革工业专用设备制造	3650	689	822	889
农、林、牧、渔专用机械制造	3670	523	518	624
医疗仪器设备及器械制造	3680	336	412	441
环保、社会公共安全及其他专用设备制造	3690	861	912	1192
交通运输设备制造业	3700	4702	5483	6794
铁路运输设备制造	3710	160	164	183
汽车制造	3720	3314	3903	4879
摩托车制造	3730	420	486	625
自行车制造	3740	327	407	498
船舶及浮动装置制造	3750	356	398	467
航空航天器制造	3760	25	14	23
交通器材及其他交通运输设备制造	3790	100	111	119

单位：个

2004年	2005年	2006年	2007年	2008年	2009年	开业时间不详	代码
11732	12803	15049	14286	11349	14123	1526	3400
4176	4646	5704	5564	4577	4776	558	3410
1556	1670	1807	1644	1236	1649	162	3420
460	533	535	516	359	383	52	3430
660	721	728	681	471	584	50	3440
1379	1456	1830	1683	1227	1654	190	3450
896	906	995	912	641	498	110	3460
83	90	106	102	100	102	12	3470
1130	1184	1459	1315	1091	1485	135	3480
1392	1597	1885	1869	1647	2992	257	3490
16364	17385	19577	18555	14130	15455	1888	3500
577	608	605	555	418	705	65	3510
2040	2263	2602	2564	2002	2741	241	3520
482	485	596	543	341	436	89	3530
2138	2168	2311	2251	1731	1776	244	3540
1121	1212	1334	1234	947	755	107	3550
153	156	202	195	141	131	12	3560
1956	2028	2369	2240	1836	2756	245	3570
5044	5496	6586	6447	4994	4848	669	3580
2853	2969	2972	2526	1720	1307	216	3590
8459	9203	10723	10091	7884	10842	1142	3600
1454	1619	1851	1720	1295	1767	254	3610
2487	2827	3464	3459	2734	2792	263	3620
284	280	295	288	235	322	34	3630
509	534	580	572	412	757	65	3640
801	799	839	690	423	463	49	3650
564	672	713	647	530	708	65	3670
523	548	603	479	400	488	66	3680
1234	1331	1588	1462	1217	2504	249	3690
6785	7168	8674	8285	6493	7060	979	3700
189	213	226	230	163	283	41	3710
4832	5008	5918	5517	4149	4247	531	3720
570	578	619	570	452	374	49	3730
452	497	699	658	413	402	49	3740
589	690	978	1097	1159	1422	282	3750
30	27	32	49	33	35	7	3760
123	155	202	164	124	297	20	3790

行业中类	代码	2001年	2002年	2003年
电气机械及器材制造业	3900	6118	6813	7991
电机制造	3910	684	766	882
输配电及控制设备制造	3920	2054	2352	2732
电线、电缆、光缆及电工器材制造	3930	1153	1200	1385
电池制造	3940	224	242	345
家用电力器具制造	3950	711	816	973
非电力家用器具制造	3960	200	199	242
照明器具制造	3970	811	955	1087
其他电气机械及器材制造	3990	281	283	345
通信设备、计算机及其他电子设备制造业	4000	2992	3320	3822
通信设备制造	4010	367	367	389
雷达及配套设备制造	4020	7	8	8
广播电视设备制造	4030	121	109	132
电子计算机制造	4040	285	310	353
电子器件制造	4050	461	461	563
电子元件制造	4060	1265	1466	1711
家用视听设备制造	4070	188	246	241
其他电子设备制造	4090	298	353	425
仪器仪表及文化、办公用机械制造业	4100	1731	1706	2044
通用仪器仪表制造	4110	865	842	1004
专用仪器仪表制造	4120	298	291	368
钟表与计时仪器制造	4130	97	102	128
光学仪器及眼镜制造	4140	269	258	311
文化、办公用机械制造	4150	129	115	126
其他仪器仪表的制造及修理	4190	73	98	107
工艺品及其他制造业	4200	3199	3474	4082
工艺美术品制造	4210	1922	2196	2578
日用杂品制造	4220	540	559	643
煤制品制造	4230	391	340	376
其他未列明的制造业	4290	345	373	483
废弃资源和废旧材料回收加工业	4300	445	496	726
金属废料和碎屑的加工处理	4310	199	247	330
非金属废料和碎屑的加工处理	4320	246	249	396

单位：个

2004年	2005年	2006年	2007年	2008年	2009年	开业时间不详	代码
8070	8397	10381	10366	8503	10305	1243	3900
940	880	1067	1012	829	1086	130	3910
2717	2805	3338	3195	2695	2965	331	3920
1351	1450	1799	1641	1219	1299	159	3930
321	370	467	490	396	427	59	3940
989	1053	1310	1338	1130	1402	195	3950
247	323	456	430	470	690	136	3960
1090	1121	1407	1730	1347	1470	149	3970
415	395	537	530	417	966	84	3990
4268	4516	5496	5522	4970	5913	688	4000
406	428	486	466	444	712	78	4010
12	8	11	7	8	9	1	4020
140	120	143	140	106	100	13	4030
368	408	444	466	403	490	58	4040
599	682	756	806	751	834	75	4050
1915	1952	2525	2554	2255	2309	321	4060
364	345	411	397	315	269	46	4070
464	573	720	686	688	1190	96	4090
2039	1999	2313	2197	1714	1755	234	4100
994	988	1096	1020	770	762	107	4110
349	333	394	372	299	302	32	4120
143	136	132	171	156	131	24	4130
327	292	354	361	270	250	41	4140
137	125	190	172	142	129	18	4150
89	125	147	101	77	181	12	4190
4213	4751	5681	5152	3716	6137	533	4200
2614	2862	3617	3295	2328	2995	323	4210
716	771	901	854	664	767	52	4220
372	466	448	398	231	189	30	4230
508	650	715	603	491	2186	127	4290
812	960	1141	1190	900	1088	174	4300
414	432	487	526	458	552	74	4310
398	528	654	664	442	536	100	4320

行业中类	代码	2001年	2002年	2003年
电力、燃气及水的生产和供应业	D	**2905**	**3407**	**4679**
电力、热力的生产和供应业	4400	1876	2282	3280
电力生产	4410	1561	1945	2792
电力供应	4420	137	116	159
热力生产和供应	4430	178	221	329
燃气生产和供应业	4500	207	244	310
水的生产和供应业	4600	822	881	1089
自来水的生产和供应	4610	717	718	883
污水处理及其再生利用	4620	70	128	172
其他水的处理、利用与分配	4690	35	35	34
建筑业	E	**14008**	**14837**	**16967**
房屋和土木工程建筑业	4700	6246	6040	6171
房屋工程建筑	4710	4274	3940	3577
土木工程建筑	4720	1972	2100	2594
建筑安装业	4800	2813	2947	3466
建筑装饰业	4900	3633	4140	5304
其他建筑业	5000	1316	1710	2026
工程准备	5010	438	618	824
提供施工设备服务	5020	131	201	209
其他未列明的建筑活动	5090	747	891	993
交通运输、仓储和邮政业	F	**7721**	**8841**	**11145**
铁路运输业	5100	22	17	28
铁路旅客运输	5110	1		
铁路货物运输	5120	12	10	20
铁路运输辅助活动	5130	9	7	8
道路运输业	5200	3802	4271	5202
公路旅客运输	5210	610	614	585
道路货物运输	5220	2796	3233	4060
道路运输辅助活动	5230	396	424	557
城市公共交通业	5300	544	546	523
公共电汽车客运	5310	128	146	139
轨道交通	5320	8	3	
出租车客运	5330	380	370	360
城市轮渡	5340	3	3	4
其他城市公共交通	5390	25	24	20

单位：个

2004年	2005年	2006年	2007年	2008年	2009年	开业时间不详	代码
4789	**4645**	**4523**	**3758**	**2967**	**3786**	**955**	D
3509	3364	3056	2416	1797	2361	672	4400
3108	2887	2653	1993	1455	1695	594	4410
125	145	109	107	85	281	28	4420
276	332	294	316	257	385	50	4430
282	277	327	294	252	512	83	4500
998	1004	1140	1048	918	913	200	4600
804	793	890	772	581	540	79	4610
166	173	205	239	299	297	114	4620
28	38	45	37	38	76	7	4690
18905	**21932**	**24952**	**24186**	**20393**	**32621**	**2759**	E
6412	7616	8469	7577	5593	8901	875	4700
3736	4570	5180	4454	3025	4633	506	4710
2676	3046	3289	3123	2568	4268	369	4720
3873	4428	4888	4634	3777	6696	411	4800
6200	7130	8341	8981	8359	11216	871	4900
2420	2758	3254	2994	2664	5808	602	5000
932	968	1145	1034	1030	1215	196	5010
298	326	423	391	318	736	55	5020
1190	1464	1686	1569	1316	3857	351	5090
13755	**16503**	**18285**	**17828**	**14721**	**19507**	**1512**	F
24	42	23	38	39	203	12	5100
2	4	2	1	1	22	2	5110
14	17	9	22	24	96	4	5120
8	21	12	15	14	85	6	5130
6325	6912	8484	8398	6715	10231	730	5200
538	573	650	564	398	708	42	5210
5208	5749	7241	7228	5815	8755	605	5220
579	590	593	606	502	768	83	5230
574	543	528	480	348	424	32	5300
158	151	166	150	120	165	10	5310
2	5	3	4	2	11		5320
381	359	331	296	197	199	19	5330
6	4	2	3	2	4		5340
27	24	26	27	27	45	3	5390

行业中类	代码	2001年	2002年	2003年
水上运输业	5400	357	482	534
水上旅客运输	5410	52	76	67
水上货物运输	5420	221	305	351
水上运输辅助活动	5430	84	101	116
航空运输业	5500	38	40	69
航空客货运输	5510	12	13	22
通用航空服务	5520	11	7	17
航空运输辅助活动	5530	15	20	30
管道运输业	5600	5	2	10
装卸搬运和其他运输服务业	5700	1857	2255	3135
装卸搬运	5710	343	351	483
运输代理服务	5720	1514	1904	2652
仓储业	5800	923	1008	1359
谷物、棉花等农产品仓储	5810	243	199	243
其他仓储	5890	680	809	1116
邮政业	5900	173	220	285
国家邮政	5910	7	6	10
其他寄递服务	5990	166	214	275
信息传输、计算机服务和软件业	G	**8087**	**10005**	**14364**
电信和其他信息传输服务业	6000	1294	1275	1915
电信	6010	594	530	729
互联网信息服务	6020	508	594	975
广播电视传输服务	6030	178	142	187
卫星传输服务	6040	14	9	24
计算机服务业	6100	4564	6107	8924
计算机系统服务	6110	833	887	1211
数据处理	6120	39	51	56
计算机维修	6130	152	192	279
其他计算机服务	6190	3540	4977	7378
软件业	6200	2229	2623	3525
公共软件服务	6210	1818	2119	2832
其他软件服务	6290	411	504	693
批发和零售业	H	**81790**	**93523**	**118874**
批发业	6300	49832	57724	74216
农畜产品批发	6310	2529	2602	3162

单位：个

2004年	2005年	2006年	2007年	2008年	2009年	开业时间不详	代码
654	682	709	738	529	724	80	5400
64	49	49	60	36	73	8	5410
451	484	467	499	343	406	41	5420
139	149	193	179	150	245	31	5430
80	62	81	69	60	122	14	5500
28	26	30	28	23	39	4	5510
17	13	17	19	11	48	4	5520
35	23	34	22	26	35	6	5530
8	7	8	3	3	26	2	5600
4306	6203	6261	5880	5093	5144	363	5700
514	542	676	788	723	886	67	5710
3792	5661	5585	5092	4370	4258	296	5720
1351	1552	1636	1596	1208	1487	233	5800
265	326	310	338	261	367	41	5810
1086	1226	1326	1258	947	1120	192	5890
433	500	555	626	726	1146	46	5900
6	11	9	10	19	178	1	5910
427	489	546	616	707	968	45	5990
15292	**18301**	**24290**	**23960**	**18018**	**18636**	**1250**	G
2113	2240	2763	2761	2314	4190	203	6000
787	669	695	665	680	1388	70	6010
1126	1363	1894	1907	1470	2676	126	6020
180	191	161	175	147	112	7	6030
20	17	13	14	17	14		6040
8925	11082	15436	14663	9943	8017	484	6100
1456	1807	2134	2019	1959	2794	163	6110
89	88	121	124	83	127	9	6120
305	375	502	449	372	339	21	6130
7075	8812	12679	12071	7529	4757	291	6190
4254	4979	6091	6536	5761	6429	563	6200
3431	3985	4929	5330	4725	4704	424	6210
823	994	1162	1206	1036	1725	139	6290
124458	**143594**	**175961**	**181262**	**155476**	**266868**	**15213**	H
77039	88226	108301	112818	96437	170973	9950	6300
3282	4136	4176	4266	3540	8529	295	6310

行业中类	代码	2001年	2002年	2003年
食品、饮料及烟草制品批发	6320	3545	3788	4659
纺织、服装及日用品批发	6330	4864	5722	7254
文化、体育用品及器材批发	6340	1603	1919	2561
医药及医疗器材批发	6350	1482	1828	2442
矿产品、建材及化工产品批发	6360	17091	19600	25464
机械设备、五金交电及电子产品批发	6370	14423	17293	21748
贸易经纪与代理	6380	870	1308	1561
其他批发	6390	3425	3664	5365
零售业	6500	31958	35799	44658
综合零售	6510	3552	3631	4346
食品、饮料及烟草制品专门零售	6520	2474	2452	3139
纺织、服装及日用品专门零售	6530	3070	3435	4318
文化、体育用品及器材专门零售	6540	2027	2425	3236
医药及医疗器材专门零售	6550	2523	3666	4809
汽车、摩托车、燃料及零配件专门零售	6560	5643	6432	7148
家用电器及电子产品专门零售	6570	5368	5959	7761
五金、家具及室内装修材料专门零售	6580	4284	4569	5780
无店铺及其他零售	6590	3017	3230	4121
住宿和餐饮业	I	**7371**	**7997**	**10226**
住宿业	6600	2552	2790	3498
旅游饭店	6610	852	1017	1289
一般旅馆	6620	1532	1614	2037
其他住宿服务	6690	168	159	172
餐饮业	6700	4819	5207	6728
正餐服务	6710	4054	4321	5635
快餐服务	6720	318	363	379
饮料及冷饮服务	6730	156	219	329
其他餐饮服务	6790	291	304	385
金融业	J	**751**	**1294**	**1917**
银行业	6800	122	87	110
中央银行	6810		1	3
商业银行	6820	114	76	96
其他银行	6890	8	10	11

单位：个

2004年	2005年	2006年	2007年	2008年	2009年	开业时间不详	代码
4579	5540	7428	8630	7921	12076	720	6320
7649	9672	12176	12951	11044	18434	960	6330
2686	2926	3413	3390	3065	4486	255	6340
2539	3039	3307	2967	2352	3732	213	6350
25834	28490	35434	36565	30398	54398	3512	6360
22534	25201	31572	32730	28409	44303	2399	6370
1918	2202	2767	3066	2868	6543	388	6380
6018	7020	8028	8253	6840	18472	1208	6390
47419	55368	67660	68444	59039	95895	5263	6500
4444	5184	6159	6068	4704	14247	587	6510
3197	4061	5165	5955	5507	6444	401	6520
4753	5896	7205	7927	7113	8294	518	6530
3353	3593	4360	4390	3849	4219	309	6540
5453	6733	6939	6073	4950	8652	339	6550
6984	7368	8661	8129	6510	11070	718	6560
8563	9951	13048	13684	12108	15900	850	6570
6096	7260	9583	9552	8516	10844	623	6580
4576	5322	6540	6666	5782	16225	918	6590
11398	**14158**	**16878**	**17928**	**15813**	**10305**	**937**	I
3816	4618	5347	5693	5098	2945	343	6600
1328	1450	1512	1596	1325	1042	155	6610
2293	2911	3535	3753	3420	1553	154	6620
195	257	300	344	353	350	34	6690
7582	9540	11531	12235	10715	7360	594	6700
6241	7827	9448	9940	8492	5577	445	6710
507	663	782	881	838	637	43	6720
369	453	570	642	609	314	24	6730
465	597	731	772	776	832	82	6790
1772	**2544**	**3087**	**4032**	**4306**	**6989**	**389**	J
121	410	489	583	540	1177	50	6800
2	4	1	1	2	32	1	6810
111	386	459	549	487	830	38	6820
8	20	29	33	51	315	11	6890

行业中类	代码	2001年	2002年	2003年
证券业	6900	81	79	64
证券市场管理	6910	4	1	5
证券经纪与交易	6920	50	66	42
证券投资	6930	18	7	12
证券分析与咨询	6940	9	5	5
保险业	7000	212	599	974
人寿保险	7010	94	302	401
非人寿保险	7020	66	219	260
保险辅助服务	7030	52	78	313
其他金融活动	7100	336	529	769
金融信托与管理	7110	30	44	58
金融租赁	7120	4		2
财务公司	7130	10	14	17
邮政储蓄	7140	5	2	3
典当	7150	77	271	273
其他未列明的金融活动	7190	210	198	416
房地产业	K	**12905**	**14740**	**17973**
房地产业	7200	12905	14740	17973
房地产开发经营	7210	6075	6493	7582
物业管理	7220	3595	4266	5315
房地产中介服务	7230	1809	2107	2956
其他房地产活动	7290	1426	1874	2120
租赁和商务服务业	L	**18349**	**20782**	**28488**
租赁业	7300	990	1105	1360
机械设备租赁	7310	950	1045	1275
文化及日用品出租	7320	40	60	85
商务服务业	7400	17359	19677	27128
企业管理服务	7410	2479	3039	4037
法律服务	7420	859	603	566
咨询与调查	7430	4459	5490	7784
广告业	7440	3718	4127	5601
知识产权服务	7450	191	218	513
职业中介服务	7460	751	913	1352
市场管理	7470	986	1159	1465
旅行社	7480	1521	1359	1873
其他商务服务	7490	2395	2769	3937

单位：个

2004年	2005年	2006年	2007年	2008年	2009年	开业时间不详	代码
44	43	66	108	121	329	22	6900
1	1	6	4	3	29	1	6910
28	29	34	39	56	141	13	6920
9	8	15	48	38	92	6	6930
6	5	11	17	24	67	2	6940
934	1068	1155	1373	1450	1222	53	7000
219	194	228	392	581	589	20	7010
325	507	548	553	539	361	18	7020
390	367	379	428	330	272	15	7030
673	1023	1377	1968	2195	4261	264	7100
56	70	101	91	139	570	34	7110
7	10	14	28	17	109	4	7120
29	25	41	48	53	214	10	7130
	1	3	84	250	116	2	7140
116	376	403	613	310	480	43	7150
465	541	815	1104	1426	2772	171	7190
18398	**20017**	**23572**	**25390**	**16969**	**24353**	**4348**	K
18398	20017	23572	25390	16969	24353	4348	7200
7101	8135	9569	10371	5751	10131	2374	7210
5579	6024	6731	6637	5165	6750	854	7220
3469	3693	4702	5741	4221	5937	459	7230
2249	2165	2570	2641	1832	1535	661	7290
33927	**41882**	**47717**	**51693**	**50495**	**68195**	**6208**	L
1591	2018	2435	2676	2533	4326	256	7300
1522	1908	2357	2596	2461	4207	253	7310
69	110	78	80	72	119	3	7320
32336	39864	45282	49017	47962	63869	5952	7400
3992	5471	6452	7544	7782	12274	1489	7410
577	651	629	568	474	473	36	7420
10230	13195	14444	16236	16718	20547	2069	7430
7133	8531	10279	11234	10336	12893	909	7440
483	447	477	427	437	425	21	7450
1777	2023	2355	2670	2806	2931	223	7460
1288	1501	1275	1176	1049	1059	135	7470
2018	2247	2383	2213	1748	1937	189	7480
4838	5798	6988	6949	6612	11330	881	7490

行业中类	代码	2001年	2002年	2003年
科学研究、技术服务和地质勘查业	M	**7321**	**8037**	**10632**
研究与试验发展	7500	852	859	1122
自然科学研究与试验发展	7510	91	74	98
工程和技术研究与试验发展	7520	381	467	609
农业科学研究与试验发展	7530	135	114	142
医学研究与试验发展	7540	231	192	254
社会人文科学研究与试验发展	7550	14	12	19
专业技术服务业	7600	4106	4759	6223
气象服务	7610	44	50	90
地震服务	7620	8	2	7
海洋服务	7630	6	7	10
测绘服务	7640	153	192	313
技术检测	7650	354	431	589
环境监测	7660	52	56	90
工程技术与规划管理	7670	2268	2623	3111
其他专业技术服务	7690	1221	1398	2013
科技交流和推广服务业	7700	2250	2326	3139
技术推广服务	7710	1678	1703	2285
科技中介服务	7720	266	267	383
其他科技服务	7790	306	356	471
地质勘查业	7800	113	93	148
矿产地质勘查	7810	47	34	60
基础地质勘查	7820	13	19	30
地质勘查技术服务	7830	53	40	58
水利、环境和公共设施管理业	N	**1360**	**1559**	**2086**
水利管理业	7900	118	97	120
防洪管理	7910	10	8	12
水资源管理	7920	53	50	60
其他水利管理	7990	55	39	48
环境管理业	8000	255	276	399
自然保护	8010	14	16	19
环境治理	8020	241	260	380
公共设施管理业	8100	987	1186	1567
市政公共设施管理	8110	121	133	185
城市绿化管理	8120	580	719	906
游览景区管理	8130	286	334	476

单位：个

2004年	2005年	2006年	2007年	2008年	2009年	开业时间不详	代码
12200	**15027**	**16664**	**17508**	**16812**	**22283**	**2728**	M
1254	1566	1981	2045	2117	3968	347	7500
115	155	172	162	214	584	40	7510
679	869	1197	1299	1303	2373	176	7520
136	179	226	215	203	452	59	7530
294	344	353	341	367	527	70	7540
30	19	33	28	30	32	2	7550
7081	8071	8828	8564	7578	9924	1211	7600
75	67	57	48	26	280	1	7610
7	10	3	10	3	10		7620
12	14	11	9	14	27	3	7630
337	365	338	281	202	328	33	7640
690	804	1095	822	654	809	69	7650
118	139	139	166	172	158	15	7660
3515	3836	4044	3799	3144	3279	414	7670
2327	2836	3141	3429	3363	5033	676	7690
3670	5138	5558	6547	6733	8087	1128	7700
2651	3521	4132	4803	5264	5712	937	7710
415	500	603	760	647	573	65	7720
604	1117	823	984	822	1802	126	7790
195	252	297	352	384	304	42	7800
88	127	152	191	201	130	32	7810
29	22	39	20	25	36		7820
78	103	106	141	158	138	10	7830
2046	**2215**	**2473**	**2482**	**2355**	**3258**	**538**	N
117	124	158	134	111	237	33	7900
9	9	10	13	3	17	3	7910
56	54	87	58	56	99	22	7920
52	61	61	63	52	121	8	7990
451	495	574	564	654	898	135	8000
30	29	35	25	28	40	12	8010
421	466	539	539	626	858	123	8020
1478	1596	1741	1784	1590	2123	370	8100
201	210	242	246	211	344	30	8110
858	915	949	927	830	1177	124	8120
419	471	550	611	549	602	216	8130

行业中类	代码	2001年	2002年	2003年
居民服务和其他服务业	O	**5890**	**6741**	**8875**
居民服务业	8200	2773	3304	4237
家庭服务	8210	160	152	254
托儿所	8220	20	23	24
洗染服务	8230	127	189	160
理发及美容保健服务	8240	777	1105	1409
洗浴服务	8250	553	659	981
婚姻服务	8260	95	139	153
殡葬服务	8270	99	78	142
摄影扩印服务	8280	447	449	462
其他居民服务	8290	495	510	652
其他服务业	8300	3117	3437	4638
修理与维护	8310	1885	2000	2690
清洁服务	8320	498	615	825
其他未列明的服务	8390	734	822	1123
教育	P	**1199**	**1365**	**1714**
教育	8400	1199	1365	1714
学前教育	8410	236	284	328
初等教育	8420	41	42	53
中等教育	8430	57	51	64
高等教育	8440	9	11	14
其他教育	8490	856	977	1255
卫生、社会保障和社会福利业	Q	**697**	**796**	**1180**
卫生	8500	645	733	1108
医院	8510	141	233	386
卫生院及社区医疗活动	8520	91	89	108
门诊部医疗活动	8530	334	340	524
计划生育技术服务活动	8540	7	10	19
妇幼保健活动	8550	3	1	6
专科疾病防治活动	8560	20	25	14
疾病预防控制及防疫活动	8570	6	8	9
其他卫生活动	8590	43	27	42

单位：个

2004年	2005年	2006年	2007年	2008年	2009年	开业时间不详	代码
10205	**11794**	**13880**	**14105**	**12586**	**18430**	**1018**	O
4872	5689	6472	6673	5950	6069	338	8200
412	467	537	555	622	946	43	8210
24	26	31	28	34	34	2	8220
198	209	249	256	212	155	16	8230
1517	1960	2218	2181	1978	952	67	8240
1049	1078	1203	1193	931	477	30	8250
220	293	396	527	437	443	28	8260
149	136	123	133	108	109	19	8270
529	655	657	651	556	461	29	8280
774	865	1058	1149	1072	2492	104	8290
5333	6105	7408	7432	6636	12361	680	8300
2953	3331	4039	3692	3136	3482	203	8310
954	1105	1471	1782	1617	2093	118	8320
1426	1669	1898	1958	1883	6786	359	8390
2211	**2786**	**2918**	**2643**	**2234**	**2118**	**199**	P
2211	2786	2918	2643	2234	2118	199	8400
332	358	415	345	309	227	10	8410
29	56	47	68	35	43	2	8420
64	105	113	91	73	125	4	8430
24	15	21	17	27	26	1	8440
1762	2252	2322	2122	1790	1697	182	8490
1358	**1766**	**1803**	**1616**	**1295**	**881**	**86**	Q
1285	1677	1716	1526	1229	772	68	8500
448	571	555	411	384	346	27	8510
144	182	159	197	139	76	8	8520
568	753	814	719	568	216	20	8530
27	24	22	19	14	4		8540
3	8	10	15	10	12	1	8550
20	42	42	39	29	12		8560
13	7	14	11	14	16		8570
62	90	100	115	71	90	12	8590

行业中类	代码	2001年	2002年	2003年
社会保障业	8600	18	27	24
社会福利业	8700	34	36	48
提供住宿的社会福利	8710	25	27	31
不提供住宿的社会福利	8720	9	9	17
文化、体育和娱乐业	R	**1686**	**1889**	**2815**
新闻出版业	8800	137	131	171
新闻业	8810	3		6
出版业	8820	134	131	165
广播、电视、电影和音像业	8900	247	279	385
广播	8910	13	12	15
电视	8920	82	87	150
电影	8930	83	103	134
音像制作	8940	69	77	86
文化艺术业	9000	452	442	698
文艺创作与表演	9010	120	92	172
艺术表演场馆	9020	15	8	12
图书馆与档案馆	9030	4	6	6
文物及文化保护	9040	14	4	12
博物馆	9050	7	6	9
烈士陵园、纪念馆	9060	1		3
群众文化活动	9070	48	57	82
文化艺术经纪代理	9080	114	122	204
其他文化艺术	9090	129	147	198
体育	9100	91	110	162
体育组织	9110	34	40	62
体育场馆	9120	28	41	57
其他体育	9190	29	29	43
娱乐业	9200	759	927	1399
室内娱乐活动	9210	436	507	839
游乐园	9220	28	38	40
休闲健身娱乐活动	9230	215	278	413
其他娱乐活动	9290	80	104	107

单位：个

2004年	2005年	2006年	2007年	2008年	2009年	开业时间不详	代码
31	26	18	26	13	37	3	8600
42	63	69	64	53	72	15	8700
29	42	54	51	38	51	14	8710
13	21	15	13	15	21	1	8720
3439	**4220**	**5042**	**5397**	**4761**	**5105**	**606**	R
201	209	194	165	151	210	17	8800
7	9	13	8	9	28	1	8810
194	200	181	157	142	182	16	8820
521	579	645	633	500	515	57	8900
21	28	15	14	15	44	2	8910
188	180	228	205	107	123	13	8920
184	205	229	241	227	190	23	8930
128	166	173	173	151	158	19	8940
847	1036	1243	1526	1427	1928	320	9000
180	210	252	267	265	322	44	9010
30	22	40	35	29	39	5	9020
8	10	13	14	9	19		9030
15	13	16	20	14	23	3	9040
12	7	23	15	14	22	7	9050
1	2	1		4	13		9060
97	102	148	159	130	166	28	9070
235	323	391	404	364	357	42	9080
269	347	359	612	598	967	191	9090
205	236	235	275	232	281	34	9100
72	84	98	106	91	70	7	9110
71	71	62	79	59	70	6	9120
62	81	75	90	82	141	21	9190
1665	2160	2725	2798	2451	2171	178	9200
994	1331	1674	1736	1455	1193	59	9210
62	48	42	74	74	76	15	9220
475	612	777	750	729	493	64	9230
134	169	232	238	193	409	40	9290

2-14 按地区、开业(成立)

(2009年)

地 区	企业单位数	1949年及以前	1950-1977年	1978-1991年	1992-1995年	1996年	1997年	1998年	1999年
全 国	**5782827**	**3788**	**72664**	**194028**	**247648**	**84362**	**92537**	**168358**	**155700**
北 京	344424	65	1360	9006	17589	5110	5931	9178	10909
天 津	128145	129	1121	3809	6666	2145	2184	3174	3356
河 北	217724	322	3702	7952	8437	3517	3591	6804	6290
山 西	117621	212	3758	5364	4047	1438	1621	3056	2756
内蒙古	80746	64	909	1757	1715	800	884	1867	1790
辽 宁	271203	481	3640	12433	13239	3788	4296	7603	8503
吉 林	89351	199	1566	3753	2699	1115	1142	2974	2608
黑龙江	111580	318	2461	4838	4161	1590	1599	3267	3210
上 海	339498	157	1012	7298	20460	5747	6618	9232	9543
江 苏	616227	224	4516	20343	23574	7800	8725	28151	14237
浙 江	507907	150	2676	13709	22760	8294	8893	13090	15164
安 徽	154438	82	2591	5712	5684	2301	2452	3463	3147
福 建	196026	67	3092	6618	10103	3478	3406	5214	5273
江 西	96336	73	2795	3491	3021	1136	1140	2369	2161
山 东	495864	240	3360	12149	15018	6287	6591	13618	13644
河 南	244513	200	4675	8089	9067	4205	4384	8232	7378
湖 北	217894	118	3470	8146	6958	2917	2940	5597	5012
湖 南	156567	75	2777	5964	5355	2104	2046	4686	3852
广 东	603644	204	4774	22895	33719	8715	10575	13922	16281
广 西	95744	36	3160	3659	4161	1212	1280	2075	1984
海 南	20953	1	792	838	1199	286	303	463	517
重 庆	112500	49	1417	3815	4860	1707	2306	3693	2778
四 川	180790	68	3066	7398	8342	3042	3229	5669	5059
贵 州	48469	24	1721	1583	1638	551	762	1214	1221
云 南	90542	36	1956	3013	3369	1334	1462	2177	2100
西 藏	2894	4	197	148	139	43	47	77	77
陕 西	114547	133	3544	5721	5148	1924	2173	3907	3221
甘 肃	46322	38	1287	2365	2291	851	923	1577	1405
青 海	11173	6	308	411	327	152	145	352	322
宁 夏	19047	1	324	538	614	301	313	568	512
新 疆	50138	12	637	1213	1288	472	576	1089	1390

时间分组的企业法人单位数

单位：个

2000年	2001年	2002年	2003年	2004年	2005年	2006年	2007年	2008年	2009年	开业时间不详
245206	**299678**	**334821**	**421170**	**446176**	**508732**	**602707**	**603494**	**503232**	**717584**	**80942**
15727	22202	24141	30432	34548	37514	34583	35689	29482	16063	4895
4864	5903	6864	9221	9625	10899	13396	13264	13916	16130	1479
10691	12233	12590	14678	15374	17481	21426	19918	18272	32899	1547
4015	4416	5030	6744	7226	8572	10827	11250	9725	20575	6989
3364	3776	3850	4945	6022	7573	10082	10182	7655	12989	522
11245	12695	14665	18481	20509	24096	28285	29021	25502	27083	5638
4973	5998	5087	6392	6946	9192	11088	10058	5838	7536	187
5817	6436	5901	7172	7923	9206	11103	11542	7879	16701	456
14456	18127	23230	29845	34845	39583	35662	29967	24961	25572	3183
24918	32686	39925	48924	46933	51591	65780	66508	48100	81014	2278
22171	25716	33186	39134	38088	41008	54304	56742	51700	55608	5514
5477	6300	7767	10036	11066	12555	17304	19217	18019	19908	1357
7056	8252	9415	12917	14071	15572	18267	18991	18718	30926	4590
3879	5231	5509	7008	7126	8500	10628	9433	6698	15447	691
23908	30995	31301	39756	38495	44853	53829	47602	33258	76324	4636
12200	13686	14139	17584	18104	23197	26250	25862	18944	19804	8513
9563	11292	11918	14811	16797	19358	22607	21764	17572	36555	499
7478	10366	9506	12661	13364	16538	18903	15461	10239	13311	1881
22251	26628	30937	39319	44503	49490	61276	64083	57408	83678	12986
2971	3548	4288	5387	5800	7227	8384	9717	9562	20711	582
674	963	1066	1472	1645	1941	2387	2660	2254	1402	90
4670	5501	5566	7680	7521	8537	10660	16604	11502	13087	547
7930	9414	10188	12825	12987	14869	18234	18698	18013	16826	4933
1762	1945	2213	3004	3490	3980	4954	5748	5111	5966	1582
2797	3030	3472	4805	5895	6330	8076	8467	9345	20040	2838
126	114	146	176	197	250	278	288	190	379	18
4854	5999	5693	7015	7413	8368	10656	10681	9712	17814	571
2038	2469	2626	3163	3301	3479	4104	4199	4083	5030	1093
580	639	695	840	856	836	1034	1170	1146	1231	123
777	776	994	1388	1551	1491	1798	1951	2060	2863	227
1974	2342	2913	3355	3955	4646	6542	6757	6368	4112	497

2-15 按行业(中类)、直辖市和省会城市

(2009年)

行业中类	代码	企业单位数	北京	天津	石家庄	太原	呼和浩特
总计	**0000**	**2502669**	**344418**	**128145**	**32528**	**24958**	**14131**
农、林、牧、渔业	**A**	**35099**		**1134**	**823**	**1496**	**404**
农业	0100	11335		361	199	640	93
谷物及其他作物的种植	0110	2268		111	54	194	42
蔬菜、园艺作物的种植	0120	6056		217	91	359	45
水果、坚果、饮料和香料作物的种植	0130	2712		33	47	76	1
中药材的种植	0140	299			7	11	5
林业	0200	3577		68	83	178	70
林木的培育和种植	0210	3482		68	81	178	69
木材和竹材的采运	0220	47					
林产品的采集	0230	48			2		1
畜牧业	0300	9068		376	450	597	174
牲畜的饲养	0310	2928		172	158	322	121
猪的饲养	0320	2819		93	173	112	17
家禽的饲养	0330	2503		85	90	136	21
狩猎和捕捉动物	0340	10					
其他畜牧业	0390	808		26	29	27	15
渔业	0400	3385		214	20	12	5
海洋渔业	0410	1249		76	1		2
内陆渔业	0420	2136		138	19	12	3
农、林、牧、渔服务业	0500	7734		115	71	69	62
农业服务业	0510	6886		82	45	61	22
林业服务业	0520	178		9	9	4	1
畜牧服务业	0530	423		13	14	4	37
渔业服务业	0540	247		11	3		2
采矿业	**B**	**10279**	**299**	**70**	**559**	**694**	**302**
煤炭开采和洗选业	0600	1843	82	4	107	414	77
烟煤和无烟煤的开采洗选	0610	1749	81		103	414	69
褐煤的开采洗选	0620	33		1	2		
其他煤炭采选	0690	61	1	3	2		8
石油和天然气开采业	0700	131	14	24		2	
天然原油和天然气开采	0710	43	2	4		2	
与石油和天然气开采有关的服务活动	0790	88	12	20			

以及计划单列市分组的企业法人单位数

单位：个

沈阳	长春	哈尔滨	上海	南京	杭州	合肥	福州	南昌	济南	郑州	武汉	长沙	代码
73494	**40206**	**50572**	**339492**	**59272**	**120112**	**30106**	**43114**	**17686**	**65600**	**41630**	**100037**	**35035**	**0000**
1714	**822**	**840**	**1991**	**718**	**1899**	**149**	**1336**	**366**	**448**	**621**	**1008**	**541**	**A**
632	205	253	1033	306	768	37	466	92	114	175	264	277	0100
172	79	124	261	20	117	6	95	29	26	33	117	28	0110
286	102	90	617	197	392	27	195	43	66	98	107	200	0120
139	16	25	150	88	225	4	170	19	18	43	38	46	0130
35	8	14	5	1	34		6	1	4	1	2	3	0140
78	77	94	347	124	270	18	106	47	29	75	167	39	0200
78	77	80	346	117	255	17	102	46	29	74	167	36	0210
		12	1	6	11	1	4					2	0220
		2		1	4			1		1		1	0230
814	448	353	269	158	303	72	190	108	150	313	212	148	0300
310	150	169	84	29	38	13	51	27	68	95	75	42	0310
225	79	55	67	31	96	26	85	59	32	95	69	89	0320
224	164	75	75	78	126	32	46	15	33	104	56	8	0330
		3	1										0340
55	55	51	42	20	43	1	8	7	17	19	12	9	0390
65	35	25	166	80	370	13	499	49	5	15	200	16	0400
6		2	15		9		162				26		0410
59	35	23	151	80	361	13	337	49	5	15	174	16	0420
125	57	115	176	50	188	9	75	70	150	43	165	61	0500
104	44	85	132	35	144	8	52	27	95	27	126	41	0510
1	2	7	22	2	14		2	1	4	3	13	16	0520
15	9	18	11	9	22	1	2	33	49	12	10	2	0530
5	2	5	11	4	8		19	9	2	1	16	2	0540
138	**268**	**336**	**2**	**189**	**346**	**83**	**276**	**152**	**239**	**573**	**178**	**612**	**B**
20	35	10		1	2		1	2	15	238	1	61	0600
12	28	7		1			1	2	13	237	1	56	0610
1									1	1			0620
7	7	3			2				1			5	0690
	11	6	1	1			1		5		1	1	0700
	5	2	1	1					2				0710
	6	4					1		3		1	1	0790

2-15 续表 1

行业中类	代码	企业单位数	北京	天津	石家庄	太原	呼和浩特
黑色金属矿采选业	0800	967	23	7	177	186	82
铁矿采选	0810	882	21	6	173	186	81
其他黑色金属矿采选	0890	85	2	1	4		1
有色金属矿采选业	0900	537	3	2	10	2	21
常用有色金属矿采选	0910	418	3		1	2	3
贵金属矿采选	0920	75		1	9		16
稀有稀土金属矿采选	0930	44		1			2
非金属矿采选业	1000	6646	177	29	265	90	113
土砂石开采	1010	5798	171	18	209	86	92
化学矿采选	1020	239				1	
采盐	1030	53		8			
石棉及其他非金属矿采选	1090	556	6	3	56	3	21
其他采矿业	1100	155		4			9
制造业	**C**	**612850**	**35984**	**39874**	**14038**	**3903**	**1880**
农副食品加工业	1300	22098	995	944	1127	121	143
谷物磨制	1310	3874	64	102	372	17	21
饲料加工	1320	4005	361	263	315	29	48
植物油加工	1330	1612	44	75	126	7	12
制糖	1340	126	6	7	3		
屠宰及肉类加工	1350	3272	275	142	130	36	32
水产品加工	1360	2411	14	70			
蔬菜、水果和坚果加工	1370	3639	117	125	41	17	6
其他农副食品加工	1390	3159	114	160	140	15	24
食品制造业	1400	13870	1079	924	385	163	134
焙烤食品制造	1410	3670	343	146	85	32	29
糖果、巧克力及蜜饯制造	1420	1215	84	116	132	8	3
方便食品制造	1430	1991	132	93	52	17	18
液体乳及乳制品制造	1440	532	61	38	28	8	36
罐头制造	1450	691	25	72	12	6	2
调味品、发酵制品制造	1460	2111	126	153	24	66	19
其他食品制造	1490	3660	308	306	52	26	27
饮料制造业	1500	7535	445	259	176	46	63
酒精制造	1510	75	2	7	6		3
酒的制造	1520	3005	122	95	58	15	51
软饮料制造	1530	3166	305	156	110	29	9
精制茶加工	1540	1289	16	1	2	2	

单位：个

沈阳	长春	哈尔滨	上海	南京	杭州	合肥	福州	南昌	济南	郑州	武汉	长沙	代码
7		6		13	4	10	1	1	25	10	2	23	0800
7		5		13	3	10	1		25	10		10	0810
		1			1			1			2	13	0890
3	3	7		4	23		4		4	33	1	15	0900
		4		2	20		3		3	32		7	0910
	3			1			1		1			5	0920
3		3		1	3					1	1	3	0930
107	214	291	1	170	317	72	265	147	188	288	164	500	1000
96	212	279	1	164	298	72	246	146	185	277	162	461	1010
	1			1	1					1		8	1020
							3						1030
11	1	12		5	18		16	1	3	10	2	31	1090
1	5	16				1	4	2	2	4	9	12	1100
20677	**9452**	**12679**	**81131**	**14556**	**39836**	**7277**	**10922**	**6460**	**14161**	**10857**	**17292**	**12909**	**C**
785	1071	1405	725	306	714	412	786	738	1015	493	687	768	1300
132	450	643	36	49	23	155	48	312	190	120	157	221	1310
263	222	265	148	27	57	50	110	123	109	188	83	124	1320
38	26	120	42	25	42	55	36	78	199	27	67	56	1330
5	1	6	9	1	1			2	6		6	1	1340
184	142	144	170	107	101	63	78	34	106	43	113	92	1350
8	2	12	55	15	39	14	345	6	10	8	72	13	1360
86	39	71	73	27	372	39	74	36	275	50	53	90	1370
69	189	144	192	55	79	36	95	147	120	57	136	171	1390
400	330	516	1155	203	532	175	359	294	330	415	506	459	1400
127	127	132	348	67	131	69	81	72	91	76	168	176	1410
36	5	22	88	9	78	7	64	32	8	59	14	68	1420
72	70	114	143	32	44	23	58	70	46	92	107	65	1430
10	6	36	19	8	10	5	7	5	17	12	11	12	1440
11	9	15	42	6	50	2	13	13	11	8	19	15	1450
54	50	65	144	18	51	25	41	22	57	47	72	32	1460
90	63	132	371	63	168	44	95	80	100	121	115	91	1490
233	350	409	267	92	490	57	279	89	180	164	166	224	1500
6	6	4	3				2	1	6		4	2	1510
112	246	284	60	9	70	25	56	25	88	40	42	90	1520
114	98	121	190	43	177	31	72	49	83	121	80	69	1530
1			14	40	243	1	149	14	3	3	40	63	1540

2-15 续表 2

行业中类	代码	企业单位数	北京	天津	石家庄	太原	呼和浩特
烟草制品业	1600	80	1	1	2	1	1
烟叶复烤	1610	15					
卷烟制造	1620	39	1	1	2	1	1
其他烟草制品加工	1690	26					
纺织业	1700	25834	779	1169	1557	40	148
棉、化纤纺织及印染精加工	1710	8859	112	321	1223	11	7
毛纺织和染整精加工	1720	853	35	73	25	3	38
麻纺织	1730	125		1	1		
丝绢纺织及精加工	1740	758	12	25	1	1	
纺织制成品制造	1750	6515	280	396	203	17	22
针织品、编织品及其制品制造	1760	8724	340	353	104	8	81
纺织服装、鞋、帽制造业	1800	33022	2489	1727	414	48	74
纺织服装制造	1810	31331	2415	1651	338	46	73
纺织面料鞋的制造	1820	1120	51	53	54		1
制帽	1830	571	23	23	22	2	
皮革、毛皮、羽毛(绒)及其制品业	1900	9442	222	300	631	4	17
皮革鞣制加工	1910	593	5	22	280		3
皮革制品制造	1920	7902	183	241	295	3	2
毛皮鞣制及制品加工	1930	403	30	26	34	1	5
羽毛(绒)加工及制品制造	1940	544	4	11	22		7
木材加工及木、竹、藤、棕、草制品业	2000	11705	707	511	389	35	24
锯材、木片加工	2010	2742	66	67	41	5	2
人造板制造	2020	2349	95	86	257	11	9
木制品制造	2030	5475	538	330	89	15	13
竹、藤、棕、草制品制造	2040	1139	8	28	2	4	
家具制造业	2100	14928	1425	638	512	56	29
木质家具制造	2110	10803	1136	411	474	40	23
竹、藤家具制造	2120	146	5		2		
金属家具制造	2130	1573	169	94	11	6	3
塑料家具制造	2140	215	7	3	5	2	
其他家具制造	2190	2191	108	130	20	8	3
造纸及纸制品业	2200	18651	984	1294	516	74	38
纸浆制造	2210	229	3	31	12	2	2
造纸	2220	4129	178	352	91	23	9
纸制品制造	2230	14293	803	911	413	49	27

单位：个

沈阳	长春	哈尔滨	上海	南京	杭州	合肥	福州	南昌	济南	郑州	武汉	长沙	代码
2	9	2	2	2	4	1	1	1	2	2	5	5	1600
	6	1										3	1610
2	1	1	2	1	2	1	1	1	2	1	1	1	1620
	2			1	2					1	4	1	1690
284	75	245	4141	289	4414	189	939	516	281	130	523	207	1700
73	15	36	829	74	2058	32	215	103	118	66	287	101	1710
10	9	6	167	5	57	2	7	6	9	7	15	5	1720
1	5	49	6	6	10	2	3		3	1		3	1730
5		4	53	14	319	38	3	4	1		7	9	1740
125	21	113	1270	114	986	88	118	45	87	44	140	55	1750
70	25	37	1816	76	984	27	593	358	63	12	74	34	1760
520	154	148	5961	879	2422	314	513	506	267	258	1587	203	1800
439	149	140	5728	848	2147	304	470	492	240	257	1569	176	1810
75	1	6	144	21	202	8	38	4	23	1	10	25	1820
6	4	2	89	10	73	2	5	10	4		8	2	1830
249	30	56	1022	126	669	77	145	48	41	31	85	232	1900
1	4	5	14	3	12	1	13	3	8	1	6	7	1910
232	9	41	953	76	420	47	105	40	25	24	61	220	1920
13	2	3	22	22	15	2	1		6	5	7	1	1930
3	15	7	33	25	222	27	26	5	2	1	11	4	1940
418	309	841	1529	222	768	109	361	305	290	133	336	474	2000
65	126	471	188	32	119	26	52	238	145	41	136	154	2010
98	68	228	203	33	160	26	79	15	37	52	75	63	2020
245	105	134	1093	144	345	46	86	24	85	34	107	124	2030
10	10	8	45	13	144	11	144	28	23	6	18	133	2040
438	219	306	2781	257	659	253	257	88	307	128	461	431	2100
353	175	204	2026	191	361	199	148	62	231	107	319	363	2110
2	1	4	16	2	21		10	3	5	2	1	14	2120
32	17	38	205	25	184	17	40	13	20	7	52	14	2130
2	5	7	15	4	22	4	5		7		12	3	2140
49	21	53	519	35	71	33	54	10	44	12	77	37	2190
408	131	203	2528	356	1909	158	362	138	272	283	320	492	2200
3	4	16	12	4	5	1	9	6	7		33	5	2210
82	42	65	339	56	696	31	68	59	69	99	85	190	2220
323	85	122	2177	296	1208	126	285	73	196	184	202	297	2230

2-15 续表 3

行业中类	代码	企业单位数	北京	天津	石家庄	太原	呼和浩特
印刷业和记录媒介的复制	2300	20952	1700	1005	299	195	111
印刷	2310	18647	1404	843	282	163	96
装订及其他印刷服务活动	2320	2163	269	155	16	32	14
记录媒介的复制	2330	142	27	7	1		1
文教体育用品制造业	2400	7275	346	427	22	9	5
文化用品制造	2410	2699	100	108	9	4	1
体育用品制造	2420	1867	82	130	7	3	1
乐器制造	2430	679	97	158	3		3
玩具制造	2440	1679	46	27	2	2	
游艺器材及娱乐用品制造	2450	351	21	4	1		
石油加工、炼焦及核燃料加工业	2500	1745	217	151	70	38	6
精炼石油产品的制造	2510	1575	215	136	63	9	5
炼焦	2520	164	2	15	7	29	
化学原料及化学制品制造业	2600	31128	2377	2613	1370	261	92
基础化学原料制造	2610	4023	171	459	558	43	19
肥料制造	2620	2218	149	118	199	21	27
农药制造	2630	736	41	67	42	5	3
涂料、油墨、颜料及类似产品制造	2640	7395	873	742	142	65	11
合成材料制造	2650	1997	115	128	49	10	3
专用化学产品制造	2660	10283	707	793	294	94	18
日用化学产品制造	2670	4476	321	306	86	23	11
医药制造业	2700	6342	614	380	185	53	55
化学药品原药制造	2710	702	34	58	49	7	12
化学药品制剂制造	2720	1153	132	64	24	21	6
中药饮片加工	2730	468	59	22		3	7
中成药制造	2740	1003	100	48	15	4	6
兽用药品制造	2750	660	51	36	65	9	8
生物、生化制品的制造	2760	1414	165	78	18	3	15
卫生材料及医药用品制造	2770	942	73	74	14	6	1
化学纤维制造业	2800	1023	37	53	62	6	1
纤维素纤维原料及纤维制造	2810	262	3	13	44		1
合成纤维制造	2820	761	34	40	18	6	
橡胶制品业	2900	7168	223	637	87	26	9
轮胎制造	2910	784	21	85	8	3	2
橡胶板、管、带的制造	2920	1177	42	94	12	6	

单位：个

沈阳	长春	哈尔滨	上海	南京	杭州	合肥	福州	南昌	济南	郑州	武汉	长沙	代码
688	452	536	2604	481	1158	308	369	281	496	373	669	509	2300
633	408	471	2253	388	1106	295	338	258	427	348	567	408	2310
44	41	63	334	90	47	13	27	21	66	24	100	100	2320
11	3	2	17	3	5		4	2	3	1	2	1	2330
92	15	97	1191	214	863	42	73	90	82	40	66	63	2400
27	11	72	485	36	447	6	29	82	40	6	26	24	2410
43	2	14	239	46	252	21	16	5	19	3	13	17	2420
5	1	4	137	14	21		4		13	1	10	2	2430
5	1	5	293	111	96	15	21	3	3	14	9	20	2440
12		2	37	7	47		3		7	16	8		2450
138	37	59	138	47	75	8	21	11	60	29	52	37	2500
133	35	49	133	46	75	7	20	11	54	18	49	32	2510
5	2	8	5	1		1	1		6	10	3	5	2520
1087	404	572	3467	932	2036	282	365	275	747	827	691	2043	2600
144	44	79	330	212	274	38	25	40	65	120	121	82	2610
90	58	109	53	59	45	30	20	26	93	69	61	65	2620
36	13	41	31	29	30	15	11	18	39	32	29	19	2630
285	102	115	1144	163	543	59	149	62	158	120	163	105	2640
69	30	27	292	92	159	16	21	7	70	34	39	34	2650
342	123	139	960	297	775	92	89	81	265	394	200	1674	2660
121	34	62	657	80	210	32	50	41	57	58	78	64	2670
244	171	256	550	145	234	97	102	192	217	179	262	221	2700
32	4	17	79	17	34	6	16	10	39	13	40	34	2710
56	40	36	102	45	44	23	12	19	35	28	50	17	2720
18	18	32	26	6	19	9	6	6	12	2	10	11	2730
34	39	58	49	6	21	8	19	28	19	42	34	33	2740
24	11	25	32	17	17	11	4	21	38	63	15	31	2750
48	37	56	156	34	54	28	33	14	47	23	71	63	2760
32	22	32	106	20	45	12	12	94	27	8	42	32	2770
14	5	12	136	17	157	8	34	5	25	18	26	4	2800
5		3	30	8	32	3	3		7	6	7	2	2810
9	5	9	106	9	125	5	31	5	18	12	19	2	2820
375	96	78	1116	131	332	67	105	40	111	85	110	69	2900
25	9	10	52	9	30	5	9	4	9	11	20	5	2910
104	20	11	146	31	70	22	17	7	29	16	20	12	2920

行业中类	代码	企业单位数	北京	天津	石家庄	太原	呼和浩特
橡胶零件制造	2930	2145	74	165	15	13	5
再生橡胶制造	2940	226	3	23	9	1	1
日用及医用橡胶制品制造	2950	361	21	14	17		
橡胶靴鞋制造	2960	436	7	53	12		
其他橡胶制品制造	2990	2039	55	203	14	3	1
塑料制品业	3000	35586	1570	2053	670	121	55
塑料薄膜制造	3010	2936	89	211	86	7	3
塑料板、管、型材的制造	3020	4700	239	276	112	43	13
塑料丝、绳及编织品的制造	3030	2427	91	166	139	7	6
泡沫塑料制造	3040	1885	125	144	47	11	4
塑料人造革、合成革制造	3050	224	5	15	6	1	1
塑料包装箱及容器制造	3060	4528	277	303	57	17	6
塑料零件制造	3070	5874	111	231	32	6	3
日用塑料制造	3080	4266	361	100	124	7	8
其他塑料制品制造	3090	8746	272	607	67	22	11
非金属矿物制品业	3100	43272	2943	1699	1759	423	321
水泥、石灰和石膏的制造	3110	2756	163	91	294	39	41
水泥及石膏制品制造	3120	10563	913	428	440	99	77
砖瓦、石材及其他建筑材料制造	3130	17527	1065	673	708	175	172
玻璃及玻璃制品制造	3140	5038	474	253	69	30	10
陶瓷制品制造	3150	1223	55	31	21	6	6
耐火材料制品制造	3160	3074	128	76	122	48	9
石墨及其他非金属矿物制品制造	3190	3091	145	147	105	26	6
黑色金属冶炼及压延加工业	3200	4606	157	935	141	75	38
炼铁	3210	321	11	16	55	10	13
炼钢	3220	195	3	23	2	11	3
钢压延加工	3230	3744	138	880	72	46	11
铁合金冶炼	3240	346	5	16	12	8	11
有色金属冶炼及压延加工业	3300	5551	255	439	149	63	28
常用有色金属冶炼	3310	1023	17	71	36	25	10
贵金属冶炼	3320	67	3	3	5	1	
稀有稀土金属冶炼	3330	186	10	10		3	10
有色金属合金制造	3340	715	37	49	4	10	2
有色金属压延加工	3350	3560	188	306	104	24	6

单位：个

沈阳	长春	哈尔滨	上海	南京	杭州	合肥	福州	南昌	济南	郑州	武汉	长沙	代码
143	42	20	373	32	102	15	15	8	26	33	27	13	2930
9	4	5	21	10	11	7	2	1	6	3	3	4	2940
9	1	3	55	5	30	10	7	8	13	3	2	4	2950
15	3	1	45	3	51		25	3	1	1	2	5	2960
70	17	28	424	41	38	8	30	9	27	18	36	26	2990
966	416	407	5155	642	2378	376	965	202	471	328	666	430	3000
67	39	51	448	69	203	17	82	30	42	24	94	35	3010
197	135	97	488	122	455	81	61	33	98	86	119	68	3020
162	20	29	195	48	307	19	46	30	63	64	27	25	3030
85	33	14	239	40	136	25	41	10	27	36	37	12	3040
11	1	2	35	1	13	9	13	2	5	3	2	8	3050
107	57	38	681	99	395	40	38	37	71	41	97	73	3060
56	28	25	725	64	318	71	32	8	18	6	43	17	3070
175	19	28	422	52	267	48	488	27	49	15	76	51	3080
106	84	123	1922	147	284	66	164	25	98	53	171	141	3090
1335	975	1066	2999	1134	1927	932	1188	640	1612	3184	2022	2033	3100
38	71	77	95	73	266	19	34	20	126	94	162	149	3110
261	163	204	620	312	446	289	120	85	363	345	954	682	3120
578	610	625	1014	442	600	486	731	428	785	464	656	900	3130
194	58	63	821	203	351	97	74	53	77	80	96	67	3140
41	7	20	136	24	134	12	165	3	16	57	13	51	3150
92	21	22	134	33	81	11	34	15	161	1341	103	103	3160
131	45	55	179	47	49	18	30	36	84	803	38	81	3190
187	35	71	335	110	170	16	64	42	99	96	123	79	3200
3		7	4	17	1		3	4	18	6	22	5	3210
9	3	8	4	4	3	2	8	2	1	4	10	6	3220
167	31	47	309	82	150	14	50	34	70	61	82	47	3230
8	1	9	18	7	16		3	2	10	25	9	21	3240
257	41	84	782	194	263	4	46	91	76	232	148	163	3300
34	8	23	55	25	69		11	9	15	74	29	56	3310
3	1	1	5	4	5				2	2		2	3320
8		1	14	9	8		4	2	3	13	5	11	3330
38	4	13	110	29	20		2	4	14	24	23	29	3340
174	28	46	598	127	161	4	29	76	42	119	91	65	3350

行业中类	代码	企业单位数	北京	天津	石家庄	太原	呼和浩特
金属制品业	3400	53980	3754	5434	839	428	149
结构性金属制品制造	3410	20695	2315	1905	258	175	100
金属工具制造	3420	6067	193	371	84	24	10
集装箱及金属包装容器制造	3430	2274	123	260	40	16	8
金属丝绳及其制品的制造	3440	2347	57	603	179	16	1
建筑、安全用金属制品制造	3450	5995	304	581	131	86	13
金属表面处理及热处理加工	3460	4770	242	518	46	30	2
搪瓷制品制造	3470	353	5	27	10		1
不锈钢及类似日用金属制品制造	3480	4229	271	332	29	35	5
其他金属制品制造	3490	7250	244	837	62	46	9
通用设备制造业	3500	68751	3033	4856	1075	688	95
锅炉及原动机制造	3510	2883	178	219	76	41	29
金属加工机械制造	3520	9524	379	771	107	94	23
起重运输设备制造	3530	2107	100	164	7	22	3
泵、阀门、压缩机及类似机械的制造	3540	8509	412	1012	180	75	12
轴承、齿轮、传动和驱动部件的制造	3550	4781	108	133	44	17	1
烘炉、熔炉及电炉制造	3560	629	50	43	7	2	1
风机、衡器、包装设备等通用设备制造	3570	8832	566	556	77	57	13
通用零部件制造及机械修理	3580	22507	879	1552	209	266	11
金属铸、锻加工	3590	8979	361	406	368	114	2
专用设备制造业	3600	38509	2466	2764	428	307	65
矿山、冶金、建筑专用设备制造	3610	4903	271	449	92	142	14
化工、木材、非金属加工专用设备制造	3620	12391	328	819	64	32	6
食品、饮料、烟草及饲料生产专用设备制造	3630	1315	95	66	44	2	10
印刷、制药、日化生产专用设备制造	3640	2291	152	136	16	13	6
纺织、服装和皮革工业专用设备制造	3650	2861	62	154	26	2	1
农、林、牧、渔专用机械制造	3670	1564	90	73	83	6	7
医疗仪器设备及器械制造	3680	3261	506	227	14	17	4
环保、社会公共安全及其他专用设备制造	3690	6741	736	635	73	62	9
交通运输设备制造业	3700	33569	1451	2748	242	145	58
铁路运输设备制造	3710	1434	157	67	12	37	7
汽车制造	3720	21663	1158	1314	197	101	49
摩托车制造	3730	3527	8	55	6		
自行车制造	3740	2507	24	1012	14	1	
船舶及浮动装置制造	3750	3295	9	239			
航空航天器制造	3760	298	44	10	3		
交通器材及其他交通运输设备制造	3790	845	51	51	10	6	2

单位：个

沈阳	长春	哈尔滨	上海	南京	杭州	合肥	福州	南昌	济南	郑州	武汉	长沙	代码
1462	636	873	9970	1561	2986	627	473	384	951	500	1657	564	3400
674	375	367	3242	721	793	366	164	187	436	199	1006	251	3410
120	50	171	1303	214	707	27	55	58	76	36	135	53	3420
116	24	38	309	78	158	15	27	21	87	49	74	16	3430
61	10	30	269	54	259	23	17	10	27	15	47	26	3440
156	88	119	1017	124	343	71	67	39	117	101	108	45	3450
143	24	43	846	167	373	49	24	16	58	22	66	19	3460
11	2	3	64	10	48	4	6	3	7	9	9		3470
90	27	50	939	72	152	36	51	20	48	16	73	61	3480
91	36	52	1981	121	153	36	62	30	95	53	139	93	3490
4081	822	1501	10205	1880	4740	685	576	297	2872	828	1575	865	3500
125	85	281	245	68	144	10	22	19	161	49	159	39	3510
521	145	264	1546	379	442	79	94	59	416	153	379	172	3520
170	13	18	372	49	253	36	22	6	56	28	39	34	3530
799	54	80	1600	147	415	59	72	16	199	204	179	105	3540
166	14	84	477	69	743	30	46	24	77	27	31	20	3550
46	3	29	77	39	39		3	10	31	11	14	17	3560
476	114	198	1928	234	534	77	83	31	329	83	264	137	3570
1303	260	479	3311	564	1435	259	154	105	594	130	358	188	3580
475	134	68	649	331	735	135	80	27	1009	143	152	153	3590
1625	488	802	6281	945	1884	442	418	307	1079	1060	1125	559	3600
482	58	101	356	120	172	87	52	50	150	547	232	106	3610
315	120	134	2599	206	451	112	114	54	192	88	214	95	3620
76	17	49	208	46	43	19	7	3	41	71	43	19	3630
52	38	56	508	89	153	18	34	10	108	38	70	37	3640
46	1	17	582	16	342	7	14	32	20	72	33	11	3650
62	44	86	109	33	70	20	38	23	62	50	45	41	3670
125	61	55	523	105	222	50	30	70	75	42	92	64	3680
351	124	210	972	202	304	81	67	39	354	114	232	131	3690
1081	1261	544	3310	949	1791	568	475	376	775	294	826	590	3700
184	77	65	49	114	21	4	3	14	52	44	99	15	3710
825	1157	426	2249	596	1165	527	365	312	595	238	541	513	3720
4	11	3	94	27	56	1	14	17	66	3	6	22	3730
14	2	7	212	35	414	14	2	8	40	3	14	5	3740
5	1	8	578	137	65	7	89	12	5	1	135	16	3750
26	3	16	32	7	1	3		2	4	1	3	4	3760
23	10	19	96	33	69	12	2	11	13	4	28	15	3790

行业中类	代码	企业单位数	北京	天津	石家庄	太原	呼和浩特
电气机械及器材制造业	3900	39887	2080	2052	511	162	64
电机制造	3910	3534	120	259	17	11	5
输配电及控制设备制造	3920	14050	996	795	167	72	27
电线、电缆、光缆及电工器材制造	3930	6645	247	469	116	22	23
电池制造	3940	1570	70	91	17	11	1
家用电力器具制造	3950	5492	180	129	104	5	
非电力家用器具制造	3960	1226	137	43	39	8	2
照明器具制造	3970	5062	209	100	33	12	
其他电气机械及器材制造	3990	2308	121	166	18	21	6
通信设备、计算机及其他电子设备制造业	4000	23902	1485	1456	95	83	25
通信设备制造	4010	3350	293	162	20	11	6
雷达及配套设备制造	4020	76	10	5			
广播电视设备制造	4030	810	75	21	5	1	2
电子计算机制造	4040	2551	280	65	5	4	5
电子器件制造	4050	3893	262	145	16	11	2
电子元件制造	4060	7878	283	782	36	31	4
家用视听设备制造	4070	2054	41	38	4		2
其他电子设备制造	4090	3290	241	238	9	25	4
仪器仪表及文化、办公用机械制造业	4100	12917	1255	932	61	93	6
通用仪器仪表制造	4110	6553	688	587	27	61	2
专用仪器仪表制造	4120	2246	306	143	15	16	3
钟表与计时仪器制造	4130	1019	13	41	9	2	
光学仪器及眼镜制造	4140	1429	90	31	3	4	
文化、办公用机械制造	4150	854	59	48	2	3	
其他仪器仪表的制造及修理	4190	816	99	82	5	7	1
工艺品及其他制造业	4200	17363	808	1227	211	124	18
工艺美术品制造	4210	10375	462	519	133	22	12
日用杂品制造	4220	2084	69	98	17	3	1
煤制品制造	4230	922	181	18	37	93	1
其他未列明的制造业	4290	3962	93	591	24	6	4
废弃资源和废旧材料回收加工业	4300	2159	87	246	53	15	8
金属废料和碎屑的加工处理	4310	1193	39	225	20	7	2
非金属废料和碎屑的加工处理	4320	966	48	21	33	8	6

单位：个

沈阳	长春	哈尔滨	上海	南京	杭州	合肥	福州	南昌	济南	郑州	武汉	长沙	代码
2043	426	718	5546	1002	2884	581	431	234	546	431	918	420	3900
212	33	122	532	106	202	18	74	26	46	53	123	30	3910
1010	212	301	1980	467	749	251	156	79	177	117	353	161	3920
367	57	138	1001	114	590	76	57	44	71	167	184	70	3930
32	6	14	148	31	82	17	17	21	18	11	38	30	3940
136	40	42	505	48	277	107	30	27	62	27	60	45	3950
45	17	14	101	44	89	37	7	6	64	17	41	25	3960
172	20	25	710	144	820	43	69	16	44	12	37	23	3970
69	41	62	569	48	75	32	21	15	64	27	82	36	3990
398	120	262	2407	649	1233	219	327	112	207	103	569	245	4000
51	22	55	290	116	284	35	45	16	36	20	186	33	4010
	1	1	4	7	1	6	2				2	2	4020
17	3	9	60	25	115	13	10	6	3	4	8	11	4030
48	21	41	196	66	95	16	58	12	27	13	66	33	4040
69	21	34	484	110	210	73	60	22	32	14	119	36	4050
108	25	47	845	214	364	33	67	27	36	18	69	71	4060
16	3	4	86	16	88	8	20	7	2		8	5	4070
89	24	71	442	95	76	35	65	22	71	34	111	54	4090
451	134	272	1820	496	807	134	146	46	284	96	457	171	4100
315	68	168	881	249	506	76	37	17	188	60	282	100	4110
77	25	66	340	93	140	41	24	13	49	30	79	37	4120
13	1	5	95	14	51	4	38	6	4	1	2	2	4130
11	29	7	202	90	39	2	31		6		24	5	4140
16	2	14	134	16	51	8	10	7	15	3	15	6	4150
19	9	12	168	34	20	3	6	3	22	2	55	21	4190
385	206	302	2794	239	1200	90	716	85	416	79	532	284	4200
299	72	91	961	192	963	54	580	49	192	47	300	147	4210
29	10	12	251	22	189	8	31	7	37	7	54	32	4220
39	66	27	5	4	10	12	8	9	56	17	28	86	4230
17	58	171	1572	21	38	16	97	20	130	8	150	19	4290
31	34	36	214	56	137	46	26	27	50	38	122	65	4300
17	10	14	100	37	49	23	15	17	31	24	75	38	4310
14	24	22	114	19	88	23	11	10	19	14	47	27	4320

行业中类	代码	企业单位数	北京	天津	石家庄	太原	呼和浩特
电力、燃气及水的生产和供应业	D	**7445**	**401**	**329**	**122**	**43**	**128**
电力、热力的生产和供应业	4400	4051	268	168	71	18	87
电力生产	4410	2449	41	36	52	7	10
电力供应	4420	415	10	20	3	5	15
热力生产和供应	4430	1187	217	112	16	6	62
燃气生产和供应业	4500	857	41	58	16	7	14
水的生产和供应业	4600	2537	92	103	35	18	27
自来水的生产和供应	4610	1862	44	47	17	12	19
污水处理及其再生利用	4620	517	40	30	17	5	5
其他水的处理、利用与分配	4690	158	8	26	1	1	3
建筑业	E	**123851**	**11879**	**6110**	**936**	**1636**	**789**
房屋和土木工程建筑业	4700	35101	2327	1768	385	418	309
房屋工程建筑	4710	18787	1200	675	240	185	213
土木工程建筑	4720	16314	1127	1093	145	233	96
建筑安装业	4800	29052	2428	1940	257	401	143
建筑装饰业	4900	44529	6250	1606	220	548	255
其他建筑业	5000	15169	874	796	74	269	82
工程准备	5010	4418	303	92	35	103	12
提供施工设备服务	5020	1728	99	91	15	18	20
其他未列明的建筑活动	5090	9023	472	613	24	148	50
交通运输、仓储和邮政业	F	**77708**	**7698**	**6173**	**926**	**481**	**507**
铁路运输业	5100	226	31	11		8	8
铁路旅客运输	5110	28	3	2			
铁路货物运输	5120	127	17	1		2	4
铁路运输辅助活动	5130	71	11	8		6	4
道路运输业	5200	29167	3774	1607	512	257	348
公路旅客运输	5210	1790	19	69	45	21	14
道路货物运输	5220	24994	3317	1415	419	209	302
道路运输辅助活动	5230	2383	438	123	48	27	32
城市公共交通业	5300	2564	314	93	51	22	24
公共电汽车客运	5310	557	41	30	12	7	5
轨道交通	5320	41	3	4	1		1
出租车客运	5330	1866	261	51	38	14	18
城市轮渡	5340	19					
其他城市公共交通	5390	81	9	8		1	

单位：个

沈阳	长春	哈尔滨	上海	南京	杭州	合肥	福州	南昌	济南	郑州	武汉	长沙	代码
307	**277**	**230**	**278**	**145**	**469**	**68**	**535**	**76**	**143**	**102**	**156**	**179**	D
228	198	134	52	24	330	16	387	26	49	44	43	112	4400
33	26	55	24	19	308	3	361	12	16	26	22	106	4410
12	22	29	9	3	10	3	24	11	14	10	17	3	4420
183	150	50	19	2	12	10	2	3	19	8	4	3	4430
23	36	21	48	20	24	5	19	12	43	21	13	19	4500
56	43	75	178	101	115	47	129	38	51	37	100	48	4600
32	32	52	125	77	71	41	120	28	39	31	88	34	4610
23	6	15	38	20	31	6	7	9	9	6	8	14	4620
1	5	8	15	4	13		2	1	3		4		4690
4800	**1951**	**3312**	**18932**	**4194**	**4924**	**2729**	**1887**	**924**	**3948**	**2315**	**9199**	**1255**	E
1230	599	962	4574	1353	1566	656	679	321	1523	636	2636	529	4700
441	301	558	1938	570	661	392	421	185	1078	314	1601	368	4710
789	298	404	2636	783	905	264	258	136	445	322	1035	161	4720
1647	509	779	4874	1168	865	441	369	204	866	466	2225	189	4800
1549	578	1003	8224	1246	1877	978	543	296	1031	724	2384	319	4900
374	265	568	1260	427	616	654	296	103	528	489	1954	218	5000
236	59	145	471	110	423	225	26	8	75	48	402	69	5010
28	21	64	198	45	48	91	44	10	63	28	184	20	5020
110	185	359	591	272	145	338	226	85	390	413	1368	129	5090
2074	**1173**	**1310**	**13375**	**1615**	**2562**	**698**	**1655**	**359**	**1048**	**827**	**3019**	**558**	F
4	1	1	16	5	3	2	5	1	2	14	6	1	5100
1			1		2		2			1	2		5110
2		1	12	4		1	1	1		10	2		5120
1	1		3	1	1	1	2		2	3	2	1	5130
1226	575	682	3198	661	1562	426	492	137	507	322	1756	242	5200
78	64	86	55	39	89	30	96	18	36	30	213	18	5210
1105	439	531	2973	594	1376	353	334	98	441	257	1472	187	5220
43	72	65	170	28	97	43	62	21	30	35	71	37	5230
205	34	136	215	58	94	12	44	19	47	62	110	46	5300
22	13	44	50	13	18	6	10	2	3	8	23	18	5310
3	3	1	8		2					2	1		5320
178	18	80	146	43	70	6	28	16	42	52	82	23	5330
		2	2	1	1		1				3		5340
2		9	9	1	3		5	1	2		1	5	5390

2-15 续表 8

行业中类	代码	企业单位数	北京	天津	石家庄	太原	呼和浩特
水上运输业	5400	2722	14	160		3	2
水上旅客运输	5410	234	1	8		1	
水上货物运输	5420	1845	10	79		1	
水上运输辅助活动	5430	643	3	73		1	2
航空运输业	5500	555	44	16	6	22	4
航空客货运输	5510	230	14	4	3	4	2
通用航空服务	5520	111	6	7		3	
航空运输辅助活动	5530	214	24	5	3	15	2
管道运输业	5600	51	8	4			
装卸搬运和其他运输服务业	5700	30825	2140	3367	159	71	59
装卸搬运	5710	2528	131	132	33	14	13
运输代理服务	5720	28297	2009	3235	126	57	46
仓储业	5800	8546	840	863	178	86	47
谷物、棉花等农产品仓储	5810	1148	74	65	28	16	18
其他仓储	5890	7398	766	798	150	70	29
邮政业	5900	3052	533	52	20	12	15
国家邮政	5910	188	3	15	5	2	3
其他寄递服务	5990	2864	530	37	15	10	12
信息传输、计算机服务和软件业	G	**91853**	**20872**	**1909**	**757**	**903**	**363**
电信和其他信息传输服务业	6000	11806	3029	354	117	231	74
电信	6010	4020	959	95	56	80	29
互联网信息服务	6020	6984	1824	235	49	144	40
广播电视传输服务	6030	667	171	22	12	5	5
卫星传输服务	6040	135	75	2		2	
计算机服务业	6100	40924	6641	949	453	428	175
计算机系统服务	6110	12825	2579	279	61	133	67
数据处理	6120	697	241	18		4	6
计算机维修	6130	2180	483	54	14	15	12
其他计算机服务	6190	25222	3338	598	378	276	90
软件业	6200	39123	11202	606	187	244	114
公共软件服务	6210	31538	9059	385	153	208	74
其他软件服务	6290	7585	2143	221	34	36	40
批发和零售业	H	**833010**	**113259**	**43700**	**9239**	**9149**	**4971**
批发业	6300	540478	55013	29056	6075	5341	2182
农畜产品批发	6310	14188	923	733	372	108	121

单位：个

沈阳	长春	哈尔滨	上海	南京	杭州	合肥	福州	南昌	济南	郑州	武汉	长沙	代码
4		21	252	130	90	27	608	20	16	3	141	8	5400
1		4	15	4	25	1	19	5		2	11	1	5410
2		8	145	105	45	21	523	15	4	1	96	7	5420
1		9	92	21	20	5	66		12		34		5430
15	24	36	39	11	27	6	12	8	7	13	10	12	5500
7	7	5	14	3	19		1	3	4	6	5	7	5510
2	13	9	7	5	2	3	1	1	1	1	1	4	5520
6	4	22	18	3	6	3	10	4	2	6	4	1	5530
1		2	5	2				1	4	2	2	2	5600
366	212	183	6781	502	488	82	320	96	303	222	702	192	5700
51	29	59	285	104	69	23	50	54	73	51	192	33	5710
315	183	124	6496	398	419	59	270	42	230	171	510	159	5720
177	304	202	2027	202	142	122	116	67	150	163	215	35	5800
37	209	68	32	7	13	26	9	22	31	78	51	10	5810
140	95	134	1995	195	129	96	107	45	119	85	164	25	5890
76	23	47	842	44	156	21	58	10	12	26	77	20	5900
14	2	7	5	2	10	2	5	1	2	5	8	7	5910
62	21	40	837	42	146	19	53	9	10	21	69	13	5990
2199	**1013**	**1311**	**10893**	**2394**	**5324**	**1494**	**1433**	**386**	**2668**	**1276**	**3256**	**1170**	G
394	200	222	812	219	457	156	270	64	226	139	454	191	6000
232	99	84	228	71	144	45	96	18	119	58	210	101	6010
129	77	112	517	133	292	100	163	45	100	61	215	74	6020
33	21	24	61	12	16	11	10	1	5	19	21	13	6030
	3	2	6	3	5		1		2	1	8	3	6040
751	466	451	6133	993	2127	913	745	177	1356	680	1889	387	6100
260	220	190	2484	211	853	194	267	48	455	172	614	212	6110
20	10	11	61	13	28	5	18	4	20	18	28	8	6120
50	53	27	310	58	113	22	52	6	60	42	72	14	6130
421	183	223	3278	711	1133	692	408	119	821	448	1175	153	6190
1054	347	638	3948	1182	2740	425	418	145	1086	457	913	592	6200
684	263	419	2788	977	2580	347	350	110	795	394	705	470	6210
370	84	219	1160	205	160	78	68	35	291	63	208	122	6290
24484	**16167**	**17389**	**116462**	**20496**	**34838**	**9164**	**14034**	**4455**	**28623**	**14034**	**36347**	**8711**	H
17900	6601	10768	83454	13638	27985	5489	9369	3044	18915	8401	19497	5233	6300
507	674	745	419	209	389	217	197	88	565	402	2586	137	6310

行业中类	代码	企业单位数	北京	天津	石家庄	太原	呼和浩特
食品、饮料及烟草制品批发	6320	35083	4087	1407	590	339	176
纺织、服装及日用品批发	6330	62249	5020	1804	550	271	147
文化、体育用品及器材批发	6340	23417	3839	910	175	188	66
医药及医疗器材批发	6350	18521	2491	518	240	211	89
矿产品、建材及化工产品批发	6360	149884	12910	10346	2144	2168	687
机械设备、五金交电及电子产品批发	6370	184684	21215	7944	1658	1599	677
贸易经纪与代理	6380	14419	1577	536	42	130	34
其他批发	6390	38033	2951	4858	304	327	185
零售业	6500	292532	58246	14644	3164	3808	2789
综合零售	6510	24886	3690	1280	352	334	132
食品、饮料及烟草制品专门零售	6520	22630	4794	1239	170	317	224
纺织、服装及日用品专门零售	6530	33003	6095	1586	273	436	288
文化、体育用品及器材专门零售	6540	24662	7988	1320	153	295	167
医药及医疗器材专门零售	6550	23467	3673	809	330	230	144
汽车、摩托车、燃料及零配件专门零售	6560	29347	3717	1343	939	456	288
家用电器及电子产品专门零售	6570	59070	14681	1643	468	678	672
五金、家具及室内装修材料专门零售	6580	42028	7915	2641	283	460	460
无店铺及其他零售	6590	33439	5693	2783	196	602	414
住宿和餐饮业	**I**	**66717**	**13126**	**2542**	**666**	**785**	**503**
住宿业	6600	22481	3967	567	257	298	171
旅游饭店	6610	6802	1088	143	104	84	85
一般旅馆	6620	14038	2626	334	142	180	70
其他住宿服务	6690	1641	253	90	11	34	16
餐饮业	6700	44236	9159	1975	409	487	332
正餐服务	6710	34596	7236	1647	375	428	304
快餐服务	6720	3420	732	128	10	27	17
饮料及冷饮服务	6730	2832	660	51	7	11	1
其他餐饮服务	6790	3388	531	149	17	21	10
金融业	**J**	**11693**	**1143**	**688**	**171**	**217**	**207**
银行业	6800	2312	88	273	48	61	54
中央银行	6810	23		2		2	
商业银行	6820	2044	81	255	45	55	45
其他银行	6890	245	7	16	3	4	9

单位：个

沈阳	长春	哈尔滨	上海	南京	杭州	合肥	福州	南昌	济南	郑州	武汉	长沙	代码
1021	286	759	3669	905	1937	406	945	212	1151	552	1161	359	6320
1662	283	888	12029	1383	5843	620	1356	293	1411	634	1528	315	6330
732	156	377	3608	492	1072	260	529	191	596	343	668	177	6340
698	224	761	2042	381	890	260	377	218	902	443	840	259	6350
5088	2032	2983	23973	3921	8075	1483	2111	746	5333	2507	6051	1638	6360
7214	2239	2799	29482	5323	8564	1979	2809	985	7390	3008	4791	1751	6370
256	139	629	2039	175	336	77	402	24	147	70	368	196	6380
722	568	827	6193	849	879	187	643	287	1420	442	1504	401	6390
6584	9566	6621	33008	6858	6853	3675	4665	1411	9708	5633	16850	3478	6500
486	566	649	3454	298	382	307	375	145	832	497	4181	464	6510
479	700	394	2975	636	603	181	473	109	894	346	866	219	6520
744	1122	567	4879	721	984	396	942	173	960	591	1417	262	6530
473	612	309	2861	719	597	213	298	118	556	366	719	227	6540
622	911	1123	1379	621	1352	293	365	151	742	429	1616	346	6550
929	1235	796	2304	689	1068	470	480	198	1426	590	1031	444	6560
1644	1593	1167	3597	1755	977	856	810	239	1886	1632	3081	795	6570
761	1859	765	6863	746	650	561	579	115	1419	679	1950	335	6580
446	968	851	4696	673	240	398	343	163	993	503	1989	386	6590
965	**802**	**962**	**9407**	**1698**	**2216**	**943**	**1051**	**605**	**1544**	**1005**	**2666**	**1071**	I
449	291	438	2437	579	980	265	441	249	325	384	803	419	6600
121	74	117	479	194	348	67	142	76	90	124	244	201	6610
296	187	238	1811	346	627	170	267	163	207	234	422	172	6620
32	30	83	147	39	5	28	32	10	28	26	137	46	6690
516	511	524	6970	1119	1236	678	610	356	1219	621	1863	652	6700
427	433	451	4883	922	932	546	473	315	1017	561	1452	581	6710
44	32	41	473	87	94	30	55	19	161	30	178	28	6720
17	12	6	703	60	126	61	41	8	7	7	62	15	6730
28	34	26	911	50	84	41	41	14	34	23	171	28	6790
374	**237**	**344**	**800**	**401**	**542**	**291**	**249**	**133**	**260**	**278**	**377**	**204**	J
54	35	114	134	39	49	48	39	27	45	47	44	36	6800
	1	3							1		7	1	6810
36	27	91	132	35	44	44	36	21	39	44	34	28	6820
18	7	20	2	4	5	4	3	6	5	3	3	7	6890

2-15 续表 10

行业中类	代码	企 业单位数	北京	天津	石家庄	太原	呼和浩特
证券业	6900	770	136	42	10	9	5
证券市场管理	6910	33	1	1		2	1
证券经纪与交易	6920	416	46	37	5	7	3
证券投资	6930	191	60	2	4		1
证券分析与咨询	6940	130	29	2	1		
保险业	7000	3514	463	124	64	71	57
人寿保险	7010	811	64	24	17	19	16
非人寿保险	7020	832	51	32	19	21	21
保险辅助服务	7030	1871	348	68	28	31	20
其他金融活动	7100	5097	456	249	49	76	91
金融信托与管理	7110	453	43	18	4	6	4
金融租赁	7120	92	21	3		3	3
财务公司	7130	221	34	3	2	3	1
邮政储蓄	7140	106		20	3	3	2
典当	7150	1426	99	65	17	25	17
其他未列明的金融活动	7190	2799	259	140	23	36	64
房地产业	**K**	**114300**	**13791**	**4183**	**1284**	**1319**	**890**
房地产业	7200	114300	13791	4183	1284	1319	890
房地产开发经营	7210	39113	3825	1449	588	648	473
物业管理	7220	33182	4110	1193	387	364	276
房地产中介服务	7230	24675	3666	709	215	155	95
其他房地产活动	7290	17330	2190	832	94	152	46
租赁和商务服务业	L	282881	64543	10173	1581	1934	1832
租赁业	7300	12783	2431	540	53	100	116
机械设备租赁	7310	12184	2253	525	51	96	114
文化及日用品出租	7320	599	178	15	2	4	2
商务服务业	7400	270098	62112	9633	1528	1834	1716
企业管理服务	7410	42708	6285	1500	232	259	201
法律服务	7420	4333	447	195	47	37	30
咨询与调查	7430	95708	27237	3120	444	544	491
广告业	7440	55749	11462	1966	361	374	493
知识产权服务	7450	2781	1018	46	18	16	19
职业中介服务	7460	9473	1428	448	86	43	49
市场管理	7470	7536	1133	322	34	111	20
旅行社	7480	9306	1303	348	131	175	149
其他商务服务	7490	42504	11799	1688	175	275	264

单位：个

沈阳	长春	哈尔滨	上海	南京	杭州	合肥	福州	南昌	济南	郑州	武汉	长沙	代码
19	16	11	111	15	36	21	7	10	15	9	8	13	6900
3		2	5		1	2		1	1	1	3		6910
8	9	5	75	7	15	11	5	6	10	6	3	7	6920
7	7	2	5	6	13	4	2	3	3	2	1	3	6930
1		2	26	2	7	4			1		1	3	6940
123	63	81	289	124	113	77	84	58	115	104	101	81	7000
38	11	33	50	39	32	23	21	13	53	22	27	18	7010
23	17	16	43	27	28	22	32	18	31	24	23	28	7020
62	35	32	196	58	53	32	31	27	31	58	51	35	7030
178	123	138	266	223	344	145	119	38	85	118	224	74	7100
22	20	12	9	13	38	12	8	5	22	11	22	5	7110
1	1	2	14	1	3	1	1	1	1		2		7120
2	13	11	12	4	4	9	4	1	3	4	5	1	7130
2	2	10	1	1	3	2	2	3	4		1	1	7140
74	37	50	138	36	51	38	16	6	11	26	55	55	7150
77	50	53	92	168	245	83	88	22	44	77	139	12	7190
3621	**1389**	**2095**	**12109**	**2284**	**4204**	**1844**	**1874**	**1019**	**2209**	**2439**	**5953**	**2055**	K
3621	1389	2095	12109	2284	4204	1844	1874	1019	2209	2439	5953	2055	7200
1613	489	791	3946	736	1471	839	700	517	674	1176	1649	1218	7210
1158	471	687	3164	662	990	594	641	300	610	595	1621	575	7220
542	252	425	3858	563	1298	296	255	92	636	452	1274	173	7230
308	177	192	1141	323	445	115	278	110	289	216	1409	89	7290
6467	3343	4783	42510	6160	13314	3020	4411	1449	6673	4820	10153	2933	L
246	196	260	1334	311	421	226	262	81	250	207	469	113	7300
238	189	233	1269	296	399	225	253	74	245	195	452	108	7310
8	7	27	65	15	22	1	9	7	5	12	17	5	7320
6221	3147	4523	41176	5849	12893	2794	4149	1368	6423	4613	9684	2820	7400
841	363	532	6453	729	3633	351	884	225	653	452	1793	440	7410
46	100	142	375	141	210	36	66	64	159	98	88	149	7420
1930	818	1305	15989	1918	3740	801	1199	304	2232	1848	2789	874	7430
1662	975	1115	6901	1456	2674	861	1114	387	1970	1307	2226	696	7440
66	30	65	278	42	150	38	41	10	35	54	81	34	7450
393	152	242	1559	293	268	238	146	36	248	102	301	82	7460
176	116	106	1095	240	429	65	45	30	156	82	270	80	7470
235	133	254	916	371	512	123	152	106	234	163	319	168	7480
872	460	762	7610	659	1277	281	502	206	736	507	1817	297	7490

2-15 续表 11

行业中类	代码	企业单位数	北京	天津	石家庄	太原	呼和浩特
科学研究、技术服务和地质勘查业	**M**	**106369**	**31098**	**5003**	**611**	**895**	**510**
研究与试验发展	7500	14231	2654	231	68	152	58
自然科学研究与试验发展	7510	1478	226	33	3	14	10
工程和技术研究与试验发展	7520	8418	1315	105	34	92	14
农业科学研究与试验发展	7530	1266	160	35	16	29	24
医学研究与试验发展	7540	2873	908	50	13	15	9
社会人文科学研究与试验发展	7550	196	45	8	2	2	1
专业技术服务业	7600	52539	10398	2537	404	579	255
气象服务	7610	423	21	5	2	11	
地震服务	7620	39	14	2		1	
海洋服务	7630	105	9	25			
测绘服务	7640	1042	137	34	14	16	32
技术检测	7650	3662	534	184	52	50	22
环境监测	7660	694	100	27	11	17	3
工程技术与规划管理	7670	23680	4003	556	261	310	145
其他专业技术服务	7690	22894	5580	1704	64	174	53
科技交流和推广服务业	7700	38235	17811	2191	129	135	131
技术推广服务	7710	28463	14196	1572	88	87	52
科技中介服务	7720	3356	1195	109	22	23	19
其他科技服务	7790	6416	2420	510	19	25	60
地质勘查业	7800	1364	235	44	10	29	66
矿产地质勘查	7810	544	97	15	5	6	33
基础地质勘查	7820	175	19	6	3	10	5
地质勘查技术服务	7830	645	119	23	2	13	28
水利、环境和公共设施管理业	**N**	**11161**	**1687**	**500**	**131**	**124**	**113**
水利管理业	7900	705	55	38	6	15	14
防洪管理	7910	51	3	2		1	3
水资源管理	7920	377	30	19	5	10	7
其他水利管理	7990	277	22	17	1	4	4
环境管理业	8000	2618	334	90	12	37	26
自然保护	8010	149	20	4		3	4
环境治理	8020	2469	314	86	12	34	22
公共设施管理业	8100	7838	1298	372	113	72	73
市政公共设施管理	8110	1083	93	69	15	8	9
城市绿化管理	8120	5173	914	256	27	50	47
游览景区管理	8130	1582	291	47	71	14	17

单位：个

沈阳	长春	哈尔滨	上海	南京	杭州	合肥	福州	南昌	济南	郑州	武汉	长沙	代码
2719	**1335**	**2148**	**14407**	**2082**	**5355**	**1006**	**1173**	**342**	**1621**	**1214**	**3719**	**1022**	M
694	193	324	1400	383	290	134	188	37	185	148	477	222	7500
85	40	69	80	42	41	8	20	13	25	18	182	34	7510
383	67	139	656	234	144	65	77	7	77	54	213	113	7520
99	39	76	34	20	32	20	57	9	26	39	31	32	7530
112	38	33	620	77	65	40	32	6	51	34	47	37	7540
15	9	7	10	10	8	1	2	2	6	3	4	6	7550
1358	621	976	7923	1313	2730	683	749	198	991	734	2184	615	7600
4	4	7	17	5	6	5	8	2	1	6	239	10	7610
	1		2	1	1	2			1	1	1		7620
		1	8	2	6							1	7630
30	33	41	52	29	72	13	22	4	12	25	35	12	7640
118	87	89	323	95	212	84	53	24	75	65	172	60	7650
23	8	33	80	25	47	13	5	2	16	15	26	11	7660
713	297	350	3659	714	1620	376	403	102	465	421	846	308	7670
470	191	455	3782	442	766	190	258	64	421	201	865	213	7690
628	499	793	5057	377	2310	172	222	95	419	300	1015	166	7700
385	233	326	3693	242	2114	124	157	43	218	228	657	105	7710
138	109	75	267	83	120	27	20	25	98	40	87	25	7720
105	157	392	1097	52	76	21	45	27	103	32	271	36	7790
39	22	55	27	9	25	17	14	12	26	32	43	19	7800
12	8	22	10	4	9	12	4	2	7	8	12	10	7810
6	3	9	8	1	8	2	3	3	7	4	6	2	7820
21	11	24	9	4	8	3	7	7	12	20	25	7	7830
232	**204**	**305**	**1493**	**203**	**711**	**152**	**176**	**84**	**174**	**184**	**511**	**158**	N
24	9	18	82	10	32	4	17	3	19	17	79	26	7900
2		6	10		4		1		1	2	2	2	7910
12	5	7	32	5	15	3	8	1	8	2	67	14	7920
10	4	5	40	5	13	1	8	2	10	13	10	10	7990
58	36	57	337	50	152	18	75	21	32	25	130	35	8000
3	4	5	14	2	12		2	1	2	2	5	2	8010
55	32	52	323	48	140	18	73	20	30	23	125	33	8020
150	159	230	1074	143	527	130	84	60	123	142	302	97	8100
39	23	37	216	29	74	12	16	12	13	18	60	14	8110
77	97	165	798	72	315	103	26	21	69	88	211	63	8120
34	39	28	60	42	138	15	42	27	41	36	31	20	8130

行业中类	代码	企业单位数	北京	天津	石家庄	太原	呼和浩特
居民服务和其他服务业	O	**71265**	**14533**	**4749**	**402**	**764**	**484**
居民服务业	8200	31644	6941	1265	204	389	225
家庭服务	8210	2857	644	125	13	19	23
托儿所	8220	157	5	10		1	
洗染服务	8230	1422	476	63	8	23	7
理发及美容保健服务	8240	10731	3158	196	41	94	30
洗浴服务	8250	4531	660	123	45	96	27
婚姻服务	8260	1873	400	85	19	15	26
殡葬服务	8270	715	52	23	4	9	9
摄影扩印服务	8280	3652	883	118	43	56	26
其他居民服务	8290	5706	663	522	31	76	77
其他服务业	8300	39621	7592	3484	198	375	259
修理与维护	8310	19227	3755	807	123	247	86
清洁服务	8320	7257	1793	347	35	53	38
其他未列明的服务	8390	13137	2044	2330	40	75	135
教育	P	**12474**	**2947**	**207**	**83**	**192**	**68**
教育	8400	12474	2947	207	83	192	68
学前教育	8410	2054	127	13	13	32	6
初等教育	8420	257	25	3		3	2
中等教育	8430	439	28	18	1	9	1
高等教育	8440	157	25	3	1	2	
其他教育	8490	9567	2742	170	68	146	59
卫生、社会保障和社会福利业	Q	**7604**	**1200**	**221**	**77**	**209**	**35**
卫生	8500	7091	1137	192	76	198	33
医院	8510	1907	261	67	37	72	13
卫生院及社区医疗活动	8520	591	13	10	18	41	5
门诊部医疗活动	8530	3687	764	64	18	58	9
计划生育技术服务活动	8540	199	2	3		5	
妇幼保健活动	8550	48	6	1		2	1
专科疾病防治活动	8560	178	15	2		5	
疾病预防控制及防疫活动	8570	72	6	2	1	1	2
其他卫生活动	8590	409	70	43	2	14	3

单位：个

沈阳	长春	哈尔滨	上海	南京	杭州	合肥	福州	南昌	济南	郑州	武汉	长沙	代码
1269	**1145**	**1837**	**11773**	**1322**	**1957**	**680**	**1093**	**595**	**1199**	**616**	**4266**	**734**	O
534	460	929	5968	604	752	315	563	211	445	293	1216	459	8200
47	37	46	342	52	142	25	37	3	47	44	77	47	8210
2	2	18	1	3	1	1			4	7	3	9	8220
21	19	33	168	20	55	7	22	6	31	18	50	22	8230
95	80	220	2883	129	207	70	128	78	91	57	244	113	8240
114	81	213	1009	128	57	81	117	19	31	50	123	60	8250
64	14	73	203	71	98	29	29	14	48	35	85	18	8260
35	8	26	115	11	28	12	32	8	11	13	17	5	8270
62	63	114	525	88	94	48	57	40	80	42	148	45	8280
94	156	186	722	102	70	42	141	43	102	27	469	140	8290
735	685	908	5805	718	1205	365	530	384	754	323	3050	275	8300
334	379	415	2596	470	809	258	303	206	535	207	927	127	8310
152	107	159	956	94	252	58	119	30	81	64	237	65	8320
249	199	334	2253	154	144	49	108	148	138	52	1886	83	8390
437	**249**	**231**	**486**	**179**	**511**	**216**	**244**	**80**	**237**	**146**	**604**	**307**	P
437	249	231	486	179	511	216	244	80	237	146	604	307	8400
56	30	30	20	17	38	49	27	11	33	22	65	85	8410
3	8	5	7		5	2	3	1	3	1	2	6	8420
26	21	19	24	2	17	13	6	6	14	8	15	19	8430
8	1	7	7	3	9	4	2	1	4	1	3	5	8440
344	189	170	428	157	442	148	206	61	183	114	519	192	8490
504	**137**	**99**	**648**	**128**	**280**	**86**	**365**	**36**	**113**	**62**	**476**	**141**	Q
482	109	80	578	124	267	79	361	36	104	59	457	129	8500
96	53	51	166	61	66	35	19	13	36	42	89	48	8510
27	11	2	8	3	7	21	39	7	19	5	44	26	8520
319	29	8	297	45	175	16	279	7	32	7	289	44	8530
2			4		1		1				1		8540
1	2		3	1	4	1	1		1		5		8550
11	1	7	62	7	3	1	7		3	1	3	2	8560
9	2	3	10		3	1	2	1	2	1	4	3	8570
17	11	9	28	7	8	4	13	8	11	3	22	6	8590

行业中类	代码	企业单位数	北京	天津	石家庄	太原	呼和浩特
社会保障业	8600	123	10	21		4	
社会福利业	8700	390	53	8	1	7	2
提供住宿的社会福利	8710	277	15	5	1	7	1
不提供住宿的社会福利	8720	113	38	3			1
文化、体育和娱乐业	**R**	**26108**	**9958**	**580**	**122**	**214**	**145**
新闻出版业	8800	2395	918	46	21	34	24
新闻业	8810	64	7	2	1	2	
出版业	8820	2331	911	44	20	32	24
广播、电视、电影和音像业	8900	3746	1574	59	26	32	38
广播	8910	107	24	4		2	1
电视	8920	1044	558	13	8	5	4
电影	8930	1575	581	27	16	8	9
音像制作	8940	1020	411	15	2	17	24
文化艺术业	9000	8486	5055	138	27	54	49
文艺创作与表演	9010	1296	460	26	8	14	10
艺术表演场馆	9020	195	34	8		7	1
图书馆与档案馆	9030	52	4	1			
文物及文化保护	9040	68	18	2		5	
博物馆	9050	85	20	3	1	1	2
烈士陵园、纪念馆	9060	17		1	1		
群众文化活动	9070	875	609	11	4	5	1
文化艺术经纪代理	9080	2374	1458	27	9	2	16
其他文化艺术	9090	3524	2452	59	4	20	19
体育	9100	1565	585	51	6	11	5
体育组织	9110	588	276	20	1	6	3
体育场馆	9120	419	78	13	1	5	1
其他体育	9190	558	231	18	4		1
娱乐业	9200	9916	1826	286	42	83	29
室内娱乐活动	9210	5258	676	150	22	49	16
游乐园	9220	201	20	3	2		1
休闲健身娱乐活动	9230	3599	989	79	16	27	9
其他娱乐活动	9290	858	141	54	2	7	3

单位：个

沈阳	长春	哈尔滨	上海	南京	杭州	合肥	福州	南昌	济南	郑州	武汉	长沙	代码
4	3	13	6	2	5	3	2		2		7	6	8600
18	25	6	64	2	8	4	2		7	3	12	6	8700
17	24	5	48	2	5	3	1		6	1	9	3	8710
1	1	1	16		3	1	1		1	2	3	3	8720
513	**242**	**361**	**2795**	**508**	**824**	**206**	**400**	**165**	**292**	**261**	**856**	**475**	**R**
98	46	29	160	65	75	29	19	24	43	40	88	57	8800
1	5	6	1	1	2		2	1	1	2	1	3	8810
97	41	23	159	64	73	29	17	23	42	38	87	54	8820
96	57	45	253	72	140	27	41	25	55	51	130	54	8900
1	1	2	4	1	1	1	1	3	1	1	9	2	8910
22	10	5	69	21	42	2	15	4	9	13	28	10	8920
41	27	20	124	30	68	15	20	17	35	28	59	19	8930
32	19	18	56	20	29	9	5	1	10	9	34	23	8940
171	56	134	381	112	170	29	40	30	57	60	261	143	9000
61	7	12	88	39	56	7	13	7	19	25	27	23	9010
13	6	4	28	1	7	2	2	3	4	5	3	11	9020
6	2	2	2	1	9		1			1		3	9030
1	1	1		3	4	1				2	5	2	9040
6			5	3	2		2			1	1	1	9050
			1		1			1		1		8	9060
17	5	7	21	7	21	1	2	2	2	1	32	12	9070
41	6	46	83	32	47	8	6	5	11	11	50	51	9080
26	29	62	153	26	23	10	14	12	21	13	143	32	9090
26	10	12	150	30	46	11	16	9	15	13	66	18	9100
9	3	2	35	12	25	5	4	1	9	8	21	5	9110
6	4	6	76	8	8	1	11	1	1	3	6	5	9120
11	3	4	39	10	13	5	1	7	5	2	39	8	9190
122	73	141	1851	229	393	110	284	77	122	97	311	203	9200
49	30	58	1161	139	165	81	191	56	51	48	139	70	9210
5	4	11	12	8	12	3	8	2	3	7	17	4	9220
59	34	47	595	68	173	20	54	15	45	28	104	104	9230
9	5	25	83	14	43	6	31	4	23	14	51	25	9290

2-15 续表 14

行业中类	代码	广州	南宁	海口	重庆	成都	贵阳
总计	0000	**145360**	**23156**	**13771**	**84219**	**66288**	**18518**
农、林、牧、渔业	A	**6088**	**231**	**251**	**2832**	**1526**	**450**
农业	0100	334	76	112	1123	687	178
谷物及其他作物的种植	0110	57	35	17	117	73	18
蔬菜、园艺作物的种植	0120	196	16	21	649	497	108
水果、坚果、饮料和香料作物的种植	0130	79	24	72	318	89	38
中药材的种植	0140	2	1	2	39	28	14
林业	0200	548	35	23	244	134	31
林木的培育和种植	0210	542	33	14	227	134	31
木材和竹材的采运	0220	1	1		6		
林产品的采集	0230	5	1	9	11		
畜牧业	0300	107	86	78	955	500	232
牲畜的饲养	0310	16	19	22	137	81	35
猪的饲养	0320	29	36	37	369	272	75
家禽的饲养	0330	50	20	13	360	121	108
狩猎和捕捉动物	0340				1	1	
其他畜牧业	0390	12	11	6	88	25	14
渔业	0400	51	12	13	292	48	3
海洋渔业	0410	15		2	1	1	
内陆渔业	0420	36	12	11	291	47	3
农、林、牧、渔服务业	0500	5048	22	25	218	157	6
农业服务业	0510	5018	10	21	132	107	5
林业服务业	0520	3	5	2	13	8	1
畜牧服务业	0530	13	5		46	32	
渔业服务业	0540	14	2	2	27	10	
采矿业	B	**36**	**228**	**46**	**1568**	**174**	**421**
煤炭开采和洗选业	0600		3		478	16	98
烟煤和无烟煤的开采洗选	0610		2		466	15	98
褐煤的开采洗选	0620				3		
其他煤炭采选	0690		1		9	1	
石油和天然气开采业	0700				6	19	
天然原油和天然气开采	0710				3	9	
与石油和天然气开采有关的服务活动	0790				3	10	

单位：个

昆明	拉萨	西安	兰州	西宁	银川	乌鲁木齐	大连	宁波	厦门	青岛	深圳	代码
41958	**1594**	**48357**	**16802**	**6507**	**9872**	**21947**	**76540**	**100252**	**39230**	**95913**	**131849**	**0000**
1266	**5**	**504**	**207**	**153**	**326**	**109**	**1956**	**1616**	**253**	**904**	**112**	**A**
561	1	116	35	40	123	43	675	781	122	367	46	0100
82	1	20	9	8	43	12	106	84	4	74		0110
335		71	20	28	46	19	237	346	82	213	40	0120
119		25	4	1	23	6	314	345	35	76	6	0130
25			2	3	11	6	18	6	1	4		0140
169	3	87	19	34	26	18	131	78	12	108	7	0200
166	3	86	19	34	26	18	130	74	12	107	6	0210
								2				0220
3		1					1	2		1	1	0230
466	1	219	136	69	126	31	360	271	66	213	17	0300
180	1	111	46	47	90	13	92	32	7	72	3	0310
163		59	65	17	10	5	106	82	42	46	3	0320
98		40	17	4	14	12	102	95	11	60	10	0330
			1		1					2		0340
25		9	7	1	11	1	60	62	6	33	1	0390
24		11	4	1	18	6	619	291	42	136	25	0400
					1		580	195	14	116	25	0410
24		11	4	1	17	6	39	96	28	20		0420
46		71	13	9	33	11	171	195	11	80	17	0500
29		56	11	7	20	8	102	163	7	50	10	0510
11		6	2	2	3	2	3	1		3	3	0520
5		9			10	1	20	12		8	1	0530
1							46	19	4	19	3	0540
836	**54**	**258**	**188**	**154**	**66**	**115**	**224**	**145**	**19**	**416**	**15**	**B**
80		5	22	7	6	56	1			1		0600
52		3	19	6	6	56	1					0610
23			1									0620
5		2	2	1						1		0690
1		13	2		4	4	1			4	10	0700
1		3	2		2	1				1	2	0710
		10			2	3	1			3	8	0790

行业中类	代码	广州	南宁	海口	重庆	成都	贵阳
黑色金属矿采选业	0800		53	1	13	2	4
铁矿采选	0810		10	1	9	1	4
其他黑色金属矿采选	0890		43		4	1	
有色金属矿采选业	0900	2	43	20	9	6	61
常用有色金属矿采选	0910		33	10	8	4	61
贵金属矿采选	0920	1	7	5		1	
稀有稀土金属矿采选	0930	1	3	5	1	1	
非金属矿采选业	1000	33	121	16	1054	124	256
土砂石开采	1010	30	81	13	1007	112	178
化学矿采选	1020		2		7	1	55
采盐	1030			1	3		
石棉及其他非金属矿采选	1090	3	38	2	37	11	23
其他采矿业	1100	1	8	9	8	7	2
制造业	C	**31054**	**3775**	**1230**	**20720**	**17456**	**3129**
农副食品加工业	1300	421	395	90	1161	829	116
谷物磨制	1310	36	66	4	221	46	7
饲料加工	1320	125	123	13	129	166	38
植物油加工	1330	46	15	3	101	91	8
制糖	1340	8	13	6	19	5	2
屠宰及肉类加工	1350	87	57	9	274	209	24
水产品加工	1360	33	5	26	10	8	
蔬菜、水果和坚果加工	1370	36	18	12	225	181	11
其他农副食品加工	1390	50	98	17	182	123	26
食品制造业	1400	590	214	89	667	767	142
焙烤食品制造	1410	147	58	15	143	174	30
糖果、巧克力及蜜饯制造	1420	54	21	11	43	55	7
方便食品制造	1430	65	38	4	144	84	21
液体乳及乳制品制造	1440	19	7	3	16	13	4
罐头制造	1450	13	19	4	42	39	5
调味品、发酵制品制造	1460	98	21	11	195	258	33
其他食品制造	1490	194	50	41	84	144	42
饮料制造业	1500	183	221	46	600	726	96
酒精制造	1510	1	7	1		1	1
酒的制造	1520	33	19	14	351	502	29
软饮料制造	1530	143	53	30	133	106	49
精制茶加工	1540	6	142	1	116	117	17

单位：个

昆明	拉萨	西安	兰州	西宁	银川	乌鲁木齐	大连	宁波	厦门	青岛	深圳	代码
133	8	2	8	2		1	14	1		148		0800
127	7	2	6			1	14	1		148		0810
6	1		2	2								0890
149	36	28	3	8	2	17	8			10		0900
142	35	17	3	8	1	12	4					0910
1		5				4	4			10		0920
6	1	6			1	1						0930
467	10	200	146	132	53	32	198	144	19	238	5	1000
268	9	188	81	101	52	29	166	132	15	157	4	1010
159									1	1		1020
3						1	22	7	1	4		1030
37	1	12	65	31	1	2	10	5	2	76	1	1090
6		10	7	5	1	5	2			15		1100
5972	**181**	**11271**	**2838**	**1098**	**1474**	**2171**	**21813**	**55011**	**9430**	**33435**	**36904**	**C**
394	17	389	123	83	136	72	1469	641	221	2163	143	1300
16	5	72	9	6	43	6	59	28	21	105	12	1310
146		98	15	11	21	14	130	22	37	108	24	1320
18	2	20		27	19	16	30	15	15	100	11	1330
6		2			2		4	2		1	2	1340
54	4	96	24	21	26	20	130	25	27	160	33	1350
2		2		1	1	2	759	323	47	495	14	1360
89		38	48	1	11	9	240	154	52	907	16	1370
63	6	61	27	16	13	5	117	72	22	287	31	1390
298	12	397	114	50	90	66	591	261	216	747	200	1400
93	2	102	29	7	22	22	173	60	60	170	63	1410
14		61	14		4	2	15	14	25	22	20	1420
33		60	16	1	7	9	62	30	26	110	33	1430
12	5	23	11	7	13	8	20	4	4	28	6	1440
7	1	8	2		5	3	102	64	5	35	6	1450
38	2	69	27	14	16	7	54	34	35	121	12	1460
101	2	74	15	21	23	15	165	55	61	261	60	1490
231	13	108	35	25	48	39	212	306	81	482	94	1500
		1				1	3	1		6		1510
73	4	36	13	16	31	11	80	114	20	165	6	1520
93	9	71	21	7	14	25	126	103	37	202	87	1530
65			1	2	3	2	3	88	24	109	1	1540

行业中类	代码	广州	南宁	海口	重庆	成都	贵阳
烟草制品业	1600	2	2	1	3	4	2
烟叶复烤	1610		1		1		1
卷烟制造	1620	1	1	1	2	1	1
其他烟草制品加工	1690	1				3	
纺织业	1700	1231	49	15	1167	232	21
棉、化纤纺织及印染精加工	1710	502	7		993	68	3
毛纺织和染整精加工	1720	45	1	1	10	3	
麻纺织	1730	2	1		4		
丝绢纺织及精加工	1740	46	18	1	45	14	
纺织制成品制造	1750	342	11	6	65	102	11
针织品、编织品及其制品制造	1760	294	11	7	50	45	7
纺织服装、鞋、帽制造业	1800	4447	55	66	344	307	26
纺织服装制造	1810	4303	55	66	329	294	25
纺织面料鞋的制造	1820	104			15	13	1
制帽	1830	40					
皮革、毛皮、羽毛(绒)及其制品业	1900	2482	51	1	226	519	5
皮革鞣制加工	1910	79	19		14	20	
皮革制品制造	1920	2352	23		184	473	5
毛皮鞣制及制品加工	1930	41	4	1	4	6	
羽毛(绒)加工及制品制造	1940	10	5		24	20	
木材加工及木、竹、藤、棕、草制品业	2000	371	270	36	353	390	57
锯材、木片加工	2010	53	156	16	96	75	18
人造板制造	2020	118	68	4	59	118	13
木制品制造	2030	180	19	14	162	162	25
竹、藤、棕、草制品制造	2040	20	27	2	36	35	1
家具制造业	2100	752	73	44	637	847	66
木质家具制造	2110	449	50	31	505	656	40
竹、藤家具制造	2120	7	3	1	6	7	1
金属家具制造	2130	146	9	4	41	63	18
塑料家具制造	2140	19	1		12	4	2
其他家具制造	2190	131	10	8	73	117	5
造纸及纸制品业	2200	1114	246	43	441	467	91
纸浆制造	2210	13	12		2	9	1
造纸	2220	336	151	13	105	102	19
纸制品制造	2230	765	83	30	334	356	71

单位：个

昆明	拉萨	西安	兰州	西宁	银川	乌鲁木齐	大连	宁波	厦门	青岛	深圳	代码
4		4	8					2	1	2	1	1600
2												1610
1		2	1					1	1	2	1	1620
1		2	7					1				1690
68	3	185	30	17	51	48	490	3957	307	1419	618	1700
18		69	7	4	2	9	107	795	49	448	97	1710
	2	2	5	4	41	5	9	181	6	51	8	1720
1						1	2	8	1	12	2	1730
6							56	30	10	24	12	1740
25		81	12	5	6	17	166	762	138	378	264	1750
18	1	33	6	4	2	16	150	2181	103	506	235	1760
89	7	189	27	15	16	52	1544	2029	765	2674	1886	1800
87	6	185	26	14	16	52	1522	1891	741	2398	1839	1810
1	1	3	1				13	73	13	136	29	1820
1		1		1			9	65	11	140	18	1830
23	3	23	8	8	6	5	128	278	172	872	647	1900
6		2		1	1	1	6	8	4	35	9	1910
14	2	14	7	4		3	83	228	160	762	611	1920
1	1	5	1	3	3		31	19	5	67	16	1930
2		2			2	1	8	23	3	8	11	1940
133	2	157	26	12	17	25	637	511	130	621	196	2000
25		32	7	8	1	2	128	23	11	97	20	2010
33	1	33	5	1	4	8	98	24	12	107	48	2020
69	1	87	14	2	9	15	396	205	95	343	120	2030
6		5		1	3		15	259	12	74	8	2040
153	2	375	76	13	39	82	288	527	184	730	795	2100
105	2	272	66	12	30	65	243	290	107	597	460	2110
2							3	17	1	6	4	2120
21		23	4		4	10	7	139	26	39	72	2130
5		4	1		1		3	33	4	13	10	2140
20		76	5	1	4	7	32	48	46	75	249	2190
198	2	456	50	6	33	69	417	1366	446	1048	1692	2200
		4	3			1	4	9	1	13	2	2210
46		74	11		11	22	72	157	77	268	131	2220
152	2	378	36	6	22	46	341	1200	368	767	1559	2230

行业中类	代码	广州	南宁	海口	重庆	成都	贵阳
印刷业和记录媒介的复制	2300	1205	241	99	665	713	165
印刷	2310	1102	211	89	601	646	151
装订及其他印刷服务活动	2320	89	28	9	61	65	13
记录媒介的复制	2330	14	2	1	3	2	1
文教体育用品制造业	2400	511	18	1	47	63	7
文化用品制造	2410	108	7	1	18	24	5
体育用品制造	2420	138	4		12	22	1
乐器制造	2430	70			5	4	
玩具制造	2440	121	6		10	6	1
游艺器材及娱乐用品制造	2450	74	1		2	7	
石油加工、炼焦及核燃料加工业	2500	70	13	3	56	43	3
精炼石油产品的制造	2510	60	13	3	40	36	3
炼焦	2520	9			16	7	
化学原料及化学制品制造业	2600	2011	276	88	827	927	199
基础化学原料制造	2610	88	29	5	151	145	62
肥料制造	2620	37	90	30	98	91	41
农药制造	2630	16	21	5	35	32	2
涂料、油墨、颜料及类似产品制造	2640	405	34	8	195	218	25
合成材料制造	2650	119	2	4	40	50	7
专用化学产品制造	2660	403	73	15	218	252	35
日用化学产品制造	2670	943	27	21	90	139	27
医药制造业	2700	246	105	82	164	363	103
化学药品原药制造	2710	13	8	5	40	46	
化学药品制剂制造	2720	33	20	48	34	74	11
中药饮片加工	2730	29	13	4	9	58	4
中成药制造	2740	39	28	13	29	49	70
兽用药品制造	2750	39	17	2	6	28	1
生物、生化制品的制造	2760	54	11	7	24	77	9
卫生材料及医药用品制造	2770	39	8	3	22	31	8
化学纤维制造业	2800	27	3	7	11	21	1
纤维素纤维原料及纤维制造	2810	8			2	9	1
合成纤维制造	2820	19	3	7	9	12	
橡胶制品业	2900	388	11	10	234	172	73
轮胎制造	2910	17	1		26	9	6
橡胶板、管、带的制造	2920	46	3	2	26	27	4

单位：个

昆明	拉萨	西安	兰州	西宁	银川	乌鲁木齐	大连	宁波	厦门	青岛	深圳	代码
312	11	485	187	51	100	168	429	1370	378	858	1281	2300
285	10	390	171	48	96	160	379	1300	352	788	1180	2310
24	1	92	15	3	4	8	48	67	25	62	93	2320
3		3	1				2	3	1	8	8	2330
23		30	6	2	2	8	95	1435	184	404	702	2400
14		13	3	2	1	5	50	741	22	63	109	2410
1		5	1		1	3	25	328	144	144	125	2420
3		2					11	60	3	36	12	2430
2		6					7	266	13	155	413	2440
3		4	2				2	40	2	6	43	2450
27		34	44	7	16	26	93	52	19	26	19	2500
14		33	41	3	12	26	86	52	19	25	19	2510
13		1	2	4	4		7			1		2520
488	11	530	230	49	86	190	1115	1022	419	1378	841	2600
117	1	78	64	19	28	31	149	100	18	94	20	2610
155	1	49	37	6	15	36	98	18	12	101	11	2620
9		22	3	1		1	26	12	2	43	5	2630
50	1	107	36	3	13	41	259	306	98	328	267	2640
11		33	15	2	1	4	57	146	48	142	121	2650
88	2	181	56	14	23	51	366	320	92	526	231	2660
58	6	60	19	4	6	26	160	120	149	144	186	2670
122	15	246	39	38	25	39	129	131	63	171	104	2700
8		26	3	2	1	1	9	16	3	10	10	2710
18		56	1	7	4	7	25	14	10	16	21	2720
13	2	12	5	6	3	4	10	8	5	11	6	2730
43	10	56	8	17	6	8	20	10	8	8	18	2740
6	1	15	4	1	5	5	9	3	4	35	1	2750
16	1	53	11	4	5	8	41	36	27	50	37	2760
18	1	28	7	1	1	6	15	44	6	41	11	2770
1		14	5	1	1	2	27	174	23	57	28	2800
1		5				1	8	25	5	23	7	2810
		9	5	1	1	1	19	149	18	34	21	2820
69		96	28	4	14	21	191	621	206	866	467	2900
10		9	4		3	4	14	23	18	315	8	2910
17		22	8	1	5	5	50	109	28	101	64	2920

2-15 续表 18

行业中类	代码	广州	南宁	海口	重庆	成都	贵阳
橡胶零件制造	2930	93	1	2	117	41	42
再生橡胶制造	2940	14	1		8	18	4
日用及医用橡胶制品制造	2950	23	3	1	3	8	
橡胶靴鞋制造	2960	74		1	14	11	7
其他橡胶制品制造	2990	121	2	4	40	58	10
塑料制品业	3000	1760	160	54	710	821	172
塑料薄膜制造	3010	195	22	13	70	70	12
塑料板、管、型材的制造	3020	206	24	5	147	205	44
塑料丝、绳及编织品的制造	3030	41	42	1	76	54	30
泡沫塑料制造	3040	81	8	4	43	67	8
塑料人造革、合成革制造	3050	26		1	2	8	1
塑料包装箱及容器制造	3060	242	20	12	84	113	19
塑料零件制造	3070	199	1	4	85	76	11
日用塑料制造	3080	269	15	5	57	94	11
其他塑料制品制造	3090	501	28	9	146	134	36
非金属矿物制品业	3100	953	472	86	2252	1790	604
水泥、石灰和石膏的制造	3110	113	78	2	128	84	56
水泥及石膏制品制造	3120	212	89	24	703	444	138
砖瓦、石材及其他建筑材料制造	3130	261	266	42	1027	786	201
玻璃及玻璃制品制造	3140	260	17	10	207	258	47
陶瓷制品制造	3150	66	6	2	50	56	5
耐火材料制品制造	3160	8	9	1	73	73	60
石墨及其他非金属矿物制品制造	3190	33	7	5	64	89	97
黑色金属冶炼及压延加工业	3200	97	39	7	208	177	47
炼铁	3210	8	11	3	11	16	11
炼钢	3220	5	2		4	13	4
钢压延加工	3230	69	22	4	180	133	18
铁合金冶炼	3240	15	4		13	15	14
有色金属冶炼及压延加工业	3300	191	38	7	209	177	47
常用有色金属冶炼	3310	29	19	1	62	47	24
贵金属冶炼	3320	3	2		1	4	
稀有稀土金属冶炼	3330	3	3	1	4	10	4
有色金属合金制造	3340	22	3	3	45	26	6
有色金属压延加工	3350	134	11	2	97	90	13

单位：个

昆明	拉萨	西安	兰州	西宁	银川	乌鲁木齐	大连	宁波	厦门	青岛	深圳	代码
15		22	1	1	2	8	68	326	58	129	98	2930
5		6	4	1	1	1	3	10	5	21	1	2940
1		4			2	1	8	37	13	25	30	2950
2		2	1	1		1	8	17	14	39	17	2960
19		31	10		1	1	40	99	70	236	249	2990
310	2	341	196	36	67	246	1037	5633	797	1892	3481	3000
25		35	20	3	6	29	141	192	101	148	257	3010
70	2	66	56	5	18	90	146	316	91	253	233	3020
70		31	31	14	26	16	120	234	14	137	46	3030
19		22	18	8	4	26	68	190	47	95	111	3040
1							8	17	6	12	9	3050
44		70	34		5	29	142	445	70	300	465	3060
7		21	5	2		1	81	2657	102	211	617	3070
31		37	9	2	4	15	134	746	98	134	288	3080
43		59	23	2	4	40	197	836	268	602	1455	3090
767	29	1483	438	254	186	262	1229	1292	521	1871	591	3100
51	4	77	49	28	14	25	97	26	22	48	2	3110
170	10	466	106	69	70	59	234	393	77	391	107	3120
408	10	746	198	124	80	126	531	414	291	819	85	3130
49	2	89	26	6	8	31	172	259	72	171	284	3140
5		25	4	3		4	26	55	38	26	54	3150
31		38	15	8	3	11	58	64	4	79	5	3160
53	3	42	40	16	11	6	111	81	17	337	54	3190
72		88	93	27	25	36	190	599	50	42	36	3200
16		12	12	2	2	4	4	8		5	1	3210
6		7	8	2		1	17	12	2	5	1	3220
40		60	35	4	10	31	167	574	44	31	31	3230
10		9	38	19	13		2	5	4	1	3	3240
166	4	116	34	33	20	12	74	701	67	150	190	3300
93		22	8	21	10	3	4	68	9	21	15	3310
7		2	1	1		1	1	3	1	2	1	3320
10		10	4	2	4			10	3	6	1	3330
9		25	3	4	2	1	24	70	23	13	24	3340
47	4	57	18	5	4	7	45	550	31	108	149	3350

2-15　续表 19

行业中类	代码	广州	南宁	海口	重庆	成都	贵阳
金属制品业	3400	2557	193	48	1165	1565	234
结构性金属制品制造	3410	883	85	19	482	793	95
金属工具制造	3420	346	23	4	171	158	55
集装箱及金属包装容器制造	3430	101	7	5	50	71	8
金属丝绳及其制品的制造	3440	49	3	1	34	45	14
建筑、安全用金属制品制造	3450	242	30	7	87	147	11
金属表面处理及热处理加工	3460	210	6	2	161	152	9
搪瓷制品制造	3470	27	1		12	8	3
不锈钢及类似日用金属制品制造	3480	411	16	7	62	86	11
其他金属制品制造	3490	288	22	3	106	105	28
通用设备制造业	3500	1493	101	17	1542	1631	259
锅炉及原动机制造	3510	42	10	1	83	71	7
金属加工机械制造	3520	334	15	3	223	316	66
起重运输设备制造	3530	62	5	1	55	26	
泵、阀门、压缩机及类似机械的制造	3540	128	6	2	99	151	22
轴承、齿轮、传动和驱动部件的制造	3550	41	3		90	52	12
烘炉、熔炉及电炉制造	3560	24			21	9	4
风机、衡器、包装设备等通用设备制造	3570	398	21	1	215	177	30
通用零部件制造及机械修理	3580	287	22	7	517	598	80
金属铸、锻加工	3590	177	19	2	239	231	38
专用设备制造业	3600	1351	168	29	798	869	105
矿山、冶金、建筑专用设备制造	3610	55	23		126	188	34
化工、木材、非金属加工专用设备制造	3620	428	11	6	263	223	24
食品、饮料、烟草及饲料生产专用设备制造	3630	73	24	1	22	31	4
印刷、制药、日化生产专用设备制造	3640	150	15		42	40	6
纺织、服装和皮革工业专用设备制造	3650	73	1		17	9	
农、林、牧、渔专用机械制造	3670	25	49	9	97	39	5
医疗仪器设备及器械制造	3680	121	19	5	54	100	7
环保、社会公共安全及其他专用设备制造	3690	269	22	5	129	157	18
交通运输设备制造业	3700	1521	102	155	4608	995	287
铁路运输设备制造	3710	12			21	55	12
汽车制造	3720	936	82	135	1778	781	254
摩托车制造	3730	167	1	6	2602	52	2
自行车制造	3740	64	7		15	43	1
船舶及浮动装置制造	3750	316	7	10	167	1	2
航空航天器制造	3760	5			2	29	9
交通器材及其他交通运输设备制造	3790	21	5	4	23	34	7

单位：个

昆明	拉萨	西安	兰州	西宁	银川	乌鲁木齐	大连	宁波	厦门	青岛	深圳	代码
453	7	809	245	108	156	218	1702	4082	949	3140	3101	3400
232	2	418	127	63	103	131	609	621	402	1247	849	3410
19		68	11	7	2	3	126	648	82	447	210	3420
26		38	18	1	7	11	96	122	21	108	125	3430
20	2	34	7	17	6	14	69	174	19	70	65	3440
37		102	34	7	16	23	149	976	120	199	298	3450
28		61	18	7	4	10	448	613	72	123	158	3460
1		5	1		1		5	40	7	10	13	3470
32	1	38	7	1	4	11	61	530	97	186	361	3480
58	2	45	22	5	13	15	139	358	129	750	1022	3490
502		1451	254	71	144	147	5188	9868	494	3362	1553	3500
8		56	26	10	12	22	162	122	7	273	21	3510
88		186	41	12	31	12	453	554	97	810	260	3520
23		14	2		13	8	166	245	29	42	24	3530
24		86	30	2	5	3	710	1304	54	161	102	3540
11		35	4	4	16	4	807	1426	25	74	66	3550
3		48	1	2	2		6	56	2	15	14	3560
50		192	28	12	11	27	322	744	78	434	335	3570
192		596	56	21	30	38	1711	4639	173	812	671	3580
103		238	66	8	24	33	851	778	29	741	60	3590
233		868	186	24	46	119	1274	3399	651	2345	2999	3600
52		224	80	10	12	48	220	111	48	166	25	3610
32		107	26	2	5	9	536	1827	329	787	1833	3620
37		21	6	2	2	6	30	96	16	74	11	3630
12		43	9	1	1	2	64	105	38	73	156	3640
		55	4				29	617	39	531	48	3650
14		27	11	1	6	26	48	137	8	111	9	3670
20		79	13	2	10	10	61	174	42	51	211	3680
51		165	23	5	5	13	228	189	76	380	310	3690
263	13	440	177	67	39	46	1384	3784	224	1409	571	3700
9		70	12	2		7	74	32	2	101	4	3710
233	11	290	157	63	31	32	455	2857	158	772	310	3720
1		4			1		6	258	13	16	5	3730
3		4	1	1		3	5	310	11	28	190	3740
		2	1				834	284	24	299	41	3750
3		58	5				4	7	8	6	3	3760
14	2	12	1	1	7	4	6	36	8	187	18	3790

行业中类	代码	广州	南宁	海口	重庆	成都	贵阳
电气机械及器材制造业	3900	1743	108	35	671	959	104
电机制造	3910	108	10	1	100	67	3
输配电及控制设备制造	3920	457	41	14	204	378	31
电线、电缆、光缆及电工器材制造	3930	226	25	4	141	214	32
电池制造	3940	103	3	2	34	54	4
家用电力器具制造	3950	370	7	2	61	91	14
非电力家用器具制造	3960	40	5	2	19	35	7
照明器具制造	3970	320	9	6	56	69	6
其他电气机械及器材制造	3990	119	8	4	56	51	7
通信设备、计算机及其他电子设备制造业	4000	1799	52	18	186	537	36
通信设备制造	4010	158	8	2	59	108	4
雷达及配套设备制造	4020	7	1			7	1
广播电视设备制造	4030	57	3		4	34	
电子计算机制造	4040	150	3	2	10	67	2
电子器件制造	4050	216	5	3	28	103	11
电子元件制造	4060	532	12	8	46	136	14
家用视听设备制造	4070	452	1		6	13	1
其他电子设备制造	4090	227	19	3	33	69	3
仪器仪表及文化、办公用机械制造业	4100	461	21	4	487	262	23
通用仪器仪表制造	4110	110	11	1	257	111	11
专用仪器仪表制造	4120	73	4	2	51	67	3
钟表与计时仪器制造	4130	114	2		4	6	1
光学仪器及眼镜制造	4140	72			121	46	5
文化、办公用机械制造	4150	76		1	8	10	1
其他仪器仪表的制造及修理	4190	16	4		46	22	2
工艺品及其他制造业	4200	987	76	40	204	194	31
工艺美术品制造	4210	798	38	34	101	84	14
日用杂品制造	4220	122	17	1	34	25	4
煤制品制造	4230	3	2	1	39	56	3
其他未列明的制造业	4290	64	18	4	30	27	10
废弃资源和废旧材料回收加工业	4300	90	2	9	77	89	7
金属废料和碎屑的加工处理	4310	55	1	3	36	59	2
非金属废料和碎屑的加工处理	4320	35	1	6	41	30	5

单位：个

昆明	拉萨	西安	兰州	西宁	银川	乌鲁木齐	大连	宁波	厦门	青岛	深圳	代码
228	5	899	91	36	66	132	846	6522	537	1374	4482	3900
16		101	13	3	7	4	97	556	31	172	256	3910
62	1	490	27	8	28	68	436	1132	189	471	1943	3920
69	1	152	14	6	12	36	117	659	80	196	848	3930
6		16	1	5	2	1	13	147	16	18	490	3940
10		46	4	2		7	48	2363	46	240	357	3950
43	2	19	11	5	3	4	24	158	9	47	57	3960
10		30	11	6	3	8	68	1386	129	49	407	3970
12	1	45	10	1	11	4	43	121	37	181	124	3990
41		398	16	1	4	8	292	1940	564	627	7388	4000
10		83	4		2	2	23	218	58	78	852	4010
		8	1				2	1		2	5	4020
2		8				1	14	79	18	9	193	4030
10		30	1		2		26	102	32	26	1037	4040
7		76	3				50	225	150	72	1224	4050
4		109	1	1		4	112	1082	194	313	2250	4060
2		2					9	173	32	12	1003	4070
6		82	6			1	56	60	80	115	824	4090
114		355	27	4	23	10	449	1105	214	303	1394	4100
29		209	11	4	15	6	322	648	63	164	269	4110
8		93	5		2	3	65	140	25	69	139	4120
		4					5	82	1	12	487	4130
69		23	2		1		18	105	105	5	283	4140
4		5	4		3	1	13	88	14	20	197	4150
4		21	5		2		26	42	6	33	19	4190
152	21	258	33	51	12	19	252	1074	538	2318	1387	4200
77	18	162	18	32	7	9	179	609	304	1764	1032	4210
16		10	6			3	42	407	123	149	248	4220
4		53	1	16	2	5	10	12	8	9	1	4230
54	3	32	7	3	3	2	21	44	103	396	106	4290
38	2	47	12	5	6	4	41	329	9	84	17	4300
20		23	6	2	2	2	15	162	3	49	10	4310
18	2	24	6	3	4	2	26	167	6	35	7	4320

行业中类	代码	广州	南宁	海口	重庆	成都	贵阳
电力、燃气及水的生产和供应业	D	**227**	**152**	**25**	**839**	**584**	**66**
电力、热力的生产和供应业	4400	85	73	9	406	347	34
电力生产	4410	66	60	7	378	308	18
电力供应	4420	15	13	2	27	38	11
热力生产和供应	4430	4			1	1	5
燃气生产和供应业	4500	28	6	4	79	88	10
水的生产和供应业	4600	114	73	12	354	149	22
自来水的生产和供应	4610	93	69	6	311	121	20
污水处理及其再生利用	4620	18	4	3	36	26	2
其他水的处理、利用与分配	4690	3		3	7	2	
建筑业	E	**3950**	**966**	**1426**	**4661**	**3732**	**883**
房屋和土木工程建筑业	4700	823	319	222	1683	1346	263
房屋工程建筑	4710	414	188	97	1285	863	168
土木工程建筑	4720	409	131	125	398	483	95
建筑安装业	4800	1160	173	253	674	819	134
建筑装饰业	4900	1640	319	781	1443	1200	337
其他建筑业	5000	327	155	170	861	367	149
工程准备	5010	99	36	104	64	91	37
提供施工设备服务	5020	49	56	12	105	32	17
其他未列明的建筑活动	5090	179	63	54	692	244	95
交通运输、仓储和邮政业	F	**4538**	**682**	**296**	**3110**	**1917**	**326**
铁路运输业	5100	13	5	2	4	7	9
铁路旅客运输	5110	2	2	1	1		
铁路货物运输	5120	9	1	1	2	5	7
铁路运输辅助活动	5130	2	2		1	2	2
道路运输业	5200	1387	390	112	1707	917	172
公路旅客运输	5210	71	38	32	132	78	29
道路货物运输	5220	1134	296	76	1458	737	131
道路运输辅助活动	5230	182	56	4	117	102	12
城市公共交通业	5300	101	25	19	92	142	10
公共电汽车客运	5310	24	11	5	24	36	3
轨道交通	5320	2			2	1	
出租车客运	5330	74	13	12	59	104	5
城市轮渡	5340	1			2		
其他城市公共交通	5390		1	2	5	1	2

单位：个

昆明	拉萨	西安	兰州	西宁	银川	乌鲁木齐	大连	宁波	厦门	青岛	深圳	代码
178	**9**	**149**	**67**	**62**	**74**	**66**	**286**	**343**	**51**	**209**	**70**	D
108	7	79	54	50	48	57	173	144	30	69	23	4400
85	5	44	28	43	17	17	29	123	25	19	20	4410
22	2	13	9	1	5	1	13	10		12	1	4420
1		22	17	6	26	39	131	11	5	38	2	4430
18		30	4	2	11	2	41	27		62	5	4500
52	2	40	9	10	15	7	72	172	21	78	42	4600
41	2	31	6	9	13	5	31	110	12	48	25	4610
9		6	3	1	2	1	39	37	7	18	16	4620
2		3				1	2	25	2	12	1	4690
2630	**108**	**3164**	**707**	**531**	**647**	**813**	**5753**	**2797**	**1721**	**5509**	**2133**	E
804	88	1129	233	229	253	267	1574	781	396	1657	563	4700
465	64	712	119	132	137	119	874	350	191	952	316	4710
339	24	417	114	97	116	148	700	431	205	705	247	4720
474	6	713	198	106	127	244	1444	514	354	1334	554	4800
940	10	1010	224	143	228	205	2011	1240	586	1706	875	4900
412	4	312	52	53	39	97	724	262	385	812	141	5000
42		93	22	22	18	30	308	206	171	198	35	5010
17		58	4	5	7	12	64	13	55	118	17	5020
353	4	161	26	26	14	55	352	43	159	496	89	5090
867	**76**	**1104**	**371**	**112**	**137**	**816**	**3606**	**2616**	**1608**	**3846**	**5622**	F
4	1	12	5	5	1	13	1	4	5	14	2	5100
1			1				1		2	3		5110
2	1	8	1	3	1	12		4	2	8	2	5120
1		4	3	2		1			1	3		5130
404	29	520	107	45	50	261	851	970	258	960	1743	5200
33	12	40	17	8	11	14	59	47	29	42	78	5210
287	14	420	77	31	36	236	732	823	215	890	1579	5220
84	3	60	13	6	3	11	60	100	14	28	86	5230
49	25	100	11	9	13	18	157	51	30	51	75	5300
10	1	23	3	2	4	7	17	18	16	14	14	5310
1		2					2			1	1	5320
34	24	74	8	6	7	10	138	30	12	31	59	5330
								3		3		5340
4		1		1	2	1			2	2	1	5390

行业中类	代码	广州	南宁	海口	重庆	成都	贵阳
水上运输业	5400	224	32	29	264	5	3
水上旅客运输	5410	16	3	2	42	2	
水上货物运输	5420	147	25	25	198	2	1
水上运输辅助活动	5430	61	4	2	24	1	2
航空运输业	5500	13	13	6	17	18	7
航空客货运输	5510	7	5	1	2	9	3
通用航空服务	5520	1	1	1	7	3	1
航空运输辅助活动	5530	5	7	4	8	6	3
管道运输业	5600			1	1	2	
装卸搬运和其他运输服务业	5700	2354	111	90	757	644	74
装卸搬运	5710	134	32	10	233	62	14
运输代理服务	5720	2220	79	80	524	582	60
仓储业	5800	385	88	22	205	138	40
谷物、棉花等农产品仓储	5810	46	34	6	27	12	10
其他仓储	5890	339	54	16	178	126	30
邮政业	5900	61	18	15	63	44	11
国家邮政	5910	6	4	3	27	9	3
其他寄递服务	5990	55	14	12	36	35	8
信息传输、计算机服务和软件业	G	**5373**	**1343**	**461**	**2689**	**3174**	**668**
电信和其他信息传输服务业	6000	747	168	95	555	239	91
电信	6010	237	78	20	250	83	38
互联网信息服务	6020	479	88	68	272	128	45
广播电视传输服务	6030	27	2	5	29	26	8
卫星传输服务	6040	4		2	4	2	
计算机服务业	6100	2096	953	230	1488	1930	417
计算机系统服务	6110	909	103	47	190	334	78
数据处理	6120	54	3	6	2	11	
计算机维修	6130	157	18	19	61	80	15
其他计算机服务	6190	976	829	158	1235	1505	324
软件业	6200	2530	222	136	646	1005	160
公共软件服务	6210	1992	168	87	491	900	103
其他软件服务	6290	538	54	49	155	105	57
批发和零售业	H	**46636**	**8748**	**4346**	**24854**	**18787**	**6841**
批发业	6300	33454	5489	1898	13281	13034	4185
农畜产品批发	6310	685	194	84	454	483	74

单位：个

昆明	拉萨	西安	兰州	西宁	银川	乌鲁木齐	大连	宁波	厦门	青岛	深圳	代码
9			1				189	184	85	74	124	5400
5							25	12	10	11	8	5410
1							99	121	46	39	79	5420
3			1				65	51	29	24	37	5430
27	1	13	15	1	6	13	18	3	14	13	45	5500
14	1	8	6		3	5	9	1	8	3	37	5510
7		2	2		1	3	5		2	3	6	5520
6		3	7	1	2	5	4	2	4	7	2	5530
		6			1	2	3		1	1		5600
270	8		146	27	38	414	2051	1111	1060	2201	2959	5700
65		28	10	5	10	49	95	100	49	114	122	5710
205	8	237	136	22	28	365	1956	1011	1011	2087	2837	5720
71	3	159	74	19	17	78	267	209	109	436	290	5800
5		33	30	7	4	9	76	10	8	30	7	5810
66	3	126	44	12	13	69	191	199	101	406	283	5890
33	9	29	12	6	11	17	69	84	46	96	384	5900
7	1	5	1	4	4	3	1	3	1	1	7	5910
26	8	24	11	2	7	14	68	81	45	95	377	5990
1675	**65**	**1911**	**304**	**189**	**378**	**774**	**2931**	**1806**	**1414**	**2580**	**4497**	G
165	16	265	102	17	43	65	285	195	223	475	451	6000
50	12	96	20	13	16	29	65	45	30	72	142	6010
100	4	152	77	2	20	28	192	138	187	397	297	6020
14		17	5	2	6	8	27	11	3	5	10	6030
1					1		1	1	3	1	2	6040
994	47	950	133	141	284	565	844	1095	507	1464	1072	6100
298	10	195	21	20	46	126	144	249	181	257	318	6110
9		25	1			9	27	3	2	10	22	6120
21	1	55	6	4	15	27	49	35	29	55	76	6130
666	36	675	105	117	223	403	624	808	295	1142	656	6190
516	2	696	69	31	51	144	1802	516	684	641	2974	6200
431	2	639	42	28	50	92	1635	482	564	413	2658	6210
85		57	27	3	1	52	167	34	120	228	316	6290
17465	**547**	**16556**	**7607**	**2263**	**4254**	**11186**	**21354**	**23086**	**15184**	**30714**	**47060**	H
12099	90	9366	4867	1293	2584	8276	16764	18682	11797	22344	33014	6300
187	5	219	109	47	97	270	767	178	148	601	194	6310

行业中类	代码	广州	南宁	海口	重庆	成都	贵阳
食品、饮料及烟草制品批发	6320	2314	515	230	933	909	287
纺织、服装及日用品批发	6330	7424	422	175	748	871	232
文化、体育用品及器材批发	6340	1920	196	98	351	417	159
医药及医疗器材批发	6350	1565	280	273	519	614	196
矿产品、建材及化工产品批发	6360	5981	1698	434	4776	4179	1541
机械设备、五金交电及电子产品批发	6370	10091	1633	390	4322	4769	1333
贸易经纪与代理	6380	1080	80	62	256	137	17
其他批发	6390	2394	471	152	922	655	346
零售业	6500	13182	3259	2448	11573	5753	2656
综合零售	6510	747	164	99	1038	389	166
食品、饮料及烟草制品专门零售	6520	1040	215	144	835	403	193
纺织、服装及日用品专门零售	6530	1745	309	431	1152	599	158
文化、体育用品及器材专门零售	6540	1026	189	183	576	397	175
医药及医疗器材专门零售	6550	931	398	103	741	759	126
汽车、摩托车、燃料及零配件专门零售	6560	1692	431	188	1441	897	401
家用电器及电子产品专门零售	6570	2925	683	513	2543	1300	591
五金、家具及室内装修材料专门零售	6580	1796	439	470	1845	571	462
无店铺及其他零售	6590	1280	431	317	1402	438	384
住宿和餐饮业	I	**4539**	**495**	**383**	**3312**	**2498**	**479**
住宿业	6600	1360	281	214	937	884	227
旅游饭店	6610	365	90	107	248	307	75
一般旅馆	6620	913	174	91	618	514	136
其他住宿服务	6690	82	17	16	71	63	16
餐饮业	6700	3179	214	169	2375	1614	252
正餐服务	6710	2327	157	116	2010	1244	208
快餐服务	6720	450	23	11	86	66	11
饮料及冷饮服务	6730	160	6	16	114	199	17
其他餐饮服务	6790	242	28	26	165	105	16
金融业	J	**336**	**154**	**121**	**756**	**481**	**182**
银行业	6800	51	34	13	383	90	24
中央银行	6810	1					
商业银行	6820	47	32	6	361	78	18
其他银行	6890	3	2	7	22	12	6

单位：个

昆明	拉萨	西安	兰州	西宁	银川	乌鲁木齐	大连	宁波	厦门	青岛	深圳	代码
896	19	420	376	96	125	406	2061	1050	1124	1730	1630	6320
708	2	480	269	52	109	484	2045	2886	1984	3076	4245	6330
393	3	392	215	37	55	222	474	698	666	870	1872	6340
514	7	423	256	71	50	297	289	238	190	403	492	6350
3315	9	3182	1622	542	1129	2620	4827	7325	3164	5649	3695	6360
3357	26	3826	1757	345	895	3619	5555	4727	3383	6108	17121	6370
93	2	98	29	55	32	131	380	686	80	1488	2536	6380
2636	17	326	234	48	92	227	366	894	1058	2419	1229	6390
5366	457	7190	2740	970	1670	2910	4590	4404	3387	8370	14046	6500
393	30	681	246	76	88	188	403	183	154	863	554	6510
445	31	508	220	125	127	139	454	289	427	762	654	6520
492	37	760	235	84	220	281	621	383	456	775	1829	6530
370	30	606	215	72	153	242	298	299	307	509	1024	6540
254	52	832	199	102	95	185	492	1327	98	937	700	6550
618	58	749	264	117	238	373	629	627	333	1004	884	6560
862	65	1475	760	245	434	809	715	678	638	1222	4438	6570
473	39	1042	249	82	212	464	655	472	606	1231	1879	6580
1459	115	537	352	67	103	229	323	146	368	1067	2084	6590
872	**156**	**2261**	**641**	**255**	**293**	**333**	**1292**	**1352**	**711**	**1802**	**2486**	I
461	123	787	266	153	147	207	622	679	281	515	1017	6600
192	82	248	64	52	71	89	262	174	108	185	302	6610
220	37	503	180	90	66	113	322	486	128	293	662	6620
49	4	36	22	11	10	5	38	19	45	37	53	6690
411	33	1474	375	102	146	126	670	673	430	1287	1469	6700
306	24	1199	308	77	131	100	536	489	282	1033	1066	6710
22	3	70	27	1	8	19	48	71	42	124	152	6720
19	3	91	14	10	4	1	35	73	48	40	127	6730
64	3	114	26	14	3	6	51	40	58	90	124	6790
353	**22**	**283**	**118**	**45**	**130**	**177**	**313**	**318**	**217**	**224**	**547**	J
84	11	66	45	11	18	30	54	37	29	42	55	6800
1		1	1	1					1			6810
73	8	57	35	9	13	25	43	33	26	38	50	6820
10	3	8	9	1	5	5	11	4	2	4	5	6890

行业中类	代码	广州	南宁	海口	重庆	成都	贵阳
证券业	6900	27	4	8	16	30	6
证券市场管理	6910			1		1	
证券经纪与交易	6920	17	2	4	7	21	5
证券投资	6930	4	1	2	3	6	1
证券分析与咨询	6940	6	1	1	6	2	
保险业	7000	198	48	42	114	119	34
人寿保险	7010	27	13	17	41	30	10
非人寿保险	7020	31	17	12	44	25	11
保险辅助服务	7030	140	18	13	29	64	13
其他金融活动	7100	60	68	58	243	242	118
金融信托与管理	7110	11	5	4	13	28	5
金融租赁	7120	2		1	3	3	1
财务公司	7130	7	5	3	19	14	1
邮政储蓄	7140	1			25	4	2
典当	7150	13	12	37	50	60	56
其他未列明的金融活动	7190	26	46	13	133	133	53
房地产业	**K**	**10244**	**1856**	**1778**	**4954**	**4116**	**1681**
房地产业	7200	10244	1856	1778	4954	4116	1681
房地产开发经营	7210	1546	862	937	2090	1875	948
物业管理	7220	3256	367	475	1489	1272	385
房地产中介服务	7230	1878	327	326	820	733	166
其他房地产活动	7290	3564	300	40	555	236	182
租赁和商务服务业	L	18746	2707	2095	8335	6782	1938
租赁业	7300	387	115	130	749	536	137
机械设备租赁	7310	340	110	119	733	521	133
文化及日用品出租	7320	47	5	11	16	15	4
商务服务业	7400	18359	2592	1965	7586	6246	1801
企业管理服务	7410	5390	572	272	790	1226	356
法律服务	7420	272	54	38	194	223	50
咨询与调查	7430	5690	602	522	2231	1790	383
广告业	7440	3146	628	439	2313	1440	421
知识产权服务	7450	176	20	10	55	63	13
职业中介服务	7460	433	71	68	465	321	65
市场管理	7470	584	116	21	268	245	56
旅行社	7480	283	87	187	344	257	87
其他商务服务	7490	2385	442	408	926	681	370

单位：个

昆明	拉萨	西安	兰州	西宁	银川	乌鲁木齐	大连	宁波	厦门	青岛	深圳	代码
9	1	34	2	2	6	4	8	5	19	11	85	6900
1	1	2					1		1		1	6910
7		20	1	2	1	2	5	1	5	4	47	6920
1		6	1		5	2	2	2	9	4	17	6930
		6						2	4	3	20	6940
78	4	100	38	14	24	35	75	61	42	108	188	7000
20	2	18	9	5	7	9	18	15	7	25	18	7010
25	2	34	17	7	11	11	20	27	11	19	32	7020
33		48	12	2	6	15	37	19	24	64	138	7030
182	6	83	33	18	82	108	176	215	127	63	219	7100
11	2	17	1	4	2	11	11	5	18	7	24	7110
5		1			1	2	3	2	3	2	5	7120
11		5	3	1	3	10	5		6	3	9	7130
	1	3	2		2			2	1	1	2	7140
46	2	22	18	11	35	54	37	59	24	24	50	7150
109	1	35	9	2	39	31	120	147	75	26	129	7190
2208	**69**	**2684**	**1053**	**547**	**552**	**1054**	**4132**	**1945**	**1884**	**3051**	**5930**	K
2208	69	2684	1053	547	552	1054	4132	1945	1884	3051	5930	7200
995	45	608	478	299	250	381	1594	746	642	1242	773	7210
469	21	963	357	175	186	295	1140	445	435	805	2249	7220
585	1	348	206	49	106	184	1143	461	519	751	1116	7230
159	2	765	12	24	10	194	255	293	288	253	1792	7290
4291	158	3872	1456	628	830	2387	7406	5587	4013	7851	13700	L
192	33	393	116	49	131	187	337	318	328	651	378	7300
183	28	383	110	46	129	181	322	315	321	637	358	7310
9	5	10	6	3	2	6	15	3	7	14	20	7320
4099	125	3479	1340	579	699	2200	7069	5269	3685	7200	13322	7400
803	9	458	140	99	75	425	870	983	517	782	3115	7410
79	3	113	85	27	16	93	162	62	47	160	225	7420
1156	29	951	310	75	148	637	2750	1624	1413	2517	5297	7430
769	34	917	295	87	247	465	1168	1126	910	1384	1960	7440
21	1	33	1	3	19	23	34	62	42	59	105	7450
77	2	161	39	27	44	86	623	231	105	314	227	7460
135		114	92	51	35	42	359	437	21	235	215	7470
171	29	260	105	132	54	158	391	232	134	396	207	7480
888	18	472	273	78	61	271	712	512	496	1353	1971	7490

行业中类	代码	广州	南宁	海口	重庆	成都	贵阳
科学研究、技术服务和地质勘查业	M	**4726**	**773**	**493**	**1641**	**2077**	**510**
研究与试验发展	7500	985	81	83	189	343	69
自然科学研究与试验发展	7510	135	12	10	19	34	4
工程和技术研究与试验发展	7520	573	30	20	87	176	28
农业科学研究与试验发展	7530	71	18	27	22	52	16
医学研究与试验发展	7540	194	19	24	54	76	20
社会人文科学研究与试验发展	7550	12	2	2	7	5	1
专业技术服务业	7600	3066	479	321	1015	1321	335
气象服务	7610	17	4	2	3	1	2
地震服务	7620	1		1			2
海洋服务	7630	2	1	4			
测绘服务	7640	39	33	10	22	59	13
技术检测	7650	230	47	31	87	72	19
环境监测	7660	37	10	7	23	21	11
工程技术与规划管理	7670	1671	245	164	549	833	160
其他专业技术服务	7690	1069	139	102	331	335	128
科技交流和推广服务业	7700	642	180	64	402	354	67
技术推广服务	7710	384	107	31	187	259	26
科技中介服务	7720	122	30	6	86	55	16
其他科技服务	7790	136	43	27	129	40	25
地质勘查业	7800	33	33	25	35	59	39
矿产地质勘查	7810	8	19	18	15	22	13
基础地质勘查	7820	12	1	2	7	11	5
地质勘查技术服务	7830	13	13	5	13	26	21
水利、环境和公共设施管理业	N	**533**	**90**	**64**	**509**	**329**	**94**
水利管理业	7900	26	8	6	34	12	15
防洪管理	7910	2	1		2		1
水资源管理	7920	14	5	3	20	5	6
其他水利管理	7990	10	2	3	12	7	8
环境管理业	8000	193	31	29	182	94	20
自然保护	8010	12	1		9	6	2
环境治理	8020	181	30	29	173	88	18
公共设施管理业	8100	314	51	29	293	223	59
市政公共设施管理	8110	47	9	8	34	32	9
城市绿化管理	8120	216	18	16	177	170	30
游览景区管理	8130	51	24	5	82	21	20

单位：个

昆明	拉萨	西安	兰州	西宁	银川	乌鲁木齐	大连	宁波	厦门	青岛	深圳	代码
1281	**39**	**1751**	**397**	**245**	**258**	**978**	**2724**	**1377**	**1078**	**1701**	**8060**	M
269	5	143	55	11	20	66	517	179	75	299	3004	7500
48		1	8	4	4	16	80	19	16	60	65	7510
98	1	86	22	3	9	19	332	117	30	165	2833	7520
61	2	10	11	4	2	20	64	32	13	35	28	7530
57	2	41	12		4	11	41	11	13	33	74	7540
5		5	2		1				3	6	4	7550
752	23	887	258	180	196	539	1367	874	782	946	3950	7600
1		6	2		3	1	8	7	1	11	1	7610
1		1	1	2			1			1	1	7620
1						1	9	2	4	24	5	7630
34	1	26	5	7	3	21	66	37	10	25	18	7640
53	6	87	23	24	22	58	155	145	34	107	163	7650
14	1	19	3	4	7	11	14	11	7	14	18	7660
404	12	508	124	122	146	262	643	473	424	401	990	7670
244	3	240	100	21	15	185	471	199	302	363	2754	7690
197	5	676	71	39	30	160	829	320	213	437	1099	7700
112	3	528	41	13	22	91	543	277	107	280	932	7710
26		66	10	20	5	39	217	34	17	67	58	7720
59	2	82	20	6	3	30	69	9	89	90	109	7790
63	6	45	13	15	12	213	11	4	8	19	7	7800
39	4	24	6	7	9	66	3		4	8	3	7810
6		7	2	1	1	4	1	4	2	3	1	7820
18	2	14	5	7	2	143	7		2	8	3	7830
220	**3**	**213**	**49**	**19**	**55**	**92**	**335**	**337**	**147**	**591**	**339**	N
12		16	3	5	6	12	10	34	4	26	8	7900
		1				2		2		1		7910
7		7	1	1	3	9	4	25	2	12	3	7920
5		8	2	4	3	1	6	7	2	13	5	7990
65	1	48	14	5	8	22	64	69	47	89	112	8000
5		2	2	1		5	7	2	2	5	3	8010
60	1	46	12	4	8	17	57	67	45	84	109	8020
143	2	149	32	9	41	58	261	234	96	476	219	8100
23		9	7	3	2	10	17	27	12	59	18	8110
93	2	87	20	3	26	27	188	106	62	345	188	8120
27		53	5	3	13	21	56	101	22	72	13	8130

行业中类	代码	广州	南宁	海口	重庆	成都	贵阳
居民服务和其他服务业	O	**4383**	**577**	**352**	**2033**	**1307**	**550**
居民服务业	8200	2143	188	161	1042	616	218
家庭服务	8210	121	13	24	105	84	28
托儿所	8220	31	2		18	4	
洗染服务	8230	39	6	3	39	28	5
理发及美容保健服务	8240	847	65	51	329	132	34
洗浴服务	8250	254	4	6	123	112	40
婚姻服务	8260	39	10	5	88	44	6
殡葬服务	8270	28	3	5	51	35	9
摄影扩印服务	8280	246	31	25	102	69	23
其他居民服务	8290	538	54	42	187	108	73
其他服务业	8300	2240	389	191	991	691	332
修理与维护	8310	1218	210	67	474	420	119
清洁服务	8320	553	55	63	284	143	47
其他未列明的服务	8390	469	124	61	233	128	166
教育	P	**1599**	**98**	**107**	**483**	**524**	**80**
教育	8400	1599	98	107	483	524	80
学前教育	8410	734	11	2	58	142	9
初等教育	8420	127			3	4	2
中等教育	8430	68	2	3	17	15	4
高等教育	8440	25	1		3	7	
其他教育	8490	645	84	102	402	356	65
卫生、社会保障和社会福利业	Q	**854**	**58**	**30**	**179**	**250**	**82**
卫生	8500	805	56	28	159	236	80
医院	8510	82	25	11	59	107	55
卫生院及社区医疗活动	8520	55	4	3	38	50	9
门诊部医疗活动	8530	443	13	3	48	67	9
计划生育技术服务活动	8540	169			1	1	
妇幼保健活动	8550	2	2	1	2	1	
专科疾病防治活动	8560	20	1	3	1	3	1
疾病预防控制及防疫活动	8570	2		1	1	2	
其他卫生活动	8590	32	11	6	9	5	6

单位：个

昆明	拉萨	西安	兰州	西宁	银川	乌鲁木齐	大连	宁波	厦门	青岛	深圳	代码
1018	**66**	**1712**	**538**	**118**	**266**	**573**	**1432**	**1043**	**1039**	**1998**	**2842**	O
362	29	750	262	61	90	200	709	521	430	771	1318	8200
51		41	17	2	15	22	69	93	38	48	316	8210
		6	1		1	1	2	3	2	17	2	8220
16		41	12	1	3	6	31	31	12	64	36	8230
79	6	160	59	12	16	28	170	150	94	114	471	8240
58	5	138	42	21	16	28	196	60	138	86	170	8250
12	1	47	12	5	5	13	98	32	39	38	53	8260
15		21	3	6	7	2	20	67	7	11	7	8270
50	2	114	31	8	13	22	44	39	45	89	167	8280
81	15	182	85	6	14	78	79	46	55	304	96	8290
656	37	962	276	57	176	373	723	522	609	1227	1524	8300
335	27	616	168	31	139	227	518	320	393	527	834	8310
86	4	152	43	9	25	46	152	155	86	197	517	8320
235	6	194	65	17	12	100	53	47	130	503	173	8390
192	**14**	**145**	**91**	**22**	**29**	**118**	**269**	**261**	**153**	**318**	**547**	P
192	14	145	91	22	29	118	269	261	153	318	547	8400
26	6	21	5	2	2	20	38	100	23	56	125	8410
2	1	2				2		7	1	1	26	8420
10		5	2	1	2	6	5	5	2	32	13	8430
9			2				1			12	11	8440
145	7	117	82	19	25	90	225	149	127	217	372	8490
115	**9**	**46**	**43**	**19**	**41**	**76**	**227**	**207**	**36**	**185**	**330**	Q
105	9	41	40	18	41	73	201	191	34	153	320	8500
53	3	13	14	11	23	48	42	36	5	46	49	8510
11	1		9	3	5	7	23	35	5	17	10	8520
25	4	13	13	3	9	10	123	109	14	74	247	8530
2	1	1	2		1		1				1	8540
1		2	1			1	1	2	1	1	1	8550
3		2		1		3	1	2		2	5	8560
1		2			1		3	1	4		1	8570
9		8	1		2	4	7	6	5	13	6	8590

行业中类	代码	广州	南宁	海口	重庆	成都	贵阳
社会保障业	8600	4			1	3	1
社会福利业	8700	45	2	2	19	11	1
提供住宿的社会福利	8710	38	1	1	15	11	1
不提供住宿的社会福利	8720	7	1	1	4		
文化、体育和娱乐业	**R**	**1498**	**223**	**267**	**744**	**574**	**138**
新闻出版业	8800	170	29	27	71	57	9
新闻业	8810	5			6	4	
出版业	8820	165	29	27	65	53	9
广播、电视、电影和音像业	8900	225	41	44	89	82	16
广播	8910	19			5	1	2
电视	8920	66	6	7	15	15	4
电影	8930	59	21	24	31	35	9
音像制作	8940	81	14	13	38	31	1
文化艺术业	9000	225	42	88	118	99	25
文艺创作与表演	9010	62	12	16	48	29	8
艺术表演场馆	9020	13		3	5	5	1
图书馆与档案馆	9030	2	1	3	2		
文物及文化保护	9040	5			3	2	
博物馆	9050	3			3	3	1
烈士陵园、纪念馆	9060	1		1			
群众文化活动	9070	24	2	4	8	15	2
文化艺术经纪代理	9080	57	19	31	25	20	4
其他文化艺术	9090	58	8	30	24	25	9
体育	9100	130	15	16	26	33	7
体育组织	9110	29	5	2	5	15	3
体育场馆	9120	66	9	5	10	8	1
其他体育	9190	35	1	9	11	10	3
娱乐业	9200	748	96	92	440	303	81
室内娱乐活动	9210	454	64	36	300	183	51
游乐园	9220	12		5	7	7	1
休闲健身娱乐活动	9230	239	24	37	72	95	21
其他娱乐活动	9290	43	8	14	61	18	8

单位：个

昆明	拉萨	西安	兰州	西宁	银川	乌鲁木齐	大连	宁波	厦门	青岛	深圳	代码
5		1	1			1	5	2		11		8600
5		4	2	1		2	21	14	2	21	10	8700
4		3	2			1	14	8	2	20	3	8710
1		1		1		1	7	6		1	7	8720
518	**13**	**473**	**127**	**47**	**62**	**109**	**487**	**405**	**272**	**579**	**655**	**R**
17		56	9	2	4	17	26	9	13	22	41	8800
1			1			2	1	1		1	4	8810
16		56	8	2	4	15	25	8	13	21	37	8820
53	1	112	18	13	11	19	51	37	28	57	74	8900
2		3	1	2	4	2	1	1		4	1	8910
17		17	3	2	1	3	18	3	8	6	15	8920
22	1	65	11	8	5	5	30	28	12	28	37	8930
12		27	3	1	1	9	2	5	8	19	21	8940
168	2	81	17	7	3	24	164	47	59	207	143	9000
23	1	25	4	1	1	6	58	16	14	25	45	9010
3		2				2	4	7	1	1	9	9020
							4	1	2		5	9030
2		4	1					3		2	1	9040
3		2				3	7	4	4	1	3	9050
							1					9060
14		2				2	12	6	4	4	16	9070
36	1	23	5	2	1	9	24	5	19	147	37	9080
87		23	7	4	1	2	54	5	15	27	27	9090
55		16	4	5	1	7	47	23	18	33	49	9100
11		7	2	3		4	20	11	4	10	12	9110
8		5	2	1	1	2	15	9	5	11	27	9120
36		4		1		1	12	3	9	12	10	9190
225	10	208	79	20	43	42	199	289	154	260	348	9200
134	6	126	53	17	33	26	78	171	74	105	196	9210
4	1	7	2	1		1	11	6	3	8	3	9220
58	1	64	17	2	8	12	91	93	64	100	135	9230
29	2	11	7		2	3	19	19	13	47	14	9290

第三部分

限额以上企业综合资料

3-1 限额以上企业按行业(中类)分组的单位数、从业人员数和营业收入

行业中类	代码	企业单位数(个)	单产业法人	多产业法人	从业人员数(万人)	营业收入(亿元)
总计	**0000**	**815431**	**760109**	**55322**	**13572.50**	**828725.29**
农、林、牧、渔业	**A**	**103**	**97**	**6**	**1.04**	**19.49**
农业	0100	32	31	1	0.12	1.19
谷物及其他作物的种植	0110	13	13		0.05	0.35
蔬菜、园艺作物的种植	0120	11	10	1	0.04	0.45
水果、坚果、饮料和香料作物的种植	0130	4	4		0.01	0.20
中药材的种植	0140	4	4		0.02	0.19
林业	0200	15	14	1	0.50	2.28
林木的培育和种植	0210	12	12		0.03	1.63
木材和竹材的采运	0220	2	1	1	0.44	0.44
林产品的采集	0230	1	1		0.03	0.22
畜牧业	0300	32	28	4	0.29	11.33
牲畜的饲养	0310	5	5		0.07	0.57
猪的饲养	0320	10	10		0.04	3.23
家禽的饲养	0330	12	10	2	0.17	7.36
其他畜牧业	0390	5	3	2	0.02	0.17
渔业	0400	9	9		0.04	0.31
海洋渔业	0410	5	5		0.04	
内陆渔业	0420	4	4		0.01	0.31
农、林、牧、渔服务业	0500	15	15		0.09	4.39
农业服务业	0510	14	14		0.09	4.39
畜牧服务业	0530	1	1			
采矿业	**B**	**21145**	**19930**	**1215**	**748.02**	**33506.79**
煤炭开采和洗选业	0600	9604	8956	648	496.39	17013.83
烟煤和无烟煤的开采洗选	0610	9285	8668	617	481.14	16157.93
褐煤的开采洗选	0620	272	242	30	14.65	832.63
其他煤炭采选	0690	47	46	1	0.60	23.26
石油和天然气开采业	0700	325	279	46	89.64	8288.51
天然原油和天然气开采	0710	130	109	21	50.47	6634.63
与石油和天然气开采有关的服务活动	0790	195	170	25	39.17	1653.89

行业中类	代码	企业单位数(个)	单产业法人	多产业法人	从业人员数(万人)	营业收入(亿元)
黑色金属矿采选业	0800	4190	4013	177	58.08	3371.27
铁矿采选	0810	3837	3670	167	52.75	3192.81
其他黑色金属矿采选	0890	353	343	10	5.33	178.46
有色金属矿采选业	0900	2612	2465	147	51.09	2729.50
常用有色金属矿采选	0910	1602	1501	101	27.58	1383.51
贵金属矿采选	0920	608	583	25	15.33	995.37
稀有稀土金属矿采选	0930	402	381	21	8.18	350.62
非金属矿采选业	1000	4378	4182	196	52.48	2077.93
土砂石开采	1010	3250	3153	97	30.88	1360.55
化学矿采选	1020	344	302	42	6.20	173.45
采盐	1030	200	174	26	9.27	254.62
石棉及其他非金属矿采选	1090	584	553	31	6.13	289.30
其他采矿业	1100	36	35	1	0.33	25.75
制造业	**C**	**456010**	**437017**	**18993**	**7648.29**	**461797.97**
农副食品加工业	1300	24858	23633	1225	318.41	25931.66
谷物磨制	1310	6169	5994	175	43.95	4344.46
饲料加工	1320	3546	3381	165	34.06	4177.70
植物油加工	1330	2360	2194	166	25.18	4549.80
制糖	1340	325	268	57	16.78	637.30
屠宰及肉类加工	1350	3905	3576	329	78.47	5493.64
水产品加工	1360	2504	2393	111	44.86	2645.32
蔬菜、水果和坚果加工	1370	3414	3290	124	40.19	1912.52
其他农副食品加工	1390	2635	2537	98	34.92	2170.92
食品制造业	1400	9252	8526	726	158.97	8541.42
焙烤食品制造	1410	1598	1396	202	25.16	951.47
糖果、巧克力及蜜饯制造	1420	850	805	45	13.76	677.35
方便食品制造	1430	1401	1326	75	29.37	1486.12
液体乳及乳制品制造	1440	832	741	91	20.81	1606.43
罐头制造	1450	970	930	40	18.87	663.20
调味品、发酵制品制造	1460	1301	1199	102	20.94	1182.23
其他食品制造	1490	2300	2129	171	30.06	1974.63
饮料制造业	1500	6050	5490	560	112.52	6983.47
酒精制造	1510	208	199	9	4.83	438.84

3-1 续表 2

行业中类	代码	企业单位数(个)	单产业法人	多产业法人	从业人员数(万人)	营业收入(亿元)
酒的制造	1520	2681	2453	228	65.42	3367.20
软饮料制造	1530	1839	1666	173	32.73	2729.97
精制茶加工	1540	1322	1172	150	9.54	447.46
烟草制品业	1600	164	140	24	19.35	4366.89
烟叶复烤	1610	57	53	4	3.17	109.37
卷烟制造	1620	71	54	17	15.34	4218.66
其他烟草制品加工	1690	36	33	3	0.84	38.85
纺织业	1700	36632	35325	1307	639.38	22714.60
棉、化纤纺织及印染精加工	1710	15603	15072	531	326.58	12336.04
毛纺织和染整精加工	1720	1803	1766	37	32.44	1508.16
麻纺织	1730	355	344	11	9.88	240.11
丝绢纺织及精加工	1740	3035	2873	162	36.96	1293.31
纺织制成品制造	1750	6675	6443	232	87.18	3446.16
针织品、编织品及其制品制造	1760	9161	8827	334	146.34	3890.82
纺织服装、鞋、帽制造业	1800	21878	20983	895	464.60	10168.86
纺织服装制造	1810	20622	19745	877	435.57	9598.12
纺织面料鞋的制造	1820	845	830	15	20.86	406.90
制帽	1830	411	408	3	8.17	163.84
皮革、毛皮、羽毛(绒)及其制品业	1900	9400	9054	346	264.65	6243.68
皮革鞣制加工	1910	862	833	29	18.36	1029.35
皮革制品制造	1920	7394	7119	275	231.52	4398.54
毛皮鞣制及制品加工	1930	589	572	17	6.41	380.73
羽毛(绒)加工及制品制造	1940	555	530	25	8.36	435.05
木材加工及木、竹、藤、棕、草制品业	2000	11874	11628	246	130.84	5385.20
锯材、木片加工	2010	1741	1710	31	15.46	628.51
人造板制造	2020	5972	5867	105	74.26	3338.32
木制品制造	2030	2949	2875	74	27.10	1020.69
竹、藤、棕、草制品制造	2040	1212	1176	36	14.02	397.68
家具制造业	2100	6828	6438	390	102.79	3251.63
木质家具制造	2110	4363	4108	255	61.55	1877.71
竹、藤家具制造	2120	104	101	3	1.74	39.94
金属家具制造	2130	1289	1230	59	22.99	790.23
塑料家具制造	2140	116	112	4	1.56	46.49
其他家具制造	2190	956	887	69	14.96	497.25

3-1 续表 3

行业中类	代码	企业单位数(个)	单产业法人	多产业法人	从业人员数(万人)	营业收入(亿元)
造纸及纸制品业	2200	11572	11266	306	149.60	8138.61
纸浆制造	2210	166	156	10	4.37	266.82
造纸	2220	3941	3816	125	73.53	4623.60
纸制品制造	2230	7465	7294	171	71.69	3248.19
印刷业和记录媒介的复制	2300	8104	7800	304	83.11	2950.45
印刷	2310	7552	7278	274	77.58	2731.81
装订及其他印刷服务活动	2320	444	423	21	4.04	126.73
记录媒介的复制	2330	108	99	9	1.49	91.91
文教体育用品制造业	2400	5515	5293	222	126.98	2643.10
文化用品制造	2410	1361	1291	70	17.56	459.23
体育用品制造	2420	1460	1404	56	31.50	737.02
乐器制造	2430	388	372	16	7.45	178.32
玩具制造	2440	2110	2045	65	67.43	1153.77
游艺器材及娱乐用品制造	2450	196	181	15	3.04	114.75
石油加工、炼焦及核燃料加工业	2500	2506	2346	160	81.91	19495.53
精炼石油产品的制造	2510	1598	1503	95	41.35	15452.96
炼焦	2520	901	838	63	39.52	3990.99
化学原料及化学制品制造业	2600	31094	29808	1286	433.18	35220.82
基础化学原料制造	2610	7000	6784	216	110.70	9458.53
肥料制造	2620	2723	2574	149	72.53	4626.24
农药制造	2630	1022	952	70	18.28	1340.66
涂料、油墨、颜料及类似产品制造	2640	5026	4808	218	41.30	3157.50
合成材料制造	2650	2550	2430	120	40.58	5525.60
专用化学产品制造	2660	10590	10228	362	118.59	8789.38
日用化学产品制造	2670	2183	2032	151	31.18	2322.92
医药制造业	2700	7020	6584	436	150.14	8674.40
化学药品原药制造	2710	1253	1203	50	31.75	1968.77
化学药品制剂制造	2720	1356	1253	103	42.71	2675.78
中药饮片加工	2730	748	708	40	7.63	450.53
中成药制造	2740	1541	1414	127	37.46	1807.83

行业中类	代码	企业单位数(个)	单产业法人	多产业法人	从业人员数(万人)	营业收入(亿元)
兽用药品制造	2750	586	552	34	7.01	414.21
生物、生化制品的制造	2760	844	787	57	12.19	877.30
卫生材料及医药用品制造	2770	692	667	25	11.39	479.97
化学纤维制造业	2800	2191	2146	45	43.27	4161.00
纤维素纤维原料及纤维制造	2810	307	295	12	10.51	591.04
合成纤维制造	2820	1884	1851	33	32.76	3569.96
橡胶制品业	2900	5386	5194	192	97.11	4379.98
轮胎制造	2910	646	608	38	30.42	2139.40
橡胶板、管、带的制造	2920	1077	1037	40	13.03	580.88
橡胶零件制造	2930	1268	1224	44	13.69	424.88
再生橡胶制造	2940	252	249	3	2.21	138.38
日用及医用橡胶制品制造	2950	335	323	12	5.64	217.91
橡胶靴鞋制造	2960	759	733	26	21.82	456.03
其他橡胶制品制造	2990	1049	1020	29	10.31	422.49
塑料制品业	3000	23182	22554	628	258.57	10663.84
塑料薄膜制造	3010	2313	2244	69	22.56	1447.51
塑料板、管、型材的制造	3020	3624	3508	116	36.38	2305.31
塑料丝、绳及编织品的制造	3030	2746	2654	92	31.89	1163.21
泡沫塑料制造	3040	1337	1302	35	10.23	502.99
塑料人造革、合成革制造	3050	548	537	11	9.92	554.24
塑料包装箱及容器制造	3060	2577	2512	65	22.54	1003.44
塑料零件制造	3070	2682	2622	60	35.87	1009.81
日用塑料制造	3080	2991	2903	88	45.29	1210.15
其他塑料制品制造	3090	4364	4272	92	43.89	1467.20
非金属矿物制品业	3100	34432	33225	1207	498.16	23335.25
水泥、石灰和石膏的制造	3110	5928	5663	265	120.33	5811.32
水泥及石膏制品制造	3120	5659	5437	222	57.67	3450.47
砖瓦、石材及其他建筑材料制造	3130	10087	9820	267	114.16	5206.16
玻璃及玻璃制品制造	3140	4887	4683	204	89.62	3682.66
陶瓷制品制造	3150	2400	2305	95	54.53	1359.88
耐火材料制品制造	3160	2508	2442	66	30.38	1898.89
石墨及其他非金属矿物制品制造	3190	2963	2875	88	31.49	1925.86

行业中类	代码	企业单位数(个)	单产业法人	多产业法人	从业人员数(万人)	营业收入(亿元)
黑色金属冶炼及压延加工业	3200	8374	8033	341	299.82	44065.13
炼铁	3210	782	749	33	27.25	2573.10
炼钢	3220	384	354	30	54.36	7997.91
钢压延加工	3230	5524	5309	215	189.95	31192.69
铁合金冶炼	3240	1684	1621	63	28.25	2301.43
有色金属冶炼及压延加工业	3300	8922	8644	278	174.35	20194.98
常用有色金属冶炼	3310	2302	2198	104	81.68	7927.07
贵金属冶炼	3320	282	266	16	6.28	894.77
稀有稀土金属冶炼	3330	628	601	27	10.42	937.09
有色金属合金制造	3340	849	831	18	9.89	792.93
有色金属压延加工	3350	4861	4748	113	66.08	9643.13
金属制品业	3400	30736	29737	999	327.91	15717.06
结构性金属制品制造	3410	9726	9413	313	96.48	5271.29
金属工具制造	3420	3481	3387	94	37.28	1258.73
集装箱及金属包装容器制造	3430	1888	1827	61	25.38	1309.51
金属丝绳及其制品的制造	3440	2003	1927	76	19.78	1519.95
建筑、安全用金属制品制造	3450	3876	3697	179	42.94	1753.80
金属表面处理及热处理加工	3460	2619	2550	69	25.84	1204.05
搪瓷制品制造	3470	293	283	10	4.18	171.82
不锈钢及类似日用金属制品制造	3480	3388	3270	118	44.77	1668.98
其他金属制品制造	3490	3462	3383	79	31.26	1558.93
通用设备制造业	3500	43602	41900	1702	496.25	26351.97
锅炉及原动机制造	3510	2014	1908	106	39.03	2655.43
金属加工机械制造	3520	4655	4491	164	55.03	2457.40
起重运输设备制造	3530	2336	2115	221	40.10	3315.26
泵、阀门、压缩机及类似机械的制造	3540	7156	6763	393	81.00	4011.94
轴承、齿轮、传动和驱动部件的制造	3550	3850	3727	123	54.17	2101.03
烘炉、熔炉及电炉制造	3560	363	354	9	3.08	149.12
风机、衡器、包装设备等通用设备制造	3570	5698	5427	271	66.18	3834.92
通用零部件制造及机械修理	3580	8831	8581	250	70.71	3008.84
金属铸、锻加工	3590	8699	8534	165	86.95	4818.03

行业中类	代码	企业单位数（个）			从业人员数（万人）	营业收入（亿元）
			单产业法人	多产业法人		
专用设备制造业	3600	22563	21596	967	310.13	16181.89
矿山、冶金、建筑专用设备制造	3610	4757	4547	210	85.50	6373.38
化工、木材、非金属加工专用设备制造	3620	5810	5639	171	62.28	2291.93
食品、饮料、烟草及饲料生产专用设备制造	3630	1014	985	29	11.84	527.83
印刷、制药、日化生产专用设备制造	3640	1438	1378	60	14.40	609.23
纺织、服装和皮革工业专用设备制造	3650	1966	1861	105	22.88	970.17
农、林、牧、渔专用机械制造	3670	1595	1540	55	27.49	1554.00
医疗仪器设备及器械制造	3680	1495	1398	97	22.98	916.50
环保、社会公共安全及其他专用设备制造	3690	3059	2904	155	28.61	1605.21
交通运输设备制造业	3700	21206	20233	973	475.65	41042.95
铁路运输设备制造	3710	852	796	56	30.22	1804.88
汽车制造	3720	14002	13439	563	291.81	29889.94
摩托车制造	3730	2194	2098	96	44.07	2284.13
自行车制造	3740	1405	1318	87	20.10	724.71
船舶及浮动装置制造	3750	2197	2083	114	59.72	5052.14
航空航天器制造	3760	222	177	45	26.30	1052.67
交通器材及其他交通运输设备制造	3790	334	322	12	3.43	234.47
电气机械及器材制造业	3900	29647	28143	1504	519.18	31885.65
电机制造	3910	3332	3176	156	62.47	3698.19
输配电及控制设备制造	3920	9452	8933	519	136.52	7356.91
电线、电缆、光缆及电工器材制造	3930	6210	5904	306	82.71	7712.39
电池制造	3940	1604	1526	78	45.67	2661.55
家用电力器具制造	3950	3533	3317	216	106.28	7278.94
非电力家用器具制造	3960	804	755	49	10.16	690.76
照明器具制造	3970	3814	3658	156	64.72	1945.16
其他电气机械及器材制造	3990	898	874	24	10.65	541.76
通信设备、计算机及其他电子设备制造业	4000	15795	14942	853	644.07	42653.07
通信设备制造	4010	1764	1583	181	83.88	8067.50
雷达及配套设备制造	4020	57	48	9	3.10	106.38
广播电视设备制造	4030	515	486	29	10.49	429.43
电子计算机制造	4040	1558	1434	124	144.71	15057.76
电子器件制造	4050	2580	2458	122	100.71	6221.17
电子元件制造	4060	6819	6574	245	221.41	8242.78
家用视听设备制造	4070	1219	1137	82	51.46	3481.03
其他电子设备制造	4090	1283	1222	61	28.30	1047.03

行业中类	代码	企业单位数(个)	单产业法人	多产业法人	从业人员数(万人)	营业收入(亿元)
仪器仪表及文化、办公用机械制造业	4100	6649	6226	423	114.78	4795.30
通用仪器仪表制造	4110	3218	2999	219	36.73	1957.34
专用仪器仪表制造	4120	1140	1067	73	15.42	696.32
钟表与计时仪器制造	4130	486	467	19	11.72	200.61
光学仪器及眼镜制造	4140	991	938	53	24.94	594.50
文化、办公用机械制造	4150	548	498	50	23.97	1258.12
其他仪器仪表的制造及修理	4190	266	257	9	2.00	88.41
工艺品及其他制造业	4200	9295	8877	418	142.28	4414.49
工艺美术品制造	4210	5997	5709	288	97.56	3103.53
日用杂品制造	4220	1974	1897	77	31.17	788.13
煤制品制造	4230	133	125	8	1.34	68.40
其他未列明的制造业	4290	1177	1132	45	12.14	452.28
废弃资源和废旧材料回收加工业	4300	1283	1253	30	10.34	1245.09
金属废料和碎屑的加工处理	4310	791	776	15	7.40	1069.43
非金属废料和碎屑的加工处理	4320	492	477	15	2.94	175.66
电力、燃气及水的生产和供应业	D	**9642**	**7415**	**2227**	**308.80**	**34649.87**
电力、热力的生产和供应业	4400	6550	4926	1624	246.96	31947.35
电力生产	4410	3823	3314	509	114.35	13010.02
电力供应	4420	1653	630	1023	113.43	18125.85
热力生产和供应	4430	1074	982	92	19.17	811.48
燃气生产和供应业	4500	925	709	216	17.80	1686.60
水的生产和供应业	4600	2167	1780	387	44.04	1015.92
自来水的生产和供应	4610	1833	1459	374	41.61	830.27
污水处理及其再生利用	4620	308	296	12	2.21	107.43
其他水的处理、利用与分配	4690	26	25	1	0.23	78.22
建筑业	E	**84155**	**75903**	**8252**	**3461.73**	**69190.48**
房屋和土木工程建筑业	4700	46818	40874	5944	2942.49	59387.60
房屋工程建筑	4710	32810	28589	4221	2315.07	37901.69
土木工程建筑	4720	14008	12285	1723	627.42	21485.91

行业中类	代码	企业单位数(个)	单产业法人	多产业法人	从业人员数(万人)	营业收入(亿元)
建筑安装业	4800	15146	13997	1149	264.09	5997.07
建筑装饰业	4900	15061	14177	884	126.86	2503.92
其他建筑业	5000	7130	6855	275	128.28	1301.88
工程准备	5010	2221	2108	113	32.76	416.94
提供施工设备服务	5020	829	811	18	19.00	111.13
其他未列明的建筑活动	5090	4080	3936	144	76.53	773.81
交通运输、仓储和邮政业	**F**	**116**	**92**	**24**	**2.39**	**133.76**
铁路运输业	5100	1	1			0.01
铁路货物运输	5120	1	1			0.01
道路运输业	5200	33	32	1	1.74	35.32
道路货物运输	5220	25	24	1	0.16	8.78
道路运输辅助活动	5230	8	8		1.59	26.54
水上运输业	5400	10	7	3	0.28	7.92
水上货物运输	5420	6	4	2	0.21	4.00
水上运输辅助活动	5430	4	3	1	0.07	3.92
装卸搬运和其他运输服务业	5700	12	9	3	0.10	5.07
装卸搬运	5710	1		1	0.05	0.21
运输代理服务	5720	11	9	2	0.05	4.86
仓储业	5800	58	41	17	0.27	85.43
谷物、棉花等农产品仓储	5810	17	15	2	0.11	9.78
其他仓储	5890	41	26	15	0.16	75.65
邮政业	5900	2	2			
其他寄递服务	5990	2	2			
信息传输、计算机服务和软件业	**G**	**67**	**60**	**7**	**0.46**	**23.35**
电信和其他信息传输服务业	6000	10	8	2	0.10	2.73
电信	6010	4	4		0.01	0.23
互联网信息服务	6020	4	2	2	0.09	2.20
广播电视传输服务	6030	2	2		0.01	0.30
计算机服务业	6100	29	27	2	0.14	10.16
计算机系统服务	6110	18	17	1	0.10	8.62
计算机维修	6130	3	3		0.01	0.11
其他计算机服务	6190	8	7	1	0.03	1.42
软件业	6200	28	25	3	0.22	10.46
公共软件服务	6210	25	23	2	0.17	6.44
其他软件服务	6290	3	2	1	0.04	4.02

行业中类	代码	企业单位数(个)	单产业法人	多产业法人	从业人员数(万人)	营业收入(亿元)
批发和零售业	H	**115667**	**97470**	**18197**	**765.11**	**190143.85**
批发业	6300	67991	59946	8045	333.01	151531.10
农畜产品批发	6310	2261	1897	364	14.27	2553.69
食品、饮料及烟草制品批发	6320	5209	4097	1112	63.91	14191.69
纺织、服装及日用品批发	6330	6542	5832	710	37.62	9495.27
文化、体育用品及器材批发	6340	1651	1385	266	9.74	1986.99
医药及医疗器材批发	6350	3361	2760	601	29.51	6165.57
矿产品、建材及化工产品批发	6360	30412	27683	2729	101.90	83669.73
机械设备、五金交电及电子产品批发	6370	13719	11883	1836	59.86	25311.71
贸易经纪与代理	6380	1242	1134	108	4.58	3502.51
其他批发	6390	3594	3275	319	11.62	4653.94
零售业	6500	47676	37524	10152	432.10	38612.76
综合零售	6510	10066	7242	2824	215.49	11723.60
食品、饮料及烟草制品专门零售	6520	2185	1529	656	13.24	639.51
纺织、服装及日用品专门零售	6530	3009	2283	726	28.48	1387.34
文化、体育用品及器材专门零售	6540	2891	1939	952	17.25	969.03
医药及医疗器材专门零售	6550	2819	1405	1414	28.27	1531.83
汽车、摩托车、燃料及零配件专门零售	6560	15267	13582	1685	75.69	17608.28
家用电器及电子产品专门零售	6570	5994	4748	1246	34.80	3331.62
五金、家具及室内装修材料专门零售	6580	2931	2659	272	10.36	693.47
无店铺及其他零售	6590	2514	2137	377	8.52	728.08
住宿和餐饮业	I	**37782**	**34181**	**3601**	**394.40**	**4885.03**
住宿业	6600	14682	13158	1524	195.31	2239.13
旅游饭店	6610	10365	9159	1206	164.70	1913.70
一般旅馆	6620	3895	3602	293	26.84	290.35
其他住宿服务	6690	422	397	25	3.77	35.09
餐饮业	6700	23100	21023	2077	199.09	2645.90
正餐服务	6710	21307	19637	1670	163.89	2093.61
快餐服务	6720	874	602	272	27.33	428.98
饮料及冷饮服务	6730	240	198	42	1.21	25.00
其他餐饮服务	6790	679	586	93	6.66	98.31

行业中类	代码	企业单位数(个)	单产业法人	多产业法人	从业人员数(万人)	营业收入(亿元)
金融业	J	**13**	**10**	**3**	**0.20**	**43.37**
证券业	6900	5	2	3	0.14	26.30
证券市场管理	6910	1	1		0.01	1.51
证券经纪与交易	6920	3		3	0.13	24.78
证券投资	6930	1	1			0.01
其他金融活动	7100	8	8		0.05	17.07
金融信托与管理	7110	1	1			
金融租赁	7120	1	1			0.01
典当	7150	1	1			
其他未列明的金融活动	7190	5	5		0.05	17.06
房地产业	K	**90166**	**87415**	**2751**	**236.86**	**33974.28**
房地产业	7200	90166	87415	2751	236.86	33974.28
房地产开发经营	7210	85268	82993	2275	208.02	33547.37
物业管理	7220	2257	2079	178	24.43	300.37
房地产中介服务	7230	2319	2021	298	3.71	68.21
其他房地产活动	7290	322	322		0.70	58.34
租赁和商务服务业	L	**266**	**233**	**33**	**3.47**	**307.78**
租赁业	7300	17	17		0.11	1.62
机械设备租赁	7310	17	17		0.11	1.62
商务服务业	7400	249	216	33	3.36	306.16
企业管理服务	7410	113	86	27	2.47	289.15
咨询与调查	7430	33	30	3	0.05	2.38
广告业	7440	16	16		0.03	0.56
职业中介服务	7460	40	40		0.56	2.19
市场管理	7470	14	13	1	0.07	5.37
旅行社	7480	4	4		0.01	0.30
其他商务服务	7490	29	27	2	0.18	6.22
科学研究、技术服务和地质勘查业	M	**158**	**152**	**6**	**0.76**	**22.32**
研究与试验发展	7500	27	26	1	0.19	10.36
自然科学研究与试验发展	7510	2	2			0.20
工程和技术研究与试验发展	7520	20	19	1	0.17	6.04
农业科学研究与试验发展	7530	2	2			
医学研究与试验发展	7540	3	3		0.01	4.11

行业中类	代码	企业单位数(个)	单产业法人	多产业法人	从业人员数(万人)	营业收入(亿元)
专业技术服务业	7600	92	88	4	0.44	10.15
气象服务	7610	1	1		0.01	
技术检测	7650	5	4	1	0.03	0.19
环境监测	7660	1	1			0.04
工程技术与规划管理	7670	44	41	3	0.24	6.51
其他专业技术服务	7690	41	41		0.15	3.41
科技交流和推广服务业	7700	37	37		0.13	1.62
技术推广服务	7710	20	20		0.07	1.11
科技中介服务	7720	2	2			0.06
其他科技服务	7790	15	15		0.05	0.45
地质勘查业	7800	2	1	1	0.01	0.19
矿产地质勘查	7810	1		1		0.13
基础地质勘查	7820	1	1		0.01	0.06
水利、环境和公共设施管理业	**N**	**62**	**57**	**5**	**0.56**	**12.03**
水利管理业	7900	2	2			0.01
水资源管理	7920	1	1			0.01
其他水利管理	7990	1	1			
环境管理业	8000	16	15	1	0.19	2.65
自然保护	8010	2	2		0.01	0.08
环境治理	8020	14	13	1	0.19	2.57
公共设施管理业	8100	44	40	4	0.36	9.37
市政公共设施管理	8110	21	21		0.25	4.98
城市绿化管理	8120	18	16	2	0.08	3.67
游览景区管理	8130	5	3	2	0.03	0.72
居民服务和其他服务业	**O**	**50**	**48**	**2**	**0.20**	**8.20**
居民服务业	8200	19	19		0.10	0.75
家庭服务	8210	1	1			
理发及美容保健服务	8240	6	6			0.01
洗浴服务	8250	4	4		0.06	0.23

行业中类	代码	企业单位数(个)	单产业法人	多产业法人	从业人员数(万人)	营业收入(亿元)
殡葬服务	8270	4	4		0.01	0.27
摄影扩印服务	8280	1	1			
其他居民服务	8290	3	3		0.03	0.24
其他服务业	8300	31	29	2	0.10	7.45
修理与维护	8310	11	10	1	0.03	1.21
清洁服务	8320	3	3		0.01	0.03
其他未列明的服务	8390	17	16	1	0.06	6.21
教育	**P**	**1**	**1**			
教育	8400	1	1			
其他教育	8490	1	1			
卫生、社会保障和社会福利业	**Q**	**1**	**1**			
社会福利业	8700	1	1			
不提供住宿的社会福利	8720	1	1			
文化、体育和娱乐业	**R**	**27**	**27**		**0.22**	**6.70**
新闻出版业	8800	3	3		0.01	0.40
出版业	8820	3	3		0.01	0.40
广播、电视、电影和音像业	8900	2	2			
电影	8930	1	1			
音像制作	8940	1	1			
文化艺术业	9000	3	3		0.01	0.09
博物馆	9050	1	1		0.01	0.06
文化艺术经纪代理	9080	1	1			0.02
其他文化艺术	9090	1	1			0.01
体育	9100	1	1			0.03
体育组织	9110	1	1			0.03
娱乐业	9200	18	18		0.19	6.18
室内娱乐活动	9210	8	8		0.03	0.99
游乐园	9220	1	1		0.01	0.17
休闲健身娱乐活动	9230	5	5		0.08	3.28
其他娱乐活动	9290	4	4		0.08	1.75

3-2 限额以上企业按地区分组的单位数、从业人员数和营业收入

(2009年)

地区	企业单位数（个）			从业人员数（万人）	营业收入（亿元）
		单产业法人	多产业法人		
全　国	**815431**	**760109**	**55322**	**13572.50**	**828725.29**
北　京	26160	21759	4401	278.19	43361.84
天　津	16446	15240	1206	198.50	22086.42
河　北	22252	21148	1104	481.46	30343.13
山　西	10948	10073	875	297.50	14976.69
内蒙古	10032	9339	693	177.59	13143.96
辽　宁	37361	35806	1555	518.10	37410.94
吉　林	10221	9867	354	171.73	14472.01
黑龙江	10664	9851	813	225.21	11708.05
上　海	79519	74459	5060	576.77	62387.03
江　苏	104208	99909	4299	1678.15	106821.71
浙　江	89113	81618	7495	1336.80	67647.59
安　徽	21622	20448	1174	394.63	19488.11
福　建	30215	28600	1615	555.72	26343.43
江　西	13234	12622	612	262.11	12577.99
山　东	71971	68203	3768	1283.69	85046.71
河　南	37460	35655	1805	737.90	37621.38
湖　北	23189	21553	1636	422.00	22544.16
湖　南	22227	21331	896	423.02	19305.37
广　东	80820	73986	6834	1731.87	94426.04
广　西	12429	11108	1321	197.70	10070.86
海　南	2910	2744	166	22.48	1429.92
重　庆	15296	13713	1583	300.00	13578.31
四　川	25669	23726	1943	533.95	21146.43
贵　州	6668	6078	590	119.38	5365.77
云　南	10252	8972	1280	172.59	8679.17
西　藏	473	431	42	7.24	199.19
陕　西	8544	8052	492	206.15	9763.03
甘　肃	4967	4353	614	115.67	5660.83
青　海	1778	1570	208	30.51	1675.42
宁　夏	2384	2212	172	31.81	1947.79
新　疆	6399	5683	716	84.09	7495.99

3-3 限额以上企业按地区、

(2009年)

地 区	企 业 单位数	内资企业	国有企业	集体企业	股份合作 企 业	国有联营 企 业
全 国	**815431**	**720335**	**29873**	**25084**	**8695**	**429**
北 京	26160	23693	1325	770	634	4
天 津	16446	13330	1112	633	218	19
河 北	22252	20946	1162	724	167	9
山 西	10948	10700	1097	690	93	2
内蒙古	10032	9769	475	141	78	2
辽 宁	37361	33479	1200	1812	422	7
吉 林	10221	9719	503	290	44	1
黑龙江	10664	10246	870	503	162	3
上 海	79519	68481	1777	2633	985	80
江 苏	104208	88354	1525	2104	899	23
浙 江	89113	78412	1011	793	1226	23
安 徽	21622	20560	727	442	170	7
福 建	30215	23020	981	655	354	52
江 西	13234	12173	911	413	278	7
山 东	71971	65289	2243	2630	522	17
河 南	37460	36650	1709	2234	308	15
湖 北	23189	22034	1306	678	266	12
湖 南	22227	21342	1346	912	296	10
广 东	80820	58039	2096	2442	412	75
广 西	12429	11606	948	632	128	7
海 南	2910	2630	202	38	29	7
重 庆	15296	14791	583	400	103	6
四 川	25669	24766	1093	752	293	7
贵 州	6668	6489	699	256	77	6
云 南	10252	9905	615	453	118	10
西 藏	473	470	113	41	8	1
陕 西	8544	8225	863	489	263	8
甘 肃	4967	4873	584	314	93	2
青 海	1778	1730	200	62	29	2
宁 夏	2384	2330	151	35	8	2
新 疆	6399	6284	446	113	12	3

登记注册类型分组的单位数

单位：个

集体联营企业	国有与集体联营	其他联营	国有独资公司	其他有限责任公司	股份有限公司	私营独资	私营合伙
524	**477**	**503**	**3318**	**150656**	**22641**	**93887**	**17104**
13	17	6	298	8443	648	116	54
12	18	11	96	2614	299	601	211
9	6	17	87	5504	1014	2583	678
18	2	4	71	3164	494	555	96
3	2	3	57	3715	506	664	99
17	8	16	114	5469	770	6889	433
1		5	78	2594	593	1323	77
7	3	2	53	3269	570	564	83
86	202	64	205	5770	572	11966	2252
35	34	65	124	10516	1922	12245	1383
17	27	20	253	12480	1090	7815	2078
8	10	6	142	5198	784	1788	378
18	21	38	100	4806	505	1297	624
10	7	8	54	3393	749	1371	454
50	12	26	114	12597	2368	13432	968
28	6	15	121	9972	2036	9194	1057
19	9	21	75	6419	1261	2466	870
31	7	20	131	4103	1026	2981	1887
66	36	71	260	15542	1177	7639	1177
8	5	24	72	2260	554	1137	352
3	3	3	13	1247	165	79	25
7	3	12	188	2712	426	1891	481
22	13	13	137	6898	1417	2442	607
5	5	11	71	2215	212	679	309
9	4	7	78	2415	445	675	110
5	1	1	6	84	26	23	8
8	7	6	71	2644	505	683	232
4	5	4	32	1695	280	293	49
	1	1	20	616	76	75	18
2			44	477	43	82	5
3	3	3	153	1825	108	339	49

地区	私营有限责任公司	私营股份有限公司	其他	港、澳、台商投资企业	与港、澳、台商合资经营	与港、澳、台商合作经营
全国	**340944**	**20345**	**5855**	**44303**	**14348**	**2134**
北京	10901	461	3	842	391	104
天津	7044	268	174	731	319	16
河北	8094	753	139	405	271	15
山西	3992	356	66	105	68	6
内蒙古	3709	237	78	89	52	2
辽宁	14999	1118	205	977	534	54
吉林	3840	255	115	121	71	6
黑龙江	3816	313	28	160	102	5
上海	39417	2233	239	3627	938	354
江苏	54592	2216	671	6074	2342	101
浙江	50358	1167	54	5050	2879	100
安徽	10030	711	159	455	222	8
福建	12850	572	147	4594	973	68
江西	3832	584	102	647	194	17
山东	27343	1777	1190	1527	840	56
河南	8440	991	524	369	200	13
湖北	7684	790	158	597	280	13
湖南	6908	1282	402	486	252	16
广东	25530	866	650	15785	2637	1120
广西	4981	395	103	443	186	27
海南	703	55	58	152	41	3
重庆	7012	815	152	221	104	8
四川	9958	916	198	344	149	10
贵州	1671	244	29	90	40	
云南	4486	407	73	184	118	6
西藏	130	17	6			
陕西	2131	250	65	103	63	5
甘肃	1378	99	41	46	33	
青海	528	93	9	21	17	
宁夏	1439	38	4	10	6	
新疆	3148	66	13	48	26	1

港、澳、台商独资	港、澳、台商投资股份有限公司	外商投资企业	中外合资经营	中外合作经营	外资企业	外商投资股份有限公司
27007	**814**	**50793**	**18803**	**1955**	**29149**	**886**
334	13	1625	667	89	835	34
381	15	2385	763	65	1536	21
110	9	901	529	24	329	19
28	3	143	98	3	40	2
32	3	174	105	7	57	5
361	28	2905	1436	158	1270	41
37	7	381	187	20	170	4
46	7	258	130	10	107	11
2284	51	7411	1706	474	5155	76
3505	126	9780	3245	180	6218	137
1968	103	5651	3266	111	2187	87
211	14	607	316	16	263	12
3501	52	2601	734	41	1783	43
406	30	414	188	10	182	34
594	37	5155	1913	118	3042	82
137	19	441	266	25	122	28
266	38	558	318	17	201	22
199	19	399	243	20	122	14
11853	175	6996	1594	471	4796	135
220	10	380	195	28	144	13
102	6	128	48	5	66	9
98	11	284	169	13	95	7
168	17	559	298	17	221	23
47	3	89	46	6	35	2
56	4	163	95	8	57	3
		3	1		2	
29	6	216	128	12	64	12
10	3	48	32	2	11	3
3	1	27	15	1	10	1
3	1	44	30	3	10	1
18	3	67	42	1	19	5

3-4 限额以上企业按行业(中类)、

(2009年)

行业中类	代码	从业人员数	内资企业	国有企业	集体企业	股份合作企业
总计	0000	**135724985**	**109050225**	**12154453**	**4869725**	**1079431**
农、林、牧、渔业	A	**10414**	**10066**	**4826**	**9**	**94**
农业	0100	1186	1136		5	
谷物及其他作物的种植	0110	535	535		5	
蔬菜、园艺作物的种植	0120	360	310			
水果、坚果、饮料和香料作物的种植	0130	114	114			
中药材的种植	0140	177	177			
林业	0200	4972	4972	4314		
林木的培育和种植	0210	290	290			
木材和竹材的采运	0220	4364	4364	4314		
林产品的采集	0230	318	318			
畜牧业	0300	2944	2879	512		94
牲畜的饲养	0310	657	592	512		
猪的饲养	0320	427	427			
家禽的饲养	0330	1680	1680			
其他畜牧业	0390	180	180			94
渔业	0400	444	211			
海洋渔业	0410	362	129			
内陆渔业	0420	82	82			
农、林、牧、渔服务业	0500	868	868		4	
农业服务业	0510	863	863		4	
畜牧服务业	0530	5	5			
采矿业	B	**7480201**	**7371444**	**1780894**	**356317**	**64792**
煤炭开采和洗选业	0600	4963909	4925316	1225138	224923	42619
烟煤和无烟煤的开采洗选	0610	4811412	4773155	1179500	218706	41291
褐煤的开采洗选	0620	146501	146195	45568	5956	1313
其他煤炭采选	0690	5996	5966	70	261	15
石油和天然气开采业	0700	896399	891785	379919	8157	1316
天然原油和天然气开采	0710	504741	501552	136950	32	1009
与石油和天然气开采有关的服务活动	0790	391658	390233	242969	8125	307

登记注册类型分组的从业人员数

单位：人

国有联营企业	集体联营企业	国有与集体联营	其他联营	国有独资公司	其他有限责任公司	股份有限公司	私营独资	私营合伙	代码
97641	**95456**	**64427**	**90577**	**3450885**	**30646150**	**8883037**	**6895993**	**1360172**	0000
					214	**643**	**1356**	**94**	A
					5	15	457		0100
					5		432		0110
							25		0120
						15			0130
									0140
					60	368	85	6	0200
					60	50	35	6	0210
							50		0220
						318			0230
					38		601	68	0300
							57	23	0310
							35		0320
					23		509	25	0330
					15			20	0390
									0400
									0410
									0420
					111	260	213	20	0500
					111	260	208	20	0510
							5		0530
6385	**13387**	**8034**	**4366**	**1066263**	**1751060**	**637411**	**521916**	**261478**	B
4608	11523	6834	2280	931494	1253678	314276	318158	198110	0600
4388	11523	6834	2280	897274	1221384	305743	313077	195265	0610
				34220	29541	8533	4642	2595	0620
220					2753		439	250	0690
				74231	180399	237623	950	155	0700
				551	127045	231616	561	114	0710
				73680	53354	6007	389	41	0790

行业中类	代码	从业人员数	内资企业	国有企业	集体企业	股份合作企业
黑色金属矿采选业	0800	580830	567365	49591	28541	11630
铁矿采选	0810	527500	517653	46148	25734	8554
其他黑色金属矿采选	0890	53330	49712	3443	2807	3076
有色金属矿采选业	0900	510940	486510	61907	44824	5246
常用有色金属矿采选	0910	275807	258526	24338	10205	3802
贵金属矿采选	0920	153288	147990	22750	33907	1271
稀有稀土金属矿采选	0930	81845	79994	14819	712	173
非金属矿采选业	1000	524786	497131	64156	49637	3981
土砂石开采	1010	308828	298524	11231	35617	1911
化学矿采选	1020	61954	59909	11657	6359	336
采盐	1030	92718	83387	35194	4970	681
石棉及其他非金属矿采选	1090	61286	55311	6074	2691	1053
其他采矿业	1100	3337	3337	183	235	
制造业	**C**	**76482929**	**52084761**	**2973177**	**1666889**	**616942**
农副食品加工业	1300	3184072	2535010	74343	50831	27148
谷物磨制	1310	439514	427053	13696	3481	5357
饲料加工	1320	340608	277304	2645	1664	2738
植物油加工	1330	251796	218917	5142	2576	2643
制糖	1340	167817	143565	9904	366	721
屠宰及肉类加工	1350	784682	614990	27758	10526	5856
水产品加工	1360	448614	275100	12746	19488	6153
蔬菜、水果和坚果加工	1370	401883	290711	944	3648	2339
其他农副食品加工	1390	349158	287370	1508	9082	1341
食品制造业	1400	1589716	1113650	49909	19311	10131
焙烤食品制造	1410	251594	158563	2476	789	1773
糖果、巧克力及蜜饯制造	1420	137627	90192	65	1775	339
方便食品制造	1430	293678	195356	2974	7406	925
液体乳及乳制品制造	1440	208142	142693	5378	1603	2761
罐头制造	1450	188677	140977	2576	1903	834
调味品、发酵制品制造	1460	209425	161333	21852	1404	1951
其他食品制造	1490	300573	224536	14588	4431	1548

单位：人

国有联营企业	集体联营企业	国有与集体联营	其他联营	国有独资公司	其他有限责任公司	股份有限公司	私营独资	私营合伙	代码
283	316	403	68	26615	101558	14287	86123	20758	0800
113	316	403	30	26615	93552	13444	78632	18934	0810
170			38		8006	843	7491	1824	0890
1431	422	702	302	22000	140013	41956	27291	12126	0900
604	422		137	4606	72686	28170	17771	8305	0910
612		246		11972	38325	13090	7467	2185	0920
215		456	165	5422	29002	696	2053	1636	0930
63	1126	95	1716	11923	75021	29066	88460	30154	1000
	830		1493	1024	37289	15384	75111	23594	1010
	196		64	1176	16275	2586	3828	953	1020
63				9480	12036	9979	2276	516	1030
	100	95	159	243	9421	1117	7245	5091	1090
					391	203	934	175	1100
50265	**45148**	**30751**	**26096**	**1403879**	**12400849**	**4588602**	**5171007**	**824983**	C
3513	1168	628	1393	5870	656390	182901	365244	41947	1300
163	110	41	99	1444	81918	18620	114092	9996	1310
64	70	58	582	172	71926	22376	32673	3310	1320
		84	480	1250	63285	8542	33729	6009	1330
1184		25		1770	65335	25194	3031	332	1340
2033	800	235	76	1105	194412	41695	68765	8525	1350
					69936	13927	25238	2283	1360
		59	107	129	39446	25917	42032	4647	1370
69	188	126	49		70132	26630	45684	6845	1390
308	106	537	278	5501	298048	105735	123017	18560	1400
					34444	3855	26213	2638	1410
		142		33	15804	9061	13130	634	1420
	106	260	15	1765	60418	16618	21531	5743	1430
308		50		1309	52394	27564	5794	1020	1440
					27580	9497	18079	4274	1450
			263	1856	42591	21806	15972	1237	1460
		85		538	64817	17334	22298	3014	1490

行业中类	代码	从业人员数	内资企业			
				国有企业	集体企业	股份合作企业
饮料制造业	1500	1125176	828262	61922	11783	12026
酒精制造	1510	48278	42142	638	268	610
酒的制造	1520	654232	528916	54704	5037	6729
软饮料制造	1530	327310	168142	2856	2670	3171
精制茶加工	1540	95356	89062	3724	3808	1516
烟草制品业	1600	193506	191225	105593	5446	791
烟叶复烤	1610	31735	29983	9569	457	791
卷烟制造	1620	153387	153032	94015	1617	
其他烟草制品加工	1690	8384	8210	2009	3372	
纺织业	1700	6393818	4815171	105370	79772	40248
棉、化纤纺织及印染精加工	1710	3265777	2726003	67727	35649	19082
毛纺织和染整精加工	1720	324411	250486	5054	5514	5332
麻纺织	1730	98799	80465	600	836	733
丝绢纺织及精加工	1740	369649	320614	3067	2648	2116
纺织制成品制造	1750	871762	601793	10766	12973	5729
针织品、编织品及其制品制造	1760	1463420	835810	18156	22152	7256
纺织服装、鞋、帽制造业	1800	4645972	2420695	47286	54406	29262
纺织服装制造	1810	4355705	2288556	43667	49843	27287
纺织面料鞋的制造	1820	208564	99081	3619	3811	1702
制帽	1830	81703	33058		752	273
皮革、毛皮、羽毛(绒)及其制品业	1900	2646540	1125237	9052	95237	9610
皮革鞣制加工	1910	183618	90739	117	6694	807
皮革制品制造	1920	2315199	936399	6677	87033	8112
毛皮鞣制及制品加工	1930	64147	43551	1028	814	136
羽毛(绒)加工及制品制造	1940	83576	54548	1230	696	555
木材加工及木、竹、藤、棕、草制品业	2000	1308370	1124268	25286	22262	9994
锯材、木片加工	2010	154582	143270	5853	1710	403
人造板制造	2020	742585	669114	13749	9103	1988
木制品制造	2030	270983	196958	4491	7059	1376
竹、藤、棕、草制品制造	2040	140220	114926	1193	4390	6227
家具制造业	2100	1027923	585637	2012	4795	3846
木质家具制造	2110	615514	371648	794	2887	2730
竹、藤家具制造	2120	17406	10308	299	26	32

单位：人

国有联营企业	集体联营企业	国有与集体联营	其他联营	国有独资公司	其他有限责任公司	股份有限公司	私营独资	私营合伙	代码
534	292	143	180	20790	263407	128918	73525	8079	1500
				3830	12864	2136	4121		1510
479	204		60	16532	189476	89529	37091	3752	1520
55		98	120	131	45333	33157	18566	1617	1530
	88	45		297	15734	4096	13747	2710	1540
				35712	40318	2688	74		1600
				1089	16915	1162			1610
				34623	21728	1009			1620
					1675	517	74		1690
1306	599	886	2305	66173	1130704	272425	506433	77901	1700
1131		11	1859	56420	752359	157269	255886	41025	1710
	207	28		2637	58979	10812	25071	3741	1720
175	100			1360	25128	4147	7799	1232	1730
			35	3481	64370	21031	37490	4958	1740
	292	616	11	1026	98973	55447	69518	9257	1750
		231	400	1249	130895	23719	110669	17688	1760
130	2404	1351	849	13566	370506	89889	318829	35411	1800
130	2404	1351	849	13316	349367	88417	295887	29293	1810
					16800	682	16801	5698	1820
				250	4339	790	6141	420	1830
	1178	489	165	95	157680	25017	118723	15037	1900
	806		1		15051	8748	14396	3046	1910
	372	489	129	95	130444	11999	82063	8733	1920
					4621	428	13045	2416	1930
			35		7564	3842	9219	842	1940
	216	327	30	957	162419	34631	272285	48627	2000
			30		15910	7235	43601	6804	2010
	216	327		790	107987	19123	170508	26588	2020
					27741	3824	33022	9141	2030
				167	10781	4449	25154	6094	2040
	9	100	172	87	107644	10244	85001	10931	2100
	9			87	67758	6310	63608	7814	2110
					1389		2091	385	2120

行业中类	代码	从业人员数	内资企业	国有企业	集体企业	股份合作企业
金属家具制造	2130	229886	122444	659	998	608
塑料家具制造	2140	15554	9321		517	263
其他家具制造	2190	149563	71916	260	367	213
造纸及纸制品业	2200	1495984	1126580	30477	55776	16312
纸浆制造	2210	43706	29639	691	704	384
造纸	2220	735336	597289	21465	29834	4749
纸制品制造	2230	716942	499652	8321	25238	11179
印刷业和记录媒介的复制	2300	831104	610091	83942	20798	11121
印刷	2310	775803	573145	76359	18402	10572
装订及其他印刷服务活动	2320	40389	27157	6390	2396	549
记录媒介的复制	2330	14912	9789	1193		
文教体育用品制造业	2400	1269777	440769	5724	38828	3197
文化用品制造	2410	175551	85055	446	1377	590
体育用品制造	2420	315026	87017	2559	4105	495
乐器制造	2430	74459	33988	520	1135	212
玩具制造	2440	674344	218813	2199	31947	1850
游艺器材及娱乐用品制造	2450	30397	15896		264	50
石油加工、炼焦及核燃料加工业	2500	819146	734019	82116	12345	7046
精炼石油产品的制造	2510	413545	381356	62260	7736	1748
炼焦	2520	395153	342215	11840	4609	5298
化学原料及化学制品制造业	2600	4331758	3687934	279931	115281	49233
基础化学原料制造	2610	1107028	1005585	104042	33205	12516
肥料制造	2620	725348	684701	71308	6307	9092
农药制造	2630	182838	163667	8496	1830	2492
涂料、油墨、颜料及类似产品制造	2640	413026	300777	7439	12791	7193
合成材料制造	2650	405828	325527	29639	10989	1527
专用化学产品制造	2660	1185939	1015437	54883	45604	14349
日用化学产品制造	2670	311751	192240	4124	4555	2064
医药制造业	2700	1501401	1180623	71863	14592	10767
化学药品原药制造	2710	317463	261315	10917	3888	2151
化学药品制剂制造	2720	427131	308507	34894	5953	1806
中药饮片加工	2730	76268	66822	702	752	1190

单位：人

国有联营企业	集体联营企业	国有与集体联营	其他联营	国有独资公司	其他有限责任公司	股份有限公司	私营独资	私营合伙	代码
		100			19393	3108	9117	1290	2130
			172		2269		1604	357	2140
					16835	826	8581	1085	2190
105	727	180	304	11808	254970	82496	128717	23780	2200
				1543	9931	7500	2409	24	2210
63	140	143		9861	157588	60700	52553	12782	2220
42	587	37	304	404	87451	14296	73755	10974	2230
598	607	1296	79	7073	135145	24116	52881	7669	2300
598	607	845	79	6944	127920	21570	49757	7349	2310
		87		30	3698	1699	3054	320	2320
		364		99	3527	847	70		2330
	1465	375	1046	1911	55846	15684	62895	8573	2400
	8	53		245	10914	3369	7459	1810	2410
		322	216		10828	3840	9670	2011	2420
				1666	5132	1248	7062	561	2430
	1457		830		26973	7200	37530	4064	2440
					1999	27	1174	127	2450
664	325	245	545	33276	164536	220809	23429	4308	2500
81	165	245		17445	40824	185757	11729	679	2510
583	160		545	13507	123643	35052	11661	3629	2520
1831	2187	2618	1202	143778	1012446	476447	338188	77665	2600
165	803	866	497	57700	291115	142992	57562	9092	2610
130	135	985	144	23303	254120	114791	27070	6840	2620
	42			2645	45838	31223	10880	1010	2630
193	174	6		3226	65242	28876	26714	4700	2640
		160	140	21840	82220	64575	16695	3041	2650
1343	1007	548	357	34159	224838	68288	180925	51319	2660
	26	53	64	905	49073	25702	18342	1663	2670
395	1294	1017	548	23726	406120	264750	45526	5642	2700
	1075	127	111	15644	100106	53829	9830	1597	2710
		410	219	3279	119430	65950	9321	40	2720
	104	129	176	126	18617	6900	5150	612	2730

行业中类	代码	从业人员数	内资企业	国有企业	集体企业	股份合作企业
中成药制造	2740	374618	317850	17316	2050	3300
兽用药品制造	2750	70116	63127	1750	368	772
生物、生化制品的制造	2760	121923	90906	6192	422	505
卫生材料及医药用品制造	2770	113882	72096	92	1159	1043
化学纤维制造业	2800	432749	334938	34400	3695	2632
纤维素纤维原料及纤维制造	2810	105113	90571	13426	1193	126
合成纤维制造	2820	327636	244367	20974	2502	2506
橡胶制品业	2900	971144	598445	22615	28965	11716
轮胎制造	2910	304223	173395	3825	4304	1561
橡胶板、管、带的制造	2920	130320	111541	5183	5839	2906
橡胶零件制造	2930	136908	89044	2320	4950	2145
再生橡胶制造	2940	22095	19769	145	1509	397
日用及医用橡胶制品制造	2950	56371	27206	1519	1604	67
橡胶靴鞋制造	2960	218172	122032	8495	7325	3906
其他橡胶制品制造	2990	103055	55458	1128	3434	734
塑料制品业	3000	2585702	1521418	16149	52119	18584
塑料薄膜制造	3010	225557	139996	2033	3652	1718
塑料板、管、型材的制造	3020	363835	250361	8790	7634	2645
塑料丝、绳及编织品的制造	3030	318921	287051	1161	12218	4029
泡沫塑料制造	3040	102321	72643	280	2262	973
塑料人造革、合成革制造	3050	99178	62576	7		394
塑料包装箱及容器制造	3060	225363	137993	1018	2536	1748
塑料零件制造	3070	358709	155750	999	6978	2380
日用塑料制造	3080	452869	205601	1056	4134	1871
其他塑料制品制造	3090	438949	209447	805	12705	2826
非金属矿物制品业	3100	4981643	4252158	156800	165810	73708
水泥、石灰和石膏的制造	3110	1203257	1111917	62422	56975	20853
水泥及石膏制品制造	3120	576707	505939	21272	16380	4423
砖瓦、石材及其他建筑材料制造	3130	1141580	1003429	23767	39581	27256
玻璃及玻璃制品制造	3140	896216	682208	14553	10409	6341
陶瓷制品制造	3150	545257	388164	13680	12812	6480
耐火材料制品制造	3160	303766	279339	5555	21470	3770
石墨及其他非金属矿物制品制造	3190	314860	281162	15551	8183	4585

单位：人

国有联营企业	集体联营企业	国有与集体联营	其他联营	国有独资公司	其他有限责任公司	股份有限公司	私营独资	私营合伙	代码
	115	198		2428	100152	103893	7902	745	2740
		153		261	17907	6371	3757	1658	2750
395			42	1988	25997	23160	4720	236	2760
					23911	4647	4846	754	2770
	200	168		21274	51604	59415	11933	3958	2800
		62		20908	21599	13348	2289	495	2810
	200	106		366	30005	46067	9644	3463	2820
	380	58	197	24915	111930	67529	67687	7640	2900
	380			20346	40975	33616	14220	1329	2910
			105	123	21847	5705	16468	1566	2920
			92	905	15436	8584	9507	1666	2930
					2786	804	5046	443	2940
					8146	1374	2589	95	2950
				3541	16015	12405	12238	1752	2960
		58			6725	5041	7619	789	2990
871	279	1876	257	5821	288297	53427	220544	35464	3000
	42			757	28287	13936	16472	2824	3010
	53	634	45	2441	59042	12657	27166	3605	3020
		138		340	49332	9982	57900	11255	3030
		65	52	1752	12133	2166	12341	1659	3040
					11305	3897	2198	644	3050
84	32		160		28616	4234	19108	2929	3060
453	152	1015		204	26655	875	20929	3472	3070
					37464	1534	31865	3944	3080
334		24		327	35463	4146	32565	5132	3090
2641	12527	2360	2705	42665	1009387	321879	559621	115615	3100
1220	1671	1272	1427	20702	326359	130604	79397	22664	3110
376	8996	376	386	8462	120601	27652	62229	8232	3120
301	1259	198	814	1457	174850	22229	194094	49458	3130
414	50	478		7789	167847	53953	87679	8487	3140
	73		78	2114	72263	40461	49188	13869	3150
	340				68655	17079	47305	8443	3160
330	138	36		2141	78812	29901	39729	4462	3190

行业中类	代码	从业人员数	内资企业	国有企业	集体企业	股份合作企业
黑色金属冶炼及压延加工业	3200	2998157	2724792	396613	70860	19229
炼铁	3210	272527	259628	14977	3954	346
炼钢	3220	543631	513145	136697	1807	57
钢压延加工	3230	1899484	1686253	233080	56006	12012
铁合金冶炼	3240	282515	265766	11859	9093	6814
有色金属冶炼及压延加工业	3300	1743487	1519502	139978	72841	15307
常用有色金属冶炼	3310	816806	751860	103138	18667	6314
贵金属冶炼	3320	62839	61303	3559	1120	405
稀有稀土金属冶炼	3330	104203	93483	3903	737	543
有色金属合金制造	3340	98880	70279	5847	2700	883
有色金属压延加工	3350	660759	542577	23531	49617	7162
金属制品业	3400	3279071	2361486	67015	99551	32818
结构性金属制品制造	3410	964845	800199	27355	30978	8296
金属工具制造	3420	372770	273623	6941	7007	3858
集装箱及金属包装容器制造	3430	253835	155985	2952	9704	4422
金属丝绳及其制品的制造	3440	197776	154058	11308	10581	1707
建筑、安全用金属制品制造	3450	429368	274320	2021	8834	3035
金属表面处理及热处理加工	3460	258368	203141	2558	16418	6900
搪瓷制品制造	3470	41813	33472	150	2821	40
不锈钢及类似日用金属制品制造	3480	447701	262429	3068	2908	1858
其他金属制品制造	3490	312595	204259	10662	10300	2702
通用设备制造业	3500	4962524	3985242	223312	158759	65687
锅炉及原动机制造	3510	390307	327425	37511	9250	5030
金属加工机械制造	3520	550290	465153	47839	10709	6150
起重运输设备制造	3530	401012	316169	20794	27107	2432
泵、阀门、压缩机及类似机械的制造	3540	810025	636530	24471	12405	16245
轴承、齿轮、传动和驱动部件的制造	3550	541702	423623	22494	7982	5725
烘炉、熔炉及电炉制造	3560	30795	22969	1204	544	590
风机、衡器、包装设备等通用设备制造	3570	661797	472379	22907	16585	6700
通用零部件制造及机械修理	3580	707061	570901	27334	37730	12044
金属铸、锻加工	3590	869535	750093	18758	36447	10771

单位：人

国有联营企业	集体联营企业	国有与集体联营	其他联营	国有独资公司	其他有限责任公司	股份有限公司	私营独资	私营合伙	代码
25483	114	779	5502	175153	881316	294638	102666	29102	3200
			487	9096	84016	31156	13875	7102	3210
			204	22439	194778	42269	8861	4676	3220
25483		779	3961	136820	519909	206617	63380	12743	3230
	114		850	6798	82613	14596	16550	4581	3240
1034	866	268	515	127404	376811	241437	79002	14968	3300
1034	188		431	94909	182010	163201	26000	5938	3310
		72		3692	21831	13656	1545	206	3320
	305			7446	21901	19969	4071	944	3330
	192	103		8952	14670	2508	5577	700	3340
	181	93	84	12405	136399	42103	41809	7180	3350
394	1165	4002	575	6057	461569	96483	292752	40067	3400
10	486	2960	317	2511	192203	32026	75328	7828	3410
103	132	195	7	1558	47495	19503	47093	5753	3420
	180	155		839	37618	6106	13126	1520	3430
	145			602	28392	14014	19397	3348	3440
			4	134	47234	3686	35364	5185	3450
	103	428	111	215	26332	3820	30263	6957	3460
			40		6895	820	4986	1432	3470
81	28				36995	8384	42058	4927	3480
200	91	264	96	198	38405	8124	25137	3117	3490
178	2014	3518	2190	111170	879966	238636	450435	62265	3500
	274	450	278	15079	92585	38696	21120	3460	3510
50	16	597		29666	106139	38376	37100	4851	3520
58	333	622		25415	73655	30360	16195	3062	3530
	20	142	123	9167	160924	45824	60160	9237	3540
	47	562	170	14618	97983	24842	44320	7573	3550
			123		5063	1049	2063	346	3560
	250	70	152	5160	100851	24380	39592	5956	3570
70	98	268	319	5735	101338	11304	83769	10671	3580
	976	807	1025	6330	141428	23805	146116	17109	3590

行业中类	代码	从业人员数	内资企业			
				国有企业	集体企业	股份合作企业
专用设备制造业	3600	3101259	2361460	192510	51316	26124
矿山、冶金、建筑专用设备制造	3610	855028	756277	98673	21267	7358
化工、木材、非金属加工专用设备制造	3620	622794	353624	12515	6500	2888
食品、饮料、烟草及饲料生产专用设备制造	3630	118374	105643	3718	3565	1030
印刷、制药、日化生产专用设备制造	3640	144010	105385	6813	1832	1701
纺织、服装和皮革工业专用设备制造	3650	228768	170148	5523	3656	5123
农、林、牧、渔专用机械制造	3670	274944	247058	12141	5432	2979
医疗仪器设备及器械制造	3680	229823	143387	8097	2978	1939
环保、社会公共安全及其他专用设备制造	3690	286057	227340	16407	3823	2203
交通运输设备制造业	3700	4756477	3425196	414260	88791	37516
铁路运输设备制造	3710	302178	282710	96454	22934	3499
汽车制造	3720	2918093	1952264	156321	42374	24470
摩托车制造	3730	440692	365260	6436	7779	3394
自行车制造	3740	201041	94561	2214	1965	1888
船舶及浮动装置制造	3750	597164	464383	65168	11644	4243
航空航天器制造	3760	262985	240149	85910	836	
交通器材及其他交通运输设备制造	3790	34324	25869	1757	1259	22
电气机械及器材制造业	3900	5191790	3229421	111939	115117	39153
电机制造	3910	624669	427005	22339	8099	3853
输配电及控制设备制造	3920	1365155	891469	47583	37633	14351
电线、电缆、光缆及电工器材制造	3930	827149	538637	12322	20401	10942
电池制造	3940	456720	227293	5014	2070	1687
家用电力器具制造	3950	1062760	622346	20610	36896	3322
非电力家用器具制造	3960	101624	79570		700	1811
照明器具制造	3970	647241	380264	3426	1596	2565
其他电气机械及器材制造	3990	106472	62837	645	7722	622
通信设备、计算机及其他电子设备制造业	4000	6440737	1752071	78680	91710	9609
通信设备制造	4010	838841	336378	23937	6779	899
雷达及配套设备制造	4020	30986	30747	8328		43
广播电视设备制造	4030	104920	57603	3239	913	203
电子计算机制造	4040	1447147	162007	8870	9877	435
电子器件制造	4050	1007082	277198	11452	8788	3724

单位：人

国有联营企业	集体联营企业	国有与集体联营	其他联营	国有独资公司	其他有限责任公司	股份有限公司	私营独资	私营合伙	代码
1677	221	2298	353	164423	624023	217450	197840	24389	3600
1677	123	322		60787	222899	86429	40663	5528	3610
	56	400	214	5379	75237	15922	38259	8436	3620
				91	20400	9103	22866	1422	3630
		163	73		23425	11080	11933	1629	3640
	42	1413		1617	38211	20184	16925	1247	3650
				355	96021	18761	36562	3133	3670
			66		39987	15310	11665	629	3680
				2103	56837	15698	12072	2122	3690
3744	5301	2787	596	252826	849788	365598	191170	37586	3700
	867	34	94	29194	64865	28401	5560	788	3710
952	2401	1488	372	106481	521564	283070	118807	21537	3720
2208				12696	69295	13730	32871	6053	3730
280		122			15754	1471	8412	1370	3740
304	2033	1143	130	23070	121650	14328	23208	7247	3750
				81265	51097	18565	345		3760
				120	5563	6033	1967	591	3790
796	915	1716	2506	29413	837761	357224	230126	34696	3900
85	273	103	87	12648	115141	54716	19263	3814	3910
269	63	546	1721	4983	247388	77366	50720	9326	3920
61	120	417	317	5183	132317	45319	57118	7717	3930
	99	123		3252	58374	20838	14474	1851	3940
381	23	286		952	168721	123861	27529	4499	3950
	10	33	175		23297	1762	8400	326	3960
		148	174	2348	78595	32314	48234	6670	3970
	327	60	32	47	13928	1048	4388	493	3990
3998	7592	561	451	41571	505812	246018	78340	12624	4000
2725		201		10475	127598	80234	4432	1119	4010
				15032	3953	1627		6	4020
136		170			10320	12462	4353	423	4030
				78	42874	33945	7890	720	4040
109	2060		390	8968	78837	53558	7370	1827	4050

行业中类	代码	从业人员数	内资企业	国有企业	集体企业	股份合作企业
电子元件制造	4060	2214143	606137	16324	40848	3630
家用视听设备制造	4070	514621	180108	2863	22710	499
其他电子设备制造	4090	282997	101893	3667	1795	176
仪器仪表及文化、办公用机械制造业	4100	1147793	602591	49993	26445	9196
通用仪器仪表制造	4110	367269	282208	12465	4601	5386
专用仪器仪表制造	4120	154237	111563	21239	1024	1120
钟表与计时仪器制造	4130	117200	39852	2641	7324	648
光学仪器及眼镜制造	4140	249366	105325	11427	8564	1633
文化、办公用机械制造	4150	239720	50873	1990	4167	213
其他仪器仪表的制造及修理	4190	20001	12770	231	765	196
工艺品及其他制造业	4200	1422770	810559	33068	26756	14828
工艺美术品制造	4210	975600	547129	3875	20200	13219
日用杂品制造	4220	311683	170876	318	3721	1267
煤制品制造	4230	13391	13267	4275	1786	18
其他未列明的制造业	4290	121394	78626	24422	1049	324
废弃资源和废旧材料回收加工业	4300	103363	86311	1019	12691	103
金属废料和碎屑的加工处理	4310	74006	60305	454	7910	20
非金属废料和碎屑的加工处理	4320	29357	26006	565	4781	83
电力、燃气及水的生产和供应业	D	**3088029**	**2864721**	**1676095**	**32781**	**9490**
电力、热力的生产和供应业	4400	2469564	2332435	1382791	14190	7384
电力生产	4410	1143503	1018401	474222	9595	5513
电力供应	4420	1134326	1131719	852010	2020	1301
热力生产和供应	4430	191735	182315	56559	2575	570
燃气生产和供应业	4500	178045	123578	37209	984	1011
水的生产和供应业	4600	440420	408708	256095	17607	1095
自来水的生产和供应	4610	416072	388577	252212	17010	878
污水处理及其再生利用	4620	22091	18399	3805	597	143
其他水的处理、利用与分配	4690	2257	1732	78		74
建筑业	E	**34617305**	**34413642**	**4034120**	**2432803**	**258433**
房屋和土木工程建筑业	4700	29424927	29315632	3532225	2194208	215242
房屋工程建筑	4710	23150732	23072046	1620273	1997638	190423
土木工程建筑	4720	6274195	6243586	1911952	196570	24819

单位：人

国有联营企业	集体联营企业	国有与集体联营	其他联营	国有独资公司	其他有限责任公司	股份有限公司	私营独资	私营合伙	代码
347	298	190	1	6867	153268	48979	40703	6316	4060
490	5000		60		69607	8687	7344	609	4070
191	234			151	19355	6526	6248	1604	4090
33	161	79	350	22516	147175	53795	34411	4829	4100
33	87	7	60	4743	71078	38020	13415	2165	4110
		12	290	4883	25338	6460	9668	295	4120
	15				8603	212	4175	215	4130
				12890	19605	4078	5536	1361	4140
		60			18485	4506	1003	338	4150
	59				4066	519	614	455	4190
32	516	89	795	8008	138289	36815	128348	16538	4200
32	516	86	660	1124	99902	28069	95817	11623	4210
			135	502	25395	6609	25706	3037	4220
				135	2071	346	1769	408	4230
		3		6247	10585	1736	5056	1470	4290
	320		8	340	20942	1508	11365	1112	4300
	320		8	340	15370	1443	6586	554	4310
					5572	65	4779	558	4320
9480	**705**	**2463**	**417**	**274690**	**566511**	**177451**	**14399**	**3337**	D
8410	156	2140	151	204354	466508	159528	11668	2370	4400
4740	156	635	140	48577	304088	114256	7568	2174	4410
3246		1381		135667	106636	26978	401	100	4420
424		124	11	20110	55784	18294	3699	96	4430
444	242		266	17589	44763	8193	1353	696	4500
626	307	323		52747	55240	9730	1378	271	4600
626	307	323		48277	50145	9431	1055	208	4610
				4470	4769	299	278	63	4620
					326		45		4690
14854	**30423**	**15861**	**49199**	**568092**	**12391261**	**2354574**	**406466**	**104444**	E
12562	26520	15273	30235	508856	10684648	2070786	307046	74566	4700
4506	24297	9352	27463	294410	8524060	1705363	257270	66873	4710
8056	2223	5921	2772	214446	2160588	365423	49776	7693	4720

行业中类	代码	从业人员数	内资企业	国有企业	集体企业	股份合作企业
建筑安装业	4800	2640943	2604733	372112	157731	24042
建筑装饰业	4900	1268596	1216795	34041	25429	13577
其他建筑业	5000	1282839	1276482	95742	55435	5572
工程准备	5010	327572	325701	44758	8824	1774
提供施工设备服务	5020	189965	189471	3314	14701	245
其他未列明的建筑活动	5090	765302	761310	47670	31910	3553
交通运输、仓储和邮政业	**F**	**23919**	**22662**	**15764**	**501**	**235**
铁路运输业	5100	10	10			10
铁路货物运输	5120	10	10			10
道路运输业	5200	17439	17439	14465		175
道路货物运输	5220	1580	1580			30
道路运输辅助活动	5230	15859	15859	14465		145
水上运输业	5400	2772	2772		501	
水上货物运输	5420	2074	2074		501	
水上运输辅助活动	5430	698	698			
装卸搬运和其他运输服务业	5700	1006	903	532		
装卸搬运	5710	532	532	532		
运输代理服务	5720	474	371			
仓储业	5800	2673	1519	767		50
谷物、棉花等农产品仓储	5810	1089	1089	754		29
其他仓储	5890	1584	430	13		21
邮政业	5900	19	19			
其他寄递服务	5990	19	19			
信息传输、计算机服务和软件业	**G**	**4579**	**4346**		**45**	
电信和其他信息传输服务业	6000	1039	981			
电信	6010	77	77			
互联网信息服务	6020	884	884			
广播电视传输服务	6030	78	20			
计算机服务业	6100	1384	1359			
计算机系统服务	6110	991	991			
计算机维修	6130	95	70			
其他计算机服务	6190	298	298			
软件业	6200	2156	2006		45	
公共软件服务	6210	1716	1566		45	
其他软件服务	6290	440	440			

单位：人

国有联营企业	集体联营企业	国有与集体联营	其他联营	国有独资公司	其他有限责任公司	股份有限公司	私营独资	私营合伙	代码
338	3637	356	3202	48055	907356	172727	36654	13726	4800
1821	59	191	5287	4967	335098	70113	21836	11836	4900
133	207	41	10475	6214	464159	40948	40930	4316	5000
11		40	483	826	134054	5194	13574	1489	5010
	190		49	925	60278	5436	4635	537	5020
122	17	1	9943	4463	269827	30318	22721	2290	5090
				90	**1912**	**6**	**547**	**78**	**F**
									5100
									5120
					313	6	37	51	5200
					214	6	27	51	5220
					99		10		5230
				36	1337		368		5400
					1191		368		5420
				36	146				5430
					65		42		5700
									5710
					65		42		5720
				54	197		100	27	5800
				54	197				5810
							100	27	5890
									5900
									5990
				82	**1315**	**252**	**13**		**G**
				82	1	149			6000
					1	2			6010
				82		147			6020
									6030
					496	103	13		6100
					286	80			6110
					65		5		6130
					145	23	8		6190
					818				6200
					418				6210
					400				6290

行业中类	代码	从业人员数	内资企业			
				国有企业	集体企业	股份合作企业
批发和零售业	H	**7651092**	**6792276**	**970623**	**234105**	**71884**
批发业	6300	3330096	3004867	677158	79124	21206
农畜产品批发	6310	142704	140792	58871	11010	645
食品、饮料及烟草制品批发	6320	639088	607489	337189	9460	3137
纺织、服装及日用品批发	6330	376164	297646	12013	2034	1375
文化、体育用品及器材批发	6340	97442	78993	18844	593	347
医药及医疗器材批发	6350	295127	277159	23161	1511	1592
矿产品、建材及化工产品批发	6360	1018969	990315	178260	40924	8042
机械设备、五金交电及电子产品批发	6370	598601	474004	31737	7130	5299
贸易经纪与代理	6380	45846	34138	8545	229	122
其他批发	6390	116155	104331	8538	6233	647
零售业	6500	4320996	3787409	293465	154981	50678
综合零售	6510	2154934	1787039	81973	113196	31418
食品、饮料及烟草制品专门零售	6520	132399	127308	28600	6376	1809
纺织、服装及日用品专门零售	6530	284829	208825	7960	8430	2071
文化、体育用品及器材专门零售	6540	172494	167117	69878	4151	1432
医药及医疗器材专门零售	6550	282713	281648	29597	2715	3744
汽车、摩托车、燃料及零配件专门零售	6560	756860	724430	57678	10598	5223
家用电器及电子产品专门零售	6570	347969	325595	4399	2304	3290
五金、家具及室内装修材料专门零售	6580	103642	89250	3907	4026	918
无店铺及其他零售	6590	85156	76197	9473	3185	773
住宿和餐饮业	I	**3943969**	**3299939**	**497288**	**98579**	**44952**
住宿业	6600	1953061	1681318	435529	70838	23988
旅游饭店	6610	1646971	1397416	372583	57571	19225
一般旅馆	6620	268382	250914	56072	11633	4206
其他住宿服务	6690	37708	32988	6874	1634	557
餐饮业	6700	1990908	1618621	61759	27741	20964
正餐服务	6710	1638860	1507552	58132	25944	19937
快餐服务	6720	273287	51922	2329	756	475
饮料及冷饮服务	6730	12148	6916	220	171	69
其他餐饮服务	6790	66613	52231	1078	870	483

单位：人

国有联营企业	集体联营企业	国有与集体联营	其他联营	国有独资公司	其他有限责任公司	股份有限公司	私营独资	私营合伙	代码
8645	**2786**	**4145**	**5495**	**82004**	**1982286**	**850363**	**284231**	**69950**	H
5612	571	1515	2952	59476	707319	343741	83989	32398	6300
302	8		30	5966	24605	7274	5628	1455	6310
987	241	422	30	27445	91602	25857	10981	4515	6320
156		89	215	3439	73454	15147	10074	2769	6330
8	13	40	130	1551	23655	1220	1520	372	6340
34	12		13	3780	126551	33886	3753	941	6350
3925	274	559	1135	10528	184307	222868	29133	6886	6360
170	12	131	1386	4449	147742	31724	11771	7181	6370
		14		1596	9383	1219	1258	333	6380
30	11	260	13	722	26020	4546	9871	7946	6390
3033	2215	2630	2543	22528	1274967	506622	200242	37552	6500
66	783	247	689	6282	657296	303073	89520	19940	6510
41	64	52	73	1794	33947	4989	7166	1213	6520
378	279	35	44	427	57482	11006	18547	2920	6530
	50		16	7735	37731	14581	3381	349	6540
350	390	52	32	1493	120666	23753	8544	1273	6550
2047	470	1826	1085	3211	203760	123657	28346	5422	6560
122	88	376	518	228	121918	17784	25466	3181	6570
			52	16	19638	4091	14090	1876	6580
29	91	42	34	1342	22529	3688	5182	1378	6590
5274	**1892**	**1878**	**3433**	**26772**	**752911**	**131350**	**434776**	**82244**	I
5133	1562	1853	1689	24962	447642	74122	120884	29446	6600
4690	1422	1758	1471	22719	382362	64800	88352	20360	6610
343	140	95	218	2012	56077	8094	29893	8313	6620
100				231	9203	1228	2639	773	6690
141	330	25	1744	1810	305269	57228	313892	52798	6700
106	326		1491	1665	276811	54484	300726	50483	6710
			20	10	20156	564	5894	782	6720
35					886	22	1116	251	6730
	4	25	233	135	7416	2158	6156	1282	6790

行业中类	代码	从业人员数	内资企业			
				国有企业	集体企业	股份合作企业
金融业	J	**1951**	**1201**	**41**		
证券业	6900	1407	657			
证券市场管理	6910	117	117			
证券经纪与交易	6920	1272	522			
证券投资	6930	18	18			
其他金融活动	7100	544	544	41		
金融信托与管理	7110	3	3			
金融租赁	7120	41	41	41		
典当	7150	2	2			
其他未列明的金融活动	7190	498	498			
房地产业	K	**2368585**	**2136910**	**192156**	**46649**	**12189**
房地产业	7200	2368585	2136910	192156	46649	12189
房地产开发经营	7210	2080201	1889912	122997	28405	11661
物业管理	7220	244304	216391	67294	17763	432
房地产中介服务	7230	37076	24130	1753	58	6
其他房地产活动	7290	7004	6477	112	423	90
租赁和商务服务业	L	**34722**	**32800**	**8008**	**706**	
租赁业	7300	1081	1081		1	
机械设备租赁	7310	1081	1081		1	
商务服务业	7400	33641	31719	8008	705	
企业管理服务	7410	24658	23379	7925	679	
咨询与调查	7430	503	286			
广告业	7440	317	317			
职业中介服务	7460	5618	5618			
市场管理	7470	675	651	29	5	
旅行社	7480	73	73		21	
其他商务服务	7490	1797	1395	54		
科学研究、技术服务和地质勘查业	M	**7600**	**7170**	**610**	**54**	**46**
研究与试验发展	7500	1852	1810	306		
自然科学研究与试验发展	7510	47	5			

单位：人

国有联营企业	集体联营企业	国有与集体联营	其他联营	国有独资公司	其他有限责任公司	股份有限公司	私营独资	私营合伙	代码
				117	**525**	**474**	**2**		J
				117	522				6900
				117					6910
					522				6920
									6930
					3	474	2		7100
					3				7110
									7120
							2		7150
						474			7190
2738	**645**	**1295**	**1568**	**27699**	**789664**	**140246**	**55585**	**13503**	K
2738	645	1295	1568	27699	789664	140246	55585	13503	7200
1527	618	741	984	23824	741173	137364	45773	10528	7210
1190		527	573	3771	45331	2137	4015	2454	7220
21	27	27	11	59	1851	610	5205	416	7230
				45	1309	135	592	105	7290
	470			**1197**	**2351**	**921**	**4350**	**42**	L
							849	7	7300
							849	7	7310
	470			1197	2351	921	3501	35	7400
	470			1197	1428	921	43	13	7410
					127		45		7430
					147		5	13	7440
					203		3374		7460
					235		15	9	7470
									7480
					211		19		7490
					2456	**493**	**647**	**7**	M
					1072		64		7500
									7510

行业中类	代码	从业人员数	内资企业			
				国有企业	集体企业	股份合作企业
工程和技术研究与试验发展	7520	1724	1724	306		
农业科学研究与试验发展	7530	15	15			
医学研究与试验发展	7540	66	66			
专业技术服务业	7600	4362	3974	275	4	12
气象服务	7610	137				
技术检测	7650	318	168			
环境监测	7660	10	10			
工程技术与规划管理	7670	2398	2398	46		
其他专业技术服务	7690	1499	1398	229	4	12
科技交流和推广服务业	7700	1301	1301	29		34
技术推广服务	7710	712	712	2		
科技中介服务	7720	47	47			34
其他科技服务	7790	542	542	27		
地质勘查业	7800	85	85		50	
矿产地质勘查	7810	35	35			
基础地质勘查	7820	50	50		50	
水利、环境和公共设施管理业	**N**	**5550**	**5334**	**434**	**150**	**358**
水利管理业	7900	30	30		20	
水资源管理	7920	20	20		20	
其他水利管理	7990	10	10			
环境管理业	8000	1938	1850			
自然保护	8010	50	50			
环境治理	8020	1888	1800			
公共设施管理业	8100	3582	3454	434	130	358
市政公共设施管理	8110	2458	2458	360	130	130
城市绿化管理	8120	779	779	5		228
游览景区管理	8130	345	217	69		
居民服务和其他服务业	**O**	**1950**	**1920**	**294**	**135**	
居民服务业	8200	970	970	226		
家庭服务	8210	8	8			
理发及美容保健服务	8240	40	40			
洗浴服务	8250	574	574			

单位：人

国有联营企业	集体联营企业	国有与集体联营	其他联营	国有独资公司	其他有限责任公司	股份有限公司	私营独资	私营合伙	代码
					1012		64		7520
									7530
					60				7540
					1211	251	184	7	7600
									7610
					66				7650
					10				7660
					680	251	115	7	7670
					455		69		7690
					173	242	399		7700
					6		393		7710
									7720
					167	242	6		7790
									7800
									7810
									7820
					2191	**10**	**452**	**4**	N
						10			7900
									7920
						10			7990
					1455		55		8000
					30				8010
					1425		55		8020
					736		397	4	8100
					554		325		8110
					62		72	4	8120
					120				8130
			3		**609**	**116**	**97**	**8**	O
					215	81	79	8	8200
									8210
							20		8240
					215	81	32		8250

行业中类	代码	从业人员数	内资企业	国有企业	集体企业	股份合作企业
殡葬服务	8270	86	86	59		
摄影扩印服务	8280	8	8			
其他居民服务	8290	254	254	167		
其他服务业	8300	980	950	68	135	
修理与维护	8310	308	308	68		
清洁服务	8320	66	66			
其他未列明的服务	8390	606	576		135	
教育	**P**	**5**	**5**			
教育	8400	5	5			
其他教育	8490	5	5			
卫生、社会保障和社会福利业	**Q**	**20**	**20**	**20**		
社会福利业	8700	20	20	20		
不提供住宿的社会福利	8720	20	20	20		
文化、体育和娱乐业	**R**	**2165**	**1008**	**103**	**2**	**16**
新闻出版业	8800	103	103	103		
出版业	8820	103	103	103		
广播、电视、电影和音像业	8900	7	7		2	
电影	8930	2	2		2	
音像制作	8940	5	5			
文化艺术业	9000	104	104			16
博物馆	9050	68	68			
文化艺术经纪代理	9080	16	16			16
其他文化艺术	9090	20	20			
体育	9100	15	15			
体育组织	9110	15	15			
娱乐业	9200	1936	779			
室内娱乐活动	9210	260	260			
游乐园	9220	125	125			
休闲健身娱乐活动	9230	788	366			
其他娱乐活动	9290	763	28			

单位：人

国有联营企业	集体联营企业	国有与集体联营	其他联营	国有独资公司	其他有限责任公司	股份有限公司	私营独资	私营合伙	代码
							27		8270
								8	8280
									8290
			3		394	35	18		8300
					74	35			8310
					10				8320
			3		310		18		8390
									P
									8400
									8490
									Q
									8700
									8720
					35	**125**	**149**		R
									8800
									8820
									8900
									8930
									8940
							68		9000
							68		9050
									9080
									9090
					15				9100
					15				9110
					20	125	81		9200
					20		81		9210
						125			9220
									9230
									9290

行业中类	代码	私营有限责任公司	私营股份有限公司	其他	港、澳、台商投资企业	与港、澳、台商合资经营
总计	**0000**	**36092629**	**2673273**	**596376**	**12454272**	**3430598**
农、林、牧、渔业	**A**	**1696**	**129**	**1005**	**44**	
农业	0100	331	108	215		
谷物及其他作物的种植	0110	1	10	82		
蔬菜、园艺作物的种植	0120	182	98	5		
水果、坚果、饮料和香料作物的种植	0130	69		30		
中药材的种植	0140	79		98		
林业	0200	52	6	81		
林木的培育和种植	0210	52	6	81		
木材和竹材的采运	0220					
林产品的采集	0230					
畜牧业	0300	1095		471		
牲畜的饲养	0310					
猪的饲养	0320	300		92		
家禽的饲养	0330	795		328		
其他畜牧业	0390			51		
渔业	0400	198		13	44	
海洋渔业	0410	129			44	
内陆渔业	0420	69		13		
农、林、牧、渔服务业	0500	20	15	225		
农业服务业	0510	20	15	225		
畜牧服务业	0530					
采矿业	**B**	**779856**	**92639**	**26646**	**43369**	**21835**
煤炭开采和洗选业	0600	337614	41122	12939	19875	7675
烟煤和无烟煤的开采洗选	0610	324628	38754	12508	19569	7489
褐煤的开采洗选	0620	11298	2133	396	306	186
其他煤炭采选	0690	1688	235	35		
石油和天然气开采业	0700	7762	733	540	2469	103
天然原油和天然气开采	0710	3574		100	1568	
与石油和天然气开采有关的服务活动	0790	4188	733	440	901	103

单位：人

与港、澳、台商合作经营	港、澳、台商独资	港、澳、台商投资股份有限公司	外商投资企业	中外合资经营	中外合作经营	外资企业	外商投资股份有限公司	代码
459184	**8273869**	**290621**	**14220488**	**4881893**	**450157**	**8419876**	**468562**	**0000**
44			**304**	**84**	**155**	**65**		**A**
			50	50				0100
								0110
			50	50				0120
								0130
								0140
								0200
								0210
								0220
								0230
			65			65		0300
			65			65		0310
								0320
								0330
								0390
44			189	34	155			0400
44			189	34	155			0410
								0420
								0500
								0510
								0530
1909	**7875**	**11750**	**65388**	**37370**	**6946**	**14824**	**6248**	**B**
60	1217	10923	18718	9344	2300	1006	6068	0600
60	1097	10923	18688	9344	2300	976	6068	0610
	120							0620
			30			30		0690
798	1568		2145	637	1508			0700
	1568		1621	113	1508			0710
798			524	524				0790

行业中类	代码	私营有限责任公司	私营股份有限公司	其他	港、澳、台商投资企业	与港、澳、台商合资经营
黑色金属矿采选业	0800	200724	19746	6722	7051	6525
铁矿采选	0810	184763	13800	6615	7051	6525
其他黑色金属矿采选	0890	15961	5946	107		
有色金属矿采选业	0900	111366	15032	1892	4340	2559
常用有色金属矿采选	0910	76482	10195	803	2863	1685
贵金属矿采选	0920	14062	2038	65	1148	615
稀有稀土金属矿采选	0930	20822	2799	1024	329	259
非金属矿采选业	1000	121483	15838	4412	9634	4973
土砂石开采	1010	78306	13789	2945	4805	1653
化学矿采选	1020	16165	314		1130	336
采盐	1030	7917		275	1593	1593
石棉及其他非金属矿采选	1090	19095	1735	1192	2106	1391
其他采矿业	1100	907	168	141		
制造业	**C**	**20625995**	**1354995**	**305183**	**11477914**	**3015695**
农副食品加工业	1300	1018680	86356	18598	203330	91924
谷物磨制	1310	160010	15777	2249	3728	1022
饲料加工	1320	127064	10511	1451	24388	13772
植物油加工	1330	86044	7945	1188	4928	3864
制糖	1340	31972	2101	1630	13530	13348
屠宰及肉类加工	1350	231610	18737	2857	67701	17557
水产品加工	1360	113779	7597	3953	40207	15632
蔬菜、水果和坚果加工	1370	156366	12055	3022	34675	17696
其他农副食品加工	1390	111835	11633	2248	14173	9033
食品制造业	1400	444607	30173	7429	181520	70550
焙烤食品制造	1410	79565	5596	1214	43790	14197
糖果、巧克力及蜜饯制造	1420	47040	1709	460	23920	6633
方便食品制造	1430	72523	3716	1356	45896	11617
液体乳及乳制品制造	1440	42015	2154	343	5969	1767
罐头制造	1450	68036	5883	2315	17399	10764
调味品、发酵制品制造	1460	46873	4877	651	19807	12455
其他食品制造	1490	88555	6238	1090	24739	13117

与港、澳、台商合作经营	港、澳、台商独资	港、澳、台商投资股份有限公司	外商投资企业	中外合资经营	中外合作经营	外资企业	外商投资股份有限公司	代码
	313	213	6414	4371	263	1610	170	0800
	313	213	2796	866	150	1610	170	0810
			3618	3505	113			0890
285	1486	10	20090	14376	2762	2952		0900
285	883	10	14418	11050	503	2865		0910
	533		4150	1804	2259	87		0920
	70		1522	1522				0930
766	3291	604	18021	8642	113	9256	10	1000
218	2772	162	5499	2763	113	2613	10	1010
352		442	915	252		663		1020
			7738	2018		5720		1030
196	519		3869	3609		260		1090
								1100
389805	**7838145**	**234269**	**12920254**	**4391534**	**345011**	**7779908**	**403801**	**C**
11787	92166	7453	445732	239045	21854	174932	9901	1300
180	2526		8733	6348	270	1867	248	1310
869	8160	1587	38916	20092	4090	14426	308	1320
78	814	172	27951	10884	154	16625	288	1330
182			10722	6747		2672	1303	1340
1179	44942	4023	101991	59321	416	41138	1116	1350
5670	17888	1017	133307	79858	14123	37627	1699	1360
3299	13276	404	76497	40935	2215	29737	3610	1370
330	4560	250	47615	14860	586	30840	1329	1390
5286	98162	7522	294546	118350	13115	136285	26796	1400
1208	28185	200	49241	6569	6144	33089	3439	1410
1429	13619	2239	23515	2354	1025	20061	75	1420
323	33313	643	52426	20392	1913	29786	335	1430
255	1150	2797	59480	29419		12531	17530	1440
1002	5340	293	30301	18666	1374	8796	1465	1450
22	6698	632	28285	18111	1024	8950	200	1460
1047	9857	718	51298	22839	1635	23072	3752	1490

行业中类	代码	私营有限责任公司	私营股份有限公司	其他	港、澳、台商投资企业	与港、澳、台商合资经营
饮料制造业	1500	220829	21191	4643	93704	47442
酒精制造	1510	14934	2741		702	444
酒的制造	1520	113191	9853	2279	36104	18288
软饮料制造	1530	54179	4704	1485	54864	28134
精制茶加工	1540	38525	3893	879	2034	576
烟草制品业	1600	603			2008	2008
烟叶复烤	1610				1479	1479
卷烟制造	1620	40			355	355
其他烟草制品加工	1690	563			174	174
纺织业	1700	2382706	126795	21548	981719	322188
棉、化纤纺织及印染精加工	1710	1251294	76455	9836	354276	145440
毛纺织和染整精加工	1720	126405	5543	1163	47248	15390
麻纺织	1730	32701	5654		12481	5948
丝绢纺织及精加工	1740	171223	8769	1426	31286	14145
纺织制成品制造	1750	317727	16118	3340	127413	51596
针织品、编织品及其制品制造	1760	483356	14256	5783	409015	89669
纺织服装、鞋、帽制造业	1800	1378166	67548	11092	1268535	324562
纺织服装制造	1810	1312509	63612	10624	1187061	308113
纺织面料鞋的制造	1820	47829	1810	329	60412	13414
制帽	1830	17828	2126	139	21062	3035
皮革、毛皮、羽毛(绒)及其制品业	1900	655832	26704	10418	897189	144066
皮革鞣制加工	1910	38154	2883	36	69434	10910
皮革制品制造	1920	568774	21834	9645	806232	123339
毛皮鞣制及制品加工	1930	20007	551	505	8519	4519
羽毛(绒)加工及制品制造	1940	28897	1436	232	13004	5298
木材加工及木、竹、藤、棕、草制品业	2000	509332	30102	7800	94890	35883
锯材、木片加工	2010	56864	3555	1305	5090	1321
人造板制造	2020	293040	20110	5585	43740	20767
木制品制造	2030	106510	3456	338	32589	9620
竹、藤、棕、草制品制造	2040	52918	2981	572	13471	4175
家具制造业	2100	339922	14916	5958	234951	52645
木质家具制造	2110	206639	8318	4694	132293	24757
竹、藤家具制造	2120	5666	420		3007	1032

单位：人

与港、澳、台商合作经营	港、澳、台商独资	港、澳、台商投资股份有限公司	外商投资企业	中外合资经营	中外合作经营	外资企业	外商投资股份有限公司	代码
3310	41143	1809	203210	96312	5592	78893	22413	1500
	258		5434	1392		4042		1510
1622	14713	1481	89212	37414	2001	35515	14282	1520
1680	24801	249	104304	55609	3566	37046	8083	1530
8	1371	79	4260	1897	25	2290	48	1540
			273	273				1600
			273	273				1610
								1620
								1690
41608	609171	8752	596928	265221	20558	288580	22569	1700
12667	192557	3612	185498	77235	6594	81352	20317	1710
8743	21542	1573	26677	19113	643	6765	156	1720
	6533		5853	3915	648	1290		1730
468	16081	592	17749	9070	180	8364	135	1740
1857	72958	1002	142556	57573	3490	80489	1004	1750
17873	299500	1973	218595	98315	9003	110320	957	1760
44994	886625	12354	956742	338722	29612	570257	18151	1800
43903	824208	10837	880088	328684	28245	507186	15973	1810
	45481	1517	49071	6137	284	42595	55	1820
1091	16936		27583	3901	1083	20476	2123	1830
26332	710661	16130	624114	153638	14328	443796	12352	1900
1792	56732		23445	9350	2064	10483	1548	1910
22365	644548	15980	572568	125602	11346	425096	10524	1920
	4000		12077	9237	204	2636		1930
2175	5381	150	16024	9449	714	5581	280	1940
5470	49638	3899	89212	39101	7249	42076	786	2000
26	3633	110	6222	1733	14	4292	183	2010
813	18949	3211	29731	16253	943	12215	320	2020
2446	20412	111	41436	15112	3819	22505		2030
2185	6644	467	11823	6003	2473	3064	283	2040
4936	175485	1885	207335	63466	4366	137718	1785	2100
4045	102881	610	111573	35583	3028	72336	626	2110
	1920	55	4091	235	9	3847		2120

行业中类	代码	私营有限责任公司	私营股份有限公司	其他	港、澳、台商投资企业	与港、澳、台商合资经营
金属家具制造	2130	82937	3652	582	59911	17882
塑料家具制造	2140	4139			3195	289
其他家具制造	2190	40541	2526	682	36545	8685
造纸及纸制品业	2200	477786	28333	14809	193496	72213
纸浆制造	2210	6403	50		6422	5124
造纸	2220	221547	16352	9512	59135	31465
纸制品制造	2230	249836	11931	5297	127939	35624
印刷业和记录媒介的复制	2300	250090	11025	3651	156543	50651
印刷	2310	238488	10167	3488	143957	45548
装订及其他印刷服务活动	2320	8544	227	163	10120	3553
记录媒介的复制	2330	3058	631		2466	1550
文教体育用品制造业	2400	234145	9851	1229	550371	52153
文化用品制造	2410	56520	2229	35	52333	8368
体育用品制造	2420	49767	2802	402	125225	12289
乐器制造	2430	15659	501	292	11495	2535
玩具制造	2440	100961	3302	500	354433	27878
游艺器材及娱乐用品制造	2450	11238	1017		6885	1083
石油加工、炼焦及核燃料加工业	2500	171895	9873	2607	35585	15246
精炼石油产品的制造	2510	48748	2070	1869	20707	4206
炼焦	2520	123147	7803	738	14878	11040
化学原料及化学制品制造业	2600	1071434	99283	16410	263257	104693
基础化学原料制造	2610	267518	24108	3404	41455	27279
肥料制造	2620	150440	16181	3855	12592	8852
农药制造	2630	54634	4400	177	8344	4149
涂料、油墨、颜料及类似产品制造	2640	136916	5755	1552	54086	17875
合成材料制造	2650	86141	7594	966	33897	9894
专用化学产品制造	2660	300460	32008	5349	55826	24018
日用化学产品制造	2670	75325	9237	1107	57057	12626
医药制造业	2700	293324	34215	6844	109690	67062
化学药品原药制造	2710	55042	4597	2401	22564	13746
化学药品制剂制造	2720	57099	8151	1955	29078	16478
中药饮片加工	2730	28490	3308	566	4183	2116

单位：人

与港、澳、台商合作经营	港、澳、台商独资	港、澳、台商投资股份有限公司	外商投资企业	中外合资经营	中外合作经营	外资企业	外商投资股份有限公司	代码
80	41169	780	47531	17856	1189	27498	988	2130
	2466	440	3038	420		2618		2140
811	27049		41102	9372	140	31419	171	2190
7676	108741	4866	175908	76714	5295	82255	11644	2200
	1298		7645	4799		2846		2210
350	23027	4293	78912	36185	1366	29922	11439	2220
7326	84416	573	89351	35730	3929	49487	205	2230
8156	95238	2498	64470	25129	4983	33366	992	2300
5752	90683	1974	58701	22501	4350	31172	678	2310
2195	3962	410	3112	1005	227	1566	314	2320
209	593	114	2657	1623	406	628		2330
22930	468600	6688	278637	64257	20415	190132	3833	2400
1466	39266	3233	38163	13220	3897	20026	1020	2410
1834	110085	1017	102784	12493	4385	85445	461	2420
	8190	770	28976	10141	1436	17337	62	2430
19528	305359	1668	101098	24779	7609	66420	2290	2440
102	5700		7616	3624	3088	904		2450
1325	4984	14030	49542	30302	1307	11417	6516	2500
767	2035	13699	11482	8187	544	2751		2510
558	2949	331	38060	22115	763	8666	6516	2520
5953	144078	8533	380567	172964	11850	182073	13680	2600
759	12753	664	59988	35330	2557	19201	2900	2610
123	3567	50	28055	18230	18	5278	4529	2620
	1014	3181	10827	6187	260	3600	780	2630
1720	34289	202	58163	21854	2872	32337	1100	2640
643	19779	3581	46404	20795	517	24873	219	2650
1804	29149	855	114676	53429	3115	54522	3610	2660
904	43527		62454	17139	2511	42262	542	2670
1275	33499	7854	211088	118187	3705	80388	8808	2700
427	7680	711	33584	20426	1396	11669	93	2710
778	7524	4298	89546	51294	1468	34316	2468	2720
	1295	772	5263	4039	54	1035	135	2730

行业中类	代码	私营有限责任公司	私营股份有限公司	其他	港、澳、台商投资企业	与港、澳、台商合资经营
中成药制造	2740	67538	11315	898	26144	20228
兽用药品制造	2750	27309	2485	336	1083	887
生物、生化制品的制造	2760	25152	2013	84	10022	4567
卫生材料及医药用品制造	2770	32694	2346	604	16616	9040
化学纤维制造业	2800	134186	10600	873	55508	33927
纤维素纤维原料及纤维制造	2810	14852	1638	635	6086	3203
合成纤维制造	2820	119334	8962	238	49422	30724
橡胶制品业	2900	234990	17091	2732	151156	35627
轮胎制造	2910	47788	4303	748	31356	13175
橡胶板、管、带的制造	2920	46414	5131	254	6717	3242
橡胶零件制造	2930	40119	2058	1262	18450	3276
再生橡胶制造	2940	8098	541		2060	1545
日用及医用橡胶制品制造	2950	11578	192	42	13370	3554
橡胶靴鞋制造	2960	52967	3308	80	60794	9596
其他橡胶制品制造	2990	28026	1558	346	18409	1239
塑料制品业	3000	781915	36378	9437	586201	120136
塑料薄膜制造	3010	66241	2987	1047	48827	12946
塑料板、管、型材的制造	3020	114275	8905	2469	46021	15208
塑料丝、绳及编织品的制造	3030	132106	7922	668	12992	3784
泡沫塑料制造	3040	36958	1397	605	17950	5266
塑料人造革、合成革制造	3050	42741	1237	153	16407	7313
塑料包装箱及容器制造	3060	74225	2576	727	45147	12905
塑料零件制造	3070	87391	3623	624	97455	19853
日用塑料制造	3080	119242	3592	899	169557	24784
其他塑料制品制造	3090	108736	4139	2245	131845	18077
非金属矿物制品业	3100	1597856	157293	31291	357059	159205
水泥、石灰和石膏的制造	3110	346794	35508	4049	40162	21907
水泥及石膏制品制造	3120	205516	17410	3628	43412	19760
砖瓦、石材及其他建筑材料制造	3130	415899	41771	10495	73945	35685
玻璃及玻璃制品制造	3140	293176	22813	8219	106156	46302
陶瓷制品制造	3150	157767	17867	1512	77864	28701
耐火材料制品制造	3160	94634	10890	1198	6845	2414
石墨及其他非金属矿物制品制造	3190	84070	11034	2190	8675	4436

单位：人

与港、澳、台商合作经营	港、澳、台商独资	港、澳、台商投资股份有限公司	外商投资企业	中外合资经营	中外合作经营	外资企业	外商投资股份有限公司	代码
	5585	331	30624	18105	294	7547	4678	2740
	196		5906	3040	167	2517	182	2750
70	3770	1615	20995	8918	190	11419	468	2760
	7449	127	25170	12365	136	11885	784	2770
	18354	3227	42303	29672	251	12380		2800
	2883		8456	5572	122	2762		2810
	15471	3227	33847	24100	129	9618		2820
4299	110714	516	221543	81530	2147	130926	6940	2900
	18181		99472	50587		45244	3641	2910
234	3241		12062	3439	309	6991	1323	2920
1500	13403	271	29414	5379	581	23346	108	2930
	515		266	62		204		2940
106	9710		15795	9816	54	5534	391	2950
1499	49454	245	35346	7968	1203	24728	1447	2960
960	16210		29188	4279		24879	30	2990
18546	439305	8214	478083	101718	12908	356110	7347	3000
1485	31716	2680	36734	7549	930	27079	1176	3010
1113	28940	760	67453	20508	3913	42023	1009	3020
32	8846	330	18878	10698	743	6828	609	3030
815	11869		11728	3415	479	7659	175	3040
	8356	738	20195	3709	485	16001		3050
3176	28658	408	42223	12569	1058	28044	552	3060
1971	75304	327	105504	12989	1135	89994	1386	3070
6830	136043	1900	77711	18137	1335	57953	286	3080
3124	109573	1071	97657	12144	2830	80529	2154	3090
22663	168687	6504	372426	185155	21583	143233	22455	3100
2660	14723	872	51178	28176	1261	11219	10522	3110
2841	20571	240	27356	14181	1527	11397	251	3120
804	36436	1020	64206	29182	2343	28704	3977	3130
3630	53862	2362	107852	55288	3659	43626	5279	3140
12444	35536	1183	79229	36262	11121	30168	1678	3150
	3824	607	17582	9329	1284	6354	615	3160
284	3735	220	25023	12737	388	11765	133	3190

行业中类	代码	私营有限责任公司	私营股份有限公司	其他	港、澳、台商投资企业	与港、澳、台商合资经营
黑色金属冶炼及压延加工业	3200	666651	50793	5893	132658	57614
炼铁	3210	84796	7346	2477	4524	3098
炼钢	3220	98512	2691	154	17907	12043
钢压延加工	3230	382575	30850	2038	105890	40516
铁合金冶炼	3240	100768	9906	1224	4337	1957
有色金属冶炼及压延加工业	3300	407618	33550	7903	93910	40478
常用有色金属冶炼	3310	132158	13808	4064	19513	11792
贵金属冶炼	3320	12217	2529	471	1124	642
稀有稀土金属冶炼	3330	31030	2334	300	3390	858
有色金属合金制造	3340	25964	1808	375	7059	2214
有色金属压延加工	3350	206249	13071	2693	62824	24972
金属制品业	3400	1179366	63686	15986	463075	133223
结构性金属制品制造	3410	388914	25693	5294	87030	25397
金属工具制造	3420	125472	7348	1158	48748	14249
集装箱及金属包装容器制造	3430	76468	2152	743	47744	29579
金属丝绳及其制品的制造	3440	62317	1678	569	11621	4451
建筑、安全用金属制品制造	3450	153762	12036	3025	80405	23379
金属表面处理及热处理加工	3460	103890	4097	1049	26972	8649
搪瓷制品制造	3470	15474	698	116	2804	1158
不锈钢及类似日用金属制品制造	3480	154129	6379	1614	105291	17760
其他金属制品制造	3490	98940	3605	2418	52460	8601
通用设备制造业	3500	1647645	111696	27771	337323	131009
锅炉及原动机制造	3510	92905	9011	1776	9565	6178
金属加工机械制造	3520	158795	12610	12255	39281	8943
起重运输设备制造	3530	107831	6979	1326	25678	17989
泵、阀门、压缩机及类似机械的制造	3540	272779	22583	2450	42974	22537
轴承、齿轮、传动和驱动部件的制造	3550	185057	11318	932	44417	18636
烘炉、熔炉及电炉制造	3560	11069	918		1041	364
风机、衡器、包装设备等通用设备制造	3570	234758	13757	1261	68466	21367
通用零部件制造及机械修理	3580	264532	12921	2768	56460	13766
金属铸、锻加工	3590	319919	21599	5003	49441	21229

单位：人

与港、澳、台商合作经营	港、澳、台商独资	港、澳、台商投资股份有限公司	外商投资企业	中外合资经营	中外合作经营	外资企业	外商投资股份有限公司	代码
8807	48042	18195	140707	84649	5356	41332	9370	3200
	1000	426	8375	5782		2593		3210
	1445	4419	12579	3460	3805	5314		3220
8807	43700	12867	107341	64636	1445	31890	9370	3230
	1897	483	12412	10771	106	1535		3240
3721	46666	3045	130075	79802	5302	43096	1875	3300
1106	4239	2376	45433	36740	2453	4658	1582	3310
	482		412	275	120	17		3320
1064	1188	280	7330	4012	955	2363		3330
350	4452	43	21542	12185	796	8561		3340
1201	36305	346	55358	26590	978	27497	293	3350
28850	292705	8297	454510	165088	23746	249745	15931	3400
1555	58471	1607	77616	32368	5955	38222	1071	3410
6563	27008	928	50399	19228	1434	28742	995	3420
424	17566	175	50106	28297	767	20803	239	3430
546	6624		32097	16964	899	13473	761	3440
5375	48443	3208	74643	26381	2231	41045	4986	3450
1464	16724	135	28255	7003	845	20407		3460
	1646		5537	1927		3483	127	3470
10697	76514	320	79981	20790	9787	41819	7585	3480
2226	39709	1924	55876	12130	1828	41751	167	3490
11747	182346	12221	639959	277297	17923	323472	21267	3500
230	2208	949	53317	32337	462	12248	8270	3510
761	27580	1997	45856	14014	545	28452	2845	3520
354	7335		59165	32462	7208	19466	29	3530
386	19763	288	130521	54650	1298	72987	1586	3540
2064	20981	2736	73662	26651	1252	43497	2262	3550
	677		6785	1209	275	5099	202	3560
1231	43488	2380	120952	52757	3010	63981	1204	3570
4678	34612	3404	79700	30604	1047	45220	2829	3580
2043	25702	467	70001	32613	2826	32522	2040	3590

行业中类	代码	私营有限责任公司	私营股份有限公司	其他	港、澳、台商投资企业	与港、澳、台商合资经营
专用设备制造业	3600	792375	54185	12276	314008	71088
矿山、冶金、建筑专用设备制造	3610	194171	12951	3429	25115	12257
化工、木材、非金属加工专用设备制造	3620	180762	5885	1171	136270	20061
食品、饮料、烟草及饲料生产专用设备制造	3630	40258	2257	933	3770	1141
印刷、制药、日化生产专用设备制造	3640	43600	2348	788	19451	6162
纺织、服装和皮革工业专用设备制造	3650	73382	2741	84	31385	10783
农、林、牧、渔专用机械制造	3670	56157	13000	2517	8703	2609
医疗仪器设备及器械制造	3680	56407	5908	401	26297	8584
环保、社会公共安全及其他专用设备制造	3690	107306	7009	1760	15755	6188
交通运输设备制造业	3700	1079079	82354	13800	294734	138111
铁路运输设备制造	3710	26837	1509	1674	2011	955
汽车制造	3720	604054	58565	9808	170789	86954
摩托车制造	3730	197143	12831	824	24999	18121
自行车制造	3740	59962	1050	73	51987	7899
船舶及浮动装置制造	3750	180958	7932	1325	36930	17810
航空航天器制造	3760	1804	271	56	5466	5368
交通器材及其他交通运输设备制造	3790	8321	196	40	2552	1004
电气机械及器材制造业	3900	1378046	74236	15777	935817	259771
电机制造	3910	176785	8200	1599	56805	20782
输配电及控制设备制造	3920	376780	16638	6102	212152	42725
电线、电缆、光缆及电工器材制造	3930	228517	15676	2210	132000	25998
电池制造	3940	111502	7943	66	111154	42512
家用电力器具制造	3950	227290	6082	1894	250492	85441
非电力家用器具制造	3960	38153	3394	1509	8970	4096
照明器具制造	3970	188020	14824	1350	147810	35738
其他电气机械及器材制造	3990	30999	1479	1047	16434	2479
通信设备、计算机及其他电子设备制造业	4000	623999	33787	17319	1893886	256384
通信设备制造	4010	73104	3118	1757	202346	31074
雷达及配套设备制造	4020	1037	43	678		
广播电视设备制造	4030	22380	3004		21079	3322
电子计算机制造	4040	54614	2092	612	385490	20022
电子器件制造	4050	92799	6549	767	289448	46101

单位：人

与港、澳、台商合作经营	港、澳、台商独资	港、澳、台商投资股份有限公司	外商投资企业	中外合资经营	中外合作经营	外资企业	外商投资股份有限公司	代码
10116	223928	8876	425791	116940	7105	292387	9359	3600
	12850	8	73636	38995	1193	32191	1257	3610
3640	112197	372	132900	25953	2293	102596	2058	3620
357	2272		8961	3056	282	5553	70	3630
457	9569	3263	19174	7387	820	10589	378	3640
528	15831	4243	27235	6542	482	19530	681	3650
250	5844		19183	6462		12721		3670
329	17384		60139	14402	485	40958	4294	3680
	8973	594	42962	10770	1175	30397	620	3690
6269	142031	8323	1036547	590449	9818	378006	58274	3700
	1056		17457	15707	568	1182		3710
4819	75312	3704	795040	444863	6392	294697	49088	3720
625	6107	146	50433	38661	891	10048	833	3730
636	42301	1151	54493	13119	556	33518	7300	3740
189	15609	3322	95851	59720	1360	34008	763	3750
	98		17370	14593	51	2436	290	3760
	1548		5903	3786		2117		3790
16764	639881	19401	1026552	342368	29672	627982	26530	3900
1352	34251	420	140859	46247	8977	83851	1784	3910
4930	157893	6604	261534	80997	3043	171381	6113	3920
3646	100353	2003	156512	30089	2072	115670	8681	3930
349	67806	487	118273	36859	1790	78231	1393	3940
2399	153969	8683	189922	95843	5459	84301	4319	3950
153	4721		13084	3892		6860	2332	3960
3778	107090	1204	119167	37813	8331	71145	1878	3970
157	13798		27201	10628		16543	30	3990
41960	1566311	29231	2794780	378607	30420	2331782	53971	4000
4992	162635	3645	300117	87648	1193	203337	7939	4010
			239	239				4020
68	17361	328	26238	5217		20238	783	4030
4857	352306	8305	899650	41514	5574	848345	4217	4040
2201	235385	5761	440436	92158	2091	334423	11764	4050

行业中类	代码	私营有限责任公司	私营股份有限公司	其他	港、澳、台商投资企业	与港、澳、台商合资经营
电子元件制造	4060	268133	12385	7848	720572	97593
家用视听设备制造	4070	57846	2588	1805	193418	49827
其他电子设备制造	4090	54086	4008	3852	81533	8445
仪器仪表及文化、办公用机械制造业	4100	238988	10897	3723	231802	39541
通用仪器仪表制造	4110	121579	7963	606	24058	9887
专用仪器仪表制造	4120	39567	1089	578	13124	3817
钟表与计时仪器制造	4130	15053	187	779	58824	7394
光学仪器及眼镜制造	4140	38985	968	278	61189	10852
文化、办公用机械制造	4150	18612	207	1292	73191	7429
其他仪器仪表的制造及修理	4190	5192	483	190	1416	162
工艺品及其他制造业	4200	378579	21235	6663	357833	82925
工艺美术品制造	4210	258383	8150	5473	247830	60278
日用杂品制造	4220	95353	8620	213	86022	20102
煤制品制造	4230	2194	265		45	
其他未列明的制造业	4290	22557	4200	977	23925	2534
废弃资源和废旧材料回收加工业	4300	35351	849	703	6156	3370
金属废料和碎屑的加工处理	4310	26160	529	611	4851	3147
非金属废料和碎屑的加工处理	4320	9191	320	92	1305	223
电力、燃气及水的生产和供应业	D	**85035**	**8673**	**3194**	**97122**	**63988**
电力、热力的生产和供应业	4400	64527	6268	1990	58913	33949
电力生产	4410	40480	4749	1508	53722	30411
电力供应	4420	1646	303	30	260	170
热力生产和供应	4430	22401	1216	452	4931	3368
燃气生产和供应业	4500	9871	917	40	23448	20074
水的生产和供应业	4600	10637	1488	1164	14761	9965
自来水的生产和供应	4610	6402	682	1021	12610	8093
污水处理及其再生利用	4620	3246	586	143	2151	1872
其他水的处理、利用与分配	4690	989	220			
建筑业	E	**10766325**	**919528**	**67259**	**104492**	**80256**
房屋和土木工程建筑业	4700	8835456	756977	51032	46019	37518
房屋工程建筑	4710	7636424	671099	42595	35377	31148
土木工程建筑	4720	1199032	85878	8437	10642	6370

单位：人

与港、澳、台商合作经营	港、澳、台商独资	港、澳、台商投资股份有限公司	外商投资企业	中外合资经营	中外合作经营	外资企业	外商投资股份有限公司	代码
22125	590076	10778	887434	102804	18457	743598	22575	4060
6295	137171	125	141095	37960	2734	99732	669	4070
1422	71377	289	99571	11067	371	82109	6024	4090
4167	185969	2125	313400	69762	8277	228924	6437	4100
631	12962	578	61003	27229	2224	29248	2302	4110
343	8964		29550	9916	610	18643	381	4120
2366	49064		18524	4339	588	13597		4130
161	49114	1062	82852	13438	3158	63838	2418	4140
636	64641	485	115656	14088	1697	98535	1336	4150
30	1224		5815	752		5063		4190
20823	252376	1709	254378	82121	5752	162879	3626	4200
14737	171621	1194	180641	65211	4351	109430	1649	4210
1508	63897	515	54785	13558	715	38694	1818	4220
	45		79	19		60		4230
4578	16813		18843	3333	686	14665	159	4290
35	2639	112	10896	4695	522	5486	193	4300
5	1663	36	8850	4082	52	4645	71	4310
30	976	76	2046	613	470	841	122	4320
9855	**17307**	**5972**	**126186**	**65020**	**19360**	**16535**	**25271**	D
7316	12688	4960	78216	32359	14579	6999	24279	4400
6722	11629	4960	71380	29308	13616	6090	22366	4410
90			2347	757	150		1440	4420
504	1059		4489	2294	813	909	473	4430
271	2821	282	31019	21522	991	7552	954	4500
2268	1798	730	16951	11139	3790	1984	38	4600
2268	1519	730	14885	10615	3182	1061	27	4610
	279		1541	499	108	923	11	4620
			525	25	500			4690
5009	**16276**	**2951**	**99171**	**65757**	**4467**	**27386**	**1561**	E
2822	5614	65	63276	41879	1631	19125	641	4700
90	4074	65	43309	24374	1534	17251	150	4710
2732	1540		19967	17505	97	1874	491	4720

行业中类	代码	私营有限责任公司	私营股份有限公司	其他	港、澳、台商投资企业	与港、澳、台商合资经营
建筑安装业	4800	791113	69157	4527	18868	12651
建筑装饰业	4900	645958	42391	4191	36133	27870
其他建筑业	5000	493798	51003	7509	3472	2217
工程准备	5010	108598	5905	171	1622	667
提供施工设备服务	5020	95350	3626	185	264	210
其他未列明的建筑活动	5090	289850	41472	7153	1586	1340
交通运输、仓储和邮政业	F	**2196**	**1283**	**50**	**71**	
铁路运输业	5100					
铁路货物运输	5120					
道路运输业	5200	1119	1273			
道路货物运输	5220	1076	176			
道路运输辅助活动	5230	43	1097			
水上运输业	5400	530				
水上货物运输	5420	14				
水上运输辅助活动	5430	516				
装卸搬运和其他运输服务业	5700	264			45	
装卸搬运	5710					
运输代理服务	5720	264			45	
仓储业	5800	264	10	50	26	
谷物、棉花等农产品仓储	5810	5		50		
其他仓储	5890	259	10		26	
邮政业	5900	19				
其他寄递服务	5990	19				
信息传输、计算机服务和软件业	G	**2516**	**89**	**34**	**70**	
电信和其他信息传输服务业	6000	699	50			
电信	6010	74				
互联网信息服务	6020	605	50			
广播电视传输服务	6030	20				
计算机服务业	6100	713		34		
计算机系统服务	6110	591		34		
计算机维修	6130					
其他计算机服务	6190	122				
软件业	6200	1104	39		70	
公共软件服务	6210	1064	39		70	
其他软件服务	6290	40				

单位：人

与港、澳、台商合作经营	港、澳、台商独资	港、澳、台商投资股份有限公司	外商投资企业	中外合资经营	中外合作经营	外资企业	外商投资股份有限公司	代码
787	4552	878	17342	11462	841	4856	183	4800
681	5602	1980	15668	10087	1791	3053	737	4900
719	508	28	2885	2329	204	352		5000
580	375		249	141	108			5010
54			230	230				5020
85	133	28	2406	1958	96	352		5090
	71		**1186**	**54**		**1132**		**F**
								5100
								5120
								5200
								5220
								5230
								5400
								5420
								5430
	45		58			58		5700
								5710
	45		58			58		5720
	26		1128	54		1074		5800
								5810
	26		1128	54		1074		5890
								5900
								5990
	70		**163**			**163**		**G**
			58			58		6000
								6010
								6020
			58			58		6030
			25			25		6100
								6110
			25			25		6130
								6190
	70		80			80		6200
	70		80			80		6210
								6290

行业中类	代码	私营有限责任公司	私营股份有限公司	其他	港、澳、台商投资企业	与港、澳、台商合资经营
批发和零售业	H	**1990056**	**137107**	**98596**	**315224**	**84444**
批发业	6300	883001	50167	56638	105088	25110
农畜产品批发	6310	21957	1880	1161	568	286
食品、饮料及烟草制品批发	6320	80035	9569	6019	10371	2635
纺织、服装及日用品批发	6330	135040	6472	35369	31543	9677
文化、体育用品及器材批发	6340	29614	690	396	13056	645
医药及医疗器材批发	6350	75622	4340	1963	6379	1154
矿产品、建材及化工产品批发	6360	281595	14706	7173	8085	2204
机械设备、五金交电及电子产品批发	6370	212230	9817	3225	24273	4888
贸易经纪与代理	6380	10728	456	255	5731	2313
其他批发	6390	36180	2237	1077	5082	1308
零售业	6500	1107055	86940	41958	210136	59334
综合零售	6510	421613	40125	20818	142446	48423
食品、饮料及烟草制品专门零售	6520	37404	1547	2233	1648	195
纺织、服装及日用品专门零售	6530	90143	4934	4169	48141	4397
文化、体育用品及器材专门零售	6540	25881	861	1071	2277	593
医药及医疗器材专门零售	6550	80498	7151	1390	304	204
汽车、摩托车、燃料及零配件专门零售	6560	258251	17258	5598	8930	3025
家用电器及电子产品专门零售	6570	132848	10073	3000	977	439
五金、家具及室内装修材料专门零售	6580	35434	2440	2762	2915	503
无店铺及其他零售	6590	24983	2551	917	2498	1555
住宿和餐饮业	I	**1061270**	**84625**	**72695**	**281904**	**114248**
住宿业	6600	390441	32939	20290	159514	84779
旅游饭店	6610	319061	26054	14988	149801	80587
一般旅馆	6620	64111	5547	4160	7813	3107
其他住宿服务	6690	7269	1338	1142	1900	1085
餐饮业	6700	670829	51686	52405	122390	29469
正餐服务	6710	621374	45582	50491	66656	24012
快餐服务	6720	18859	1231	846	46745	4784
饮料及冷饮服务	6730	3843	191	112	2515	69
其他餐饮服务	6790	26753	4682	956	6474	604

单位：人

与港、澳、台商合作经营	港、澳、台商独资	港、澳、台商投资股份有限公司	外商投资企业	中外合资经营	中外合作经营	外资企业	外商投资股份有限公司	代码
7529	**217361**	**5890**	**543592**	**189093**	**32524**	**303894**	**18081**	H
783	76034	3161	220141	28822	3572	183864	3883	6300
	259	23	1344	171	61	1086	26	6310
262	7474		21228	6879	1055	12922	372	6320
137	21692	37	46975	3829	565	41952	629	6330
	10076	2335	5393	620	163	4219	391	6340
171	5051	3	11589	1328	264	9997		6350
104	5553	224	20569	5235	315	14622	397	6360
	18876	509	100324	9759	966	87647	1952	6370
5	3413		5977	112		5787	78	6380
104	3640	30	6742	889	183	5632	38	6390
6746	141327	2729	323451	160271	28952	120030	14198	6500
5120	87669	1234	225449	116513	21775	79419	7742	6510
	1449	4	3443	810	573	2060		6520
132	43015	597	27863	4499	4280	18903	181	6530
	1684		3100	165	101	2701	133	6540
	35	65	761	739		22		6550
649	4920	336	23500	18728	871	2877	1024	6560
	374	164	21397	12857		7230	1310	6570
705	1386	321	11477	4658	594	5236	989	6580
140	795	8	6461	1302	758	1582	2819	6590
30403	**113887**	**23366**	**362126**	**96417**	**31767**	**222704**	**11238**	I
23779	47120	3836	112229	55790	19602	33712	3125	6600
21922	44537	2755	99754	51624	17902	27512	2716	6610
1857	2260	589	9655	2493	1162	5670	330	6620
	323	492	2820	1673	538	530	79	6690
6624	66767	19530	249897	40627	12165	188992	8113	6700
3932	37209	1503	64652	13501	6222	40959	3970	6710
951	23047	17963	174620	25997	3069	141459	4095	6720
32	2414		2717	40		2677		6730
1709	4097	64	7908	1089	2874	3897	48	6790

行业中类	代码	私营有限责任公司	私营股份有限公司	其他	港、澳、台商投资企业	与港、澳、台商合资经营
金融业	J	**24**	**18**		**750**	**750**
证券业	6900		18		750	750
证券市场管理	6910					
证券经纪与交易	6920				750	750
证券投资	6930		18			
其他金融活动	7100	24				
金融信托与管理	7110					
金融租赁	7120					
典当	7150					
其他未列明的金融活动	7190	24				
房地产业	K	**759504**	**73017**	**20452**	**131844**	**48955**
房地产业	7200	759504	73017	20452	131844	48955
房地产开发经营	7210	677707	67081	19529	107441	44163
物业管理	7220	65642	4508	754	15454	4589
房地产中介服务	7230	12814	1242	30	8655	50
其他房地产活动	7290	3341	186	139	294	153
租赁和商务服务业	L	**12752**	**850**	**1153**	**465**	**397**
租赁业	7300	224				
机械设备租赁	7310	224				
商务服务业	7400	12528	850	1153	465	397
企业管理服务	7410	10229	419	55	47	32
咨询与调查	7430	114			138	85
广告业	7440	52	100			
职业中介服务	7460	1018	210	813		
市场管理	7470	312	46			
旅行社	7480	52				
其他商务服务	7490	751	75	285	280	280
科学研究、技术服务和地质勘查业	M	**2569**	**205**	**83**	**238**	
研究与试验发展	7500	363	5			
自然科学研究与试验发展	7510	5				

单位：人

与港、澳、台商合作经营	港、澳、台商独资	港、澳、台商投资股份有限公司	外商投资企业	中外合资经营	中外合作经营	外资企业	外商投资股份有限公司	代码
								J
								6900
								6910
								6920
								6930
								7100
								7110
								7120
								7150
								7190
14158	**62308**	**6423**	**99831**	**36242**	**9917**	**51310**	**2362**	K
14158	62308	6423	99831	36242	9917	51310	2362	7200
12545	46222	4511	82848	30520	8050	41943	2335	7210
1555	9310		12459	5600	1862	4997		7220
19	6674	1912	4291	11		4263	17	7230
39	102		233	111	5	107	10	7290
	68		**1457**		**10**	**1447**		L
								7300
								7310
	68		1457		10	1447		7400
	15		1232			1232		7410
	53		79		10	69		7430
								7440
								7460
			24			24		7470
								7480
			122			122		7490
237	**1**		**192**	**192**				M
			42	42				7500
			42	42				7510

行业中类	代码	私营有限责任公司	私营股份有限公司	其他	港、澳、台商投资企业	与港、澳、台商合资经营
工程和技术研究与试验发展	7520	337	5			
农业科学研究与试验发展	7530	15				
医学研究与试验发展	7540	6				
专业技术服务业	7600	1899	72	59	238	
气象服务	7610				137	
技术检测	7650	30	72			
环境监测	7660					
工程技术与规划管理	7670	1299				
其他专业技术服务	7690	570		59	101	
科技交流和推广服务业	7700	272	128	24		
技术推广服务	7710	159	128	24		
科技中介服务	7720	13				
其他科技服务	7790	100				
地质勘查业	7800	35				
矿产地质勘查	7810	35				
基础地质勘查	7820					
水利、环境和公共设施管理业	N	**1675**	**60**			
水利管理业	7900					
水资源管理	7920					
其他水利管理	7990					
环境管理业	8000	340				
自然保护	8010	20				
环境治理	8020	320				
公共设施管理业	8100	1335	60			
市政公共设施管理	8110	959				
城市绿化管理	8120	348	60			
游览景区管理	8130	28				
居民服务和其他服务业	O	**584**	**55**	**19**	**30**	**30**
居民服务业	8200	306	55			
家庭服务	8210	8				
理发及美容保健服务	8240	20				
洗浴服务	8250	246				

单位：人

与港、澳、台商合作经营	港、澳、台商独资	港、澳、台商投资股份有限公司	外商投资企业	中外合资经营	中外合作经营	外资企业	外商投资股份有限公司	代码
								7520
								7530
								7540
237	1		150	150				7600
137								7610
			150	150				7650
								7660
								7670
100	1							7690
								7700
								7710
								7720
								7790
								7800
								7810
								7820
			216	**128**		**88**		**N**
								7900
								7920
								7990
			88			88		8000
								8010
			88			88		8020
			128	128				8100
								8110
								8120
			128	128				8130
								O
								8200
								8210
								8240
								8250

行业中类	代码	私营有限责任公司	私营股份有限公司	其他	港、澳、台商投资企业	与港、澳、台商合资经营
殡葬服务	8270					
摄影扩印服务	8280					
其他居民服务	8290	32	55			
其他服务业	8300	278		19	30	30
修理与维护	8310	117		14		
清洁服务	8320	56				
其他未列明的服务	8390	105		5	30	30
教育	**P**	**5**				
教育	8400	5				
其他教育	8490	5				
卫生、社会保障和社会福利业	**Q**					
社会福利业	8700					
不提供住宿的社会福利	8720					
文化、体育和娱乐业	**R**	**571**		**7**	**735**	
新闻出版业	8800					
出版业	8820					
广播、电视、电影和音像业	8900	5				
电影	8930					
音像制作	8940	5				
文化艺术业	9000	20				
博物馆	9050					
文化艺术经纪代理	9080					
其他文化艺术	9090	20				
体育	9100					
体育组织	9110					
娱乐业	9200	546		7	735	
室内娱乐活动	9210	152		7		
游乐园	9220					
休闲健身娱乐活动	9230	366				
其他娱乐活动	9290	28			735	

单位：人

与港、澳、台商合作经营	港、澳、台商独资	港、澳、台商投资股份有限公司	外商投资企业	中外合资经营	中外合作经营	外资企业	外商投资股份有限公司	代码
								8270
								8280
								8290
								8300
								8310
								8320
								8390
								P
								8400
								8490
								Q
								8700
								8720
235	**500**		**422**	**2**		**420**		R
								8800
								8820
								8900
								8930
								8940
								9000
								9050
								9080
								9090
								9100
								9110
235	500		422	2		420		9200
								9210
								9220
			422	2		420		9230
235	500							9290

3-5 限额以上企业按地区、

(2009年)

地区	从业人员数	内资企业	国有企业	集体企业	股份合作企业	国有联营企业
全国	**135724985**	**109050225**	**12154453**	**4869725**	**1079431**	**97641**
北京	2781910	2198697	234096	66807	43049	78
天津	1984993	1408605	203010	63405	20274	1441
河北	4814642	4369618	551680	144547	28371	8190
山西	2975013	2840466	444835	147601	19608	277
内蒙古	1775888	1692039	216205	26979	12669	1382
辽宁	5181040	4409866	740872	288496	36532	516
吉林	1717251	1580683	215009	34240	5809	156
黑龙江	2252054	2101676	677380	97055	21016	44
上海	5767677	3742214	288328	167605	57234	4737
江苏	16781463	12397832	521520	467851	145104	3343
浙江	13367965	11070152	232463	118970	92056	3416
安徽	3946262	3701006	473236	120652	33600	615
福建	5557202	3528695	286893	98181	74714	9565
江西	2621139	2256198	385511	163544	42612	981
山东	12836872	11084082	953235	688900	104671	23502
河南	7379015	7102968	792964	364836	57041	6738
湖北	4220038	3884301	698206	138936	47659	3984
湖南	4230151	4004631	621169	218157	35506	2374
广东	17318656	8397323	590181	669196	48757	10640
广西	1976987	1749444	295129	112142	17557	1428
海南	224844	174558	32428	989	1165	582
重庆	2999977	2847683	237024	76100	10339	2887
四川	5339518	5112234	702795	216744	44680	1564
贵州	1193829	1160579	439147	37663	10245	2518
云南	1725910	1658152	254301	94309	12481	1259
西藏	72389	71652	20526	7422	484	340
陕西	2061548	1957911	589248	125478	29610	3005
甘肃	1156689	1140902	212727	85651	21802	1462
青海	305053	283208	68145	13855	2997	99
宁夏	318142	303460	48021	3025	1019	75
新疆	840868	819390	128169	10389	770	443

登记注册类型分组的从业人员数

单位：人

	集体联营企业	国有与集体联营	其他联营	国有独资公司	其他有限责任公司	股份有限公司	私营独资	私营合伙
	95456	**64427**	**90577**	**3450885**	**30646150**	**8883037**	**6895993**	**1360172**
	491	1128	327	153046	902349	250453	6591	1446
	2593	1680	356	110503	400541	98009	31489	10326
	994	4222	6889	92030	1523218	402438	240479	64009
	4344	304	1197	284189	1144748	217560	48819	7495
	438	50	277	70197	607004	210680	56751	8311
	2666	6564	1957	146904	977878	262285	451293	32160
	450		856	79517	426005	261660	116030	5762
	3189	1079	365	134188	643740	156989	48306	6618
	6930	14453	3764	50825	791701	238978	231293	54834
	6246	3322	18332	132313	2972394	741310	892058	117586
	2141	722	1508	70802	2808634	600234	433514	122580
	751	6387	730	268439	1045703	375528	115980	24291
	2532	1365	18314	42138	912361	185863	116276	49839
	341	1712	515	53560	548169	160435	162187	55450
	5831	2953	2198	412133	3301416	976568	1058820	82742
	12696	2154	2429	195013	2517526	757451	897213	108741
	5977	1015	3060	85622	1134381	454064	206663	67995
	6656	1685	2745	169423	991626	344025	295932	209022
	14805	5924	13657	112648	2272737	589556	703124	101286
	239	1209	1053	97374	363741	170031	94370	25630
	88	92	174	3437	70536	17507	4902	796
	1077	348	1128	124129	748746	154204	153133	52913
	5149	2263	4441	117849	1504048	458886	251194	71447
	502	274	1459	77520	245420	85999	86373	41278
	4834	607	1240	73992	441333	165590	86346	11632
	1098	10	46	1072	12241	5103	2613	569
	966	565	562	94363	580334	155776	52714	18427
	666	1989	475	110221	324077	132791	31607	3887
		19	11	11075	85170	51064	4103	763
	303			9712	84551	34445	5210	423
	463	332	512	66651	263822	167555	10610	1914

地 区	私营有限责任公司	私营股份有限公司	其他	港、澳、台商投资企业	与港、澳、台商合资经营	与港、澳、台商合作经营
全 国	**36092629**	**2673273**	**596376**	**12454272**	**3430598**	**459184**
北 京	505888	32895	53	179126	80935	5966
天 津	431706	19350	13922	157307	63269	2779
河 北	1176186	114432	11933	182168	95459	11002
山 西	472625	40075	6789	70811	16656	1165
内蒙古	432296	37497	11303	20634	9587	380
辽 宁	1341292	99079	21372	162609	94155	10066
吉 林	391582	32821	10786	29357	19192	2104
黑龙江	274111	36554	1042	37591	24279	1412
上 海	1731746	86952	12834	610819	152149	52257
江 苏	6000604	320587	55262	1553864	498240	16281
浙 江	6362108	218180	2824	1094153	638928	15682
安 徽	1118965	99998	16131	86911	36902	2018
福 建	1597570	123108	9976	1236395	292913	13765
江 西	572385	95073	13723	224655	32663	6494
山 东	3084076	249484	137553	335947	193545	10590
河 南	1147246	181345	59575	137900	59063	1686
湖 北	911905	109732	15102	123171	65904	1642
湖 南	880161	181703	44447	110925	49569	2045
广 东	3060950	125543	78319	5741233	838743	288754
广 西	519373	41958	8210	104880	44464	6548
海 南	33507	2996	5359	16829	6508	204
重 庆	1130785	141254	13616	62457	31589	2034
四 川	1552242	158796	20136	86263	33802	1743
贵 州	114265	16210	1706	10687	4939	
云 南	470451	34400	5377	29309	18955	627
西 藏	17636	2109	383			
陕 西	266432	31202	9229	28664	16410	1836
甘 肃	187839	18462	7246	7662	5572	
青 海	37069	7732	1106	1683	1469	
宁 夏	114439	2024	213	1169	706	
新 疆	155189	11722	849	9093	4033	104

单位：人

港、澳、台商独资	港、澳、台商投资股份有限公司	外商投资企业	中外合资经营	中外合作经营	外资企业	外商投资股份有限公司
8273869	**290621**	**14220488**	**4881893**	**450157**	**8419876**	**468562**
83296	8929	404087	177729	12938	200097	13323
87636	3623	419081	154661	8775	253084	2561
73922	1785	262856	154465	4105	86108	18178
52564	426	63736	46286	5062	12002	386
10062	605	63215	45258	1823	12338	3796
55606	2782	608565	268926	26448	295199	17992
7105	956	107211	64543	5585	35636	1447
11215	685	112787	56247	2764	35101	18675
358534	47879	1414644	381981	96512	902690	33461
996745	42598	2829767	752570	35093	1973307	68797
414081	25462	1203660	701892	21794	445037	34937
44348	3643	158345	78757	4427	69840	5321
917311	12406	792112	205626	8671	563288	14527
171478	14020	140286	46280	2473	58807	32726
119760	12052	1416843	509827	33234	811845	61937
67952	9199	138147	92383	6749	29236	9779
50716	4909	212566	140581	2880	55339	13766
55172	4139	114595	69987	4068	38336	2204
4542761	70975	3180100	607139	148665	2351937	72359
52441	1427	122663	70695	4890	35289	11789
8133	1984	33457	14117	1524	17257	559
15469	13365	89837	55836	3744	27250	3007
48394	2324	141021	70056	1614	58140	11211
5599	149	22563	9626	1161	4163	7613
8543	1184	38449	20929	1217	13436	2867
		737	430		307	
9240	1178	74973	44988	2420	24072	3493
1177	913	8125	5869	449	1465	342
61	153	20162	16921	436	2698	107
343	120	13513	10686	404	2095	328
4205	751	12385	6602	232	4477	1074

3-6 限额以上企业按行业(中类)、

(2009年)

行业中类	代码	全年营业收入	内资企业			
				国有企业	集体企业	股份合作企业
总计	**0000**	**828725.29**	**650415.14**	**94876.35**	**15634.93**	**4940.83**
农、林、牧、渔业	**A**	**19.49**	**19.27**	**0.44**	**0.01**	**0.04**
农业	0100	1.19	1.19		0.01	
谷物及其他作物的种植	0110	0.35	0.35		0.01	
蔬菜、园艺作物的种植	0120	0.45	0.45			
水果、坚果、饮料和香料作物的种植	0130	0.20	0.20			
中药材的种植	0140	0.19	0.19			
林业	0200	2.28	2.28	0.38		
林木的培育和种植	0210	1.63	1.63			
木材和竹材的采运	0220	0.44	0.44	0.38		
林产品的采集	0230	0.22	0.22			
畜牧业	0300	11.33	11.10	0.05		0.04
牲畜的饲养	0310	0.57	0.34	0.05		
猪的饲养	0320	3.23	3.23			
家禽的饲养	0330	7.36	7.36			
其他畜牧业	0390	0.17	0.17			0.04
渔业	0400	0.31	0.31			
海洋渔业	0410					
内陆渔业	0420	0.31	0.31			
农、林、牧、渔服务业	0500	4.39	4.39			
农业服务业	0510	4.39	4.39			
畜牧服务业	0530					
采矿业	**B**	**33506.79**	**32389.50**	**5634.04**	**1340.06**	**326.94**
煤炭开采和洗选业	0600	17013.83	16893.50	2995.54	534.40	163.67
烟煤和无烟煤的开采洗选	0610	16157.93	16040.80	2863.80	520.20	160.57
褐煤的开采洗选	0620	832.63	829.59	131.61	13.96	2.94
其他煤炭采选	0690	23.26	23.11	0.13	0.24	0.16
石油和天然气开采业	0700	8288.51	7793.35	2188.15	25.95	42.12
天然原油和天然气开采	0710	6634.63	6165.63	1106.66	1.68	40.47
与石油和天然气开采有关的服务活动	0790	1653.89	1627.72	1081.49	24.27	1.65

登记注册类型分组的全年营业收入

单位：亿元

国有联营企业	集体联营企业	国有与集体联营	其他联营	国有独资公司	其他有限责任公司	股份有限公司	私营独资	私营合伙	代码
1636.42	**288.97**	**427.19**	**435.49**	**28372.68**	**182466.22**	**82744.51**	**33553.02**	**5857.30**	0000
					1.27	**1.27**	**3.41**	**0.63**	A
							0.18		0100
							0.18		0110
									0120
									0130
									0140
					0.61	0.27	0.11		0200
					0.61	0.05	0.06		0210
							0.05		0220
						0.22			0230
					0.24		1.28	0.57	0300
							0.10	0.19	0310
							0.09		0320
					0.24		1.08	0.26	0330
								0.12	0390
									0400
									0410
									0420
					0.42	1.00	1.83	0.06	0500
					0.42	1.00	1.83	0.06	0510
									0530
23.75	**37.69**	**8.65**	**16.49**	**3591.46**	**8400.93**	**5359.01**	**2330.03**	**943.79**	B
15.85	27.50	6.03	8.67	2988.18	5198.59	1572.91	1024.27	608.84	0600
6.60	27.50	6.03	8.67	2930.49	4856.80	1490.89	966.29	569.41	0610
				57.69	336.65	82.02	55.84	39.11	0620
9.25					5.13		2.14	0.32	0690
				281.63	1813.30	3376.49	7.02	0.78	0700
				4.63	1606.16	3362.75	6.13	0.49	0710
				277.00	207.15	13.74	0.89	0.28	0790

行业中类	代码	全年营业收入	内资企业	国有企业	集体企业	股份合作企业
黑色金属矿采选业	0800	3371.27	3284.27	165.64	130.36	95.94
铁矿采选	0810	3192.81	3119.31	157.39	122.91	84.38
其他黑色金属矿采选	0890	178.46	164.96	8.25	7.45	11.56
有色金属矿采选业	0900	2729.50	2450.02	159.60	442.91	13.14
常用有色金属矿采选	0910	1383.51	1149.99	63.09	35.81	8.47
贵金属矿采选	0920	995.37	962.05	45.68	403.17	2.25
稀有稀土金属矿采选	0930	350.62	337.98	50.83	3.93	2.43
非金属矿采选业	1000	2077.93	1942.60	125.00	202.94	12.07
土砂石开采	1010	1360.55	1301.02	44.75	146.51	7.20
化学矿采选	1020	173.45	165.01	21.67	9.49	0.61
采盐	1030	254.62	222.45	41.68	32.80	0.83
石棉及其他非金属矿采选	1090	289.30	254.13	16.90	14.13	3.43
其他采矿业	1100	25.75	25.75	0.11	3.50	
制造业	C	**461797.97**	**316831.42**	**23516.70**	**7874.15**	**2940.38**
农副食品加工业	1300	25931.66	19265.48	444.95	461.23	184.24
谷物磨制	1310	4344.46	4197.67	114.77	30.12	49.47
饲料加工	1320	4177.70	3189.27	19.91	23.09	18.47
植物油加工	1330	4549.80	2625.90	88.43	35.65	37.13
制糖	1340	637.30	523.90	34.26	0.19	3.62
屠宰及肉类加工	1350	5493.64	4170.13	144.36	51.18	39.03
水产品加工	1360	2645.32	1706.84	32.61	174.33	24.94
蔬菜、水果和坚果加工	1370	1912.52	1351.87	2.70	22.18	8.03
其他农副食品加工	1390	2170.92	1499.90	7.91	124.50	3.55
食品制造业	1400	8541.42	5398.86	104.85	94.57	55.67
焙烤食品制造	1410	951.47	569.91	5.54	1.49	4.52
糖果、巧克力及蜜饯制造	1420	677.35	357.29	0.07	7.12	1.37
方便食品制造	1430	1486.12	913.00	14.90	48.18	7.14
液体乳及乳制品制造	1440	1606.43	934.76	31.72	7.06	20.69
罐头制造	1450	663.20	505.26	5.79	2.04	6.42
调味品、发酵制品制造	1460	1182.23	784.06	28.81	8.39	7.83
其他食品制造	1490	1974.63	1334.59	18.02	20.30	7.70
饮料制造业	1500	6983.47	4421.89	274.09	47.52	52.15
酒精制造	1510	438.84	384.30	11.97	0.80	1.03

单位：亿元

国有联营企业	集体联营企业	国有与集体联营	其他联营	国有独资公司	其他有限责任公司	股份有限公司	私营独资	私营合伙	代码
2.41	1.87	1.32	0.46	111.29	530.61	108.86	692.89	125.97	0800
1.31	1.87	1.32	0.05	111.29	509.98	105.74	664.60	118.96	0810
1.10			0.41		20.63	3.12	28.30	7.02	0890
5.06	2.02	1.14	1.00	179.64	576.10	196.08	201.29	65.23	0900
3.51	2.02		0.92	17.45	309.15	129.01	118.32	47.70	0910
1.19		0.80		153.25	143.07	63.80	61.19	8.12	0920
0.37		0.35	0.08	8.94	123.88	3.27	21.79	9.41	0930
0.42	6.30	0.15	6.36	30.71	280.89	104.60	400.63	141.58	1000
	4.37		4.26	8.35	165.17	32.01	341.13	112.51	1010
	0.30		0.45	2.83	43.04	10.16	8.74	2.70	1020
0.42				19.16	34.99	56.96	13.14	0.41	1030
	1.63	0.15	1.65	0.37	37.68	5.47	37.62	25.96	1090
					1.44	0.07	3.92	1.38	1100
954.56	**141.67**	**156.12**	**215.12**	**11084.33**	**81987.99**	**42518.22**	**26355.67**	**3744.54**	**C**
17.41	4.66	3.77	8.85	68.60	5124.87	1373.23	2668.95	304.59	1300
1.56	2.38	0.21	1.18	12.02	837.96	174.59	986.37	91.17	1310
0.50	0.33	0.73	2.76	1.63	858.77	327.65	317.76	42.68	1320
		0.20	4.09	40.30	975.88	112.98	241.03	53.07	1330
4.62		0.03		8.99	258.32	85.48	9.50	0.99	1340
10.59	1.57	0.35	0.50	5.19	1274.29	333.54	449.22	52.19	1350
					375.11	92.63	198.27	11.31	1360
		2.19	0.27	0.45	184.16	119.18	221.56	23.28	1370
0.13	0.37	0.06	0.06		360.38	127.19	245.24	29.89	1390
0.27	0.12	1.65	0.39	15.23	1632.46	647.34	582.80	63.26	1400
					131.50	13.83	129.33	7.73	1410
		0.60		0.09	65.73	38.30	55.58	1.42	1420
	0.12	0.39	0.01	5.32	271.42	81.19	88.47	18.99	1430
0.27		0.22		6.38	371.55	244.01	42.02	5.51	1440
					102.71	45.18	52.73	6.62	1450
			0.38	2.89	276.43	98.96	82.73	7.84	1460
		0.44		0.55	413.12	125.87	131.95	15.14	1490
0.74	0.87	0.22	0.10	92.77	1507.24	680.80	419.54	37.14	1500
				30.41	109.03	22.95	41.83		1510

行业中类	代码	全年营业收入	内资企业	国有企业	集体企业	股份合作企业
酒的制造	1520	3367.20	2714.36	239.51	20.04	34.53
软饮料制造	1530	2729.97	911.70	9.07	9.66	11.57
精制茶加工	1540	447.46	411.53	13.54	17.02	5.02
烟草制品业	1600	4366.89	4361.78	3275.72	13.47	1.03
烟叶复烤	1610	109.37	107.47	72.79	0.27	1.03
卷烟制造	1620	4218.66	4216.65	3191.02	4.87	
其他烟草制品加工	1690	38.85	37.65	11.91	8.32	
纺织业	1700	22714.60	17591.53	201.39	291.77	130.30
棉、化纤纺织及印染精加工	1710	12336.04	10232.16	128.23	120.71	63.59
毛纺织和染整精加工	1720	1508.16	1143.80	5.14	24.08	15.19
麻纺织	1730	240.11	187.93	1.88	1.75	4.18
丝绢纺织及精加工	1740	1293.31	1101.80	7.81	12.26	6.93
纺织制成品制造	1750	3446.16	2374.48	14.48	54.50	15.56
针织品、编织品及其制品制造	1760	3890.82	2551.36	43.86	78.47	24.86
纺织服装、鞋、帽制造业	1800	10168.86	6051.74	82.70	135.53	63.03
纺织服装制造	1810	9598.12	5715.89	81.97	126.19	57.93
纺织面料鞋的制造	1820	406.90	244.86	0.72	8.11	4.87
制帽	1830	163.84	90.98		1.23	0.24
皮革、毛皮、羽毛(绒)及其制品业	1900	6243.68	3319.36	18.22	115.64	32.10
皮革鞣制加工	1910	1029.35	666.28	0.21	44.55	10.14
皮革制品制造	1920	4398.54	2065.47	13.07	60.99	15.28
毛皮鞣制及制品加工	1930	380.73	279.45	2.25	6.70	2.18
羽毛(绒)加工及制品制造	1940	435.05	308.17	2.69	3.39	4.50
木材加工及木、竹、藤、棕、草制品业	2000	5385.20	4663.04	50.77	87.38	20.26
锯材、木片加工	2010	628.51	567.64	10.84	6.34	2.84
人造板制造	2020	3338.32	3001.15	33.32	58.40	5.55
木制品制造	2030	1020.69	775.63	4.65	15.49	2.34
竹、藤、棕、草制品制造	2040	397.68	318.62	1.96	7.16	9.53
家具制造业	2100	3251.63	2066.22	2.45	11.78	8.91
木质家具制造	2110	1877.71	1328.20	1.13	9.71	7.23
竹、藤家具制造	2120	39.94	26.35	0.24	0.12	0.25
金属家具制造	2130	790.23	438.30	0.40	1.27	0.80
塑料家具制造	2140	46.49	32.74		0.46	0.18
其他家具制造	2190	497.25	240.63	0.68	0.22	0.44

单位：亿元

国有联营企业	集体联营企业	国有与集体联营	其他联营	国有独资公司	其他有限责任公司	股份有限公司	私营独资	私营合伙	代码
0.35	0.78		0.05	61.15	1060.25	432.68	217.01	17.66	1520
0.39		0.07	0.05	0.56	251.75	213.37	97.36	6.67	1530
	0.09	0.15		0.65	86.22	11.79	63.34	12.81	1540
				648.38	392.90	26.15	0.13		1600
				0.64	30.94	1.80			1610
				647.75	353.69	19.25			1620
					8.27	5.09	0.13		1690
2.22	2.80	3.30	4.80	118.58	4078.07	965.89	2029.18	264.03	1700
1.79		0.02	3.06	99.34	2735.18	488.88	1133.18	154.30	1710
	0.28	0.09		2.42	319.49	50.14	110.56	11.09	1720
0.43	2.08			1.51	38.68	6.16	26.39	5.41	1730
			0.27	13.37	133.42	68.25	144.55	13.97	1740
	0.44	2.86	0.02	1.02	463.33	268.00	281.07	33.49	1750
		0.34	1.46	0.91	387.96	84.46	333.43	45.79	1760
0.09	3.33	2.92	1.01	16.17	949.67	321.51	784.99	75.30	1800
0.09	3.33	2.92	1.01	15.65	915.62	316.83	688.62	66.31	1810
					23.98	2.21	81.25	8.42	1820
				0.52	10.07	2.47	15.12	0.57	1830
	16.16	0.24	3.33	0.50	567.94	141.39	471.96	74.18	1900
	16.05		0.05		141.73	60.91	124.00	22.58	1910
	0.11	0.24	0.09	0.50	365.93	58.99	214.23	22.33	1920
					22.39	1.04	74.95	24.11	1930
			3.19		37.89	20.45	58.78	5.16	1940
	0.45	2.75	0.17	1.50	723.71	117.92	1079.31	186.57	2000
			0.17		79.84	17.48	179.95	21.04	2010
	0.45	2.75		0.95	521.69	85.54	708.61	118.78	2020
					92.78	11.73	121.94	31.22	2030
				0.56	29.40	3.17	68.82	15.53	2040
		0.07	1.31	0.08	362.84	39.75	331.03	40.15	2100
				0.08	226.53	24.25	257.78	26.33	2110
					4.46		6.57	0.91	2120
		0.07			66.53	11.82	38.63	5.35	2130
			1.31		6.19		6.85	5.20	2140
					59.12	3.68	21.21	2.36	2190

行业中类	代码	全年营业收入	内资企业	国有企业	集体企业	股份合作企业
造纸及纸制品业	2200	8138.61	5486.25	138.88	282.19	61.80
纸浆制造	2210	266.82	122.80	14.06	2.50	0.37
造纸	2220	4623.60	3195.38	112.82	149.31	20.31
纸制品制造	2230	3248.19	2168.07	11.99	130.38	41.12
印刷业和记录媒介的复制	2300	2950.45	2185.20	218.38	58.64	29.45
印刷	2310	2731.81	2030.87	182.15	53.21	28.87
装订及其他印刷服务活动	2320	126.73	90.75	30.25	5.44	0.58
记录媒介的复制	2330	91.91	63.57	5.98		
文教体育用品制造业	2400	2643.10	1222.33	5.60	65.82	5.63
文化用品制造	2410	459.23	266.14	0.70	4.00	0.73
体育用品制造	2420	737.02	303.55	2.80	5.22	1.63
乐器制造	2430	178.32	85.07	0.57	2.26	0.40
玩具制造	2440	1153.77	503.94	1.53	53.53	2.65
游艺器材及娱乐用品制造	2450	114.75	63.62		0.82	0.21
石油加工、炼焦及核燃料加工业	2500	19495.53	17291.25	2903.00	83.36	102.54
精炼石油产品的制造	2510	15452.96	13873.91	2783.66	56.67	14.68
炼焦	2520	3990.99	3365.77	84.85	26.69	87.86
化学原料及化学制品制造业	2600	35220.82	26174.40	1863.33	608.39	338.50
基础化学原料制造	2610	9458.53	7399.14	1014.68	141.30	81.26
肥料制造	2620	4626.24	4292.39	357.77	49.30	82.28
农药制造	2630	1340.66	1161.95	45.20	11.77	12.76
涂料、油墨、颜料及类似产品制造	2640	3157.50	1967.58	29.45	61.83	35.48
合成材料制造	2650	5525.60	3640.18	116.28	110.29	5.30
专用化学产品制造	2660	8789.38	6642.81	290.47	216.65	111.85
日用化学产品制造	2670	2322.92	1070.36	9.48	17.25	9.58
医药制造业	2700	8674.40	6350.40	254.55	93.09	52.39
化学药品原药制造	2710	1968.77	1519.75	42.41	16.56	14.58
化学药品制剂制造	2720	2675.78	1608.06	117.80	54.35	10.51
中药饮片加工	2730	450.53	379.46	3.00	4.40	5.32
中成药制造	2740	1807.83	1519.84	56.49	12.37	11.67

单位：亿元

国有联营企业	集体联营企业	国有与集体联营	其他联营	国有独资公司	其他有限责任公司	股份有限公司	私营独资	私营合伙	代码
0.55	2.38	0.44	0.65	98.92	1219.47	534.31	601.13	96.39	2200
				7.66	32.43	24.98	8.34	0.11	2210
0.34	0.35	0.38		90.54	779.56	437.75	248.56	53.43	2220
0.21	2.03	0.06	0.65	0.71	407.48	71.57	344.23	42.85	2230
1.09	0.69	3.97	0.18	35.05	523.57	89.87	231.38	22.90	2300
1.09	0.69	2.08	0.18	34.25	495.58	87.92	211.41	21.63	2310
		0.27		0.21	9.69	0.88	19.64	1.27	2320
		1.63		0.58	18.30	1.07	0.33		2330
	2.38	0.43	1.45	10.93	169.35	58.61	165.74	20.62	2400
	0.00	0.03		0.44	33.78	29.30	29.76	2.35	2410
		0.40	0.34		36.68	11.15	31.49	6.68	2420
				10.49	10.72	1.72	13.40	0.97	2430
	2.38		1.11		81.54	16.31	85.76	10.47	2440
					6.64	0.13	5.33	0.15	2450
1.70	3.11	3.69	7.78	454.43	2854.97	8168.87	274.17	107.50	2500
1.54	3.04	3.69		393.18	1530.48	7807.14	165.25	29.09	2510
0.16	0.07		7.78	45.05	1323.67	361.73	108.84	78.42	2520
7.69	9.69	8.28	7.54	716.75	7435.11	4044.08	1990.97	369.15	2600
0.23	4.20	1.61	2.20	299.54	2101.19	1210.75	402.98	71.02	2610
0.87	1.67	3.61	1.08	131.70	1443.72	920.56	189.82	35.08	2620
	0.12			8.25	350.81	204.03	69.82	10.27	2630
0.87	1.42	0.05		10.52	469.56	196.35	180.98	28.13	2640
		0.44	0.96	153.01	975.01	788.46	177.23	46.70	2650
5.72	2.25	2.43	2.84	109.49	1688.37	595.00	870.59	168.36	2660
	0.02	0.14	0.46	4.24	406.47	128.93	99.56	9.58	2670
1.84	4.23	3.91	3.36	114.11	2301.33	1446.05	286.66	33.40	2700
	3.77	0.20	0.50	82.75	613.14	303.64	73.85	10.57	2710
		1.14	0.29	10.76	673.57	313.65	61.78	0.70	2720
	0.36	1.50	0.25	0.26	110.78	31.84	34.75	3.09	2730
	0.10	0.74		9.50	445.19	608.30	38.20	4.96	2740

行业中类	代码	全年营业收入	内资企业			
				国有企业	集体企业	股份合作企业
兽用药品制造	2750	414.21	363.61	7.49	2.60	2.79
生物、生化制品的制造	2760	877.30	607.02	25.14	0.80	4.96
卫生材料及医药用品制造	2770	479.97	352.66	2.22	2.00	2.56
化学纤维制造业	2800	4161.00	2830.19	154.01	29.41	27.38
纤维素纤维原料及纤维制造	2810	591.04	457.40	48.08	9.01	2.54
合成纤维制造	2820	3569.96	2372.79	105.92	20.40	24.85
橡胶制品业	2900	4379.98	2664.52	63.71	108.12	41.69
轮胎制造	2910	2139.40	1070.17	14.39	23.09	6.24
橡胶板、管、带的制造	2920	580.88	480.52	12.55	29.62	13.04
橡胶零件制造	2930	424.88	299.00	4.29	16.52	5.82
再生橡胶制造	2940	138.38	112.33	0.09	6.79	1.88
日用及医用橡胶制品制造	2950	217.91	111.77	3.06	14.36	0.14
橡胶靴鞋制造	2960	456.03	303.43	19.65	4.97	11.69
其他橡胶制品制造	2990	422.49	287.30	9.69	12.77	2.88
塑料制品业	3000	10663.84	7029.89	34.99	169.39	84.43
塑料薄膜制造	3010	1447.51	947.88	8.46	17.79	6.69
塑料板、管、型材的制造	3020	2305.31	1636.01	13.70	31.80	17.21
塑料丝、绳及编织品的制造	3030	1163.21	1045.47	2.31	34.85	16.50
泡沫塑料制造	3040	502.99	350.72	0.64	14.79	4.14
塑料人造革、合成革制造	3050	554.24	380.88	0.01		1.81
塑料包装箱及容器制造	3060	1003.44	646.57	2.44	9.52	6.43
塑料零件制造	3070	1009.81	491.11	2.64	20.49	10.42
日用塑料制造	3080	1210.15	696.63	2.04	15.55	5.90
其他塑料制品制造	3090	1467.20	834.63	2.75	24.59	15.33
非金属矿物制品业	3100	23335.25	19716.88	489.97	579.23	281.67
水泥、石灰和石膏的制造	3110	5811.32	5103.39	210.33	149.14	72.20
水泥及石膏制品制造	3120	3450.47	2963.65	109.09	50.86	23.19
砖瓦、石材及其他建筑材料制造	3130	5206.16	4506.73	43.54	184.40	97.93
玻璃及玻璃制品制造	3140	3682.66	2714.88	33.18	40.51	17.17
陶瓷制品制造	3150	1359.88	1031.37	19.94	26.21	24.05
耐火材料制品制造	3160	1898.89	1700.06	26.53	83.25	16.40
石墨及其他非金属矿物制品制造	3190	1925.86	1696.81	47.37	44.86	30.73

单位：亿元

国有联营企业	集体联营企业	国有与集体联营	其他联营	国有独资公司	其他有限责任公司	股份有限公司	私营独资	私营合伙	代码
		0.33		0.70	103.04	37.26	23.73	7.97	2750
1.84			2.33	10.14	197.88	136.70	31.02	2.36	2760
					157.74	14.66	23.32	3.74	2770
	0.27	0.16		80.49	450.78	595.18	73.84	23.36	2800
		0.09		79.19	146.29	45.70	10.29	5.74	2810
	0.27	0.07		1.30	304.49	549.48	63.55	17.62	2820
	0.88	0.10	0.69	61.40	603.18	319.15	326.22	31.46	2900
	0.88			47.09	374.55	170.63	79.70	4.88	2910
			0.21	3.70	68.44	18.75	85.33	13.77	2920
			0.49	1.81	44.09	34.91	39.86	3.62	2930
					14.17	3.06	30.39	1.95	2940
					23.29	2.20	11.50	0.20	2950
				8.79	39.47	46.62	42.56	4.81	2960
		0.10			39.17	42.97	36.88	2.23	2990
1.08	0.95	3.93	1.10	37.49	1401.59	343.67	1022.59	150.46	3000
	0.06			7.89	171.06	91.88	88.72	18.96	3010
	0.03	2.18	0.53	23.99	401.74	105.28	195.78	22.44	3020
		0.30		2.28	170.07	27.69	259.10	46.73	3030
		0.10	0.08	2.03	49.80	30.06	67.61	7.73	3040
					75.79	21.49	9.96	2.98	3050
0.52	0.26		0.48		147.17	45.25	84.25	13.48	3060
0.44	0.60	1.35		0.84	91.86	2.44	65.81	10.43	3070
					143.64	7.15	111.38	9.49	3080
0.12		0.00		0.47	150.45	12.44	139.97	18.22	3090
13.19	27.31	11.06	10.25	161.80	4932.82	1618.25	2791.59	458.90	3100
7.93	6.10	8.02	3.16	80.64	1657.47	738.07	347.86	78.68	3110
2.02	16.55	0.69	1.86	46.51	824.41	155.99	373.17	46.68	3120
1.76	2.16	0.91	5.16	2.42	794.95	85.48	814.96	171.54	3130
	0.08	1.29		21.82	632.13	224.13	419.80	32.63	3140
	0.08		0.07	2.10	209.87	79.12	171.10	38.01	3150
	0.70				323.77	137.92	392.10	62.81	3160
1.47	1.65	0.14		8.32	490.21	197.54	272.60	28.55	3190

行业中类	代码	全年营业收入	内资企业			
				国有企业	集体企业	股份合作企业
黑色金属冶炼及压延加工业	3200	44065.13	38086.74	4914.97	804.27	241.47
炼铁	3210	2573.10	2454.73	74.47	10.88	1.61
炼钢	3220	7997.91	7154.68	1926.99	9.65	0.29
钢压延加工	3230	31192.69	26393.14	2875.31	707.19	152.42
铁合金冶炼	3240	2301.43	2084.19	38.19	76.55	87.16
有色金属冶炼及压延加工业	3300	20194.98	17002.34	1315.03	805.52	171.92
常用有色金属冶炼	3310	7927.07	7099.73	923.87	99.80	44.83
贵金属冶炼	3320	894.77	873.48	9.63	10.17	0.70
稀有稀土金属冶炼	3330	937.09	836.48	36.87	7.81	1.62
有色金属合金制造	3340	792.93	551.23	35.54	15.79	3.65
有色金属压延加工	3350	9643.13	7641.42	309.13	671.96	121.12
金属制品业	3400	15717.06	11606.27	432.73	346.27	126.04
结构性金属制品制造	3410	5271.29	4402.24	103.01	99.07	52.98
金属工具制造	3420	1258.73	931.13	9.03	29.67	6.22
集装箱及金属包装容器制造	3430	1309.51	686.93	12.80	24.14	16.58
金属丝绳及其制品的制造	3440	1519.95	1215.58	216.48	41.50	8.65
建筑、安全用金属制品制造	3450	1753.80	1186.22	12.01	35.64	7.67
金属表面处理及热处理加工	3460	1204.05	887.28	11.83	54.89	20.90
搪瓷制品制造	3470	171.82	141.50	0.33	6.20	0.06
不锈钢及类似日用金属制品制造	3480	1668.98	1018.33	7.78	9.05	4.56
其他金属制品制造	3490	1558.93	1137.04	59.45	46.10	8.44
通用设备制造业	3500	26351.97	20032.08	884.44	547.54	224.27
锅炉及原动机制造	3510	2655.43	1951.68	276.67	43.81	17.16
金属加工机械制造	3520	2457.40	2111.20	116.93	43.28	16.16
起重运输设备制造	3530	3315.26	2324.40	82.37	31.98	11.74
泵、阀门、压缩机及类似机械的制造	3540	4011.94	2853.01	94.48	51.74	57.18
轴承、齿轮、传动和驱动部件的制造	3550	2101.03	1610.39	56.96	29.16	12.20
烘炉、熔炉及电炉制造	3560	149.12	105.80	4.43	2.92	1.46
风机、衡器、包装设备等通用设备制造	3570	3834.92	2506.22	107.24	67.25	24.74
通用零部件制造及机械修理	3580	3008.84	2411.15	73.55	106.81	42.41
金属铸、锻加工	3590	4818.03	4158.23	71.81	170.58	41.23

单位：亿元

国有联营企业	集体联营企业	国有与集体联营	其他联营	国有独资公司	其他有限责任公司	股份有限公司	私营独资	私营合伙	代码
793.62	0.23	38.57	114.02	2301.17	13101.46	5440.54	1084.30	303.92	3200
			0.46	134.36	747.65	605.71	73.55	43.54	3210
			1.00	355.79	2951.26	537.05	104.22	42.83	3220
793.62		38.57	108.34	1778.10	8756.17	4154.09	774.52	177.15	3230
	0.23		4.23	32.92	646.39	143.70	132.01	40.39	3240
40.11	6.64	6.47	3.50	1133.06	5007.11	2334.86	810.17	116.79	3300
40.11	0.73		2.45	901.20	2110.63	1251.50	199.80	40.27	3310
		3.58		12.95	471.50	148.01	21.20	5.03	3320
	1.57			96.53	171.46	169.66	41.03	6.73	3330
	0.69	2.80		36.73	125.94	20.69	62.72	4.69	3340
	3.65	0.09	1.05	85.64	2127.59	745.00	485.43	60.07	3350
2.86	4.11	8.55	8.56	57.39	2309.13	486.96	1474.59	168.13	3400
0.01	1.05	6.03	4.25	13.15	1032.72	224.79	405.98	38.43	3410
0.23	0.79	0.61	0.02	3.25	145.42	30.65	239.63	21.77	3420
	1.27	0.31		1.82	174.23	31.39	60.83	6.17	3430
	0.60			1.80	213.67	85.96	144.87	23.15	3440
			0.12	1.62	170.14	24.78	165.16	24.96	3450
	0.06	1.04	3.34	0.45	142.47	21.17	115.70	13.06	3460
			0.16		49.62	2.76	34.72	3.56	3470
0.52	0.07				156.96	25.00	177.04	23.15	3480
2.10	0.26	0.55	0.68	35.30	223.91	40.48	130.64	13.90	3490
2.35	14.01	24.12	7.08	986.11	4237.19	1533.82	2571.26	277.89	3500
	0.91	1.34	0.55	69.85	661.96	283.84	102.81	24.99	3510
0.07	0.01	0.63		160.73	445.81	190.08	207.29	19.41	3520
1.92	0.96	14.55		549.74	404.91	430.48	83.49	12.62	3530
	0.01	0.22	0.28	27.74	641.52	201.42	318.71	38.52	3540
	0.06	1.71	0.45	64.80	380.39	85.86	205.42	36.41	3550
			0.37		15.34	5.69	9.14	0.94	3560
	6.12	1.11	0.18	50.61	603.10	133.55	241.26	18.42	3570
0.36	0.20	0.34	1.34	16.04	396.41	77.15	389.85	42.32	3580
	5.74	4.23	3.91	46.61	687.74	125.75	1013.28	84.26	3590

行业中类	代码	全年营业收入	内资企业	国有企业	集体企业	股份合作企业
专用设备制造业	3600	16181.89	12192.14	774.13	217.39	105.57
矿山、冶金、建筑专用设备制造	3610	6373.38	5094.14	499.39	74.13	41.27
化工、木材、非金属加工专用设备制造	3620	2291.93	1417.14	41.71	21.63	10.87
食品、饮料、烟草及饲料生产专用设备制造	3630	527.83	467.02	17.94	16.62	3.59
印刷、制药、日化生产专用设备制造	3640	609.23	444.14	15.84	12.58	6.31
纺织、服装和皮革工业专用设备制造	3650	970.17	659.88	6.08	8.14	12.45
农、林、牧、渔专用机械制造	3670	1554.00	1357.84	26.42	39.42	12.91
医疗仪器设备及器械制造	3680	916.50	499.81	17.10	9.27	6.79
环保、社会公共安全及其他专用设备制造	3690	1605.21	1177.79	67.67	23.81	10.11
交通运输设备制造业	3700	41042.95	22823.33	3282.24	341.56	154.71
铁路运输设备制造	3710	1804.88	1569.82	457.90	40.85	6.86
汽车制造	3720	29889.94	14789.42	2129.54	220.25	115.56
摩托车制造	3730	2284.13	1684.52	10.86	15.40	6.62
自行车制造	3740	724.71	378.98	1.43	5.40	5.73
船舶及浮动装置制造	3750	5052.14	3314.60	414.21	51.03	19.87
航空航天器制造	3760	1052.67	898.59	263.80	1.50	
交通器材及其他交通运输设备制造	3790	234.47	187.41	4.51	7.15	0.07
电气机械及器材制造业	3900	31885.65	21626.97	640.78	1197.62	252.50
电机制造	3910	3698.19	2625.50	128.43	47.43	14.22
输配电及控制设备制造	3920	7356.91	5207.17	294.75	174.85	71.28
电线、电缆、光缆及电工器材制造	3930	7712.39	6045.85	75.04	235.14	116.72
电池制造	3940	2661.55	1089.16	16.78	8.69	7.97
家用电力器具制造	3950	7278.94	4673.91	115.70	715.16	9.72
非电力家用器具制造	3960	690.76	564.64		3.08	23.48
照明器具制造	3970	1945.16	1173.15	7.07	4.32	6.58
其他电气机械及器材制造	3990	541.76	247.58	3.01	8.96	2.54
通信设备、计算机及其他电子设备制造业	4000	42653.07	9157.73	372.67	89.01	31.88
通信设备制造	4010	8067.50	3133.21	85.43	9.57	5.51
雷达及配套设备制造	4020	106.38	104.45	44.03		0.15
广播电视设备制造	4030	429.43	245.80	9.68	0.90	0.27
电子计算机制造	4040	15057.76	1325.52	94.77	12.02	4.78
电子器件制造	4050	6221.17	1183.24	38.70	6.07	7.85
电子元件制造	4060	8242.78	1693.00	49.90	36.86	10.87
家用视听设备制造	4070	3481.03	1051.90	28.05	20.57	2.10
其他电子设备制造	4090	1047.03	420.61	22.11	3.02	0.35

单位：亿元

国有联营企业	集体联营企业	国有与集体联营	其他联营	国有独资公司	其他有限责任公司	股份有限公司	私营独资	私营合伙	代码
3.78	2.65	4.66	2.00	1124.30	3273.84	1499.46	1065.52	114.59	3600
3.78	1.36	0.25		623.11	1336.39	950.67	285.39	33.51	3610
	0.51	1.31	1.73	27.73	288.16	83.75	173.98	29.96	3620
				0.73	95.56	31.56	83.68	7.91	3630
		0.30	0.09		90.69	49.74	71.57	6.54	3640
	0.78	2.80		2.73	152.62	66.55	109.66	3.17	3650
				1.07	632.09	52.61	193.85	20.83	3670
			0.17		142.20	79.49	35.08	0.90	3680
				28.50	315.50	103.69	72.67	11.38	3690
43.80	19.86	13.07	3.52	2275.35	5626.50	3786.15	892.66	153.74	3700
	0.91	0.17	0.24	262.97	414.42	206.62	37.10	5.32	3710
5.69	8.79	10.04	1.19	1241.03	3393.04	3293.96	541.70	78.56	3720
33.01				50.18	307.55	80.87	140.44	21.13	3730
2.58		0.23			77.99	6.43	32.39	3.72	3740
2.53	10.17	2.64	2.08	400.65	1150.34	88.37	125.79	41.68	3750
				319.70	246.96	50.94	1.63		3760
				0.82	36.20	58.96	13.61	3.33	3790
2.26	6.07	6.70	9.10	235.17	6078.75	3521.48	1370.12	149.48	3900
0.12	0.29	0.78	0.52	71.04	779.21	462.77	136.43	14.72	3910
0.32	0.19	1.44	5.41	4.87	1665.81	625.71	293.91	40.20	3920
0.24	2.49	1.52	0.61	110.57	1767.03	572.12	515.08	54.08	3930
	1.11	0.16		44.18	303.47	127.86	77.39	7.82	3940
1.58	0.01	2.03		3.85	1057.25	1628.54	107.39	15.61	3950
	0.02	0.08	1.19		186.47	9.58	50.36	1.19	3960
		0.38	1.31	0.59	264.08	91.90	176.16	14.63	3970
	1.95	0.30	0.05	0.07	55.45	3.00	13.40	1.22	3990
17.37	4.19	2.74	1.89	132.09	3725.54	1917.55	251.59	34.19	4000
12.45		0.64		61.15	1848.78	666.38	13.47	2.20	4010
				35.08	12.74	6.21		0.03	4020
0.31		1.72			49.30	72.60	15.66	0.99	4030
				0.21	380.28	568.44	37.49	1.44	4040
0.36	0.69		1.57	23.51	351.56	277.99	16.20	5.63	4050
2.83	0.53	0.38		11.01	452.94	139.02	122.52	15.72	4060
0.70	1.90		0.32		555.02	155.25	28.11	2.42	4070
0.72	1.07			1.13	74.92	31.65	18.13	5.77	4090

行业中类	代码	全年营业收入	内资企业			
				国有企业	集体企业	股份合作企业
仪器仪表及文化、办公用机械制造业	4100	4795.30	2321.28	206.79	49.62	24.19
通用仪器仪表制造	4110	1957.34	1382.07	96.33	16.93	14.06
专用仪器仪表制造	4120	696.32	425.17	73.47	2.44	3.45
钟表与计时仪器制造	4130	200.61	77.73	3.49	13.85	1.23
光学仪器及眼镜制造	4140	594.50	233.49	29.39	11.10	2.46
文化、办公用机械制造	4150	1258.12	148.10	3.74	0.90	0.37
其他仪器仪表的制造及修理	4190	88.41	54.72	0.37	4.41	2.63
工艺品及其他制造业	4200	4414.49	2917.80	94.59	71.27	34.17
工艺美术品制造	4210	3103.53	2057.60	5.35	49.59	30.44
日用杂品制造	4220	788.13	479.14	0.53	14.18	2.76
煤制品制造	4230	68.40	68.08	7.30	4.39	0.22
其他未列明的制造业	4290	452.28	310.95	81.04	3.10	0.75
废弃资源和废旧材料回收加工业	4300	1245.09	973.53	16.80	67.54	0.48
金属废料和碎屑的加工处理	4310	1069.43	819.83	13.85	55.88	0.16
非金属废料和碎屑的加工处理	4320	175.66	153.70	2.95	11.66	0.31
电力、燃气及水的生产和供应业	**D**	**34649.87**	**31172.04**	**19763.12**	**183.33**	**54.44**
电力、热力的生产和供应业	4400	31947.35	29352.15	19213.94	107.50	39.20
电力生产	4410	13010.02	10519.89	4640.88	40.45	27.81
电力供应	4420	18125.85	18098.90	14407.64	54.78	6.10
热力生产和供应	4430	811.48	733.36	165.41	12.27	5.28
燃气生产和供应业	4500	1686.60	975.24	169.24	9.43	13.44
水的生产和供应业	4600	1015.92	844.65	379.94	66.40	1.81
自来水的生产和供应	4610	830.27	728.10	365.16	63.60	1.35
污水处理及其再生利用	4620	107.43	90.33	14.65	2.79	0.39
其他水的处理、利用与分配	4690	78.22	26.22	0.13		0.07
建筑业	**E**	**69190.48**	**68346.14**	**12039.05**	**2737.47**	**396.24**
房屋和土木工程建筑业	4700	59387.60	58984.34	10739.33	2404.84	314.18
房屋工程建筑	4710	37901.69	37616.06	3984.23	2078.48	227.32
土木工程建筑	4720	21485.91	21368.28	6755.10	326.36	86.86

单位：亿元

国有联营企业	集体联营企业	国有与集体联营	其他联营	国有独资公司	其他有限责任公司	股份有限公司	私营独资	私营合伙	代码
0.48	0.38	0.15	1.61	68.34	558.35	298.34	127.28	17.07	4100
0.48	0.26	0.01	0.34	19.99	331.75	216.48	63.72	12.11	4110
		0.04	1.27	9.16	102.20	41.22	33.82	0.66	4120
					13.02	0.24	13.78	0.83	4130
				39.20	42.45	14.61	9.80	1.86	4140
		0.11			45.66	23.39	4.10	0.47	4150
	0.11				23.27	2.41	2.06	1.13	4190
0.06	1.58	0.18	10.81	34.52	577.10	128.94	466.77	40.70	4200
0.06	1.58	0.18	9.73	3.88	438.52	97.75	334.63	26.03	4210
			1.08	0.34	65.50	16.07	90.07	6.81	4220
				0.17	14.31	4.51	14.48	3.17	4230
				30.13	57.55	10.52	27.60	4.69	4290
	1.67		0.05	3.67	261.16	38.09	109.23	8.68	4300
	1.67		0.05	3.67	222.02	37.77	70.24	6.56	4310
					39.13	0.32	38.99	2.11	4320
131.20	**4.77**	**8.68**	**1.06**	**3777.86**	**5380.17**	**1307.60**	**67.52**	**15.24**	D
129.27	0.90	7.56	0.27	3512.20	4741.64	1198.47	55.20	7.66	4400
93.77	0.90	2.25	0.22	457.31	4007.89	978.40	42.00	6.97	4410
34.74		4.25		2925.86	503.21	147.71	2.70	0.25	4420
0.76		1.06	0.04	129.04	230.55	72.36	10.50	0.44	4430
0.64	2.70		0.79	119.03	473.68	75.55	9.28	6.48	4500
1.28	1.17	1.12		146.63	164.85	33.57	3.05	1.11	4600
1.28	1.17	1.12		127.16	112.58	30.82	2.11	0.76	4610
				19.47	31.18	2.75	0.73	0.35	4620
					21.09		0.21		4690
60.16	**30.10**	**24.73**	**55.27**	**2784.42**	**26830.01**	**5369.22**	**515.78**	**115.55**	E
54.91	27.56	24.01	36.68	2535.72	23490.74	4818.45	398.65	77.80	4700
6.53	23.86	10.19	30.96	1328.08	15183.80	3138.67	323.79	66.81	4710
48.38	3.70	13.82	5.72	1207.64	8306.94	1679.79	74.86	10.99	4720

行业中类	代码	全年营业收入	内资企业			
				国有企业	集体企业	股份合作企业
建筑安装业	4800	5997.07	5797.99	1020.50	253.74	61.30
建筑装饰业	4900	2503.92	2293.15	90.16	44.94	12.46
其他建筑业	5000	1301.88	1270.66	189.06	33.95	8.29
工程准备	5010	416.94	411.14	93.50	8.08	2.46
提供施工设备服务	5020	111.13	105.56	4.68	4.03	0.27
其他未列明的建筑活动	5090	773.81	753.96	90.88	21.84	5.56
交通运输、仓储和邮政业	**F**	**133.76**	**57.90**	**32.00**	**0.27**	**1.06**
铁路运输业	5100	0.01	0.01			0.01
铁路货物运输	5120	0.01	0.01			0.01
道路运输业	5200	35.32	35.32	24.52		1.01
道路货物运输	5220	8.78	8.78			0.05
道路运输辅助活动	5230	26.54	26.54	24.52		0.96
水上运输业	5400	7.92	7.92		0.27	
水上货物运输	5420	4.00	4.00		0.27	
水上运输辅助活动	5430	3.92	3.92			
装卸搬运和其他运输服务业	5700	5.07	3.81	0.21		
装卸搬运	5710	0.21	0.21	0.21		
运输代理服务	5720	4.86	3.60			
仓储业	5800	85.43	10.83	7.27		0.04
谷物、棉花等农产品仓储	5810	9.78	9.78	7.21		0.04
其他仓储	5890	75.65	1.05	0.06		0.01
邮政业	5900					
其他寄递服务	5990					
信息传输、计算机服务和软件业	**G**	**23.35**	**22.63**		**0.16**	
电信和其他信息传输服务业	6000	2.73	2.52			
电信	6010	0.23	0.23			
互联网信息服务	6020	2.20	2.20			
广播电视传输服务	6030	0.30	0.09			
计算机服务业	6100	10.16	10.12			
计算机系统服务	6110	8.62	8.62			
计算机维修	6130	0.11	0.07			
其他计算机服务	6190	1.42	1.42			
软件业	6200	10.46	9.99		0.16	
公共软件服务	6210	6.44	5.97		0.16	
其他软件服务	6290	4.02	4.02			

单位：亿元

国有联营企业	集体联营企业	国有与集体联营	其他联营	国有独资公司	其他有限责任公司	股份有限公司	私营独资	私营合伙	代码
0.73	2.32	0.18	9.98	196.00	2221.11	371.30	49.70	20.30	4800
4.04	0.06	0.45	6.84	22.34	710.91	131.97	35.62	13.21	4900
0.48	0.16	0.09	1.78	30.36	407.25	47.51	31.81	4.23	5000
0.06		0.09	0.51	0.18	127.73	9.13	10.48	1.13	5010
	0.15		0.10	0.93	39.03	2.71	2.48	0.28	5020
0.42	0.01		1.18	29.25	240.50	35.67	18.86	2.82	5090
				0.60	**10.92**	**0.00**	**1.57**	**0.18**	F
									5100
									5120
					3.58		0.93	0.06	5200
					3.53		0.90	0.06	5220
					0.05		0.03		5230
					6.15		0.31		5400
					3.14		0.31		5420
					3.02				5430
					0.17		0.08		5700
									5710
					0.17		0.08		5720
				0.60	1.01		0.24	0.12	5800
				0.60	1.01				5810
							0.24	0.12	5890
									5900
									5990
				0.42	**10.68**	**2.00**	**0.04**		G
				0.42		0.42			6000
						0.00			6010
				0.42		0.42			6020
									6030
					5.04	1.58	0.04		6100
					4.42	1.54			6110
					0.04		0.03		6130
					0.58	0.04			6190
					5.64				6200
					1.98				6210
					3.66				6290

行业中类	代码	全年营业收入	内资企业			
				国有企业	集体企业	股份合作企业
批发和零售业	H	**190143.85**	**168193.00**	**31470.04**	**3068.81**	**1039.82**
批发业	6300	151531.10	134755.40	29041.24	2299.04	745.29
农畜产品批发	6310	2553.69	2466.19	756.61	74.60	10.94
食品、饮料及烟草制品批发	6320	14191.69	13343.55	8079.98	129.02	34.54
纺织、服装及日用品批发	6330	9495.27	8059.22	721.48	40.35	23.72
文化、体育用品及器材批发	6340	1986.99	1509.54	321.94	13.83	3.04
医药及医疗器材批发	6350	6165.57	5652.96	580.09	31.25	25.53
矿产品、建材及化工产品批发	6360	83669.73	80971.61	15139.43	1558.96	434.31
机械设备、五金交电及电子产品批发	6370	25311.71	15678.13	1704.23	299.34	189.62
贸易经纪与代理	6380	3502.51	3058.58	1254.42	26.04	8.98
其他批发	6390	4653.94	4015.63	483.05	125.66	14.62
零售业	6500	38612.76	33437.60	2428.81	769.77	294.53
综合零售	6510	11723.60	8465.25	323.47	456.30	109.35
食品、饮料及烟草制品专门零售	6520	639.51	621.42	135.36	29.72	8.74
纺织、服装及日用品专门零售	6530	1387.34	980.27	33.16	28.38	5.11
文化、体育用品及器材专门零售	6540	969.03	926.46	307.06	9.87	15.73
医药及医疗器材专门零售	6550	1531.83	1524.95	124.02	18.85	11.09
汽车、摩托车、燃料及零配件专门零售	6560	17608.28	16534.03	1357.18	163.40	105.74
家用电器及电子产品专门零售	6570	3331.62	3142.71	48.44	15.28	28.88
五金、家具及室内装修材料专门零售	6580	693.47	585.01	15.51	28.44	6.05
无店铺及其他零售	6590	728.08	657.50	84.62	19.53	3.84
住宿和餐饮业	I	**4885.03**	**3853.78**	**550.41**	**99.22**	**46.07**
住宿业	6600	2239.13	1817.75	486.56	68.88	22.17
旅游饭店	6610	1913.70	1525.40	425.19	55.88	18.37
一般旅馆	6620	290.35	261.45	55.36	12.05	3.03
其他住宿服务	6690	35.09	30.90	6.00	0.95	0.77
餐饮业	6700	2645.90	2036.04	63.85	30.33	23.90
正餐服务	6710	2093.61	1888.57	59.59	28.55	22.60
快餐服务	6720	428.98	63.66	2.87	0.71	0.56
饮料及冷饮服务	6730	25.00	8.04	0.33	0.12	0.12
其他餐饮服务	6790	98.31	75.76	1.06	0.95	0.62

单位：亿元

国有联营企业	集体联营企业	国有与集体联营	其他联营	国有独资公司	其他有限责任公司	股份有限公司	私营独资	私营合伙	代码
401.05	**66.84**	**206.36**	**125.82**	**6649.43**	**45266.87**	**26437.40**	**3300.83**	**823.33**	H
325.87	47.82	92.65	82.51	6476.14	34453.09	19709.44	2189.92	609.87	6300
0.72	0.20		0.47	116.19	818.29	90.66	70.34	22.31	6310
47.19	23.71	16.42	0.21	616.97	2210.35	489.34	132.54	51.43	6320
13.77		4.30	3.56	132.00	2604.51	675.91	150.97	60.02	6330
0.90	0.22	0.43	3.91	46.05	480.84	58.92	27.67	4.82	6340
1.50	0.12		0.26	68.04	2631.01	796.03	74.38	12.40	6350
250.51	22.84	25.20	27.76	4810.90	18374.12	15866.51	1268.83	264.43	6360
10.76	0.67	2.47	46.07	447.20	5337.98	1466.63	195.74	85.82	6370
		1.16		189.91	769.23	97.91	23.61	3.80	6380
0.52	0.07	42.68	0.28	48.87	1226.77	167.55	245.83	104.85	6390
75.19	19.02	113.70	43.31	173.29	10813.78	6727.96	1110.91	213.46	6500
0.20	2.43	1.25	3.99	41.36	3304.10	2190.34	280.72	62.11	6510
0.63	0.23	0.11	0.65	19.85	170.18	26.08	39.09	8.69	6520
0.42	2.99	0.36	0.37	2.21	296.62	45.42	72.27	9.89	6530
	0.16		1.54	29.28	265.85	92.39	21.72	1.89	6540
0.49	0.23	0.07	0.07	7.80	593.91	351.81	38.78	3.28	6550
71.89	11.92	55.56	33.70	65.54	4587.34	3785.04	352.10	89.56	6560
0.49	0.53	55.92	2.23	2.20	1258.09	176.91	182.70	18.74	6570
			0.19	0.12	134.53	28.24	68.93	11.09	6580
1.07	0.53	0.43	0.59	4.95	203.16	31.72	54.61	8.21	6590
6.82	**1.49**	**2.56**	**4.06**	**34.44**	**897.43**	**178.92**	**537.11**	**97.08**	I
6.38	1.22	2.55	2.05	32.39	513.77	95.27	117.29	29.74	6600
5.72	1.09	2.47	1.88	30.05	445.06	85.63	81.55	20.46	6610
0.50	0.13	0.09	0.17	2.19	59.74	8.86	32.71	8.32	6620
0.16				0.15	8.98	0.79	3.02	0.96	6690
0.44	0.27		2.01	2.05	383.65	83.64	419.83	67.34	6700
0.41	0.27		1.68	1.80	337.94	80.80	402.83	63.48	6710
			0.02	0.03	22.04	0.61	7.93	1.58	6720
0.03					1.04		1.63	0.20	6730
			0.31	0.22	22.64	2.24	7.42	2.08	6790

行业中类	代码	全年营业收入	内资企业	国有企业	集体企业	股份合作企业
金融业	J	**43.37**	**23.33**	**0.01**		
证券业	6900	26.30	6.26			
证券市场管理	6910	1.51	1.51			
证券经纪与交易	6920	24.78	4.75			
证券投资	6930	0.01	0.01			
其他金融活动	7100	17.07	17.07	0.01		
金融信托与管理	7110					
金融租赁	7120	0.01	0.01	0.01		
典当	7150					
其他未列明的金融活动	7190	17.06	17.06			
房地产业	K	**33974.28**	**29176.12**	**1651.74**	**329.30**	**135.43**
房地产业	7200	33974.28	29176.12	1651.74	329.30	135.43
房地产开发经营	7210	33547.37	28834.74	1498.06	317.79	134.40
物业管理	7220	300.37	255.99	149.80	8.47	0.32
房地产中介服务	7230	68.21	36.65	2.57	0.05	
其他房地产活动	7290	58.34	48.74	1.31	2.99	0.70
租赁和商务服务业	L	**307.78**	**283.74**	**212.36**	**1.70**	
租赁业	7300	1.62	1.62			
机械设备租赁	7310	1.62	1.62			
商务服务业	7400	306.16	282.12	212.36	1.70	
企业管理服务	7410	289.15	266.58	211.83	0.86	
咨询与调查	7430	2.38	1.92			
广告业	7440	0.56	0.56			
职业中介服务	7460	2.19	2.19			
市场管理	7470	5.37	5.07	0.06	0.57	
旅行社	7480	0.30	0.30		0.27	
其他商务服务	7490	6.22	5.51	0.48		
科学研究、技术服务和地质勘查业	M	**22.32**	**22.01**	**2.82**	**0.06**	**0.06**
研究与试验发展	7500	10.36	10.16	1.97		
自然科学研究与试验发展	7510	0.20				

单位：亿元

国有联营企业	集体联营企业	国有与集体联营	其他联营	国有独资公司	其他有限责任公司	股份有限公司	私营独资	私营合伙	代码
				1.51	**4.75**	**17.02**			J
				1.51	4.75				6900
				1.51					6910
					4.75				6920
									6930
						17.02			7100
									7110
									7120
									7150
						17.02			7190
58.88	**6.40**	**20.10**	**17.66**	**434.86**	**13643.31**	**1552.66**	**437.05**	**116.87**	K
58.88	6.40	20.10	17.66	434.86	13643.31	1552.66	437.05	116.87	7200
54.74	6.37	19.52	17.41	430.47	13593.67	1546.47	429.38	114.31	7210
4.11		0.46	0.19	4.03	31.56	1.51	3.15	1.81	7220
0.03	0.03	0.13	0.06	0.35	7.40	1.25	3.78	0.30	7230
					10.68	3.43	0.74	0.44	7290
	0.01			**13.34**	**10.95**	**0.45**	**2.74**	**0.07**	L
							1.24		7300
							1.24		7310
	0.01			13.34	10.95	0.45	1.49	0.07	7400
	0.01			13.34	8.77	0.45	0.40	0.01	7410
					1.14		0.40		7430
					0.27			0.01	7440
					0.22		0.64		7460
					0.51		0.05	0.05	7470
									7480
					0.04		0.01		7490
					11.31	**0.28**	**0.59**	**0.02**	M
					6.93		0.08		7500
									7510

行业中类	代码	全年营业收入	内资企业			
				国有企业	集体企业	股份合作企业
工程和技术研究与试验发展	7520	6.04	6.04	1.97		
农业科学研究与试验发展	7530					
医学研究与试验发展	7540	4.11	4.11			
专业技术服务业	7600	10.15	10.04	0.82		0.05
气象服务	7610					
技术检测	7650	0.19	0.14			
环境监测	7660	0.04	0.04			
工程技术与规划管理	7670	6.51	6.51	0.09		
其他专业技术服务	7690	3.41	3.35	0.74		0.05
科技交流和推广服务业	7700	1.62	1.62	0.03		0.01
技术推广服务	7710	1.11	1.11			
科技中介服务	7720	0.06	0.06			0.01
其他科技服务	7790	0.45	0.45	0.03		
地质勘查业	7800	0.19	0.19		0.06	
矿产地质勘查	7810	0.13	0.13			
基础地质勘查	7820	0.06	0.06		0.06	
水利、环境和公共设施管理业	**N**	**12.03**	**11.45**	**2.26**	**0.18**	**0.33**
水利管理业	7900	0.01	0.01		0.01	
水资源管理	7920	0.01	0.01		0.01	
其他水利管理	7990					
环境管理业	8000	2.65	2.39			
自然保护	8010	0.08	0.08			
环境治理	8020	2.57	2.31			
公共设施管理业	8100	9.37	9.06	2.26	0.18	0.33
市政公共设施管理	8110	4.98	4.98	1.97	0.18	0.06
城市绿化管理	8120	3.67	3.67			0.27
游览景区管理	8130	0.72	0.41	0.29		
居民服务和其他服务业	**O**	**8.20**	**8.13**	**0.94**	**0.20**	
居民服务业	8200	0.75	0.75	0.27		
家庭服务	8210					
理发及美容保健服务	8240	0.01	0.01			

单位：亿元

国有联营企业	集体联营企业	国有与集体联营	其他联营	国有独资公司	其他有限责任公司	股份有限公司	私营独资	私营合伙	代码
					2.83		0.08		7520
									7530
					4.11				7540
					4.12	0.24	0.21	0.02	7600
									7610
					0.06				7650
					0.04				7660
					2.62	0.24	0.07	0.02	7670
					1.40		0.14		7690
					0.25	0.05	0.31		7700
							0.31		7710
									7720
					0.25	0.05			7790
									7800
									7810
									7820
					2.82		**0.51**		**N**
									7900
									7920
									7990
					0.86		0.10		8000
					0.03				8010
					0.83		0.10		8020
					1.96		0.42		8100
					1.37		0.31		8110
					0.52		0.11		8120
					0.07				8130
					5.91	**0.29**	**0.09**		**O**
					0.10	0.02	0.08		8200
									8210
							0.01		8240

行业中类	代码	全年营业收入	内资企业			
				国有企业	集体企业	股份合作企业
洗浴服务	8250	0.23	0.23			
殡葬服务	8270	0.27	0.27	0.23		
摄影扩印服务	8280					
其他居民服务	8290	0.24	0.24	0.04		
其他服务业	8300	7.45	7.38	0.67	0.20	
修理与维护	8310	1.21	1.21	0.67		
清洁服务	8320	0.03	0.03			
其他未列明的服务	8390	6.21	6.14		0.20	
教育	P					
教育	8400					
其他教育	8490					
卫生、社会保障和社会福利业	Q					
社会福利业	8700					
不提供住宿的社会福利	8720					
文化、体育和娱乐业	R	**6.70**	**4.66**	**0.40**		**0.02**
新闻出版业	8800	0.40	0.40	0.40		
出版业	8820	0.40	0.40	0.40		
广播、电视、电影和音像业	8900					
电影	8930					
音像制作	8940					
文化艺术业	9000	0.09	0.09			0.02
博物馆	9050	0.06	0.06			
文化艺术经纪代理	9080	0.02	0.02			0.02
其他文化艺术	9090	0.01	0.01			
体育	9100	0.03	0.03			
体育组织	9110	0.03	0.03			
娱乐业	9200	6.18	4.15			
室内娱乐活动	9210	0.99	0.99			
游乐园	9220	0.17	0.17			
休闲健身娱乐活动	9230	3.28	2.96			
其他娱乐活动	9290	1.75	0.03			

单位：亿元

国有联营企业	集体联营企业	国有与集体联营	其他联营	国有独资公司	其他有限责任公司	股份有限公司	私营独资	私营合伙	代码
					0.10	0.02	0.04		8250
							0.04		8270
									8280
									8290
					5.81	0.27	0.01		8300
					0.02	0.27			8310
									8320
					5.79		0.01		8390
									P
									8400
									8490
									Q
									8700
									8720
					0.90	**0.17**	**0.07**		R
									8800
									8820
									8900
									8930
									8940
							0.06		9000
							0.06		9050
									9080
									9090
					0.03				9100
					0.03				9110
					0.87	0.17	0.02		9200
					0.87		0.02		9210
						0.17			9220
									9230
									9290

行业中类	代码	私营有限责任公司	私营股份有限公司	其他	港、澳、台商投资企业	与港、澳、台商合资经营
总计	0000	**182725.03**	**13193.49**	**3262.72**	**60430.99**	**21238.23**
农、林、牧、渔业	A	**9.32**	**0.27**	**2.62**		
农业	0100	0.50	0.21	0.28		
谷物及其他作物的种植	0110			0.15		
蔬菜、园艺作物的种植	0120	0.21	0.21	0.03		
水果、坚果、饮料和香料作物的种植	0130	0.16		0.03		
中药材的种植	0140	0.13		0.07		
林业	0200	0.46		0.45		
林木的培育和种植	0210	0.46		0.45		
木材和竹材的采运	0220					
林产品的采集	0230					
畜牧业	0300	8.09		0.83		
牲畜的饲养	0310					
猪的饲养	0320	2.69		0.44		
家禽的饲养	0330	5.40		0.39		
其他畜牧业	0390					
渔业	0400	0.05		0.26		
海洋渔业	0410					
内陆渔业	0420	0.05		0.26		
农、林、牧、渔服务业	0500	0.21	0.07	0.81		
农业服务业	0510	0.21	0.07	0.81		
畜牧服务业	0530					
采矿业	B	**3875.55**	**372.54**	**128.57**	**640.93**	**118.52**
煤炭开采和洗选业	0600	1559.03	149.60	40.42	29.78	11.41
烟煤和无烟煤的开采洗选	0610	1449.37	144.18	39.98	26.73	9.17
褐煤的开采洗选	0620	104.87	4.52	0.36	3.05	2.24
其他煤炭采选	0690	4.78	0.89	0.08		
石油和天然气开采业	0700	51.62	3.80	2.49	468.09	2.34
天然原油和天然气开采	0710	35.77		0.89	448.98	
与石油和天然气开采有关的服务活动	0790	15.84	3.80	1.60	19.11	2.34

单位：亿元

与港、澳、台商合作经营	港、澳、台商独资	港、澳、台商投资股份有限公司	外商投资企业	中外合资经营	中外合作经营	外资企业	外商投资股份有限公司	代码
2100.79	**34897.33**	**2194.65**	**117879.15**	**50402.99**	**4066.84**	**59542.24**	**3867.09**	0000
			0.23			**0.23**		A
								0100
								0110
								0120
								0130
								0140
								0200
								0210
								0220
								0230
			0.23			0.23		0300
			0.23			0.23		0310
								0320
								0330
								0390
								0400
								0410
								0420
								0500
								0510
								0530
21.72	**483.51**	**17.18**	**476.35**	**328.28**	**83.06**	**56.62**	**8.40**	B
0.55	3.33	14.49	90.55	51.33	28.16	6.31	4.75	0600
0.55	2.52	14.49	90.40	51.33	28.16	6.16	4.75	0610
	0.81							0620
			0.15			0.15		0690
16.77	448.98		27.07	7.30	19.77			0700
	448.98		20.02	0.24	19.77			0710
16.77			7.05	7.05				0790

行业中类	代码	私营有限责任公司	私营股份有限公司	其他	港、澳、台商投资企业	与港、澳、台商合资经营
黑色金属矿采选业	0800	1160.47	96.75	59.42	45.38	44.24
铁矿采选	0810	1101.50	79.01	59.00	45.38	44.24
其他黑色金属矿采选	0890	58.97	17.74	0.43		
有色金属矿采选业	0900	532.38	67.46	6.95	31.14	16.00
常用有色金属矿采选	0910	361.43	48.33	4.77	20.57	9.61
贵金属矿采选	0920	69.80	9.61	0.13	5.18	3.53
稀有稀土金属矿采选	0930	101.14	9.52	2.06	5.40	2.86
非金属矿采选业	1000	558.66	53.13	19.15	66.54	44.52
土砂石开采	1010	374.32	43.89	16.55	22.57	6.62
化学矿采选	1020	63.97	1.04		5.40	3.61
采盐	1030	21.94		0.11	15.42	15.42
石棉及其他非金属矿采选	1090	98.43	8.20	2.50	23.15	18.87
其他采矿业	1100	13.41	1.80	0.13		
制造业	C	**105388.89**	**8266.42**	**1686.67**	**49298.02**	**17328.76**
农副食品加工业	1300	7756.13	717.40	126.61	1892.23	846.81
谷物磨制	1310	1714.36	165.84	15.65	43.58	15.50
饲料加工	1320	1354.34	176.56	44.08	366.29	214.25
植物油加工	1330	924.69	100.39	12.06	246.43	194.86
制糖	1340	106.48	7.39	4.02	66.75	65.98
屠宰及肉类加工	1350	1670.96	121.96	15.20	652.08	102.51
水产品加工	1360	738.94	38.09	20.62	239.46	95.96
蔬菜、水果和坚果加工	1370	717.51	44.02	6.35	169.04	89.26
其他农副食品加工	1390	528.85	63.15	8.63	108.61	68.49
食品制造业	1400	2023.51	144.87	31.87	1060.07	403.77
焙烤食品制造	1410	254.94	18.93	2.09	183.98	83.21
糖果、巧克力及蜜饯制造	1420	181.38	4.78	0.86	106.33	38.62
方便食品制造	1430	355.56	14.68	6.64	294.86	47.98
液体乳及乳制品制造	1440	192.99	11.19	1.14	81.83	6.24
罐头制造	1450	251.57	21.65	10.54	51.85	24.08
调味品、发酵制品制造	1460	243.11	22.42	4.28	137.00	82.42
其他食品制造	1490	543.97	51.21	6.31	204.22	121.23
饮料制造业	1500	1185.20	103.44	20.05	749.76	344.84
酒精制造	1510	145.60	20.68		12.75	3.45

单位：亿元

与港、澳、台商合作经营	港、澳、台商独资	港、澳、台商投资股份有限公司	外商投资企业	中外合资经营	中外合作经营	外资企业	外商投资股份有限公司	代码
	0.86	0.27	41.62	24.48	1.79	11.85	3.50	0800
	0.86	0.27	28.12	11.68	1.10	11.85	3.50	0810
			13.50	12.80	0.69			0890
2.20	12.50	0.44	248.33	202.22	32.93	13.17		0900
2.20	8.32	0.44	212.96	193.35	6.65	12.96		0910
	1.65		28.14	1.64	26.28	0.21		0920
	2.53		7.24	7.24				0930
2.21	17.84	1.97	68.78	42.95	0.40	25.28	0.16	1000
0.93	14.05	0.96	36.97	22.02	0.40	14.39	0.16	1010
0.78		1.01	3.05	2.52		0.52		1020
			16.75	6.60		10.15		1030
0.49	3.79		12.02	11.80		0.21		1090
								1100
1291.13	**28887.74**	**1790.40**	**95668.52**	**43160.82**	**1937.40**	**47457.81**	**3112.49**	**C**
66.09	865.96	113.37	4773.95	2117.13	140.23	2467.11	49.48	1300
0.96	27.12		103.21	72.66	0.75	27.39	2.41	1310
10.08	101.42	40.54	622.15	300.80	41.47	277.75	2.12	1320
0.86	33.95	16.75	1677.47	645.89	1.12	1024.90	5.56	1330
0.77			46.65	31.32		11.50	3.83	1340
2.92	512.18	34.47	671.43	305.93	2.84	360.02	2.65	1350
32.80	96.43	14.26	699.02	429.28	85.43	173.08	11.23	1360
16.59	62.22	0.98	391.61	220.61	6.12	150.51	14.37	1370
1.12	32.64	6.36	562.42	110.64	2.50	441.97	7.31	1390
13.82	561.47	81.01	2082.49	898.06	60.80	981.95	141.68	1400
2.18	98.52	0.08	197.58	23.07	25.76	132.36	16.39	1410
3.21	56.09	8.40	213.73	10.71	5.28	197.70	0.05	1420
1.14	243.03	2.71	278.26	107.31	7.45	161.29	2.21	1430
0.59	12.55	62.45	589.85	350.30		158.89	80.66	1440
4.43	22.94	0.40	106.09	52.19	5.15	34.89	13.85	1450
0.03	52.77	1.78	261.17	163.57	5.14	90.50	1.95	1460
2.23	75.56	5.20	435.82	190.91	12.02	206.32	26.57	1490
15.01	378.99	10.92	1811.83	959.62	47.93	652.86	151.43	1500
	9.30		41.79	14.25		27.55		1510

行业中类	代码	私营有限责任公司	私营股份有限公司	其他	港、澳、台商投资企业	与港、澳、台商合资经营
酒的制造	1520	570.43	49.79	10.12	173.61	78.55
软饮料制造	1530	283.51	21.60	6.06	555.65	259.57
精制茶加工	1540	185.66	11.36	3.87	7.74	3.26
烟草制品业	1600	4.01			4.58	4.58
烟叶复烤	1610				1.38	1.38
卷烟制造	1620	0.08			2.01	2.01
其他烟草制品加工	1690	3.93			1.20	1.20
纺织业	1700	9023.55	409.19	66.46	2961.31	1062.86
棉、化纤纺织及印染精加工	1710	5012.83	257.52	33.53	1358.82	511.01
毛纺织和染整精加工	1720	584.32	16.83	4.16	181.35	55.45
麻纺织	1730	88.46	11.01		25.20	11.33
丝绢纺织及精加工	1740	670.37	25.70	4.91	121.61	59.59
纺织制成品制造	1750	1179.91	47.41	12.40	446.30	182.06
针织品、编织品及其制品制造	1760	1487.66	50.71	11.46	828.02	243.41
纺织服装、鞋、帽制造业	1800	3321.63	266.19	27.67	2307.33	679.73
纺织服装制造	1810	3154.37	259.26	25.82	2186.50	645.54
纺织面料鞋的制造	1820	112.26	2.63	0.39	94.23	25.11
制帽	1830	55.00	4.30	1.46	26.61	9.09
皮革、毛皮、羽毛(绒)及其制品业	1900	1776.86	79.77	21.08	1601.37	367.80
皮革鞣制加工	1910	227.03	18.98	0.05	152.03	68.87
皮革制品制造	1920	1249.96	47.43	16.33	1341.34	254.92
毛皮鞣制及制品加工	1930	140.72	1.58	3.52	37.02	21.71
羽毛(绒)加工及制品制造	1940	159.15	11.78	1.18	70.98	22.31
木材加工及木、竹、藤、棕、草制品业	2000	2219.66	143.37	29.21	337.35	165.04
锯材、木片加工	2010	226.99	17.14	5.03	19.06	9.15
人造板制造	2020	1335.23	108.93	20.95	185.99	98.12
木制品制造	2030	484.31	9.70	1.46	92.62	42.61
竹、藤、棕、草制品制造	2040	173.12	7.60	1.77	39.68	15.15
家具制造业	2100	1208.16	38.15	21.53	623.57	222.82
木质家具制造	2110	735.03	21.68	18.45	287.71	79.69
竹、藤家具制造	2120	11.65	2.13		6.39	3.55
金属家具制造	2130	307.12	5.26	1.05	199.74	97.96
塑料家具制造	2140	12.54			8.52	1.78
其他家具制造	2190	141.81	9.08	2.04	121.22	39.84

单位：亿元

与港、澳、台商合作经营	港、澳、台商独资	港、澳、台商投资股份有限公司	外商投资企业					代码
				中外合资经营	中外合作经营	外资企业	外商投资股份有限公司	
4.18	80.68	10.21	479.23	200.39	9.03	202.59	67.22	1520
10.75	284.82	0.52	1262.62	735.44	38.84	404.56	83.78	1530
0.09	4.20	0.19	28.19	9.55	0.06	18.16	0.43	1540
			0.52	0.52				1600
			0.52	0.52				1610
								1620
								1690
141.37	1729.46	27.62	2161.76	952.84	78.34	1073.36	57.22	1700
63.31	769.26	15.24	745.06	286.22	45.67	364.75	48.42	1710
42.89	77.90	5.11	183.00	148.97	2.25	31.52	0.27	1720
	13.86		26.98	16.11	5.37	5.50		1730
1.08	59.12	1.83	69.90	30.10	1.03	38.26	0.51	1740
7.42	254.14	2.68	625.38	250.48	8.16	362.96	3.78	1750
26.66	555.18	2.77	511.44	220.96	15.85	270.38	4.25	1760
88.05	1502.19	37.36	1809.79	656.22	62.22	1055.81	35.55	1800
84.39	1420.90	35.67	1695.72	632.55	58.52	969.93	34.73	1810
	67.43	1.69	67.82	12.19	0.22	55.32	0.08	1820
3.66	13.85		46.26	11.48	3.47	30.57	0.74	1830
45.48	1166.47	21.62	1322.94	407.12	44.59	833.28	37.95	1900
5.54	77.63		211.04	73.63	7.83	116.60	12.98	1910
27.41	1037.94	21.07	991.73	250.30	28.14	688.92	24.37	1920
	15.32		64.25	47.72	5.86	10.68		1930
12.54	35.58	0.54	55.91	35.48	2.76	17.08	0.60	1940
16.46	146.12	9.74	384.81	193.14	27.97	160.90	2.80	2000
0.10	9.64	0.17	41.80	11.60	0.10	29.56	0.54	2010
4.13	76.36	7.38	151.19	91.21	5.68	53.57	0.72	2020
4.97	44.91	0.14	152.44	70.78	13.11	68.55		2030
7.25	15.22	2.05	39.38	19.55	9.08	9.21	1.54	2040
12.85	383.70	4.19	561.85	186.52	11.04	360.00	4.29	2100
10.35	195.20	2.47	261.80	100.06	6.97	152.83	1.94	2110
	2.77	0.07	7.21	0.57	0.02	6.62		2120
0.08	100.16	1.54	152.19	54.68	3.82	91.71	1.97	2130
	6.61	0.12	5.23	1.22		4.02		2140
2.42	78.96		135.41	29.99	0.23	104.82	0.37	2190

行业中类	代码	私营有限责任公司	私营股份有限公司	其他	港、澳、台商投资企业	与港、澳、台商合资经营
造纸及纸制品业	2200	2197.98	145.97	105.19	1059.46	551.85
纸浆制造	2210	32.24	0.11		61.74	56.77
造纸	2220	1124.75	86.14	91.13	524.51	317.63
纸制品制造	2230	1041.00	59.73	14.06	473.22	177.45
印刷业和记录媒介的复制	2300	897.39	56.94	15.69	496.54	224.32
印刷	2310	850.31	46.44	15.06	467.18	211.89
装订及其他印刷服务活动	2320	21.32	0.58	0.63	18.47	6.22
记录媒介的复制	2330	25.77	9.91		10.89	6.21
文教体育用品制造业	2400	665.84	46.65	3.28	811.85	128.01
文化用品制造	2410	160.73	4.24	0.08	85.77	15.37
体育用品制造	2420	173.33	33.12	0.71	215.24	41.01
乐器制造	2430	42.52	0.70	1.32	25.14	4.41
玩具制造	2440	242.08	5.42	1.16	458.15	64.96
游艺器材及娱乐用品制造	2450	47.17	3.16		27.55	2.25
石油加工、炼焦及核燃料加工业	2500	2116.29	172.33	37.53	1171.21	430.16
精炼石油产品的制造	2510	1010.43	41.54	33.52	979.84	298.52
炼焦	2520	1105.86	130.79	4.01	191.37	131.64
化学原料及化学制品制造业	2600	7954.53	714.87	105.53	2691.64	1012.79
基础化学原料制造	2610	1892.47	146.10	29.59	472.20	290.45
肥料制造	2620	954.90	101.70	18.33	88.66	55.80
农药制造	2630	393.73	54.64	0.56	68.33	46.13
涂料、油墨、颜料及类似产品制造	2640	906.07	35.90	10.97	463.05	156.28
合成材料制造	2650	1148.62	110.60	7.30	590.41	179.84
专用化学产品制造	2660	2312.92	233.67	32.23	522.21	202.86
日用化学产品制造	2670	345.82	32.27	6.55	486.81	81.43
医药制造业	2700	1541.39	190.01	24.06	709.32	430.16
化学药品原药制造	2710	327.57	21.84	8.36	191.88	114.65
化学药品制剂制造	2720	312.90	44.98	5.63	208.96	126.21
中药饮片加工	2730	154.50	25.81	3.59	30.00	12.41
中成药制造	2740	283.85	45.06	3.41	138.00	104.13

单位：亿元

与港、澳、台商合作经营	港、澳、台商独资	港、澳、台商投资股份有限公司	外商投资企业	中外合资经营	中外合作经营	外资企业	外商投资股份有限公司	代码
23.55	444.50	39.55	1592.90	602.88	60.31	664.21	265.51	2200
	4.96		82.28	62.71		19.57		2210
1.25	168.10	37.53	903.71	326.51	5.18	307.60	264.41	2220
22.30	271.44	2.02	606.91	213.65	55.13	337.03	1.10	2230
19.85	231.90	20.48	268.70	126.82	20.34	113.99	7.55	2300
15.40	222.30	17.59	233.75	111.39	17.85	100.04	4.48	2310
3.54	6.20	2.50	17.51	4.92	0.41	9.11	3.07	2320
0.91	3.39	0.38	17.44	10.51	2.09	4.84		2330
28.16	642.99	12.69	608.92	170.67	47.41	378.96	11.88	2400
4.67	60.12	5.61	107.33	31.35	16.95	54.73	4.29	2410
5.42	167.56	1.26	218.22	34.12	9.51	172.98	1.61	2420
	18.21	2.51	68.11	24.48	3.64	39.13	0.86	2430
18.01	371.87	3.31	191.68	62.24	13.28	111.03	5.12	2440
0.06	25.24		23.58	18.47	4.03	1.09		2450
152.04	133.57	455.44	1033.06	677.78	22.89	312.30	20.09	2500
147.98	89.92	443.42	599.21	450.32	12.40	136.50		2510
4.07	43.64	12.02	433.85	227.46	10.50	175.80	20.09	2520
36.66	1572.19	70.01	6354.78	3093.25	113.27	3027.77	120.49	2600
5.94	161.90	13.91	1587.19	1057.19	24.20	476.18	29.62	2610
0.70	32.10	0.05	245.19	131.11	0.02	91.87	22.21	2620
	6.37	15.83	110.39	56.87	2.34	41.47	9.71	2630
11.72	293.14	1.91	726.87	234.68	19.97	454.98	17.23	2640
5.80	376.28	28.49	1295.02	674.42	9.43	610.59	0.59	2650
10.40	299.13	9.81	1624.36	809.95	44.50	731.20	38.71	2660
2.10	403.27		765.76	129.02	12.83	621.48	2.43	2670
5.73	205.08	68.35	1614.67	823.45	67.80	669.81	53.61	2700
1.34	68.81	7.08	257.14	154.18	10.94	91.80	0.22	2710
4.16	48.32	30.27	858.76	419.84	46.64	372.81	19.48	2720
	6.36	11.23	41.08	37.05	0.70	3.02	0.30	2730
	32.74	1.13	150.00	75.43	2.44	45.97	26.15	2740

行业中类	代码	私营有限责任公司	私营股份有限公司	其他	港、澳、台商投资企业	与港、澳、台商合资经营
兽用药品制造	2750	166.18	10.36	1.17	4.57	3.77
生物、生化制品的制造	2760	164.46	28.72	0.65	86.87	41.97
卫生材料及医药用品制造	2770	131.93	13.24	1.26	49.05	27.03
化学纤维制造业	2800	1340.13	47.38	7.80	733.84	498.87
纤维素纤维原料及纤维制造	2810	92.72	11.39	6.36	35.85	22.12
合成纤维制造	2820	1247.41	35.99	1.45	697.99	476.75
橡胶制品业	2900	987.51	107.42	12.97	544.02	231.62
轮胎制造	2910	299.90	44.44	4.38	255.34	139.62
橡胶板、管、带的制造	2920	205.00	28.99	1.12	34.93	16.40
橡胶零件制造	2930	136.52	7.47	3.60	38.19	9.19
再生橡胶制造	2940	48.46	5.53		25.34	23.02
日用及医用橡胶制品制造	2950	55.41	0.72	0.88	49.07	11.75
橡胶靴鞋制造	2960	113.86	10.44	0.56	95.15	23.45
其他橡胶制品制造	2990	128.36	9.84	2.42	46.01	8.18
塑料制品业	3000	3562.58	170.57	45.07	1730.53	585.62
塑料薄膜制造	3010	515.41	17.40	3.58	253.52	112.75
塑料板、管、型材的制造	3020	754.83	53.09	13.39	264.97	98.57
塑料丝、绳及编织品的制造	3030	451.34	29.81	4.48	38.77	18.72
泡沫塑料制造	3040	166.54	5.83	1.35	87.20	35.67
塑料人造革、合成革制造	3050	261.17	7.41	0.26	122.84	47.24
塑料包装箱及容器制造	3060	313.85	17.42	5.50	158.04	70.55
塑料零件制造	3070	269.61	12.06	2.12	225.58	69.47
日用塑料制造	3080	384.87	13.84	2.78	285.93	64.94
其他塑料制品制造	3090	444.97	13.70	11.61	293.68	67.70
非金属矿物制品业	3100	7498.98	673.24	168.61	1757.62	812.90
水泥、石灰和石膏的制造	3110	1582.89	138.95	21.95	365.22	166.02
水泥及石膏制品制造	3120	1222.73	65.23	24.65	274.65	131.72
砖瓦、石材及其他建筑材料制造	3130	2078.73	180.24	42.54	344.49	163.15
玻璃及玻璃制品制造	3140	1120.81	123.94	47.38	496.65	234.58
陶瓷制品制造	3150	415.01	42.96	2.84	135.53	40.59
耐火材料制品制造	3160	588.93	56.54	11.11	59.35	14.73
石墨及其他非金属矿物制品制造	3190	489.87	65.37	18.14	81.73	62.11

单位：亿元

与港、澳、台商合作经营	港、澳、台商独资	港、澳、台商投资股份有限公司	外商投资企业	中外合资经营	中外合作经营	外资企业	外商投资股份有限公司	代码
	0.79		46.03	22.53	1.57	21.31	0.62	2750
0.22	26.84	17.84	183.41	68.76	5.33	104.15	5.17	2760
	21.22	0.80	78.25	45.67	0.17	30.75	1.67	2770
	199.21	35.76	596.97	487.32	2.71	106.93		2800
	13.73		97.79	69.93	1.23	26.64		2810
	185.49	35.76	499.18	417.39	1.49	80.30		2820
4.79	305.43	2.18	1171.43	520.95	5.62	578.71	66.15	2900
	115.71		813.89	417.02		340.65	56.23	2910
0.85	17.68		65.42	17.12	2.63	38.74	6.93	2920
0.92	26.76	1.32	87.70	18.80	1.71	67.05	0.13	2930
	2.32		0.71	0.15		0.55		2940
0.22	37.10		57.08	39.41	0.27	15.32	2.08	2950
2.17	68.67	0.86	57.46	12.65	1.01	43.05	0.75	2960
0.63	37.20		89.17	15.78		73.36	0.03	2990
47.46	1062.72	34.73	1903.42	585.00	59.97	1177.70	80.76	3000
5.23	127.49	8.04	246.11	67.48	18.78	123.20	36.65	3010
2.36	152.81	11.22	404.33	225.20	15.97	147.22	15.94	3020
0.04	19.51	0.50	78.96	46.74	1.73	29.04	1.46	3030
2.14	49.39		65.08	18.86	1.21	44.73	0.28	3040
	68.09	7.51	50.52	22.96	2.53	25.04		3050
8.33	76.92	2.23	198.83	60.15	3.02	131.86	3.80	3060
3.46	151.54	1.12	293.12	37.73	1.33	250.57	3.48	3070
13.43	205.52	2.05	227.58	50.78	5.68	170.06	1.06	3080
12.47	211.45	2.06	338.89	55.10	9.71	256.00	18.09	3090
86.17	807.03	51.52	1860.75	998.18	110.49	688.69	63.39	3100
21.29	173.80	4.11	342.72	234.25	10.63	82.50	15.33	3110
22.16	118.27	2.51	212.17	115.96	16.97	77.98	1.27	3120
3.32	173.39	4.62	354.94	157.25	10.12	173.14	14.44	3130
7.44	220.29	34.34	471.14	253.75	26.31	164.30	26.78	3140
31.24	62.30	1.41	192.98	83.65	30.00	76.75	2.57	3150
	40.41	4.21	139.49	79.27	14.87	43.03	2.32	3160
0.71	18.58	0.32	147.32	74.05	1.59	71.00	0.68	3190

行业中类	代码	私营有限责任公司	私营股份有限公司	其他	港、澳、台商投资企业	与港、澳、台商合资经营
黑色金属冶炼及压延加工业	3200	8077.91	836.51	33.79	2467.73	1387.19
炼铁	3210	670.14	82.56	9.81	29.72	19.35
炼钢	3220	1168.31	54.80	2.50	540.74	468.08
钢压延加工	3230	5434.67	628.52	14.48	1831.82	884.88
铁合金冶炼	3240	804.79	70.64	7.00	65.45	14.87
有色金属冶炼及压延加工业	3300	4767.32	354.98	128.85	1317.08	589.03
常用有色金属冶炼	3310	1283.62	129.09	71.83	187.10	123.50
贵金属冶炼	3320	144.97	42.10	3.66	19.71	16.75
稀有稀土金属冶炼	3330	263.70	36.90	2.59	23.51	6.32
有色金属合金制造	3340	227.40	13.37	1.24	67.34	32.74
有色金属压延加工	3350	2847.64	133.53	49.53	1019.41	409.73
金属制品业	3400	5717.15	374.03	89.75	1831.44	756.42
结构性金属制品制造	3410	2217.35	170.34	33.09	399.96	170.05
金属工具制造	3420	411.65	23.92	8.26	146.31	44.60
集装箱及金属包装容器制造	3430	343.59	10.02	3.79	279.98	183.35
金属丝绳及其制品的制造	3440	465.98	6.96	5.97	117.10	51.26
建筑、安全用金属制品制造	3450	647.53	81.40	15.20	257.01	106.52
金属表面处理及热处理加工	3460	484.24	12.75	5.38	155.48	86.37
搪瓷制品制造	3470	41.21	2.71	0.18	10.56	4.05
不锈钢及类似日用金属制品制造	3480	573.23	31.99	8.99	315.81	69.00
其他金属制品制造	3490	532.38	33.95	8.90	149.22	41.21
通用设备制造业	3500	7987.13	526.59	208.27	1562.84	754.83
锅炉及原动机制造	3510	407.61	46.15	14.04	76.90	58.56
金属加工机械制造	3520	731.15	57.75	121.90	111.70	42.30
起重运输设备制造	3530	658.42	34.70	6.50	232.85	191.19
泵、阀门、压缩机及类似机械的制造	3540	1306.12	104.74	10.33	207.05	92.58
轴承、齿轮、传动和驱动部件的制造	3550	684.92	45.95	6.09	130.00	56.69
烘炉、熔炉及电炉制造	3560	56.96	8.55		9.09	1.74
风机、衡器、包装设备等通用设备制造	3570	1186.06	59.66	6.91	350.29	159.19
通用零部件制造及机械修理	3580	1190.77	60.82	12.77	221.53	58.86
金属铸、锻加工	3590	1765.12	108.26	29.72	223.41	93.71

单位：亿元

与港、澳、台商合作经营	港、澳、台商独资	港、澳、台商投资股份有限公司	外商投资企业	中外合资经营	中外合作经营	外资企业	外商投资股份有限公司	代码
110.17	785.54	184.83	3510.65	2061.44	198.57	1015.34	235.30	3200
	6.84	3.52	88.64	67.29		21.35		3210
	12.63	60.04	302.49	52.61	167.19	82.69		3220
110.17	718.34	118.43	2967.73	1807.62	30.65	894.16	235.30	3230
	47.73	2.85	151.79	133.92	0.73	17.14		3240
28.42	681.76	17.86	1875.56	1275.41	43.02	535.36	21.77	3300
6.80	43.91	12.89	640.23	495.93	18.26	107.16	18.88	3310
	2.96		1.57	1.17	0.07	0.34		3320
4.03	12.98	0.18	77.11	57.57	4.23	15.31		3330
13.99	20.35	0.27	174.35	112.67	3.30	58.38		3340
3.61	601.56	4.51	982.30	608.08	17.16	354.18	2.89	3350
79.52	960.75	34.75	2279.35	914.04	73.28	1224.22	67.81	3400
4.41	220.23	5.28	469.08	202.86	22.22	239.28	4.72	3410
19.97	78.99	2.75	181.29	71.72	5.04	95.77	8.77	3420
2.66	90.82	3.14	342.60	169.40	4.69	166.94	1.56	3430
7.21	58.63		187.27	112.09	6.17	64.31	4.70	3440
13.35	124.26	12.88	310.57	122.74	5.14	161.83	20.86	3450
2.54	60.34	6.23	161.29	80.94	3.08	77.27		3460
	6.51		19.76	6.97		12.10	0.69	3470
25.88	220.01	0.93	334.83	56.79	20.95	231.25	25.85	3480
3.50	100.97	3.54	272.67	90.53	6.00	175.47	0.66	3490
30.00	735.99	42.01	4757.05	2243.36	149.90	2235.44	128.36	3500
5.25	7.99	5.10	626.85	431.43	3.34	124.06	68.02	3510
2.06	65.86	1.48	234.50	70.81	1.49	146.25	15.96	3520
1.01	40.65		758.00	444.12	100.23	213.58	0.07	3530
1.88	108.63	3.95	951.88	351.83	4.30	588.68	7.07	3540
9.30	60.32	3.69	360.64	117.16	2.19	240.04	1.25	3550
	7.35		34.23	5.54	0.73	25.51	2.45	3560
3.20	174.56	13.34	978.40	442.06	17.26	513.20	5.89	3570
3.87	145.68	13.12	376.16	164.33	4.67	190.75	16.40	3580
3.43	124.95	1.33	436.39	216.08	15.68	193.38	11.25	3590

行业中类	代码	私营有限责任公司	私营股份有限公司	其他	港、澳、台商投资企业	与港、澳、台商合资经营
专用设备制造业	3600	3661.54	277.09	65.63	1123.81	334.12
矿山、冶金、建筑专用设备制造	3610	1141.22	87.03	16.64	201.85	93.69
化工、木材、非金属加工专用设备制造	3620	711.41	21.65	2.74	392.84	73.58
食品、饮料、烟草及饲料生产专用设备制造	3630	190.61	6.41	12.42	11.66	3.14
印刷、制药、日化生产专用设备制造	3640	177.70	10.36	2.42	51.13	16.81
纺织、服装和皮革工业专用设备制造	3650	285.27	9.36	0.28	140.71	35.41
农、林、牧、渔专用机械制造	3670	284.55	81.30	12.79	26.61	3.22
医疗仪器设备及器械制造	3680	188.99	18.53	1.29	108.23	47.79
环保、社会公共安全及其他专用设备制造	3690	501.44	35.05	7.97	101.51	44.59
交通运输设备制造业	3700	5258.34	887.47	84.35	1950.93	1128.33
铁路运输设备制造	3710	123.54	7.66	5.26	31.48	7.74
汽车制造	3720	2996.92	685.60	67.56	960.42	569.61
摩托车制造	3730	869.55	146.27	2.64	246.71	225.58
自行车制造	3740	236.66	6.09	0.34	151.02	24.78
船舶及浮动装置制造	3750	957.39	39.64	8.21	503.43	254.56
航空航天器制造	3760	13.20	0.64	0.23	41.94	41.09
交通器材及其他交通运输设备制造	3790	61.07	1.58	0.12	15.92	4.98
电气机械及器材制造业	3900	7567.50	497.13	92.30	3314.25	1234.35
电机制造	3910	847.05	114.32	8.14	238.73	102.76
输配电及控制设备制造	3920	1914.44	90.66	23.32	635.28	209.39
电线、电缆、光缆及电工器材制造	3930	2412.11	153.59	29.50	649.77	224.88
电池制造	3940	453.35	39.99	0.40	509.61	180.60
家用电力器具制造	3950	970.23	30.58	16.25	797.72	352.29
非电力家用器具制造	3960	272.13	12.47	4.61	53.06	33.57
照明器具制造	3970	554.42	48.54	3.17	373.30	123.07
其他电气机械及器材制造	3990	143.77	6.97	6.88	56.78	7.79
通信设备、计算机及其他电子设备制造业	4000	2338.08	168.85	70.11	10743.59	1707.92
通信设备制造	4010	371.56	21.50	34.58	795.77	186.47
雷达及配套设备制造	4020	2.81	1.58	1.83		
广播电视设备制造	4030	80.52	13.86		76.44	10.30
电子计算机制造	4040	208.73	16.11	1.23	3974.04	246.48
电子器件制造	4050	416.74	34.72	1.65	1760.13	331.61
电子元件制造	4060	780.54	53.34	16.52	2710.26	386.52
家用视听设备制造	4070	239.46	6.44	11.56	1192.77	511.28
其他电子设备制造	4090	237.71	21.30	2.74	234.18	35.26

单位：亿元

与港、澳、台商合作经营	港、澳、台商独资	港、澳、台商投资股份有限公司	外商投资企业	中外合资经营	中外合作经营	外资企业	外商投资股份有限公司	代码
29.51	724.67	35.51	2865.95	1019.86	48.08	1749.04	48.96	3600
	107.17	0.99	1077.39	579.83	10.87	480.42	6.27	3610
9.02	309.18	1.06	481.95	129.46	22.53	324.72	5.24	3620
1.57	6.95		49.15	15.80	1.75	31.46	0.13	3630
1.71	27.89	4.72	113.95	33.02	2.47	75.19	3.27	3640
2.48	79.34	23.48	169.58	31.85	2.08	133.50	2.14	3650
1.61	21.78		169.55	62.96		106.59		3670
0.80	59.64		308.45	75.97	2.42	211.10	18.96	3680
	52.70	4.22	325.92	76.93	5.28	231.49	12.22	3690
24.12	696.37	102.11	16268.68	12552.71	61.89	3114.83	539.25	3700
	23.74		203.59	183.73	3.38	16.48		3710
21.85	344.81	24.16	14140.10	11064.08	31.45	2534.82	509.74	3720
0.89	19.96	0.28	352.90	303.07	6.63	31.49	11.71	3730
1.31	109.91	15.01	194.71	62.42	1.47	121.99	8.82	3740
0.07	186.15	62.65	1234.11	826.82	18.78	382.67	5.84	3750
	0.86		112.14	90.57	0.17	18.26	3.14	3760
	10.94		31.14	22.02		9.12		3790
40.85	1952.73	86.32	6944.43	3097.70	152.54	3525.47	168.72	3900
1.26	131.39	3.33	833.96	349.39	30.90	441.41	12.26	3910
7.14	394.74	24.01	1514.47	755.16	25.83	716.56	16.93	3920
15.46	392.98	16.44	1016.77	320.60	16.35	623.22	56.60	3930
1.33	326.06	1.62	1062.77	295.94	14.48	739.03	13.32	3940
7.75	398.90	38.79	1807.30	1121.17	21.49	621.28	43.37	3950
0.33	19.16		73.05	22.92		31.54	18.59	3960
7.36	240.74	2.13	398.71	102.54	43.50	245.09	7.57	3970
0.22	48.76		237.40	129.98		107.33	0.08	3990
62.14	8798.11	175.42	22751.75	4839.54	177.83	17039.24	695.14	4000
4.18	555.32	49.79	4138.53	2540.88	3.26	1404.24	190.15	4010
			1.93	1.93				4020
0.09	64.31	1.74	107.18	33.46		70.67	3.06	4030
8.34	3673.58	45.65	9758.20	453.50	17.19	9256.44	31.07	4040
7.70	1394.72	26.10	3277.80	647.35	94.06	2222.72	313.66	4050
20.80	2256.21	46.73	3839.52	678.04	56.60	2979.50	125.38	4060
12.17	668.65	0.68	1236.36	441.41	5.98	783.55	5.42	4070
8.86	185.31	4.74	392.24	42.97	0.74	322.13	26.40	4090

行业中类	代码					
		私营有限责任公司	私营股份有限公司	其他	港、澳、台商投资企业	与港、澳、台商合资经营
仪器仪表及文化、办公用机械制造业	4100	913.07	40.81	14.81	730.14	147.97
通用仪器仪表制造	4110	577.62	28.79	3.21	153.55	86.24
专用仪器仪表制造	4120	148.86	4.70	3.88	45.65	16.72
钟表与计时仪器制造	4130	30.81	0.25	0.23	102.21	10.44
光学仪器及眼镜制造	4140	76.85	5.19	0.59	82.65	16.76
文化、办公用机械制造	4150	61.42	1.35	6.59	335.65	17.15
其他仪器仪表的制造及修理	4190	17.50	0.53	0.30	10.44	0.66
工艺品及其他制造业	4200	1371.59	66.65	18.87	868.20	184.11
工艺美术品制造	4210	1012.32	32.48	15.03	632.01	142.32
日用杂品制造	4220	256.49	23.18	2.13	168.08	36.53
煤制品制造	4230	17.63	1.89		0.01	
其他未列明的制造业	4290	84.78	9.10	1.71	68.05	5.20
废弃资源和废旧材料回收加工业	4300	447.92	8.56	9.71	144.40	99.93
金属废料和碎屑的加工处理	4310	391.80	7.25	8.90	137.29	97.37
非金属废料和碎屑的加工处理	4320	56.12	1.30	0.81	7.11	2.56
电力、燃气及水的生产和供应业	D	**432.29**	**35.49**	**9.25**	**1416.79**	**803.56**
电力、热力的生产和供应业	4400	305.89	25.47	6.98	1165.02	621.69
电力生产	4410	195.62	20.70	4.71	1117.06	582.19
电力供应	4420	9.75	0.66	1.25	1.24	0.95
热力生产和供应	4430	100.51	4.11	1.02	46.72	38.55
燃气生产和供应业	4500	89.24	4.51	1.22	207.58	155.29
水的生产和供应业	4600	37.17	5.51	1.05	44.18	26.57
自来水的生产和供应	4610	18.63	1.75	0.61	35.89	19.04
污水处理及其再生利用	4620	14.66	2.92	0.44	8.30	7.53
其他水的处理、利用与分配	4690	3.88	0.84			
建筑业	E	**16073.58**	**1229.79**	**84.76**	**398.01**	**264.04**
房屋和土木工程建筑业	4700	13005.72	991.80	63.95	156.15	105.05
房屋工程建筑	4710	10357.65	802.07	53.62	101.90	83.50
土木工程建筑	4720	2648.07	189.72	10.33	54.25	21.55

单位：亿元

与港、澳、台商合作经营	港、澳、台商独资	港、澳、台商投资股份有限公司	外商投资企业	中外合资经营	中外合作经营	外资企业	外商投资股份有限公司	代码
13.68	563.02	5.46	1743.88	444.84	34.24	1241.26	23.53	4100
1.26	64.33	1.72	421.72	216.51	18.68	175.23	11.30	4110
7.03	21.90		225.51	85.87	6.45	132.01	1.18	4120
3.22	88.55		20.67	5.63	0.81	14.23		4130
0.55	62.23	3.11	278.36	28.97	6.60	238.62	4.16	4140
1.52	316.34	0.64	774.36	99.25	1.70	666.52	6.89	4150
0.10	9.67		23.25	8.61		14.64		4190
69.06	606.15	8.88	628.48	199.38	9.75	406.74	12.61	4200
59.54	422.57	7.58	413.92	150.11	5.70	248.32	9.79	4210
2.81	127.44	1.30	140.91	36.45	1.02	100.85	2.58	4220
	0.01		0.32	0.26		0.06		4230
6.71	56.13		73.28	12.56	3.02	57.46	0.24	4290
0.11	43.66	0.70	127.16	55.07	4.36	66.52	1.22	4300
0.05	39.57	0.30	112.31	51.24	2.78	57.35	0.94	4310
0.07	4.08	0.40	14.85	3.83	1.58	9.17	0.28	4320
217.12	**279.19**	**116.93**	**2061.04**	**977.68**	**286.60**	**361.95**	**434.80**	D
182.41	246.27	114.65	1430.18	612.62	231.44	156.58	429.54	4400
179.99	240.23	114.65	1373.06	572.38	226.54	152.95	421.19	4410
0.29			25.70	21.08	1.60		3.02	4420
2.13	6.03		31.41	19.16	3.30	3.63	5.33	4430
22.13	28.66	1.49	503.78	294.38	8.05	196.28	5.07	4500
12.58	4.26	0.78	127.08	70.68	47.11	9.10	0.20	4600
12.58	3.50	0.78	66.28	50.68	11.76	3.74	0.10	4610
	0.76		8.81	2.21	1.14	5.36	0.10	4620
			52.00	17.79	34.21			4690
30.62	**92.21**	**11.14**	**446.32**	**246.77**	**45.65**	**140.52**	**13.37**	E
23.08	27.99	0.03	247.11	113.17	18.63	109.46	5.85	4700
0.13	18.24	0.03	183.72	57.20	18.36	103.16	5.00	4710
22.95	9.74		63.38	55.96	0.27	6.30	0.84	4720

行业中类	代码	私营有限责任公司	私营股份有限公司	其他	港、澳、台商投资企业	与港、澳、台商合资经营
建筑安装业	4800	1480.00	98.71	12.12	96.67	54.22
建筑装饰业	4900	1126.36	90.50	3.30	126.91	91.82
其他建筑业	5000	461.49	48.78	5.40	18.28	12.95
工程准备	5010	150.77	6.66	0.37	5.38	1.28
提供施工设备服务	5020	48.08	2.60	0.21	3.32	2.97
其他未列明的建筑活动	5090	262.64	39.53	4.81	9.58	8.70
交通运输、仓储和邮政业	**F**	**9.51**	**1.17**	**0.62**	**1.72**	
铁路运输业	5100					
铁路货物运输	5120					
道路运输业	5200	4.06	1.17			
道路货物运输	5220	3.93	0.30			
道路运输辅助活动	5230	0.12	0.87			
水上运输业	5400	1.19				
水上货物运输	5420	0.28				
水上运输辅助活动	5430	0.91				
装卸搬运和其他运输服务业	5700	3.34			0.94	
装卸搬运	5710					
运输代理服务	5720	3.34			0.94	
仓储业	5800	0.92		0.62	0.78	
谷物、棉花等农产品仓储	5810	0.30		0.62		
其他仓储	5890	0.62			0.78	
邮政业	5900	0.00				
其他寄递服务	5990	0.00				
信息传输、计算机服务和软件业	**G**	**9.08**	**0.15**	**0.10**	**0.34**	
电信和其他信息传输服务业	6000	1.59	0.09			
电信	6010	0.23				
互联网信息服务	6020	1.27	0.09			
广播电视传输服务	6030	0.09				
计算机服务业	6100	3.37		0.10		
计算机系统服务	6110	2.56		0.10		
计算机维修	6130					
其他计算机服务	6190	0.80				
软件业	6200	4.12	0.05		0.34	
公共软件服务	6210	3.77	0.05		0.34	
其他软件服务	6290	0.36				

单位：亿元

与港、澳、台商合作经营	港、澳、台商独资	港、澳、台商投资股份有限公司	外商投资企业	中外合资经营	中外合作经营	外资企业	外商投资股份有限公司	代码
1.70	39.03	1.72	102.41	66.29	7.90	25.67	2.55	4800
2.49	23.25	9.35	83.86	56.69	18.47	3.72	4.98	4900
3.35	1.94	0.05	12.94	10.63	0.65	1.66		5000
2.82	1.29		0.42	0.27	0.15			5010
0.35			2.25	2.25				5020
0.18	0.65	0.05	10.27	8.11	0.49	1.66		5090
	1.72		**74.14**	**3.76**		**70.38**		F
								5100
								5120
								5200
								5220
								5230
								5400
								5420
								5430
	0.94		0.32			0.32		5700
								5710
	0.94		0.32			0.32		5720
	0.78		73.82	3.76		70.06		5800
								5810
	0.78		73.82	3.76		70.06		5890
								5900
								5990
	0.34		**0.38**			**0.38**		G
			0.21			0.21		6000
								6010
								6020
			0.21			0.21		6030
			0.04			0.04		6100
								6110
			0.04			0.04		6130
								6190
	0.34		0.13			0.13		6200
	0.34		0.13			0.13		6210
								6290

行业中类	代码					
		私营有限责任公司	私营股份有限公司	其他	港、澳、台商投资企业	与港、澳、台商合资经营
批发和零售业	H	**45895.70**	**2389.31**	**1051.38**	**5457.32**	**1477.36**
批发业	6300	36319.83	1666.97	695.71	3574.40	849.18
农畜产品批发	6310	479.11	16.35	9.41	17.50	1.14
食品、饮料及烟草制品批发	6320	1360.71	83.46	67.70	300.68	50.73
纺织、服装及日用品批发	6330	3341.34	96.30	191.01	528.87	112.37
文化、体育用品及器材批发	6340	517.85	24.60	4.51	229.11	7.08
医药及医疗器材批发	6350	1348.50	56.01	27.85	174.72	86.77
矿产品、建材及化工产品批发	6360	21589.12	1041.14	297.55	790.52	316.04
机械设备、五金交电及电子产品批发	6370	5596.16	241.98	53.45	1221.71	229.02
贸易经纪与代理	6380	642.90	24.27	16.36	102.68	33.90
其他批发	6390	1444.14	82.88	27.86	208.61	12.12
零售业	6500	9575.87	722.33	355.67	1882.93	628.18
综合零售	6510	1459.06	145.58	84.99	1204.98	466.54
食品、饮料及烟草制品专门零售	6520	163.68	8.53	9.88	5.55	0.58
纺织、服装及日用品专门零售	6530	419.35	18.97	44.75	229.55	18.90
文化、体育用品及器材专门零售	6540	171.17	4.69	5.12	19.09	3.38
医药及医疗器材专门零售	6550	319.41	50.36	4.78	3.10	2.55
汽车、摩托车、燃料及零配件专门零售	6560	5321.25	367.71	166.10	387.30	124.73
家用电器及电子产品专门零售	6570	1233.53	96.05	22.73	7.11	0.76
五金、家具及室内装修材料专门零售	6580	264.96	14.28	12.69	11.59	2.24
无店铺及其他零售	6590	223.46	16.16	4.63	14.66	8.50
住宿和餐饮业	I	**1231.48**	**93.18**	**73.53**	**427.92**	**175.74**
住宿业	6600	388.22	30.18	21.06	230.60	130.66
旅游饭店	6610	313.76	24.07	14.22	219.08	125.75
一般旅馆	6620	67.59	4.84	5.88	9.93	4.11
其他住宿服务	6690	6.87	1.27	0.97	1.59	0.79
餐饮业	6700	843.26	63.00	52.46	197.31	45.09
正餐服务	6710	785.73	53.07	49.82	108.35	37.54
快餐服务	6720	23.41	2.69	1.20	69.14	6.08
饮料及冷饮服务	6730	4.12	0.27	0.18	7.69	0.26
其他餐饮服务	6790	30.00	6.97	1.25	12.13	1.21

单位：亿元

与港、澳、台商合作经营	港、澳、台商独资	港、澳、台商投资股份有限公司	外商投资企业	中外合资经营	中外合作经营	外资企业	外商投资股份有限公司	代码
119.29	**3706.54**	**154.14**	**16493.53**	**4703.91**	**1429.99**	**10138.23**	**221.41**	**H**
46.22	2572.48	106.53	13201.30	3125.50	898.64	9083.37	93.78	6300
	16.25	0.10	70.01	4.09	0.60	60.58	4.74	6310
2.74	247.22		547.45	101.53	10.45	432.83	2.65	6320
34.32	381.19	0.99	907.19	74.98	1.11	827.39	3.70	6330
	159.28	62.75	248.35	64.10	1.99	177.81	4.44	6340
3.18	83.87	0.91	337.88	116.03	3.16	218.70		6350
4.48	436.99	33.00	1907.60	725.73	19.70	1147.02	15.15	6360
	984.86	7.83	8411.87	1975.45	857.45	5540.12	38.85	6370
0.70	68.08		341.26	24.41		294.77	22.07	6380
0.80	194.74	0.95	429.70	39.20	4.17	384.16	2.17	6390
73.08	1134.06	47.60	3292.24	1578.40	531.35	1054.85	127.63	6500
51.28	675.80	11.36	2053.37	887.34	463.87	638.59	63.58	6510
	4.97	0.00	12.54	4.34	2.04	6.15		6520
1.01	205.36	4.27	177.53	24.30	28.33	124.13	0.76	6530
	15.71		23.49	0.55	0.46	21.97	0.51	6540
	0.34	0.21	3.77	2.45		1.32		6550
17.15	219.77	25.65	686.95	534.20	19.71	104.45	28.59	6560
	2.47	3.88	181.80	75.46		98.00	8.34	6570
3.07	4.12	2.16	96.87	30.74	10.42	48.05	7.65	6580
0.56	5.52	0.07	55.92	19.03	6.51	12.19	18.20	6590
52.41	**172.79**	**26.97**	**603.33**	**176.13**	**47.48**	**362.17**	**17.55**	**I**
39.41	56.75	3.79	190.78	95.22	28.17	62.19	5.21	6600
36.78	53.95	2.60	169.21	90.80	26.19	47.68	4.55	6610
2.62	2.52	0.67	18.97	2.99	1.54	13.94	0.51	6620
	0.28	0.52	2.60	1.43	0.45	0.57	0.15	6690
13.01	116.04	23.18	412.54	80.91	19.30	299.99	12.35	6700
6.42	62.31	2.08	96.68	17.77	11.60	61.08	6.24	6710
2.30	39.83	20.93	296.18	61.19	4.91	224.02	6.05	6720
0.04	7.39		9.26	0.02		9.24		6730
4.24	6.52	0.17	10.42	1.92	2.80	5.65	0.06	6790

行业中类	代码	私营有限责任公司	私营股份有限公司	其他	港、澳、台商投资企业	与港、澳、台商合资经营
金融业	J	**0.04**	**0.01**		**20.03**	**20.03**
证券业	6900		0.01		20.03	20.03
证券市场管理	6910					
证券经纪与交易	6920				20.03	20.03
证券投资	6930		0.01			
其他金融活动	7100	0.04				
金融信托与管理	7110					
金融租赁	7120					
典当	7150					
其他未列明的金融活动	7190	0.04				
房地产业	K	**9748.67**	**798.64**	**224.55**	**2766.84**	**1049.25**
房地产业	7200	9748.67	798.64	224.55	2766.84	1049.25
房地产开发经营	7210	9660.38	788.35	223.40	2722.79	1044.53
物业管理	7220	46.58	3.05	0.94	18.97	4.47
房地产中介服务	7230	17.91	2.67	0.13	24.48	0.11
其他房地产活动	7290	23.79	4.57	0.09	0.60	0.14
租赁和商务服务业	L	**35.83**	**5.75**	**0.53**	**1.21**	**0.90**
租赁业	7300	0.37				
机械设备租赁	7310	0.37				
商务服务业	7400	35.46	5.75	0.53	1.21	0.90
企业管理服务	7410	25.33	5.57	0.01	0.23	0.23
咨询与调查	7430	0.38			0.45	0.14
广告业	7440	0.26	0.02			
职业中介服务	7460	0.92	0.07	0.34		
市场管理	7470	3.80	0.03			
旅行社	7480	0.03				
其他商务服务	7490	4.74	0.06	0.18	0.53	0.53
科学研究、技术服务和地质勘查业	M	**6.63**	**0.15**	**0.09**	**0.06**	
研究与试验发展	7500	1.16	0.02			
自然科学研究与试验发展	7510					

单位：亿元

与港、澳、台商合作经营	港、澳、台商独资	港、澳、台商投资股份有限公司	外商投资企业	中外合资经营	中外合作经营	外资企业	外商投资股份有限公司	代码
								J
								6900
								6910
								6920
								6930
								7100
								7110
								7120
								7150
								7190
367.64	**1272.05**	**77.89**	**2031.32**	**805.06**	**236.66**	**930.54**	**59.06**	K
367.64	1272.05	77.89	2031.32	805.06	236.66	930.54	59.06	7200
365.40	1238.68	74.18	1989.84	786.46	231.39	913.36	58.62	7210
2.10	12.39		25.41	9.63	5.27	10.51		7220
	20.67	3.71	7.07			6.63	0.44	7230
0.13	0.32		9.00	8.96		0.04		7290
	0.31		**22.83**			**22.83**		L
								7300
								7310
	0.31		22.83			22.83		7400
			22.34			22.34		7410
	0.31		0.01			0.01		7430
								7440
								7460
			0.30			0.30		7470
								7480
			0.18			0.18		7490
0.06			**0.26**	**0.26**				M
			0.20	0.20				7500
			0.20	0.20				7510

行业中类	代码					
		私营有限责任公司	私营股份有限公司	其他	港、澳、台商投资企业	与港、澳、台商合资经营
工程和技术研究与试验发展	7520	1.15	0.02			
农业科学研究与试验发展	7530					
医学研究与试验发展	7540					
专业技术服务业	7600	4.46	0.04	0.09	0.06	
气象服务	7610					
技术检测	7650	0.04	0.04			
环境监测	7660					
工程技术与规划管理	7670	3.48				
其他专业技术服务	7690	0.94		0.09	0.06	
科技交流和推广服务业	7700	0.88	0.09			
技术推广服务	7710	0.70	0.09			
科技中介服务	7720	0.05				
其他科技服务	7790	0.12				
地质勘查业	7800	0.13				
矿产地质勘查	7810	0.13				
基础地质勘查	7820					
水利、环境和公共设施管理业	**N**	**4.74**	**0.60**			
水利管理业	7900					
水资源管理	7920					
其他水利管理	7990					
环境管理业	8000	1.43				
自然保护	8010	0.05				
环境治理	8020	1.38				
公共设施管理业	8100	3.30	0.60			
市政公共设施管理	8110	1.10				
城市绿化管理	8120	2.16	0.60			
游览景区管理	8130	0.04				
居民服务和其他服务业	**O**	**0.62**	**0.02**	**0.05**	**0.07**	**0.07**
居民服务业	8200	0.25	0.02			
家庭服务	8210					
理发及美容保健服务	8240	0.01				

单位：亿元

与港、澳、台商合作经营	港、澳、台商独资	港、澳、台商投资股份有限公司	外商投资企业	中外合资经营	中外合作经营	外资企业	外商投资股份有限公司	代码
								7520
								7530
								7540
0.06			0.06	0.06				7600
								7610
			0.06	0.06				7650
								7660
								7670
0.06								7690
								7700
								7710
								7720
								7790
								7800
								7810
								7820
			0.58	**0.32**		**0.26**		**N**
								7900
								7920
								7990
			0.26			0.26		8000
								8010
			0.26			0.26		8020
			0.32	0.32				8100
								8110
								8120
			0.32	0.32				8130
								O
								8200
								8210
								8240

行业中类	代码					
		私营有限责任公司	私营股份有限公司	其他	港、澳、台商投资企业	与港、澳、台商合资经营
洗浴服务	8250	0.07				
殡葬服务	8270					
摄影扩印服务	8280					
其他居民服务	8290	0.18	0.02			
其他服务业	8300	0.37		0.05	0.07	0.07
修理与维护	8310	0.20		0.05		
清洁服务	8320	0.03				
其他未列明的服务	8390	0.14			0.07	0.07
教育	P					
教育	8400					
其他教育	8490					
卫生、社会保障和社会福利业	Q					
社会福利业	8700					
不提供住宿的社会福利	8720					
文化、体育和娱乐业	R	**3.10**			**1.72**	
新闻出版业	8800					
出版业	8820					
广播、电视、电影和音像业	8900					
电影	8930					
音像制作	8940					
文化艺术业	9000	0.01				
博物馆	9050					
文化艺术经纪代理	9080					
其他文化艺术	9090	0.01				
体育	9100					
体育组织	9110					
娱乐业	9200	3.09			1.72	
室内娱乐活动	9210	0.10				
游乐园	9220					
休闲健身娱乐活动	9230	2.96				
其他娱乐活动	9290	0.03			1.72	

单位：亿元

与港、澳、台商合作经营	港、澳、台商独资	港、澳、台商投资股份有限公司	外商投资企业	中外合资经营	中外合作经营	外资企业	外商投资股份有限公司	代码
								8250
								8270
								8280
								8290
								8300
								8310
								8320
								8390
								P
								8400
								8490
								Q
								8700
								8720
0.80	**0.92**		**0.32**			**0.32**		R
								8800
								8820
								8900
								8930
								8940
								9000
								9050
								9080
								9090
								9100
								9110
0.80	0.92		0.32			0.32		9200
								9210
								9220
			0.32			0.32		9230
0.80	0.92							9290

3-7 限额以上企业按地区、

(2009年)

地　区	全年营业收入	内资企业	国有企业	集体企业	股份合作企业	国有联营企业
全　国	**828725.29**	**650415.14**	**94876.35**	**15634.93**	**4940.83**	**1636.42**
北　京	43361.84	32618.31	4036.90	520.95	232.24	6.44
天　津	22086.42	17283.09	5193.57	317.72	162.24	15.04
河　北	30343.13	26418.22	3283.98	533.40	161.90	236.34
山　西	14976.69	14405.97	3222.20	371.29	96.00	0.51
内蒙古	13143.96	12182.47	1805.04	89.51	41.21	13.45
辽　宁	37410.94	31858.66	4884.56	863.36	204.42	1.68
吉　林	14472.01	11279.09	2671.31	84.12	16.02	0.16
黑龙江	11708.05	10862.98	2791.90	296.06	58.48	0.12
上　海	62387.03	37590.97	6047.42	626.46	376.25	75.88
江　苏	106821.71	74437.85	6184.64	1891.85	763.58	14.84
浙　江	67647.59	55891.15	4580.68	429.06	284.35	47.87
安　徽	19488.11	17650.60	2945.86	220.54	93.87	3.88
福　建	26343.43	16922.23	2309.34	334.19	297.50	99.05
江　西	12577.99	11022.48	1856.67	282.00	169.73	1.49
山　东	85046.71	72130.74	7370.89	3608.37	579.64	593.43
河　南	37621.38	35357.99	4190.99	1389.48	264.50	64.15
湖　北	22544.16	19242.98	6151.39	288.47	154.88	108.64
湖　南	19305.37	18124.22	3524.66	430.97	165.63	28.29
广　东	94426.04	55085.57	5835.21	1597.53	228.53	179.93
广　西	10070.86	8353.88	1653.14	220.29	65.58	5.20
海　南	1429.92	1178.12	209.57	2.80	4.48	1.78
重　庆	13578.31	11998.91	1254.08	176.26	45.47	39.02
四　川	21146.43	19591.79	3024.67	318.45	176.35	8.67
贵　州	5365.77	5223.77	2221.53	60.33	44.15	27.79
云　南	8679.17	8239.77	1932.97	154.19	28.25	10.79
西　藏	199.19	194.38	81.29	13.19	0.98	0.09
陕　西	9763.03	9064.25	2560.40	236.88	166.09	44.34
甘　肃	5660.83	5560.10	1533.29	171.43	32.83	2.04
青　海	1675.42	1419.67	387.60	28.72	19.42	0.00
宁　夏	1947.79	1854.26	349.87	8.54	3.53	4.59
新　疆	7495.99	7370.65	780.74	68.52	2.73	0.90

登记注册类型分组的全年营业收入

单位：亿元

集体联营企业	国有与集体联营	其他联营	国有独资公司	其他有限责任公司	股份有限公司	私营独资	私营合伙
288.97	**427.19**	**435.49**	**28372.68**	**182466.22**	**82744.51**	**33553.02**	**5857.30**
3.88	3.38	0.61	4570.39	13308.06	5497.28	15.66	8.61
4.82	42.07	9.23	805.31	4651.83	1552.08	181.19	59.24
12.52	6.24	118.94	914.67	8070.09	3026.01	1700.53	421.17
8.51	4.02	4.70	1614.77	4915.21	1333.55	229.59	36.15
0.59	0.67	1.05	450.04	4498.91	1731.33	322.88	74.18
14.53	9.55	17.97	958.72	6485.46	5779.66	2814.27	201.62
0.01		2.96	670.72	2313.74	2729.04	539.91	28.08
16.41	1.85	0.51	434.05	4054.77	1274.92	171.36	12.50
24.95	132.43	25.39	2671.49	9248.26	5038.26	1084.16	255.67
20.35	26.75	62.87	1373.11	18051.11	6077.60	4105.94	613.95
15.79	7.32	15.53	423.23	16004.52	5095.22	1381.05	380.98
3.44	5.82	1.53	1458.02	4710.65	2894.96	432.05	85.03
6.88	37.67	26.13	507.40	3963.17	1437.17	351.18	192.20
3.13	3.81	2.04	518.72	2797.66	1148.78	685.10	209.24
29.54	64.40	12.96	2663.64	20280.34	8416.86	6897.39	534.12
27.08	6.07	6.57	1106.42	11228.76	4046.78	5554.68	631.88
26.02	4.10	23.18	625.50	4443.12	3280.00	581.39	208.20
12.41	19.31	9.37	613.55	3999.87	2157.05	1158.85	769.97
23.08	27.07	68.32	1572.53	17217.30	7927.77	2964.17	416.24
2.68	2.56	3.83	421.02	2089.02	1016.81	326.98	101.54
0.84	1.06	0.37	18.43	631.57	114.98	14.68	2.58
1.51	1.82	3.32	725.21	3341.40	1159.39	459.35	112.73
14.11	12.59	5.19	487.19	6576.56	1977.56	852.26	235.60
1.05	0.71	2.99	200.98	1399.68	466.45	176.48	78.70
3.35	2.56	4.13	396.16	1930.85	1228.27	216.12	20.41
2.52	0.02		1.60	37.86	18.46	2.78	2.30
5.58	1.21	4.27	489.70	2581.06	1588.41	213.99	130.83
0.82	2.00	0.68	906.49	987.50	1342.45	61.03	10.26
		0.12	34.96	455.08	281.32	10.07	2.58
1.21			42.86	453.70	255.65	15.93	0.39
1.39	0.15	0.72	695.78	1739.11	2850.43	31.99	20.37

地区	私营有限责任公司	私营股份有限公司	其他	港、澳、台商投资企业	与港、澳、台商合资经营	与港、澳、台商合作经营
全国	**182725.03**	**13193.49**	**3262.72**	**60430.99**	**21238.23**	**2100.79**
北京	4210.94	202.63	0.34	2066.00	503.59	141.39
天津	4091.79	131.94	65.03	1147.96	553.31	30.50
河北	7071.66	814.11	46.65	1574.78	870.92	100.50
山西	2390.69	157.95	20.82	172.47	96.30	3.42
内蒙古	2896.26	220.79	36.57	274.77	140.48	10.80
辽宁	8831.69	619.54	171.64	1291.89	568.57	54.46
吉林	2048.25	132.07	42.70	225.33	143.76	8.43
黑龙江	1587.42	150.88	11.76	150.34	83.14	17.93
上海	11028.65	860.23	95.46	6588.23	1225.83	258.70
江苏	33282.61	1566.99	401.66	9475.14	3933.48	114.66
浙江	25797.54	1418.61	9.40	5249.00	3244.37	92.10
安徽	4251.46	468.42	75.07	563.63	273.91	7.97
福建	6923.68	346.93	89.73	4700.90	1245.33	70.00
江西	2951.58	368.08	24.45	717.58	207.22	8.83
山东	18797.18	1306.87	975.12	2396.04	1547.80	51.54
河南	5637.94	907.09	295.61	1016.92	291.00	11.19
湖北	2951.58	351.32	45.19	743.35	355.15	9.15
湖南	4202.29	814.99	217.03	534.50	277.09	14.54
广东	15950.06	757.09	320.73	19531.19	4757.87	1024.03
广西	2243.46	150.66	51.11	459.76	226.93	19.91
海南	140.24	16.97	17.77	66.59	20.13	1.69
重庆	4162.78	445.71	70.87	522.16	239.36	10.18
四川	5300.81	496.15	105.63	485.20	176.38	15.42
贵州	482.29	51.71	8.93	50.26	22.34	
云南	2158.53	131.42	21.75	194.95	126.92	2.86
西藏	25.12	7.24	0.95			
陕西	921.65	102.97	16.87	138.32	57.22	20.56
甘肃	456.88	35.37	17.01	33.23	27.24	
青海	163.13	32.86	3.80	4.16	3.97	
宁夏	703.89	13.50	0.62	6.09	2.96	
新疆	1063.00	112.37	2.45	50.24	15.64	0.02

单位：亿元

港、澳、台商独资	港、澳、台商投资股份有限公司	外商投资企业				
			中外合资经营	中外合作经营	外资企业	外商投资股份有限公司
34897.33	**2194.65**	**117879.15**	**50402.99**	**4066.84**	**59542.24**	**3867.09**
1298.53	122.50	8677.53	3772.02	133.91	4686.87	84.73
544.63	19.52	3655.37	1659.53	68.26	1906.75	20.82
600.74	2.61	2350.13	1286.14	24.64	710.48	328.87
70.14	2.61	398.26	268.84	64.75	57.77	6.91
119.49	3.99	686.71	452.23	14.43	201.59	18.46
647.36	21.50	4260.39	2537.06	164.33	1454.55	104.45
62.98	10.17	2967.59	1597.21	867.66	494.67	8.05
45.06	4.22	694.73	377.66	23.47	228.10	65.49
4471.17	632.53	18207.82	6381.85	817.12	10546.80	462.05
5187.41	239.59	22908.72	7182.72	424.52	14778.77	522.71
1755.77	156.76	6507.44	3688.47	105.24	2446.49	267.24
246.57	35.19	1273.88	660.05	15.09	540.90	57.84
3276.16	109.40	4720.30	1893.56	42.33	2653.01	131.40
458.92	42.60	837.94	344.56	21.98	239.48	231.91
712.93	83.77	10519.93	4539.16	450.68	4942.51	587.58
647.46	67.26	1246.47	880.48	27.70	288.93	49.36
353.17	25.89	2557.82	2171.52	45.10	311.08	30.12
191.84	51.04	646.65	422.48	13.87	203.13	7.17
13357.38	391.91	19809.28	6888.21	608.71	11746.49	565.87
207.78	5.14	1257.22	818.27	21.39	279.47	138.09
41.69	3.08	185.21	100.98	12.33	68.76	3.14
156.96	115.66	1057.24	801.74	34.52	167.60	53.37
285.24	8.16	1069.43	691.09	13.64	309.76	54.95
27.18	0.74	91.75	42.51	13.76	24.16	11.32
55.33	9.83	244.45	156.11	9.41	60.62	18.31
		4.81	3.61		1.20	
49.33	11.20	560.46	386.18	12.07	131.49	30.73
5.54	0.45	67.51	52.09	5.90	8.89	0.62
0.09	0.10	251.59	225.43	6.01	20.10	0.06
1.63	1.50	87.43	71.38	0.73	15.29	0.04
18.86	15.72	75.10	49.86	3.26	16.54	5.43

3-8 限额以上企业按行业(中类)、

(2009年)

行业中类	代码	资产总额	内资企业			
				国有企业	集体企业	股份合作企业
总计	0000	**799261.94**	**635669.51**	**113838.22**	**10030.19**	**3971.75**
农、林、牧、渔业	A	**16.30**	**16.16**	**1.96**	**0.01**	**1.57**
农业	0100	0.76	0.76			
谷物及其他作物的种植	0110	0.15	0.15			
蔬菜、园艺作物的种植	0120	0.34	0.34			
水果、坚果、饮料和香料作物的种植	0130	0.16	0.16			
中药材的种植	0140	0.11	0.11			
林业	0200	3.40	3.40	1.95		
林木的培育和种植	0210	1.12	1.12			
木材和竹材的采运	0220	2.05	2.05	1.95		
林产品的采集	0230	0.23	0.23			
畜牧业	0300	9.03	8.89	0.01		1.57
牲畜的饲养	0310	0.42	0.28	0.01		
猪的饲养	0320	0.66	0.66			
家禽的饲养	0330	6.22	6.22			
其他畜牧业	0390	1.73	1.73			1.57
渔业	0400	0.19	0.19			
海洋渔业	0410					
内陆渔业	0420	0.19	0.19			
农、林、牧、渔服务业	0500	2.92	2.92			
农业服务业	0510	2.92	2.92			
畜牧服务业	0530					
采矿业	B	**41912.51**	**40595.70**	**8767.80**	**665.88**	**324.02**
煤炭开采和洗选业	0600	21430.98	21213.45	4539.45	364.02	199.93
烟煤和无烟煤的开采洗选	0610	20444.36	20235.25	4338.32	352.71	196.00
褐煤的开采洗选	0620	962.23	954.02	201.07	10.81	3.89
其他煤炭采选	0690	24.39	24.18	0.07	0.50	0.04
石油和天然气开采业	0700	13394.78	12901.35	3369.43	38.43	56.89
天然原油和天然气开采	0710	10987.47	10532.20	1923.95	0.06	55.16
与石油和天然气开采有关的服务活动	0790	2407.31	2369.14	1445.47	38.38	1.73
黑色金属矿采选业	0800	3211.14	3093.25	453.85	66.78	45.43
铁矿采选	0810	2997.52	2897.02	380.42	63.55	37.26
其他黑色金属矿采选	0890	213.62	196.24	73.43	3.23	8.17

登记注册类型分组的资产总额

单位：亿元

国有联营企业	集体联营企业	国有与集体联营	其他联营	国有独资公司	其他有限责任公司	股份有限公司	私营独资	私营合伙	代码
1526.44	**226.16**	**387.19**	**348.22**	**42578.65**	**203980.59**	**81962.52**	**15671.26**	**2894.64**	**0000**
					0.97	**1.08**	**3.05**	**0.72**	**A**
							0.09		0100
							0.09		0110
									0120
									0130
									0140
					0.48	0.27	0.13	0.03	0200
					0.48	0.04	0.03	0.03	0210
							0.10		0220
						0.23			0230
					0.13		1.43	0.68	0300
							0.09	0.17	0310
							0.02		0320
					0.12		1.32	0.35	0330
					0.01			0.15	0390
									0400
									0410
									0420
					0.36	0.82	1.40	0.02	0500
					0.36	0.82	1.40	0.02	0510
									0530
30.64	**23.32**	**27.32**	**11.42**	**6421.31**	**11008.05**	**8570.24**	**1145.70**	**458.05**	**B**
22.50	19.29	23.75	8.34	5279.54	6810.70	1819.76	626.01	316.51	0600
20.11	19.29	23.75	8.34	5165.69	6430.05	1743.19	597.35	293.63	0610
				113.85	372.35	76.57	27.84	17.59	0620
2.39					8.29		0.82	5.29	0690
				529.04	2590.25	6261.56	6.81	0.93	0700
				22.21	2264.50	6236.62	5.47	0.78	0710
				506.83	325.74	24.93	1.34	0.15	0790
2.25	0.37	1.97	0.09	323.98	665.66	126.93	280.29	57.31	0800
1.00	0.37	1.97	0.03	323.98	637.17	118.26	271.42	53.50	0810
1.25			0.06		28.49	8.67	8.87	3.81	0890

行业中类	代码	资产总额	内资企业	国有企业	集体企业	股份合作企业
有色金属矿采选业	0900	2454.43	2097.89	234.33	112.26	13.55
常用有色金属矿采选	0910	1402.60	1135.84	93.79	16.56	10.02
贵金属矿采选	0920	614.38	548.52	53.72	94.64	2.39
稀有稀土金属矿采选	0930	437.45	413.52	86.82	1.05	1.15
非金属矿采选业	1000	1411.99	1280.58	169.59	83.60	8.22
土砂石开采	1010	644.35	589.07	39.14	46.41	3.72
化学矿采选	1020	222.81	209.05	31.96	16.65	1.16
采盐	1030	394.17	351.97	82.33	14.37	0.85
石棉及其他非金属矿采选	1090	150.67	130.50	16.16	6.18	2.49
其他采矿业	1100	9.19	9.19	1.15	0.78	
制造业	**C**	**358417.79**	**245701.30**	**26954.67**	**4080.53**	**2042.98**
农副食品加工业	1300	12295.98	8595.02	257.07	127.47	87.13
谷物磨制	1310	1622.42	1526.96	69.16	7.61	21.91
饲料加工	1320	1455.24	1054.24	6.12	7.43	3.76
植物油加工	1330	2302.07	1212.47	33.67	15.73	10.99
制糖	1340	845.58	705.22	38.50	0.28	2.51
屠宰及肉类加工	1350	2274.73	1666.82	60.74	11.50	17.62
水产品加工	1360	1506.31	843.42	34.21	41.51	19.82
蔬菜、水果和坚果加工	1370	977.08	666.67	3.18	6.99	7.64
其他农副食品加工	1390	1312.55	919.22	11.49	36.42	2.88
食品制造业	1400	5881.96	3521.59	122.13	50.15	25.10
焙烤食品制造	1410	606.85	288.56	4.64	2.08	3.45
糖果、巧克力及蜜饯制造	1420	451.83	214.78	0.72	2.49	0.55
方便食品制造	1430	904.53	531.13	10.20	21.24	1.61
液体乳及乳制品制造	1440	1083.53	618.36	18.10	4.83	7.83
罐头制造	1450	499.15	372.51	14.52	6.86	1.58
调味品、发酵制品制造	1460	916.40	584.47	53.90	3.91	7.15
其他食品制造	1490	1419.67	911.76	20.05	8.74	2.94
饮料制造业	1500	6250.17	3973.10	503.25	26.57	32.16
酒精制造	1510	388.95	338.44	4.34	0.43	1.40
酒的制造	1520	3610.80	2675.14	474.85	14.38	16.43
软饮料制造	1530	1932.96	671.56	15.61	6.46	10.45
精制茶加工	1540	317.46	287.96	8.45	5.30	3.88

单位：亿元

国有联营企业	集体联营企业	国有与集体联营	其他联营	国有独资公司	其他有限责任公司	股份有限公司	私营独资	私营合伙	代码
5.61	1.44	1.49	0.68	177.99	676.86	261.25	85.38	33.32	0900
2.75	1.44		0.45	38.42	382.99	192.77	60.12	24.17	0910
2.09		1.26		113.37	138.61	65.44	16.36	3.96	0920
0.77		0.23	0.23	26.20	155.25	3.04	8.90	5.19	0930
0.28	2.23	0.12	2.31	110.76	263.05	100.63	146.21	49.65	1000
	0.90		1.61	4.62	115.17	19.19	121.73	36.09	1010
	0.13		0.25	4.29	76.50	11.43	6.69	1.81	1020
0.28				101.35	53.32	64.56	3.46	0.45	1030
	1.19	0.12	0.45	0.50	18.05	5.45	14.33	11.30	1090
					1.53	0.12	0.99	0.32	1100
805.22	**63.79**	**105.74**	**118.91**	**15494.10**	**69946.57**	**40765.85**	**10807.53**	**1583.74**	C
17.38	1.77	1.76	3.45	35.14	2696.61	862.08	857.65	104.27	1300
0.52	0.29	0.11	1.40	5.10	368.34	98.20	285.37	22.16	1310
0.12	0.29	0.21	1.14	0.42	263.81	128.48	98.53	29.84	1320
		0.10	0.77	12.49	543.83	54.22	78.66	13.77	1330
10.84		0.07		8.40	330.23	147.56	10.02	0.70	1340
5.80	0.92	1.06	0.03	8.02	590.71	173.44	139.22	13.90	1350
					202.77	71.74	64.42	4.74	1360
		0.17	0.07	0.72	127.54	84.46	79.44	8.01	1370
0.10	0.28	0.05	0.04		269.37	103.99	101.98	11.16	1390
0.16	0.51	0.93	0.59	16.28	1139.13	574.97	237.12	30.94	1400
					77.07	7.35	44.81	5.85	1410
		0.50		0.11	35.00	43.41	19.01	0.97	1420
	0.51	0.14		3.73	184.41	44.60	41.09	9.71	1430
0.16		0.06		4.97	221.69	201.77	20.01	2.06	1440
					112.31	53.64	22.30	3.28	1450
			0.58	5.69	198.71	104.34	39.19	4.65	1460
		0.24		1.78	309.93	119.85	50.72	4.42	1490
1.94	0.48	0.30	0.09	154.96	1441.75	646.99	200.73	17.92	1500
				59.82	109.29	10.75	35.22		1510
1.86	0.43		0.01	94.62	1050.15	457.15	88.61	9.71	1520
0.08		0.18	0.08	0.37	213.06	158.63	42.82	2.47	1530
	0.05	0.12		0.14	69.24	20.45	34.08	5.74	1540

行业中类	代码	资产总额	内资企业	国有企业	集体企业	股份合作企业
烟草制品业	1600	4357.72	4346.26	3105.59	13.53	2.63
烟叶复烤	1610	155.29	149.33	72.98	0.41	2.63
卷烟制造	1620	4156.18	4151.98	3019.81	5.75	
其他烟草制品加工	1690	46.25	44.95	12.80	7.37	
纺织业	1700	16463.31	11835.95	258.10	134.52	77.67
棉、化纤纺织及印染精加工	1710	8821.29	6786.05	163.80	58.86	38.45
毛纺织和染整精加工	1720	1144.97	791.41	10.16	13.94	12.83
麻纺织	1730	200.17	145.94	3.89	0.83	1.31
丝绢纺织及精加工	1740	1122.40	887.52	12.31	5.86	3.84
纺织制成品制造	1750	2431.24	1576.57	21.50	28.60	10.96
针织品、编织品及其制品制造	1760	2743.25	1648.46	46.44	26.42	10.29
纺织服装、鞋、帽制造业	1800	6020.62	3304.96	102.42	58.85	45.73
纺织服装制造	1810	5766.70	3175.05	101.04	53.86	44.01
纺织面料鞋的制造	1820	170.14	89.92	1.37	4.59	1.12
制帽	1830	83.78	39.99		0.40	0.60
皮革、毛皮、羽毛(绒)及其制品业	1900	3342.01	1550.63	22.15	47.64	16.21
皮革鞣制加工	1910	499.14	279.80	0.71	20.97	1.69
皮革制品制造	1920	2441.84	1044.01	18.05	23.61	12.91
毛皮鞣制及制品加工	1930	151.03	95.02	2.73	1.84	0.31
羽毛(绒)加工及制品制造	1940	249.99	131.80	0.66	1.22	1.30
木材加工及木、竹、藤、棕、草制品业	2000	2966.74	2330.05	54.02	53.36	8.18
锯材、木片加工	2010	322.01	256.95	8.34	2.11	1.71
人造板制造	2020	1859.59	1530.02	33.90	38.92	3.36
木制品制造	2030	595.99	398.93	5.86	9.87	1.20
竹、藤、棕、草制品制造	2040	189.14	144.15	5.93	2.47	1.91
家具制造业	2100	2116.23	1171.26	3.50	4.58	7.27
木质家具制造	2110	1250.56	766.47	1.93	3.02	3.88
竹、藤家具制造	2120	24.53	11.96	0.30	0.05	0.07
金属家具制造	2130	481.12	226.46	0.89	1.09	1.27
塑料家具制造	2140	31.59	19.56		0.15	0.32
其他家具制造	2190	328.43	146.80	0.38	0.27	1.74

单位：亿元

国有联营企业	集体联营企业	国有与集体联营	其他联营	国有独资公司	其他有限责任公司	股份有限公司	私营独资	私营合伙	代码
				870.64	326.47	18.08	0.06		1600
				2.39	67.01	3.91			1610
				868.25	247.56	10.56			1620
					11.90	3.61	0.06		1690
1.82	1.99	5.41	3.68	217.34	3079.24	891.95	935.71	113.18	1700
1.73		0.26	2.50	189.20	1999.93	468.96	523.90	59.77	1710
	0.15	0.04		1.71	230.48	44.60	38.46	4.43	1720
0.10	0.50			2.92	40.66	7.68	10.59	1.03	1730
			0.13	18.78	141.15	47.11	93.49	14.91	1740
	1.34	4.83	0.01	2.67	373.58	243.57	113.89	13.41	1750
		0.28	1.04	2.07	293.45	80.01	155.37	19.62	1760
0.08	1.31	0.62	0.61	19.57	614.41	273.97	296.29	29.59	1800
0.08	1.31	0.62	0.61	19.50	595.77	268.93	270.54	26.65	1810
					13.51	0.54	17.35	2.62	1820
				0.07	5.13	4.51	8.41	0.31	1830
	6.49	0.10	0.73	0.21	289.55	66.93	152.15	21.48	1900
	6.06		0.25		60.89	25.19	38.72	7.21	1910
	0.44	0.10	0.08	0.21	194.48	31.62	77.29	7.45	1920
					11.65	0.46	18.51	4.60	1930
			0.40		22.54	9.65	17.63	2.21	1940
	0.28	0.34	0.02	1.66	520.75	143.72	352.40	54.54	2000
			0.02		33.74	15.38	69.82	7.38	2010
	0.28	0.34		1.46	406.86	114.96	211.86	28.43	2020
					67.10	12.34	48.34	13.90	2030
				0.20	13.05	1.05	22.38	4.83	2040
	0.08	0.11	0.32	13.03	223.58	30.86	131.16	18.96	2100
	0.08			13.03	136.06	13.24	101.15	14.20	2110
					1.11		2.26	0.57	2120
		0.11			41.72	15.90	14.44	1.44	2130
			0.32		6.98		2.71	0.96	2140
					37.71	1.72	10.59	1.79	2190

行业中类	代码	资产总额	内资企业	国有企业	集体企业	股份合作企业
造纸及纸制品业	2200	7847.87	4379.20	352.88	129.53	57.83
纸浆制造	2210	618.04	275.15	56.53	1.80	0.40
造纸	2220	5078.00	2847.16	286.47	79.81	17.61
纸制品制造	2230	2151.83	1256.89	9.87	47.91	39.82
印刷业和记录媒介的复制	2300	2897.09	2013.67	347.92	45.50	28.71
印刷	2310	2662.59	1870.83	303.61	41.05	27.98
装订及其他印刷服务活动	2320	125.53	77.48	32.86	4.45	0.73
记录媒介的复制	2330	108.97	65.36	11.45		
文教体育用品制造业	2400	1726.42	682.53	10.80	18.94	3.63
文化用品制造	2410	335.32	183.88	1.87	4.25	0.66
体育用品制造	2420	508.31	180.44	6.54	3.65	1.10
乐器制造	2430	145.47	62.26	1.86	1.82	0.31
玩具制造	2440	651.84	211.07	0.53	8.52	1.52
游艺器材及娱乐用品制造	2450	85.48	44.88		0.70	0.04
石油加工、炼焦及核燃料加工业	2500	11813.35	9780.86	1743.99	35.44	89.80
精炼石油产品的制造	2510	7724.34	6404.83	1558.63	22.53	10.56
炼焦	2520	3975.10	3262.12	101.35	12.92	79.24
化学原料及化学制品制造业	2600	30249.26	21992.76	2412.80	298.23	263.58
基础化学原料制造	2610	8888.44	6474.64	1040.31	91.16	38.61
肥料制造	2620	5493.46	5173.43	670.64	22.40	131.62
农药制造	2630	1085.08	919.57	43.15	5.08	8.05
涂料、油墨、颜料及类似产品制造	2640	2347.88	1339.30	55.52	30.16	22.83
合成材料制造	2650	4678.98	3134.24	173.42	48.38	3.61
专用化学产品制造	2660	6053.87	4167.70	393.01	90.75	51.29
日用化学产品制造	2670	1701.56	783.87	36.76	10.30	7.57
医药制造业	2700	8791.67	6469.89	382.57	54.13	44.09
化学药品原药制造	2710	2022.69	1568.91	53.02	13.58	6.23
化学药品制剂制造	2720	2737.57	1761.53	186.70	23.43	7.03
中药饮片加工	2730	358.81	282.13	2.74	2.48	3.55
中成药制造	2740	2041.47	1691.95	72.23	8.12	20.15
兽用药品制造	2750	261.92	220.17	10.45	3.24	2.48
生物、生化制品的制造	2760	1009.16	694.55	56.32	2.00	3.32
卫生材料及医药用品制造	2770	360.05	250.64	1.11	1.28	1.33

单位：亿元

国有联营企业	集体联营企业	国有与集体联营	其他联营	国有独资公司	其他有限责任公司	股份有限公司	私营独资	私营合伙	代码
0.20	1.43	0.61	0.84	132.39	1159.55	666.42	248.47	50.49	2200
				17.04	90.17	79.35	3.66	0.08	2210
0.13	0.69	0.49		108.42	822.69	539.58	100.15	27.72	2220
0.07	0.74	0.12	0.84	6.93	246.69	47.49	144.66	22.69	2230
1.10	0.81	1.85	0.14	40.71	484.96	121.70	112.05	13.13	2300
1.10	0.81	0.97	0.14	40.20	446.10	117.09	105.39	11.78	2310
		0.41		0.14	9.30	1.14	6.50	1.35	2320
		0.47		0.37	29.55	3.47	0.16		2330
	0.34	0.22	1.21	13.76	87.86	61.78	62.23	9.90	2400
		0.04		0.47	23.56	16.43	10.47	3.53	2410
		0.17	0.48		23.41	8.51	15.17	1.89	2420
				13.29	11.55	2.25	4.85	0.60	2430
	0.33		0.73		24.61	34.49	29.37	3.81	2440
					4.74	0.10	2.39	0.08	2450
0.68	0.62	0.93	13.15	317.55	1974.65	3695.71	205.75	51.08	2500
0.57	0.36	0.93		201.45	722.65	3307.05	96.46	9.32	2510
0.11	0.26		13.15	86.63	1251.61	388.66	109.26	41.76	2520
7.55	6.14	7.00	3.35	1300.79	7016.87	4354.37	811.03	154.94	2600
1.83	4.13	1.02	1.62	454.60	2123.72	1317.56	163.56	27.98	2610
0.42	0.29	3.37	0.79	349.77	1892.61	1151.59	89.82	22.88	2620
	0.13			17.25	353.78	223.92	30.74	2.11	2630
0.35	0.61	0.03		11.92	335.83	204.22	72.03	10.43	2640
		0.21	0.37	286.03	838.71	781.90	80.24	12.19	2650
4.95	0.95	2.19	0.47	178.18	1245.96	502.20	322.97	76.00	2660
	0.01	0.18	0.09	3.04	226.26	172.98	51.66	3.36	2670
3.07	5.94	1.74	3.84	188.58	2237.59	1949.77	149.45	17.52	2700
	5.79	0.12	0.49	151.73	634.53	390.74	49.30	6.23	2710
		0.72	0.48	10.58	688.09	466.09	29.76	0.07	2720
	0.12	0.48	0.53	0.41	88.35	39.66	14.41	1.39	2730
	0.03	0.13		13.94	451.34	772.38	20.97	2.14	2740
		0.30		2.44	69.82	23.18	9.30	4.16	2750
3.07			2.35	9.48	184.13	241.21	16.36	1.59	2760
					121.34	16.51	9.36	1.93	2770

行业中类	代码	资产总额	内资企业			
				国有企业	集体企业	股份合作企业
化学纤维制造业	2800	3617.93	2304.74	162.15	12.57	15.55
纤维素纤维原料及纤维制造	2810	649.26	495.22	69.50	1.71	0.44
合成纤维制造	2820	2968.66	1809.52	92.64	10.86	15.11
橡胶制品业	2900	3356.03	1766.59	63.88	49.57	24.41
轮胎制造	2910	1859.95	797.13	21.07	12.17	6.18
橡胶板、管、带的制造	2920	382.32	293.80	15.90	11.25	5.37
橡胶零件制造	2930	359.19	225.39	5.90	6.49	4.31
再生橡胶制造	2940	52.21	44.84	0.04	2.86	1.41
日用及医用橡胶制品制造	2950	135.73	66.29	3.60	3.21	0.07
橡胶靴鞋制造	2960	253.62	142.88	11.76	6.69	5.06
其他橡胶制品制造	2990	313.01	196.26	5.61	6.90	2.03
塑料制品业	3000	7728.11	4492.11	52.46	92.05	49.81
塑料薄膜制造	3010	1157.07	655.34	6.72	10.68	4.69
塑料板、管、型材的制造	3020	1791.89	1162.29	20.35	24.09	8.50
塑料丝、绳及编织品的制造	3030	583.19	497.75	9.54	18.38	6.18
泡沫塑料制造	3040	336.03	211.11	0.59	5.87	2.57
塑料人造革、合成革制造	3050	396.05	256.67	0.01		1.36
塑料包装箱及容器制造	3060	858.07	466.68	4.83	5.21	3.27
塑料零件制造	3070	844.46	376.71	5.22	10.76	12.90
日用塑料制造	3080	740.65	371.56	2.96	6.14	2.36
其他塑料制品制造	3090	1020.71	494.00	2.23	10.94	7.98
非金属矿物制品业	3100	20230.25	15985.62	669.81	327.53	194.26
水泥、石灰和石膏的制造	3110	7099.52	5947.27	326.93	124.09	77.17
水泥及石膏制品制造	3120	2961.30	2490.21	85.14	33.15	22.46
砖瓦、石材及其他建筑材料制造	3130	2956.08	2344.59	46.25	52.69	41.94
玻璃及玻璃制品制造	3140	3748.97	2361.42	48.79	24.38	13.42
陶瓷制品制造	3150	872.23	623.73	47.35	11.84	7.73
耐火材料制品制造	3160	1134.46	980.06	19.02	58.41	11.91
石墨及其他非金属矿物制品制造	3190	1457.68	1238.33	96.33	22.98	19.64

单位：亿元

国有联营企业	集体联营企业	国有与集体联营	其他联营	国有独资公司	其他有限责任公司	股份有限公司	私营独资	私营合伙	代码
	0.41	0.17		118.84	393.85	603.48	41.07	9.30	2800
		0.07		117.56	114.69	106.99	6.31	1.64	2810
	0.41	0.10		1.28	279.15	496.49	34.76	7.66	2820
	0.33	0.04	0.10	81.01	471.46	265.34	141.44	12.38	2900
	0.33			69.45	292.36	153.08	46.24	1.78	2910
			0.04	3.10	61.95	17.13	29.14	3.80	2920
			0.06	3.69	42.64	35.65	16.82	4.02	2930
					5.17	2.13	7.89	0.64	2940
					21.18	1.54	4.78	0.17	2950
				4.76	23.73	11.14	12.96	1.20	2960
		0.04			24.43	44.67	23.60	0.78	2990
2.02	0.79	2.60	0.55	65.54	956.59	420.70	445.03	58.61	3000
				7.89	114.17	103.45	37.78	9.00	3010
	0.01	2.00	0.10	44.22	352.41	109.95	77.86	7.11	3020
		0.05		0.92	85.78	24.45	109.22	13.17	3030
		0.08	0.22	11.09	31.13	15.95	26.50	2.93	3040
					42.26	18.30	4.50	1.06	3050
0.81	0.03		0.23		94.00	107.90	43.27	4.21	3060
0.92	0.74	0.47		1.13	78.69	2.22	38.59	6.22	3070
					72.93	3.98	42.53	5.66	3080
0.29				0.30	85.23	34.50	64.78	9.23	3090
11.58	7.80	6.43	7.42	280.77	5082.61	2155.39	1263.48	198.85	3100
7.31	3.00	3.65	4.42	155.91	2212.34	1202.87	258.64	50.90	3110
2.36	2.85	0.73	1.08	53.08	910.24	203.14	152.47	19.28	3120
0.77	0.55	1.23	1.85	6.07	516.74	56.77	342.84	66.89	3130
0.08	0.04	0.51		43.70	658.47	323.73	192.64	13.95	3140
	0.07		0.07	8.50	131.72	98.86	70.44	16.29	3150
	0.83				255.67	77.61	131.19	21.64	3160
1.05	0.46	0.31		13.52	397.43	192.40	115.24	9.89	3190

行业中类	代码	资产总额	内资企业	国有企业	集体企业	股份合作企业
黑色金属冶炼及压延加工业	3200	37965.60	33728.45	6217.28	398.97	141.03
炼铁	3210	1860.79	1766.15	66.00	5.04	1.03
炼钢	3220	7987.63	7353.55	2831.02	2.59	0.21
钢压延加工	3230	26715.73	23441.00	3274.17	363.26	102.99
铁合金冶炼	3240	1401.44	1167.76	46.10	28.07	36.81
有色金属冶炼及压延加工业	3300	15395.31	12638.39	1488.08	501.54	138.22
常用有色金属冶炼	3310	8106.93	7021.16	1140.53	65.97	93.77
贵金属冶炼	3320	605.49	597.21	9.43	2.89	0.41
稀有稀土金属冶炼	3330	988.66	892.24	25.92	5.35	1.48
有色金属合金制造	3340	605.30	427.64	67.05	8.17	2.58
有色金属压延加工	3350	5088.93	3700.14	245.15	419.15	39.99
金属制品业	3400	10784.02	7318.81	367.66	179.78	83.92
结构性金属制品制造	3410	3765.72	2948.32	113.56	54.50	30.27
金属工具制造	3420	901.60	586.41	18.81	13.90	6.26
集装箱及金属包装容器制造	3430	1111.22	522.22	19.85	19.18	12.75
金属丝绳及其制品的制造	3440	1001.46	719.15	118.12	19.19	5.99
建筑、安全用金属制品制造	3450	1138.77	703.30	11.04	12.18	6.34
金属表面处理及热处理加工	3460	754.93	501.64	9.53	32.00	14.60
搪瓷制品制造	3470	122.49	94.14	0.20	3.83	0.08
不锈钢及类似日用金属制品制造	3480	981.81	567.96	9.36	4.82	2.39
其他金属制品制造	3490	1006.03	675.66	67.19	20.17	5.24
通用设备制造业	3500	21618.49	15574.63	1258.64	286.81	147.41
锅炉及原动机制造	3510	3283.08	2453.77	363.21	29.73	11.09
金属加工机械制造	3520	2324.03	1906.97	170.59	17.73	13.25
起重运输设备制造	3530	2736.31	1982.74	138.81	12.26	8.81
泵、阀门、压缩机及类似机械的制造	3540	3237.03	2153.74	112.43	32.29	36.58
轴承、齿轮、传动和驱动部件的制造	3550	1928.44	1354.05	88.84	14.80	14.23
烘炉、熔炉及电炉制造	3560	126.67	85.86	4.44	1.84	1.38
风机、衡器、包装设备等通用设备制造	3570	3152.72	1963.93	196.00	47.32	16.76
通用零部件制造及机械修理	3580	2118.81	1534.85	95.35	51.68	20.85
金属铸、锻加工	3590	2711.41	2138.72	88.96	79.15	24.47
专用设备制造业	3600	15261.18	11213.79	1211.70	126.92	83.01
矿山、冶金、建筑专用设备制造	3610	6088.04	4951.36	743.68	53.09	35.41

单位：亿元

国有联营企业	集体联营企业	国有与集体联营	其他联营	国有独资公司	其他有限责任公司	股份有限公司	私营独资	私营合伙	代码
657.39	0.22	11.70	43.71	4058.41	10584.79	6209.68	429.08	101.52	3200
			0.37	263.80	483.61	440.33	43.96	22.16	3210
			0.13	627.41	2245.62	879.17	54.48	16.85	3220
657.39		11.70	39.73	3132.44	7476.76	4760.88	278.67	49.31	3230
	0.22		3.49	34.75	378.80	129.31	51.97	13.20	3240
3.90	2.49	3.55	2.08	1384.51	3734.56	2638.58	298.86	40.89	3300
3.90	0.23		1.42	993.83	2126.38	1673.82	93.38	13.90	3310
		0.56		9.05	159.58	315.52	6.88	1.03	3320
	0.41			245.14	193.41	253.62	13.91	3.97	3330
	0.73	0.98		68.61	77.64	39.65	20.15	2.28	3340
	1.12	2.01	0.66	67.87	1177.56	355.98	164.54	19.71	3350
1.99	2.80	4.31	2.23	59.30	1610.54	485.96	610.84	79.78	3400
0.11	0.73	2.57	0.86	19.20	755.85	172.27	188.94	20.92	3410
0.22	0.32	0.29	0.01	2.46	113.09	37.88	111.71	9.46	3420
	0.89	0.41		2.10	137.15	25.73	35.85	3.11	3430
	0.60			3.39	145.97	152.41	40.47	8.27	3440
			0.07	1.65	104.93	27.92	55.48	8.46	3450
	0.06	0.81	0.64	0.33	95.84	9.45	47.96	9.54	3460
			0.08		43.90	2.42	10.00	5.07	3470
0.75	0.04				88.27	17.05	68.79	8.50	3480
0.92	0.17	0.23	0.57	30.18	125.55	40.83	51.63	6.46	3490
2.52	5.20	15.17	4.29	868.76	4154.99	1969.29	989.86	124.48	3500
	1.04	1.53	0.57	143.23	1148.89	345.55	44.15	8.07	3510
0.12	0.12	0.78		241.98	445.24	258.60	89.74	10.16	3520
1.64	0.24	6.44		233.13	354.35	688.53	44.24	5.72	3530
	0.03	0.11	0.76	50.72	573.28	212.25	154.02	19.89	3540
	0.10	2.16	0.16	68.66	353.70	121.68	96.04	15.30	3550
			0.08		20.71	5.84	3.93	0.73	3560
	0.53	0.13	0.16	68.12	504.56	184.32	92.81	9.23	3570
0.76	0.18	0.63	1.20	17.22	299.33	56.02	172.04	23.24	3580
	2.97	3.38	1.37	45.70	454.92	96.50	292.90	32.13	3590
9.20	1.23	8.75	1.48	1642.57	2956.89	1694.25	458.78	64.05	3600
9.20	0.52	1.67		910.58	1363.70	858.67	107.88	14.18	3610

行业中类	代码	资产总额				
			内资企业			
				国有企业	集体企业	股份合作企业
化工、木材、非金属加工专用设备制造	3620	2325.37	1267.05	68.59	14.27	9.80
食品、饮料、烟草及饲料生产专用设备制造	3630	387.74	334.41	18.10	8.63	3.06
印刷、制药、日化生产专用设备制造	3640	608.18	381.46	40.71	4.66	2.92
纺织、服装和皮革工业专用设备制造	3650	994.75	643.65	15.33	5.65	12.07
农、林、牧、渔专用机械制造	3670	853.13	707.03	39.85	10.53	6.05
医疗仪器设备及器械制造	3680	853.78	465.90	31.75	4.34	2.86
环保、社会公共安全及其他专用设备制造	3690	1568.59	1141.52	113.51	17.92	8.66
交通运输设备制造业	3700	36630.06	22399.98	3738.79	193.79	120.64
铁路运输设备制造	3710	1876.93	1615.65	493.71	24.87	8.28
汽车制造	3720	22793.76	12298.03	1749.85	110.75	88.43
摩托车制造	3730	1423.71	1059.75	35.33	11.44	4.46
自行车制造	3740	491.08	224.14	9.92	4.32	4.94
船舶及浮动装置制造	3750	7794.37	5168.07	762.84	36.58	14.49
航空航天器制造	3760	2118.05	1942.25	682.55	1.25	
交通器材及其他交通运输设备制造	3790	132.17	92.09	4.59	4.59	0.03
电气机械及器材制造业	3900	26362.61	18513.02	958.81	654.17	166.98
电机制造	3910	3080.68	2246.41	152.86	27.57	9.73
输配电及控制设备制造	3920	6535.67	4779.50	586.94	87.88	49.18
电线、电缆、光缆及电工器材制造	3930	5634.60	4444.00	71.45	90.95	73.90
电池制造	3940	2418.32	820.42	26.37	3.51	5.15
家用电力器具制造	3950	4705.19	3141.02	103.32	434.59	6.67
非电力家用器具制造	3960	408.58	303.27		1.24	14.62
照明器具制造	3970	3192.95	2604.48	16.01	2.51	5.97
其他电气机械及器材制造	3990	386.63	173.93	1.85	5.93	1.76
通信设备、计算机及其他电子设备制造业	4000	28653.32	9292.28	549.08	79.98	43.57
通信设备制造	4010	6374.58	3437.52	153.17	6.34	4.38
雷达及配套设备制造	4020	210.33	207.40	88.99		0.15
广播电视设备制造	4030	380.93	244.74	10.54	0.70	0.13
电子计算机制造	4040	6139.21	887.55	53.90	4.34	1.51
电子器件制造	4050	6211.11	1692.72	115.43	5.18	18.61
电子元件制造	4060	6296.60	1528.43	60.47	42.76	17.21
家用视听设备制造	4070	2223.98	945.69	37.52	18.32	0.94
其他电子设备制造	4090	816.58	348.23	29.05	2.33	0.63

单位：亿元

国有联营企业	集体联营企业	国有与集体联营	其他联营	国有独资公司	其他有限责任公司	股份有限公司	私营独资	私营合伙	代码
	0.29	1.63	1.01	36.49	296.23	125.24	103.06	26.51	3620
				3.72	89.79	25.75	32.30	1.47	3630
		0.50	0.24		87.12	65.36	31.38	5.07	3640
	0.42	4.96		8.18	184.56	133.18	39.98	2.70	3650
				2.23	283.81	45.29	73.83	7.19	3670
			0.23		114.37	120.42	17.98	1.02	3680
				59.78	291.34	161.00	33.26	5.42	3690
18.72	6.49	22.61	2.72	2932.27	6515.91	3896.00	425.28	76.13	3700
	0.54	0.15	0.14	237.89	511.48	223.80	15.35	1.06	3710
2.75	3.56	18.98	1.61	1344.47	2746.39	3367.60	272.80	44.52	3720
14.11				52.78	199.62	97.04	49.93	9.04	3730
0.23		0.17			41.06	4.18	14.45	2.69	3740
1.63	2.39	3.31	0.97	675.96	2479.61	86.50	63.65	17.58	3750
				620.91	511.26	102.93	1.92		3760
				0.27	26.48	13.94	7.18	1.22	3790
1.63	3.45	5.40	7.68	173.97	5521.64	3124.27	560.01	75.92	3900
0.22	0.46	0.22	0.37	95.58	713.02	451.90	52.19	8.05	3910
0.38	0.16	1.08	5.35	7.24	1603.21	711.66	134.43	22.72	3920
0.25	1.04	2.46	1.31	46.03	1885.54	519.43	183.30	24.25	3930
	0.41	0.10		21.57	289.67	113.96	30.58	4.32	3940
0.79	0.07	1.19		2.57	735.92	1204.08	47.66	7.39	3950
	0.01	0.06	0.42		89.93	6.02	29.54	0.80	3960
		0.16	0.17	0.94	155.10	114.61	75.83	7.71	3970
	1.30	0.13	0.06	0.05	49.26	2.63	6.49	0.67	3990
61.91	2.40	2.52	2.28	306.10	3685.12	2417.92	129.70	18.36	4000
57.04		1.52		155.39	1848.26	837.24	8.46	1.37	4010
				83.62	18.16	10.65		0.08	4020
0.52		0.16			64.21	88.48	6.37	0.54	4030
				2.80	259.65	378.54	16.66	1.31	4040
0.42	0.51		2.21	43.50	458.15	588.16	12.04	3.17	4050
2.55	1.06	0.84		19.35	442.49	285.99	65.00	9.41	4060
0.87	0.25		0.07		525.78	173.01	11.59	0.60	4070
0.51	0.58			1.44	68.42	55.86	9.57	1.89	4090

行业中类	代码	资产总额	内资企业			
				国有企业	集体企业	股份合作企业
仪器仪表及文化、办公用机械制造业	4100	4365.27	2342.82	339.25	35.60	27.95
通用仪器仪表制造	4110	1774.16	1266.21	139.90	12.85	20.00
专用仪器仪表制造	4120	708.70	486.32	139.71	4.69	1.96
钟表与计时仪器制造	4130	163.05	71.10	10.76	8.69	0.75
光学仪器及眼镜制造	4140	607.79	313.88	42.95	6.36	2.93
文化、办公用机械制造	4150	1034.23	153.24	5.56	0.62	0.42
其他仪器仪表的制造及修理	4190	77.34	52.05	0.37	2.40	1.89
工艺品及其他制造业	4200	2806.57	1791.70	187.63	27.14	15.55
工艺美术品制造	4210	1659.70	1025.70	9.23	15.92	12.61
日用杂品制造	4220	541.00	303.78	0.50	4.16	2.34
煤制品制造	4230	53.83	53.37	20.69	2.90	0.24
其他未列明的制造业	4290	548.33	405.30	157.05	4.16	0.36
废弃资源和废旧材料回收加工业	4300	622.66	390.62	10.27	15.67	0.96
金属废料和碎屑的加工处理	4310	503.69	304.24	6.31	11.71	0.26
非金属废料和碎屑的加工处理	4320	118.98	86.38	3.96	3.95	0.70
电力、燃气及水的生产和供应业	D	**72806.09**	**65102.61**	**35116.46**	**296.63**	**166.37**
电力、热力的生产和供应业	4400	65418.65	59470.24	32929.06	109.23	150.62
电力生产	4410	37503.57	31752.54	12196.46	69.22	138.55
电力供应	4420	25694.47	25659.89	20213.59	26.28	4.30
热力生产和供应	4430	2220.61	2057.81	519.01	13.73	7.77
燃气生产和供应业	4500	2534.23	1560.83	362.16	11.47	8.65
水的生产和供应业	4600	4853.20	4071.54	1825.25	175.92	7.10
自来水的生产和供应	4610	3939.98	3504.33	1756.34	163.32	5.14
污水处理及其再生利用	4620	618.14	522.92	67.69	12.60	1.74
其他水的处理、利用与分配	4690	295.08	44.29	1.22		0.21
建筑业	E	**59439.50**	**58579.27**	**11159.50**	**2092.82**	**377.16**
房屋和土木工程建筑业	4700	49895.76	49413.89	9991.42	1731.26	282.48
房屋工程建筑	4710	28250.35	27961.50	3253.84	1366.01	183.16
土木工程建筑	4720	21645.41	21452.40	6737.58	365.24	99.32
建筑安装业	4800	6161.45	5978.07	913.79	292.78	76.40
建筑装饰业	4900	2109.65	1946.73	66.50	41.00	8.74

单位：亿元

国有联营企业	集体联营企业	国有与集体联营	其他联营	国有独资公司	其他有限责任公司	股份有限公司	私营独资	私营合伙	代码
0.24	0.24	0.37	1.36	114.19	519.59	395.25	64.33	10.77	4100
0.24	0.14	0.01	0.17	24.50	300.13	263.43	32.66	6.75	4110
		0.11	1.19	21.98	99.28	50.27	13.26	0.48	4120
	0.01				15.17	0.40	8.42	0.41	4130
				67.70	54.64	39.35	5.63	1.21	4140
		0.26			33.71	34.70	3.08	0.98	4150
	0.10				16.66	7.10	1.28	0.94	4190
0.11	0.61	0.19	10.93	83.51	354.03	105.89	159.26	21.91	4200
0.11	0.61	0.19	10.57	2.15	234.94	65.73	109.28	12.52	4210
			0.36	0.47	42.33	21.05	32.64	5.94	4220
				0.12	13.14	1.11	5.81	0.78	4230
				80.77	60.97	17.67	11.53	2.67	4290
	1.15		0.05	1.74	111.03	24.53	38.25	2.87	4300
	1.15		0.05	1.74	83.50	24.41	26.30	1.85	4310
					27.53	0.12	11.94	1.02	4320
332.29	**4.90**	**27.46**	**7.93**	**7870.26**	**15705.79**	**3976.12**	**166.80**	**33.38**	D
324.97	2.05	25.82	7.48	6524.24	14350.18	3702.52	154.91	28.64	4400
298.01	2.05	20.53	7.27	1469.73	13186.76	3262.66	133.71	28.14	4410
24.18		3.08		4558.18	528.08	270.40	1.17	0.11	4420
2.77		2.21	0.21	496.33	635.34	169.46	20.04	0.38	4430
1.42	0.78		0.45	274.59	711.37	92.60	6.03	1.74	4500
5.90	2.07	1.64		1071.43	644.24	180.99	5.86	3.00	4600
5.90	2.07	1.64		823.54	484.21	174.94	4.86	1.20	4610
				247.89	122.02	6.05	0.83	1.80	4620
					38.01		0.17		4690
34.17	**21.26**	**25.51**	**41.93**	**2989.84**	**21582.86**	**6376.49**	**417.40**	**85.53**	E
30.30	19.22	23.12	30.01	2718.19	18280.32	5794.64	297.24	56.44	4700
3.72	14.22	9.42	21.09	1409.77	10942.27	2937.26	235.58	44.77	4710
26.58	5.00	13.69	8.92	1308.42	7338.05	2857.38	61.66	11.67	4720
1.05	1.75	1.71	7.74	211.85	2352.08	399.46	67.70	12.72	4800
2.15	0.25	0.62	3.24	10.57	591.01	92.97	30.34	12.03	4900

行业中类	代码	资产总额	内资企业			
				国有企业	集体企业	股份合作企业
其他建筑业	5000	1272.65	1240.57	187.78	27.79	9.54
工程准备	5010	404.46	395.52	90.58	7.25	2.36
提供施工设备服务	5020	101.70	95.38	4.26	2.36	0.06
其他未列明的建筑活动	5090	766.49	749.67	92.95	18.18	7.12
交通运输、仓储和邮政业	**F**	**162.53**	**130.42**	**20.69**	**0.32**	**1.61**
铁路运输业	5100	0.02	0.02			0.02
铁路货物运输	5120	0.02	0.02			0.02
道路运输业	5200	23.31	23.31	14.69		1.28
道路货物运输	5220	5.79	5.79			0.03
道路运输辅助活动	5230	17.52	17.52	14.69		1.25
水上运输业	5400	17.79	17.79		0.32	
水上货物运输	5420	8.90	8.90		0.32	
水上运输辅助活动	5430	8.90	8.90			
装卸搬运和其他运输服务业	5700	77.86	77.66	0.05		
装卸搬运	5710	0.05	0.05	0.05		
运输代理服务	5720	77.82	77.62			
仓储业	5800	43.54	11.63	5.95		0.31
谷物、棉花等农产品仓储	5810	10.08	10.08	5.85		0.29
其他仓储	5890	33.46	1.55	0.11		0.02
邮政业	5900					
其他寄递服务	5990					
信息传输、计算机服务和软件业	**G**	**18.71**	**18.14**		**0.06**	
电信和其他信息传输服务业	6000	2.82	2.52			
电信	6010	0.10	0.10			
互联网信息服务	6020	2.37	2.37			
广播电视传输服务	6030	0.35	0.05			
计算机服务业	6100	6.27	6.25			
计算机系统服务	6110	5.48	5.48			
计算机维修	6130	0.08	0.05			
其他计算机服务	6190	0.71	0.71			
软件业	6200	9.62	9.37		0.06	
公共软件服务	6210	8.09	7.85		0.06	
其他软件服务	6290	1.52	1.52			

单位：亿元

国有联营企业	集体联营企业	国有与集体联营	其他联营	国有独资公司	其他有限责任公司	股份有限公司	私营独资	私营合伙	代码
0.68	0.04	0.06	0.94	49.22	359.46	89.42	22.12	4.34	5000
0.01		0.06	0.15	0.80	111.14	11.69	6.77	1.15	5010
	0.02		0.09	1.83	28.65	7.45	1.51	0.18	5020
0.67	0.01		0.70	46.60	219.67	70.29	13.84	3.01	5090
				2.86	**91.27**		**3.39**	**0.16**	F
									5100
									5120
					1.56		0.24	0.07	5200
					1.54		0.21	0.07	5220
					0.01		0.02		5230
				1.54	11.21		2.88		5400
					5.63		2.88		5420
				1.54	5.58				5430
					76.84		0.03		5700
									5710
					76.84		0.03		5720
				1.32	1.67		0.24	0.09	5800
				1.32	1.67				5810
							0.24	0.09	5890
									5900
									5990
				0.16	**6.36**	**1.18**	**0.02**		G
				0.16		0.86			6000
									6010
				0.16		0.86			6020
									6030
					3.43	0.32	0.02		6100
					3.06	0.29			6110
					0.04		0.02		6130
					0.33	0.04			6190
					2.93				6200
					1.81				6210
					1.13				6290

行业中类	代码	资产总额	内资企业	国有企业	集体企业	股份合作企业
批发和零售业	H	**87192.25**	**76413.45**	**14092.54**	**1337.68**	**394.97**
批发业	6300	67709.19	59667.00	12953.14	1010.67	245.70
农畜产品批发	6310	3292.88	3181.90	1111.66	106.43	4.77
食品、饮料及烟草制品批发	6320	6937.60	6538.70	3789.30	33.24	11.99
纺织、服装及日用品批发	6330	4734.78	3810.04	355.84	24.03	8.48
文化、体育用品及器材批发	6340	1318.23	1038.22	342.90	3.92	10.30
医药及医疗器材批发	6350	3030.42	2759.51	367.62	15.21	10.73
矿产品、建材及化工产品批发	6360	31524.61	30251.22	5099.42	588.57	101.76
机械设备、五金交电及电子产品批发	6370	12302.60	8230.25	941.42	204.13	89.30
贸易经纪与代理	6380	2652.73	2359.55	614.15	5.56	2.79
其他批发	6390	1915.36	1497.61	330.85	29.58	5.57
零售业	6500	19483.06	16746.45	1139.40	327.01	149.26
综合零售	6510	7451.16	5800.72	241.10	216.16	62.65
食品、饮料及烟草制品专门零售	6520	384.08	372.25	89.98	10.44	4.85
纺织、服装及日用品专门零售	6530	898.29	610.72	25.29	11.85	3.90
文化、体育用品及器材专门零售	6540	817.42	785.19	299.35	6.38	9.05
医药及医疗器材专门零售	6550	792.42	787.86	52.52	8.06	5.62
汽车、摩托车、燃料及零配件专门零售	6560	6319.47	5985.50	327.01	46.01	41.35
家用电器及电子产品专门零售	6570	1832.30	1624.00	23.50	7.86	18.20
五金、家具及室内装修材料专门零售	6580	465.40	368.81	16.74	10.49	1.75
无店铺及其他零售	6590	522.52	411.40	63.91	9.76	1.89
住宿和餐饮业	I	**8611.49**	**6681.16**	**1501.67**	**177.81**	**87.53**
住宿业	6600	6421.34	4881.82	1400.90	152.53	52.87
旅游饭店	6610	5709.73	4267.19	1258.75	131.13	43.62
一般旅馆	6620	624.06	543.49	132.10	19.08	8.50
其他住宿服务	6690	87.55	71.14	10.06	2.32	0.74
餐饮业	6700	2190.16	1799.33	100.77	25.28	34.66
正餐服务	6710	1895.90	1700.50	98.10	24.40	33.63
快餐服务	6720	210.30	46.94	1.75	0.26	0.37
饮料及冷饮服务	6730	14.08	5.78	0.16	0.06	0.04
其他餐饮服务	6790	69.87	46.11	0.75	0.55	0.62

单位：亿元

国有联营企业	集体联营企业	国有与集体联营	其他联营	国有独资公司	其他有限责任公司	股份有限公司	私营独资	私营合伙	代码
97.58	**61.08**	**75.03**	**68.78**	**4181.34**	**21872.80**	**11249.78**	**1141.53**	**265.33**	H
74.39	55.46	49.12	49.27	4038.42	16648.17	7582.71	666.46	188.09	6300
1.75	0.01		0.23	967.68	539.92	104.90	23.05	8.86	6310
12.65	5.66	7.05	0.07	683.51	1132.86	188.79	34.23	19.73	6320
10.64		1.63	3.13	137.46	1156.20	495.01	63.11	19.99	6330
0.58	0.02	0.14	2.51	66.86	244.69	36.08	15.35	5.27	6340
0.86	0.04		0.16	70.87	1140.80	401.52	56.32	5.95	6350
44.90	49.59	13.65	13.67	1465.36	8021.90	5367.80	342.70	74.45	6360
2.92	0.11	0.66	29.46	315.51	2997.36	868.23	76.45	29.88	6370
		0.41		311.97	1019.28	30.36	8.01	1.97	6380
0.08	0.02	25.58	0.05	19.19	395.16	90.02	47.22	22.00	6390
23.18	5.62	25.92	19.51	142.92	5224.62	3667.07	475.07	77.24	6500
0.04	0.81	0.37	1.99	34.94	1852.64	1825.47	131.95	26.64	6510
0.20	0.10	0.33	0.21	34.43	88.40	40.31	16.68	3.12	6520
0.31	0.68	0.19	0.31	0.71	200.54	48.02	35.80	3.33	6530
	0.20		0.67	40.05	196.88	106.81	10.40	1.16	6540
0.31	0.30	0.06	0.03	3.31	309.42	191.06	17.37	1.19	6550
21.47	3.38	8.01	14.88	26.16	1713.93	1230.68	142.36	28.69	6560
0.44	0.03	16.81	1.18	0.77	641.01	182.47	68.71	5.90	6570
			0.02	0.07	79.11	26.25	31.51	4.05	6580
0.41	0.11	0.15	0.22	2.48	142.69	15.99	20.29	3.18	6590
20.40	**3.47**	**7.37**	**4.96**	**111.22**	**1935.27**	**369.00**	**489.84**	**84.49**	I
15.14	3.29	7.36	3.69	108.71	1525.82	236.85	219.84	46.72	6600
13.89	2.73	7.00	3.32	104.20	1339.51	217.86	165.50	32.93	6610
1.16	0.56	0.36	0.37	4.10	157.26	16.12	51.07	12.95	6620
0.09				0.41	29.06	2.87	3.28	0.84	6690
5.27	0.18		1.27	2.51	409.45	132.14	270.00	37.77	6700
5.23	0.18		1.08	2.25	374.93	130.42	259.84	36.08	6710
				0.01	22.66	0.39	4.44	0.54	6720
0.04					0.86	0.01	0.87	0.20	6730
			0.18	0.26	11.01	1.32	4.85	0.95	6790

行业中类	代码	资产总额	内资企业	国有企业	集体企业	股份合作企业
金融业	J	**828.21**	**656.90**	**88.02**		
证券业	6900	229.67	58.37			
证券市场管理	6910	6.86	6.86			
证券经纪与交易	6920	221.29	49.99			
证券投资	6930	1.52	1.52			
其他金融活动	7100	598.54	598.54	88.02		
金融信托与管理	7110	0.02	0.02			
金融租赁	7120	88.02	88.02	88.02		
典当	7150					
其他未列明的金融活动	7190	510.49	510.49			
房地产业	K	**168301.21**	**140397.54**	**15346.01**	**1370.39**	**575.19**
房地产业	7200	168301.21	140397.54	15346.01	1370.39	575.19
房地产开发经营	7210	167115.89	139461.20	15122.31	1349.40	571.44
物业管理	7220	527.81	401.01	178.81	16.64	2.58
房地产中介服务	7230	196.03	160.86	29.92	0.19	0.01
其他房地产活动	7290	461.48	374.48	14.96	4.15	1.17
租赁和商务服务业	L	**1426.78**	**1276.37**	**738.94**	**7.19**	
租赁业	7300	3.19	3.19		1.40	
机械设备租赁	7310	3.19	3.19		1.40	
商务服务业	7400	1423.59	1273.17	738.94	5.79	
企业管理服务	7410	1371.64	1224.72	738.22	5.11	
咨询与调查	7430	7.76	5.26			
广告业	7440	0.42	0.42			
职业中介服务	7460	1.00	1.00			
市场管理	7470	34.38	34.20	0.11	0.61	
旅行社	7480	0.26	0.26		0.07	
其他商务服务	7490	8.12	7.30	0.61		
科学研究、技术服务和地质勘查业	M	**39.59**	**37.92**	**6.30**	**0.06**	**0.06**
研究与试验发展	7500	16.38	15.47	4.29		
自然科学研究与试验发展	7510	1.16	0.25			
工程和技术研究与试验发展	7520	15.17	15.17	4.29		
农业科学研究与试验发展	7530	0.01	0.01			
医学研究与试验发展	7540	0.05	0.05			

单位：亿元

国有联营企业	集体联营企业	国有与集体联营	其他联营	国有独资公司	其他有限责任公司	股份有限公司	私营独资	私营合伙	代码
				6.86	**50.01**	**509.86**			J
				6.86	49.99				6900
				6.86					6910
					49.99				6920
									6930
					0.02	509.86			7100
					0.02				7110
									7120
									7150
						509.86			7190
206.14	**48.23**	**118.76**	**94.29**	**5230.57**	**61671.21**	**10140.53**	**1486.40**	**383.12**	K
206.14	48.23	118.76	94.29	5230.57	61671.21	10140.53	1486.40	383.12	7200
204.20	47.95	116.20	92.86	5191.04	61384.51	10129.45	1460.23	372.68	7210
1.88		1.03	0.53	7.13	63.14	4.43	6.05	3.61	7220
0.06	0.28	1.53	0.90	29.10	37.32	1.73	12.77	0.46	7230
				3.30	186.24	4.91	7.35	6.37	7290
	0.11			**270.14**	**83.50**	**1.44**	**7.37**	**0.07**	L
							0.86	0.01	7300
							0.86	0.01	7310
	0.11			270.14	83.50	1.44	6.52	0.06	7400
	0.11			270.14	43.03	1.44	4.82	0.01	7410
					3.37		1.62		7430
					0.17		0.01	0.01	7440
					0.22		0.06		7460
					32.18		0.01	0.04	7470
									7480
					4.53		0.01		7490
					17.78	**0.07**	**1.47**	**0.05**	M
					9.01		0.05		7500
									7510
					8.96		0.05		7520
									7530
					0.05				7540

行业中类	代码	资产总额	内资企业	国有企业	集体企业	股份合作企业
专业技术服务业	7600	20.27	19.52	1.93		0.05
气象服务	7610					
技术检测	7650	0.24	0.21			
环境监测	7660	0.08	0.08			
工程技术与规划管理	7670	10.29	10.29	0.11		
其他专业技术服务	7690	9.66	8.94	1.82		0.05
科技交流和推广服务业	7700	1.84	1.84	0.08		0.01
技术推广服务	7710	0.91	0.91	0.01		
科技中介服务	7720	0.07	0.07			0.01
其他科技服务	7790	0.86	0.86	0.08		
地质勘查业	7800	1.09	1.09		0.06	
矿产地质勘查	7810	1.03	1.03			
基础地质勘查	7820	0.06	0.06		0.06	
水利、环境和公共设施管理业	**N**	**53.87**	**51.56**	**42.11**	**0.44**	**0.29**
水利管理业	7900	0.01	0.01		0.01	
水资源管理	7920	0.01	0.01		0.01	
其他水利管理	7990					
环境管理业	8000	4.75	2.72			
自然保护	8010	1.05	1.05			
环境治理	8020	3.71	1.67			
公共设施管理业	8100	49.10	48.82	42.11	0.43	0.29
市政公共设施管理	8110	44.89	44.89	41.67	0.43	0.01
城市绿化管理	8120	3.03	3.03			0.28
游览景区管理	8130	1.19	0.91	0.44		
居民服务和其他服务业	**O**	**4.93**	**4.90**	**0.50**	**0.38**	
居民服务业	8200	0.95	0.95	0.34		
家庭服务	8210					
理发及美容保健服务	8240	0.01	0.01			
洗浴服务	8250	0.20	0.20			
殡葬服务	8270	0.48	0.48	0.32		

单位：亿元

国有联营企业	集体联营企业	国有与集体联营	其他联营	国有独资公司	其他有限责任公司	股份有限公司	私营独资	私营合伙	代码
					8.48	0.07	1.05	0.05	7600
									7610
					0.12				7650
					0.08				7660
					5.69	0.07	0.93	0.05	7670
					2.59		0.12		7690
					0.29		0.37		7700
					0.01		0.37		7710
									7720
					0.29				7790
									7800
									7810
									7820
					2.88		**0.42**		**N**
									7900
									7920
									7990
					0.62		0.08		8000
					0.46				8010
					0.16		0.08		8020
					2.26		0.34		8100
					1.34		0.20		8110
					0.49		0.14		8120
					0.43				8130
					2.59	**0.39**	**0.20**		**O**
					0.03	0.11	0.18		8200
									8210
							0.01		8240
					0.03	0.11	0.01		8250
							0.16		8270

行业中类	代码	资产总额				
			内资企业	国有企业	集体企业	股份合作企业
摄影扩印服务	8280					
其他居民服务	8290	0.25	0.25	0.03		
其他服务业	8300	3.98	3.94	0.16	0.38	
修理与维护	8310	0.90	0.90	0.16		
清洁服务	8320	0.01	0.01			
其他未列明的服务	8390	3.06	3.03		0.38	
教育	**P**					
教育	8400					
其他教育	8490					
卫生、社会保障和社会福利业	**Q**					
社会福利业	8700					
不提供住宿的社会福利	8720					
文化、体育和娱乐业	**R**	**30.16**	**6.11**	**1.03**		**0.02**
新闻出版业	8800	1.03	1.03	1.03		
出版业	8820	1.03	1.03	1.03		
广播、电视、电影和音像业	8900					
电影	8930					
音像制作	8940					
文化艺术业	9000	0.07	0.07			0.02
博物馆	9050	0.05	0.05			
文化艺术经纪代理	9080	0.02	0.02			0.02
其他文化艺术	9090	0.01	0.01			
体育	9100					
体育组织	9110					
娱乐业	9200	29.05	5.00			
室内娱乐活动	9210	2.87	2.87			
游乐园	9220	0.50	0.50			
休闲健身娱乐活动	9230	4.63	1.41			
其他娱乐活动	9290	21.04	0.22			

单位：亿元

国有联营企业	集体联营企业	国有与集体联营	其他联营	国有独资公司	其他有限责任公司	股份有限公司	私营独资	私营合伙	代码
									8280
									8290
					2.55	0.28	0.02		8300
					0.08	0.28			8310
					0.01				8320
					2.47		0.02		8390
									P
									8400
									8490
									Q
									8700
									8720
					2.69	**0.50**	**0.11**		R
									8800
									8820
									8900
									8930
									8940
							0.05		9000
							0.05		9050
									9080
									9090
									9100
									9110
					2.69	0.50	0.06		9200
					2.69		0.06		9210
						0.50			9220
									9230
									9290

行业中类	代码	私营有限责任公司	私营股份有限公司	其他	港、澳、台商投资企业	与港、澳、台商合资经营
总计	0000	**144867.66**	**10647.99**	**2738.04**	**64373.79**	**23476.32**
农、林、牧、渔业	A	**4.93**	**0.12**	**1.76**		
农业	0100	0.37	0.10	0.19		
谷物及其他作物的种植	0110			0.06		
蔬菜、园艺作物的种植	0120	0.22	0.10	0.01		
水果、坚果、饮料和香料作物的种植	0130	0.13		0.04		
中药材的种植	0140	0.02		0.09		
林业	0200	0.11		0.44		
林木的培育和种植	0210	0.11		0.44		
木材和竹材的采运	0220					
林产品的采集	0230					
畜牧业	0300	4.34		0.72		
牲畜的饲养	0310					
猪的饲养	0320	0.47		0.18		
家禽的饲养	0330	3.88		0.55		
其他畜牧业	0390					
渔业	0400	0.02		0.17		
海洋渔业	0410					
内陆渔业	0420	0.02		0.17		
农、林、牧、渔服务业	0500	0.08	0.01	0.24		
农业服务业	0510	0.08	0.01	0.24		
畜牧服务业	0530					
采矿业	B	**2769.70**	**275.51**	**96.77**	**642.42**	**141.02**
煤炭开采和洗选业	0600	1040.67	109.90	33.08	66.12	33.84
烟煤和无烟煤的开采洗选	0610	909.73	104.38	32.72	57.90	29.73
褐煤的开采洗选	0620	125.88	3.83	0.33	8.21	4.12
其他煤炭采选	0690	5.06	1.69	0.02		
石油和天然气开采业	0700	42.68	2.55	2.77	445.99	9.25
天然原油和天然气开采	0710	22.62		0.82	413.26	
与石油和天然气开采有关的服务活动	0790	20.06	2.55	1.95	32.73	9.25
黑色金属矿采选业	0800	944.70	76.96	46.69	56.68	55.16
铁矿采选	0810	908.72	52.79	46.59	56.68	55.16
其他黑色金属矿采选	0890	35.98	24.17	0.11		

单位：亿元

与港、澳、台商合作经营	港、澳、台商独资	港、澳、台商投资股份有限公司	外商投资企业	中外合资经营	中外合作经营	外资企业	外商投资股份有限公司	代码
4340.86	**33531.95**	**3024.66**	**99218.64**	**42546.52**	**3844.14**	**48013.56**	**4814.41**	**0000**
			0.14			**0.14**		**A**
								0100
								0110
								0120
								0130
								0140
								0200
								0210
								0220
								0230
			0.14			0.14		0300
			0.14			0.14		0310
								0320
								0330
								0390
								0400
								0410
								0420
								0500
								0510
								0530
31.09	**442.30**	**28.02**	**674.39**	**443.02**	**143.61**	**80.37**	**7.38**	**B**
0.49	6.15	25.64	151.42	109.55	29.70	6.10	6.06	0600
0.49	2.05	25.64	151.21	109.55	29.70	5.89	6.06	0610
	4.10							0620
			0.21			0.21		0690
23.48	413.26		47.45	7.43	40.02			0700
	413.26		42.01	1.98	40.02			0710
23.48			5.44	5.44				0790
	1.04	0.48	61.21	29.50	8.39	22.31	1.00	0800
	1.04	0.48	43.82	12.80	7.71	22.31	1.00	0810
			17.38	16.70	0.68			0890

行业中类	代码	私营有限责任公司	私营股份有限公司	其他	港、澳、台商投资企业	与港、澳、台商合资经营
有色金属矿采选业	0900	424.13	59.89	9.70	37.78	22.11
常用有色金属矿采选	0910	277.36	31.78	3.21	26.27	11.95
贵金属矿采选	0920	45.42	11.10	0.16	4.44	3.56
稀有稀土金属矿采选	0930	101.36	17.01	6.33	7.07	6.60
非金属矿采选业	1000	313.74	25.88	4.33	35.86	20.66
土砂石开采	1010	177.40	19.79	3.29	16.70	6.96
化学矿采选	1020	56.65	1.54		5.72	3.46
采盐	1030	30.82		0.18	5.48	5.48
石棉及其他非金属矿采选	1090	48.86	4.56	0.86	7.96	4.76
其他采矿业	1100	3.77	0.33	0.19		
制造业	**C**	**66583.88**	**5245.46**	**1102.33**	**39011.36**	**14321.01**
农副食品加工业	1300	3179.03	291.63	72.57	1045.86	469.45
谷物磨制	1310	587.51	52.24	7.04	29.17	8.56
饲料加工	1320	445.67	38.45	29.98	131.50	71.71
植物油加工	1330	399.94	43.78	4.53	133.37	100.28
制糖	1340	143.27	8.51	4.33	81.35	79.47
屠宰及肉类加工	1350	590.69	49.27	3.89	292.35	45.13
水产品加工	1360	347.58	41.04	15.60	179.90	85.76
蔬菜、水果和坚果加工	1370	322.33	23.86	2.27	107.90	38.04
其他农副食品加工	1390	342.04	34.48	4.93	90.31	40.51
食品制造业	1400	1222.82	76.56	24.21	753.32	290.13
焙烤食品制造	1410	132.32	9.27	1.72	140.23	43.69
糖果、巧克力及蜜饯制造	1420	107.87	3.68	0.50	90.69	27.82
方便食品制造	1430	201.92	10.07	1.90	180.96	44.59
液体乳及乳制品制造	1440	131.39	4.70	0.79	57.43	6.24
罐头制造	1450	136.86	9.51	11.65	34.29	15.01
调味品、发酵制品制造	1460	154.20	11.09	1.06	121.23	83.72
其他食品制造	1490	358.27	28.24	6.59	128.47	69.07
饮料制造业	1500	839.92	87.46	18.56	584.67	259.08
酒精制造	1510	90.59	26.59		10.69	5.13
酒的制造	1520	422.08	38.13	6.71	209.71	97.73
软饮料制造	1530	199.30	14.03	8.01	357.93	153.75
精制茶加工	1540	127.94	8.71	3.84	6.33	2.48

单位：亿元

与港、澳、台商合作经营	港、澳、台商独资	港、澳、台商投资股份有限公司	外商投资企业	中外合资经营	中外合作经营	外资企业	外商投资股份有限公司	代码
5.10	10.30	0.27	318.76	242.06	65.36	11.35		0900
5.10	8.95	0.27	240.49	221.58	7.80	11.11		0910
	0.88		61.42	3.63	57.55	0.24		0920
	0.47		16.85	16.85				0930
2.02	11.55	1.63	95.55	54.48	0.14	40.62	0.31	1000
0.73	8.68	0.32	38.58	24.94	0.14	13.18	0.31	1010
0.95		1.31	8.04	4.33		3.70		1020
			36.72	13.23		23.49		1030
0.34	2.86		12.21	11.97		0.25		1090
								1100
954.84	**21876.36**	**1859.15**	**73705.14**	**33610.15**	**1468.44**	**35334.31**	**3292.24**	C
52.73	446.08	77.59	2655.10	1222.39	122.55	1266.06	44.10	1300
0.87	19.74		66.30	45.90	0.51	18.12	1.77	1310
11.23	35.73	12.83	269.50	114.26	16.92	137.79	0.53	1320
0.16	15.45	17.49	956.22	352.43	0.55	594.32	8.92	1330
1.88			59.00	37.41		13.14	8.45	1340
1.59	215.04	30.61	315.56	214.71	1.78	96.14	2.92	1350
12.84	76.79	4.51	482.99	287.89	96.43	94.95	3.72	1360
21.42	47.89	0.55	202.51	103.15	4.77	84.49	10.10	1370
2.75	35.44	11.61	303.02	66.64	1.59	227.10	7.69	1390
16.25	393.97	52.96	1607.05	632.51	67.71	779.74	127.08	1400
2.59	93.85	0.09	178.05	18.03	34.50	116.64	8.88	1410
4.53	53.91	4.43	146.36	9.33	3.36	133.51	0.16	1420
2.15	132.70	1.52	192.43	73.01	16.06	99.03	4.34	1430
0.45	9.37	41.37	407.73	205.54		129.58	72.60	1440
4.36	14.52	0.41	92.34	45.46	2.70	22.10	22.07	1450
0.18	35.57	1.77	210.69	119.20	4.20	86.45	0.85	1460
2.00	54.05	3.36	379.44	161.94	6.89	192.42	18.18	1490
10.73	307.38	7.47	1692.40	815.72	35.75	642.61	198.33	1500
	5.57		39.82	14.13		25.69		1510
4.74	100.85	6.39	725.94	335.75	13.99	264.40	111.80	1520
5.92	197.28	0.98	903.48	458.96	21.68	336.90	85.94	1530
0.07	3.68	0.11	23.17	6.87	0.08	15.62	0.59	1540

行业中类	代码	私营有限责任公司	私营股份有限公司	其他	港、澳、台商投资企业	与港、澳、台商合资经营
烟草制品业	1600	9.26			8.69	8.69
烟叶复烤	1610				3.19	3.19
卷烟制造	1620	0.05			4.20	4.20
其他烟草制品加工	1690	9.22			1.30	1.30
纺织业	1700	5826.03	253.06	36.24	2767.89	983.97
棉、化纤纺织及印染精加工	1710	3106.82	155.88	16.00	1283.07	523.51
毛纺织和染整精加工	1720	419.68	13.35	1.58	215.74	55.52
麻纺织	1730	69.57	6.86		33.47	15.78
丝绢纺织及精加工	1740	530.54	15.63	3.76	145.24	50.33
纺织制成品制造	1750	718.60	36.34	7.26	396.75	139.91
针织品、编织品及其制品制造	1760	980.83	24.99	7.64	693.62	198.92
纺织服装、鞋、帽制造业	1800	1695.08	154.40	12.03	1546.56	463.95
纺织服装制造	1810	1630.26	150.37	11.51	1492.02	450.05
纺织面料鞋的制造	1820	47.48	1.10	0.24	39.03	10.83
制帽	1830	17.34	2.93	0.29	15.51	3.07
皮革、毛皮、羽毛(绒)及其制品业	1900	877.26	40.02	9.71	976.20	218.20
皮革鞣制加工	1910	110.92	7.05	0.13	87.05	40.15
皮革制品制造	1920	645.58	23.39	8.80	810.64	137.76
毛皮鞣制及制品加工	1930	53.42	1.05	0.46	21.93	9.19
羽毛(绒)加工及制品制造	1940	67.34	8.52	0.32	56.58	31.09
木材加工及木、竹、藤、棕、草制品业	2000	1047.07	81.67	12.05	300.88	142.44
锯材、木片加工	2010	95.75	21.68	1.02	22.77	5.77
人造板制造	2020	632.51	47.19	9.97	186.15	98.33
木制品制造	2030	230.54	9.34	0.45	69.02	28.35
竹、藤、棕、草制品制造	2040	88.28	3.45	0.62	22.94	9.99
家具制造业	2100	688.83	40.27	8.69	460.02	149.32
木质家具制造	2110	443.00	29.28	7.58	231.40	69.51
竹、藤家具制造	2120	6.97	0.64		6.30	3.17
金属家具制造	2130	143.53	5.65	0.43	131.01	48.07
塑料家具制造	2140	8.11			8.06	1.44
其他家具制造	2190	87.22	4.69	0.68	83.25	27.13

单位：亿元

与港、澳、台商合作经营	港、澳、台商独资	港、澳、台商投资股份有限公司	外商投资企业	中外合资经营	中外合作经营	外资企业	外商投资股份有限公司	代码
			2.76	2.76				1600
			2.76	2.76				1610
								1620
								1690
117.13	1596.17	70.62	1859.47	843.61	41.22	893.59	81.06	1700
43.56	704.51	11.51	752.16	298.76	17.61	362.79	73.00	1710
45.78	63.04	51.40	137.82	106.62	1.53	29.50	0.16	1720
	17.69		20.76	14.62	2.75	3.39		1730
1.03	91.99	1.89	89.64	42.86	0.67	45.18	0.94	1740
5.04	248.11	3.70	457.92	189.61	7.39	256.82	4.09	1750
21.73	470.84	2.12	401.17	191.13	11.27	195.90	2.87	1760
57.27	1001.09	24.25	1169.10	395.53	37.66	713.90	22.00	1800
55.73	962.50	23.74	1099.63	383.99	34.41	660.75	20.48	1810
	27.68	0.51	41.19	6.56	1.30	33.31	0.02	1820
1.53	10.91		28.28	4.98	1.95	19.84	1.51	1830
22.42	721.39	14.20	815.18	244.01	22.16	513.41	35.60	1900
2.77	44.13		132.29	37.88	5.41	82.57	6.43	1910
12.60	646.42	13.87	587.19	144.51	11.48	402.70	28.50	1920
	12.74		34.08	19.51	1.89	12.68		1930
7.05	18.11	0.33	61.62	42.11	3.38	15.45	0.67	1940
10.59	135.89	11.97	335.81	171.87	13.45	149.12	1.37	2000
0.16	16.72	0.11	42.29	15.64	0.06	26.38	0.22	2010
5.49	71.57	10.76	143.42	91.13	1.97	49.98	0.34	2020
2.42	38.10	0.15	128.05	54.29	7.97	65.79		2030
2.53	9.49	0.94	22.05	10.82	3.45	6.97	0.80	2040
6.99	298.39	5.31	484.95	158.26	7.99	315.04	3.67	2100
4.89	154.84	2.16	252.69	84.79	3.26	163.32	1.32	2110
	2.74	0.39	6.26	0.19	0.12	5.96		2120
0.05	80.17	2.72	123.66	42.20	4.41	75.40	1.64	2130
	6.58	0.05	3.97	0.70		3.27		2140
2.05	54.07		98.38	30.38	0.20	67.09	0.71	2190

行业中类	代码	私营有限责任公司	私营股份有限公司	其他	港、澳、台商投资企业	与港、澳、台商合资经营
造纸及纸制品业	2200	1372.87	108.03	97.65	1257.84	725.34
纸浆制造	2210	25.84	0.28		96.65	86.75
造纸	2220	712.68	61.30	89.41	762.77	481.25
纸制品制造	2230	634.35	46.46	8.24	398.41	157.34
印刷业和记录媒介的复制	2300	768.88	37.20	9.01	570.82	270.61
印刷	2310	733.42	33.17	8.01	520.32	245.15
装订及其他印刷服务活动	2320	17.63	1.97	1.00	29.03	14.48
记录媒介的复制	2330	17.84	2.06		21.47	10.97
文教体育用品制造业	2400	373.93	37.40	0.54	589.81	82.57
文化用品制造	2410	118.84	3.74	0.04	68.04	13.24
体育用品制造	2420	94.82	24.46	0.24	159.35	21.40
乐器制造	2430	24.53	1.02	0.18	21.08	4.62
玩具制造	2440	104.30	2.79	0.08	325.67	40.34
游艺器材及娱乐用品制造	2450	31.45	5.39		15.67	2.97
石油加工、炼焦及核燃料加工业	2500	1557.36	82.66	11.49	766.77	243.29
精炼石油产品的制造	2510	456.97	11.81	5.54	514.08	108.46
炼焦	2520	1100.39	70.85	5.94	252.70	134.84
化学原料及化学制品制造业	2600	4816.89	463.03	76.21	2215.32	857.43
基础化学原料制造	2610	1097.64	98.10	12.80	471.64	308.42
肥料制造	2620	748.63	69.53	19.07	94.29	53.21
农药制造	2630	221.97	12.80	0.59	65.39	31.64
涂料、油墨、颜料及类似产品制造	2640	568.41	20.37	6.60	358.95	127.24
合成材料制造	2650	793.37	105.46	10.35	422.37	91.96
专用化学产品制造	2660	1145.86	130.36	22.57	453.35	176.42
日用化学产品制造	2670	241.01	26.42	4.23	349.32	68.53
医药制造业	2700	1202.78	198.98	29.82	738.01	434.67
化学药品原药制造	2710	233.56	14.83	8.76	173.86	102.89
化学药品制剂制造	2720	271.75	68.38	8.46	247.40	147.32
中药饮片加工	2730	104.78	19.56	3.68	44.47	22.40
中成药制造	2740	265.08	60.15	5.30	131.20	94.34
兽用药品制造	2750	88.18	5.22	1.40	6.15	4.75
生物、生化制品的制造	2760	151.05	23.06	0.62	100.97	44.78
卫生材料及医药用品制造	2770	88.40	7.77	1.60	33.96	18.19

单位：亿元

与港、澳、台商合作经营	港、澳、台商独资	港、澳、台商投资股份有限公司	外商投资企业	中外合资经营	中外合作经营	外资企业	外商投资股份有限公司	代码
21.28	429.28	81.93	2210.83	920.00	44.73	756.17	489.94	2200
	9.90		246.24	210.62		35.62		2210
0.92	200.94	79.66	1468.06	526.22	7.06	445.74	489.05	2220
20.36	218.44	2.27	496.53	183.16	37.67	274.81	0.89	2230
27.85	256.14	16.21	312.61	153.76	23.16	125.79	9.90	2300
22.73	239.33	13.10	271.44	133.20	18.47	111.66	8.11	2310
2.99	9.84	1.71	19.02	5.52	0.39	11.32	1.79	2320
2.13	6.97	1.40	22.14	15.03	4.30	2.81		2330
19.32	477.32	10.60	454.08	115.11	41.94	286.46	10.58	2400
4.03	45.10	5.68	83.39	25.39	13.75	38.43	5.82	2410
2.69	134.58	0.68	168.52	25.15	8.56	133.26	1.55	2420
	13.48	2.97	62.14	15.07	6.65	40.17	0.26	2430
12.55	271.51	1.27	115.11	32.35	6.32	73.48	2.94	2440
0.05	12.65		24.93	17.15	6.65	1.12		2450
66.48	155.12	301.88	1265.71	986.93	11.06	215.06	52.66	2500
63.15	40.98	301.49	805.43	708.53	5.66	91.25		2510
3.33	114.14	0.39	460.28	278.40	5.40	123.81	52.66	2520
28.65	1240.60	88.64	6041.17	2794.39	102.35	3001.58	142.85	2600
5.23	151.03	6.96	1942.15	1276.03	23.09	602.03	41.01	2610
0.45	40.57	0.06	225.73	126.97	0.05	74.09	24.61	2620
	6.10	27.64	100.11	52.38	2.24	40.39	5.10	2630
7.53	221.98	2.20	649.63	184.26	17.59	431.32	16.46	2640
5.43	282.16	42.81	1122.37	475.79	6.63	638.84	1.11	2650
7.34	260.63	8.96	1432.82	574.82	40.95	771.23	45.83	2660
2.68	278.11		568.37	104.15	11.81	443.68	8.74	2670
6.79	208.49	88.06	1583.77	765.53	49.48	687.49	81.27	2700
1.11	64.13	5.72	279.92	140.39	8.81	130.00	0.72	2710
5.52	60.80	33.76	728.63	355.81	33.55	320.68	18.59	2720
	7.38	14.69	32.20	25.52	0.71	5.53	0.45	2730
	35.12	1.74	218.32	97.35	2.91	62.95	55.11	2740
	1.41		35.60	19.05	2.34	13.65	0.55	2750
0.15	25.09	30.94	213.64	89.42	0.88	119.66	3.69	2760
	14.56	1.21	75.45	38.00	0.28	35.01	2.16	2770

行业中类	代码	私营有限责任公司	私营股份有限公司	其他	港、澳、台商投资企业	与港、澳、台商合资经营
化学纤维制造业	2800	906.86	36.75	3.75	789.82	494.67
纤维素纤维原料及纤维制造	2810	59.70	13.54	3.07	40.88	30.04
合成纤维制造	2820	847.16	23.21	0.68	748.94	464.63
橡胶制品业	2900	599.06	50.18	7.40	449.13	157.40
轮胎制造	2910	167.93	24.79	1.75	237.76	109.38
橡胶板、管、带的制造	2920	131.31	13.66	1.16	20.26	10.45
橡胶零件制造	2930	97.00	5.67	3.14	41.49	8.29
再生橡胶制造	2940	23.39	1.32		6.55	3.76
日用及医用橡胶制品制造	2950	30.83	0.25	0.65	35.61	8.14
橡胶靴鞋制造	2960	63.51	2.00	0.06	67.88	11.74
其他橡胶制品制造	2990	85.08	2.48	0.64	39.59	5.66
塑料制品业	3000	2214.03	104.51	26.82	1518.92	495.77
塑料薄膜制造	3010	347.63	10.94	2.38	227.32	106.21
塑料板、管、型材的制造	3020	472.70	36.51	6.48	250.77	75.31
塑料丝、绳及编织品的制造	3030	212.60	16.33	1.14	29.86	12.48
泡沫塑料制造	3040	109.43	3.62	1.15	74.69	15.45
塑料人造革、合成革制造	3050	184.02	5.07	0.09	104.06	37.34
塑料包装箱及容器制造	3060	187.58	8.34	7.00	174.97	81.89
塑料零件制造	3070	209.40	8.29	1.16	200.60	50.04
日用塑料制造	3080	225.86	7.34	1.81	207.74	58.73
其他塑料制品制造	3090	264.82	8.08	5.62	248.91	58.32
非金属矿物制品业	3100	5109.73	521.69	148.27	1924.04	875.00
水泥、石灰和石膏的制造	3110	1383.93	118.95	17.14	519.38	219.75
水泥及石膏制品制造	3120	942.85	47.95	13.42	247.25	127.88
砖瓦、石材及其他建筑材料制造	3130	1077.74	109.66	22.60	286.48	153.74
玻璃及玻璃制品制造	3140	870.04	93.53	78.13	675.37	290.48
陶瓷制品制造	3150	198.63	28.06	4.19	95.18	29.94
耐火材料制品制造	3160	342.86	54.53	6.40	41.29	11.55
石墨及其他非金属矿物制品制造	3190	293.67	69.00	6.40	59.08	41.66

单位：亿元

与港、澳、台商合作经营	港、澳、台商独资	港、澳、台商投资股份有限公司	外商投资企业	中外合资经营	中外合作经营	外资企业	外商投资股份有限公司	代码
	234.76	60.40	523.36	375.09	2.34	145.93		2800
	10.84		113.16	67.51	0.90	44.75		2810
	223.91	60.40	410.21	307.58	1.44	101.18		2820
4.71	285.86	1.16	1140.31	438.73	4.08	629.65	67.84	2900
	128.38		825.06	364.26		402.55	58.25	2910
0.33	9.49		68.25	17.53	0.59	45.15	4.98	2920
0.31	32.08	0.82	92.31	18.42	1.82	71.85	0.23	2930
	2.79		0.82	0.21		0.61		2940
0.03	27.43		33.84	16.57	0.66	13.51	3.10	2950
3.36	52.44	0.34	42.86	10.29	1.02	30.30	1.24	2960
0.68	33.25		77.17	11.46		65.66	0.05	2990
38.37	951.85	32.92	1717.07	533.04	50.33	1057.96	75.74	3000
7.60	107.35	6.17	274.41	68.42	21.86	133.24	50.89	3010
2.42	157.39	15.65	378.82	225.53	10.71	135.14	7.44	3020
0.04	17.06	0.27	55.58	37.11	1.30	15.92	1.25	3030
2.61	56.62		50.23	13.86	2.07	34.10	0.20	3040
	61.76	4.97	35.31	14.75	1.56	18.99		3050
8.82	81.96	2.30	216.42	64.90	2.58	146.20	2.74	3060
3.98	144.95	1.63	267.15	31.05	1.79	231.82	2.49	3070
7.63	140.61	0.77	161.36	32.56	2.48	125.95	0.37	3080
5.28	184.16	1.15	277.79	44.87	5.96	216.59	10.36	3090
83.68	868.87	96.49	2320.59	1255.71	89.66	859.59	115.63	3100
42.75	238.62	18.26	632.87	402.08	19.37	181.05	30.35	3110
17.66	100.77	0.93	223.85	118.61	15.31	88.86	1.06	3120
3.67	128.56	0.50	325.01	109.42	13.02	185.30	17.27	3130
5.17	306.97	72.75	712.18	426.58	16.71	206.49	62.41	3140
14.05	50.15	1.05	153.32	65.31	13.99	72.56	1.45	3150
	27.79	1.95	113.11	52.69	10.13	48.16	2.14	3160
0.38	16.00	1.05	160.26	81.01	1.12	77.17	0.95	3190

行业中类	代码	私营有限责任公司	私营股份有限公司	其他	港、澳、台商投资企业	与港、澳、台商合资经营
黑色金属冶炼及压延加工业	3200	4507.94	345.08	21.64	1757.04	878.36
炼铁	3210	405.61	24.87	9.36	25.16	16.14
炼钢	3220	675.11	19.96	1.01	418.04	374.99
钢压延加工	3230	3021.18	263.86	8.67	1239.42	472.24
铁合金冶炼	3240	406.04	36.39	2.61	74.43	15.00
有色金属冶炼及压延加工业	3300	2171.74	186.21	43.19	1094.56	413.91
常用有色金属冶炼	3310	714.39	72.04	27.60	207.33	149.48
贵金属冶炼	3320	60.21	26.49	5.17	6.43	4.18
稀有稀土金属冶炼	3330	137.23	11.21	0.61	32.67	6.45
有色金属合金制造	3340	127.08	11.93	0.81	37.26	14.47
有色金属压延加工	3350	1132.82	64.54	9.01	810.87	239.32
金属制品业	3400	3520.16	257.91	51.62	1531.72	612.49
结构性金属制品制造	3410	1446.81	124.57	17.16	409.90	180.19
金属工具制造	3420	255.54	12.02	4.44	141.98	36.69
集装箱及金属包装容器制造	3430	252.59	5.69	6.94	261.36	170.03
金属丝绳及其制品的制造	3440	216.98	5.53	2.23	85.75	26.16
建筑、安全用金属制品制造	3450	408.04	57.37	9.84	184.43	65.99
金属表面处理及热处理加工	3460	265.04	13.14	2.71	119.71	58.61
搪瓷制品制造	3470	26.86	1.28	0.42	9.33	3.43
不锈钢及类似日用金属制品制造	3480	349.06	16.17	2.76	204.62	40.99
其他金属制品制造	3490	299.24	22.15	5.13	114.64	30.42
通用设备制造业	3500	5188.81	386.07	172.32	1407.47	659.35
锅炉及原动机制造	3510	327.28	21.76	7.66	95.74	77.87
金属加工机械制造	3520	495.71	41.45	121.49	140.17	62.47
起重运输设备制造	3530	458.82	24.89	4.86	167.73	121.04
泵、阀门、压缩机及类似机械的制造	3540	874.98	79.12	7.28	176.17	81.96
轴承、齿轮、传动和驱动部件的制造	3550	534.68	38.20	5.51	151.01	65.75
烘炉、熔炉及电炉制造	3560	42.63	4.26		7.79	1.27
风机、衡器、包装设备等通用设备制造	3570	788.74	51.45	3.81	277.65	121.43
通用零部件制造及机械修理	3580	738.65	49.68	8.03	201.74	49.86
金属铸、锻加工	3590	927.32	75.26	13.69	189.46	77.70
专用设备制造业	3600	2683.68	231.30	39.96	1247.40	343.49
矿山、冶金、建筑专用设备制造	3610	769.32	75.10	8.35	227.31	96.96

单位：亿元

与港、澳、台商合作经营	港、澳、台商独资	港、澳、台商投资股份有限公司	外商投资企业	中外合资经营	中外合作经营	外资企业	外商投资股份有限公司	代码
95.80	564.54	218.34	2480.10	1406.33	106.95	808.93	157.89	3200
	5.33	3.69	69.49	50.20		19.28		3210
	2.39	40.66	216.05	35.73	91.45	88.87		3220
95.80	499.03	172.35	2035.31	1176.25	14.89	686.27	157.89	3230
	57.79	1.64	159.25	144.14	0.60	14.51		3240
30.50	622.12	28.03	1662.35	1110.34	43.47	484.96	23.57	3300
9.28	25.82	22.75	878.43	718.98	26.66	111.83	20.96	3310
	2.24		1.85	1.36	0.27	0.22		3320
13.49	11.20	1.53	63.75	30.82	3.82	29.11		3330
3.99	18.45	0.36	140.40	74.76	4.73	60.91		3340
3.74	564.41	3.40	577.92	284.43	7.98	282.90	2.61	3350
50.58	834.66	33.99	1933.50	808.47	55.81	1015.82	53.40	3400
6.30	215.04	8.38	407.49	172.36	19.52	209.55	6.06	3410
8.15	94.39	2.75	173.21	74.18	3.03	92.52	3.48	3420
1.18	88.24	1.93	327.64	189.23	5.19	132.57	0.65	3430
4.74	54.85		196.56	132.12	1.90	59.79	2.74	3440
9.49	95.56	13.39	251.04	80.37	3.72	150.53	16.42	3450
2.64	54.66	3.81	133.58	50.76	5.78	77.04		3460
	5.90		19.02	4.69		13.87	0.45	3470
15.47	147.62	0.54	209.23	39.65	12.81	133.57	23.20	3480
2.62	78.40	3.19	215.73	65.10	3.88	146.36	0.39	3490
33.81	668.81	45.51	4636.39	2082.17	96.86	2263.94	193.42	3500
3.26	10.63	3.98	733.58	486.48	2.23	151.60	93.26	3510
3.46	72.02	2.22	276.88	81.86	1.65	180.83	12.54	3520
0.91	45.78		585.83	331.97	64.65	188.62	0.59	3530
2.34	90.87	0.99	907.11	301.93	3.79	580.88	20.51	3540
13.06	64.87	7.33	423.39	114.81	3.44	304.68	0.46	3550
	6.52		33.02	5.62	0.95	21.03	5.42	3560
2.16	140.16	13.90	911.13	412.18	9.10	476.01	13.85	3570
3.17	133.16	15.54	382.22	150.08	5.68	194.88	31.58	3580
5.44	104.79	1.54	383.23	197.25	5.35	165.41	15.22	3590
20.33	813.69	69.89	2799.99	968.60	33.25	1719.73	78.41	3600
	129.69	0.67	909.36	504.33	6.03	389.70	9.30	3610

行业中类	代码	私营有限责任公司	私营股份有限公司	其他	港、澳、台商投资企业	与港、澳、台商合资经营
化工、木材、非金属加工专用设备制造	3620	562.53	18.68	2.72	469.18	87.52
食品、饮料、烟草及饲料生产专用设备制造	3630	140.23	6.46	4.91	10.86	4.42
印刷、制药、日化生产专用设备制造	3640	134.25	7.81	1.42	60.78	23.92
纺织、服装和皮革工业专用设备制造	3650	227.56	8.84	0.21	183.21	53.28
农、林、牧、渔专用机械制造	3670	163.73	63.42	11.10	16.92	2.66
医疗仪器设备及器械制造	3680	150.60	20.91	1.40	114.44	23.77
环保、社会公共安全及其他专用设备制造	3690	418.69	25.57	6.36	82.38	40.66
交通运输设备制造业	3700	3900.22	506.17	44.24	2143.79	1073.47
铁路运输设备制造	3710	90.42	4.01	3.96	28.28	7.97
汽车制造	3720	2112.08	399.23	35.03	975.19	552.27
摩托车制造	3730	518.82	66.01	1.15	139.84	115.73
自行车制造	3740	138.39	3.63	0.15	128.58	17.39
船舶及浮动装置制造	3750	987.06	31.74	3.75	822.79	339.57
航空航天器制造	3760	20.69	0.69	0.06	34.89	33.38
交通器材及其他交通运输设备制造	3790	32.76	0.86	0.16	14.22	7.15
电气机械及器材制造业	3900	6826.22	387.40	45.47	2531.61	961.92
电机制造	3910	602.22	127.95	4.09	190.22	77.53
输配电及控制设备制造	3920	1481.19	72.13	15.96	541.67	208.45
电线、电缆、光缆及电工器材制造	3930	1433.16	99.84	11.10	429.31	140.01
电池制造	3940	296.47	28.05	0.26	445.13	200.41
家用电力器具制造	3950	575.34	15.55	5.88	545.54	206.17
非电力家用器具制造	3960	148.57	6.75	5.29	46.25	20.56
照明器具制造	3970	2193.62	30.59	1.25	291.93	100.61
其他电气机械及器材制造	3990	95.64	6.52	1.65	41.55	8.19
通信设备、计算机及其他电子设备制造业	4000	1765.12	178.18	50.04	6781.47	1392.37
通信设备制造	4010	314.74	21.76	27.83	700.18	153.17
雷达及配套设备制造	4020	3.65	0.17	1.93		
广播电视设备制造	4030	62.33	10.76		47.14	6.19
电子计算机制造	4040	148.62	17.91	2.30	1720.02	147.45
电子器件制造	4050	400.66	42.82	1.86	1428.75	432.65
电子元件制造	4060	524.32	45.97	11.01	2085.97	351.13
家用视听设备制造	4070	169.38	4.50	2.84	645.64	273.82
其他电子设备制造	4090	141.42	34.28	2.26	153.77	27.97

单位：亿元

与港、澳、台商合作经营	港、澳、台商独资	港、澳、台商投资股份有限公司	外商投资企业	中外合资经营	中外合作经营	外资企业	外商投资股份有限公司	代码
4.63	375.49	1.54	589.15	129.98	13.69	436.65	8.82	3620
1.26	5.19		42.47	15.32	0.48	26.51	0.15	3630
1.59	25.92	9.35	165.94	53.11	3.95	103.22	5.66	3640
2.42	72.92	54.59	167.89	33.31	1.13	123.76	9.70	3650
0.37	13.88		129.18	50.18		79.01		3670
0.86	89.81		273.45	63.25	2.30	175.44	32.46	3680
	39.59	2.13	344.69	82.25	4.70	246.25	11.49	3690
26.97	907.82	135.53	12086.29	8643.36	63.60	2895.83	483.51	3700
	20.31		232.99	215.86	4.12	13.01		3710
23.54	377.82	21.56	9520.54	6871.19	31.29	2175.12	442.94	3720
0.80	23.19	0.12	224.11	184.11	2.03	31.93	6.04	3730
1.96	90.88	18.34	138.37	33.10	1.52	94.47	9.28	3740
0.66	387.05	95.51	1803.51	1209.43	24.43	546.92	22.73	3750
	1.51		140.90	114.15	0.21	24.03	2.51	3760
	7.06		25.87	15.51		10.36		3790
31.85	1462.70	75.13	5317.98	2232.01	100.33	2872.86	112.77	3900
0.57	110.44	1.68	644.05	290.80	35.87	310.32	7.06	3910
6.87	300.51	25.85	1214.50	635.36	20.10	544.84	14.20	3920
11.14	265.59	12.57	761.29	277.03	4.66	456.32	23.27	3930
2.18	242.01	0.53	1152.77	296.71	8.10	837.55	10.41	3940
5.74	301.23	32.40	1018.62	547.12	14.77	420.93	35.81	3950
0.14	25.55		59.06	15.54		31.70	11.81	3960
4.77	184.45	2.10	296.55	91.15	16.83	178.48	10.09	3970
0.45	32.92		171.14	78.30		92.72	0.12	3990
40.18	5169.50	179.42	12579.57	2984.33	148.38	8854.76	592.10	4000
2.40	489.97	54.64	2236.88	1069.94	2.10	919.77	245.08	4010
			2.93	2.93				4020
0.04	40.29	0.63	89.04	19.83		64.58	4.63	4030
6.33	1539.16	27.08	3531.64	185.98	14.26	3324.32	7.07	4040
3.95	955.03	37.12	3089.65	1058.18	62.87	1824.09	144.51	4050
17.16	1666.70	50.98	2682.19	374.26	58.81	2107.47	141.66	4060
6.55	365.11	0.15	632.66	231.75	6.06	392.50	2.35	4070
3.75	113.24	8.82	314.58	41.46	4.27	222.03	46.81	4090

行业中类	代码	私营有限责任公司	私营股份有限公司	其他	港、澳、台商投资企业	与港、澳、台商合资经营
仪器仪表及文化、办公用机械制造业	4100	762.83	55.38	15.44	533.18	123.68
通用仪器仪表制造	4110	425.18	38.72	1.54	139.43	58.03
专用仪器仪表制造	4120	146.36	5.80	1.22	39.18	13.29
钟表与计时仪器制造	4130	25.23	1.03	0.24	66.14	8.51
光学仪器及眼镜制造	4140	84.72	8.24	0.15	91.82	22.10
文化、办公用机械制造	4150	61.32	0.90	11.71	189.59	20.89
其他仪器仪表的制造及修理	4190	20.01	0.70	0.59	7.02	0.86
工艺品及其他制造业	4200	773.25	41.73	9.98	569.23	121.79
工艺美术品制造	4210	523.94	20.47	7.44	388.37	86.63
日用杂品制造	4220	181.40	12.13	0.48	115.75	26.98
煤制品制造	4230	8.20	0.37		0.16	
其他未列明的制造业	4290	59.31	8.76	2.06	64.91	8.14
废弃资源和废旧材料回收加工业	4300	176.21	4.51	3.38	149.34	118.19
金属废料和碎屑的加工处理	4310	140.77	3.23	2.96	139.68	115.28
非金属废料和碎屑的加工处理	4320	35.44	1.28	0.43	9.66	2.90
电力、燃气及水的生产和供应业	D	**1216.04**	**138.23**	**43.96**	**3028.84**	**1857.09**
电力、热力的生产和供应业	4400	1002.69	125.78	32.05	2593.90	1538.07
电力生产	4410	807.33	105.80	26.31	2498.73	1457.34
电力供应	4420	18.94	10.20	1.39	2.81	2.04
热力生产和供应	4430	176.42	9.77	4.35	92.36	78.68
燃气生产和供应业	4500	83.13	5.71	0.73	250.52	199.57
水的生产和供应业	4600	130.22	6.75	11.18	184.42	119.45
自来水的生产和供应	4610	70.83	3.13	7.22	138.25	77.50
污水处理及其再生利用	4620	54.81	3.53	3.96	46.17	41.95
其他水的处理、利用与分配	4690	4.58	0.09			
建筑业	E	**12398.87**	**905.24**	**70.69**	**383.28**	**240.68**
房屋和土木工程建筑业	4700	9418.98	688.48	51.80	175.71	103.16
房屋工程建筑	4710	6966.27	535.56	38.55	86.27	70.96
土木工程建筑	4720	2452.71	152.92	13.25	89.43	32.21
建筑安装业	4800	1531.33	96.64	11.07	81.84	46.31
建筑装饰业	4900	1009.63	72.73	4.96	108.26	79.57

单位：亿元

与港、澳、台商合作经营	港、澳、台商独资	港、澳、台商投资股份有限公司	外商投资企业	中外合资经营	中外合作经营	外资企业	外商投资股份有限公司	代码
12.32	386.06	11.12	1489.28	373.89	36.58	1055.53	23.29	4100
1.90	74.11	5.39	368.52	182.39	12.90	159.41	13.82	4110
4.14	21.75		183.20	75.61	8.63	97.95	1.00	4120
3.73	53.89		25.81	10.52	0.73	14.57		4130
0.88	65.09	3.75	202.08	31.62	9.81	153.69	6.96	4140
1.58	165.12	1.99	691.40	69.00	4.52	616.37	1.51	4150
0.08	6.09		18.27	4.73		13.54		4190
21.24	409.85	16.35	445.64	137.52	9.93	286.69	11.51	4200
8.63	278.11	15.00	245.63	92.78	5.00	141.46	6.39	4210
2.09	85.33	1.35	121.46	31.66	1.31	83.64	4.86	4220
	0.16		0.30	0.24		0.06		4230
10.52	46.25		78.12	12.85	3.62	61.39	0.26	4290
0.04	27.96	3.16	82.70	38.17	5.66	36.11	2.76	4300
0.01	23.57	0.81	59.77	28.81	0.53	30.16	0.27	4310
0.02	4.39	2.35	22.94	9.36	5.13	5.96	2.49	4320
341.78	**514.14**	**315.83**	**4674.64**	**2484.45**	**670.70**	**773.84**	**745.65**	D
297.83	451.64	306.36	3354.51	1765.48	401.32	451.45	736.26	4400
293.63	441.40	306.36	3252.30	1697.21	395.15	440.27	719.66	4410
0.77			31.77	21.94	1.16		8.67	4420
3.44	10.24		70.44	46.33	5.00	11.19	7.92	4430
7.31	40.42	3.22	722.88	423.33	6.68	284.10	8.76	4500
36.64	22.07	6.26	597.24	295.64	262.69	38.29	0.63	4600
36.64	17.85	6.26	297.40	257.80	26.69	12.67	0.24	4610
	4.22		49.05	18.36	4.69	25.62	0.39	4620
			250.79	19.49	231.31			4690
55.58	**74.73**	**12.28**	**476.95**	**271.95**	**29.32**	**162.32**	**13.37**	E
46.57	25.77	0.20	306.16	156.04	14.54	132.11	3.47	4700
0.16	14.96	0.20	202.58	73.04	13.14	115.11	1.28	4710
46.41	10.81		103.58	82.99	1.39	16.99	2.19	4720
3.05	31.04	1.44	101.53	66.01	7.55	22.30	5.66	4800
2.74	15.43	10.52	54.66	39.39	6.62	4.41	4.23	4900

行业中类	代码					
		私营有限责任公司	私营股份有限公司	其他	港、澳、台商投资企业	与港、澳、台商合资经营
其他建筑业	5000	438.93	47.39	2.87	17.47	11.63
工程准备	5010	153.11	9.98	0.49	7.43	3.23
提供施工设备服务	5020	46.09	2.69	0.19	2.10	1.75
其他未列明的建筑活动	5090	239.73	34.72	2.19	7.94	6.66
交通运输、仓储和邮政业	**F**	**7.51**	**1.97**	**0.65**	**0.45**	
铁路运输业	5100					
铁路货物运输	5120					
道路运输业	5200	3.52	1.97			
道路货物运输	5220	3.44	0.50			
道路运输辅助活动	5230	0.08	1.47			
水上运输业	5400	1.85				
水上货物运输	5420	0.07				
水上运输辅助活动	5430	1.78				
装卸搬运和其他运输服务业	5700	0.74			0.19	
装卸搬运	5710					
运输代理服务	5720	0.74			0.19	
仓储业	5800	1.40		0.65	0.25	
谷物、棉花等农产品仓储	5810	0.30		0.65		
其他仓储	5890	1.09			0.25	
邮政业	5900	0.00				
其他寄递服务	5990	0.00				
信息传输、计算机服务和软件业	**G**	**9.70**	**0.51**	**0.16**	**0.16**	
电信和其他信息传输服务业	6000	1.42	0.09			
电信	6010	0.10				
互联网信息服务	6020	1.27	0.09			
广播电视传输服务	6030	0.05				
计算机服务业	6100	2.32		0.16		
计算机系统服务	6110	1.98		0.16		
计算机维修	6130					
其他计算机服务	6190	0.34				
软件业	6200	5.96	0.42		0.16	
公共软件服务	6210	5.56	0.42		0.16	
其他软件服务	6290	0.40				

单位：亿元

与港、澳、台商合作经营	港、澳、台商独资	港、澳、台商投资股份有限公司	外商投资企业	中外合资经营	中外合作经营	外资企业	外商投资股份有限公司	代码
3.22	2.49	0.12	14.60	10.51	0.60	3.50		5000
2.38	1.82		1.51	1.35	0.15			5010
0.35			4.22	4.22				5020
0.49	0.67	0.12	8.88	4.94	0.45	3.50		5090
	0.45		**31.67**	**1.62**		**30.05**		F
								5100
								5120
								5200
								5220
								5230
								5400
								5420
								5430
	0.19		0.01			0.01		5700
								5710
	0.19		0.01			0.01		5720
	0.25		31.66	1.62		30.04		5800
								5810
	0.25		31.66	1.62		30.04		5890
								5900
								5990
	0.16		**0.41**			**0.41**		G
			0.30			0.30		6000
								6010
								6020
			0.30			0.30		6030
			0.03			0.03		6100
								6110
			0.03			0.03		6130
								6190
	0.16		0.08			0.08		6200
	0.16		0.08			0.08		6210
								6290

行业中类	代码	私营有限责任公司	私营股份有限公司	其他	港、澳、台商投资企业	与港、澳、台商合资经营
批发和零售业	H	**20136.43**	**1009.51**	**429.08**	**3157.75**	**749.59**
批发业	6300	15133.22	691.08	281.08	2044.50	351.10
农畜产品批发	6310	283.28	22.54	6.82	8.80	1.46
食品、饮料及烟草制品批发	6320	562.74	36.59	20.30	136.21	32.37
纺织、服装及日用品批发	6330	1433.73	49.32	51.47	469.74	63.38
文化、体育用品及器材批发	6340	291.04	13.52	5.04	164.93	12.73
医药及医疗器材批发	6350	647.95	27.80	13.66	90.89	37.97
矿产品、建材及化工产品批发	6360	8587.45	356.40	123.59	393.17	94.11
机械设备、五金交电及电子产品批发	6370	2497.18	138.00	39.63	502.50	93.21
贸易经纪与代理	6380	329.36	27.50	8.19	138.95	6.31
其他批发	6390	500.49	19.41	12.38	139.30	9.57
零售业	6500	5003.21	318.42	148.00	1113.25	398.49
综合零售	6510	1246.96	97.24	61.75	691.56	273.92
食品、饮料及烟草制品专门零售	6520	75.07	3.89	4.25	5.40	1.95
纺织、服装及日用品专门零售	6530	262.39	11.13	6.28	172.73	14.13
文化、体育用品及器材专门零售	6540	106.54	3.14	4.54	14.89	2.70
医药及医疗器材专门零售	6550	173.27	23.34	2.01	2.13	1.36
汽车、摩托车、燃料及零配件专门零售	6560	2211.69	120.64	49.22	171.53	78.88
家用电器及电子产品专门零售	6570	606.14	38.08	12.91	2.86	0.56
五金、家具及室内装修材料专门零售	6580	183.84	9.16	5.84	23.77	1.78
无店铺及其他零售	6590	137.32	11.80	1.20	28.39	23.21
住宿和餐饮业	I	**1690.20**	**123.74**	**74.18**	**1049.18**	**528.25**
住宿业	6600	998.69	74.10	35.30	893.56	478.66
旅游饭店	6610	858.72	60.81	27.20	848.30	459.75
一般旅馆	6620	123.03	10.27	6.57	35.75	11.51
其他住宿服务	6690	16.94	3.02	1.52	9.51	7.40
餐饮业	6700	691.51	49.64	38.88	155.62	49.59
正餐服务	6710	650.97	45.42	37.98	109.24	45.97
快餐服务	6720	15.01	0.98	0.53	31.02	2.56
饮料及冷饮服务	6730	3.32	0.17	0.04	3.65	0.11
其他餐饮服务	6790	22.21	3.07	0.33	11.71	0.95

单位：亿元

与港、澳、台商合作经营	港、澳、台商独资	港、澳、台商投资股份有限公司	外商投资企业	中外合资经营	中外合作经营	外资企业	外商投资股份有限公司	代码
41.47	**2241.82**	**124.87**	**7621.05**	**1440.56**	**303.32**	**5733.57**	**143.60**	H
10.16	1584.56	98.68	5997.69	826.62	123.35	5011.44	36.28	6300
	7.28	0.06	102.18	6.58	0.33	92.50	2.77	6310
0.38	103.46		262.68	42.30	3.39	211.82	5.17	6320
5.76	400.31	0.29	454.99	51.20	0.77	401.84	1.18	6330
	108.67	43.53	115.07	22.28	0.74	89.13	2.92	6340
1.66	50.73	0.53	180.02	52.26	4.72	123.03		6350
1.08	249.90	48.08	880.22	232.74	9.42	630.90	7.16	6360
	403.20	6.10	3569.85	397.10	101.49	3058.31	12.95	6370
0.52	132.13		154.23	7.63		143.22	3.38	6380
0.76	128.89	0.09	278.45	14.53	2.48	260.69	0.75	6390
31.31	657.25	26.20	1623.36	613.94	179.97	722.13	107.31	6500
21.60	393.88	2.16	958.88	383.03	143.29	394.48	38.08	6510
	3.45	0.00	6.43	1.72	0.58	4.13		6520
1.25	153.60	3.75	114.83	18.61	12.59	82.95	0.68	6530
	12.19		17.35	0.80	0.14	16.15	0.26	6540
	0.24	0.53	2.43	1.47		0.97		6550
5.72	82.22	4.71	162.45	110.22	5.60	35.98	10.65	6560
	1.58	0.71	205.44	51.70		143.96	9.78	6570
1.89	5.81	14.29	72.82	31.05	2.97	36.22	2.58	6580
0.85	4.28	0.05	82.73	15.34	14.80	7.29	45.29	6590
140.36	**349.93**	**30.64**	**881.15**	**329.87**	**111.53**	**414.42**	**25.34**	I
130.98	262.29	21.64	645.95	280.05	95.38	253.36	17.15	6600
118.52	251.85	18.18	594.23	263.53	90.78	223.49	16.43	6610
12.45	9.72	2.07	44.82	12.61	2.59	28.93	0.69	6620
	0.72	1.39	6.90	3.91	2.01	0.95	0.03	6690
9.38	87.65	9.00	235.20	49.81	16.15	161.05	8.19	6700
5.11	55.73	2.44	86.16	22.09	9.37	49.55	5.14	6710
1.30	21.12	6.04	132.34	24.51	2.61	102.23	2.98	6720
0.01	3.53		4.65	0.01		4.65		6730
2.97	7.27	0.52	12.05	3.20	4.17	4.62	0.06	6790

行业中类	代码	私营有限责任公司	私营股份有限公司	其他	港、澳、台商投资企业	与港、澳、台商合资经营
金融业	J	**0.63**	**1.52**		**171.30**	**171.30**
证券业	6900		1.52		171.30	171.30
证券市场管理	6910					
证券经纪与交易	6920				171.30	171.30
证券投资	6930		1.52			
其他金融活动	7100	0.63				
金融信托与管理	7110					
金融租赁	7120					
典当	7150					
其他未列明的金融活动	7190	0.63				
房地产业	K	**39886.66**	**2936.77**	**903.26**	**16883.80**	**5464.45**
房地产业	7200	39886.66	2936.77	903.26	16883.80	5464.45
房地产开发经营	7210	39597.75	2919.71	901.45	16737.67	5417.07
物业管理	7220	109.70	4.40	1.08	81.31	21.56
房地产中介服务	7230	41.78	4.35	0.45	22.53	0.12
其他房地产活动	7290	137.42	8.31	0.28	42.29	25.69
租赁和商务服务业	L	**145.17**	**8.52**	**13.92**	**23.67**	**2.90**
租赁业	7300	0.92				
机械设备租赁	7310	0.92				
商务服务业	7400	144.25	8.52	13.92	23.67	2.90
企业管理服务	7410	139.89	8.11	13.84	20.82	2.26
咨询与调查	7430	0.27			2.46	0.24
广告业	7440	0.24				
职业中介服务	7460	0.65	0.02	0.06		
市场管理	7470	1.05	0.20			
旅行社	7480	0.20				
其他商务服务	7490	1.95	0.19	0.01	0.40	0.40
科学研究、技术服务和地质勘查业	M	**10.62**	**0.24**	**1.26**	**0.72**	
研究与试验发展	7500	2.06	0.06			
自然科学研究与试验发展	7510	0.25				
工程和技术研究与试验发展	7520	1.81	0.06			
农业科学研究与试验发展	7530	0.01				
医学研究与试验发展	7540					

单位：亿元

与港、澳、台商合作经营	港、澳、台商独资	港、澳、台商投资股份有限公司	外商投资企业	中外合资经营	中外合作经营	外资企业	外商投资股份有限公司	代码
								J
								6900
								6910
								6920
								6930
								7100
								7110
								7120
								7150
								7190
2768.03	**7997.45**	**653.87**	**11019.87**	**3963.55**	**1117.22**	**5352.26**	**586.84**	K
2768.03	7997.45	653.87	11019.87	3963.55	1117.22	5352.26	586.84	7200
2759.75	7908.30	652.54	10917.03	3914.19	1108.59	5311.96	582.29	7210
5.80	53.94		45.49	14.24	3.25	28.00		7220
	21.08	1.33	12.63	0.03		8.15	4.45	7230
2.47	14.13		44.72	35.09	5.39	4.14	0.10	7290
	20.78		**126.74**			**126.74**		L
								7300
								7310
	20.78		126.74			126.74		7400
	18.56		126.10			126.10		7410
	2.21		0.04			0.04		7430
								7440
								7460
			0.18			0.18		7470
								7480
			0.42			0.42		7490
0.72			**0.95**	**0.95**				M
			0.91	0.91				7500
			0.91	0.91				7510
								7520
								7530
								7540

行业中类	代码	私营有限责任公司	私营股份有限公司	其他	港、澳、台商投资企业	与港、澳、台商合资经营
专业技术服务业	7600	6.58	0.04	1.26	0.72	
气象服务	7610					
技术检测	7650	0.05	0.04			
环境监测	7660					
工程技术与规划管理	7670	3.44				
其他专业技术服务	7690	3.09		1.26	0.72	
科技交流和推广服务业	7700	0.94	0.14			
技术推广服务	7710	0.38	0.14			
科技中介服务	7720	0.07				
其他科技服务	7790	0.49				
地质勘查业	7800	1.03				
矿产地质勘查	7810	1.03				
基础地质勘查	7820					
水利、环境和公共设施管理业	**N**	**4.82**	**0.59**			
水利管理业	7900					
水资源管理	7920					
其他水利管理	7990					
环境管理业	8000	2.02				
自然保护	8010	0.59				
环境治理	8020	1.43				
公共设施管理业	8100	2.80	0.59			
市政公共设施管理	8110	1.24				
城市绿化管理	8120	1.53	0.59			
游览景区管理	8130	0.04				
居民服务和其他服务业	**O**	**0.75**	**0.06**	**0.02**	**0.04**	**0.04**
居民服务业	8200	0.22	0.06			
家庭服务	8210					
理发及美容保健服务	8240	0.01				
洗浴服务	8250	0.05				
殡葬服务	8270					

单位：亿元

与港、澳、台商合作经营	港、澳、台商独资	港、澳、台商投资股份有限公司	外商投资企业	中外合资经营	中外合作经营	外资企业	外商投资股份有限公司	代码
0.72			0.04	0.04				7600
								7610
			0.04	0.04				7650
								7660
								7670
0.72								7690
								7700
								7710
								7720
								7790
								7800
								7810
								7820
			2.31	**0.28**		**2.03**		**N**
								7900
								7920
								7990
			2.03			2.03		8000
								8010
			2.03			2.03		8020
			0.28	0.28				8100
								8110
								8120
			0.28	0.28				8130
								O
								8200
								8210
								8240
								8250
								8270

行业中类	代码					
		私营有限责任公司	私营股份有限公司	其他	港、澳、台商投资企业	与港、澳、台商合资经营
摄影扩印服务	8280					
其他居民服务	8290	0.16	0.06			
其他服务业	8300	0.52		0.02	0.04	0.04
修理与维护	8310	0.36		0.02		
清洁服务	8320	0.01				
其他未列明的服务	8390	0.15			0.04	0.04
教育	**P**					
教育	8400					
其他教育	8490					
卫生、社会保障和社会福利业	**Q**					
社会福利业	8700					
不提供住宿的社会福利	8720					
文化、体育和娱乐业	**R**	**1.76**			**20.83**	
新闻出版业	8800					
出版业	8820					
广播、电视、电影和音像业	8900					
电影	8930					
音像制作	8940					
文化艺术业	9000	0.01				
博物馆	9050					
文化艺术经纪代理	9080					
其他文化艺术	9090	0.01				
体育	9100					
体育组织	9110					
娱乐业	9200	1.75			20.83	
室内娱乐活动	9210	0.12				
游乐园	9220					
休闲健身娱乐活动	9230	1.41				
其他娱乐活动	9290	0.22			20.83	

与港、澳、台商合作经营	港、澳、台商独资	港、澳、台商投资股份有限公司	外商投资企业	中外合资经营	中外合作经营	外资企业	外商投资股份有限公司	代码
								8280
								8290
								8300
								8310
								8320
								8390
								P
								8400
								8490
								Q
								8700
								8720
7.00	**13.83**		**3.22**	**0.11**		**3.11**		R
								8800
								8820
								8900
								8930
								8940
								9000
								9050
								9080
								9090
								9100
								9110
7.00	13.83		3.22	0.11		3.11		9200
								9210
								9220
			3.22	0.11		3.11		9230
7.00	13.83							9290

(2009年)

地 区	资产总额	内资企业				
			国有企业	集体企业	股份合作企业	国有联营企业
全 国	**799261.94**	**635669.51**	**113838.22**	**10030.19**	**3971.75**	**1526.44**
北 京	65231.56	54105.93	10702.24	506.95	220.11	2.76
天 津	23070.06	18340.53	5053.40	244.75	159.93	10.42
河 北	26167.59	22586.81	3634.14	252.57	121.44	224.46
山 西	21167.95	20190.46	2939.61	360.99	116.65	0.87
内蒙古	13920.42	12849.75	2555.89	42.56	34.44	36.54
辽 宁	35251.37	28460.79	6012.29	508.63	138.55	1.99
吉 林	11175.93	9460.57	1857.68	72.08	11.01	0.18
黑龙江	12425.72	11395.63	2657.82	235.22	51.48	0.11
上 海	65133.63	44404.28	9535.65	617.60	228.22	131.88
江 苏	84768.31	57840.54	7215.86	1093.87	581.40	18.88
浙 江	66358.51	53785.39	4051.23	407.23	268.93	36.27
安 徽	18813.08	16997.87	2525.56	118.85	79.85	9.30
福 建	25272.91	16425.75	3532.37	204.22	173.98	163.86
江 西	10634.47	8885.47	1895.70	137.08	124.69	1.29
山 东	59733.54	50652.77	7229.11	2051.92	372.50	452.61
河 南	27777.96	25481.25	4361.53	530.00	196.93	74.65
湖 北	23488.89	20099.18	7952.40	184.66	88.67	23.91
湖 南	17070.61	15534.68	4009.01	177.28	100.43	20.27
广 东	83511.45	49692.07	5556.92	1129.05	179.17	119.77
广 西	11196.47	9557.63	2238.50	140.46	129.57	11.39
海 南	3133.90	2325.67	297.35	8.65	23.37	1.55
重 庆	14595.30	12449.25	1688.21	117.55	31.20	18.83
四 川	23754.00	21348.90	3946.64	217.45	165.17	8.68
贵 州	8263.91	7988.45	3203.02	56.57	43.23	34.12
云 南	13398.20	12678.82	2291.78	155.05	79.19	4.18
西 藏	452.35	444.54	212.97	7.31	0.87	0.35
陕 西	13402.25	12512.49	3472.21	186.13	194.02	106.28
甘 肃	5671.46	5460.98	1344.72	145.13	33.36	1.93
青 海	3122.63	2734.85	572.55	34.53	15.10	0.09
宁 夏	3114.04	2987.71	365.28	8.00	5.10	7.62
新 疆	8183.48	7990.52	926.56	77.85	3.18	1.39

登记注册类型分组的资产总额

单位：亿元

集体联营企业	国有与集体联营	其他联营	国有独资公司	其他有限责任公司	股份有限公司	私营独资	私营合伙
226.16	**387.19**	**348.22**	**42578.65**	**203980.59**	**81962.52**	**15671.26**	**2894.64**
1.46	4.27	1.17	7588.95	22037.98	8662.02	9.35	3.78
1.88	17.67	3.70	1477.90	5733.77	2113.80	135.65	25.49
6.32	9.18	43.65	1387.52	7740.87	3290.80	583.75	124.03
13.63	14.35	5.88	2769.00	7120.90	1616.22	177.61	55.63
0.55	0.43	0.70	869.70	4916.90	1754.86	214.19	37.71
5.85	24.18	17.65	1645.42	8427.90	2794.80	1325.84	97.31
0.01		2.71	756.80	2458.13	2340.36	357.73	13.98
45.63	1.08	0.90	705.13	5078.10	845.17	117.76	19.98
21.68	165.23	37.05	1905.08	12881.50	6752.64	766.20	175.48
17.15	11.73	34.57	1612.42	16851.29	4518.87	1916.90	265.03
17.65	8.44	7.06	1038.32	17582.77	4510.90	1034.67	273.72
2.04	7.81	5.74	1914.19	5263.45	3082.25	279.73	62.66
8.63	25.89	14.75	767.93	4053.24	1608.58	188.72	109.38
1.09	7.12	1.71	725.00	2771.35	870.86	297.68	98.24
14.15	22.66	5.27	3428.14	17232.64	6040.43	2532.52	184.01
5.14	3.13	4.05	1343.83	9125.43	3705.83	1968.39	230.19
2.94	5.83	13.38	893.78	4665.62	3050.72	343.77	108.74
5.08	8.63	9.68	1079.66	4162.50	1698.98	430.55	285.79
17.07	24.41	104.88	3168.87	15933.42	7405.42	1396.58	182.24
17.11	5.51	10.95	411.66	2651.64	1028.04	175.64	55.32
0.50	0.68	0.88	276.85	1002.22	280.70	30.57	2.97
1.80	0.38	3.83	1435.34	3201.35	1240.45	206.97	59.60
5.87	9.21	5.19	952.68	8075.91	2328.53	450.06	97.37
0.64	0.52	3.05	457.03	2117.24	876.25	177.88	93.59
2.80	1.46	1.44	1145.13	4159.04	1704.12	239.92	31.31
0.70	0.32	3.90	13.02	56.68	72.10	11.00	4.60
4.47	0.95	2.44	893.32	3224.94	2886.53	144.88	88.97
0.89	3.88	0.53	814.21	1430.63	952.91	63.30	9.71
	0.91	0.83	52.04	1155.25	535.37	10.34	20.43
0.94			577.62	850.64	264.35	52.90	0.49
2.48	1.34	0.66	472.10	2017.27	3129.67	30.22	76.90

地区	私营有限责任公司	私营股份有限公司	其他	港、澳、台商投资企业	与港、澳、台商合资经营	与港、澳、台商合作经营
全 国	**144867.66**	**10647.99**	**2738.04**	**64373.79**	**23476.32**	**4340.86**
北 京	4133.22	231.55	0.11	3729.92	1011.07	976.56
天 津	3115.27	141.96	104.94	1278.26	513.84	82.26
河 北	4691.19	426.14	50.75	1339.23	736.29	104.55
山 西	4793.46	178.25	27.42	354.35	198.99	20.59
内蒙古	2183.18	146.85	55.26	352.61	255.15	5.73
辽 宁	6774.93	511.94	173.51	2174.83	921.61	79.77
吉 林	1411.38	128.85	49.67	263.66	155.37	12.43
黑龙江	1481.04	134.64	21.57	221.25	131.32	26.61
上 海	10465.49	526.05	194.52	6879.70	2261.87	394.20
江 苏	22137.07	1236.60	328.90	8929.27	3569.46	135.25
浙 江	23373.05	1166.28	8.86	6220.57	3511.16	117.01
安 徽	3267.32	316.12	62.99	724.03	296.29	11.27
福 建	5221.89	286.00	66.32	4882.66	1215.53	113.61
江 西	1676.01	245.29	32.35	637.24	208.17	9.31
山 东	9669.62	824.75	592.43	1994.07	1175.58	78.55
河 南	3251.05	510.25	170.83	836.24	353.09	24.41
湖 北	2469.80	252.78	42.18	854.08	399.01	7.80
湖 南	2934.48	494.16	118.18	605.12	343.13	26.88
广 东	12881.99	1285.74	306.56	18436.70	4720.99	1966.11
广 西	2492.60	167.19	22.03	619.94	342.20	40.73
海 南	340.84	21.55	36.97	234.64	60.67	4.53
重 庆	4069.39	323.17	51.18	1060.07	325.93	35.92
四 川	4643.69	325.94	116.51	913.86	302.18	22.76
贵 州	801.57	115.96	7.78	73.93	40.55	
云 南	2602.24	219.04	42.13	338.24	192.34	11.84
西 藏	42.58	17.10	1.03			
陕 西	1186.77	91.69	28.87	209.17	109.74	32.01
甘 肃	579.12	63.82	16.84	95.05	81.74	
青 海	281.06	54.55	1.81	16.07	15.60	
宁 夏	838.45	15.69	0.61	7.51	5.00	
新 疆	1057.90	188.05	4.93	91.52	22.45	0.19

单位：亿元

港、澳、台商独资	港、澳、台商投资股份有限公司	外商投资企业	中外合资经营	中外合作经营	外资企业	外商投资股份有限公司
33531.95	**3024.66**	**99218.64**	**42546.52**	**3844.14**	**48013.56**	**4814.41**
1603.47	138.82	7395.71	2516.02	456.20	4032.15	391.34
660.02	22.14	3451.27	1535.57	87.12	1794.45	34.14
489.71	8.68	2241.56	1234.70	26.70	744.57	235.58
131.05	3.72	623.15	442.62	97.78	74.10	8.64
76.04	15.68	718.06	585.13	20.40	107.01	5.52
1132.93	40.52	4615.75	2472.88	147.12	1875.00	120.75
88.08	7.78	1451.70	966.12	159.67	320.22	5.69
59.82	3.50	808.84	458.68	15.65	249.34	85.16
3556.43	667.20	13849.65	4732.54	595.26	7801.69	720.16
4917.74	306.82	17998.49	6011.89	371.59	10969.92	645.10
2370.49	221.91	6352.55	3418.06	94.56	2563.56	276.37
385.42	31.04	1091.18	580.09	25.07	430.07	55.95
3367.79	185.73	3964.50	1500.27	36.22	2240.02	187.98
395.54	24.22	1111.76	381.82	64.09	468.89	196.97
622.42	117.51	7086.70	3325.57	367.33	2745.08	648.72
393.45	65.28	1460.47	964.25	36.03	412.32	47.87
347.08	100.20	2535.62	1996.55	115.00	360.74	63.34
214.92	20.20	930.82	692.91	42.03	183.87	12.01
11228.46	521.13	15382.68	5072.08	848.10	8901.03	561.46
231.17	5.86	1018.90	583.40	23.34	298.60	113.57
107.89	61.54	573.59	415.58	13.13	107.02	37.85
319.45	378.77	1085.98	674.40	42.76	271.16	97.66
570.35	18.57	1491.25	642.60	65.30	656.26	127.08
31.71	1.67	201.53	61.52	32.80	49.51	57.70
129.95	4.11	381.14	262.07	11.50	87.65	19.92
		7.81	6.15		1.66	
64.20	3.22	680.58	452.34	28.59	152.89	46.75
12.04	1.27	115.43	88.99	3.87	21.53	1.03
0.35	0.13	371.71	315.76	13.55	42.40	0.01
1.06	1.45	118.82	81.34	2.72	34.56	0.21
22.91	45.97	101.44	74.63	0.67	16.27	9.87